·宗教与社会研究丛书·

国家“985工程”四川大学宗教与社会研究创新基地项目
教育部人文社科重点研究基地四川大学道教与宗教文化研究所项目
四川大学“211工程”重点建设学科项目

黄龙地区民俗文化研究

潘显一 主编
唐思远 副主编

巴蜀书社
四川出版集团

国家“985 工程”
四川大学宗教与社会研究创新基地丛书

课题组在黄龙管理局会议室座谈，从左至右：潘显一、唐思远、赵德猛、汪志斌。2011年7月17日，李庆忠摄

《黄龙地区民俗文化研究》

主　　编：潘显一

副 主 编：唐思远

主　　撰：潘显一、汪志斌、田晓膺、廖　宇

主编与主撰介绍：

潘显一，男，哲学博士，四川大学“985”工程宗教与社会创新基地学术带头人、四川大学道教与宗教文化研究所教授，博士生导师，国务院特殊津贴专家，四川省学术带头人。

唐思远，男，在职研究生，黄龙国家级风景名胜区管理局局长（副厅）。

汪志斌，男，哲学博士，四川省社会科学院历史所副研究员。

田晓膺，女，哲学博士，成都信息工程学院人文艺术学院副教授。

廖　宇，女，哲学博士，成都信息工程学院政治学院讲师。

《黄龙地区民俗文化研究》课题组：

组　　长：唐思远　潘显一

副 组 长：红　音（党委书记、副局长2010. 12. 20止）、赵德猛（党委书记、副局长2010. 12. 20起，2012. 10. 15止）、崔乾志（党委书记、副局长2012. 10. 31起）、汪志斌

成　　员：吉　戈（副局长）、董　立（副局长）、李　怡（副局长）、丁真塔（纪委书记）、赵寿春（副局长）、恩仁斯甲（副局长）、廖　宇、田晓膺、同　美、赫洛杰（现松潘县副县长）、毛明军、廖桂波、李庆忠、聂学惠。

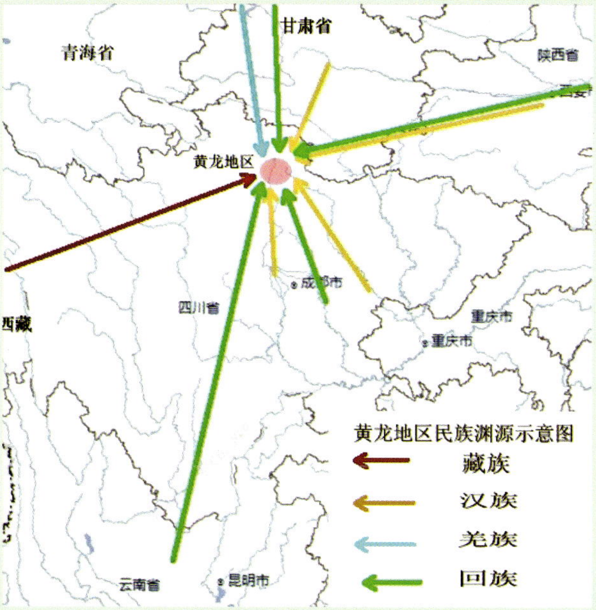

黄龙地区民族来源示意图

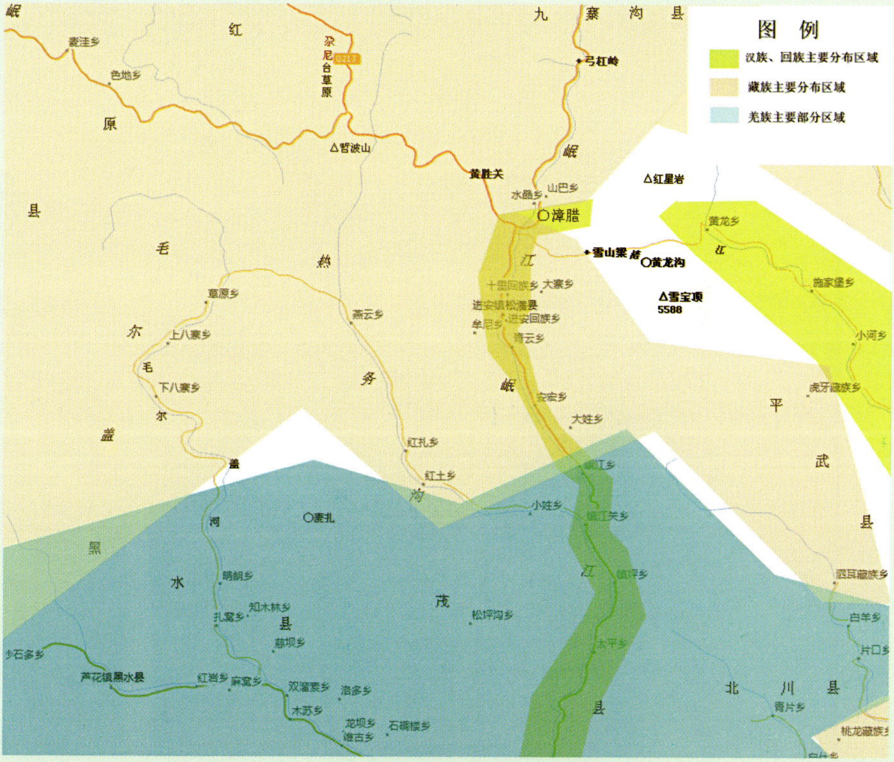

黄龙地区民族分布示意图

松潘县行政区划图（1990）

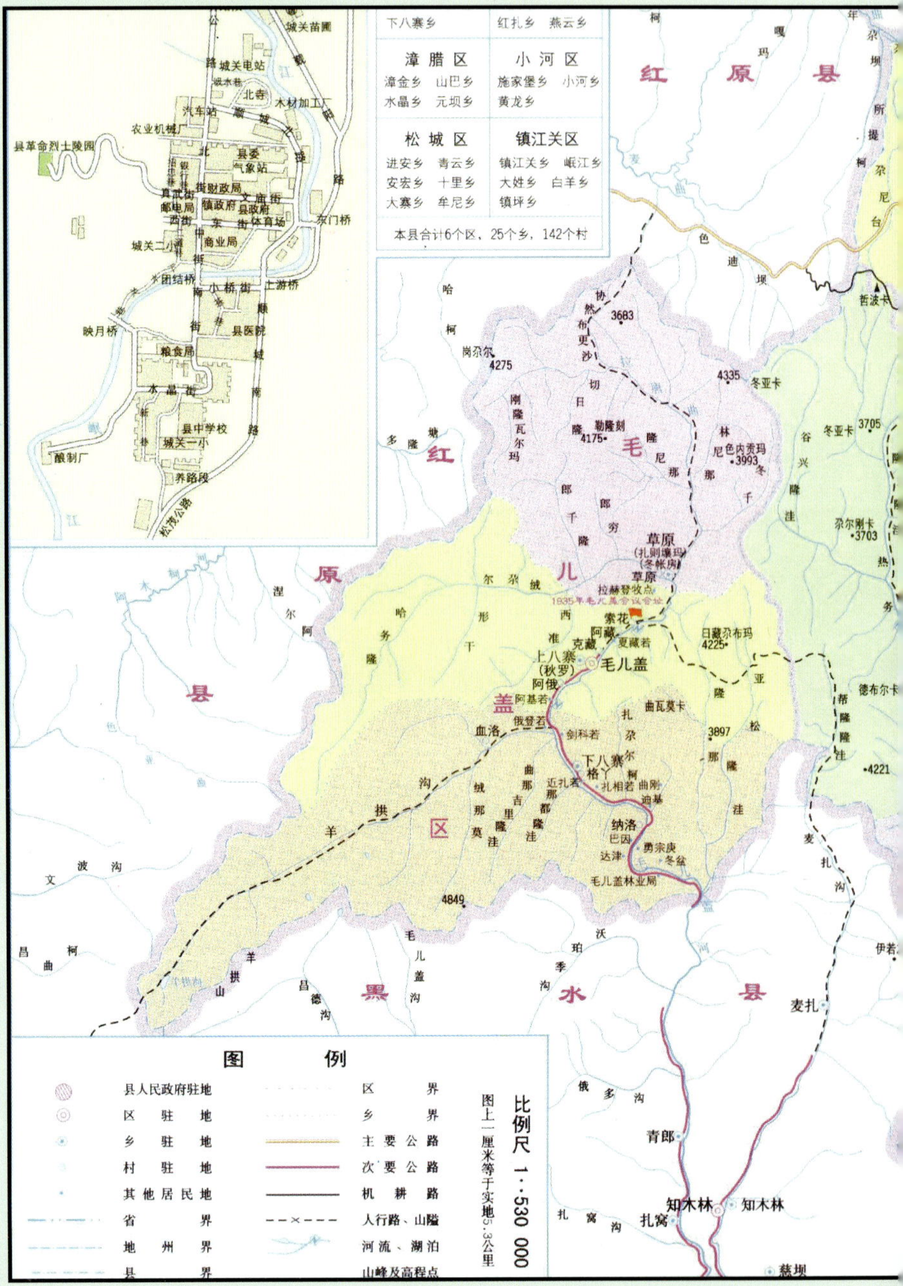

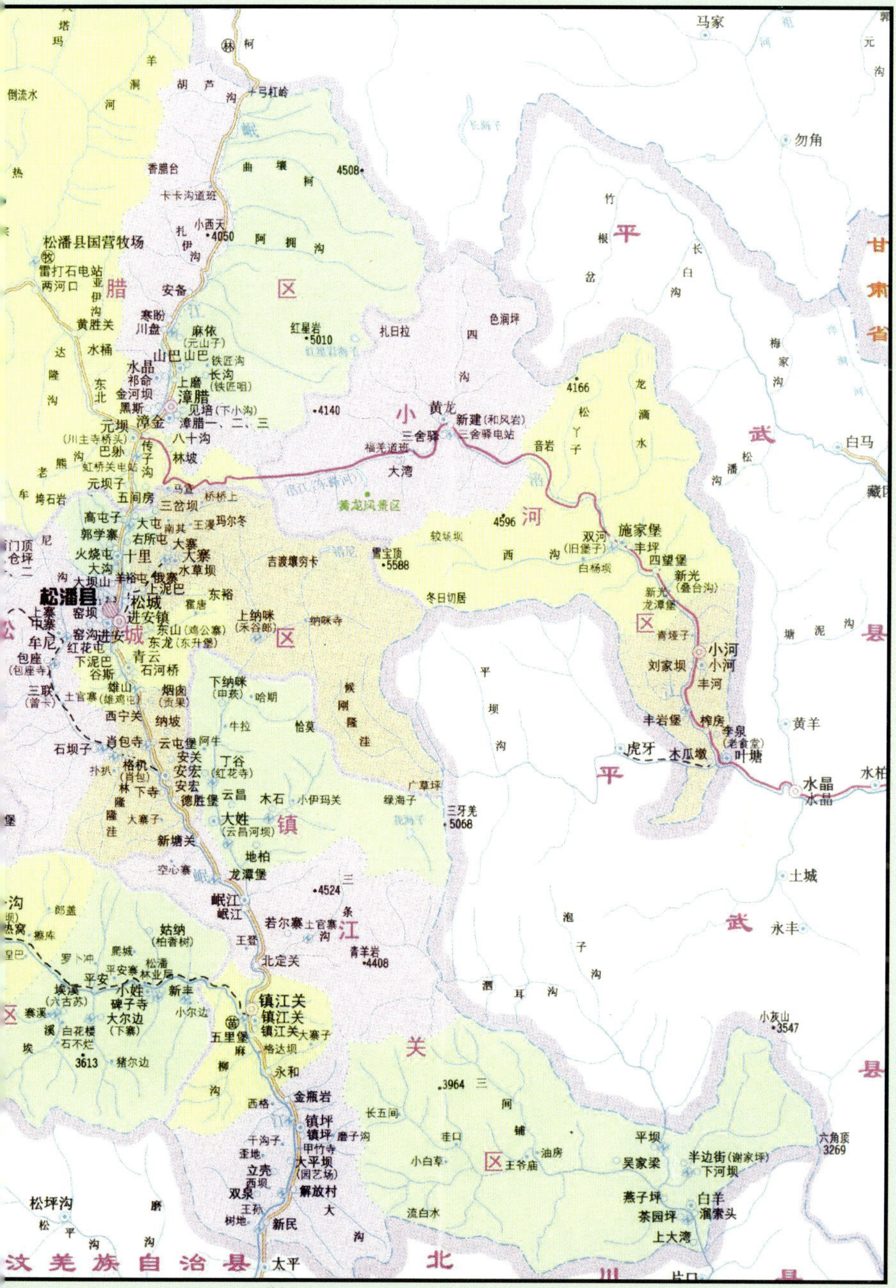

马家
勿角
甘
肃
省
白马
藏
黄羊
水晶
水柏
土城
永丰
小灰山
3547
六角顶
3269
平
武
县
武
县
平
区
松潘县国营牧场
雷打石电站
两河口
腊
区
安备
寒盼
川盘
黄胜关
水桶
山巴
麻依
（元山子）
铁匠沟
长沟
（铁匠咀）
水晶
祁命
金河坝
黑斯
漳腊
上磨
见培（下小沟）
漳金
漳腊一、二、三
元坝
八十沟
林坡
巴朗
元坝子
五间房
马鞍
三岔坝
桥桥上
高屯子
郭学寨
火烧屯
大沟
大坝山
十里
大寨
水草坝
上泥巴
松潘县
松城
进安镇
窑坝
窑沟
进安
红花屯
下泥巴
谷斯
城
区
青云
石河桥
东龙（东升堡）
东山（鸡公寨）
上纳咪
（禾谷郎）
纳咪寺
东裕
玛尔冬
吉渡璜穷卡
区
倒流水
香腊台
卡卡沟道班
小西天
4050
扎
伊
沟
阿
拥
沟
曲
壤
河
4508
红星岩
5010
扎日拉
色润坪
四
沟
小
黄龙
新建（和风岩）
三舍驿
三舍驿电站
福关道班
大湾
4140
涪江（朱秀河）
黄龙风景区
4166
松
丫
子
龙
滴
水
音岩
河
4596
较场坝
西
沟
雪宝顶
5588
冬日切居
双河
（旧堡子）
施家堡
丰坪
白杨坝
四望堡
新光
（叠台沟）
新光
龙潭堡
青堆子
区
小河
小河
刘家坝
丰河
丰岩堡
樟房
李泉
（老食堂）
叶塘
虎牙
木瓜墩
竹
根
岔
长
白
沟
梅
家
沟
松
潘
沟
塘
泥
沟
平
坝
沟
泡
子
沟
洒
耳
沟
下纳咪
（甲孜）
哈期
牛拉
恰莫
候
刚
隆
洼
三联
土官寨
雄山
烟囱
西宁关
纳坡
肖包寺
云屯堡
阿牛
石坝子
格机
安关
丁谷
（红花寺）
扑扒
下寺
安宏
云昌
德胜堡
木石
小伊玛关
绿海子
广草坪
三牙羌
5068
大寨子
隆
洼
新塘关
大姓
（云昌河坝）
镇
地柏
空心寨
龙潭堡
岷江
岷江
4524
三
条
若尔寨
土官寨
沟
江
王登
青羊岩
4408
北定关
姑纳
（柏香树）
鹿城
松潘林业局
平安寨
平安
埃溪
（六古苏）
小姓
碑子寺
大尔边
（下寨）
新丰
小尔边
白花楼
石不烂
3613
猪尔边
镇江关
镇江关
镇江关
五里堡
大寨子
格达坝
柳
沟
永和
西格
金瓶岩
关
3964
三
间
铺
长五间
镇坪
镇坪
磨子沟
干海子
歪地
甲竹寺
立亮
西坝
大平坝
（园艺场）
双泉
解放村
王孙
树地
新民
大
沟
小白草
垂口
区
王爷庙
油房
平坝
吴家梁
半边街（谢家坪）
下河坝
燕子坪
茶园坪
白羊
溜索头
上大湾
流白木
松坪沟
磨
沟
汶羌族自治县
太平
北
川
片口

松潘县地图（出自1999年版《松潘县志》）

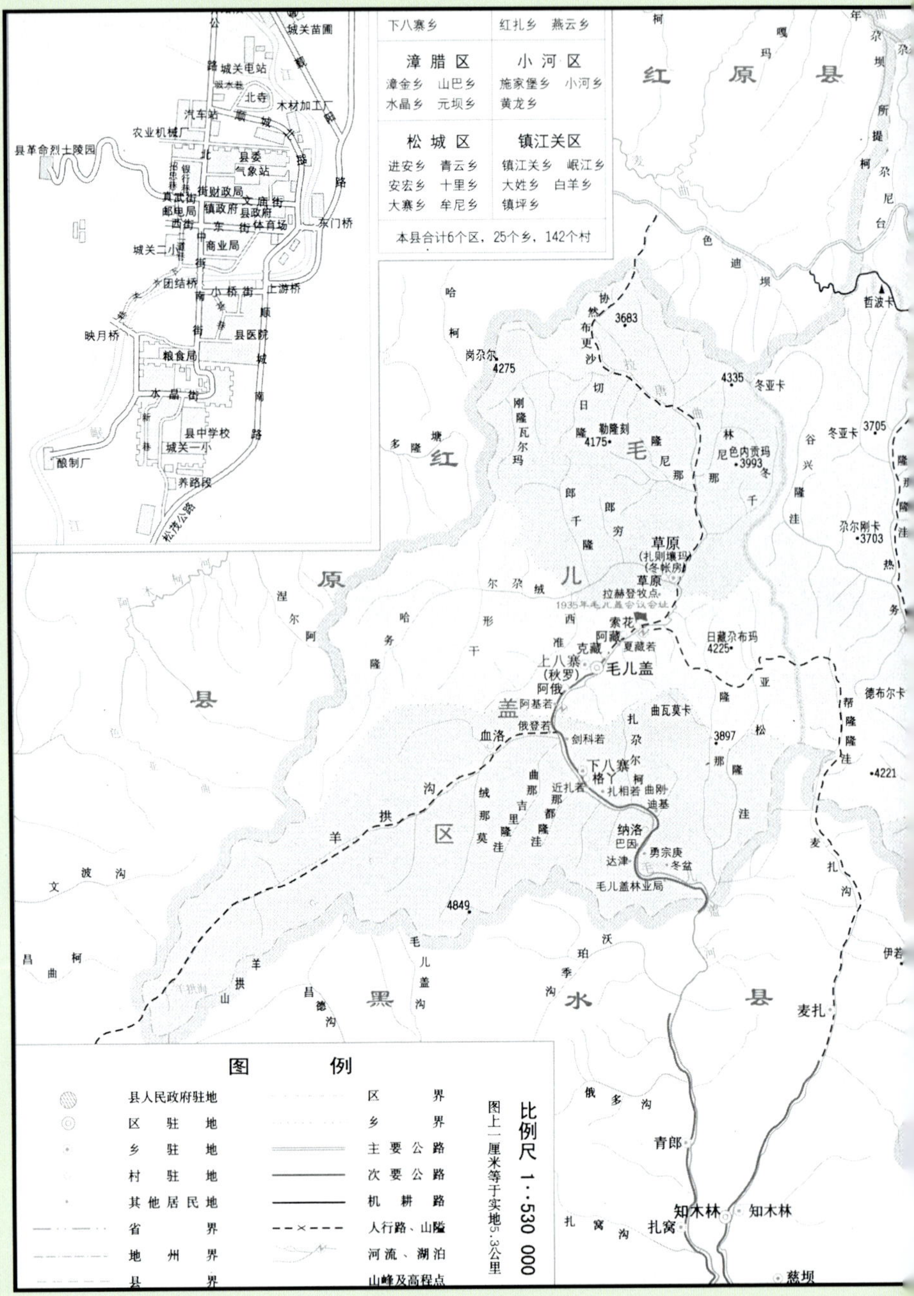

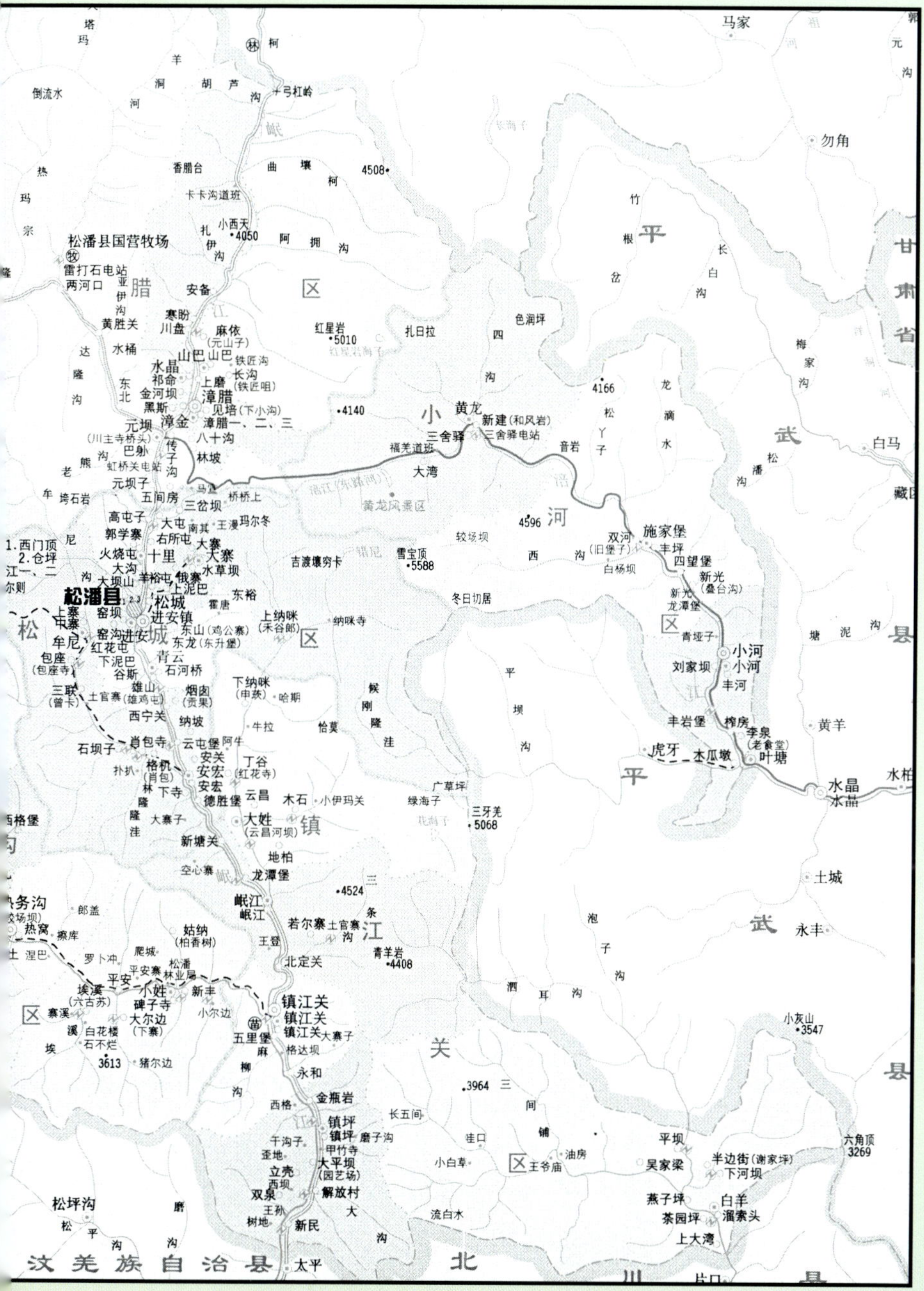

松潘县
松城
进安镇
松潘县国营牧场
雷打石电站
两河口
黄胜关
水桶
山巴
水晶
祁命
金河坝
黑斯
元坝
漳金
漳腊
上磨
见塔（下小沟）
漳腊一、二、三
八十沟
麻依（元山子）
铁匠沟
长沟（铁匠咀）
寒盼
川盘
安备
小西天
4050
卡卡沟道班
香腊台
弓杠岭
4508
红星岩
5010
扎日拉
色润坪
4140
黄龙
新建（和风岩）
三舍驿
三舍驿电站
福美道班
大湾
黄龙风景区
4596
较场坝
雪宝顶
5588
吉渡壤穷卡
冬日切居
音岩
4166
双河（旧堡子）
施家堡
丰坪
四望堡
白杨坝
新光（叠台沟）
新光
龙潭堡
青垭子
小河
刘家坝
丰河
丰岩堡
榨房
李泉（老食堂）
虎牙
木瓜墩
叶塘
水晶
土城
永丰
勿角
马家
白马
黄羊
小灰山
3547
元坝子
五间房
三岔坝
桥桥上
大屯
右所屯
高屯子
郭学寨
火烧屯
十里
大沟
大坝山
丰裕屯
上泥巴
大寨
水草坝
东裕
霍唐
上纳咪（禾谷郎）
纳咪寺
窑坝
窑沟
红花屯
下泥巴
谷斯
东山（鸡公寨）
东龙（东升堡）
青云
石河桥
包座（包座寺）
三联（曾卡）
土官寨
雄山（雄鸡屯）
烟囱（贡果）
下纳咪（申获）
哈斯
西宁关
纳坡
牛拉
恰莫
石坝子
肖包寺
云屯堡
格机（肖包）
安宏
安宏
丁谷（红花寺）
下寺
德胜堡
云昌
木石
小伊玛关
广草坪
绿海子
三牙关
5068
大寨子
大姓（云昌河坝）
新塘关
地柏
空心寨
龙潭堡
4524
岷江
岷江
若尔寨
土官寨
王登
青羊岩
4408
北定关
姑纳（柏香树）
郎盖
热务沟（较场坝）
热窝
擦库
罗卜冲
爬城
平安寨
松潘林业局
平安
埃溪（六古苏）
小姓
碑子寺
新丰
大尔边（下寨）
小尔边
镇江关
镇江关
镇江关
大寨子
五里堡
格达坝
白花楼
石不烂
3613
猪尔边
永和
金瓶岩
西格
镇坪
镇坪
磨子沟
长五间
3964
干沟子
歪地
甲竹寺
大平坝（园艺场）
立亮
西坝
双泉
解放村
王孙
树地
新民
太平
小白草
王爷庙
油房
流白水
平坝
吴家梁
半边街（谢家坪）
下河坝
燕子坪
白羊
茶园坪
溜索头
上大湾
六角顶
3269
松坪沟
腊 区
小 河 区
平 区
松 城 镇
镇 江 关 区
武 平 区
甘肃省
武 县
县
汶羌族自治县
北 川 县

课题组组长潘显一教授在川主寺镇黑斯村藏民家中（2011年7月16日，汪志斌摄）

课题组部分成员在黄龙合影。后排从左到右：毛明军、潘显一、汪志斌、李庆忠；前排从左到右：田晓膺、廖宇。（2011年7月15日）

黄龙庙会上唱坝的各族民众
（2011年7月15日，李庆忠摄）

黄龙庙会上唱坝的各族民众
（2010年7月26日，汪志斌摄）

课题组部分成员与黄龙庙会群众合影。后排右：1潘显一、2毛明军、3汪志斌；后而派左：1、李庆忠、2、廖宇、3田晓膺。（2011年7月15日）

松潘古城（2010年9月5日，廖宇摄）

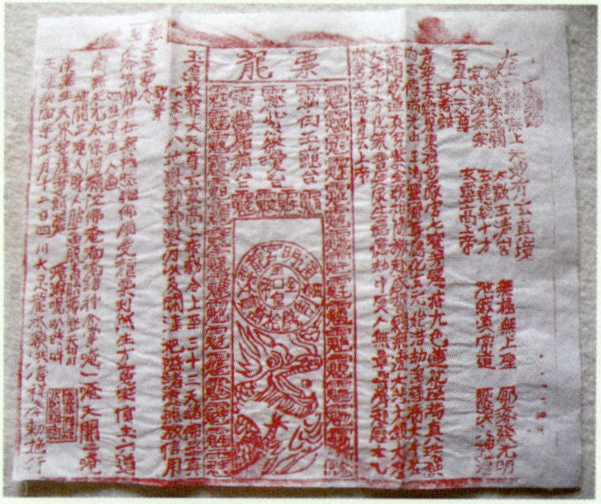

黄龙庙会上的龙票（2011年7月15日，汪志斌摄）

黄龙庙会上叩拜黄龙真人的藏民（2010年7月26日，汪志斌摄）

藏龙山黄龙沟（2011年7月15日汪志斌摄）

黄龙庙会上舞龙（2011年7月15日，汪志斌摄）

黄龙庙会上来自小姓村寨的羌民表演多声部演唱（2011年7月15日，汪志斌摄）

黄龙庙会上来自镇坪的羌族民间表演队（2011年7月15日，李庆忠摄）

黄龙庙会上的经幡和撒龙达（2010年7月26日，汪志斌摄）

黄龙藏族民居（八十沟，2010年8月31日，汪志斌摄）

汉族民居（2010年8月31日汪志斌摄于漳腊）

小姓埃溪的羌族民居（2008年06月28日，毛明军摄）

旧房（2010年9月4日李庆忠摄于红土）

黄龙过去使用的灶具（2010年9月4日汪志斌摄于毛尔盖）

炉灶与角角神（2010年9月4日汪志斌摄于红土）

藏家经堂（二）汪志斌2010年8月31日摄于八十沟

新居（2010年9月4日汪志斌摄于红土）

回族客厅（右所屯）2010年8月31日廖宇摄

回族的卧室（2010年8月31日廖宇摄于右所屯）

回族庭院（2010年8月31日，汪志斌摄于右所屯）

藏民新居的门（2010年8月30日廖宇摄于上磨）

藏族民居的院门（2010年8月31日，汪志斌摄于八十沟）

藏族女装（八十沟，2010年8月31日廖宇摄）

羌族女装（2011年8月17日李庆忠摄于镇坪）

藏族男装（2010年9月4日李庆忠摄于毛尔盖沙窝）

羌族男装（2011年8月17日李庆忠摄于镇坪）

藏族头饰（八十沟）2010年8月31日汪志斌摄

藏族头饰（毛尔盖，廖宇2010年9月4日摄）

羌族鞋子（镇坪）2011年8月17日李庆忠摄

羌族鞋子（镇坪）2011年8月17日李庆忠摄

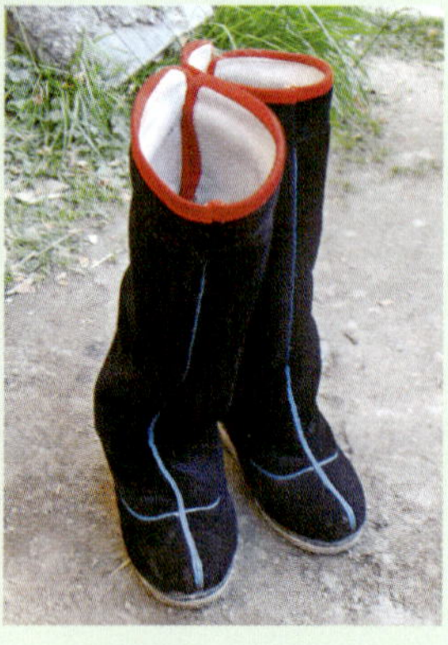

藏族靴子（毛尔盖寺）2010年9月3日廖宇摄

转经祈祷的藏民（川主寺）廖宇2010年9月1日摄

汉族端公作法（小河）李庆忠2011年8月13日摄

汉族端公的部分法器（小河）李庆忠2011年8月13日

开斋节前清真寺的厨房2010年9月9日廖宇摄

斋月乜贴（2010年9月9日廖宇摄）

家庭法事中的一个室外场景（八十沟）廖宇2010年8月31日摄

喝咂酒（红土，站者汪志斌，右田晓膺，中曾启明）廖宇2010年9月4日摄

连枷（右所屯，持者西南民大教授同美）2010年8月31日廖宇摄

晾晒架（毛尔盖）2010年9月4日汪志斌摄

国家“985工程”四川大学宗教与社会研究创新基地丛书总序

卿希泰

1998年5月4日，江泽民同志在庆祝北京大学建校100周年大会上的讲话中提出：“为了实现现代化，我国要有若干所具有世界先进水平的一流大学。”在这个讲话精神的指导下，国家“985工程”开始启动，北京大学、清华大学等几所名校率先获得国家较大力度的支持；紧接着，教育部又与有关部委、省市签订协议，对部分基础好、水平高的高等学校进行共建，予以重点支持。这个“工程”的实施，是党中央在世纪之交，立足于中华民族的伟大复兴、落实科教兴国战略、迎接知识经济挑战而采取的重大决策，是从根本上提高我国高等学校办学水平的重大举措。经过几年的建设，“985工程”取得了明显的效果，不但有力地推动了高等学校的学科建设和队伍建设，大大提高了社会服务工作水平，而且缩小了我国高等学校与世界一流大学的差距。

当然，世界一流大学的建设不可能在很短的时间内完成，它需要较长时间坚持不懈的努力。并且，世界一流大学的建设，不仅需要有长期形成的优良学风和深厚的文化积淀，而且需要有强大的经费投入作为支持。有鉴于此，国家于2004年6月又开始启动了“985工程”的建设工作。“985工程”的建设，是国家在经费有限的情况下，运用创新思路而寻求高校持续性、跨越式发展的重大举措，其基本思路是：集中资源，突出重点，体现特色，发挥优势，重点建设一批高水平的科技创新平台和哲学社会科学创新基地，促进一批世界一流学科的形成，使之成为攀登世界科技高峰、解决重大理论和实践问题、带动相应学科领域发展的重要基地，使高等学校成为国家创新体系的重要力量；同时，造就和引进一批具有世界一流水平的学术带头人和创新团队，加快建设一支具有世界一流大学水平的教师队伍、管理队伍和技术支撑队伍。在这个思路的指导下，国家教育部、财政部决定集中经费对一些高校的名牌学科进行重点扶持，使之成为汇聚人才、持续创新的“平台”或“基地”，以加快这些学科的成长步伐。

在“985工程”的建设工作中，国家尤其重视哲学社会科学的繁荣发展。早在2003年教育部就颁布了《关于进一步发展繁荣高校哲学社会科学的若干意见》，2004年中共中央又颁布了《关于进一步繁荣发展哲学社会科学的意见》，与此同时，胡锦涛总书记在中共中央政治局第十三次集体学习时就强调：一定要从党和国家事业发展的战略高度，把繁荣发展哲学社会科学作为一项重大而紧迫的战略任务切实抓紧抓好。2004年6月，教育部部长周济同志在“985工程”建设工作会议上的讲话中指出：我们一定要紧紧抓住当前繁荣和发展哲学社会科学的历史性机遇，全面推进哲学社会科学的知识创新、理论创新和方法创新，全面推进哲学社会科学的学科建设，使其在中国特色社会主义现代化建设中发挥“思想库”、“人才库”的作用。同时，周济同志还指出：我们应当推动人文社会科学与自然科学、工程技术等的交叉、渗透与融合，孕育和催生新的学科研究领域和研究方法，形成一批能够解决具有全局性、战略性、前瞻性的重大理论及现实问题，为党和政府决策咨询服务、为社会主义现代化建设服务、为建设社会主义物质文明、政治文明和精神文明服务的国家级哲学社会科学基地。“985 工程”的哲学社会科学创新基地，就是在这样一种思想指导下设立的，其特点在于跨学科并具有开放性，能够围绕国家、区域社会发展、经济建设中的重大问题而组织主攻方向并进行联合攻关。

在“985 工程”哲学社会科学创新基地的建设中，国家提出了建立“宗教与社会研究创新基地”。经过评审，四川大学宗教研究所有幸成为承担“宗教与社会研究创新基地”建设任务的主干机构。在此基础上，还整合了四川大学中国俗文化研究所和藏学研究所两个“教育部人文社会科学重点研究基地”以及专门史、中国古典文献学两个“国家级重点学科”中与宗教学有关的科研力量，并向海内外公开招聘高级研究人员来参加建设，共同开展研究工作，以达到集合海内外本专业的学术精英和优势科研资源，突破个人分散研究的有限视野，将个人的学术专长进行整合，从而形成一个具有综合创新能力的研究集体，故这个基地实际上是一个国际性的学术研究平台。

从我国是一个多民族多宗教国家这一国情出发，结合我国宗教学学科建设的要求，初步确定有宗教学理论比较研究、中国宗教与中国社会研究、西方宗教与当代世界研究、宗教信仰与民俗研究、中国少数民族地区宗教与社会问题研究等五个方向；考虑到目前的学术力量和国家需要等实际情况，近期拟以四大课题为主要研究内容：一是中国宗教与中国社会发展研究，二是中国道教思想发展与道教和社会主义社会相适应问题研究，三是中国西部少数民族地区宗教与社会问题研究，四是中外宗教的对话与交流研究。其中，中国宗教与中国社会发展研究这个课题，主要是对中国各种宗教及其与中国社会的相互关系进行研究，其目的不仅在于通过深入研究中国历史上的各种宗教现象，来对有关宗教学的理论进行补充和发展，而且在于通过系统考察中国各种宗教与中国社会的相互关系，来为我们国家今天构建和谐社会服务。中国道教思想发展与道教和社会主义社会相适应问题研究这个课题，主要着眼于道教作为中国本土宗教的思想和行为的发展变迁，其对于中国社会发展的影响以及在当今中国社会里的作用，挖掘其有利于中国社会发展进步的积极因素，为中华民族的伟大复兴贡献力量。中国西部少数民族地区宗教与社会问题研究这个课题，主要研究中国西部少数民族地区各种宗教的现状和历史及其与之相关的社会问题，其重点在于对中国西部少数民族地区现存的各种宗教进行调查研究，希望这项工作能为祖国大家庭各民族的文化建设服务，并为维护国家安定团结、促进西部大开发服务。中外宗教的对话与交流研究这个课题，目前主要是对国内外宗教研究中有代表性的优秀学术成果进行翻译，以图加强中外的学术交流并为我国宗教学学科的发展提供更多的借鉴；与此同时，逐步开展西方宗教思想同中国传统文化的交流与对话和基督教思想与中国传统文化的交流与对话等方面的研究，以适应人类文化全球多元性现代化发展的需要。我们希望能够依靠“宗教与社会研究创新基地”的集体力量，在以上各个方面取得一些重大的标志性成果；同时，也希望通过在创造这些成果的过程中能锻炼出一支优秀的学术创新团队。

当然，除了以上四个方面，我们并不排斥“宗教与社会研究创新基地”的成员从事其他方面的研究，所以，我们又决定出版一套《国家“985 工程”“宗教与社会研究创新基地”学术丛书》。这套丛书，不仅将囊括以上四个方面的研究成果，而且还可包括其他有关宗教研究方面的优秀学术著作。不仅出版本基地成员有关宗教研究的优秀学术著作，而且，非常欢迎本基地以外的海内外学者向本丛书编委会申请，经过编委会评审通过之后，即可将其宗教研究的优秀学术著作列入本丛书出版。这样，或可在此建设期中取得更多更好的学术成果，更大力度地促进我国宗教学学科的发展。

总之，“985 工程”的建设时间虽然是有限的，但我们的学术探索却是无止境的。我们希望，“宗教与社会研究创新基地”能够为今后的科研机构提供一种新的管理模式，其学术研究能够为宗教学学科的发展贡献一些具有标志性的成果，而其所培养的创新团队中也有一些人能够成为学术界未来的领军人物。同时，也希望这个“基地”能架起一座沟通国际的桥梁，为我国建设世界一流学科和高水平研究型大学作出应有的贡献。

2005 年 11 月 12 日于四川大学芙蓉楼

（作者卿希泰，现任国家“985 工程”四川大学宗教与社会研究创新基地首席科学家）

目 录

序

从宗教产生和发展的历史看，民俗与宗教的关系十分密切，特别是“自然宗教”时代，民俗和宗教是你中有我、我中有你，难分彼此。这种密切关系，一方面表现为宗教本来就是民俗的渊源和基础，至今各民族留下的民俗性、民族性的节日、忌日，根源上也是宗教和信仰文化的。另一方面，表现为宗教发展变化对于民俗文化的发展变化的重要的促进作用，如“祭灶”、“庙会”这样的民俗文化形式，早就从单纯的崇拜或宗教的形式变成了民风民俗的一部分，甚至成为中华民族“民俗”文化的标志性形式。民俗文化最重要的主题之一，就是祈福消灾、趋吉避凶，这也是宗教与民间信仰崇拜的重要内容。对于历代民间的信仰的需求来说，老百姓自己的“祈福”“消灾”的希望，往往比宗教给“政权”提供“神权”的支撑来得更直接、更强烈。鬼神信仰，本来就来自远古先民对“自然力”的“神秘”感觉，和人不能把握“命运”的无助与无奈。所以，自古以来，宗教信仰总是与民众的日常生活水乳交融地共生在一起，形成古代民俗文化最为基础和普遍的形态。当神学的、理论的宗教随着社会的进步逐渐成为社会信仰的主流形态之后，民俗信仰又将国家的、上层的宗教部分地转化为自己的内容和形式。而国家的宗教也往往将民俗信仰悄悄地吸纳进来，以利于国家宗教既能满足朝廷的“神权”支撑的需要，也更能拉近民众的信仰情感和信仰需求。一千八百年来，中国佛教、中国道教与民俗文化和民间信仰之间的关系，最能说明这一点。作者在用一本专著描述黄龙地区多种宗教文化并存的历史和现状之后，再深入地从宗教文化角度切入，来考察和归纳当地的“民俗文化”的历史和现状，这是一个对“文化”作根本性解读的好角度，也是这本四十余万言的新著作能够吸引读者的所在。

正如该著作作者所说，书中“黄龙地区”是一个文化的区域，而不是行政区划，是一个以黄龙寺（今黄龙风景区）为核心的多民族杂居的文化区域。所以，黄龙地区的民俗文化的基本面貌，就以黄龙寺的“黄龙庙会”为代表，是一种多民族和谐共处、多民族文化互动融合的，特别的民族地区民间文化形态。在完成该地区宗教文化的基本研究之后，研究者把目光转向这里异常丰富的民俗文化，既有为地方发展梳理文化资源的意义，也有在更为广阔的文化背景上审视这里多元共处与互动融合的宗教文化的典型价值。相较于制度形态的宗教文化来说，民俗层面的宗教和信仰文化有着更为基础的意义。选黄龙地区来研究宗教与民俗文化，无疑得其所哉。

黄龙地区位于川西北高原和高山峡谷的过渡地带，是岷江和涪江的发源地，地势高低起伏大，地形地貌多样，从高原草地、河源平坝到高山坡地、峡谷河滩以及森林、荒漠等等，应有尽有，形成多样化的居住环境，自古以来就是一个多民族共聚、农林牧业共同发展的地区，其民俗事象、宗教类型以及民俗信仰与宗教的关系都极其丰富多彩。这里有藏、汉、羌、回四个民族，有道教、汉传佛教、藏传佛教（格鲁派、萨迦派、宁玛派）、苯教、伊斯兰教和羌民族宗教，民俗生活的宗教和信仰色彩非常浓厚。民俗与宗教之间、民俗与民俗之间、宗教与宗教之间，形成极其多样而又富于层次的互动关系，并随地势的不同而发生变化。以民俗性的宗教聚会来说，这里既有区域性或村寨性的小“庙会”，也有方圆七八百里涉及整个地区的大“庙会”，既有单一民族的庙会活动，也有藏、汉、羌、回各民族都参与的庙会。在这里，几乎每一个民族自身的节日也是其他民族共同的节日，如该地区的羌族民众因为巫师传承的中断，就很自然地转而请村寨附近的苯教喇嘛或活佛来作“法事”，以满足自己的宗教与民俗信仰的需求。黄龙地区又处在长江文明与黄河文明、游牧文明与农耕文明、边地少数民族文化与中原文化的交接点上，自古被中原的朝廷视为“边地”，文明的多样性在这里体现得非常充分，民族文化宗教文化和民俗在这里的交叉融汇也是由来已久的。而在最近三十年的社会变革中，与岷江中下游的成都平原等地区相比，这里的发展和提升还显得相对滞后，传统民俗文化与现代文化的交叉与碰撞，尚有非常鲜明的体现。作者在对这个地区多元共存的宗教文化有了初步的梳理之后，进一步将视野扩展到这里的更为多样化的民俗文化，就不仅仅是一种横向的空间扩展和逻辑上的层次深入，同时也具有了一种历史方向上的探寻。对黄龙地区多元互动的民俗文化的梳理与讨论，未尝不是对过去三十多年来中国社会历史与文化变迁的反思，对于今后该地区的发展进步乃至实现“中国梦”和“美丽中国”、“和谐社会”，都具有一定启发。

道教在黄龙地区民俗文化的研究中，具有特别的意义。道教作为土生土长的本土宗教，本来就具有相当浓厚的民俗性，这不仅反映在道教的产生同当时的民间信仰和民俗有着极为密切的渊源关系，也反映在道教在其历史发展中对于民俗信仰的极为宽容的态度。早期道教的信仰渊源，既有秦汉神仙信仰，又有民间巫鬼信仰，都具有相当鲜明的民俗和民间性特色。道教整个历史发展演变过程中，历来对民俗信仰的积极吸纳，以至于道教神仙系统的十分庞大，留到今天的好多道教神仙，其实就是来自民间信仰和民俗文化的。道教“杂而多端”的信仰文化特征，很大成分上来自于道教与民俗之间千丝万缕的联系，也导致道教和民俗信仰之间界限模糊、相互吸收。“黄龙真人”信仰的起源，也应该是民俗信仰“引进”道教神仙的结果，或者叫道教神仙体系吸收民俗信仰的收获。据课题组的调查，在黄龙地区的“端公”中，流传的是现在仍可见于《道藏》的经书《许真君玉匣记》以及各种相关的符箓和祈禳法术；漳腊观音堂容纳的是观音、十二真仙、孔孟诸子以及二十四孝图、八仙故事、民间传说如董永和七仙女、三霄娘娘、药王、土地等等。黄龙地区道教与民俗之间这种既相差异又紧密相关的联系，反映出来的是民间宗教和信仰的常见状态。据课题组的调查，普遍存在于黄龙地区各种宗教形态中的占卜，也是这里的宗教形态适应各自所处民俗生活环境的结果。从这些事例说明，离开民俗信仰的支撑和民俗文化的需求，任何宗教都会丧失其存在的基础，而宗教的民俗化本身也正是宗教文化生命力的重要体现。该课题组的主要撰稿人，基本上都是我们四川大学道教与宗教文化研究所近二十年毕业的道教研究方向的宗教学博士师生团队。他们在黄龙地区的民俗文化研究中，从宗教学的角度探索民俗的根源和基础，是他们宗教学专业学术研究的必然选择，也是他们深入实际做了田野调查的必然结论。本书所取得的成果，同样是我们宗教学拓展学术领域的例证，是我们宗教学和道教学研究人员密切学术与现实关系的成功例证。这也是值得充分肯定的学术探索和为现实服务的积极行动。

因此，这本书梳理黄龙地区的民俗文化，突出这个地区民俗文化的多样性、多源性、互动融合性，对于澄清这个地区宗教文化的多元融合与和谐共处具有基础性意义。而无论是民俗还是宗教，作为这个地区的文化形态，所表现出来的这种多元、共处，都是中华民族及其文化在历史上长期不断交流融合而创新发展的组成部分，对黄龙地区民俗文化的研究与讨论，最终依然不脱离中华民族多元一体的大主题，也是我们今天全国各民族团结奋斗建设和谐社会的历史基石和文化方向。

最后，我还想再次肯定，该书是我们人文社科研究人员与当地实际工作者相结合勤奋工作的又一成果。这种合作形式，这本书和前一本书（即同样编入四川大学“985”工程宗教与社会研究丛书的《黄龙地区宗教文化研究》）都同样证明了其可行性，也证明横向项目也同样可以出好成果。特此在全书总序之外另作专序，以鼓励课题组这种合作方式，肯定他们的研究成果。

卿希泰

于川大农林村 2013 年 4 月 5 日

前 言

本书所说的“黄龙地区”指“黄龙文化”所在的区域，是一个以黄龙寺（今黄龙风景区）为核心的多民族杂居的文化区域，大致相当于今四川省阿坝藏族羌族自治州松潘县的管辖范围。而“黄龙文化”，就是以黄龙寺的“黄龙庙会”为代表的多民族和谐共处、多元文化互动融合的一种边地文化形态。①

共处融合的边地文化当然不只是黄龙地区才有的。就以黄龙所处的那条中国最著名的民族—文化走廊——“藏彝走廊”而言，其基本的文化面貌就是多民族的共处与多元文化的互动融合，“其历史沉积的久远性、民族构成的复杂性、文化形态的多样性构成了一个独具特色的多元文化空间”②。在这条走廊的不同区域或多元文化共生点上，共处融合、多元互动的族群及其文化往往有极大差别，形成极其丰富的多元文化共生形态，一些在其他地方早已消失的古老族群或其语言、文化的遗存在此也不时有所发现，这就使藏彝走廊成为一个有着

① “黄龙文化”是我们在做“黄龙地区宗教文化研究”时提出的，有关思考请参看《黄龙地区宗教文化研究》（巴蜀书社 2010 年）一书的相关章节。

② 汪志斌：《黄龙庙会——藏彝走廊多元文化空间的一个范例》，《中华文化论坛》2010 年第 4 期。

共同的文化结构特征同时又有着极其多样的文化内容与多变的文化形态的独特地域，有着极为重要的文化与历史研究价值和现实意义。黄龙地区就是藏彝走廊北段一个相对完整的区域。我们之所以不使用“松潘地区”这样的行政区划称呼而主要采用“黄龙地区”这样的命名，正是基于对这一相对独立的文化区域里多元共生的文化形态的重视。黄龙地区的多元共生文化因一年一度、绵延迄今已有五百余年的黄龙庙会而在黄龙寺汇聚，成为这片区域文化生态的一个显著标志，也是藏彝走廊文化空间分布的一个重要结点。

黄龙文化的内容无疑是极为丰富的，本书将对其民俗文化做初步的梳理。

现代民俗学（Folkloristics）萌生于19世纪的殖民主义、民族主义思潮，从1846年汤姆斯提出“Folklore”（民俗）这一术语算起，迄今已有160多年历史了，中国的现代民俗学从1918年北京大学的歌谣征集活动算起也有90多年历史了。然而，“时至今日，民俗学的理论体系远没有形成，更多的是关于民俗具体事象的分析、归纳或民俗工作的指导、民俗学活动经验的总结，除了民俗学的基本知识以外，民俗学的宏观理论建设和本学科方法论的创新，还远没有真正启动。甚至隐隐约约有一种偏重田野调查作业，忽视或轻视理论建树，把调查采录本身就看做一种研究的倾向。由于这种略失偏向的影响，才养成了不得不借用相邻学科的各派理论和方法探究民俗的‘习惯’，使民俗学本应具有的本学科清晰面貌较长期地处于较为模糊的状态，令人困惑”①。中国民俗学的这种“困惑”集中体现在有关民俗学的理论建构和方法采用上，一方面是民俗事象的广泛性、多样性、复杂性导致民俗研究的多学科性，提倡多角度的综合研究对于民俗研究来

---

① 乌丙安：《民俗学原理》，辽宁教育出版社2001年，第11页。

说既是必要的也是必然的，民俗学也就理所当然地“具有交叉学科的性质”[①]，另一方面则是基于对民俗学学科独立性的肯定，基于“各种民俗事象构成一个有内在联系的有机整体”[②] 的民俗学观念，中国的民俗学者一直在寻求建立一套独立的、系统的、“严谨的学科体系”[③]，建立属于民俗学自身的“本学科的理论和方法”[④]。1998 年，钟敬文先生提出了建立“中国民俗学派”的倡议[⑤]；2001 年，在多年教学与研究的基础上，乌丙安出版了《民俗学原理》，被认为“是民俗学基础理论研究的一次重大突破”[⑥]。但迄今为止的事实是，“没有一个特别单纯的民俗学理论，没有哪个理论惟被民俗学家所特殊采用”[⑦]，“民俗学方法”仍是一个期待中的目标。

中国民俗学的这种理论困境，到底是因为中国民俗学的整个学科力量同民俗研究对象的宏大与庞杂完全不相称，还是因为民俗学真的本就只具有相对独立性，就像把民俗学作为文化人类学或者社会学的一个分支来处置一样？本书并不尝试回答这个问题，因为本书的初衷在于梳理一个具有自身特色的区域性民俗文化生态，为地区文化发展和旅游开发积累资源，但在这个过程中，却不妨以此为研究的背景，或者思考的起点，借以在有关黄龙地区民俗事象的梳理过程中思考“民俗”本身的涵义，这必然会是有益的尝试。上述对中国民俗学研究的理论困境的简单梳理让我们考虑回到“民俗”本身，即在具体的有关民俗事象的没有“先见”的考察中，思考民俗学的一些基本话题。这正与我们对黄龙地区民俗文化的梳理具有一致性，像黄龙地区

---

① 钟敬文主编：《民俗学概论》，上海文艺出版社 1998 年，第 6 页。
② 钟敬文主编：《民俗学概论》，上海文艺出版社 1998 年，第 8 页。
③ 叶涛、吴存浩：《民俗学导论》，山东教育出版社 2002 年，第 21—22 页。
④ 乌丙安：《民俗学原理》，辽宁教育出版社 2001 年，第 12 页。
⑤ 钟敬文：《建立中国民俗学派刍议》，《民族艺术》1999 年第 1 期。
⑥ 乌丙安：《民俗学原理》，辽宁教育出版社 2001 年，王文宝“序”第 5 页。
⑦ 孟慧英：《西方民俗学史》，中国社会科学出版社 2006 年，“序言”第 1 页。

这样多元文化交汇之地的民俗本身也是有关民俗学研究不可回避的典型形态之一。毕竟，“民俗学方法”如果真的存在则必然渊源于“民俗”本身。

本书以黄龙地区为基本考察范围，以这个地区丰富的民俗事象为研究对象，致力于通过对该区域藏、汉、羌、回等多民族民俗文化共存、互动与融合的清理，立足当代民俗现状，展现古往今来特别是自明清以来此地的民族共处与文化融合趋势，并将这种多元的民俗文化交融格局视为这一地区（乃至其他民族共聚地区）在当今时代实现民族团结、地区稳定和经济社会发展的文化基础。

同时，本书将通过文本收集、文献整理并辅之以现存民俗文化调研，对黄龙地区丰富多彩的民俗文化遗产，特别是那些体现本地特色和民族融合的民俗遗产，进行初步的系统化梳理，并将古代与现代、历史与现实、现在与将来结合在一起，尽力将与之相关的当代政治、经济与文化发展尤其是民族融合的新趋势纳入其中，为该地区乃至西南地区多民族共聚的现实民族问题、地区发展问题、文化遗产保护与开发问题等，提供一个鲜明的典型例子和决策依据。

在本书有关黄龙地区民俗文化的考察中，民俗的乡土性、多元民俗的共存与互动、民俗与宗教（信仰）的关系等将是考察的重点。根据黄龙地区民俗文化的特色和民俗的一般分类，全书共分为八个部分：

绪论部分。本部分为全书的导引和概论，主要包括三个方面的内容：首先是概略地介绍民俗的一般知识，其次是对本书所要讨论的黄龙地区的民俗文化及其相关问题有一个大致的勾勒，第三则是就本书对黄龙地区民俗文化研究的方法、意义等作出概括。本部分着重于从中国民俗史自身的历史特征出发，对民俗及其集体性、广泛性、乡土性、地域性、日常性以及中国民俗的多元性、丰富性作概略的介绍，对本书所涉及的黄龙地区的民俗文化总体面貌作出概括，并就其中涉及的民俗与宗教信仰问题进行一般性探讨，为全书的展开提供基本的线索。

第一章，黄龙地区的民族与民俗。此部分主要包括两个方面的内容：一是黄龙地区民俗文化的基本面貌，一是黄龙地区民俗文化得以存续演变的基本条件。本部分分三节展开。第一节介绍黄龙地区的自然条件和历史沿革，第二节介绍黄龙地区的民族演变，第三节概述黄龙地区民俗文化的总体面貌。民俗的产生与存续，或外来，或土生，或传承，或变异，都首先是同当地的自然生存条件和历史演变密切关联的，尽管在民俗的发展演变中，自然环境因素总是逐步减弱，但有关民俗文化的考察与研究，最终也都要回到其存续的自然条件和社会历史变迁中。本部分有关黄龙地区基本状况的介绍正是要为此地具体的民俗事项的探讨提供基本的背景。考虑到黄龙地区多民族共聚的历史事实和民俗文化的多元融合特点，把“民族”作为黄龙地区民俗文化考察和研究的基本切入点是恰当的，本部分对黄龙地区的民族变迁状况进行梳理，将为相关民俗的探讨特别是民俗历史渊源的讨论提供基础性支持。

第二章，黄龙地区的衣食住行民俗。此部分介绍黄龙地区民众生活中最日常化的生活民俗，这些民俗也是黄龙地区民俗文化中形态最为多样、同这个地区的生存与生活处境联系最为密切的民俗，可以说是黄龙地区民俗文化中沉积最为深厚的部分。对此部分的梳理，对于展现黄龙地区民俗的多元性和多样性，对于把握这个地区丰富多样的生存与生活状态，有着重要的基础意义。此章共分四节，分别为服饰习俗、饮食习俗、居住习俗和出行习俗，每一部分又按民族分类给以介绍和讨论。

第三章，黄龙地区的人生礼仪。生命从孕育到死亡，都在民俗的世界当中，或者说，从生到死，人们创造了不同阶段的礼仪习俗。这些礼仪总是在人生的关键节点上举行，具有非凡的意义，往往给人们留下极为深刻的人生印记。本章共分四节，分别以诞生、成人、婚姻和丧葬为主题展开介绍。

第四章，黄龙地区的岁时节庆。此部分介绍黄龙地区的民间历法与节日庆典。黄龙地区多民族共聚的基本面貌决定了这里节日的多样化，呈现出五彩缤纷的特点。本章分四节。第一节介绍黄龙地区的历法，除人们熟悉的农历外，主要介绍藏历、羌历和伊斯兰历法，并讨论这些历法对各自民族民俗文化的影响。第二节介绍黄龙地区的共同节日。长期的共处使得黄龙地区的各个民族之间早已消除了文化的陌生与隔阂，并形成了一些属于这个地区全体民众的共同节日，这是这个地区民俗文化交融的极为突出的例子。第三节和第四节则分别从民族和宗教的角度介绍各自独特的节日与庆典，展现多姿多彩的边地民俗特色。

第五章，黄龙地区的巫卜文化。此部分探讨黄龙地区的一些较为神秘的民俗文化。黄龙地区因地处边地，生存条件复杂而艰难，巫卜等神秘文化的因素至今在这里仍有相当程度的活跃，甚至是当地民众日常生活中不可缺少的文化形态。本章分三节来对这些现象作一些探讨。第一节，介绍巫与巫文化的一般知识，并在总体上讨论巫文化同黄龙地区民俗文化的关系。第二节和第三节分别从巫文化和卜文化的角度梳理黄龙地区的神秘文化。在巫文化部分，将逐一介绍驱雹巫术、诅咒巫术、招魂驱鬼巫术、巫舞，并在当地的山神崇拜和狩猎习俗中探讨巫术在当地生产与生活中的影响。在占卜文化部分，分别讨论当地有过或至今仍然存在的各种占卜形态，如预兆、解梦、骨卜、鸟卜、蛋卜、念珠卜、白石卜等。

第六章，黄龙地区的禁忌民俗。本部分共分两节，立足于黄龙地区民俗文化的总体结构和历史趋势来讨论这里的禁忌民俗文化。第一节，梳理禁忌文化和禁忌民俗的基本理论，从“禁忌”名称的分析着手，肯定禁忌属于禁止性规范文化，而禁忌民俗则是禁忌文化的一种形态，从立足于人的生存与生活处境来探讨禁忌的本质及其产生、发展与消亡的内在逻辑。第二节，讨论黄龙地区禁忌民俗的基本结构。禁忌发端于人类趋利避害的生命本能，同一般民俗的正面规定性“相反”而又“相成”，在上述各章的介绍中已涉及黄龙地区的各种禁忌民俗，在本部分则不再重复，而重点从区域结构的层面来宏观把握黄龙地区的禁忌民俗文化，同时也是对黄龙地区民俗文化的一种宏观概述。

本书主要定位于民俗文化的梳理，限于篇幅与结构，基于这种梳理的民俗学、宗教学以及民族关系等方向上的深入思考与研究在此不作充分展开。

绪 论

一

民俗古称“俗”，又称“土俗”、“民风”、“风俗”、“习俗”等，是产生于民间又流传于民间的世代相袭的行为系统与生活文化，是民间文化的有机组成部分，也是人类文明最基础的结构层面。

民俗的根本要义在于“约定俗成”，用民俗学的术语来讲就是民俗的“集体性”，它是指民俗事象的产生与流传都是在“集体”（群体、大众）当中进行的，是相互“约定”的，从而也对这个“集体”的成员具有发自心灵的约束力。尽管民俗事象总是由具体的个人来承载的，民俗事项的发端常常同具体的个体相关联，但离开“集体”不存在民俗。任何纯粹的个人性行为都不构成民俗，这是“民俗在产生流传过程中所体现出的基本特征，也是民俗的本质特征”①。因此，民俗的产生同人类社会的产生同时，有社会就必然有民俗，不存在没有民俗的社会。民俗集体有不同的层面，如家庭、家族、村寨、民

① 钟敬文主编：《民俗学概论》，上海文艺出版社 1998 年，第 11 页。

族、社区、都市、乡村、民族、国家、社会等，民俗集体（群体）的这些不同层次构成有关民俗的考察与研究的不同切入点，民俗也因此而呈现出不同的面貌。

民俗涉及的范围是极为广泛的，举凡衣食住行、婚丧嫁娶、节日社交、生产游艺以及信仰禁忌、组织制度、方言土语等等，都属于民俗的范围。早期民俗学在关注、研究民俗的时候，曾长期把目光限定在有限的甚至个别的对象上，钟敬文先生主编的《民俗学概论》曾将这些看法归纳为有关民俗的四种狭义观念——“古物遗留说”、“精神文化说”、“民间文学说”和“传统文化说”[①]。“古物遗留说”基于进化论观念，将民俗视为古代甚至上古原始文化的残留；“精神文化说”则关注仪式、禁忌、生活等方面而把物质民俗排斥在外；“民间文学说”更是仅仅把民众的口头文学或口头艺术作为民俗，排斥其他的习惯、信仰、工艺等等；“传统文化说”虽然关注范围较大，且较为流行，但却把目光朝向古代传统，当代的现实中的民俗并不在其视野之内。这些狭义观念应当都是民俗学在其学科建设的发展过程中出现的囿于一时一地的观念，代表了民俗学的不同发展阶段和时代特征。随着民俗学学科体系的完备，“民俗”通常被视为一种极其广泛的民间文化现象，正如钟敬文先生主编的《民俗学概论》指出的：“民俗是一种民间传承文化，它的主体部分形成于过去，属于民族的传统文化。但它的根脉一直延伸到当今社会生活的各个领域，伴随着一个国家或民族民众的生活继续向前发展和变化”，“它既包括农村民俗，也包括城镇和都市民俗；既包括古代民俗传统，也包括新产生的民俗现象；既包括以口语传承的民间文学，也包括以物质形式、行为和心理等方式传承的物质、精神及社会组织等民俗。民俗虽然是一种历史文

---

① 钟敬文主编：《民俗学概论》，上海文艺出版社 1998 年，第 3—4 页。

化传统，但也是人民现实生活中的一个重要部分。”①

民俗范围的广泛性意味着民俗事项的多样性、庞杂性，这必然导致民俗研究在深层理论上把握“民俗”的艰难，这或许也正是中国民俗学在理论建构与方法探讨上遭遇困境的缘由。当然，导致这种艰难或者困境的因素除了民俗范围的广泛性而外，应该还有一个很重要的方面，即民俗的司空见惯，或者说，民俗的日常性。民俗是应“人类社会群体生活的需要”② 而产生的，换句话说，民俗起源于人们日常的生存与生活需要，因而，民俗就发生在人们的日常存在中。每个人生来便在民俗当中，随后又成为民俗的承担者之一，最终又总是在民俗的环绕中离开人世。民俗不仅仅是与我们每个人紧密相关，而是直接构成我们的人生，成为人之存在的重要组成部分。从更为深层次的意义上，我们甚至可以说，有什么样的民俗就有什么样的人或者人生。这个看法也同样适用于从民俗的角度去看待或者理解一个民族（国家、社会）及其历史。民俗的这种日常性显然触及人之存在的某种根本性，颇有点“百姓日用而不知”③ 的味道。节日的喜庆，仪式的庄重，禁忌的严苛，线条的巧妙与适宜，色彩的繁复与有序，音韵的醇厚与悠远……民俗总是随时触手可及，那么具体，那么生动，但当我们想要从中把握点什么的时候，民俗却又总是显得那么飘渺无形。民俗的这种根本性所导致的在深层理论上的把握民俗的困难早在东汉应劭撰写《风俗通义》时便已经有所察觉，他在《风俗通义序》中引用了《韩非子》中一则关于画犬马比画鬼更难的寓言故事，所谓“犬马旦暮在人之前，不类不可，类之故难；鬼魅无形，无形者不见，

---

① 钟敬文主编：《民俗学概论》，上海文艺出版社 1998 年，第 4—5 页。

② 钟敬文主编：《民俗学概论》，上海文艺出版社 1998 年，第 1 页。

③ 《周易·系辞上》：“一阴一阳之谓道，继之者善也，成之者性也。仁者见之谓之仁，知者见之谓之知，百姓日用不知；故君子之道鲜矣！”参见《周易本义》，朱熹注，上海古籍出版社 1987 年，第 58 页。

不见故易”，并认为“今俗语虽云浮浅，然贤愚所共咨论，有似犬马，其为难矣”[①]。正是因为犬马是人们日常所见，人所共知，要想画得像，让人认可，比起画那些人们从来没有真正见过的无形鬼魅来，就太难了。在应劭看来，民俗就如“犬马”一般，要“如实地”将民俗记载（描述或者阐释）清楚，就如画犬马一样，“其为难矣”。在此，应劭显然没有局限于民俗表象上的“浮浅”，而是已经对民俗相对于人生特别是社会历史的根本性价值有所领会，或许正由于此，他在《风俗通义序》中才明确指出：“为政之要，辩（辨）[②] 风正俗，最其上也。”[③]

东汉应劭对民俗的这种重视当然远不是最早的，关注民俗在中国有着更为久远的历史。早在先秦文献中，就不仅有了关于当时及之前中国民俗方方面面的记载，其中还特别有对于关注民俗的明确记载。“从《周礼》和《礼记》中可以看出：‘礼’与‘俗’已成为两个相互独立而又相互联系的行为规范系统。”[④] 以《礼记》（《小戴礼记》）这部成于战国至秦汉年间原本是为解释《仪礼》而编写的资料为例，其中相当大的部分都是关于当时中原地区以及周边民族的民俗记载，涉及衣食住行、婚丧嫁娶、制度礼仪等诸多方面。《礼记·王制》篇中所谓“凡居民材，必因天地寒暖燥湿、广谷大川异制，民生其间者异俗，刚柔、轻重、迟速异齐，五味异和，器械异制，衣服异宜。修其教不易其俗，齐其政不易其宜。中国戎夷，五方之民，皆有性也，不可推移”[⑤]，可以说是关于民俗的乡土性、地理差异性以及民俗相对于人之存在的根本性的精彩概括，并同时告诉我们，民俗在当时早已

---

① 《风俗通义校注》，王利器校注，中华书局 1981 年，第 16 页。
② 引文中括号中内容为笔者加的注释，下同。
③ 《风俗通义校注》，王利器校注，中华书局 1981 年，第 8 页。
④ 钟敬文主编：《民俗学概论》，上海文艺出版社 1998 年，第 36 页。
⑤ 《礼记集说》，陈澔注，上海古籍出版社 1987 年，第 73—74 页

和作为上层统治文化的“教”“政”分离开来，显现出顽强的生命力与延续性。到汉代，这种民俗的地域性就很精炼地被表述为“百里不同风，千里不同俗”[①] 了。在《礼记·王制》中，我们还可以看到这么一段话：

> 天子五年一巡守。岁二月，东巡守，至于岱宗。柴而望祀山川。觐诸侯，问百年者就见之。命大（太）师陈诗，以观民风。命市纳贾（价），以观民之所好恶[②]。

这其中的“问百年”“陈诗”“纳贾”，就是在考察当地的民情风俗。所谓“问百年”就是问候那些百岁左右的老人（多数应该是八九十岁的，古语所谓“耄耋”的就是），这当中自然不可能仅仅是简单的问候，应该有听他们讲述当地人民生产、生活情况的内容，由此了解当地的社会治理是否得当。“太师陈诗”和“命市纳贾”也是同类的事情。“命市纳贾”就是让当地管理市场的官员提供市场物价及销售情况，通过对民众购买物品时的选择了解当地民风的“质”（质朴）与“淫”（放纵），所谓“好质则用物贵，好奢则侈物贵。志流于奢淫，则所好皆邪僻矣”[③]。“太师陈诗”则是由掌管音乐的官员呈献从民间搜集来的歌谣，使天子通过这些民间歌谣得以感知民众的生活与心声。这种“献诗”制度在《国语》也有类似的记载：“故天子听政，使公卿至于列士献诗，瞽献曲，史献书……”[④] 这里的“诗”与“曲”至少绝大多数应该是来源于民间的，早期的歌谣以及作为歌谣

---

① 《汉书》卷七十二“王吉”，中华书局 1962 年，第 3063 页。
② 《礼记集说》，陈澔注，上海古籍出版社 1987 年，第 69 页。
③ 《礼记集说》，陈澔注，上海古籍出版社 1987 年，第 69 页。
④ 《国语集解》，徐元浩撰，王树民、沈长云点校，中华书局 2002 年，第 11 页。

歌词的“诗”主要产生于民间。这种产生于民间的歌谣古代也称为“风”，具有浓厚的乡土情调和地域色彩。中国古代第一部诗歌总集《诗经》传统上分为“风”“雅”“颂”三个部分，其中的“风”就主要是搜集整理的各地民间风谣，存留至今共十五国风，160 篇，创作时间从西周初年至春秋中叶，时间跨度达五六百年，相当集中地展现了这段时间黄河中下游不同地区风格各异的民俗风采。所谓“十五国风”就是按产生地域对搜集的民间歌谣进行分类整理，从民俗学的角度看，这显然彰显了民俗的地域性，显示出先秦人对于民俗内涵的深刻领会，同《礼记》对“五方之民”的民俗差异及其与地理环境之关系的记载遥相呼应。在秦汉的文献中，这种搜集民间歌谣并由此而获知社会治理状况的行为已经明确地记载为“采诗”了：

《刘歆与扬雄书从取方言》：“诏问三代、周、秦轩车使者、遒人使者，以岁八月巡路，求代语、童谣、歌戏，欲颇得其最目。”①

《汉书・艺文志》：“故古有采诗之官，王者所以观风俗，知得失，自考正也。”②

《汉书・食货志》：“孟春之月，群居者将散，行人振木铎徇于路以采诗，献之大（太）师，比其音律，以闻于天子。故曰：王者不窥牖户而知天下。”③

《春秋公羊传注疏》：“男女有所怨恨，相从而歌。饥者歌其食，劳者歌其事。男年六十、女年五十无子者，官衣食之，使之

① 《扬雄集校注》，张震泽校注，上海古籍出版社 1993 年第 273 页。此处引文重新标点。

② 《汉书》卷三十“艺文志”，中华书局 1962 年，第 1708 页。

③ 《汉书》卷二十四“食货志”，中华书局 1962 年，第 1123 页。

民间求诗。乡移于邑，邑移于国，国以闻于天子。故王者不出牖户尽知天下所若，不下堂而知四方。”[①]

这些记载里面，有些虽不免有把《尚书》所记载的“每岁孟春，遒人以木铎徇于路”[②] 的自上而下“宣令”以“振文教”的行为跟搜集民间歌谣的“采诗”混淆的失误，但总的来说，秦汉文献对“采诗”这个中国古代政治文化传统的典范制度的概括是清晰而较为准确的。基于《诗经》的传承和《礼记》等文献的记载，通常认为，大约在西周时期，中国已经形成或建立了调查、采集民间歌谣的制度。这种基于统治或治理需要的对民俗的关注至迟在春秋战国时期便已经有了明确的观念或理论层面的总结，如《礼记》的“礼从宜，使（出使）从俗”[③]、“故君民者，章（彰）好以示民俗，慎恶以御民之淫，则民不惑矣”[④]、《孝经》的“移风易俗，莫善于乐；安上治民，莫善于礼”[⑤]、《管子》的“古之欲正世调天下者，必先观国政，料事务，察民俗，本治乱之所生，知得失之所在，然后从事”[⑥] 等等。这种取向经秦汉时期的巩固成为一种思想传统一直延续下来，宋代苏轼在《上神宗皇帝书》中就认为“人之寿夭在元气，国之长短在风俗”[⑦]，王安石写有《风俗》一文，认为“圣人上承天之意，下为民之主，其要在安利之。而能安利之之要不在于它，在乎正风俗而已。故风俗之

---

① 《十三经注疏》，[清] 阮元校刻，中华书局 1982 年（1980 年影印版），第 2287 页上。

② 《十三经注疏》，[清] 阮元校刻，中华书局 1982 年（1980 年影印版），第 157 页下。

③ 《礼记集说》，陈澔注，上海古籍出版社 1987 年，第 1 页。

④ 《礼记集说》，陈澔注，上海古籍出版社 1987 年，第 300—301 页。

⑤ 《十三经注疏》，[清] 阮元校刻，中华书局 1982 年（1980 年影印版），第 2556 页中。

⑥ 《管子》，房玄龄注，刘绩增注，上海古籍出版社 1989 年，第 148 页上。

⑦ 《苏东坡全集》“续集”第十一卷，中国书店 1991 年（1986 年影印本）。

变，迁染民志，关之盛衰，不可不慎也”[①]，明代叶伯巨也认为“求治之道，莫先于正风俗”[②]。到今天，中国民俗学将“移风易俗”、“树新风，革陋俗”视为民俗学研究的重要使命，也正是这一传统在当代的承续。

显然，不仅民俗在中国有着漫长的历史，民俗学在中国同样源远流长。

二

民俗历史的久远，民俗范围的广泛，民俗事项的多样与庞杂，这些因素使得民俗分类成为民俗研究需要首先解决的一个重要话题。有关民俗分类问题的解决大体有两种基本路径，一种是民俗分类学的，一种是民俗类型研究的。对于后者，钟敬文先生主编的《民俗学概论》在论述民俗的“类型性”时曾指出：“类型性在民俗学研究中，不仅可以揭示民俗的内部构造规律，而且可以帮助了解地域民俗与民族民俗之间的相互联系和影响，了解民俗事象纵向和横向的传承与扩布规律。”[③] 迄今的民俗类型研究虽主要体现在诸如民间故事（传说）、民俗建筑之类的局部范围内，但“民俗的内部构造规律”这一表述本身则具有指向“民俗”内在的根本结构的可能，这同“类型学”研究的深层意蕴是一致的。这是一个至今仍然需要大力开掘的领域。

至于民俗分类学，则主要是出于研究与叙述之方便需要而进行的民俗分类，通常是根据民俗事项自身的外部特征来处置的。这方面的

---

① 《王文公文集》第三十二卷，上海人民出版社 1974 年，第 380 页。
② 《明史》卷一三九“列传”二十七“叶伯巨”，中华书局 1974 年，第 3993 页
③ 钟敬文主编：《民俗学概论》，上海文艺出版社 1998 年，第 22 页。

民俗分类由于对“民俗”及其范围的理解差异和研究考察的实际倾向而多种多样，并具有明显的历史与时代特征。早期的民俗分类大多是基于研究者自身的喜好特别是对“民俗”概念的独特理解而形成的，具有浓厚的“个性”特征。比如英国民俗学会的《民俗学手册》（1890）将民俗分为观念和信仰民俗、旧传的风俗（节俗、礼俗等）、旧传的叙事谭和民间成语四类，其中民间文学就占了相当大的比例并主要指向对“古物遗留”的研究，这同英国民俗学会所主张的“古物遗留说”是一致的，后来班妮在此基础上作了简化修正，分为信仰和行为民俗、习惯（制度、仪式、节日等）和民间文艺（故事、歌谣、谚语和谜语）三类；法国人塞比约《法兰西民俗》一书对民俗的分类极其琐细又无所不包，从天空和土地、海洋与江湖、动物与植物、人类与史实等各方面对法兰西进行全景展示，以极度个性化的民俗观念而异于寻常；另一位法国人桑狄夫则又非常简练地将民俗分为物质生活、精神生活、社会生活三类，显示出社会学“文化”概念的深刻影响；日本民俗学的奠基者柳田国男在1932年的一次民俗讲演中将民俗分为习惯（生活技术）、口碑（语言艺术）以及感情、观念和信仰三大类，具有明显的人文研究与精神文化倾向，奠定了日本民俗学的分类传统，并由后藤兴善将其发展为有形物质民俗、社会集团民俗、口承语言民俗和无形心意民俗四类①。随着民俗学学科建设的发展，民俗分类的学科性特征日益明显，尽管迄今为止，民俗分类仍旧没有达成一致的意见，但在民俗分类的主要思路上却逐渐取得一致，即大体上以“文化”的三种形态——物质文化、制度文化、精神文化——为基本框架进行民俗分类。以中国民俗学为例，乌丙安将民俗分为经

① 以上分类的详细内容可参见陶立璠的《民俗学概论》（中央民族学院出版社1987年）第40－44页的介绍，或者叶涛、吴存浩的《民俗学导论》（山东教育出版社2002年）第256－257页的介绍。

济的民俗、社会的民俗、信仰的民俗和游艺的民俗四类[①]，陶立璠将民俗分为“物质民俗、社会民俗和精神民俗”[②] 三大类，陈勤建将民俗分为有形物质民俗、人生社会民俗、心意信仰民俗和游艺竞技民俗四类[③]，钟敬文先生主编的《民俗学概论》则分别从物质生产民俗、物质生活民俗、社会组织民俗、岁时节日民俗、人生礼仪民俗、信仰民俗、科学技术民俗、民间口头文学、民间语言、民间艺术、民间游戏娱乐等十一个方面来展开叙述[④]，《中国民俗学教程》则将其简化为七类——物质生产民俗、物质生活民俗、社会组织民俗、岁时节日民俗、人生礼仪民俗、信仰民俗和民间文学，[⑤] 这些分类或细或粗，细者往往是出于突出或体现民俗本身的独特性，但总的来说，都“不外乎物质的、社会的、精神的三种”[⑥]。民俗分类的这一主体框架显示出民俗的文化本性，这同时也意味着，民俗作为文化之一种具有相对的独立性与完整性，“各种民俗事象构成一个有内在联系的有机整体”[⑦]，这对于相对完整的文化区域的民俗考察或者研究来说就形成了系统性的客观要求，对于黄龙地区的民俗文化研究来说就是如此。

黄龙地区地处青藏高原与四川盆地之间的高山峡谷过渡地区，其南面是茂汶羌族文化区，东边与汉民族区域连接，往北有甘肃、宁夏的回族文化区，往西、西北以及西南则是安多、嘉绒藏区，处在汉、藏、羌、回四个民族文化区域的边缘和交汇地带，是一个多民族共聚的典型区域，其民族共聚的多元文化历史至少可以追溯到秦汉时期。这里是秦汉时西羌地域的东南边地，在司马迁的《史记·西南夷列

---

① 乌丙安：《中国民俗学》，辽宁大学出版社 1999 年 2 版（1985 年 1 版），第 12 页。
② 陶立璠：《民俗学概论》，中央民族学院出版社 1987 年，第 91 页。
③ 陈勤建：《中国民俗》，中国民间文艺出版社 1989 年，第 131—206 页。
④ 钟敬文主编：《民俗学概论》，上海文艺出版社 1998 年，“目录”。
⑤ 苑利、顾军：《中国民俗学教程》，光明日报出版社 2003 年，“目录”。
⑥ 陶立璠：《民俗学概论》，中央民族学院出版社 1987 年，第 91 页。
⑦ 钟敬文主编：《民俗学概论》，上海文艺出版社 1998 年，第 8 页。

传》中则又是“冄（冉）駹”统属之地的西北边缘，“其俗或士箸（土著），或移徙”①，很早就已经是一个部族（民族）混居的地区了。西汉武帝元鼎年间在黄龙地区南部设置蚕陵县，到唐代则成为唐蕃交锋的前沿。自明代以来，逐渐形成以汉、藏、羌、回为主体的多元文化生态结构，并延续至今。

黄龙地区的这种文化边缘性与长期的多元融合历史，使得黄龙地区的文化同周边任何一个民族文化区域既密切关联又具有自身的独特性与完整性，这就是多元融合的黄龙文化。黄龙地区的民俗文化也许谈不上是这种边地多元融合型文化的最为典型的形态，因为它太庞杂；但它却肯定是这种文化最为基础的层面，因为它同黄龙地区生存与生活之间的距离远较其他文化形态来得更近一些，甚至，黄龙地区的民俗文化或其中的一些民俗事项直接就是黄龙地区生存与生活的构成部分。有关黄龙地区民俗文化的研究对于全面而深刻地把握黄龙地区多元融合的文化生态显然具有基础性意义。因此，黄龙地区的民俗文化研究所承担的主要任务就不仅仅是展示黄龙地区丰富多样的民俗文化形态，更重要的方面在于揭示这些民俗文化事项的来龙去脉，特别是其传承与发展的此地渊源。由此深入，在更为深刻的层面上，有关黄龙地区民俗文化的研究还应该力求揭示作为一个相对完整与独立的文化区域而潜含在其文化生态基础层面的内在有机联系。

大体来说，黄龙地区民俗文化的来龙去脉包括外源和内因两个方面。所谓“外源”，即黄龙地区民俗文化的周边文化渊源，这需要通过文化比较和历史文献梳理追溯其传播与传承脉络；所谓“内因”，则是指黄龙地区民俗文化传承与演变中的本土因素或乡土渊源，它们涵盖黄龙地区自然的和人文的诸多方面，相互之间密切关联，并最终

① 《史记》卷一百一十六“西南夷列传第五十六”，中华书局1959年，第2991页。

表现为黄龙地区民俗文化中的独特方面，或者此地独有的民俗事项。基于这样的任务，本书有关黄龙地区民俗文化的研究，并不需要按照通常的民俗学分类展开面面俱到的详细研究，而是会参照有关民俗的一般分类并结合黄龙地区民俗文化的独特性或乡土性来展开。“中国自古以来就是一个多民族国家，民俗文化的格局，始终体现出多元化的特点。”① 黄龙地区的民俗文化所提供的正是一个多元融合的范例，有关黄龙地区民俗文化的研究，无论是对民俗学自身的发展还是对于中华民族多元一体格局的深刻把握，都是较为典型的研究素材和讨论途径。

除此而外，本书对黄龙地区民俗文化的研究承担的另外一项重要任务，就是在梳理黄龙地区民俗文化的过程中兼顾此地文化遗产的整理。对文化遗产的重视与整理是人类文化发展或者说人类发展的关键性要素，而民俗向来就是文化遗产的重要组成部分。中国古代的《诗经》、《风俗通义》、《荆楚岁时记》、《东京梦华录》、《武林旧事》之类的著作，不仅让后人得以了解当时民众的生活与习俗，同时也是文化传承与传播的重要载体。自 20 世纪后半叶以来，随着现代化与全球化进程的发展，文化遗产的保护得到前所未有的重视，“非物质文化遗产”的概念被提出并得到广泛承认，对于传统的文化传承与保护是一个突出的进步。2011 年 2 月 25 日第十一届全国人民代表大会常务委员会第十九次会议通过的《中华人民共和国非物质文化遗产法》第二条对我国的非物质文化遗产作了明确规定：

> 非物质文化遗产，是指各族人民世代相传并视为其文化遗产组成部分的各种传统文化表现形式，以及与传统文化表现形式相

---

① 钟敬文主编：《民俗学概论》，上海文艺出版社 1998 年，第 16 页。

关的实物和场所。包括：

（一）传统口头文学以及作为其载体的语言；

（二）传统美术、书法、音乐、舞蹈、戏剧、曲艺和杂技；

（三）传统技艺、医药和历法；

（四）传统礼仪、节庆等民俗；

（五）传统体育和游艺；

（六）其他非物质文化遗产[①]。

这个规定所指的非物质文化遗产内容几乎全部都是民俗学所研究的范围，因而，民俗学研究是能够在非物质文化遗产保护中作出应有贡献的。当然，民俗学涉及的范围不仅包括非物质文化遗产，也包括物质文化遗产，将“非物质文化”和“民俗文化”简单等同起来是不恰当的，何况二者各自所采取的立场、角度都不尽相同。对黄龙地区的民俗文化遗产进行梳理，不论是对于当地文化遗产的保存与保护，还是对于黄龙地区包括旅游开发在内的社会文化事业的发展都有着极大的现实意义。

三

除了多元融合的特点而外，黄龙地区民俗文化的另一个突出特征，就是同宗教信仰的密切联系，或者说，强烈的信仰色彩。

民俗与宗教信仰原本就有着千丝万缕的联系。一方面，民间宗教信仰的某些方面本身就是民俗的重要组成部分，这部分民俗通常称之

① 《中华人民共和国非物质文化遗产法》，全国人大常委会办公厅供稿，中国民主法制出版社 2011 年。

为“信仰民俗”或“宗教民俗”，其突出的特征就是民俗与宗教信仰的二重性。信仰民俗的范围或种类大致包括敬天（自然崇拜、动物植物崇拜等）、尊祖（祖先和名人先师崇拜）、祭鬼神（各种俗神崇拜）和祛邪禳灾、卜算巫蛊以及各种禁忌等。另一方面，信仰民俗之外的其他民俗事项，与宗教信仰也往往有密切关联，或者是民俗事项的构成包括了宗教元素，或者是民俗事项本身渊源于宗教信仰。许多在今天看来完全没有宗教信仰色彩的民俗事项，其最初的发端都是宗教信仰的。比如现在婚礼仪式上向新婚夫妇抛撒的五彩纸屑，就渊源于古代婚礼仪式上抛撒五谷粮豆以“打煞”“驱邪”的民俗信仰，其最初的发端大约可以追溯到原始农业时期的农作物崇拜与鬼神崇拜，至于今天婚礼上的抛撒五彩纸屑以示祝福与喜庆，已经没有丝毫宗教信仰方面的内容了。又如中国人的传统节日，元旦（春节）、元宵、上巳、清明、寒食、端午、乞巧、中元、中秋、重阳、腊八、除夕等等，无一不是渊源于上古的宗教仪式，如今这些节日有些已经合并，如寒食节并入清明节，有些仪式虽保留却已经完全民俗化，如春节的放鞭炮（爆竹）、贴门神、守岁、舞傩等原本的驱鬼仪式都演变为以喜庆、娱乐为主要特征的民俗活动了，有些则彻底消失仅留下娱乐性活动，如上巳节变为春游。简言之，许多民俗事项，或渊源于宗教信仰，或包含宗教元素，或本身就是一种宗教信仰。宗教信仰渗透到民俗的方方面面。

就历史渊源而言，民俗随同社会的产生而产生，在今天，我们将其定位为“社会文化的基础层面”或者“人类文明最基础的结构”，但在产生之初，民俗却并非是“民间”的而是“全民”的，正如钟敬文先生主编的《民俗学概论》所指出的：“民俗是原始社会生活的唯一规范，这是史前民俗的显著特点。”[①] 就规范性而言，民俗在上古生活中显然居于主体地位。

与民俗产生的这种社会性或集体性根源不同，宗教信仰的产生虽同社会因素也有密切的关系，但更主要的是同个体的世界观念有关，是有关“这个世界的总的理论”[②]，是人类社会一定历史阶段上的产物。关于世界的总的理论当然不都是宗教的，但在人类的早期社会，人类力量尚未得到充分发展的时期，宗教性的世界观念却是普遍的，以至于在总体上构成了人类世界观念历史演变的一个阶段。在这个阶段，早期人类关于世界的看法充满了神性和灵性，对一切超出自身体力以外的世界力量持强烈的向往与敬畏的态度，人们匍匐于大自然的威力下，或虔敬，或恐惧。由于世界观念的基础地位与核心作用，早期人类社会的各种文化类型莫不受到宗教信仰的渗透和影响，以至于在很长的历史时期里，宗教被视为人类各种文化的渊源或“母体”，甚至视为人类早期文明的唯一形态。“古代之文明在宗教，后世之文明在学术”[③]，历史学家吕思勉的这句话，无论是就其非民俗视角的文明观还是将宗教视之为古代文明的代表，在很长的历史时期里都是相当典型的。

作为上古生活主体的民俗和作为上古世界观念之主要形态的宗教信仰在当时显然是重叠在一起的。上古社会的劳作、生活、仪式、艺术等等，既是民俗的也是宗教的。民俗和宗教的分野随着统治阶层的形成、随着“官方－民间”结构的出现而逐渐展开，特别是随着社会生产力的发展，随着人类文化逐渐走出宗教的世界观念，古代信仰民

---

① 钟敬文主编：《民俗学概论》，上海文艺出版社 1998 年，第 35 页。

② 马克思：《〈黑格尔法哲学批判〉导言》，《马克思恩格斯选集》第一卷，人民出版社 1972 年，第 1 页。

③ 吕思勉：《先秦史》，上海古籍出版社 1982 年，第 445 页。

俗的宗教信仰色彩逐渐消褪，时至今日，民俗主要通过其自身的集体性、仪式性、娱乐性等方面的元素而实现其教化、规范与调适等功能，宗教信仰的元素特别是崇拜、迷信的元素已经大大减轻。今天的民俗之所以依然保留有一定的宗教信仰成分，“这个原因其实不难解释，简单地说，民众需要神道的帮助。民俗活动千姿百态，贯穿其中一条基线便是求福避祸、趋吉去凶。民众生活中有许多问题，如天灾人祸、生老病死，是人力无法或难以解决的，他们不能不求助于神灵的保佑，以避免灾难的降临，希冀得到安宁与幸福”①。简言之，民俗的宗教信仰色彩程度取决于民俗所在群体的社会发展程度，取决于人们生存与生活的难易程度。越是生存艰难，民俗的宗教信仰特别是崇拜、迷信色彩就越是浓厚。

这里需要注意的一个因素是组织化制度化宗教的影响。由于宗教信仰作为世界观念的基础性，对于宗教信徒特别是那些入教的信徒来说，宗教教义与教规渗透到他们生活的方方面面，因而信教群众的民俗的宗教性原本就强于非信教群众，有些来源于宗教教义教规的民俗甚至只在宗教信徒中流传。

宗教与民俗之间的历史演变大趋势如上所言，但在这个过程中，宗教与民俗之间的具体关系仍是相当复杂的，除了原始时代的信仰民俗在后来的历史演变中不断去宗教化外，宗教自身演变的每一种形态都会对民俗的发展产生新的影响，反过来，民俗事项及其演变也为宗教形态的发展提供着资源。大致说来，宗教与民俗之间的互动融合包括这样一些途径与内容：

（1）宗教的民俗化。这指的是宗教形态因为契合了民众的生存与

---

① 牟钟鉴：《中国宗教与中国文化卷三：宗教·文艺·民俗》，中国社会科学出版社 2005 年，第 100 页。

生活需要而为民众所接受，并将其作民俗化改造，其结果往往形成民俗信仰与宗教观念的融合，如六道轮回、三世因果、善恶报应等等。前面所说的渊源于宗教信仰的民族传统节日也大多是这种情况，宗教的历史变迁成为民族节日的重要来源之一。从具体内容来看，宗教信仰的民俗化主要体现在如下三个方面：宗教“为民俗提供信仰的寄托”、“为民俗提供活动的内容和样式”以及“为民俗提供文艺创作的灵感”与素材①。

（2）民俗的宗教化。宗教是人类社会发展到了一定历史阶段的产物，而民俗则同社会的诞生同时，这是民俗和宗教的一个重要区别。信仰民俗作为民俗与宗教的双重结构，既是宗教的历史源头，也在随后的历史中成为宗教发展演变的重要资源，道教的“杂而多端”② 在此方面是一个相当突出的典型。在宗教形态的整个历史进程中，特别是在组织化制度化宗教的形成与发展中，对民俗的接纳是长期持续的。这也是宗教教规的一个重要来源，但由于制度宗教的强大影响力，后世的人们特别是宗教信徒往往忘记这些教规本来的民俗渊源，而反过来把教规作为民俗的渊源，当然，这也可以视为宗教对民俗规范的强化。比如犹太教、伊斯兰教禁食猪肉的规定，就是对古埃及和中东地区民族禁养猪、禁食猪肉的原始民俗的肯定与接纳③。民俗被肯定接纳为教规是民俗的社会规范功能的一种延伸，这种延伸最为典型的形态就是成文法律。

（3）民俗与宗教的共处与融合。民俗与宗教之间不仅在一定的历史条件下各自吸纳对方发展自己，而且相互之间在适宜的空间内相互

---

① 牟钟鉴：《中国宗教与中国文化卷三：宗教·文艺·民俗》，中国社会科学出版社2005年，第102—105页。

② ［元］马端临：《文献通考》卷二二五“按语”，中华书局1986年，第1810页

③ 杨文炯《关于犹太、伊斯兰民族禁食猪肉习俗新探》，《西北民族学院学报（哲学社会科学版）》1992年第2期。

接纳与包容，形成民俗与宗教的共处格局。这种情况大致可以从两类空间形态去理解，一是寺庙，一是信仰者个体。中国的绝大多数庙宇，平时是宗教信徒修道养性之处，在年节等特定的日子里则往往成为周边地区民众进行民俗活动（如庙会）的场所，尤其是各种俗神庙宇，其中有相当部分完全是由所属民众来集体管理的。这些民俗活动往往由僧（道）俗共同组织，其活动内容一般也是综合性的，通常以敬神娱神为中心，以祈福消灾为宗旨，既有宗教的求神拜佛，也有民俗的游艺娱乐，还常伴有民间商贸活动，娱神与媚俗交织在一起，形成民间文化的集中展示、游赏与交流，成为当地民间文化汇聚与辐射的中心，发挥着宗教、文化、经济等多方面的社会功能。这一方面使宗教信仰得以向民众传布，另一方面民俗文化也不断渗入宗教。寺庙，成为联接民俗与宗教的重要渠道①。至于信仰者个体的信仰多元性，不仅在于个体确实能够提供多种宗教信仰共聚一身的可能，使民间俗信和宗教信仰共存，祖先崇拜和佛耶信仰并行，更为重要的是，这种多元信仰在个体的共处是以个体自身的整体性、一致性为前提的，这使得个体的多元信仰成为民俗与宗教共处融合的实际承担者，成为民俗演变一种基础结构。

黄龙地区是一个宗教信仰色彩浓厚的区域，也是一个民俗与宗教关系形态极其丰富的区域。就中国的普遍状况而言，宗教信仰者人数庞大，但正规入教的信徒并不算多，“中国教徒总数至20世纪上半叶也不过一千多万人”②，中国信众中更多的是具有不同程度的鬼神观念、主要通过种类繁复民俗信仰来满足自身各种信仰需求的普通民

---

① 参见牟钟鉴：《中国宗教与中国文化卷三：宗教·文艺·民俗》，中国社会科学出版社2005年，第103—104页。

② 牟钟鉴：《中国宗教与中国文化卷三：宗教·文艺·民俗》，中国社会科学出版社2005年，第102页。

众。黄龙地区的汉、藏、羌、回四个主要民族中有三个民族可以说是全民信教的，藏族的藏传佛教（宁玛派、萨迦派、格鲁派）和苯教、羌族的羌民族宗教和回族的伊斯兰教至今对相应民族的民俗形态的影响都是巨大的，甚至羌民族宗教本身就是一种宗教民俗形态，再加上当地汉族中流传的道教、佛教及其影响下的各种非常活跃的民间宗教信仰形态，黄龙地区民俗文化的宗教色彩虽谈不上是最浓厚的，较之中国社会的一般状态来说依然是相当突出的。黄龙地区民俗文化的宗教信仰特征最引人关注的则是其民俗与宗教之间多元互动的丰富形态。这里既有区域性或村寨性的庙会，也有方圆七八百里涉及整个黄龙地区的大型庙会，既有单一民族的庙会活动，也有藏汉羌回各民族都参与的庙会，几乎每一个民族自身的节日在此也是其他民族共同的节日，甚至黄龙地区羌族民众因为巫师传承的中断而很自然地选择由村寨附近的苯教喇嘛或活佛来满足相关的宗教需求……这些无论是对民俗学本身的研究来说，还是作为一种独具地方特色的民俗文化遗产，都是需要认真加以考察与研究的。

由于时间及其他方面的因素，本书关于黄龙地区民俗文化的研究谈不上是彻底的和详尽的，这也是我们在黄龙地区做民俗文化调查接触到异常丰富的民俗事项时所感到的遗憾。在本书中，我们将初步地对黄龙地区民俗文化的面貌做系统的、全面的探讨，为更进一步的深入研究黄龙地区的民俗文化奠定基础。

第一章　黄龙地区的民族与民俗

第一节　黄龙地区的自然与人文概况

黄龙地区，大致相当于今天四川省阿坝藏族羌族自治州松潘县境域，位于四川省西北方向的岷江河谷顶端，岷山山脉中段，是岷江与涪江的发源地。这片区域北界九寨沟县（原名南坪县，新中国成立初期为松潘县第二行政区，其北部与甘肃文县接壤），东依绵阳市平武县，南通茂县，西靠红原县，东南与绵阳市北川县接壤，西南与黑水县相邻，西北与若尔盖县连接。东西长 180 公里，南北宽 112.5 公里，总面积 8339 平方公里①。

---

① 有关黄龙地区基本情况的资料主要来自《松潘县志》（民族出版社 1999 年）、《松潘县志（1990—2005）》（松潘县志办提供的终审稿）、《松潘黄龙多宗教共存与融合现象研究》（四川大学博士论文 2009）、《黄龙地区宗教文化研究》（巴蜀书社 2010 年）和《黄龙志》（初审稿），并参考了松潘县政府网站，除特别需要外，以下不再单独注明。

一、自然条件

黄龙地区地处青藏高原东缘，处在从四川盆地向青藏高原过渡的川西北高山峡谷地带，是中国三级地貌阶梯中由第一级（青藏高原）向第二级过渡的坡坎前面上缘部分。地势西北高东南低，随山脉走向由西北向东南倾斜，并从西北平缓的丘状高原和高平原逐渐向东南陡峻的壁峰、狭窄的沟谷过渡，地貌东西差异明显；最高处岷山主峰雪宝顶海拔 5588 米，最低处是 1082 米的河谷平坝，相对高差达 4506 米。峡谷幽深，峭壁悬崖，河谷深切，水流湍急，地表破碎，地质构造极为复杂，地震、滑坡、崩崖、泥石流等自然灾害频繁，交通极为不便，生存条件艰苦。据现有历史记载，这里曾发生过 104 次有感地震，其中大于 5 级的强震达 7 次。

黄龙地区地形多样，起伏显著，高山雄峻，峡谷深切。海拔 3700～4000 米以上，悬崖绝壁，基岩裸露，保存较多冰川地貌遗迹；海拔 3700 米以下则植被发育，森林繁茂，峡谷地段，地形陡峻。有雪宝顶、弓杠岭、哲波山、桦子岭、金蓬山、垮石岩、红星岩、腊子山等著名山峰、山梁；有岷江、涪江、热务曲（河）、毛尔盖河、白草河及大小支流 200 余条，大小河流汇集成岷江和涪江两大水系，年平均径流总量 40.2 亿立方米。区内分布着大面积的喀斯特地貌，其中以黄龙沟的大规模露天钙华[①]堆积及其造型最为奇丽壮观，与牟尼沟钙华瀑布和湖泊、丹云峡喀斯特峡谷一起构成黄龙地区闻名世界的自然景观。

根据地貌特征和组合分布规律，黄龙地区大致可以划分为三个地

① 钙华，又称石灰华，通常由岩溶性泉水，河水或湖水在适宜的环境下沉积，形成的大孔隙次生碳酸钙，一般具有多孔隙的海绵状结构。

貌区：高原区，分布于西北方向的毛儿盖、哲波山、尕尼台一带，地面波状起伏，丘谷相间，丘顶平缓，谷地平整宽阔，往往有河沟曲曲折折，缓缓流淌，低洼地形成沼泽，背阴沟谷有茂密森林，是牧区的主要分布地带；山原区，是高原向高山峡谷的过渡地带，分布于中部岷江河谷地带，从岷江源头的漳腊、进安镇（松潘县城）、大寨乡、牟尼沟到热务沟上段部分一带，岭平坡缓，谷地较宽，沿岷江两岸分布有二、三级阶地和冲积、洪积扇，是黄龙地区主要的农业区、半农半牧和林业经济区域，出产青稞、小麦、胡豆、油菜以及麝香、鹿茸、贝母、虫草、羌活等；高山峡谷区，主要分布于东南方向岷江河谷和涪江流域，大致为热务沟下段、岷江乡、雪山梁、红星岩一线以东部分，山峰林立，山脊带锯齿状，谷地狭窄，森林资源丰富，为半农半牧和林业经济区域，粮食作物一年一熟或两熟，主产小麦、玉米、洋芋，白羊乡和小河区的低洼河谷地带可种植零星水稻、红苕，并出产核桃、花椒、生漆、苹果、茶叶、药材等经济作物和经济林木。

黄龙地区的气候主要受高空西风气流和印度西南季风的影响，具有明显的青藏高原季风气候特点，日照充足，冬季漫长，寒冷干燥，区域差别大，西北寒冷，东南较为暖和。多年平均气温 5.7℃，年极端最低气温零下 25.6℃，海拔 3400 米以上无绝对无霜期，其余地方无霜期短，年平均无霜期 60 天左右。各地四季长短不一，海拔 1900 米以上，长冬无夏，春秋相连，四季不分明；海拔 1900 米以下，冬长夏短，夏无酷暑。冬季（11 月至次年 3 月）“降水稀少，天气清朗，日照强烈，空气寒冷干燥，多大风”①，夏季（6－8 月）降水明显增多，秋天（9－10 月）有连绵阴雨。降水分布不均，干雨季分明，雨季（5－9 月）降水量占全年降水量的 72%以上，且年际间变

① 《松潘县志》，松潘县志编纂委员会，民族出版社 1999 年，第 120 页。

化较大，最多年份是最少年份的两倍，多夜雨和午后阵雨，夏旱、夏洪、秋干与秋季低温阴雨交替出现，多年平均降水量 720 毫米。

由于地形复杂，海拔悬殊，气候随流域和地形不同而明显多变，气候垂直变化显著，小气候多样且灾害性天气活动频繁。3 至 4 月的寒潮连阴雪、7 至 8 月的伏旱、9 至 10 月的连绵阴雨和整个雨季的暴雨、冰雹、洪涝对农业、牧业生产活动都有不同程度的影响，其他如春旱、夏旱、大风、冬季的冻土以及暴雨、洪涝引起的泥石流和高海拔地方的霜冻也有一定程度的危害。

总的来说，黄龙地区地处川西北高原，山高沟深，气候严酷，生存环境整体较为恶劣，自古为苦寒之地，属边地部族居所。

二、历史沿革

黄龙地区的人类居住史则可以追溯到夏商以前，从当地出土的夏商时期的绳纹陶罐和石器时代的遗留可知，至迟在夏商时期这里便已经有了人类的足迹①。早期的土著居民状况已经不可考，一般认为，现今居住于岷江上游河谷的羌人是从四千多年前或更早时候开始逐渐迁徙到这里来的，在羌族的古老传说中，则讲述了羌人祖先来到这里并战胜了这里的土著居民“戈基人”从而定居下来的故事。

黄龙地区最早的汉民族政权建置自清代以来多认为是从秦代开始，认为秦惠文王时，接受司马错建议灭蜀（前 316），分置巴郡、

① 《松潘县志》（松潘县志编纂委员会，民族出版社 1999 年）：“松潘，新石器时期已有人类活动。”（第 79 页）

蜀郡，然后就在岷江源置湔氐县。但此说不太可信[①]，因为“湔氐”之名，显见当地族群被称作“氐”，而黄龙地区的早期族群则被称作“羌”。唐《元和郡县图志》关于“松州”有如下描述：

> 松州。禹贡梁州之域。古西羌地也。……及秦穆公得戎人由余，遂霸西戎，开地千里，其后子孙分别，各自为种，所居无常，依逐水草，以战死为吉利，病终为不祥。妇人孕身六月而产子，不避风雪。性刚猛，得西方金行之气。始皇时，务力并六国，兵不西行，故羌种得以繁息。[②]

这里显然是把唐代松州纳入西羌古地来加以看待的，一直到秦始皇灭掉六国，统一天下，这里都是古羌人的居所。这种看法不无道理，因为古羌人为游牧民族，而氐人则从事农耕或以农耕为主畜牧为辅。而黄龙地区主要处在岷山山脉的西侧，受岷山山脉的影响，地势较高，主要适宜于游牧或者放牧，而并不适宜普遍耕种，汉代在氐人聚居区设立的甸氐道（原松潘南坪，今九寨沟县）、刚氐道（平武）都在岷山北麓或东麓低地，海拔三四千米，最低处一千多米。何况，秦灭巴蜀的主要目的是取得成都平原这个粮食产地，“取其地，足以广国也；得其财，足以富民”[③]，故秦灭巴蜀其西线仅到岷江出山口，湔氐道就设于此，李冰治水也是那之后发生在这里的事情，这显然是同秦国开发成都平原的目的相联系的。到汉初，这个主要是氐人聚居的地区

---

① 参见童恩正《古代的巴蜀》（四川人民出版社 1978 年）、罗开玉《秦汉三国湔氐道、湔县考——兼论川西北的开发序例及其氐人诸题》（《四川师院学报》1985 年第 3 期）、罗树凡《“湔氐道”的范围和治地》（《天府新论》1985 年第 6 期）和任乃强、张至皋《四川地名考释·温江地区十二县》等。

② ［唐］李吉甫撰：《元和郡县图志》，贺次君点校，中华书局 1983 年，第 809 页。

③ 《战国策》“秦一”之“司马错与张仪争论于秦惠王前”，上海古籍出版社 1985 年（第 2 版），第 117 页。

尚还不稳定，孝惠帝三年（前 192）“蜀湔氐反，击之”①。需要特别指出的是，相较于广袤的西羌古地而言，黄龙地区仅是其边缘，是青藏高原探入高原与盆地边缘高山峡谷地带的一处平缓而倾斜的台地，岷江河谷在此由高地向低地过渡，地形多样，再加上羌人部落本身繁多，并不一致，黄龙地区的族群结构也就并不单纯。而且，从羌人的历史迁徙和族群分化（从游牧到农耕）来说，从青藏高原及西北高地顺着这个探向盆地的缓坡下到岷江河谷并不是没有可能，今天广泛生活于岷江上游河谷两岸的羌族民众应该就是这么来的，羌人的生产生活习俗在此过程中显然发生了改变。到西汉武帝元鼎年间，汉王朝开发西南，灭掉了成都平原周边的几个少数民族政权，地处岷江上游河谷的冉、駹等部族震动，请求内附，于是设立汶山郡（后并入蜀郡），沿江设县，有绵虒、湔氐道、广柔、蚕陵，最远为蚕陵县，这是黄龙地区纳入中央政权管辖的开端。古蚕陵县，在黄龙地区最南端，正处在岷江河谷高地和低地的分界线上，从下游而来，地势在此陡然抬升并逐渐开阔，后为松潘南路叠溪营所在地，1933 年叠溪大地震，山毁城埋，江流堵截，形成现在所看到的叠溪海子，今其所在地已大部划入茂县。

此后六百多年间，黄龙地区的政权建置溯江而上逐步设立，并越过岷江源头扩展到广袤的松潘草地。西晋灭亡后，黄龙地区北部一度为吐谷浑、邓至羌属地。邓至羌北魏时被灭，纳入中央政权管辖。北周保定五年（565）在黄龙地区设立龙涸防，天和元年（566）改置为扶州，设扶州总管府，领龙涸郡；隋文帝开皇三年（583）废龙涸郡，改置嘉诚镇，隋炀帝大业三年（607），罢扶州，改置同昌郡，领嘉诚县。到唐高祖武德元年（618），改置“松州”，在今松潘县城所在地

① 《史记》卷二十二“汉兴以来将相名臣年表第十”，中华书局 1959 年，第 1122 页。

筑松州城，为唐王朝西南边境要地，领嘉诚县、交川县（今岷江乡）；贞观二年（628）设松州都督府，到天宝十二年（753）松州都督府所辖羁縻州已达104州，成为重要的边地政治中心。天宝元年（742）改松州为交川郡，天宝十一年（753）增设峨和县（今镇坪），属临翼郡，乾元元年（748）交川郡改为松州。贞观年间，唐与吐蕃在松州大战，吐蕃战败，唐蕃和亲，到唐代宗广德初年，吐蕃又占据松州，此后，松州成为唐、吐蕃以及当地其他部族的争夺之地，吐蕃人和吐蕃化的部族在此繁衍开来。吐蕃王朝解体后，这里为各地方部族所居。到北宋仍设置松州，徽宗崇宁三年（1104），当地地方部族首领潘罗支归附，又设上、中、下三潘州（今若尔盖县求吉乡、松潘县漳金乡、平武县班班簇地区）。元代这里属吐蕃等地宣慰司管辖，分设有松州、潘州等，隶中央宣政院。明洪武十二年（1379），丁玉平定松州、潘州，分设二卫，不久合为松潘卫，“松潘”之名自此始。同年，丁玉调宁州卫（甘肃宁县）指挥使高显到松州修筑松潘县城，今残存的部分松潘县城城墙就是明洪武年间所建，至今已有近七百年历史，城门洞两侧的石刻浮雕依然清晰可见。洪武二十年（1387），改松潘卫为松潘等处军民指挥使司，属四川都司。清顺治九年（1652），黄龙地区纳入清王朝版图，仍属松潘卫管辖；雍正七年（1729），裁卫设松潘抚民直隶厅；雍正九年（1731），改置松潘厅；乾隆二十五年（1760），升为松潘直隶厅。民国初年，改松潘直隶厅为松潘县，黄龙地区属松潘县管辖；民国十六年（1927），设置松理懋茂汶屯殖督办公署，划为屯殖区域，归屯殖督办署和二十八军管辖；民国二十四年（1935），又划入第十六行政督察区管辖。1950年2月9日，松潘解放，属川西行署区茂县专区管辖；1950年至1963年，先后将原松潘县所属的三果洛、三阿树划归青海省果洛藏族自治州，小黑水地区划归黑水县，又先后分置阿坝县、红原县、南坪县（今九寨沟县）、若尔盖县等，在黄龙地区则继续设置松潘县；1952 年 12 月 27 日开始实行民族区域自治，改茂县专区为四川省藏族自治区，1955 年 11 月 28 日改四川省藏族自治区为阿坝藏族自治州，1987 年底阿坝藏族自治州更名为阿坝藏族羌族自治州。

三、资源、生产与交通

黄龙地区地广人稀，土地贫瘠，自然资源较为丰富。以山地为主、沟谷纵横的地貌不仅带来交通上的不便，也大大限制了生产的发展，整个地区的生存对大自然有极大的依赖性，自然资源的利用长期处在较为低端的层面，生产力水平较低。

全区面积合 1250.85 万亩，可耕地 19.06 万亩（其中粮食耕地 14.33 万亩），仅占土地总面积的 1.52%，人平耕地面积 2.6 亩（按 2008 年人口），主要分布在半山和河谷地带，河坝耕地约占总耕地面积的 27%。其余占总面积 45%以上为牧业用地，40%以上为林业用地。有天然草地 562.88 万亩（含疏林草地），天然牧场 433.17 万亩，占总面积的 34.6%，牧草有 42 类 154 属 309 种，其中优良牧草 21 种；有林业用地（含宜林荒地）496.7 万亩，占总土地面积的 39.8%，1990 年有森林 245.32 万亩，2011 年森林覆盖率 31.8%，主要树种有云杉、冷杉、桦木等。农作物以小麦、胡豆、洋芋、青稞、玉米为主，经济作物和经济林木有油菜、大蒜、核桃、花椒、漆树、茶叶、药材等。中药材种类繁多，主要包括松贝、羌活、黄芪、甘松、赤芍、独活、红毛五加皮、大黄、木香、柴胡、防风、秦艽、麝香、鹿茸、熊胆、牛黄、虫草、天麻、雄黄、石膏、朱砂等。野生动物区系组成复杂，仅脊椎动物就有 328 种，其中鸟类 130 种，兽类 170 种，爬行类 14 种，两栖类 6 种，鱼类 8 种，还有国家一、二级保护动物大熊猫、金丝猴、云豹、牛羚、小熊猫、猕猴、蓝马鸡等动物。主要矿藏有砂金、铜、锡、锰、钨、汞、锑、无烟煤、硫磺、雄磺、大理石、花岗石、石灰石等，其中砂金矿藏较丰富，著名的“漳金”成色高，融耗低，一度极为有名。

黄龙地区的工农业自古就不发达。粮食生产长期不能自给，必须仰赖内地输入。民国《松潘县志》言及农业时就说：“松属南坪、小河，气候较暖，略有稻田，产谷无多。余则山高寒重，岁收一季，只宜冬麦。视霜雪之早迟，定收获之丰歉，农民贫多富少。”[①] 明初因“松州卫远在山谷，屯种不给，馈饷为难”，一度准备放弃松州，后因实在重要，方才继续留存[②]。嘉靖年间，龙州宣抚薛兆乾作乱，斩断铁龙堡（其下 7.5 公里即龙安府）铁索桥以阻拦官兵，致使松潘东路的交通中断，“旬日，松州米贵如金”[③]。在工业生产上，新中国成立前仅有一些零星分散的小手工业，如制革、鞋靴、骨角器皿、毛织毡毯、铁器、木器等；新中国成立后发展的工业主要有伐木、木材加工、粮油加工、酿造、农业机械、水电站、砖瓦建材、石灰窑以及服装、矿产、冶金等行业。其中，1998 年实行天然林保护工程后森林采伐停止，近年来矿产、冶金发展迅猛。

黄龙地区在相当长的历史时期里是内地与高原民族茶马互市的集散地，商业较为繁荣。交通工具以牛马为主，运输全靠人畜背挑驮运。商品主要沿着以松潘县城为中心的东西南北四条道路往来运输，也是黄龙地区和外界沟通的主要通道。东路出松潘县城东门向东，翻越雪山梁沿涪江而下至平武（古称龙安），经绵阳到成都；南路出松

---

① 《松潘县志》卷二“学校”之“附实业”，民国甲子年（1924）新刊，国家图书馆数字方志。

② 参见《明史》卷三百十一“列传”一百九十九“四川土司一”之“松潘卫”，中华书局 1974 年，第 8024 页。

③ ［明］曹学佺：《四川名胜志》卷二十六“川西边防一”，国家图书馆数字方志。

潘县城南门，沿岷江而下，经茂县（下图[①]）、汶川、都江堰（灌县）到成都；西、北两路均出松潘县城北门，在川主寺分路，西路折向西，过黄胜关[②]进入草地，连通青海、西藏，北路继续向北翻越弓杠岭，经南坪（今九寨沟县）到达甘肃文县，连通陕西、甘肃、宁夏。此四路除通向草地的西路主要在高原和山原地带，比较平坦外，其余三路均多为狭窄陡峻的山路，尤其是东、南两路。从清代王世万所作《夏毓秀辖夷口修路碑》一文中关于松潘东路（龙安古道）道路艰险、山洪冲刷的描述，可以想象当初的行路艰难：

---

① 沿岷江河谷的松茂路，此为茂州北部，威尔逊 1910 年 8 月 31 日摄。参见《威尔逊在阿坝》（红音、干文清编译，四川民族出版社 2009 年）第 19 页。

② 黄胜关是古代松潘地理和人文上的一个重要分界线，习惯上，此关以西、以北称为“关外”或“口外”，以东、以南称为“关内”或“口内”，黄龙地区的主要范围就是“关内”地区。

> 辖夷口者，旧传为古人御夷要地。悬崖叠嶂，下阻溪流，山麓径路尤险；然东达龙郡，西达松州，实行旅必由之道也。夏秋山水暴涨，横截冲刷，每令行人踯躅；向来架木为桥，雨淋日炙，旋修旋败。俯而窥之，深邃幽暗，渺不见底；偶然失足，人畜皆无幸。冬春冰雪凝冱成块，累挂峰巅，几若巨石，日映冰坠，时复伤人，往来经过视为畏途焉①。

1950年以后，经过近四十年努力，这四条古道先后改建为松瓦公路（西路：松潘－瓦切）、松南公路（北路：松潘－南坪）、松茂公路（南路：松潘－茂县）和松平公路（东路：松潘－平武），其中松瓦公路和松茂公路属国道213线的组成部分，纵贯全境。自此，黄龙地区的对外交通条件大为改善，但其中依然不乏“十二道拐”、“九道拐”之类的地名。到1990年底，黄龙地区所有乡（镇）汽车都可通达，区内由省级公路、县级公路、乡村公路、林区公路和机耕道构成的交通网络已经形成。2003年9月28日，位于漳腊的九寨－黄龙机场建成通航，黄龙地区的对外交通向立体发展。交通发展再加上其他原因，黄龙地区传统的商品集散地地位逐渐弱化，曾经发达的商业逐渐为旅游业所取代。

黄龙地区旅游资源极为丰富。有著名的世界自然遗产——黄龙，以世界上规模最大、保存最完好、结构造型最多样的露天钙华堆积而闻名于世，其彩池、滩流、森林、雪山和古寺、民俗交织在一起，独具魅力，被誉为“圣地瑶池”、“人间仙境”；有方圆七八百里的最高峰——岷山主

① 《松潘县志》卷八“文苑”之“夏毓秀辖夷口修路碑”，民国甲子年（1924）新刊，国家图书馆数字方志。

峰雪宝顶，终年积雪不化，成为当地圣山－神山崇拜体系的核心，朝拜、转山者不绝如缕，更演化为每年农历六月中旬的黄龙庙会，规模盛大，将黄龙地区的民族风情、宗教神秘与民俗文化汇集为一体；有国家级、省级、州级文物保护单位松潘古城墙、小河古城墙、黄龙寺、靖夷堡遗址、安宏烽火台、清真北寺等，昭示着黄龙地区久远的历史与多元的文化；有革命纪念地毛儿盖会议旧址、沙窝会议旧址和红军长征纪念碑园，是踏访长征足迹的必经之地；还有遍布区内的民族村寨、各种类型的寺庙以及大大小小的庙会和具有民族风情的多元民间文化，汉风、藏韵、羌情、回俗，在此交融互渗。这些都为黄龙地区发展旅游业提供了极大优势，而交通的改善为以旅游为中心的黄龙地区现代经济重现古代的繁荣提供了可能。经过近三十年的发展，旅游业已经成为当地的支柱性产业，商贸、餐饮等服务行业在旅游开发的带动下正以全新的面貌展现，黄龙地区的民俗生态结构已发生了根本的变化。

四、文化面貌

黄龙地区的文化是一种典型的多元共处与互动融合型边地文化，因其典型，我们将其称之为“黄龙文化”。黄龙文化的典型性一方面体现在这种文化形态本身所具有的边缘性、多样性与融合性，另一方面则体现在这种多元文化生态体系同其所处地域及其自然－历史处境的紧密契合性和直观性。

从地理位置上看，黄龙地区处在从四川盆地到青藏高原的过渡地带，高山峡谷、高地森林和高山草地、草甸依次铺展，地形多样，气候复杂，垂直分布的立体特征显著。这一方面意味着这里的经济生产与生活方式必然是多样性的，也意味着这种生存与生活方式的小规模性。在这里，不可能形成大规模的人群聚居地，小型的村寨和小规模的中心城镇成为主要的聚居形式。这种地理特征决定了黄龙地区的生存与生活在总体上是艰难的，空间是狭小的，但同时又为不同民族各不相同的生产方式和生活传统提供了可供选择的巨大空间。地理生存条件的多样性为生存与生活从而文化的多样性提供了可能。这是黄龙地区的不同民族能够随海拔高度的变迁和地形的变化而各自聚居于不同空间层面的基本前提，并由此而最终形成了界限分明又犬牙交错的多民族共处杂居生态。

从更为广阔的文化生态区位结构来看，黄龙地区处在长江文明与黄河文明、游牧文明与农耕文明、边地少数民族文化与中原文化的交接点上，是东亚大陆上多个文化区域的边缘交会处，因此也成为纵贯四川盆地西部边缘的“藏彝走廊”的北部中心点之一。东亚大陆的这种文化区域分布态势决定了多元文化的碰撞与交流是黄龙地区的历史必然。自古以来，黄龙地区便是部族杂处的多民族共聚之地。在古代相当长的历史时期里，就曾经存在的任何一个强大政权而言，这里都是偏僻边远之地。随着多个民族先后进入这一区域，这里既曾是冲突、战乱之地，也成为民族文化的交流汇聚之地。特别是自唐代以来，随着吐蕃的崛起与东进，这里一直是民族冲突与交流的前沿地区，具有非常显著的边地多元性质。时起时伏、时大时小的冲突延续了一千多年，冲突带来交流，共处促进融合，多民族的交会带来多元文化的互动与融合。在远离权力中心的边缘地带，缺少了来自政权的强势影响，人与物以及人与人之间的关系在这片广阔而又多样的土地上以相当自由而宽容的方式经历了长期的历史熔铸，最终形成了具有浓郁地方风情的黄龙文化，其所展现的深层文化意蕴则是具有普遍意义的人类文化品格——和谐包容，一如黄龙地区那承载地表上极其丰富之地形地貌的厚实而广阔的大地。“地势坤，君子以厚德载物。”①人类文化的无限多样性正是植根于“和”这种如大地般宽厚的文化品格之上。“和实生物，同则不继”②，这种以和谐包容为深层内蕴的多元融合文化，于多样性的包容中透露出勃勃生机。

黄龙地区的多元融合文化将地方风情与普遍品格非常直观地结合在一起，有着自身的文化生态结构。在经济形态上，由于地理环境的影响，黄龙地区的经济基础首要的是牧业，在农业不能保证自给的情况下，广阔的草场提供了基本的生存保证，半农半牧是这里最为普遍的经济生产方式。但总的来说，这种生产方式和农业一样在相当程度上受制于自然生存条件，在相当长的历史时期里，这里的居民生存与生活是极其艰苦的。黄龙地区古代经济繁荣的一个关键因素在于商业。黄龙地区地处岷江与涪江源头，位于四川、青海、甘肃的交界处，“北望河湟，南通汶灌”③，是沟通中国西南和西北的交通要地，草地的马匹、药材、毛皮等和内地的茶叶、粮食等经由这里得到交换，一旦战争平息，往往商贾云集，特别是松潘县城，成为整个商路上最为重要的中转地。这样，简陋的农业、广泛的牧业和兴盛的商业构成了黄龙文化的经济基础。此外，黄龙地区在历史上长期为边防重地，向来有“西川门户”之说，松潘城更是川西的军事重镇，以此为中心，屯堡、烽燧遍布交通沿线，长期的驻军、屯垦和往来的商旅一道，构成了黄龙地区多元融合文化传统的重要元素。与此相应的是，这种艰难、动荡的生存环境注定了黄龙地区文化氛围中浓厚的宗教信仰取向，而黄龙沟的神奇、雪宝顶的巍峨为宗教圣地的形成提供了条

① 《周易》“坤”卦“象”辞。《周易本义》，朱熹注，上海古籍出版社1987年，第5页。

② 《国语集解》，徐元浩撰，王树民、沈长云点校，中华书局2002年，第470页。

③ 《松潘县志》卷三“边防”之“边防总论”，民国甲子年（1924）新刊，国家图书馆数字方志。

件，形形色色的各民族宗教形态，则为满足黄龙地区民众的宗教信仰需求提供了可能。这样，经过长期的历史演变，以遍布黄龙地区的大小村寨为基础，以各类庙宇为骨架，以盛极一时的黄龙庙会为核心，以牧、商、农、工等经济形态为文化纽带，以边疆重镇为背景，以多民族互动与融合为基本态势，就形成黄龙地区的带有浓厚宗教色彩的多元共存与互动融合的文化生态。这种传统的文化形态在当代的社会发展中已经找到自身的依托点，并正在以旅游为支柱的经济社会发展中重构。

总之，黄龙文化是一种生成于多民族杂居地区的边缘性、融合性文化，是以“和谐共处”为精神特质的多元文化生态体系。经过了建国六十多年的发展与融合，以各民族之间通婚杂处现象日益增多为显著标志，其融合性较过去更为显著。

第二节 黄龙地区的人口与民族

一、人口

黄龙地区是一个典型的多民族共聚区域。以今天的民族分布格局来说，这里正处在藏、汉、羌这三个民族主体文化区域的交汇点上（回族聚居区散布），黄龙地区的居民主要由藏、汉、羌、回四个民族组成，其居住历史都比较久远，当代人口统计中出现的其他民族人口在本地并未发现有该民族的世居村寨，应是六十多年来由于工作等原因落户此处的。

有关黄龙地区的人口统计过去从来没有确切的数据，总的来说，汉、藏两族人口占主体，基本相当。曾任四川第十六行政督察区教育视察员的教育家冯克书先生在《松潘县视察述要》中曾对民国时松潘地区的人口构成有一个估计，认为“西番”（藏族）约占百分之七十，而汉族约占百分之十五，其余还有回族约占百分之五，猼猓约占百分之五，氐羌约占百分之四，戎族约占百分之一①。这是就包括草地在内的民国时期松潘疆域内的人口而言，而且只是大略估计，谈不上有多准确。实际上，民国时期包括黄龙地区在内的整个松潘的人口数据各不相同，少的以为在七八万人，多的有估计为十几万、二十几万的。1935 年《川边季刊》刊载的《屯区鸟瞰》一文中记录的松潘县有人口“二二七四二户”，“七七七三三口”。② 1936 年天化在《松潘社会调查》一文中认为“松潘地毗西番，汉、四夷杂处，汉人仅占十分之一二，全县人口向无确实调查统计，大约汉人四千余户，人口三万余，多居住于县城、漳腊、南坪及小河营等地，生熟番夷七百二十寨，熟番二千余户，约二万余人，生番约七千余户，约四五万人，散住于内外部落”③。以上两处记载在总数上大致相合。1938 年松潘县政府清查户口的结果是：“计全县汉回及羊洞、和约等番民编入保甲者，共计五千六百七十户，二万八千七百七十八丁口。”④ 这是就关内（黄胜关以内）进入户口统计范围的人口而言，大致相当于今黄龙地区的范围，至于“关外番民户口，向无精确统计”⑤，有说四五万的，也有说十几万、二十多万的，比如 1939 年的一份报告《松潘、

① ［民国］冯克书：《松潘县视察述要》（油印本），四川大学图书馆馆藏。

② 松潘县志办复印档案资料，由松潘县志办提供。

③ 天化：《松潘社会调查》，《复兴月刊》1936 年第 4 卷第 6—7 期。

④ ［民国］冯克书：《松潘县视察述要》（油印本），四川大学图书馆馆藏。

⑤ 冯克书在《松潘县视察述要》一书中引用了几个数据，可供参考：“据志书所载：松潘番民关外五十二部落、关内二十部落，由七十二土司管辖，番寨七百四十九，番户一万六千九百五十五，男女丁口四万四千二百另五。又据草地商人之估计：关外约有番民二万户，男女丁口十二万云。又番民人口据实地调查在二十余万人以上。”这里说的“志书”即民国《松潘县志》。这些都是有关民国时期松潘县全境和关外草地民族人口数量的几种估计。

理番（今理县）夷情概况》中就说："松潘回汉夷三族，夷民占十分之七，回民占十分之二，汉民占十分之一，［多系内地寄籍者］[①] 原有丁口共约二十万，经赤祸后，约仅十五万。"[②] 1941年的《松潘调查报告》记录的松潘人口为汉回"两族人民，共五千八百四十七户，男女凡三万三千五百二十八人"，"全县土司共七十二部落，共辖番民四万三千余人"[③]。而王化南在1945年发布的调查里列出的松潘县人口统计数据则是："共计人口约十三万，汉族壹万，回族七千，藏族十一万，羌与儸儸族七千左右。"[④] 这些数据之间的差异，有统计不够精确的原因，也有人口变化的历史因素。到1990年，松潘县总人口为64641人，其中藏族24038人，羌族4543人，回族8398人，汉族27633人。在民国的松潘县疆域内，黄龙地区是其人口最为集中的区域，尤其是汉族人口的主要聚居地，再考虑到南坪、小黑水地区在新中国成立后分离出去，以1990年的松潘县人口数为参照，则民国时期黄龙地区的人口大约在五万，其中汉族、回族共两三万人，藏羌等民族两万余人，所谓"熟番二千余户，约二万余人"，大致指的正是今黄龙地区的藏族、羌族。

到2008年末，黄龙地区总人口73188人，其中藏族占43.34%，已跃居首位，汉族占31.15%，退居第二，羌族占10.30%，回族占15.10%，其他民族占0.11%。

---

① 此为原文注释。凡所引文献原文注释均使用方括号，以下不再注明。
② 松潘县志办复印档案资料，由松潘县志办提供。
③ 松潘县志办复印档案资料，由松潘县志办提供。
④ 王化南：《四川的西北角——松潘》，《中农月刊》1945年第7期。

二、民族分布

黄龙地区现今的民族分布大致可以概括为“汉回在羌藏之间”的格局（见彩页：“黄龙地区民族分布示意图”）。这同费孝通在论述“中华民族的多元一体格局”时所描述的汉民族在少数民族地区的分布特点是一致的：“汉族主要聚居在农业地区，除了西北和西南外，可以说凡是宜耕的平原几乎全是汉族的聚居区。同时在少数民族地区的交通要道和商业据点一般都有汉人长期定居。这样汉人就大量深入到少数民族聚居地区，形成一个点线结合，东密西疏的网络，这个网络正是多元一体格局的骨架。”①

根据地形地貌和流域差异，黄龙地区大体可以划分为三块：作为主体的岷江河谷，西部的毛尔盖草原和东部的涪江源流域。从居住地形上，也大致可以分为三类：适宜于畜牧业的高原草原，适宜于农耕的河谷平坝，适宜于山地农业和半农半牧的支流沟谷。黄龙地区的民族基于各自的生产传统居住于不同的地域，形成界限分明而又犬牙交错的分布形态。具体来说，黄龙地区的民族分布界限大致以岷江河谷的漳腊、岷江二乡为界，漳腊以上至热务沟中部一线以西，包括毛儿盖草原，是从事畜牧业的藏族最主要的聚居区；漳腊以下至岷江乡的岷江河谷平坝和东部涪江流域狭小的河谷平坝，主要是从事农耕、商业以及行政、卫戍的汉族、回族，松潘县城就在这一区域内，同时，这一区域内岷江的支流沟谷则分布着从事半农半牧的藏羌民族；岷江乡以下包括镇江、小姓（热务沟沟口地区）、镇坪、白羊等地，地形

---

① 费孝通：《中华民族的多元一体格局》，《费孝通文集》第11卷，群言出版社1999年，第412页。

以高山峡谷为主，是半农半牧的羌族主要的聚居区。黄龙地区的民族分布从地图上看，形成西－北部藏区、东南部羌区和居于二者之间以汉回为主体的多民族杂居区域的结构态势，分明地呈现出由西－北部藏区向东部汉区、东南部羌区逐渐过渡的特点，这也是岷江上游河谷民族分布的总体态势。作为过渡地带的岷江河谷平坝及其支流沟谷就成为黄龙地区民族聚居最为错杂的区域，近些年来，随着山地居民越来越多地向河谷平坝迁移，这种不同民族之间的混居、杂居状况越发突出，传统的村寨聚居结构正在打破。

黄龙地区的这种“汉回在羌藏之间”的民族分布格局是伴随着民族的迁徙与演变而逐渐形成的。从秦汉至公元7世纪，黄龙地区始终是中原王朝的西南边疆重地，族群杂处，部族繁多，迁徙不断，“或士箸（土著），或移徙”[①]，古代文献所谓“六夷七羌九氐”[②] 或“六、夷、羌、胡、赀虏、白兰、蜂峒。九种之戎”[③] 等所指的族群杂居区域就涵盖了黄龙地区。7世纪时，随着吐蕃的崛起和青藏高原的统一，黄龙地区成为唐蕃交锋的前沿地带之一，这里的族群受到唐王朝和吐蕃从东西两个方向来的挤压，或者汉化，或者吐蕃化，或者继续保持其文化传统。这些继续保留文化传统的“中间居民”大多被称之为“羌”或“松州羌”，新旧《唐书》所说的“两面羌”可谓其所处位置的形象写照：“其年，西山松州生羌等二万余户，相继内附。其粘信部落主董梦葱，龙诺部落主董辟忽，皆授试卫尉卿。立悉等并赴明年元会讫，锡以金帛，各遣还。寻诏加韦皋统押近界羌、蛮及西山

① 《史记》卷一百一十六“西南夷列传第五十六”，中华书局1959年，第2991页。

② 《后汉书》卷八十六“南蛮西南夷列传第七十六”，中华书局1965年，第2858页。

③ ［晋］常璩：《华阳国志》“蜀志”之“汶山郡”，《华阳国志校补图注》，任乃强校注，上海古籍出版社1987年，第184页。按任乃强的观点：这里的七种再加上冉、駹就正是“九种”。

八国使。其部落代袭刺史等官，然亦潜通吐蕃，故谓之‘两面羌’。”① 9 世纪以后，吐蕃王朝解体，吐蕃和吐蕃化的民众以语言、宗教（藏传佛教、苯教）为纽带逐渐演变为一个有着共同的历史与文化习俗的族群——藏族，生活在黄龙地区的吐蕃后裔或者吐蕃化的人群过去习惯上被称之为“番”或“西番”，是藏族的一个方言族群。这种“羌在汉藏之间”的格局至今仍然是四川西北部民族分布的基本面貌。② 黄龙地区“汉回在羌藏之间”的民族分布格局则是羌、藏、汉交界线上的一个局部性民族分布格局。由于回族的最终形成是在明代，因而，这一分布格局迟至明代已经相当稳定，延续至今已有五百年以上历史。

黄龙地区的多民族杂居具有鲜明的边地特征，是一种界限分明的以族群或者村寨为基本单位的杂居，可谓“大杂居，小聚居”③。在黄龙地区这块不大的土地上，甚至是在这个地区的某个平坝或者沟谷，甚至某条街道，都可以同时居住多个不同的民族，而民族之间却又有着相当清晰的界限。居住在松潘县城的汉族与回族甚至曾经因为各自的风俗习惯而成为相邻的“陌生人”，当地口头俗语所说的“上街不到下街，下街不到上街”描述的正是这种颇有些“老死不相往来”意味的边地杂居特点。有见于此，冯克书在《松潘县视察述要》

① ［后晋］刘昫等撰：《旧唐书》卷一百九十七“南蛮西南蛮”之“东女国”，中华书局 1975 年，第 5297 页。另，背景可参见《新唐书》（［宋］欧阳修、宋祁撰，中华书局 1975 年）卷二百二十一上“西域上”之“东女”：“贞元九年，其王汤立悉与白狗君及哥邻君董卧庭、逋租君邓吉知、南水君薛尚悉曩、弱水君董避和、悉董君汤息赞、清远君苏唐磨、咄霸君董藐蓬皆诣剑南韦皋求内附。其种散居西山、弱水，虽自谓王，盖小小部落耳。自失河、陇，悉为吐蕃羁属，部数千户，辄置令，岁督丝絮。至是犹上天宝所赐诏书。皋处其众于维、霸等州，赐牛、粮，治生业。立悉等入朝，差赐官禄。于是松州羌二万口相踵入附。立悉等官刺史，皆得世袭，然阴附吐蕃，故谓‘两面羌’。”（第 6219—6220 页）

② 参见王明珂：《羌在汉藏之间——川西羌族的历史人类学研究》，中华书局，2008 年。

③ 罗开玉：《秦汉三国湔氐道、湔县考——兼论川西北的开发序例及其氐人诸题》，《四川师院学报》1985 年第 3 期。

中甚至认为“松潘番汉界限分明”“汉夷杂处，并非事实”[①]。冯克书所说的“汉夷杂处”显然是从“个体”层面来讲的，这种意义上的杂居在过去并不普遍，但在今天却已经是很普遍的事情了。

与民族杂居的边地特点相应，多元融合的黄龙文化具有典型的边地特点，各族群的文化相互影响渗透而又各自独立发展。

三、民族渊源[②]

黄龙地区最初的居民状况，现在已经难以确知，现今的藏、汉、羌、回四个民族进入此地区的历史都很久远（见彩页：“黄龙地区民族来源示意图”）。

1. **羌族**

羌族是一个古老的民族，一般认为渊源于上古的羌人。上古羌人是中国最古老的族群之一，也是汉民族融合生成的族源之一。费孝通先生在谈到羌族在中华民族形成中的作用时将其与汉族并论，认为“汉族是以接纳为主而日益壮大的，羌族却以供应为主，壮大了别的民族。很多民族包括汉族在内从羌人中得到血液”[③]。

通常认为，古羌人起源于青海河曲、湟水及甘肃大夏河、洮河、渭水上游一带的高原草原，早期以游牧为业，最早将野羊、野牛驯化为家畜，因而一般认为羌人是以羊为图腾的，《说文解字》就说：

---

① ［民国］冯克书：《松潘县视察述要》（油印本），四川大学图书馆馆藏。

② 本节是在笔者《黄龙地区宗教文化研究》（巴蜀书社 2010 年）第 28—59 页中相关部分的基础增删而来，此处一并说明，下面不再单独注明。

③ 费孝通：《中华民族的多元一体格局》，《费孝通文集》第 11 卷，群言出版社 1999 年，第 408 页。

“羌，西戎牧羊人也。从人，从羊，羊亦声。”[①] 此外，“羌”、“姜”二字本为同字，一从“人”，一从“女”，在甲骨文中二者是通用的，就其渊源而言，从“女”可能更早一些，是远古时期母系文化的遗留，大约正是因此而成为羌人的姓。《诗经·大雅·生民》说：“厥初生民，时维姜嫄。”[②] 周人奉后稷为始祖，而后稷出于“姜嫄”，“姜嫄”就是“羌嫄”，是以“姜”为姓的羌人，而周人正是羌人的一支，《羌族史》就认为，“姜应是羌中最先由游牧进入农耕，与羌人游牧经济生活发生分离的部落”[③]。

古羌人部落繁多，主要分布于中原西北方向的广大地区，故通常称为“西羌”。《后汉书·西羌传》说：“西羌之本，出自三苗，姜姓之别也，其国近南岳。及舜流四凶，徙之三危，河关之西南羌地是也。滨于赐支，至乎河首，绵地千里。”[④] 这一说法带有传说性质，但也大致透露出了某些上古时代的信息。远古的羌人从甘、青河、湟一带发源，逐步向东、向南迁徙、扩展。向东的羌人逐步转向定居农耕，形成上古传说中的炎帝部落，并与姬姓轩辕氏（传说中的黄帝部落）长期通婚，最后与其他部落一道逐步融合成“华夏族”。向南的羌人中的一部分大约在那时就已经进入岷江河谷，成为进入黄龙地区最早的族群。

随着中原地区华夏族的形成与势力的扩大，上古羌人或者内附融合，或者向西、向南进一步迁徙，这一新的迁徙过程大约从“夏商周”一直延续到西汉中期。甲骨文中已有大量关于商王朝征伐羌人或

---

① ［东汉］许慎：《说文解字》，［宋］徐铉等校注，中华书局 1985 年，第 115 页。段玉裁《说文解字注》（浙江古籍出版社 2002 年）认为这个表述是根据应劭《风俗通义》的引用而篡改的，根据他的研究，他认为此处应该为“羌，西戎，羊穜也。从羊儿，羊亦声”（146 下－147 上）。

② 《诗经》，朱熹注，上海古籍出版社 1987 年，第 129 页。

③ 冉光荣、李绍明、周锡银：《羌族史》，四川民族出版社 1984 年，第 2 页。

④ 《后汉书》卷八十七“西羌传第七十七”，中华书局 1965 年，第 2869 页。

者以羌人为奴隶、牺牲的记载。这些古代羌人曾广泛活跃在甘、青、川、陕、滇、黔等区域，除大部分融入华夏族而成为汉民族成员外，一部分在向西南迁徙中与当地土著融合而形成彝、藏、纳西、哈尼、普米、傈僳、怒、阿昌、拉祜、基诺、缅、景颇、独龙、僜、门巴等民族或者这些民族中的某些支系。在向西、向南迁徙的羌人中，至少有一支进入了岷江河谷，并同这里的原住民戈基人发生冲突，实行火葬的羌人彻底打败这里的原住民而在岷江河谷定居下来，这大约就是羌族传说“羌戈大战”的来源。这一支羌人一直延续至今，成为到今天所说的“羌族”，其聚居区域以茂县（核心）、汶川为主体，边缘涵盖理县、黑水、松潘和北川等地。

有关羌人文化的考古发掘已经很丰富，其中有些实物资料已经能够形成序列。1979－1980年，在发掘于茂汶羌族自治县（今茂县、汶川县）的别立－勒石石棺墓遗址的部分墓葬中发现了随葬的白石，或置于头侧，或散于棺底，或放在罐内，时间在两千多年前的战国中、晚期[①]，这些白石同今天岷江河谷羌族和滇西北部分民族信仰中的白石一致。更早随葬白石则发现于四千多年前的齐家文化遗址中，如甘肃永靖县大何庄遗址[②]、秦魏家遗址[③]等。如果这些白石真如我们所猜测的那样是一脉相承的信仰物，那么羌人就确实有过一个从四千多年前的西北栖息地向西南逐渐迁徙的过程，包括现今黄龙地区羌族在内的岷江河谷居民，其中有相当部分，可能就是这个迁徙过程中驻留下来并繁衍至今的。

因此，总体上来说，古代羌人实为是“中华民族”的族源之一，

① 参见《四川茂汶别立、勒石村的石棺葬》，《文物资料丛刊》（9），文物出版社1985年。

② 参见《甘肃永靖大何庄遗址发掘报告》，《考古学报》1974年第2期。

③ 参见《甘肃永靖秦魏家齐家文化墓地》，《考古学报》1975年第2期。

而“羌族”则是古代羌人的直系遗存。关于古羌人和现今羌族关系，王明珂从“羌”观念渊源着手，采用“华夏边缘”的概念来重新解读历史上的“氐”、“羌”等名称，他认为：在吐蕃崛起以前，“羌”实为华夏西部边缘族群的统称，随着华夏边缘的逐渐西移，这些名称的指向也日渐向西部族群扩展，在历史上甚至有将整个青藏高原族群称为“羌”的。随着吐蕃王朝的崛起，这一名称在汉文文献中逐渐为“番”或“西番”所代替，而有关岷江河谷羌人族群的实地调查是从20世纪初开始的，在这种实地考察的基础上，作为现代民族概念的“羌族”才正式确立①。

黄龙地区的羌人在吐蕃崛起以后，有的吐蕃化为后来的藏族，有的则沿岷江河谷向南迁移到茂县及其以南地区②，现在的松潘羌族则是黄龙地区古代羌人的最后遗存，也是羌族聚居区的西北部边缘，分布在黄龙地区最南端的小姓沟、镇坪和东南方向的白羊。黄龙地区羌族所显现的沿交通要道则趋向汉化、沿岷江支流沟谷则有藏化趋向的特点，是和其所处的族群分布格局及历史变迁密切关系的，同时，这里也遗留着羌族的一些最为古老的文化，如多声部演唱，特别是其中一种叫“尼萨”的多声部演唱，其唱词的古老意蕴显示着这个地区羌族极为古老的渊源。

2. **汉族**

汉族是中国的主体民族。从历史来说，“汉民族”是以古代华夏族为基础融合氐、羌、百越、群蛮、部分匈奴、鲜卑、羯、东突厥的一部以及辽金遗民等众多民族成员及其文化而形成的多元共同体。简言之，“汉民族”的形成是一个长期的历史进程，也是一个多族群、

---

① 参见王明珂：《羌在汉藏之间——川西羌族的历史人类学研究》，中华书局2008年。

② 参见前面“两面羌”注释。韦皋用以安置内附羌人的维州在今理县，霸州（原静戎郡）在今汶川县西。

多元文化的一体化进程。关于汉民族的形成及其在中华民族中的地位，费孝通先生将其称为中华民族多元一体格局的凝聚“核心”和“骨架”：“在相当早的时期，距今3000年前，在黄河中游出现了一个由若干民族集团汇集和逐步融合的核心，被称为华夏，像滚雪球一般地越滚越大，把周围的异族吸收进入了这个核心。它在拥有黄河和长江中下游的东亚平原之后，被其他民族称为汉族。汉族继续不断吸收其他民族的成分而日益壮大，而且渗入了其他民族的聚居区，构成起着凝聚和联系作用的网络，奠定了以这个疆域内许多民族联合成的不可分割的统一体的基础，成为一个自在的民族实体，经过民族自觉而称为中华民族。”①

秦汉时期是汉民族的形成时期，也是汉民族进入黄龙地区的开始。先秦时期的巴蜀，其族群和文化同中原有别而又互动交往，成都平原所发掘出的三星堆、金沙等遗址就显示出独具魅力的文化体系，从秦灭巴蜀到西汉时期，成都平原逐渐同化于中原。同时，汉民族开始从两个方向上逐渐进入黄龙地区，一是从成都平原西行，沿江河而上，这就是后来形成的松潘南路和东路，另一个方向则是由陕西、甘肃而南下，汉武帝时开发河西，在西羌北部设置护羌校尉，其影响逐渐向南，这形成后来经甘肃文县至南坪（今九寨沟县）的松潘北路。这两个方向从汉武帝时期开始，经历了很长时间，至今黄龙地区的汉族方言仍是带着陕甘口音与语汇特点的四川方言。早期进入黄龙地区的汉民族成员主要为驻军和行政人员，随后到来的是戍边屯垦者、流放者、宗教传法者、商人、手工艺人以及内地走投无路的农民和逃避战乱、灾荒的求生者，其中颇有不少是作为“上门女婿”而落脚的。

① 费孝通：《中华民族的多元一体格局》，《费孝通文集》，费孝通著，群言出版社，1999年，第411—412页、第381—382页。

由于自明清以来的大量移民，这里甚至流传了“湖广填四川，安乐遂填松潘”的说法，考察中也发现当地确实有不少祖籍安岳等地的各族成员，安岳木匠在当地也非常有名气。

3. **藏族**

藏族，作为一个近代民族学意义上的民族是吐蕃王朝解体后逐渐形成的，时间大约在元明时期。“藏”是汉文音译，其来源是藏民的自我称呼，这些称呼因居住地域不同而有差异，居住在西藏地区的称“博巴”，其中阿里地区称“兑巴”，日喀则地区称“藏巴”，拉萨地区称“卫巴”，居住在川西一带的称“康巴”，居住在青海、甘南和川西北等地的称“安多哇”，居住在川西北部分地区的称“嘉绒哇”，统称则为“博”。这些众多的名称实际上反映了藏族是一个多源头的融合体，这也导致关于藏族族源问题上的众说纷纭。到目前为止，大体有十种说法，即西羌说、鲜卑说、印度释迦王系说、猕猴和罗刹女后裔说、三苗说、马来半岛人说、缅甸说、蒙古说、伊朗血统说、土著与氐羌融合说等。其中的猕猴和罗刹女后裔说应当是西藏本土自古以来广泛流传的关于起源的神话并经佛教重新叙述而形成的，它虽是传说却也透露出历史的真相，即藏族的主体自古就生活在青藏高原上，并不是后来才来到这里的。近几十年来的考古成就也证实了这一点。考古学家的研究表明，西藏地区旧石器时代的文化和同一时期巴基斯坦的梭安（Soan）文化、印度的聂瓦斯（Nevsian）文化都有着显著的不同，它们分别属于不同的文化系统，没有必然的联系。而有关新石器时代的考古发现则表明，早在新石器时期西藏地区就已经至少存在三大支系各不相同的原始居民群体，它们是：以卡若文化为代表的居住于藏东河谷地区、从事定居农耕经济兼有狩猎畜牧经济的（昌都县）卡若居民群体；以曲贡文化为代表的居住于雅鲁藏布江中下游地区、从事定居农业和渔业经济的（拉萨北部）曲贡居民群体；以细石器文化为代表的主要活动于藏北高原地区并从事游牧和狩猎经济的藏北游牧居民群体。正是这些原始居民群体演变成了后来藏族主体，古代中原由于对这个区域的情形不大清楚，曾经长期将这里的族群泛称为“羌”，这是藏族族源“西羌说”的来历。

藏族的形成经历了各族群相当长的交往、渗透与融合时期。走出原始时代的高原居民形成了星罗棋布的众多小邦，如象雄（阿里琼隆）、藏（今年楚河流域）、罗昂（娘若香波）、森波（今拉萨河以北的彭波）、吉（可能在今拉萨河流域）、贡（今林芝地区）、娘（今林芝地区尼洋河流域）、达（今林芝地区）、亚松（即后来的苏毗，今唐古拉山南北）等等。这些小邦逐渐发展、吞并，经历了四五百年时间，大约在公元前 4 世纪，西藏地区形成了三个势力强大的部落联盟：象雄、吐蕃和苏毗。到公元 7 世纪，发源于雅隆地区（藏南河谷）的吐蕃王朝逐渐征服了包括青、甘、川等地区的羌人支系（如白兰羌、部分党项羌）在内的青藏高原各部落。在吐蕃王朝最强大时期，曾占据河西陇右（今甘肃、青海）、安西四镇（今新疆）等地，统治着数以百万计的汉族和西域各族民众，这其中的不少也成为后来藏族的来源。正是在“吐蕃”这一强大的政权下，各个部落或者民族以西藏高原文化为核心或者主体，逐渐向着一个有着共同语言、习俗与文化（宗教）取向的“新”民族演变。藏族所自称的“博”也正是来自吐蕃的“蕃”。随着吐蕃王朝在 9 世纪以后的解体，维系这一群体自我认同的语言、文化与宗教因素也就日益突出，最终随着元明时期青藏高原被纳入到中央王朝的统治下而形成一个民族群体并成为“中华民族”中的一员——藏族。

黄龙所在的地区是藏族的边缘地区，属历史上被称为“安多哇”即“安多藏族”的一部分。安多藏族的形成最早也许可以追溯到象雄、苏毗的强大时期，而其主要的形成时期则是 7 世纪吐蕃王朝东扩以来，是东来的吐蕃民众和当地的氐羌民族融合而形成的藏族支系。黄龙地区的部分藏族自称“夏尔哇”，“夏”是东方的意思，这里指的就是岷江源地区，“尔哇”则是从事农业的人口，指的是这里的半农半牧的藏民①。同时，这一区域也是藏传佛教古老教派（如宁玛派、萨迦派、觉囊派等）的遗存地和苯教后弘期的传统势力范围，至今仍有着非常深厚的苯教信仰基础，这成为黄龙地区藏族的一个鲜明特征。从经济类型来看，黄龙地区的藏区分为毛儿盖牧区和岷江河谷及其支流沟谷的半农半牧区，后者至少在近代以来又往往兼营商业，特别是松潘县城周边的藏族如今川主寺镇周边、大寨乡和牟尼沟的藏族，主要往返于青海、甘肃。

4. **回族**

在中国少数民族中，回族是分布最为广泛的民族，几乎县县都有，人口②仅次于壮族和满族，信奉伊斯兰教（民间又称“回教”）。从黄龙地区回族信仰及其清真寺建筑和装饰来看，吸收和混杂了很多当地其他民族特别是汉族的儒释道文化。

回族的先民是唐宋以来因经商、战争、传教等来华而驻留的西亚、中亚和北非等地人员，中国古代一般统称为“西域人”或者“番客”，其聚居区称为“番坊”。安史之乱时，唐王朝曾经向大食、回纥借兵二十万平叛，叛乱结束后，部分军人留居中国，在长安、洛阳、灵州（今宁夏灵武）等地定居。在南方定居的番客则随着海上丝绸之路的日益繁忙而增多，广州、杭州、泉州、扬州等地成为主要的定居点。番坊通常建有礼拜寺，如唐代广州有怀圣寺（光塔寺），长安有

---

① 这个藏语解释采用的是黄龙管理局毛明军的解释。毛明军精通松潘当地藏羌语言，也接受过专门的语言学培训，曾借调在阿坝师专作羌语教师，编著有《羌汉词典》等。

② 2000年，第五次人口普查全国回族人口为982万人。据中国网2008年9月报道，全国回族人口已超过1000万，仅次于汉族、壮族。（http：//www. china. com. cn/aboutchina/zhuanti/hzfq/content _ 16500222. htm）

大学习巷礼拜寺，宋代泉州有清净寺，杭州有凤凰寺，扬州有麒麟寺，都是早期的伊斯兰寺庙。宗教寺庙的出现，为番客定居中国提供了可能，他们在中国娶妻生子，代代相传，还出现了“五世番客”这样的情形。唐代波斯人李元谅在朝中为官，官至尚书左仆射、镇国军节度使；大食人李彦升登进士第；波斯人李珣编《海药本草》，与其妹李舜弦均长于文学，为唐末五代著名词人。宋末蒲寿宬、蒲寿庚兄弟则长期担任泉州提举市舶司。这样，至迟在宋代，中国境内已经有一群持伊斯兰信仰的稳定群体了。

北宋沈括的《梦溪笔谈》第一次出现了“回回”这一词语，尽管他是用来指西域高昌一带信奉佛教或者摩尼教的回鹘人，但考虑到中国古人对外来宗教不太区分得清楚的状况，沈括用来指称回鹘的“回回”一词很可能在北宋就已经具备指向伊斯兰教的取向了。南宋理宗时人彭大雅、徐霆的《黑鞑事略》一书中出现了诸多“回回人”、“回回国”的说法，用来指葱岭内外的众多居民或国家、区域。这一时期，即13世纪前期，中亚和我国新疆南部已经伊斯兰化，因而，这些“回回”的使用可能会不很准确，但其出发点在指向“伊斯兰教”这一特征则是很明显的。因此，可以这样说，以伊斯兰教为特征将这样一群番客给以专门的名称这一观念在宋代就已经形成。白寿彝先生将专用“回回”这一名号来称呼伊斯兰信徒这一事件的时间定在元代是谨慎的，正如他在《中国回教小史》中所说的，“回回”即便在元代也还在用来指称“大食人”、“波斯人”、“回鹘人”、“西域人”，但这种细分更多是我们今天的观念，而在古人观念中，他们大约都是伊斯兰信徒，因此，“回回”这一语词的“伊斯兰”指向在古人那里是明确的。也就是说，“回回”一词作为伊斯兰信徒的专门指称语，在北宋就已经出现，到元代因为有大量伊斯兰信徒被征发来到中国，“回回”便日渐成为一种广泛使用的通称。到元末，回回人“大分布，小集中”的居住特点已经形成[①]。

到明代，针对蒙古人、色目人（含“回回”）带到中原内地的风俗，明王朝实行了一种“准同化”政策，禁止胡服、胡语、胡姓以及胡人的发辫等，也“不许与本类自相嫁娶”，以实现“用夏变夷”。这在“回回”中导致两个结果：其一，促进了“回回”的汉语化进程，原来的阿拉伯语、波斯语、突厥语等通行语言让位于汉语，汉语作为回民的共同语言由此形成；其二，在各种不同的风俗习惯及其改变中，伊斯兰信仰因素作为一个群体的特征得以凸显，并成为“回回”之间相互认同的重要标志。到明代中叶，“回民”便以一个新的民族共同体的形象出现了，这就是我们今天所说的“回族”。

黄龙地区的回族主要分布在松潘县城和周边屯寨，在岷江和涪江沿线城镇、乡村的分布则比较晚一些，主要从事农业和商业，是川西北最主要的回族聚居地。黄龙地区回族的这个分布基本上同其进入黄龙地区的历史相一致，最初是在松潘县城，而后是县城周围的主要城镇如漳腊、安宏、归化（今岷江乡）等，再后是周边屯寨及岷江、涪江沿线的村寨聚落。一般来说，距离县城越远的，其迁入历史也较晚，这从黄龙地区的各处清真寺的修建也可以得到印证。比如，黄龙地区最早的清真寺据说是“东山清真寺”，在松潘县城东门外（今东裕村），始建于元初，元末毁于兵燹，明初于县城中街重建，后称之为“清真下寺”，今为城关清真寺所在；清真北寺位于县城北门外，始建于明朝，其时，县城已有两座清真寺；县城东北方向的“拱北”建于清康熙年间，是为纪念来华讲学的苏非派大师华哲·阿布董那西，其人于康熙二十四年（1689）于阆中归真；安宏清真寺始建于1824年，德胜堡清真寺（安宏乡德胜堡村）始建于1825年；清真上

① 参见白寿彝：《中国回教小史》，宁夏人民出版社2000年。

寺始建于1851年，现合并入城关清真寺；漳腊清真寺始建于1885年，岷江清真寺（原归化关清真寺）始建于1885年；镇江关清真寺始建于1908年，十里清真寺始建于1920年，右所屯清真寺始建于1933年，施家堡清真寺（涪江流域）始建于1934年。以上所举清真寺，如果剔除其中基于发展性因素的拱北、上寺、十里清真寺和右所屯清真寺外，这个由县城至各城镇、关堡及乡村的空间分布就正是回族迁移进入的历史展示。

总的来说，黄龙地区回族的来源比较杂，这不仅是指回族先民本身来自中亚、西亚各地，更主要是指这个地区回族不同群体的渊源。进入黄龙地区的回族先民可以追溯到唐肃宗时期从事茶马互市的回纥人等，只是具体详情已多不可考。大体来说，唐宋以后，回族比较大规模地进入黄龙地区有三次。第一次是元明时期，一方面是蒙古西征带过来的色目人（探马赤军）随着就地落户的命令而在黄龙地区驻留下来，一方面是明初修建松潘县城时曾有很多色目人工匠参与其中，松潘古城墙城门洞的浮雕石刻就出自这些色目人工匠之手，今所知姓名的有尔斯马列、哈斯穆、达乌德、尔买勒尔、赫萨等。这些色目人成为黄龙地区回族最早的渊源，至今在当地回民的宗教活动中还遗留着一些使用波斯语的习惯，而不是纯粹的阿拉伯经堂语。第二次是在清代乾隆平定大小金川时期，进入黄龙地区的是征伐金川后驻留下来的军队士兵和从事屯垦的人员，其中就包括很多陕西渭南、三原地区的回民。第三次是清代同治年间陕西回民起义失败后逃难至此的回民。由于历次进入黄龙地区的陕西回民数量较多，造成黄龙地区回民语言与习俗上的陕西特征突出，回民也多自称祖籍在陕西渭南。此外，还有来自甘肃、宁夏、青海以经商为主要目的的回族在此落户，以临潭、临夏为较多；有内地逃难来的回民；有隐姓埋名、逃避追杀的起义将领后裔，今岷江乡（原归化关）有一支朱姓回民自称是清代咸丰—同治年间云南回民起义首领杜文秀的后人[①]；等等。

四、西番和猼猓子

以上所说的藏、汉、羌、回四个民族，是20世纪50年代以来的民族识别工作确定下来的民族类别，在此之前，黄龙地区的族群既无确切、统一的名称，也少有族群状况的详细记载，特别是民国以前。对于黄龙地区古代族群的多样性，虽不能受制于“西羌”这样的泛称，但详细具体的情况却只能根据零星记载作一些猜想与推断，其生产与生活状况更是如此。民国时期，随着“边疆兴趣”的发生以及对边地民族的现代学术考察和现实治理需要，黄龙地区的族群情况有了最初的较为具体的记录。从这些文献来看，除汉、回、羌的称呼一致外，藏族在过去有称“藏族”的，更多则称之为“番”或“西番”，且有“生番”与“熟番”之别，此外，还有“虏”、“猼猓子”、“狨”等称呼，下面略作介绍。至于原民国松潘县境域内的白马人（今归入藏族，称“白马藏人”，分布于今平武和九寨沟县交界处，一般认为是古代氐人的遗留）和民国十八年（1929）由西藏迁入的墨溎人（分布在毛儿盖和阿坝之间，1939年已有两千余户）均不在黄龙地区范围内，这里就不加以讨论了。

1. 西番

西番曾是很长时期里中原民族对藏族部落的称呼，其所指范围很广，从北往南，甘肃、四川和云南的西部及其以西地区的高原部落习惯上都被称为“西番”。这让人联系到历史上同样指称西方族群的另外两个词语，“西羌”和“西戎”。“番”应是来自“吐蕃”，古籍中

① 马勇：《松潘回族源流考》，《西南民族大学学报（人文社科版）》2005年第6期。

“吐蕃”写作“土番”，“西”指的是方位，这是7世纪吐蕃崛起后对中原地区有关西部族群称呼上的影响，如同此前的“西羌”与“西戎”一样，都是以其强势族群作为这个方向上所有或大多数族群的名称。因此，“西番”固然主要指的是后来称为“藏族”的，但却不一定都是。比如，民国《松潘县志》卷四记载有当时松潘县境内的七十二土司各自管辖的情况，其中除峨弥喜寨、七布徐之河寨、麦杂蛇湾寨、毛革阿按寨注明为“猼猓种类”和呷竹寺寨没有注明外，其余六十七寨均注明为“西番种类”，但其中“大姓云昌寨土司”所管辖的小姓沟各寨，今均归入羌族范围，按照《松潘、理番夷情概况》的报告，这是松潘县政府将有罪的部落归入有功的部落给以惩罚的结果，“小姓十六寨勾结黑水夷匪劫杀商旅，并入大姓部落”①。又如，毛革阿按寨土司主要管辖地即今毛儿盖地区，民国时归入“猼猓”范围，今天则归入藏族。总的来说，“西番”这个名称首先是对西部高原上汉族（回族）以外以藏族为主体的各族群的泛称，所根据的是同汉族（回族）不同的文化与习俗，而并非现代民族学意义上的区别。

至于“西番”之下的进一步族群划分，大致有两种情况。一种是从汉民族的角度根据远近、归属程度和汉化程度等做的区分，通常分为“生番”和“熟番”。所谓“熟番”是指与汉族聚居区近、交往频繁、接受政府管理甚至纳入保甲、户口等制度中的“番民”，反之则为“生番”。元代马端临认为：“内属者谓之熟户，余谓之生户。”② 明叶向高则认为“番有生熟，其受差发者为熟番，不者为生番”③。以民国松

---

① 《松潘、理番夷情概况》（民国二十八年），松潘县志办复印档案资料，由松潘县志办提供。

② ［元］马端临：《文献通考》卷三百三十四“四裔考十一”之“吐蕃”，中华书局1986年，第2628页下。《宋史》卷四百九十二“外国八”之“吐蕃”亦有类似论载（中华书局1977年第14151页）。

③ ［明］叶向高：《四夷考》卷四之“西番考”，《宝颜堂秘笈》“续集第五”，［明］陈继儒辑，民国十一年（1922）文明书局印行。

潘疆域而论，通常是以黄胜关为界，关外草地为生番，主营牧业，关内为熟番，放牧兼农、商，或者半农半牧兼营商业。黄龙地区主要为熟番生息之地。相较而言，生番比熟番为彪悍，故又常称之为“虏”或“北虏”，与关内番民相区分。曹学佺《四川名胜志》卷二十六中曾引述了明代万历十四年（1586）发生在黄龙地区的一次冲突：

> 十四年，都御史徐元泰是以有会剿之役。及丙申九月秋高，虏骑突由寒盼、黄胜草场分道驰入，围漳腊，守备张良贤率兵破之，斩首六级。又攻镇虏，百户杜世仁死战，斩首四级，城得保全，世仁死焉。又攻制虏台，前后斩首十一级，虏遁去。良贤追至思答弄，又大破之，斩首十六级，虏乃失利去。初，虏之入也，袭我无备，侦者不知其数，及遁去，巡视营垒，不下五千余灶。未几，有番妇逃回，言所斩虏级中有大落赤之侄小王子在焉，虏以此必欲报仇。①

在这里的称谓中，关外之“虏”与关内之“番”显然区别得很分明。到如今，皆统一称为藏族了。

西番内部具体族群划分的另一种情况则是基于其自身的语言、习俗、信仰等因素的差别而形成的。这种划分在传统上还是比较简单的，其目的仅仅在于作出区分，故而习惯上采用两分方式，通常表述为黑人与白人，或者牛脑壳（牛部落）与羊脑壳（羊部落），或者大

① ［明］曹学佺：《四川名胜志》卷二十六“川西边防一”，国家图书馆数字方志。

姓与小姓。刊载于明嘉靖年间《广舆图》中的《松潘边图》[①] 就详细注明了当时北至漳腊、南到灌县（今都江堰市）、东到江油、西及黑水的岷江及其支流沟谷各部落的差别归属，使用的是黑人和白人的区分。这里的黑人与白人没有伦理或信仰上的意义，纯粹是族群差别的一种表述，同大姓-小姓、牛部落-羊部落的性质一致。陈宗祥将图上标记同民国《松潘县志》和清代《茂州志》所记载的部落情况加以比对，证实了黑人-白人和大姓-小姓之间的整齐对应性，所谓“其俗以白为善，以黑为恶”[②] 的说法是完全没有根据的。[③] 有关中国西南族群中的黑白之分，冯汉骥先生早在 20 世纪三十年代就已经注意到了。这种划分的历史根由，陈宗祥以为是母系时代的遗留，与同族通婚禁忌有关[④]。从《松潘边图》的标示来看，从漳腊沿岷江而下，两岸黑人和白人的分布基本上呈现一种相对集中、有规律的间隔和局部对置的状况，这种说法或许有些道理。

自近代以来，有关黄龙地区族群的一些更为具体的细节被注意到了。汤兴顺在咸丰庚申事变后给当时的四川总督骆秉章的建言中对黄龙地区的族群特征从语言的角度作了粗略的区分，认为松潘的西番有四种：

---

① 所附《松属地区边图》为陈宗祥在现行地图上重新绘制的《松潘边图》。原《松潘边图》见《广舆图》的“边图”部分，有明嘉靖四十年（1561）初刻本（国家图书馆）、嘉靖四十五年（1566）二刻本（南京图书馆）、万历翻刻本（美国国会图书馆）等，清嘉庆四年（1799）章学濂翻刻万历刻本比较常见，《续修四库全书・史部・地理类》亦有收录。参见陈宗祥：《明季〈松潘边图〉初探——试证图中黑人、白人为两大部落群体》，《西南民族学院学报（哲学社会科学版）》1979 年第 2 期。

② 《明史》卷三百十一“列传”第一百九十九“四川土司一”之“茂州卫”，中华书局 1974 年，第 8022 页。

③ 陈宗祥：《明季〈松潘边图〉初探——试证图中黑人、白人为两大部落群体》，《西南民族学院学报（哲学社会科学版）》1979 年第 2 期。

④ 陈宗祥：《试论〈牧誓〉八国与黑、白族系》，《西南民族学院学报（哲学社会科学版）》1979 年第 1 期。

松潘地区地图

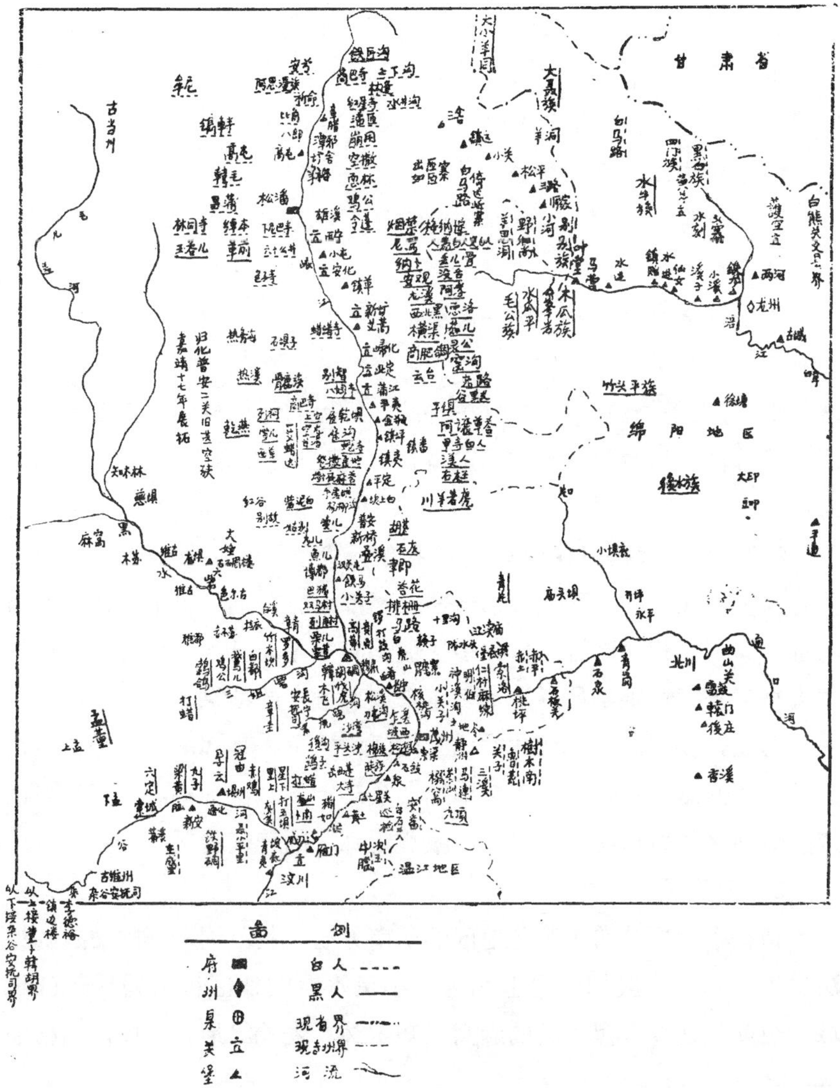

> 查松潘镇属各营所管番夷地方辽阔，人有四种，话有四类：松中所属牟尼、毛革、拈佑、热雾，漳腊属三寨，一类之话系吐番一种；松中属七布徐之河接连迭溪，平番属小姓、大小耳别、六关、松坪接维州属五屯四土等处，一类之话系猼猓子一种；松中属九关、东坝、腊枚、大寨，龙安属果子坝、黄羊关、白马路、火溪沟，松左、漳腊、南坪属上中下羊峒、和约后山界连甘肃杨布等处，一类之话系氐羌一种；漳腊属口外三十七部落，一类之话系西戎一种，而字同音不同①。

这其中，“土番一种”和“西戎一种”，所指的都是藏语，前者当为西藏移民后裔，后者当为吐蕃化的藏族，其语言今称为“安多藏语”，为藏语三大方言支系之一；“猼猓子一种”今属羌语范围；至于“氐羌一种”，今天大概只在白马藏人中有所遗存了。这些是就大的语言差异而言，在小的层面上，寨与寨之间都会有差别，更不用说沟谷与沟谷之间了。相对而言，这种多样性差异在今天已不如往昔，这正是过去百年来，特别是最近六十多年来族群融合的结果。

总之，在“西番”或“番民”的泛称之下，其部落族属是相当复杂的，即便是今天，也是有待细加考察辨别的。这种特点，正是多民族共聚地区的典型特征，也是“藏彝走廊”的普遍状况。

2. **猼猓子**

猼猓子大概分布于黄龙地区的西南方向，其范围，不同文献的说法也不一致。一般把历史上称为“小黑水”的地区视为猼猓子的地域，也就是在今天黑水县的麻窝、知木林、麦扎等地，从民国《松潘

---

① 《松潘县志》卷三“边防”“书庚申番变事”之“附录汤兴顺上川督骆秉璋恢复松潘四条”，民国甲子年（1924）新刊，国家图书馆数字方志。

县志》所列四个猼猓子土司的管辖地域看则又宽泛得多，包括今松潘县毛儿盖地区、热务沟的南边部分和黑水县东北部分的黑水河东岸（包括毛儿盖河流域和小黑水河流域）、茂县西北部分松坪沟的一部分，其中茂县西北部分则又被称为“羢”。今猼猓子部分归入羌族，部分归入藏族。

猼猓子在晚清、民国以来有关黄龙地区的文献中频频出现，在将这里的少数民族族群普遍称为“西番”或者“番民”的背景上显得异常突出，似乎是一种单独的甚至是独特的族群，据 1929 年在松潘作民俗调查的黎光明、王元辉所见，当地民众没有人会认同猼猓子跟他们是同族，“西番等民族也绝不愿承认是和他们同种的”[①]，原因很简单，猼猓子是以抢劫闻名的。当时有的以为猼猓子就是从大凉山移民过来的“罗罗”（今称为“彝族”），但就其习俗而言则同当地羌族并无根本不同。在猼猓子中似乎流传着他们是乾隆时代征伐大小金川后落户当地的军队后裔的传说，传说他们的祖先是岳锺琪的部下，平定金川后，岳锺琪命令他们在今松潘、茂县和黑水交界处定居下来，这里土地贫瘠，出产匮乏，生存艰难，他们问岳锺琪怎么谋生，岳锺琪说可以“打枪”（打猎），这些人则理解为“打抢”（抢劫），从此猼猓子就以彪悍与抢劫闻名。这很可能是遭受猼猓子们抢劫的当地人编造的，也可能是猼猓子为自己的抢劫行为所作的正当性辩护，因为民国《松潘县志》所记载的归属“猼猓子”种类的四个土司其“归诚授职”的时间均在康熙、雍正年间，[②] 与乾隆打金川及岳锺琪没有什么关系。总之，猼猓子的抢劫名声，在民国时期的松潘是很著名的，以至

① 黎光明、王元辉著：《川西民俗调查记录 1929》，王明珂编校、导读，台湾“中央研究院”历史语言研究所 2004 年，第 149 页。

② 《松潘县志》卷四“土司”之“峨弥喜寨土司”“七布徐之河寨土司”“麦杂蛇湾寨土司”和“毛革阿按寨土司”，民国甲子年（1924）新刊，国家图书馆数字方志。

于当地其他族群要从事抢劫时也会考虑装扮成猼猓子的“毪衫短裤”形象。猼猓子在当地完全成为“抢劫”的代名词。

有关猼猓子的详情，过去知道得并不清晰，民国的文献中多将他们概括性地描述为“犷悍勇武，嗜好抢劫”①，甚至“性野蛮，能生食一切牲畜”②。黎光明和王元辉当年在黄龙地区调查民俗的时候曾经想去猼猓子所在地实地考察，但因为安全问题没有成行，最终他们将在当地听到的关于猼猓子的各种说法整理出来，这大约可以看做是当地人印象中的猼猓子了，其中关于猼猓子的“抢劫”是这么描述的：

> 嗜好抢劫是猼猓子遭厌怕的最大原因。他们抢劫的目标，第一当然是汉人，其次是西番和杂谷民族；但他们自己也互相抢劫。在他们的区域内，几乎每个成年男子都能以抢劫为其副业。他们常常在挖地的时候，砍柴的时候，或是打猎的时候，只要有目标发现，顺便就抢劫起来。他们的衣服的颜色很容易利用岩隙石缝的掩护，所以他们容易出奇制胜，有时往往一个带镰刀的猼猓子可以收拾三四个有枪的旅客。间或他们也三五成群携带武器，离开本土，出外行劫；松潘东路上的雪岭便时常有这土匪民族的踪迹。但是，西番有时穿着毪衫短裤，利用猼猓子的招牌在各处行劫的也不少。
>
> 猼猓子之行劫，殊不必先问其目的物有无被抢的价值，多半先把人弄死之后，再说下文！就是只有一把镰刀，一条麻索的樵子，也有被他光顾的资格。有两个来松潘城作苦工的猼猓子女

① 《十六行政督察区边务建设补充方案》（民国二十九年），松潘县志办复印档案资料，由松潘县志办提供。

② 《松潘、理番夷情概况》（民国二十八年），松潘县志办复印档案资料，由松潘县志办提供。

> 子，在来路上，不过带有几斤馍馍的盘费，都戒备得十分严密，据她们自己说，一路上全是昼伏夜行。“只要带着半斤糌粑，假如遇到这不择肥瘦的土匪，都有‘怀璧其罪’之感”，这是猼猓子给松潘人的印象。[①]

在这些描述中，自然不乏想象的成分。猼猓子的抢劫从根本上来说源于经济上的贫困，从生存环境来说源于他们居住地的物产匮乏，他们本人未必都是这么“凶悍”的，当时松潘县城长年不缺出卖劳动力以维持生计的猼猓子（下图[②]）就是证明。从黎光明、王元辉对在松潘县城所见到的因生计所迫而出来打工的猼猓子的描述来看，这只是一群生活在边远贫困地区的难以维持生计的赤贫人群：

> 猼猓子地方确实是养活不了那样多的人，他们不得不向外发展。除了成群结队出门操抢劫生涯的而外，拖儿带女到松潘城里找苦工作的，每年不下七八百人。
>
> 这些寻工作的人们来到松潘城里，找那做得有庄稼而又有空屋的汉人家里去住着。初去的时候，往往给主人送上些许蜂蜜、辣椒、皂角之类作为礼物。主人自然有雇用他们的优先权。主人家里有零星杂务用得着他们的时候，他们也效劳。因此，他们只借主人的光，得一间楼角一类的屋子作为晚上的宿处，也就不消给房租钱了——本来松潘的房子就不值价。他们并不特别举炊，只是每天乘主人烤火之便在火圈里烧两个青稞面馍馍而已。

---

① 黎光明、王元辉著：《川西民俗调查记录1929》，王明珂编校、导读，台湾“中央”研究院历史语言研究所2004年，第150—151页。

② 黎光明、王元辉著：《川西民俗调查记录1929》，王明珂编校、导读，台湾“中央研究院”历史语言研究所2004年，第148页。原图有如下说明：“松潘城内的猼猓子（前行是在松潘城里工作的一家猼猓子，夫妇俩和他们的女儿及一个很小的幼孩）”。

松潘城里鼓楼旧址的旁边是猼猓子出卖劳力的市场。农忙的那一会，每天清早东方才撒白的时候，男的女的肥的瘦的猼猓子都摆了出来，任雇主挑选；有时候东一拖西一扯的争得打架；手腕灵敏的雇主，先行把“目的人”腰间所插的镰刀抢去，便算是定局的表示。不善操纵市价的猼猓子，在这样情形中，并不高抬市价，仍是每人每日工资数百文（不上银一角），还得自己吃自己——吃青稞，勉可一饱，吃小麦就不够。但当雇主稀疏的时候，这市场里销不了的猼猓子往往站到半午时光，各人腌着肚子回去。

有一些雇主比较大方，雇用猼猓子不论工资，每天给他们三餐青稞面馍馍吃饱。这是储粮的机会，他们往往一方面吃，一方面偷一些来藏起。

当农隙的那一会，或下雨天，没人雇用他们，能够织毪子的便织毪子，会搓毛绳的便搓毛绳，或是砍柴，或是割草，倒还可以换得些须糌粑调冷水吃。下雨天他们自动的在耕地里去芟除杂草，虽然于地主有利，但也没有报酬，只是所芟除起来的青草归他们背进城来卖卖而已。还有连这些都不能做的呢，只好在野坝里去取一些“山葱”和“米汤菜”来做主要食品。

每年三四月到松潘作工，一直到八九月，运气好而又善于支配的，还可以有些储蓄呢。能够赚得半匹布、几两线荣归乡里的，也就值得炫耀了。

猼猓子之服务于西番土官家里的，被汉人称为“娃子”，最受虐待。因为西番对于他们的感情比汉人对他们的还要恶劣一些①。

---

① 黎光明、王元辉著：《川西民俗调查记录 1929》，王明珂编校、导读，台湾“中央研究院”历史语言研究所 2004 年，第 152—153 页。

猼猓子可以说是民国时期松潘境内最穷困的一群人，这或许是他们被排斥于各个族群之外的直接原因。换言之，猼猓子之成为一种“族群”，与其说是民族学意义上的，不如说是社会学意义上的。因为难以维持生计，所以不免抢劫；因为没有社会地位，所以遭受鄙视与排斥，并常常得承受污蔑。“猼猓子才有这个规矩”成为当时松潘地区人们在谈到一切怪俗、恶习时洗脱嫌疑的方式；至于凡有抢劫发生，那肯定是猼猓子干的了，所以，当地过去就有了“猼猓子背得名，芦花黑水抢死人”的说法。①

从更广泛的范围来说，抢劫在过去时代是偏僻之地的常事，四川方言中的“棒客”一词指的就是从事抢劫者，流传甚广。大概猼猓子的情况实在太极端，人数也不少，因而成为当地一个特殊群体，其影响至今不绝。有关猼猓子的一则新的材料来自王明珂在20世纪90年代的考察：

> 1996年夏天，趁着去黑水之便，我到小黑水走了一趟，周老师陪着我。过去他走到哪里，都到处跟人摆谈聊天。但在小黑水的第一天，他大多数时间都十分沉默、小心。直到晚上，几杯烈酒下肚，他才渐渐正常起来。他对同桌吃饭的小黑水朋友们说：“我们小时候，如果娃儿哭不停，家里的大人就会喊说，猼猡子（即猼猓子）来了，小孩就不敢哭了。”同桌一个小黑水老人听了，幽默说：“那才奇怪呢，那才叫做解放翻身呢！我们小时候，如果娃儿哭不停，家里的大人就会说，再哭汉人就要来了。小孩听了就不敢哭了。”他们口中的“汉人”，事实上包括茂

① 黎光明、王元辉著：《川西民俗调查记录1929》，王明珂编校、导读，台湾“中央研究院”历史语言研究所2004年，第157页。

县周老师老家一带的羌族[①]。

从这里可以清楚地感受到过去岷江上游河谷这些族群相互之间的隔阂与猜忌，再加上贫困的生活、抢劫的行为，最终在想象中造就出了一个“猼猓子”族群。如今，经过六十多年的发展与融合，这种隔阂显然大大打破，能够在酒桌上笑谈过去是如何用对方群体的妖魔化形象来威胁小孩子的事情就是明证，而这显然是同岷江上游河谷在这六十多年里经济发展与社会生活的巨大改变分不开的。

第三节 黄龙地区的生活与民俗

以不大的篇幅勾勒一个地区的民俗生活面貌是一件很不讨喜的事情，不仅仅是挂一漏万在所难免，而是在于要想做到“传神”实在很难。民俗是极为具体的现实生活文化，不是单纯的符号，其所在的空间、氛围以及身临其境的实感等都是民俗文化不可或缺的成分，而这些通常很难用文字在短小的篇幅里加以展现，这或许也是现代影音技术特别是数字技术出现以后，影视民俗学得以长足发展的原因。对于黄龙地区民俗生活的面貌，这里只能就大的关键节点作一些概括性描述。

一、生活与民俗

民俗作为文化的底层结构，同民众的生活状况有着密切的关系，有些生活内容甚至直接构成民俗。民众的生活大致可以分为经济生产

---

① 王明珂：《寻羌：羌乡田野调查考察记》，中华书局 2009 年，第 183－184 页。

生活、社会交往生活和文化娱乐生活三类以及由此衍生的各种日常生活形态。

1. **经济生活**

任何地区的生产状况或者经济生活状况，都是其全部社会状况的基础，要深入理解或把握一种社会文化现象，离开其经济基础是不可能的。民俗文化同样建立在所在地民众的经济生活之上，其中某些经济活动及其成果也是民俗的内容，这通常称之为经济民俗或生产民俗。

黄龙地区经济生产的传统特征是规模小、种类多、地区差异大。从低海拔的平坝农业、养殖业，到中海拔的旱地农耕、畜牧业，再到高海拔的游牧、农耕，黄龙地区因为其地势与地形特点而拥有几乎所有的农业生产形态，但农业产量并不高，是典型的高地农业。在低海拔地区，土地的出产还大致能够糊口，在中海拔以上，维持较多人口就很艰难，需要从事其他产业以换取粮食，比如采集野菜蘑菇、砍伐木材、挖药、狩猎以及采矿等。药材，特别是一些较为名贵的中药材如虫草、贝母（松贝）、当归等，长期是黄龙地区民众维持生存与改善生活的重要经济来源，如今除继续采掘野生药材外，人工栽培已经成为当地经济的重要组成。至于狩猎，主要集中在高山峡谷和支流沟谷的森林地带，以及广阔的草地，但既受制于生态变迁，也受制于社会发展，始终处于副业地位，从事者日益稀少。砍伐木材有自用也出售，或用于修建房屋，或作为燃料来源。在黄龙地区的藏、羌聚居区曾有大面积的原始森林，其中部分是作为“神林”而从未砍伐的，民国初年，因曾参与“辛亥变乱”[1]（1911），牟尼沟（旧称牦牛沟）的

① 《松潘县志》卷首“志序”（汤聘之），民国甲子年（1924）新刊，国家图书馆数字方志。

村寨受到缴纳罪银的处罚，最终以神林木材作为罪银抵款，森林几乎砍伐一空。新中国成立后，经历森工局的砍伐和政治运动的影响，到1990年黄龙地区的森林覆盖率仅有19.91%，自1998年实行天然林保护工程后，这里的森林覆盖率才有了显著回升。既受当初的森林砍伐的影响，也受天然林保护工程的制约，黄龙地区的能源使用经历了由柴草到煤再到煤、电、太阳能等综合使用的过程，传统的火塘以及房屋天窗结构也因此发生了很大改变。在今天的黄龙地区，火塘已经为炉子彻底取代，炉子的形制也有多种，但有意思的是，炉子在传统民居中的位置仍是当初火塘所在的位置，其中所包含的意蕴耐人寻味。与农业生产上的分散和小规模一致，黄龙地区的手工业也不发达，手工业者如铁匠、木匠、漆匠、石匠、窑匠等都是传统的个体分散经营状态，至今依旧，在松潘县城南部及其他地方还零星分散有几个铁匠铺。传统民居由自家和亲友帮助修建的状况依然很普遍，自给自足的色彩还是很明显。

黄龙地区传统经济生产规模最大的是畜牧业，主要以两种形态存在：一是毛儿盖地区的游牧，这里处在黄龙地区的西南角，距离岷江河谷中心地带甚远，传统上交往不便，这使得毛儿盖地区的民俗形态同岷江河谷或许谈不上迥然有别却有很明显的差异；另外一种则是岷江河谷地带的半农半牧形态，高处以牧业为主，农耕为辅，低处以农耕为主，牧业为辅；同时也有鸡、狗、猪等家畜饲养。畜牧业为黄龙地区的生存与生活提供了相当重要的支持，既包括食品的来源，也包括服饰的原料，成为当地民俗生活的基本内容。

传统经济生活中的另外一个重点是经商，特别是明清以来，以稳定的茶马贸易为主体，成为黄龙地区谋取生活富裕的重要渠道。从事商业贸易的人员主要来自以松潘县城为中心、上至漳腊、下至安宏（牟尼沟）的岷江河谷及其支流沟谷的各族民众。一般来说，汉族和回族商人从四川内地将茶叶、粮食等贩运到松潘县城，进行交易后输送毛皮、药材等到成都，再行转销；回族和藏族商人则将收购的茶叶转运关外草地及青海、甘肃等地，并将那里的皮毛、粮食、药材等贩运到松潘县城。从事贸易的商人往往因为地域、民族或籍贯因素形成团伙，各有习俗，有些在松潘县城还建有会馆，如陕西馆、湖广馆等。商业的繁荣使黄龙地区成为沟通农区与牧区的贸易中心，作为川西北政治中心、军事重镇的松潘县城也成为川西北的经贸中心，这些对松潘县城及其周边地区的民俗文化都有巨大的影响。

最近三十年来黄龙地区经济发展最大的变化是现代旅游业的兴起，依托于世界自然遗产地“黄龙”和“九寨沟”，处于川西北旅游主干道“九环线”上的黄龙地区成为重要的旅游目的地，这在促进当地旅游服务行业的发展上成效是显著的，对当地民俗文化的影响与建构、对当地民众的思想观念的冲击则仍在持续进行中，可以预见，这对于黄龙地区民俗变迁的影响将是巨大的。

2. **社会交往生活**

社会交往生活指的是人际交往活动及其相关的组织、制度，是建立在经济生活基础上的民间社会的结构骨架，或者说，是扎根在经济生活土壤中的民间社会大树。一些民俗活动表面看起来似乎是很个人的，比如人生礼仪、婚姻关系、命名等，究其实却是植根于社会交往生活中的，在本质上仍旧是群体性。从中国传统民俗学来说，对社会交往生活的关注是其重要的突出特征。中国传统社会被称为“礼仪社会”，“礼乐”制度盛行，而所谓“礼”，是人际关系制度，其根源也就是“俗”，而法律则是礼乐制度的演变结果。简言之，民俗是礼制的渊源，由“俗”而“礼”，由“礼”而“法”，是中国民俗在这一方向上演变的基本规律。

一般来说，在法律制度不够完备的古代或者边远地区，维持社会秩序的主要力量通常就是这种社会交往关系，其中一些具有制度意义的部分又称为“习惯法”或“不成文法”，是民俗维持社会秩序功能的集中体现，这种社会交往关系中的民俗通常又称为“社会民俗”，或者“社会交往民俗”。黄龙地区在历史上长期是中原王朝的西南边地，国家法令在此通行的程度极低，民众的生活秩序主要靠着民俗惯制来维护，即便是在法治社会建设已经有相当程度的今天，社会交往民俗在黄龙地区的地位与作用仍是相当重要的，这在一定程度上同黄龙地区复杂多样的自然与人文背景有关。

通常，民俗学讨论社会民俗主要从血缘关系（家庭、家族和亲属）、业缘关系（行业组织及其习俗）、社区关系（乡村民俗和都市民俗）三种来加以展开，对于黄龙地区来说，情形会更加复杂一些。从社会交往的空间范围及其特点来说，黄龙地区的社会交往生活大致有这样一个值得考察的序列：家庭；家族；村寨；村寨与村寨之间；沟谷与沟谷之间；民族与民族之间；乡场或市集；关堡城镇；县城；行业；寺庙。黄龙地区的行业在过去主要涉及商帮，他们的组织、信仰、出行的忌讳、打交道的方式、对劫道的处置等等都具有这个地区异常纷繁的特色，同这个地区多元化的民族结构密切相关。至于庙宇，不仅仅满足着人们在庙会期间的聚会祈祷和平常的祈福消灾需求，在当地民众日常生活的方方面面也都扮演着极为重要的角色，当地民众的取名、决疑、选址、动土乃至出行都可能和寺庙发生关系，这使得黄龙地区的社会民俗带上相当突出的宗教信仰色彩。

3. **文化娱乐生活**

文化娱乐生活，是民间社会这株参天大树上的花朵与果实。一般而言，经济生活越是富足繁荣，文化生活越是丰富高雅，但这并不意味着反过来说，经济生活的艰难就一定会导致文化生活的贫乏。当然，生长于经济富足的文化生活和诞生在贫困艰难中的文化生活肯定会是有很大不同的。黄龙地区一方面因其高寒的地势与气候限制了物质生产的发展，既带来贫困，也带来充足的空闲时间，另一方面又因为商贸的繁荣而较为富足，这使得黄龙地区的文化生活，特别是松潘县城的文化生活具有了一种奇特的悠闲品质。这种悠闲，显示出一种慢节奏的生活状态，以及一种和生活的贫困相联系的时间充足。在无所事事的时候，它演变为酗酒、斗殴乃至械斗，在民国的很长一段时间里还盛行抽鸦片；同时，这种悠闲也的确给了这里的民间文化以充分的发展机会。黄龙地区的民间文艺是相当丰富的，不仅各民族各有自身的文艺传统，有丰富多彩的年节活动，东西南北四路还形成各不相同的风格。在地广人稀的高寒之地，这些民间文艺既是人们消磨时间的方式，也是这里生活压力的有效疏泄渠道。

黄龙地区文化生活的特殊悠闲品质最为突出的表现应该是"畅坝"的习俗。在川西北高原以及青海的半农半牧地区，有一个较为普遍的民间文化活动，每年的农历六月到野外宿营郊游，颇有些类似于汉族地区的三月踏青，通常称之为"六月会"，但大约只有在黄龙地区，发生在每年六月这个一年中天气最好的时候的文化活动才会被命名为"畅"或者"畅坝"。据民国《松潘县志》记载：

> 六月。是月麦垂穗，豆结荚，虽季夏犹暮春，士民相率游郊外。设帷帐，携酒食，逍遥于长林丰草间，名之曰"畅"[本地方言，即游玩之义]。十六日，黄龙寺会期，远近晋香者络绎于道，番人尤多。故邑人亦各携帐棚、具酒肴，结伴往观番儿歌舞，极一时视听之娱①。

① 《松潘县志》卷一"风俗"之"六月"条，民国甲子年（1924）新刊，国家图书馆数字方志。

这个“畅”字，它所取的大约正是“纵情欢畅”之意，既是要将压抑了一个漫长冬天的身体尽情舒张，也是对辛苦劳作的犒赏，甚至也未尝没有黄龙地区文化生活那种独特的悠闲品质的张扬。或许正是由于这种与众不同的特质，黄龙地区的畅坝除了在各个适宜地点的郊游活动外，还和当地的宗教信仰崇拜结合在一起，形成了规模盛大的“黄龙庙会”。在每年六月十五的黄龙庙会上，汉藏羌的神山－山神崇拜融合在一起，在岷山主峰雪宝顶北部最为神奇的谷地——黄龙沟中共同塑造出了一尊奇特的神灵——黄龙真人，成为黄龙地区以及周边地区的人们共同朝拜的对象，不论民族，不论僧俗，不论教派。黄龙沟，黄龙寺，不仅成为远方朝圣者的目的地，也成为黄龙地区各族民众聚会畅坝的场所，成为黄龙地区各种民俗文化的汇聚空间；既是黄龙地区的宗教圣地，也是黄龙地区的民俗圣地。

二、民俗文化特征

黄龙地区的民俗文化就其总体上来说是多元共处与互动融合的，其多元融合特征大致可以从多样性、多源性、互动融合性等几个方面来加以理解。

多样性也可以称为“丰富性”，指的是黄龙地区民俗事项的众多。与通常所说的民俗文化本身的多样性不同，黄龙地区民俗文化多样性的突出特点在于构成这一地区民俗文化生态结构的民俗系列的多样性。

就任何一个民族来说，其民俗都是一个异常庞大的文化生态体系，拥有众多的民俗事项，并以其内在关联而成为一个有机的整体，或者说，一个民俗系列。任何一个民俗系列都是由具体的民俗事项组成的，不存在完全一致的两个民俗系列。但就民俗系列的一般结构而言，基于人类文化的共同性，民俗系列具有普遍性结构。这种普遍性结构就是民俗的类型。如果说民俗的分类仅仅是为着叙述的方便，那么，以民俗的普遍性结构为目的的民俗类型研究（民俗类型学）就具有探讨民俗本质的意义。很显然，民俗系列越多，经由比较而呈现的民俗的普遍性结构就会越是清晰，从而距离民俗本质的把握也就越近，对于民族的乃至人类的基础层面也就越是了解，人类在把握自身的自觉道路上也就走得更远。在这个方面，从不同地域、不同国家搜集不同的民俗系列加以比较是一种通常的途径，就同一个地方不同系列的民俗进行比较研究则具有独特的价值。尽管不能绝对期望，但不妨设想，不同系列的民俗文化在同一个地区长期共存、互动，并成为当地民俗文化生态体系的内在组成部分，这种现实状况是否会意味着某种或某些经由“自然的比较”而生成的普遍本质或者普遍结构的呈现？这正是黄龙地区多元民俗文化所具有的难得之处，以及让人对有关此地之民俗文化进行梳理研究抱着强烈期望的原因所在。

黄龙地区有四个大的民族群体，其各自的生存与生活形态就构成了四个不同性质的民俗系列，这四个民俗系列又因民俗的地域性差异和黄龙地区广袤的地域范围而具体化为各个地方或者各个村寨的次级民俗系列，呈现出极为多样化的面貌。比如亲属称谓，这里就至少有四套亲属称谓系列，而且既有“类分式”，也有“说明式”①，呈现出亲属称谓发展或演变的不同阶段特征，且相互影响、渗透。再以服饰

① 类分式（classificatory type）和说明式（descriptive type），亲属称谓方式的这种二分法来自于摩尔根，国内有些也翻译为“类分法”和“叙述法”。前者指不标明亲族的父系与母系、直系与旁系、排行顺序等差别，只标明尊卑辈分；后者则尽数标明，采用不同的称谓说法。如英语 sister 是类分式，汉语用姐和妹来分别表述是说明式；英语的 uncle，汉语则分别表述为伯、叔、舅、姑父、姨父。摩尔根的这种二分法随着亲属研究的深入而显得简单化，后由美国人类学家克娄伯提出了描述亲属称谓的八个范畴：辈分；同辈分的年龄；直系与旁系；血亲和姻亲；亲属性别；称呼者性别；亲属关系所从出的亲属性别；亲属关系所从出的亲属的生与死。冯汉骥先生早年曾以此对汉族亲属称谓做过系统研究。

为例，黄龙地区不仅四个主要民族都有着各自独具特色的服饰传统，在同一个民族内部也因为所居不同区域，乃至不同村寨而有不同程度的服饰差异，形成极为多样的服饰系列。以藏族妇女的头饰来说，毛儿盖地区藏族妇女花冠状的头饰就和热务沟红土藏族妇女包帕子的头饰大不相同，其他如大寨、牟尼沟、漳腊等地的藏族妇女头饰也各具特色。即便同是帕子包头的，其所用帕子大小、颜色、纹饰以及方式等也各有讲究、各具内涵。在黄龙地区这个相对而言并不大的土地上，单就藏族妇女头饰而言，就形成这样形制多样、讲究程度各不相同的系列，显示着黄龙地区民俗系列的丰富性。在这个层面上，丰富性也就意味着差异性，而这种差异性，既与所处生存环境有关，也同族群历史传统有关，也因此而成为探寻这些族群各自历史渊源的重要线索，这也就涉及黄龙地区民俗文化的另外一个特点，多源性。

所谓多源性，指的是黄龙地区民俗文化渊源的丰富性，这首先可以理解为多民族的不同渊源，在此方面，四个民族及其支系或者部族的不同历史也就构成黄龙地区民俗文化多源性的基本状况。以藏族为例，如前所述，黄龙地区的藏族有两个基本来源，一是西藏移民过来的吐蕃人，一是吐蕃化的当地部族，各自所持藏语方言也有差异，这就为探寻黄龙地区藏族各村寨民俗文化事项的渊源提供了基本方向。同样的，考虑到黄龙地区回族多样化的来源地和历史时间差异，不同地区回族文化之间的差异也就能够很好理解了。除民族历史渊源之外，多源性的另外一种情况指的是黄龙地区本身生存与生活形态的多样性。对于黄龙地区民俗文化生态的整个体系而言，民族历史渊源可以称之为外在性渊源，而生存与生活渊源则是内在性渊源，或本土渊源。黄龙地区地处从高原到盆地的过渡地带，海拔高差大，地形多样，气候、植被、物种复杂，这些导致黄龙地区不同地域的民众生存与生活方式上的巨大差异，成为黄龙地区民俗事项异常丰富、民俗生态结构异常复杂的重要缘由。

黄龙地区民俗文化的多样化氛围为民俗事项之间的互动融合提供了可能，文化融合成为黄龙地区民俗文化长期共存与互动的必然结果。因此，当你在黄龙地区看到穿着藏袍却似乎并不像藏族人的当地居民时一点也不要奇怪，也不用怀疑你的直觉，你所看到的很可能真的就不是藏族人；同样的，当你在松潘县城的庭院式茶馆里看到喝着盖碗茶、悠闲地聊着天的人们，也不要以为都是汉族人或者回族人；糌粑和酥油茶在这里是非常通行的饮食，并非如内地的印象一样是藏族独有的食品；当你在端午节到黄龙地区，你也不要以为门前挂着菖蒲的就是汉族，因为这里各个民族都会挂菖蒲，吃粽子；如果你到一个藏民家里去拜访，主人家捧出一个酒坛子，郑重的行过开坛仪式，然后请你喝咂酒，也无需惊奇；斗拱飞檐、雕梁画栋、古色古香的建筑很可能是回族的清真寺；至于在羌族民居的门楣上看到苯教或者藏传佛教的符号（如卍）也没有什么奇怪的，因为喇嘛、活佛们很早就已经取代了这里羌族释比（巫师）的位置；同样，你也许能够在藏族民居前看到庭院大门那完全汉式的斗拱风格，在门框上看到张贴的春联，有些对联还是用藏文竖着书写下来的，他们的堂屋或者楼外墙壁上很可能悬挂或张贴着毛主席、周总理等领袖肖像；在旷野上侍弄着马匹，或者骑马飞奔的，也未必是藏羌民众，而很可能是回汉群众，总之，在黄龙地区，孔夫子和观音菩萨坐在一起是一点也不奇怪的。

除了整体上的多元融合特征外，黄龙地区的民俗文化因处于边地、边缘位置，其发展状况同内地或文化中心区域相比，具有明显的不平衡性，在文化中心区域已经消亡或即将消亡的民俗现象，在这里还有存留，或者还很盛行。至于遍布区内的各种宗教形态更是为这里的民俗文化增添了浓厚的宗教色彩。

第二章　黄龙地区的衣食住行

衣食住行，对于每一个人来说都是日常行为中不可或缺的。它们为人们提供最基本的生活保障。人们所穿戴的衣饰、吃喝的饮食、居住的房屋、出行的方式都在一定程度上反映了人们的生产方式和宗教信仰。因此衣、食、住、行习俗是民俗学研究的重要内容。我国民俗学家很早就提出“必须从物质生活条件中探求各种社会思想、观点及习俗惯制形成的根源”①。

黄龙地区生活着藏、羌、回、汉四个民族，各民族有其特殊的服饰、饮食习惯、建筑方式、出行宜忌等。然而，长期的民族杂居促进了民族融合，衣食住行民俗方面自然也相互影响。本章主要从黄龙地区服饰习俗、饮食习俗、居住习俗和出行习俗四个方面来考察黄龙地区的民俗文化及其宗教背景。

第一节　服饰习俗

人的一生离不开服饰，从呱呱坠地的婴儿的襁褓，到离开人世时

① 乌丙安：《中国民俗学》，辽宁大学出版社1985年，第42页。

穿戴的寿衣，服饰伴随了人的一生。关于服饰起源，学术界提出了许多不同的看法，如“身体保护说”、“遮羞说”、“图腾说”、“装饰说”、“巫术说”等等[①]。无论服饰如何起源，毋庸置疑的是它们都是人类的创造物。被创造出来的服饰必须满足人们的需求，因此服饰具有蔽体功能和保暖功能。它的设计要适应人们的生产方式，以方便人们劳作。服饰的外观要受人喜爱，人们选择自己喜欢的颜色、图案、材质来制作服饰。因此，服饰是人们思想观念、审美观念、文化心态的表现。通过对外在服饰的考察可以了解到人们的内心信仰世界。

一、民族服饰形制

对于一个民族来讲，服饰意味着什么？这个问题在早期的研究者那里毫无疑问，他们认为，服饰是一个民族客观存在的文化标志，是一个民族的传统文化的表现。然而随着解构主义的流行，学者们指出“许多所谓的‘传统’实际上是近代的创造，而‘民族’则是近代民族主义风潮下的集体想象。”[②] 如此一来，“民族”成为想象，那么民族服饰起到的作用是更为直观地加强这种想象。因此台湾学者王明珂认为“服饰是一种‘社会认同与区分体系’的反映——服饰是个人身体的延伸；利用此种延伸，个人或者一群人强调自我认同以及与他群间的划分。”[③] 事实上，无论我们从哪个角度来解读服饰的意义，都必须承认，每个民族的服饰的确有所不同。

在黄龙地区的四个民族——藏、羌、回、汉，都是历史悠久的民

① 参见孙世圃：《中国服饰史教程》，中国纺织出版社 1999 年，第 3 页。

② 王明珂：《羌族妇女服饰：一个“民族化”过程的例子》，台湾“中央研究院”历史语言研究所集刊第六十九本。

③ 王明珂：《羌族妇女服饰：一个“民族化”过程的例子》，台弯“中央研究院”历史语言研究所集刊第六十九本。

族，这些民族在长期的发展中形成了自己独特的文化，当然其民族服饰也各有特色。总的来说，藏族、羌族的民族服饰几乎完全不同于回族和汉族。藏族服饰和羌族服饰有共同点，回族和汉族服饰的共同点较多。下面分别介绍各民族服饰的形制。这里我们所说的服饰，不但包括衣服，也包括饰品——主要指常用的饰品。

1. 藏族服饰的历史与形制

藏族民族服饰历史悠久，最早可以追溯到新石器时代。反映这一时期藏民族生产生活状态的遗址——卡若遗址，出土了 50 件人体饰品，包括笄、璜、环、珠、项饰、镯、贝饰、牌饰和垂饰等种类，制作的材料主要为石、玉、骨、贝等①。另外，还出土了 131 件磨制精细，针尖锋利的骨针，还有陶纺轮和线坠等。可以推测新石器时代藏族祖先已经具备用兽皮缝制衣服的条件了。

由于藏族人数众多，共 541.6 万（2005 年），分布较广，主要聚居于西藏、四川、青海、甘肃、云南五个省区。这些省区有着不同的气候环境、生产生活方式和文化，因此导致了藏族服饰的区域差异。藏族学者一般将藏区分为卫康、康区和安多。黄龙地区位于藏族的边缘地区，属于安多的一部分。因此黄龙地区的藏族服饰有着安多服饰的特征："雍容华贵，以银制饰品为主，以多为美。"②

具体地说，黄龙地区藏族服饰包括衬衣、裤子、藏袍、帽子、靴子、围腰、腰带、饰品等。在节日来临或是其他重要的时刻，藏民总是会盛装打扮，将全套衣服和所有饰品都穿在身上。而在日常生活中，藏民往往只穿着基本的服饰和佩戴少量的饰品。

---

① 西藏自治文物管理委员会、四川大学历史系：《昌都卡若》，文物出版社 1985 年，第 145—148 页。

② 李玉琴：《藏族服饰文化研究》，人民出版社 2010 年，第 95 页。

黄龙地区藏族传统服饰一览表

		男	女
衣	头衣	帽（狐皮帽、羔皮帽、毡帽、礼帽）	帽、头巾（俄儿）
	上衣	衬衣、藏袍	衬衣、藏袍
	下裳	大裆裤	藏袍
	足衣	藏靴	藏靴
	配件	腰带	围腰、腰带
饰	发饰/头饰		阿坝松潘式/毛尔盖式
	项饰/胸饰	护身符、项链	项链、护身符
	腰饰	腰刀、火镰、鼻烟壶	奶钩、针线盒
	手饰	戒指	戒指、手镯
	耳饰	右耳戴耳环	耳环

衬衣是藏族的基本服饰，一般由浅色的布料或是绸料制成。男式衬衫多为白色，女式衬衫五彩缤纷，有绿色、大红、粉红色和白色等。衬衣分为立领式和翻领式两种。立领的衬衣，衣领包住脖子，侧扣。男女样款式相仿。女式翻领式衬衣较短，无扣，袖子很长，长出手指四十厘米左右。这种衬衫通常在节日时穿戴，跳舞时候放下袖子，长袖善舞，翩然若仙。

藏民下身穿着裤子或裙子。黄龙地区藏族男性过去多穿粗布做成的宽腰大裆裤，黑色或白色。这种大裆裤的裤脚宽大，穿靴子时须将裤脚扎入靴内，看起来威风凛凛。过去藏族妇女只穿藏袍，不穿裤子。《康輶纪行》："张司马言：'昔在松潘，蕃女短衣及膝，不裈，下缀缨络，取便溲溺。其大夫人谓女不知羞，作裈三百件，令著之，欲变其俗。未半岁，死者百数，乃罢。'余谓三代以前皆未有裈，故古人未有，古遗制耳，不足为异。”[①] 裈，裤子。这条文献记载了清道光年间黄龙地区藏族妇女不穿裤子的习俗。至1929年，中央研究院的调查报告中也写到黄龙地区西番人：“成年男子著布裤，女子没有穿裤子的。”[②] 随着生产生活方式的改变与民族融合的加剧，今天藏族妇女都穿长裤，无论是否穿着藏袍。

藏袍是藏族最具特色的服饰，也是黄龙地区各民族普遍喜爱的服饰。藏袍平面结构，剪裁简单，宽大无扣，袖子宽大并长出手面十余厘米，下摆为裙状，不开衩，适合各种身材的人。藏袍一般用毛呢、山羊皮、绵羊皮、氆氇等制作，黄龙地区的藏袍主要以毛呢为原料。根据结构的不同，藏袍可分为右衽斜襟袍、立领大襟短袍和女子无袖长袍。黄龙地区的藏袍多为右衽斜襟袍。藏民喜欢用貂獭皮、虎皮、氆氇、绣花、提花等来装饰藏袍，尤其喜爱用动物皮毛来装饰皮袍的袖口和领口。这一习俗的来历，黄龙地区有这样的传说：7世纪中叶，吐蕃军队征战，他们给战斗英勇的士兵奖励一条长约一米，宽六厘米左右的围带。这条围带首尾相接，斜挎在英雄的左肩上，垂在右手下。根据他们的功劳大小，分别奖励水獭皮、虎皮、豹皮制成的围带。这样的围带虽然漂亮，但束缚了战士们的手脚，不利于他们战场杀敌。因此有人将围带缝在衣领上了，继而风靡全军。有的妇女还在丈夫的围带上绣花，这是后来藏袍上手工绣花的由来。后来虽然吐蕃军队的奖励制度改变了，但是藏民们已经喜欢上这样的围带，从此藏袍袖口上都装饰上漂亮的饰品[③]。在黄龙地区，藏袍的右边袖子一般都不穿上，而是任其垂在身后。

---

① （清）姚莹：《康輶纪行》卷二，清同治刻本。

② 黎光明、王元辉著：《川西民俗调查记录1929》，台湾“中央研究院”历史语言研究所2004年，第32页。

③ 达尔基：《阿坝风情录》，西南交通大学出版社1991年，第125页。

由于藏袍没有扣子，因此腰带是调节藏袍大小的必要物件。腰带按照材质分，有绸带、绣花腰带、皮带和铜带。绸带用于固定藏袍，更多的是实用功能，而其他腰带更多具有装饰功能。黄龙地区制作绸带“大半是用一种贵州野蚕所吐的丝织成的‘干丝’，又名‘茧绸’，染作红色”[①]。皮带由自鞣牛皮制成，多为黑色，上有带状银饰装饰，银饰长约腰围的一半，腰带穿好后，银饰在正前方。带状银饰由三个圆形和两个长方形构成，圆形间以长方形间隔。两边的圆形银饰上镶嵌珊瑚，中间的圆形上镶嵌绿松石。其余部分装饰着壹元银币或是银质团花。带状银饰上的纹样一般是莲花或者龙纹。在节日时，黄龙地区藏民无论男女，都会带上他们漂亮的皮带。在黄龙庙会时或其他重大时刻，藏民甚至会同时佩戴三四根这样的腰带，看上去耀眼夺目、雍容华贵。

围腰是黄龙地区藏族妇女穿戴的衣饰品。它具有许多实用功能。因为藏袍厚实，不易清洗，不易晾干，戴围腰可以在劳动中保护藏袍不被弄脏和磨损。围腰的背面可以当手帕用，出门遇到阵雨又可脱下遮雨。另外，它还极具装饰效果，黄龙地区的藏袍款式相同，颜色以黑色为主，显不出自己的个性。而围腰图案多样颜色鲜艳，拴在藏袍外令藏袍更加夺目。而且它还能表现出妇女的审美观，使款式相同的藏袍变得丰富多彩。

过去黄龙地区的藏民穿自己制作的藏靴。藏靴有长款和短款，长款及膝，短款到小腿中部。藏靴一般由牛皮、氆氇、毛呢和平绒制成。一般鞋底用牛皮，也有用鹿皮和羊皮的，鞋面饰以毛呢，鞋帮上用丝线、皮革、氆氇等装饰精美的图案。藏靴没有拉链和扣子，在靴筒后面有七八厘米的开口以便将小腿放入。藏靴没有冬夏款之分，人

---

① 黎光明、王元辉著：《川西民俗调查记录 1929》，台湾“中央研究院”历史语言研究所 2004 年，第 31 页。

们常常在夏季穿旧靴，冬季穿新靴，因为新靴更加保暖。以前条件艰苦的时候，这里的藏族在冬天垫干草在靴子里来保暖[①]。藏靴另一个显著的特点便是没有左右脚的分别。至于其原因，有人说是为了夜间护理畜群必须快捷，因此不分左右脚[②]。也有人说是因为人的左右脚不一样大，换着左右脚穿则会感到舒适，而且生活中有的人腿脚有毛病，有的人喜欢拖着脚走路，所以有的鞋底左侧坏得快，有的右侧坏得快。藏靴的好处就在于一看到任何一侧有磨损，就可以把鞋子调换一下，可以继续用很长时间。就像是有经验的汽车司机将两侧的轮胎交换着使用一样[③]。藏靴的制作很复杂，整个工艺中最难做的部分是扎鞋底。制作者必须用锥子和针穿过几厘米厚的皮鞋底，制作者很容易受伤。做一双藏靴一般需要二十天时间，可见其工艺的讲究。由于其工艺复杂，现在这里藏靴已经很少见了，我们只在交通较为不便的毛儿盖地区毛儿盖寺院见到几双藏靴。平常藏民都穿着商店里购买的皮鞋或者运动鞋。

藏族男女都很喜欢饰品，黄龙地区藏族以多为美，节日时候他们可谓是“全身披挂”。这里有一句藏族谚语：“富家女漂亮是因为服装首饰，没了首饰她也一般。”[④] 可见，以藏民审美观来看，饰品是决定女性漂亮与否的关键因素。藏民的饰品主要以天珠、玛瑙、珊瑚珠、蜡贝、松耳石等宝石和金银为原料。藏民的饰品主要有头饰、项饰、胸饰、腰饰、手饰、耳饰等。这里头饰十分特别，在后面的发型习俗中再介绍。头饰为妇女专有，而项链、腰饰、耳环、戒指等就是

---

① 黎光明、王元辉著：《川西民俗调查记录 1929》，台湾“中央研究院”历史语言研究所 2004 年，第 31 页。

② 参见 徐启新：《漫谈藏靴》，《中外鞋业》，2000 年第 12 期。

③ 参见 索穷：《强巴遵珠的藏靴情结》，《中国西藏》（中文版），2006 年第 1 期。

④ 中共松潘县委宣传部、松潘县文化体育局编：《岁月的痕迹》，大众文艺出版社 2010 年，第 251 页。

男女都戴。这里的项链一般是将大颗颜色鲜艳的宝石串起来。盛会上有的人戴上十多串项链。另外一种胸饰是护身符——“嘎乌”和“松可”。“嘎乌”是银质或铜质的盒子，外形或是圆形，或方形或桃形，中间嵌玻璃，内装佛像或是活佛照片。过去很多人佩戴“嘎乌”，现在藏民一般戴“松可”。“松可”用金银或是白铜制成的饰物，体积比“嘎乌”小，内装经书，需要喇嘛念经后才能戴。现在佩戴“松可”的藏民也少了，人们只是逢年过节或者出差在外的时候才戴，平常大多将其挂在床上。藏民佩戴护身符，是因为他们相信，神灵的照片、神灵代言人的照片和经书都具有某种神性，能起到避邪驱魔的作用。腰饰也是盛会时必不可少的。黄龙地区藏族妇女的腰饰主要有奶钩和针线盒。这些饰品最初来源于藏族人民生产的需要。奶钩最早是为了藏族妇女挤奶时固定奶桶而设计的，经过长时期的发展为银质的装饰品了。针线盒成为饰品是因为过去藏区交通不便，缝衣针特别珍贵，藏民用针线盒将其随身携带。针线盒做得非常精美，格外漂亮。后来虽然缝衣针很常见了，针线盒却成为藏民喜爱的饰品了。藏族男性的腰饰主要有腰刀、火镰和鼻烟壶。佩带腰刀使藏族男子看上去英勇果敢。腰刀非常受藏族男子喜爱，他们把珊瑚、绿松石和玛瑙等珠宝镶嵌在腰刀上。火镰过去是藏族男子必需的生活用品，它装着取火用的火石、火绒等物，在野外需要用火时，将火镰敲打火石，产生出来的火星点燃火绒，取得火种。火柴、打火机的出现以后，火镰逐步变成了纯粹的装饰品。鼻烟壶是吸鼻烟用具，一般由牛羊的犄角制成，有的也用皮质、木质，有的还镶嵌珠宝，过去贵族男子为吸烟之便时常携带。现在成为纯粹的装饰品佩戴于腰间。手饰包括手镯和戒指。手镯一般由象牙、玉石或镂刻有各种花纹图案的金银做成。戒指也是金银质的，其状如瓦，上面镶嵌玛瑙、珊瑚珠和松耳石等珠宝，风格粗犷。节日时，他们至少戴三四个戒指，有的则十个指头全都戴上戒指。黄龙地区的耳环，亦是金银制成，有的镶嵌着宝石。过去无论男女都有耳洞，通常女性双耳都有耳洞，男性只有右耳有耳洞。他们喜欢大且重的耳环，有的耳环如筷子般粗，直径两寸多。有的耳环是两环相扣，有的耳环下还有珠串装饰，长过肩膀。重的耳环超过二两，因此他们的耳洞由于长期承重变得越来越大。现在几乎很少有男性穿耳了，女性的耳环也比过去要小一些。饰品对藏族妇女来说，具有重大的象征意义。在当地的风俗中，丧偶的妇女要将身上所有的饰品取下，藏在箱内，以示对丈夫的哀悼。在三年以内，不能盛装打扮。因此，藏族妇女即使是在平常的日子中，也必须佩戴几件饰品，不然会被认为不吉利，受到众人指责。

2. 羌族服饰的历史与形制

羌族是现在黄龙地区藏、羌、回、汉四个民族中最早进入这一地区的民族，他们已经在这里生活了三四千年以上[①]。

据记载，两汉时期，甘青羌人“女披大华毡以为盛饰”[②]。《北史》记载羌人“皆衣裘褐”[③]，《隋书》中有：“党项羌者，三苗之后也。服裘褐以为上饰。”[④] 可见，古代羌族主要穿皮衣、粗布衣服和毡衣（动物毛做成的衣服）。

明朝的文献中有黄龙地区的记载，说该地居民“被毡衣戴毛帽”（《新志》）[⑤]。古代羌人以游牧业为主，只能用动物毛皮做衣服。后来羌人定居下来，生产方式转变为以农耕业为主，羌人种植麻，并用麻布做衣服。等棉花传入这里后，羌人用棉布制作衣服。《松潘县志》

① 潘显一、唐思远、汪志斌著：《黄龙地区宗教文化研究》，巴蜀书社 2010 年，第 29—30 页。

② （南宋）范晔：《后汉书》，中华书局 1979 年，第 1272 页。

③ （唐）李延寿：《北史》，中华书局 1974 年，第 3190 页。

④ （唐）魏征等：《隋书》，中华书局 1979 年，第 1845 页。

⑤ 《明一统志》卷七十三，清文渊阁《四库全书》本。

描述羌族服饰为："朴素大方。一般穿麻布长衫，外套羊皮褂子，包白色或黑色头巾，缠绑腿，束腰带，着革履或布鞋。"[①]

事实上，黄龙地区羌族的衣服并非是完全统一的。这里的羌族主要居住在松潘县南部的镇坪乡、小姓乡和白羊乡。镇坪乡在松潘县南部，与茂县太平乡杨柳沟、牛尾巴寨接壤，位于沿岷江的大道上，国道 213 经此而过，历史上称为"生番"或"杨柳番羌"。小姓乡位于 213 国道的西边，靠近热务沟等藏族村寨。白羊乡位于松潘县东南部，南与北川县片口乡接壤。由于地理位置的差异，羌族的服饰纹样、颜色也有明显的区别。镇坪乡和白羊乡服饰图案颜色较为相似，小姓乡的服饰图案比较特别[②]。

但是，羌族的服饰形制没有太大的差别。羌民日常生活穿着简单随意，男子穿衬衫、裤子，加毪子褂褂或羊皮褂褂，打着绑腿，穿布鞋，女性穿衬衫，裤子，捆围裙，打绑腿，穿布鞋。

黄龙地区羌族传统服饰一览表

		男	女	婴儿、儿童
衣	头衣	狐皮帽（国搭哇）、头巾	头帕	洛洛达巴
	上衣	麻布衬衣、毪子褂褂、羊皮褂褂	麻布衬衣、毪子褂褂、羊皮褂褂、短衣	
	下裳	长裤	长裤	
	足衣	绑腿、云云鞋、偏耳子	绑腿、花鞋	
	配件	腰带	围腰、绣花腰带	

① 松潘县志编撰委员会：《松潘县志》，民族出版社 1999 年，第 822 页。
② 它们之间的具体区别见后文的分析。

续表

		男	女	婴儿、儿童
饰	发饰/头饰		小姓发饰、镇坪白羊发式	
	项饰/胸饰		胸牌	长命锁
	腰饰	裹兜、烟袋、火镰、吊刀	银刀、银勺、银牙签	
	手饰		戒指	
	耳饰		耳钉、耳环	

过去羌民所穿的衬衫和长裤均是麻布制作。衬衣无领，布扣，颜色有黑、白、灰三种。男式长裤裆部用一方布块对折缝成，多为白色，女式长裤上有精美绣花。因为麻布非常结实，非常适合羌族人民劳动。制作麻布十分复杂，要先用手搓麻线，搓后用灶灰煮，煮后用水洗，洗后再用棒子不停敲打，等晒干以后才能织麻布。虽然麻布结实，但质量很重，保暖性差，而且清洗起来非常不便。所以现在羌民很少穿麻布制成的衣物，而改用棉布为材料。

羌族在衬衫外面穿毪子褂褂或是羊皮褂褂。褂褂，在四川方言里是马甲或坎肩的意思。它无领、无袖、无扣，不缝边，看上去粗犷随意。毪子褂褂是用羊毛毡做成，材质粗厚，十分保暖，还能在一定程度上防雨防雪。由于其材质坚硬，毪子褂褂还能在背东西时作为垫背，在野外休息时作为坐垫，天冷在外睡觉时脱下当被子。毪子褂褂用途很多，羌民非常喜欢。羊皮褂褂是羌族最有特色的服饰，它又叫做“皮褂褂”、“领褂子”。《说文》：“羌，西戎牧羊人也。”[①] 羌族是游牧民族，以放羊为生，羊在羌民生活中至关重要，它是羌民衣食之源。因此羊皮褂褂或许是羌族较古老的服饰。羊皮背心“毛皮朝里，

① （汉）许慎撰，徐铉等校注：《说文解字》，中华书局1985年，第115页

肩部前襟、下摆等处均露出长长的羊毛，前襟一般不扣，任意敞开，外面加衣料面子或直接将皮板披露于外”[1]。羊皮褂褂以绵羊皮、山羊皮或岩羊皮为原料，手工制成。绵羊皮较柔软，穿着舒适。山羊皮较坚硬，更加结实。羊皮褂褂制作方法简单，但工艺复杂。首先，晒干生羊皮，然后将生羊皮在冷水中浸泡至软后，捞出脱水、刮皮、揉搓。鞣好后的羊皮十分柔软。羊皮背心的缝制是由羌族男性来完成。羌族的传统分工是男主外，女主内，女性负责家务包括针线活，那为什么羊皮背心要男性来缝制呢？这是因为羊皮背心的缝制需要很大的力气，缝制羊皮背心的线一般是獐子或者鹿皮切割而成的皮筋线。皮筋线非常牢固，要用特殊的工具，如尺子、剪刀、皮针、锥子、木糙等才能缝制。羊皮背心裁剪关键技术在领口、腰围部位，只有处理好这些技术，羊皮褂褂穿上才会合身。羊皮褂褂的最大的优点是结实耐用，有的羊皮褂褂可以穿几十年，一般的羊皮褂褂至少要穿几年以上。羊皮褂褂有两面，一面是皮质，一面是羊毛，两面均可穿。寒冷的时候将羊毛一面穿着里面，暖和的时候将羊皮穿在里面。同时羊皮褂褂也可以起到遮雨的功能："天晴毛朝里，下雨毛朝外"，非常适合温差大，天气易变的黄龙地区，因此受到当地人民的喜爱。

镇坪乡、白羊乡的羌族妇女在长衫外套一件短衣。这种短衣立领，右衽，无袖，一般以黑色为底色。领口、肩部和整件衣服的边缘几乎都有绣花。手臂伸出的地方和衣服底部有白色的羊毛修饰。还有一种短褂，是男女都穿的，无领无袖无扣，亦有大量的绣花和羊毛饰边。

羌族妇女在长衫外系绣花围腰，围腰分为半襟和满襟两种，以深蓝色和黑色为底色，绣上各种花纹。当然围腰最主要的功能是保护衣

---

① 黄新初主编：《阿坝文化史》，四川人民出版社 2006 年，第 447 页。

服，过去说围裙是半件衣服，人民生活条件不好不能经常更换衣服的时候，就经常换围裙。围裙上的图案是羌族女性缝制，非常美观。据说，羌族妇女拴围腰是因为过去羌族的女性聪明能干，是一家之主。王母娘娘觉得妇女太聪明了，所有事情都要她们操心，太辛苦了，男性反而没事情做。于是她想了个办法来平衡，让羌族妇女捆上围腰，在围腰上有符咒可以蒙蔽妇女的心。一天王母娘娘下凡来问羌族姑娘男的聪明还是女的聪明时，羌族姑娘说女的聪明。于是王母娘娘让她捆上漂亮的围裙，七天以后，姑娘再次见到王母娘娘回答这个问题时，就说男性聪明些了。王母娘娘看到这个结果很满意就让所有的羌族妇女都戴上围裙了①。羌族又将花围裙叫做“同心帕”，羌族的另一个民间故事说：羌族的妇女比男人聪明能干，有一个羌女漂亮伶俐但是心眼多，嫌弃自己男人，于是在大雪茫茫的冬天让男人出门去割牛草，割不到就不让回家。老实的男人找不到牛草伤心地哭了，哭声惊动了山神。山神决定要帮助这个男人，于是变出了牛草让男人割回家。羌女看到男人完成了任务，又想了个更难的事情来刁难她男人。羌族男人无法完成任务，又急得哭了。山神这次变成了一个过路英俊的少年，来向羌女问路。通过对话，山神感到羌女果然聪明，于是送了一张绣满了花鸟虫鱼的花帕给姑娘。姑娘正在仔细观看帕子时，这张帕子突然变成了花围裙围在了姑娘身上。顿时，羌族姑娘变得体贴温柔，她想起自己给丈夫设置难题，不由心疼起来。山神告诉姑娘说：“开拓生活，创造财富，羌男羌女，各尽其能。夫妻和睦，相爱相敬，同心花帕，永勿脱身。”从此羌族妇女都围上花围腰。② 两个故事看上去十分相似，或许来自于同一个版本。它们说明了围腰不仅

① 《羌族文学》编辑部编印：《羌族民间故事选》第 114－115 页。

② 四川阿坝州文化局主编：《羌族民间故事集》，中国民间文艺出版社 1988 年，第 196－199 页。

仅具有实用、装饰的功能，而且还包含了这样的意义：捆上了花围腰的羌族妇女比从前更讨人喜欢。更深层次的含义是，羌族妇女的社会地位发生转变——过去高于男性，现在低于男性。

腰带是羌族男女必备的配件之一，腰带有羊毛编制的和土布缝制的。腰带常常作为女性送给男性的定情信物。用自己的爱心编织的腰带，既展现了自己的心灵手巧，更代表着羌族姑娘纯洁真挚的爱情，羌族民歌："麻秆线儿白生生，织根卡头（飘带）千万针，妹送阿哥拴腰间，阿妹的线儿阿妹的心。"

男性在腰间还会佩戴裹兜、烟袋、火镰、吊刀、镊子等东西。男性在盛装时必须佩戴裹兜，裹兜可以保护腹部不受凉，还能将贵重物品放在里面防盗，非常有实用性。丈夫的裹兜都是由妻子缝制，她们在三角形的蓝布或黑布上面挑绣各种花卉，十分漂亮。羌族的烟袋由小羊羔皮鞣制，也有用布做的，上有精美刺绣。烟袋悬挂在腰带上。火镰也是羌族必备的生活用品，方便在野外取火。羌族的火镰上有漂亮的花鸟图案。妇女在腰间携带银刀、银勺、银牙签等生活用品。

为了方便劳作，羌民习惯在小腿上裹绑腿。羌族的绑腿分两种材质，一种是麻布做的，白色或青色，透气性好，常在天气暖和的春夏季节使用；另一种是羊毛制成，棕黑色，保暖性好，常在天气寒冷的秋冬季节使用。一般来说，老年人更喜欢裹绑腿。除保暖之外，绑腿还能保护小腿不被山路上的荆棘划破，不被虫蛇咬伤。

无论节日还是平时，布鞋都是羌族男女最爱穿着的鞋子。羌族妇女要给一家老小缝制布鞋。做布鞋的技术好坏，是一个妇女是否贤惠的衡量标准之一。因此她们从小就开始学做布鞋。羌族谚语说："一学剪，二学裁，三学挑花绣布鞋。"等羌族姑娘成年时，她们一般都能够熟练地做布鞋。这时候她们做一双布鞋也需要二十多天时间，充分说明其工艺复杂。说起羌族的布鞋，大家首先就会想到"云云鞋"，因为它被看做是羌族服饰的代表。但在黄龙地区并非所有的羌族布鞋都叫做“云云鞋”。镇坪乡羌民将男式布鞋叫做“云云鞋”，女式布鞋叫“花鞋”。

“云云鞋”名副其实，鞋帮上在美丽的彩云纹。鞋尖上翘，如同小船一般。鞋面的云纹以前用獐子皮削成，使鞋子更加耐穿。现在多用丝线绣成。鞋底用麻线，鞋面用棉布为材料。“云云鞋”得名的原因有两种说法：一是来源于羌族口头流传的民间故事。在遥远的过去，羌族人的祖先迁移到岷江上游时，和当地的戈基人发生了一场战争，即“羌戈大战”。羌族人屡战屡败，始终无法打败戈基人。后来在天神的指引下，他们穿上“云云鞋”，迅速健步如飞，如在云间行走。终于打败了戈基人。如今羌族人仍然认为穿上这种鞋走路速度很快。羌族民歌中唱到：“云云鞋我亲手绣哟，鞋上飞起新云彩，脚踏云彩走得快哟，羌家跨入新时代。”[①] 第二种说法是因为羌族生活在高山地区，居住的地方海拔较高，被称为“云朵上的民族”。用羌民族的别称来命名他们喜爱的鞋子非常能突出其民族性。羌民喜爱“云云鞋”的一个重要原因在于，它是爱情信物。在羌族寨子里有这样一个习俗：青年男女谈恋爱了，姑娘要做一双亲手缝制的云云鞋送给他的心上人。羌族有个美丽的传说充分说明了云云鞋的爱情意蕴：很久很久以前有一个穷困的年轻羌族小伙子，他父母因为交不起青稞被打死了，他衣衫破烂，无依无靠。他以放羊为生，每天都把羊群赶到高山上的海子（湖）边喝水。他看到海子中有一只鲤鱼，经常游出水面来吃海子边羊角枝头掉下来的花瓣。他想钓起这条鲤鱼来吃，没想到，钓上来的鲤鱼变成了一个美丽的姑娘，她开口说话，说：“阿哥，我是向往自由才离开父母的水晶宫来到这里，我会洗衣做饭，请收留

---

① 周锡银主编：《羌族词典》，巴蜀书社 2004 年，第 369 页。

我。”鲤鱼姑娘见到牧羊少年的赤脚，心疼不已。顺手从天边扯下一朵云彩，摘来海子边的羊角花，做成了一双美丽的云云鞋。小伙子穿上鞋后走起路来如在云中行走。后来，他们结为夫妻，从此以后，他们过上了幸福的生活①。云云鞋的传说，表达了羌族人民对爱情和美好生活的向往。

“花鞋”圆头，浅口，脚脖处有一扁带，套在鞋扦中，以防止布鞋在行走中滑落。这种鞋子叫做一带鞋。“花鞋”鞋头绣有精美的花纹，据说羌族女孩子从六七岁就开始学习绣花，十三岁时就绣得很好了，她们初学时模仿别人绣花的图案，后来就可以创造出新的图案。

羌族男性还在夏天穿着草鞋，有种羌族男凉鞋叫做“偏耳子”。它用高山柳的柳皮，或者是去皮后的荨麻制作鞋底，鞋头用鲜艳的彩线做成彩球，彩球和鞋底之间用彩线连接，夏天穿着透气凉快，还非常美观。

黄龙地区羌族的饰品有胸饰、腰饰和手饰、耳饰。在其他羌族聚居区常见的项圈，这里没有。妇女的胸饰状为银制的八瓣花花朵，花蕊用红色的珊瑚镶嵌。直径约有十厘米，佩戴在短褂的右边扣子上。儿童戴长命锁，羌族人相信，锁能够锁住小孩的性命，以保其平安顺利成长。羌族妇女喜欢佩戴戒指，她们的戒指图案包括人物、动物、植物，也有和羌民族生活相关的故事等，羌族的戒指做工精湛，充分展示了他们的工艺水准。耳饰是羌族妇女十分喜爱的饰品，无论是平时还是盛大节日，她们都戴着耳饰。耳饰分耳钉和耳环两种。耳钉戴上后贴在耳垂上，耳环为环状，戴上后坠在耳垂上。平常的日子，妇女或者佩戴耳钉或者佩戴简单的耳环。盛大节日时，她们佩戴的耳环是圆环状，下坠近十根细小的银链，长至肩部。看上去十分隆重。据

---

① 见《羌族文学》编辑部编印：《羌族民间故事选》，第116－118页。

说，羌族妇女戴耳环有这样一个传说：从前有个猎人技术很好，有一天他打猎时套住了一个美丽的姑娘。这个姑娘其实是守护野物的仙女。仙女告诉猎人说："每天野物都在减少，玉皇菩萨不高兴了。你今天放了我，我就原谅你，不放我，我就让玉皇收拾你。"同时仙女表示愿意给十二只麝给猎人。猎人答应了，他得到麝后又舍不得仙女走，于是就在仙女的耳朵上打了洞，套上骨牌牌，以便今后能认出仙女来。仙女不想再见到猎人了，于是给每个羌族妇女都打了耳洞，戴上骨牌。猎人就再也认不出她来了。从此之后羌族的妇女都戴耳环了[①]。

3. **回族服饰的历史与形制**

中国回族的分布特点是"大分散，小聚居"，黄龙地区的回族也是如此。回族是个特别的民族，它由域外信仰伊斯兰教的人与中国各民族在长期的发展中融合形成的。伊斯兰教，是他们几乎全民的信仰。因此，回族的服饰自然而然体现着他们的信仰，坚定着他们的民族认同。回族服饰不仅是其民族的财富，在 2006 年它还被文化部确定为我国第一批国家级非物质文化遗产。

历史记载，唐肃宗至德二年（757），回纥人开始进入松潘西部草原和四川内地，参与茶马互市的活动。南宋宝祐元年（1253），忽必烈带领大军攻入川西北高原，元军中有大量的"回回"士兵。忽必烈下令"探马赤随处入社与编民等"，进入松州的"回回"士兵落籍为民，长期生活在松潘。之后伊斯兰教徒随之迁入，形成了今天松潘的回族。2010 年 8 月，我们在城北清真寺采访时，刘阿訇介绍，回民迁入松潘主要有三次，一是元朝成吉思汗时；一次是清代乾隆皇帝攻

① 参见《中华民族故事大系》编委会：《中华民族故事大系》第十一卷，上海文艺出版社 1995 年，第 790—791 页。

打金川时；一次是清代的同治年间陕西回民起义被镇压，大批回民南下。

回族男子的传统服饰为白衣、外套马褂，下穿大裆裤，脚穿布鞋。回族女性穿短上衣，长裤，有的还在衣裤外套一件宽松的长袍，以符合伊斯兰教教义——避免露出身体的曲线。

黄龙地区回族传统服饰一览表

		男	女
衣	头衣	号帽	盖头、号帽
	上衣	白衣、坎肩、准白	大襟上衣、长袍
	下裳	大裆裤	大裆裤
	足衣	布鞋	布鞋
	配件		
饰	发饰/头饰		辫子/发髻
	项饰/胸饰		
	腰饰	腰刀、牙签、胡须梳子、腰包、荷包	荷包
	手饰		戒指、手镯
	耳饰		耳环

白色衬衫是深受回民喜爱的服饰。先知穆罕默德曾说“你们宜穿白衣，因为白衣最洁最美。”① 白色衬衫没有特定的形制，市面上出售的一般款式都可以，只要不是奇装异服就可以。但是白色衬衫不能为丝织的，因为穆罕默德曾说：“这是没有礼貌者的衣服。”②

回民喜爱在白衬衫外套上一件深色的坎肩。坎肩无领无袖无扣，

① 转引自陶红、白洁：《回族服饰文化与伊斯兰教》，《青海民族研究》，2002 年第 1 期。

② 张治江等主编：《伊斯兰教文化》，长春出版社 1992 年，第 437—438 页。

男式坎肩为蓝色或黑色，女式坎肩为暗红色、紫色等。坎肩十分适合在黄龙地区穿着，因为黄龙地区夏天昼夜温差大，用坎肩调节温度，既方便又实用。坎肩对于回民的宗教生活而言也十分方便。回民信仰的伊斯兰教每天要做五次礼拜，在礼拜前要求洗“小净”，即是每天要五次清洗从手指到手肘的部位。穿着坎肩，既方便挽起袖子仔细清洗，也可以保持背心的温暖，不易着凉，十分实用。因此黄龙地区的男女都喜爱穿坎肩。

回族妇女过去喜爱穿“大襟上衣”，立领，右襟。领口、袖口、颈口有滚边，青年妇女还要将上衣绣上美丽的花纹。随着黄龙地区旅游业带来的现代化，越来越少的人穿这样的上衣了。

过去无论男女，回民都喜爱穿手工制作的大裆裤。这种裤子有两种颜色，裤腰和裤腿颜色不同。由于现在购买服饰方便，几乎很难看到还有回民在穿这样的裤子。

回族传统的鞋子为自制的布鞋。布鞋的形状有圆口和方口的。回族布鞋的式样不同，所包含的寓意也不同。一般来说，小孩子鞋为虎头，希望他们能如小老虎般健康成长。中青年人鞋为圆头，希望他们家庭圆满。老年人的鞋为牛鼻形，希望他们晚年幸福。回族的布鞋由妇女缝制，很多妇女随时带着做布鞋的材料，有空的时候就掏出来缝制。布鞋的一针一线包含着回族妇女对家人浓浓的爱。

回族男子过去在宗教生活中常穿一种叫做“准白”的外衣。准白，是阿拉伯译音，指长袍。过去回族宗教人士和知识分子尤其喜爱这种衣服。准白长袖、立领，长及脚踝。一般为白、黑、灰等单一颜色，没有花纹。现在黄龙地区很少有人穿，我们只在2010年的开斋节城北清真寺见过一次。

当然，回族最有特点的服饰即是其帽子和头纱。黄龙地区的阿訇曾经说过，在黄龙地区身着藏袍，头戴白帽，一点也不奇怪。他强调黄龙地区各民族和谐共处，相互融合。另外，那句话还透露出，白帽是回族的标志性服饰。关于帽子和头饰，我们将在本章后面专门论述。

有的回族妇女会佩戴首饰，但是男性不允许佩戴黄金、白银饰品。“据说穆罕默德圣人曾经看见一个男子手上戴一只金戒指，就把它取下扔掉，并说：‘你们个个要打算找一个火炭放在手上。’”[①] 中国伊斯兰教学者刘智的《天方典礼》有：“不以金银饰。男子不以金银嵌冠带，不以金银作戒指，不以作指印。除有职，凡一切器皿、什物，如壶碗、镜砚、椅桌、床厨之类，皆不得以金银打造镶嵌。”[②]女性可以佩戴饰品，但并非必须佩戴，即使佩戴也不能过于奢侈繁多。“妇女之饰以钗钿，故用金银宜也。妇女裳服，有柔顺之道，故用丝帛宜也。宜者，用无禁，然非必当用之也。使为妇女者，不知俭约，日肆侈靡，可乎？”[③] 事实上，一般来说，回族妇女拥有一件或者两件金银饰品。她们最喜爱的饰品是戒指，特别喜爱金镶玉的，象征着吉祥和气。另外一件回族妇女喜爱的饰品是耳饰，她们认为，戴耳环不仅漂亮，而且能够使眼睛明亮。有一句谚语说：“要想眼睛亮，耳垂闪金光。”回族妇女也戴手镯，并且有人认为回族媳妇戴手镯是孝顺父母的表现。回族的传说故事讲，很早以前，有个回族媳妇家里很穷，每天都揭不开锅。她在别人家帮工时，想到自己的婆婆没有吃的，于是和面以后她不洗掉手上沾的面浆，回家后做成面糊给婆婆吃。有一天，雷电交加，她心想一定是吃了别人家的东西要被真主惩罚了，于是她伸出手来接受惩罚。不料，雷电并没击她，她的手腕上

---

① 白世业、陶红、白吉：《试论回族的服饰文化》，《回族研究》，2000年第1期。
② 刘智著：《天方典礼》，天津古籍出版社1988年，第162页。
③ 刘智著：《天方典礼》，天津古籍出版社1988年，第162页。

还戴上了一个金手镯。因此媳妇戴手镯被认为是孝顺公婆的表现①。有的妇女喜爱玉手镯，“以玉质手镯为圣洁纯真，情景无染，象征回族妇女的高尚人格”②。

回族男性的饰品主要有腰刀、牙签和胡须梳子。他们的腰刀简单朴素，有大有小，大的挂在右肩下，小的挂在腰带上。牙签一般用链子链接在衣服扣子上。伊斯兰教鼓励留胡子，又要求胡子整洁，因此胡须梳子是回族男性整理胡须的必备工具，一般随身携带。胡须梳子分木质的、牛角的和玉石的几种。过去回民还用自制的腰包，用绸缎或布料缝制，上绣精美的花鸟或几何图案，两端呈穗状。外出时候将腰包放入腰带中间，再套上外套，在外行走时就不怕被盗了。

过去回族青年男女还使用荷包。荷包有金鱼形、桃形等形状，上面绣满花纹，内装香料，十分精美。荷包由回族女子绣成，送给男子表达自己的思念之情。回族花儿唱：“荷包绣下的石榴红，牡丹的花儿伴着哩，婚缘结下的心里红，白头偕老的爱着哩……”③“精打细磨的手镯子，给咱妹子留下个想头；千针万线的荷包子，给阿哥戴在个心头。”④

由于现代化的冲击，实际上，现在黄龙地区的回族很少穿着传统服饰，只保留了最具特色的头衣。

4. **汉族服饰的历史与形制**

自秦代开始，汉民族便进入黄龙地区，唐代时候松潘县城就修建了大悲寺，说明汉人已经大量的生活在这里了。

汉族是否有自己的民族服饰？很多人都有争议。认为汉族有民族

---

① 参见茆先云：《回族服饰探究》，《文艺争鸣》，2010年第24期。

② 陶红、白洁、任薇娜：《回族服饰文化》，宁夏人民出版社2003年，第41页。

③ 《第七届深圳文博会开幕 回乡文化惊艳鹏城》，《宁夏日报》，2011年5月14日。

④ 高琨：《回声溢彩——海原民族歌舞团〈回乡婚礼〉观后小议》，《共产党人》，2009年第24期。

服饰的人说：大襟右衽是汉族服饰的特点。认为汉族没有民族服饰的人说，在当代从来没有见过汉族的民族服饰。

事实上，从古至今，汉族人的服饰在不断地变化。《松潘县志》："汉族衣着受内地影响，士绅人家多着长袍马褂，普通百姓则穿朴素短服，便于劳动。女人穿斜襟宽袖衣，拴围腰，着青、蓝色裤。男女皆穿手工缝制的土布袜子（溜根袜）和自制的手工布鞋……民国时期有'新潮派'着中山装，西服，为数极少。"① 县志描述的是清朝和民国时期的衣着。但是有一点很值得注意，即"汉族衣着受内地影响"，这一点可谓是抓住了黄龙地区汉族服饰的特点，这里的汉族服饰深受内地影响。如今，内地的汉族几乎没有人做衣服，全部买成衣来穿，而成衣很多是西式的T恤、裤子、西装等样式。黄龙地区的汉族也很少有人自己做衣服了，但是这里还保存着过去的衣服。2010年夏天我们在漳腊地区观音阁脚下曾经见过一个穿着青蓝布衣服的汉族老奶奶在田间劳作。青蓝布衣服是20世纪80年代甚至更早汉族流行的服饰。这样的青蓝布衣服不但在内地，即使是在传统文化保存得较好的黄龙地区也是很少见的。

汉族的服饰源远流长。从汉代的服饰，唐代的服饰……直到近代的中山装都曾经是汉族习惯的穿着。如今我们很难讲，现在黄龙地区甚至全国的汉族服饰有统一的形制。全国各地的汉族几乎都穿着成衣，款式多样，虽然从形式上讲是西式衣服，但是内容上融入了汉族的特点。比如说，中山装本是西式服饰，但在进入中国以后又赋予了革命的意味。因此，我们并不能说汉族服饰完全西化了，而应该说西式衣服汉族化了。

---

① 《松潘县志》，松潘县志编纂委员会，民族出版社1999年，第822页。

二、头衣及发式习俗

头衣包括帽子、头巾等头部物件。发式和发饰是服饰中的一个重要部分。相比身上的衣服而言，发式更具差异性，而且很多发式是个人社会身份的标志。黄龙地区的头衣和发式类型丰富，不同地域的不同民族往往有着不同的发式，因此有必要作专门探讨。

黄龙地区冬季严寒，夏季紫外线强，人们习惯戴帽。古代以游牧为主要生产方式的藏羌民族，尤其喜欢狐皮帽，因为狐皮帽在放牧时候既挡风又御寒。藏语叫狐皮帽为“瓦夏”，羌语叫“国搭哇”。狐皮帽用狐皮和织锦制成，有圆顶和尖顶两种筒形。狐皮帽后面有一个开口，缝着两根绸带，可以以此来调节适合自己头部大小的型号。狐皮帽的外部是蓬松柔软的狐狸毛，在寒冷的冬季戴上狐皮帽，让狐狸毛遮住额头，围着脖子，盖住双耳，非常温暖，又显得威武粗犷。据说公元七世纪左右，戴狐狸帽是一种耻辱，因为人们认为打仗时的逃兵胆小如狐狸般。随着历史的变迁，狐狸帽不再有这种含义，人们接受并喜欢上狐皮帽的美观和温暖。

藏族还喜欢羔皮帽、毡帽和呢礼帽。羔皮帽和狐皮帽样子相似，只是材质不同，羔皮帽以羊羔皮为原料，帽筒较低。羔皮帽比狐皮帽的制作成本低，保暖性较好。黄龙地区的毡帽出现得很早，藏族学者更敦群培在其著作《白史》中记载古代安多地区的“玛积邦热”（积石山神）头戴毡帽。毡帽的原料是白毛毡，帽檐小，帽顶状如喇叭。现在这里的毡帽几乎和古代一样，只是多了些装饰。据《皇清职贡图》，清代前期松潘镇中营辖西坝包子寺（今阿坝州松潘县）等地

"番民薙发留辫，戴白毡缨帽"[①]毛毡防雨御寒，很适合高原的天气，烈日下可用来遮阳，下雨天可用来挡雨，冷的时候还可以防寒。呢礼帽是藏民喜爱夏季戴的帽子，类似于汉族的礼帽，主要是在节日或正式的场合穿戴。它同时具有礼仪和装饰的作用。

黄龙地区的羌族有一种特别的婴儿帽，叫做"洛洛达巴"。它用白色的麂子尾巴毛、铜钱和珠子装饰。具体来说，帽子顶端是一颗珠子，珠子上是铜钱，铜钱上是麂子尾巴毛。麂子尾巴连着一点肉，通过铜钱和珠子固定在帽子上了。给婴儿戴这种帽子，不但能给婴儿保暖，还可以避邪。传说有一种看不见的怪物叫做"日务"，它会伤害不会说话的婴儿。婴儿戴上"洛洛达巴"，它就无法伤害小孩了。在带小孩出门之前，人们还会请占卜的人算一下"日务"所在的方向以避免小孩与其相撞。为了加强帽子的驱邪作用，有人会在帽子的铜钱背后插上一根刺猬毛，同时把蒜嚼烂后喷在婴儿帽上。可见，刺猬毛和蒜在羌族文化中具有驱邪的功用。

回族男子戴无沿小圆帽，当地人将这种帽子叫做"号帽"或"孝帽"，是回族的标志性服饰。它不像狐皮帽那样每个民族的人都会戴，而只有回族会戴。号帽形状有两种，一为平顶的，一为六角形的。有的号帽纯白无暇，有的号帽上刺有精美几何图案的绣花。如今很多回族女性也戴号帽，这种现象在新中国成立前的黄龙地区几乎不存在。由于新中国成立后，黄龙地区回族妇女广泛参加社会活动和生产劳动，她们需要更加方便的头衣来保护头发，同时体现民族性，因此在外工作的回族妇女选择戴号帽。回族妇女的号帽更加大且深，不选用透明材质，亦不能有网眼，以免露出头发。回族喜欢号帽的原因跟他们的信仰密切相关。伊斯兰教规定穆斯林每天要进行五次礼拜，每次

---

① 转引自李玉琴：《藏族服饰文化研究》，人民出版社 2010 年，第 210 页。

礼拜都要叩头，叩头时前额和鼻尖要贴在地面以示虔诚。若是帽子有帽檐的话，就会给礼拜带来不便。另外，回族审美观倾向于简单干净，不喜欢复杂臃肿，没有帽檐的帽子就十分符合他们的审美观。号帽多为白色，因为穆斯林喜欢白色，认为白色是洁净的颜色。当然，也有深蓝色、深绿色、黑色、红色的帽子。回族日常生活中可以戴各种颜色的号帽，但到清真寺去参加宗教活动时，他们一般会换上简单无装饰的纯白色号帽。

黄龙地区各民族的妇女喜欢使用头巾（又叫头帕）。她们的头巾各不相同。藏族妇女戴的头巾叫做“俄儿”，大红或者紫红色，有的纯色，有的为方格纹。藏族头巾两端呈穗状，或将头巾折叠后，发辫固定，穗状朝脑后，或用头巾包好头部后并在脑后打结。头巾对黄龙地区藏族青年男女有着重要的象征意义。这里的婚俗“抢帕子”即是以未婚姑娘头帕为媒介的青年男女交往方式。当地的小伙子如果看中了某位姑娘，不管周围是否有人，不管是否认识这个姑娘，他都可以趁姑娘不注意抢走她的头帕。姑娘丢了头帕自然要追着小伙子要回来，小伙子跑一会儿后会告诉姑娘晚上归还头帕的地点。如果姑娘对小伙子不感兴趣会继续索要她的头帕，如果姑娘有点喜欢小伙子就会停止追赶，晚上约上自己的几个好友和小伙子见面，当然小伙子也要带上他的几个朋友前来。他们相互了解情况，如果这个过程中，姑娘不满意，她会带着自己的女伴离开。如果满意的话，他们会玩到很晚，分别时约定下次见面的时间和地点。几次约会以后，他们彼此了解深入了后便会减少带来的同伴，直到两人单独约会。这便是从“抢帕子”到“浪寨子”的全过程。若姑娘没有前来取头帕的话，小伙子会非常着急地去姑娘家的房子周围引起注意，逼迫女孩出来见面。如果惊动了女孩家人，他们会赶走小伙子，并请一个能说会道的妇女去小伙子家要回头巾。可见，头帕在藏族青年男女的交往过程中起到了重要的媒介作用。羌族和汉族妇女亦有用头帕的习俗，她们把帕子折叠起来搭在头上。回族妇女戴的头巾叫做盖头，主要起到遮羞的作用，伊斯兰教认为，除了手和脸部，其他部位都是羞体，必须遮盖起来。《古兰经》要求妇女"用面纱遮住胸膛，莫露出首饰"[①]。盖头实际上起到一个罩子的作用，把头发、脖子、耳朵和胸膛都遮起来，从头顶遮到胸前。回族妇女的盖头颜色多样，一般来说，年轻姑娘喜欢绿色，中年妇女喜欢黑色，老年妇女喜欢白色。盖头对于穆斯林来说，不仅是一种装饰，而是信仰虔诚的表现。伊斯兰教规定，女孩从九岁起就要承担主命，因此有些姑娘从九岁开始就戴头巾了。

或许有人以为缠头是羌族独特的头饰，其实不然。缠头的习俗在黄龙地区非常常见，各个民族都缠头，藏族、羌族和汉族缠头的方式相仿，都用长长的头巾缠头，露出头顶的头发。各民族使用头巾的颜色各异。当地的藏族妇女喜爱用大红色头巾，羌族男女多用黑色或白色头巾，小姓乡的羌族也用红色头巾，汉族男女用白色或蓝色头巾缠头。实际上，不仅是黄龙地区甚至整个川西都有缠头的习俗。宋代《演繁露》有："世传《明皇幸蜀山图》，山谷间老叟出望驾，有著白巾者。释者曰：'服诸葛武侯也。'"[②] 可见四川缠头巾习俗久矣。回族缠头的方式与其他民族不同，不露出头顶的头发，头巾前面缠到发际处，头巾的一端压入头巾里，另一端垂在脑后，至背心处。黄龙地区回族中只有清真寺的阿訇和老年人缠头。

黄龙地区的妇女发饰美丽多样。关于藏族妇女头饰的兴起，黄龙地区流传着这样一个传说：藏王松赞干布修建布达拉宫时，遭受风雨雷电等天灾，很不顺利。有人猜想是因为藏族妇女地位比男性高，因

---

① 马坚译：《古兰经》，中国社会科学出版社 2003 年第 2 版，第 262 页。

② （宋）程大昌：《演繁露》，台湾商务印书馆影印《文渊阁四库全书》本，852 册，176 页。

女性孽缘未尽而遭到天神惩罚。于是请了一个卦师，他让所有的藏族妇女都头缠蛇身并挂上咒石，如此贬低妇女地位以求天神开心。然后妇女用布条代替了蛇身，用玛瑙、琥珀和珊瑚等宝石代替了咒石。后来松赞干布派出的阿里军队和后裔保持了这个传统[①]。可见，黄龙地区的藏族很早便流行了头饰。这里藏族头饰主要分为两种，各有特点。一种是阿坝松潘式[②]，流行于松潘县城、川主寺镇、漳腊等地。另一种是流行于毛儿盖地区的头饰，文献中较为少见。当地藏语把头饰叫做“格然”，它用琥珀、珊瑚、丝线、黑布、丝绸和麝毛等制成。做头饰前要先做一个挂饰品的头套，藏族叫做“然登”。“然登”是一根装满麝毛的布套，因为麝毛轻巧透气容易定型。头套做好后就要在上面固定黄色的圆形琥珀和红色的珊瑚做装饰。阿坝松潘式头饰和毛儿盖式头饰的区别主要在此。阿坝松潘式头饰是用皮线套紧珊瑚枝，穿过预先在琥珀中间打的洞，然后固定在“然登”上，珊瑚枝多为人字形，比琥珀小。毛儿盖地区的头饰直接在“然登”上密密地固定珊瑚珠，亦有将琥珀和珊瑚枝装饰在上面的，但是琥珀珊瑚枝与“然登”间用三四厘米的木枝连接。而且珊瑚枝似骨头状，较琥珀大。在黄龙地区，藏族头饰有着特殊的含义——它代表着婚姻。对于未婚少女和准备做女僧的女性头上不能佩戴任何头饰。对于已经结婚的女性来说，头饰是从娘家带来的一件重要的嫁妆，它也是对丈夫的爱情忠贞不渝的象征。婚后妇女必须佩戴头饰，除非家里有丧事。如果妇女不戴头饰外出的话，会被认为非常不吉祥，受到众人的鄙视。佩戴了头饰，意味着社会角色的重要改变，即从少女成为了人妻。因此在结婚时佩戴头饰是一道必经的程序，新婚人家需请一位家庭主妇来帮忙

---

① 参见 达尔基：《阿坝风情录》，西南交通大学出版社 1991 年，第 115 页

② 参见 们发延：《斑斓多彩的藏族妇女头饰》，《中国民族》，1996 年第 9 期。

佩戴头饰。这位家庭主妇必须父母安在，儿女双全，夫妻恩爱，家庭和睦，生活幸福，作风正派。因为藏民相信，这样幸福的主妇会给新人带来福气。佩戴头饰的具体做法是首先幸福主妇帮新娘洗头，然后擦上牛油，然后以鼻为界将头发均匀分为两半，再编上很多细辫，额前的细辫贴在额际成人字形。脑后的辫子合在一起，用特制的有环的银元固定。最后戴上事先香熏过的头饰。橙黄色的琥珀和鲜红的珊瑚枝，标志着美丽的新娘不再是少女，而应当承担起主妇的家庭责任。

黄龙地区镇坪乡、白羊乡的羌族妇女一般要缠头，不缠头的中年妇女喜用发簪将头发挽髻。小姓乡的羌族妇女一般缠红色头巾，在头巾外缠绕头饰。她们的头饰类是用蓝色毛线编织的辫子，辫子一端整齐，另一端留十多厘米长的穗状。辫子一面串上密密麻麻的红色的珊瑚柱。有些发饰上有黄色的琥珀和珊瑚枝或者是圆形的银饰。当她们佩戴这种发饰时需要先戴上前额的假发套子，前额的头发就自然呈人字形，然后缠上头巾，最后带上珊瑚头饰，任头饰另一端的穗状从头上自然垂下，垂到肩部以下胸部以上。小姓乡还有一种发饰是用琥珀和珊瑚枝装饰的，看上去华丽富贵。从风格上看，小姓乡的发饰与藏族发饰类似，以多为美。实际上，这里的羌族和藏族交往较多，很多乡民既会说羌语，又可以说藏语。这里已经没有释比，很多羌族人信仰苯教。藏羌民族在长期的融合中，信仰方面靠近，审美观也趋近。但是这里的羌族并不是纯粹的藏化，而是在保存自己文化的同时更多地吸收了藏族文化，产生出一种在其他任何地方未曾见过的服饰文化。

回族妇女头发长期遮盖起来，那么她们的发型如何呢？黄龙地区的回族过去按照婚姻状况分为两种发型。未婚少女梳辫子，单辫、双辫或多辫都可以。已婚妇女一般梳发髻。

汉族妇女过去的发型比较单一，“未婚姑娘留双辫用红绳分节拴扎，出嫁后挽发髻别金、银、玉或铜簪，戴手镯、耳饰。中年妇女头上喜搭头帕”①。

现在随着社会的开放，各个民族都有很多人特别是年轻人开始留着时尚流行的新式发型，相比而言，中老年妇女更倾向于保留传统的发型和发饰。

三、民族服饰色彩偏好

黄龙地区藏、羌、回、汉各民族在服饰选择上有自己的色彩偏好。这是由于他们有着自己不同的文化基因，当然相同的地域因素和长期的民族融合使他们也有共同的色彩喜好。

黄龙地区大多数人喜爱白色和红色。白色是藏族人最喜爱的颜色，它被认为是颜色之母。它代表着纯洁、吉祥。藏族有一个传统礼仪，即是给尊贵的客人献上哈达，代表自己最美好的祝愿。大多数的哈达是白色的，它承载着藏族人民真诚的感情。黄龙地区的藏族人民还喜爱穿着纯白色的衬衫。白色亦是羌族所喜爱的，羌族人杨吉生说“在世代沿袭的传统观念中，我们民族有崇尚白色的习俗”②。羌族将白色的石英石看做是神圣之物，每家每户都要在房子上面放几块白石。相传很早以前羌族人和戈基人发生战争，羌人总是打不过戈基人的，在天神的指引下，羌人用白石做武器打败了戈基人。白石可以打火，在日常生活中也非常重要。因此羌人认为，白石是通灵的，自然是神圣的。羌族人喜爱白色，因此头巾经常选择白色。回族穿衣服最喜欢的颜色也是白色，因为伊斯兰教认为白色是最圣洁最美丽的颜

---

① 《松潘县志》，松潘县志编纂委员会，民族出版社 1999 年，第 822 页。
② 杨吉生：《羌族，“白色”的民族》，《中国民族》，1989 年第 2 期。

色。中国学者王岱舆在《正教真诠·正命》中就说："五色之中，唯白最吉，因其本来清洁，并无造作因由的，非诸色可及者也。"[①] 回族的服饰中大量选用白色，衣服、帽子、裤子、袜子都喜欢用白色。相比其他三个民族，汉族对白色的喜爱程度明显较低。虽然在古代文化中，白色是五色之一，而且是正色。但在汉族民俗中，白色直接与丧事相关联，人们一般将丧事叫做"白喜事"，汉族特别忌讳戴白帽，因为守孝时要戴白帽。但黄龙地区的汉族相对于内地的汉族，对白色的喜爱程度要高，他们生活在雪域高原，且其他民族视白色为圣洁的观念也深深地影响了他们。因此这里的汉族对白衣并不忌讳，而且可以说喜爱。松潘县的民歌唱到："白布汗禤洗白浆，四个角上挂麝香。郎也香、姐也香，就为麝香把命丧。"[②] 麝香是黄龙当地人民喜爱的物品，将麝香挂在白衣上，说明汉族对白色衣服不是特别反感。

当地藏族还喜欢蓝、红、黄和绿色。白色和这四种颜色被认为是基色。"在藏族传统的调色法中，黄、蓝、红、绿四色为颜色之父，白色为颜色之母，以上五种色彩为基色。将黄、蓝、红、绿四色逐一与垩土调配所产生的各浅色为子色；再配的诸多色彩为孙色；以此继续调配出的色彩为重孙色。两种或两种以上原色相配而产生的橘红色、翠绿色、茶褐色等被称之为调合色。"[③] 在藏族的文化中，白色象征着纯洁崇高，蓝色是湖泊的色彩，红色是力量的象征，绿色是活力和生机的象征。从更深层的信仰层面分析，在藏族的宗教观念中，红、白、蓝、黄、绿分别代表着火、云、天、土、水，事实上，也是地、水、火、风、空组成世界五大要素的代表。藏族人的宇宙观决定

① 王岱舆：《正教真诠·正命》，成都铁华峰重刊，第112页。

② 中共松潘县委宣传部、松潘县文化体育局：《岁月的痕迹》，大众文艺出版社2010年，第201页。

③ 余思慧：《藏族色彩艺术的外延和内涵研究》，《装饰》，2007年第11期。

了他们喜爱这几种颜色。藏族僧人穿着红色的衣服，藏族妇女喜欢红色的珊瑚和红色头巾，活佛才能穿着黄色长袍和接受黄色的哈达，蓝色主要用于藏袍的内领和袖口，绿色的松耳石、绿色的衬衣深受藏民喜爱，绿色还多用在长袍边和围腰上。

当地羌族对服饰颜色的喜爱不尽相同。镇坪和白羊乡的羌族喜爱桃红色、天蓝色等明亮的颜色，妇女服饰大片大片地使用这两种颜色。绿色、橙色、黄色等颜色也是她们喜爱的颜色，通常作为点缀运用在服饰中。小姓乡更加喜爱藏蓝色、黑色作为服饰的底色，在衣服上少量适用小片红、黄、白、绿等颜色作为点缀。但总的来说，羌族服饰用色“皆原色相配，无渐次色，民族特色浓郁”①。

回族崇尚简洁大方，因此不喜欢鲜艳华贵的衣服。他们喜欢黑白绿三种颜色。黄龙地区回族服饰中，这三种颜色运用得最为普遍。当地穆斯林认为，白色圣洁纯洁、黑色庄重深沉，绿色生机勃勃。如黑色的礼拜服，绿色的盖头，白色的帽子裤子等等。

汉族在服饰色彩上喜爱红色、蓝色、黑色、紫色。在汉文化中，红色象征着吉祥喜庆，过去黄龙地区汉族结婚时候新娘要穿上大红色的嫁衣，现在即使不穿红色嫁衣，也要挂红布在身上。红色被认为具有袪邪的功能。黑色由于耐脏，也是汉族喜爱的一种颜色，但是忌讳穿纯黑色，会被认为要带来不吉祥。特别是寿衣，他们认为如果寿衣穿黑色会转世为驴。蓝色也是汉族喜爱的颜色，蓝布衣裳曾经在大江南北广泛流行。紫色被认为是高贵的颜色，“紫气东来”的典故说明了紫色象征着祥瑞。过去汉族民间不穿正黄色的衣服，因为黄色是尊贵的颜色。《白虎通义·号篇》云：“黄者，中和之色，自然之性，万世不易。”五色对应五方的观念下，黄色对应着中央，是最为尊贵的

---

① 周锡银主编：《羌族词典》，巴蜀书社2004年，第446页。

方向。皇帝穿着的龙袍即是黄色做成的。唐宋以来，黄色作为皇室专用，禁止民间穿着。新中国成立后，人们当家作主，可以穿着任何颜色的服饰，不受任何约束。

当地喜爱的色彩搭配方式是用几种不同的颜色组成的色条，形成对比，带来强烈的视觉刺激。如用大红、粉红、蓝、黑、绿作为一组对比色用于藏袍的边缘，或是用白、蓝、红、绿、黄为一组对比色用于小姓羌族的袖子。这种方式更受藏羌民族喜爱。

四、服饰图案偏好

黄龙地区服饰的图案多样，大多反映了民族观念、审美情趣和信仰观念。因此，我们亦可以从黄龙地区的服饰图案来剖析其文化内涵。

动物纹是当地人喜爱的图案。除了回族以外各个民族都喜爱用动物纹。穆斯林神学家认为，表现活物是对真主安拉作为创造者特权的侵犯。伊斯兰教是一神教，信仰真主安拉为宇宙间独一无二绝对至上的神，是世间万物的创造者。为了表达对唯一真主的崇拜，伊斯兰教禁止穆斯林在衣服和装饰品上使用人物和动物图案，甚至不能为别人制作有人物、动物图案的衣服和装饰品。广受黄龙地区其他民族欢迎的动物纹样首数龙纹了。龙作为中华民族的象征符号，已经深入各个民族的文化中。它被认为是吉祥的象征，装饰在衣服上则象征着富贵和权力。藏族常将藏刀刻上龙纹。羌绣中也常用双龙戏珠等图案。汉族的服饰上喜用团龙等图案。除龙纹外，藏民还喜欢虎豹纹。川主寺镇八十沟的中老年妇女喜欢穿白底豹纹上衣，虎豹皮常镶嵌在藏袍上。虎豹是凶猛的动物，象征着勇敢英武，藏族喜爱这种图案。据说过去吐蕃时期的法律规定，只有战场上奋力杀敌表现突出的人才能够得到藏王奖励的虎皮或者豹皮镶在衣服上，被人们称为“虎皮将军”或者“豹皮将军”。渐渐地，虎豹纹成为了藏族喜爱的衣服纹样。羌族还喜欢羊、马、虎、蛇等图案，羊、马与羌族人生活密切相关；虎和蛇是凶猛动物，羌民用其纹样来祛邪。

植物纹也是当地人喜爱的图案。藏族服饰中喜爱用莲花、杜鹃等植物纹样。莲花出污泥而不染，在佛教中代表着纯净和再生，免受轮回之苦的象征。羌族尤其喜爱杜鹃花纹。他们将其称为“羊角花”，并称为爱情的信物，在黄龙庙会对歌时，羌族人都会手捧羊角花。关于羊角花，羌族有这样的传说：在遥远的过去，天神阿巴木比塔按照自己的样子用杜鹃花的树干造了人类后，人们不分男女地住在一起。木比塔很生气，让女神鹅司巴西来管理人间男女。鹅司巴西不知道如何解决男女乱配的状况，一筹莫展。有天她遇到她哥哥智比娃西——管理凡人投胎的天神，说出她的难题。她哥哥给她出了个主意，让她在人神交接处规定新生的男女不许乱配，这样就好管理了。于是鹅司巴西来到人神交接的杜鹃花丛中住了下来，并把天宫吃剩的羊的犄角收集起来，分为两堆，左角放左边，右角放右边。凡人投胎前必须经此而过。男的从女神右边过，采一束花，拿一只右羊角，女的从左边过，采一束花，拿一只左羊角。拿到同一只羊的羊角的男女到凡间就做夫妻。这样，一只羊有两只角，每个人都有属于自己的对象，就不会出现男女乱配的情况了①。羊角花成了羌族爱情的信物，羌族人在服饰上使用杜鹃花纹，体现他们对爱情的忠贞不渝，并珍惜上天注定的婚姻。汉族的服饰上喜欢用牡丹花纹，它象征着吉祥富贵。

黄龙地区的服饰常使用几何纹。万字纹是当地喜爱的一种图案。苯教写作“卍”，左旋。佛教写作“卐”，右旋。藏语将其叫做雍仲。

① 《羌族文学》编辑部编印：《羌族民间故事》，第104—107页。

在苯教中，"雍仲'卍'之意是'永生或不变'，本质上与佛教的金刚相符。"[①] 在佛教中"卐字符最初被认为是吠陀神毗湿奴的太阳象征物火轮或是毗湿奴独特的发旋或胸前徽相。在印度艺术中，佛陀是毗湿奴十大化身中的第九大化身，他的胸前常画有卐字符。"[②] 无论在苯教还是在佛教中，万字纹都是吉祥的符号，用于服饰中，象征着幸福如意。藏族还常用十字纹来装饰服饰和靴子。十字纹代表着吉祥。羌族喜爱的几何纹样是螺旋纹、漩涡纹和火苗纹。螺旋纹像羊角，体现了羌族人民对羊的特别的情感，因为羊是以牧羊为生的古羌人的衣食来源。漩涡纹像云朵状，常用在云云鞋上。火纹为火苗的形状，羌族特别尊重火。在他们传说《燃比娃盗火》说，人间本没有火，天寒地冻。羌族女首领阿勿巴吉和天神蒙格西的孩子——燃比娃克服种种困难去天上取回了火，从此人间才有温暖和光明[③]。火是天神给予的拯救，是羌族祖先通过努力得到的，象征着生命的力量，因此羌族常将火纹用于男性服饰和释比服饰上。

字符纹是黄龙服饰中最能表现民族文化的纹样。藏族将六字真言和八字真言装饰在服饰中。六字真言，即六个藏文文字：唵、嘛、呢、叭、咪、吽，藏传佛教认为这六字是经典根源。八字真言，读音为哦、嘛、直、莫、耶、萨、来、德，是苯教的咒语。信仰藏传佛教或苯教的人们相信将六字真言或八字真言作为装饰在衣服上是可以带来吉祥的。回族喜欢使用阿拉伯文字来装饰服饰，如："真主至大"或"清真言"——"万物非主，唯有真主，穆罕默德，真主使者"等纹样。

---

① ［英］罗伯特·比尔著：《藏传佛教象征符号与器物图解》，中国藏学出版社2007年，第105页。

② ［英］罗伯特·比尔著：《藏传佛教象征符号与器物图解》，中国藏学出版社2007年，第104页。

③ 《羌族文学》编辑部编印：《羌族民间故事》，第10—15页。

寿字纹是中国传统的服饰纹样，体现了人们对生命长久的向往。汉族、羌族和藏族都喜欢用这样的服饰纹样。

五、黄龙地区的衣着思想

黄龙地区有句藏族谚语“鞋子虽丑但脚热”[①]，表达了当地居民对服饰功能的首要要求是实用。不论服饰的外形如何，但必须满足实际需要。再漂亮的服饰，如果不能起到保暖、方便的实用功能的话，也不会受到人们的喜爱的。

但仅具有实用功能的服饰也是不符合要求的。黄龙地区有这样一句藏族谚语：“富家女漂亮是因为服装首饰，没了首饰她也一般。”[②]可见，藏族人民认为，服装和饰品是决定女性漂亮与否的关键因素。当地的民间谚语“人是桩桩，全靠衣裳”[③]表达的是同样的意思。这两句谚语都突出了服饰重要的装扮作用，并且不能因为年龄老去而放弃对自己的装扮：“人死了尊严依然存在，人老了装扮还是需要。”[④]正是因为这样的思想观念下，各个民族都选择符合自己审美观的衣服和饰品来精心装扮自己。

另外，黄龙地区的藏族认为帽子属于私人物品，不能随便戴别人的帽子。他们认为人类出现之时就有了帽子。藏族谚语“宇宙形成的时候，起初四周是风，风的上面是海，海的上面是地，地的上面是

---

① 中共松潘县委宣传部、松潘县文化体育局编：《岁月的痕迹》，大众文艺出版社2010年版，第247页

② 中共松潘县委宣传部、松潘县文化体育局编：《岁月的痕迹》，大众文艺出版社2010年，第251页。

③ 中共松潘县委宣传部、松潘县文化体育局编：《岁月的痕迹》，大众文艺出版社2010年，第241页。

④ 中共松潘县委宣传部、松潘县文化体育局编：《岁月的痕迹》，大众文艺出版社2010年，第242页

山，山的上面有马，马的背上有鞍，鞍的上面有人，人的头上有帽子，帽子上面有帽尖。”[①] 他们认为头部是人身上最神圣的部分，要时时保持清洁，帽子能够保护头部不被玷污，极为重要，也极为私密，不能随便戴他人的帽子。他们虽然喜爱帽子，但并不认为捡到帽子是好事，失去帽子是坏事。因为他们相信一句古老的谚语：“丢失帽子会使人去祸免灾。”即得主会代替失主受灾。因而发现帽子是不吉利的，它会使人染上疾病[②]。

总的来说，从传统的民族服饰的形制构成上看，黄龙地区四个民族中藏羌民族的服饰更加雍容华贵，而回汉民族服饰较为简单。从传统民族服饰的传承上讲，藏羌民族的传统服饰保存得更好，而回汉民族服饰随时代变迁而变化得较快。这或是因为过去藏羌民族大部分居住在松潘县城之外的村寨，回汉民族大多数居住在松潘县城，由于交通不便藏羌民族与外界的交流远比回汉民族少，相对封闭的环境下同样的衣着方式一代代地延续。与外界交流更加密切的回汉民族的衣着则受到外界着装的影响较大。

从时间上纵向比较，如今各民族穿着的服饰比过去的变化大。这主要是由于生产方式的改变。过去藏羌民族生产方式以农牧业为主，回汉民族生产方式以农业、商业为主。现在随着旅游业的发展，各个民族都积极参与其中，过去上山、下地、牧羊等活动要求的功能如今不再需要，因此部分的民族服饰渐渐地远离了人们的视野。另外以前人们空闲时间多，穿着的衣服多自己制作。如今行业划分的细致，很少有的人有时间自己制作衣饰。大家都愿意购买市面上出售的成衣，这些成衣几乎很难彰显出民族的独特性。

---

① 多杰东智：《青海循化藏族的“果杰”帽》，《青海民族研究》，2007 年第 2 期。
② 向红笳译：《喜马拉雅的人与神》，青海人民出版社 2004 年，第 32—33 页。

将黄龙地区与其他单一民族聚居地相比，黄龙地区的民族服饰保存得较为良好。由于多民族共同居住在一片土地上，既有民族文化的交流，各个民族也有较强的民族文化的认同感。因此每当在地区盛会，如黄龙庙会期间，各民族都穿着自己的美丽的民族服饰，好像比赛一般，其实这也是民族认同感的一种体现。而在单一民族聚居地，由于没有其他民族存在，反倒没有强烈的展示自己民族服饰的愿望。

第二节　饮食习俗

民以食为天，饮食对于老百姓来说是最为基本最为重要的事情。饮食不但为人民提供了基本的生活需要，而且还有十分丰富的文化内涵。

一、黄龙地区的饮食结构和方式

黄龙地区海拔高，耕地面积少，自然环境恶劣，物产较内地贫乏。《直隶松潘厅记略》记录了清代松潘的农作物和动植物等物产："松治天极寒，盛暑时如初春，昼将午则风作，清明风益大。昼夜之间寒燠顿易。夏时亦雨雪，故常有五月披裘者。地无田者皆种植山间，土性硗薄。谷属则于平武、茂州交界处产少许，他处皆无也。豆属则产蚕豆、豌豆、黄豆。蔬属产白菜、青菜、苋菜、葱、韭、蒜、莴笋、四季豆、芹菜、洋芋、苦菜、蘑菇、莲花白菜、萝卜。瓜属产南瓜。……果属则产苹果、延寿果。……禽兽则产野鸡、锦鸡、松鸡、马鸡、家鸡、红嘴鹰、鹿、犏牛、牦牛羊、山羊、青羊、獐、野兔、猴、狐、狗熊、土狗、马、豕、猫、犬、黄鼠狼、豹。鱼属产细鳞鱼。食物则酥油、奶茶、猪膘。”[①] 如今由于交通便利，黄龙地区可以食用更多种类的粮食和蔬菜水果，但仍以当地土产的食物为主食。

值得注意的是，上面的列表中未见玉米——现在黄龙地区的主要农作物，可见玉米在当地的种植时间比较晚。那么玉米是何时开始在黄龙地区种植的呢？《直隶松潘厅记略》中保存了这一宝贵的资料："土人常曰境内如产包谷则食稍充裕。壬申夏劝民试种，幸是秋霜迟，皆成熟，心甚快之意者。”[②] 此书作序时间为同治十二年，即公元1873年。文中所提及的“壬申年”应为1872年。书中有“土人常曰境内如产包谷则食稍充裕”，说明当时已有当地人对包谷这一作物有一定的了解，并且开始食用包谷。同书《民俗记》中有“贫者食糌粑，或以包谷为末水煮如浆，杂蔬菜盐梅食之曰伴汤”[③]。1872年，政府开始推行种植玉米，并有收获。之后，玉米逐渐在黄龙地区广泛种植，并且成为主要的农作物。由于玉米的产量高，改善了这一地区过去吃不饱饭的情况。

青稞是这里的主要农作物，1990年松潘县被列为国家青稞商品粮生产基地。当地人民的主食是以青稞为原料的糌粑，这里各个民族都非常喜爱糌粑，糌粑由青稞做成，具体的方法是先把青稞炒熟磨成面，用酥油茶调和。糌粑茶能够提供充足的能量以抵抗这里严寒的天气。古人描述：“松潘去省不旬日，闻彼中最寒，卧室之内冬必累火

① （清）何远庆：《直隶松潘厅记略·物产记》（同治十二年刻本），四川大学图书馆馆藏。

② （清）何远庆：《直隶松潘厅记略·物产记》（同治十二年刻本），四川大学图书馆馆藏。

③ （清）何远庆：《直隶松潘厅记略·民俗记》（同治十二年刻本），四川大学图书馆馆藏。

重裘。盛夏一雨即拥絮炙炭。盖近西北地气使然。”[①] 如今这里一年四季房间里都有烤火炉，随时供人取暖。炒青稞的时候需要特别注意火候和炒制的时间，稍不注意则可能炒糊，味苦。炒好的青稞应该是成花状，散发出诱人的香气。磨青稞一般用水磨，在黄龙地区的寨子里，水磨随处可见，是一道美丽的风景。现在也有人用电磨来磨糌粑，但人们普遍认为电磨磨出来的糌粑不如传统方式磨的糌粑香。酥油是一种从牛奶或羊奶中提炼出来乳制品。制作过程是先将挤下来的新鲜的奶放置两天后，煮好倒木桶中，通过工具上下搅拌上千次使水乳分离，捞出漂浮在上面的淡黄色东西后冷却，再通过挤、拍等方法去除杂质。这样就得到上好的酥油了。过去这里一天除了晚餐丰富一点之外，其余几顿都是吃糌粑茶。1929 年的川西民俗调查称：“通常每天有四餐：早餐、上午茶、午餐、晚餐。冬天的天计短，也有只用三餐的。糌粑茶包含四样东西：糌粑、酥油、奶渣和茶。烹调法先将糌粑一撮，奶渣几十颗，酥油少许，置木碗中，然后灌以热茶。食时，通常未敢将碗中物一气吞下：仅先总是放开肚子‘只’喝茶，喝干一碗，又灌一碗。一直到不能再喝茶的时候，将多量糌粑加于碗中，用手作团，持而食之。汉人乃讥称之曰‘五道箍的点心’。有钱的人酥油敢于多用，而且茶中可以加上牛奶；穷人只能于第一碗放一次酥油，喝茶时必须把浮起的油珠吹到碗的对岸去，一直到最末的一碗茶，酥油还是一珠两珠的在碗边寄著椗。”[②] 抓糌粑看起来简单，但事实上不容易揉好。抓糌粑的方法较多，一般为左手托碗，右手将糌粑面轻轻压入茶水中，左手掌上不停旋转小碗，直到糌粑、酥油和

① （明）何宇度：《益部谈资》，台湾商务印书馆影印《文渊阁四库全书》本，592 册，第 744 页。

② 黎光明、王元辉著：《川西民俗调查记录 1929》，台湾“中央研究院”历史语言研究所 2004 年，第 36 页。

茶水完全调匀，然后抓捏成团。笔者在第一次抓糌粑时显得极其笨拙，使藏族老师同美教授感到非常着急。

面块也是这里常见的受当地各民族喜爱的主食，也叫做面汤。酸菜面块中用面块、牦牛肉、土豆块和酸菜一起煮，加入盐、辣椒、花椒、大蒜、葱花等调料，开胃舒爽。酸菜可以用元根叶、萝卜叶和白菜来做，人们最喜欢元根做的酸菜。酸菜制作比较简单，将原料煮熟、冷却后装入容器中使其发酸。一周即可食用。面块用面粉调和，切成长条状。酸菜十分开胃，土豆和面块淀粉含量高，提供能量，加上牛肉提供蛋白质，酸菜面块既美味又营养。面块非常适合大型聚会时食用，如 2011 年开斋节前夜我们在清真寺享用美味可口的晚餐就是白菜面汤，它用面块、洋芋、牛肉、大白菜、豆腐、芹菜和韭菜做成，放入调料，味道非常鲜美。

小姓乡羌族人常吃的主食是烧馍馍，烧馍馍一般为圆形，也有三角形。用玉米、青稞、麦子、胡豆等面粉揉成面饼，然后在锅里稍微烤一下后取出放入火里烤。烤的时候要注意翻面，等烤到金黄色时，便可以食用了。烤馍时，火灰要掉入裂开的馍馍中，因此吃之前要拍打馍馍并将灰吹出来，即是俗语说的“三吹三打”。吃烧馍馍时一般还要配上韭菜汤、炒韭菜或是生韭菜（山上的野生韭菜，可以生吃）。因此，羌族人经常笑言他们的饮食是“三吹三打，顿顿韭菜不离”，“韭菜”与“酒菜”同音。听上去似乎每顿都喝酒，其实羌族过去的生活比较困难，主食就是烧馍馍和韭菜。烧馍馍携带方便，羌族人外出耕种或者打猎时候都会带上烧馍馍。

海拔较低的地方，如镇坪乡、小河乡等地区喜爱吃米饭。由于黄龙地区不产大米，大米从外地运输进来，所以格外珍贵。而玉米的产量高，因此人们经常食用大米和玉米混合而成的米饭。因为玉米的颜色为金色，大米的颜色为银色，用玉米面加上大米做成的米饭叫“金裹银”或者“银裹金”，区别在于以玉米面为主或是以大米为主。做法都是一样的，即将大米蒸到八成熟后，加入玉米面拌匀继续蒸。小河乡将这种米饭又叫做蒸蒸饭。在过去交通闭塞的时候，大米很难运输进来，所以人们过去用土豆和玉米做成“蒸蒸饭”。

洋芋糍粑是黄龙地区很受欢迎的一道小吃。它的做法是将洋芋蒸熟后剥皮，然后用石臼捣烂到粘稠状。煮熟后，加入酸菜、牛肉块、辣椒和葱制作的臊子，搅拌均匀后就可以食用了。吃上去很有弹性。

手抓肉是当地喜好的一种肉类食用方式，烹饪方式简单，将牛羊宰杀后，切成大块，加花椒放入锅中用小火煮熟就可以食用了。吃的时候不用筷子，一手拿刀一手抓肉，因此叫做手抓肉。这种吃法能够最大程度保留肉的本味，鲜嫩可口。

藏族人喜欢制作肠类食品来食用，他们常使用的肠类食品有肉肠、血肠、面肠、肝肠等。肉肠是将切碎的肉丁加入调料，灌入羊的大肠。灌肠前须先将大肠清洗干净，将有油的一面翻在外，然后再灌。肉肠煮熟即可食用。血肠是用肉末、脂肪、血和调料拌匀后灌入小肠，在水中煮沸两次捞出后不等血凝固就吃，吃的时候边吃边吮。藏族同胞认为吃血肠能益气补血。面肠和肝肠的主要原料是面粉和羊肝，加入羊油和调料拌匀灌入肠内。

小河腊肉和豆花是黄龙地区著名的食品。腊肉是南方地区人民普遍制作的一种肉食加工品。小河乡是汉族聚居的乡村，到快过年的时候，家家都要杀猪，肉吃不完，就用盐和花椒等其他调料腌上一周后，用绳索挂在灶顶上。利用每天做饭的时候燃烧的烟熏干腊肉，等干透就可以吃了。小河的豆花在黄龙也相当出名，据说这里的山泉水特别适合做豆花，只有用小河的泉水才能做出美味的石磨豆花。

由于伊斯兰教的规定，回族的饮食禁忌比较多。他们认为饮食不仅为了充饥，更重要的是陶冶身心。所以在食物的选择上选择性善之物："以彼之性，益我之性。彼之性善，则益我之善性；彼之性恶，则滋我之恶性；彼之性污浊不洁，则滋我污浊不洁性。"① 回族可以食用的肉类原则是"禽食谷，兽食刍"，黄龙地区回民主要食用的肉食为牛、羊肉。这里的回族也很喜欢面食，比如油香、馓子等。油香即是油饼，每当回民人生中的重要时刻，如满月、割礼和结婚等时候都要炸油香。回族的节日，特别是三大节日时家家都要炸油香，不但自己吃，还要送给街坊邻居一起吃。我们在 2010 年开斋节当天去清真寺采访的时候，回族同胞热情地请我们吃油香。据说吃油香的时候，不能一口一口咬着吃，要顺着刀口掰着吃。馓子栅状，细如面条，也是回民的传统食品，经常用来招待客人或是作为拜访亲友时的礼物。我们在黄龙地区藏族家中亦见到馓子，说明这是当地受欢迎的一种食品。过节时候，回族还吃手抓饭，也叫糖饭，用麦芽和糯米饭发酵，加入红枣蒸熟，香甜可口。

二、饮茶习俗

饮茶在黄龙地区非常流行。早上熟人在街上相遇，人们往往会问"吃饭没，一起去喝茶吧"。他们用喝茶来指代吃早饭，因为这里很多人早餐吃糌粑茶。黄龙地区对饮茶的钟爱程度超乎想象。松潘县城里茶馆林立，有的茶馆是室内的，有的茶馆在室外。在阳光明媚的下午，在绿树环绕，鲜花盛开的茶园里端上一杯茶，独自沉思或者相互摆条是一件非常享受的事情。大部分的茶馆还提供面条、水饺、洋芋糍粑这样的小吃，可以在茶馆里一坐就是一天。

黄龙地区茶文化历史悠久。松潘被称为"川西北茶马互市通衢要

① 刘智《天方典礼》卷十六"饮食篇"，天津古籍出版社 1988 年，第 164 页。

道”。松潘是茶马互市的一个重要市场。这里的居民大量食用肉类、奶类等燥热之物，喝茶可以起到清热消食的作用。古人写道：“茶之为物，西戎、吐蕃古今皆仰之。以其腥肉之食，非茶不消；其青稞之热，非茶不解，故不能不赖于此。”①

黄龙地区各个民族都喜爱饮茶，最常见的是马茶、奶茶、酥油茶和糌粑茶。

松潘地区的马茶是黑茶中的一种，产于灌县、崇庆等地，被称为西路边茶。这种茶做工简单，采摘成熟的茶枝，晒干制成，用篾包为方形。由于是用马运输，一匹马可驮两包茶，因此这种茶被称为马茶。马茶的饮用方式不是泡制，而是熬制。煮茶的时候先在锅里盛水，加入茶叶，先用大火煮到沸腾，再用小火煎熬，比较特别的是，黄龙地区熬制的马茶中要放入一点食盐调味。

在马茶中加入新鲜的牛奶熬制成的茶便是奶茶。牛奶和茶叶两者结合起来，既保留了奶的浓香和茶的醇香，又去除了牛奶的腥味和茶叶的苦涩，十分可口。

酥油茶是在奶茶中加入酥油混合。酥油茶能够给人体提供充足的能量，并且防止嘴唇干裂，很受这里人们的欢迎。

糌粑茶是将茶叶烘干舂为细末，将茶末熬煮，待茶熬浓时，撒入糌粑面和盐，调成糊状食用。糌粑茶经常作为早餐食用。

藏族请人喝茶时非常热情有礼，主人煮好茶后要按照长幼顺序依次给客人斟上。对于尊贵的客人，还会当着客人的面用清水再洗一次碗，揩干。客人喝茶后，主人会马上加满，直到客人用手遮住茶碗表示再也喝不下了才会停止斟茶。藏族人在家喝茶都用自己的茶碗，不能随便用别人的。喝茶不能随意喝干，即使不想再喝了也要留一点茶

---

① 《明经世文编》卷一四九，王廷相《王氏家藏集》卷二“严茶·蜀茶”。

水在碗中，象征着永远有茶喝，永远富裕。

羌族喜爱喝茶，白羊乡产的白羊茶，据说曾经是敬献给皇帝的贡品。羌族人喝茶的习惯和汉族大致相同。

回族喝茶很讲究泡茶用的水，他们认为雪水、泉水等流动的水泡出来的茶最好。黄龙地区的回族不用自来水泡茶，而是每天早上专门去取山泉水泡茶。回民以茶待客时，会当着客人的面把碗盖揭开，放入茶叶，泡入开水，说明是专门为客人泡的茶而不是剩下的，表达了对客人的尊重。回族喝茶有很多规矩，若是盖碗茶的话，不能拿走盖子，也不能将茶叶吹开，只能用盖子将茶叶刮开。还需要注意的是，不能端起茶杯就一口气喝完，也不能一口都不喝，如果一口都不喝的话，会被认为不尊重主人。如果喝完一盅还想喝的话，就不要把茶水喝干，这样主人就会继续给你添水。如果不想再喝了，就把茶水喝干，表示不再需要添水了。

汉族人喜欢喝清茶，不在茶叶里加任何调料，而是品茶的原汁原味。汉族讲究给人倒茶时不可以倒得太满，倒满了客人反倒不方便喝，正如俗语所说的“酒满敬人，茶满欺人”。

三、饮酒习俗

黄龙地区，除回族之外，每个民族都有饮酒的传统。

藏羌民族都喜欢喝咂酒。这是一种以青稞、大麦为原料酿造的酒。制作咂酒需要选取上等的青稞，将青稞籽炒成青稞花，然后煮，煮的时候要特别注意火候，要煮得不软不硬，刚刚过芯即可。煮熟后晾干，滤水，冷却至 40 摄氏度左右，拌入酒曲装入坛中，封上稻草和火木灰放置起来。好的咂酒窖藏时间充足，度数高，喝起来苦中带甜。酸的咂酒被认为是不好的，过甜的咂酒喝了以后会胀气。

藏羌民族喝咂酒是一件大事，要邀请亲朋好友前来一起享用。喝咂酒时用细竹竿为吸管，大家轮流喝。喜事和丧事都要喝咂酒，但使用吸管的数量是不同的，喜事用三根吸管，丧事用两根吸管平放在坛口。在喝咂酒之前必须进行开坛仪式。这个仪式由地位较高的人主持，他要请来诸神——天神、地神、山神、水神和家神，小姓乡羌族杨茂林先生告诉我们，敬神的顺序应该是按神的级别从高到低，即：雪宝顶—寨子上的最高神—分寨神—家里的山神—树神—水神—火神。并且向着角角神的方向说一些吉利话，如“祝愿主人家平平安安，无灾无难，六畜兴旺，财源滚滚”等等。在说完祝辞后，主持人要用细竹竿沾上几滴酒洒向天空以示对神灵的敬祭。开坛的人喝第一口酒，喝了以后要对咂酒进行评价。当然一般都会赞美咂酒。等开坛的人喝过第一口酒了，就按照男先女后，老先少后，客先主后的顺序依次喝。喝的时候应该扶着吸管，喝完后擦一下吸管，以方便下一个人喝。喝的时候不断加入白开水，咂酒越来越淡，直到酒坛底热了酒喝完了，取出酒糟。羌族人在人生重大时刻或是佳节来临时一定要饮用咂酒的，而且一边喝酒一边跳锅庄。因此喝酒可以说是他们的一项重要的娱乐活动。

咂酒这种边喝边加水的饮用方法，在20世纪二三十年代甚至用于喝白酒。《川西民俗调查记》中是这样描述藏族喝酒的：

> 酒几乎是个个西番人都爱喝的，白教和红教的和尚也公开喝酒。松潘城里，每当夕阳西下的时候，街头总常见三个五个东偏西倒的醉西番。他们喝酒通常是不必要下酒菜的。在盛大的郊宴中，他们豪饮起来往往一口一大碗；但是那牛角中所盛的白酒，不见得永久都是一样的酒，因为他们一面从角里倾出酒来，一面又加冷水到角里去，所以角中的酒便愈喝愈淡了。有时候，贵客

> 到家里来，首先便斟起酒来一杯杯的对饮，这意义不十分隆重，也不过如我们招待烟茶而已。还有一种比较性缓的黄酒，是他们自己用青稞酿制的，更见通行，差不多每家常备，就是十岁左右的小孩也可以喝上半碗或一碗。有时招待罕至之客，不用糌粑茶，而用"糌粑黄酒"，食法如糌粑茶一样，不同的就是"以酒代茶"[1]。

从这段材料来看，黄龙地区藏族过去用牛角做酒具，而且一边喝白酒一边掺水。或许这种风俗是受到喝咂酒的影响，但是如今我们没看到这种饮酒方式了。

黄龙地区的藏羌民族敬酒给客人时，并不是拿碗对饮，而是斟满酒碗，走到客人面前唱祝酒歌，唱到一半时候双手捧着酒碗端到客人面前请客人喝，自己不喝。藏族说："喝酒不唱祝酒歌，便是驴子喝水。"祝酒歌可以即兴编，也有比较固定的常见的歌曲，如《祝愿大家生活幸福》："嗦——祝我们的顶楼装满财宝，愿闪亮的珠宝吉祥；嗦——祝我们的中楼装满粮食，愿金色的青稞吉祥；嗦——祝我们的底楼关满牛羊，愿如林的牛羊吉祥；嗦——我虽不是歌手，但我祝愿大家幸福安康。"[2] 如果敬酒者唱歌唱得非常好的话，客人可以接过酒杯再将这杯酒献给敬酒者，表示非常欣赏敬酒者的歌曲。大家会一致劝歌唱者喝下这杯酒。羌族酒歌分男女，有三首酒歌叫"叶能"的属于女性专唱，其余的则是男性唱。羌族的酒歌采用多声部的唱法。一般是两个人唱，一个人领唱，一个人跟唱，组成二声部。有时也有三个以上的声部。歌唱时先由一个人起调，跟唱的人和音、补音，旋

---

① 黎光明、王元辉著：《川西民俗调查记录 1929》，台湾"中央研究院"历史语言研究所 2004 年，第 32 页

② 达尔基编：《阿坝情歌》，四川民族出版社 2005 年，第 3 页。

律此起彼伏，非常动听。被列为第二批国家级非物质文化遗产。这种唱法很受欢迎，2006 年小姓乡的羌族歌手仁清和格洛在青年歌手电视大奖赛中获得了铜奖。黄龙地区几乎每个羌族都会多声部的唱法，他们在喝酒时总会载歌载舞。他们唱多声部时有一个特别的动作，即是用手托腮帮，非常投入。

藏族讲究在喝酒时候不能够一饮而尽，而是应该分三次喝。在弹酒敬神后喝第一口，然后等敬酒者斟满杯子后再喝一口，再斟满后应该喝干杯子的酒。这样喝酒才是有礼貌的。聚会时喝酒的酒具是共用的，如果有人坚持分用酒具的话，会被认为看不起大家，因为只有情同手足的人才会在一起喝酒。

喝酒不但是一种娱乐活动，而且也是一种保健方式。黄龙地区的人们有泡制药酒的习惯。他们把本地的药材泡在酒中用于治疗一些疾病。我们曾在小姓乡喝过一种药酒，是用青稞酒，加上铁棒槌、人参、红枣、枸杞等中药泡制的，据说是可以起到止痛的作用。铁棒槌本是一种有剧毒的药物，羌族知识分子毛明军先生告诉我们这种药物分为雌性和雄性的，细长形的为雌性，圆形的为雄性。泡酒的时候必须放入三颗铁棒槌，其中要两颗为雌性的，一颗为雄性的。当地人说，两个打架，一个劝架。似乎这样才能够起到平衡的作用。

虽然黄龙地区的人喜爱喝酒，但是他们并不主张酗酒。小姓乡羌族杨茂林先生说咂酒的酒曲中有三滴血，分别是兔子血、老虎血和猪血。意思是，酒喝得少的话，可以让人如兔子般灵敏，喝得适量的话，可以让人如老虎般勇敢，如果喝过头了的话，那么酒就使人如猪一样的迟钝。

过度饮酒同样不被汉族接受，汉族追求邵雍所说的那种境界：“美酒饮教微醉后，好花看到半开时。”

由于伊斯兰教的规定，回族一般不饮酒。伊斯兰教创立初期没有完全禁酒，结果有不少穆斯林因为喝酒在礼拜时睡着了。于是穆罕默德劝告穆斯林不要因为喝酒而影响礼拜。《古兰经》："信道的人们啊！你们在酒醉时候不要礼拜，直到你们知道自己所说的是什么话。"[①] 由于仍有人不听劝告，伊斯兰教开始严格禁酒："信道的人们啊！饮酒、赌博、拜像、求签，只是一种秽行，只是魔鬼的行为，故当远离，以便你们成功"；"恶魔唯愿你们因饮酒和赌博而互相仇恨，并阻止你们记念真主和谨守拜功。你们将戒除［饮酒和赌博］吗？"[②]

伊斯兰教甚至认为"酒是万恶之源"，喝酒、贩卖酒、劝人饮酒都是不好的行为。回族学者也主张禁酒，因为酒会麻醉人的意志以致误事："圣人不欲人因口腹而乱大事，是以痛切禁之也。"[③]伊斯兰教对回族喝酒的惩罚较重："按经律：回辉饮酒者，杖八十皮鞭。禁戒后复饮，倍杖。若用药入酒中，以妖术狐迷淫乱者，绑至市场，乱石打死。圣谕云：'凡人饮一口酒，真主四十日不准功课。饮酒之人，后世在主御前黑脸，舌拖胸前，脓血淋漓，不受主之慈悯。'"[④] 黄龙地区的回族与其他民族长期生活在一起，为了尊重其他民族的习惯，有的也会在聚会时以酒待客。

汉族一直就有饮酒的习俗，黄龙地区的汉族受藏羌民族喝酒豪放的影响，酒量较大。而且酒早已成为聚会的代名词，结婚、生日、搬迁请客都称为"做酒"，参加别人的宴会叫做"吃酒"。汉族人更喜欢喝白酒，而且喝酒时候要有下酒菜，一口菜，一口酒。这与其他民族有所区别。

---

① 马坚译：《古兰经》，中国社会科学出版社2003年第2版，第66页。
② 马坚译：《古兰经》，中国社会科学出版社2003年第2版，第87页。
③ 刘智：《天方典礼》，天津古籍出版社1988年，第183页。
④ 马注：《清真指南》，宁夏人民出版社1988年，第418页。

四、饮食礼俗与禁忌

黄龙地区饮食文化丰富多样，各个民族都有自己的礼仪和禁忌。

这里各个民族都有尊敬长辈的习惯。在宴会上，长辈总是安排在最好的座位——上八位，晚辈不应该抢占这个座位。在饭桌上吃饭时，敬酒、盛饭的顺序都是从长辈到晚辈。长辈未动筷子时，任何人都不能开始吃饭。长辈还没吃完饭时，晚辈不能离席。

舀饭的时候应该顺手方向，从外往内。绝对不能反手舀饭，因为在给死人倒饭的时候才是反手的。

用筷子的时候，不能够将筷子插在碗里，因为祭祀死人的时候才这样插筷子。也不能够用筷子敲打碗，有人说这是乞丐的行为，也有人说这是极不礼貌的行为，似乎在抗议没有菜了。

在食物的禁忌方面，各民族共同的禁忌是孕妇不吃兔肉，认为孕妇吃兔肉后生下来的孩子会长兔唇一样的豁嘴。当地人一般吃牦牛肉和羊肉。用于耕种的犏牛、用于运输的马，还有守护院子的狗，是人们生活中的朋友，多数人都不吃。

藏族禁忌吃鱼等水生动物。黄龙地区很多藏族人信仰苯教。苯教将世界分为三界：天界、人界和下界。水生动物居住在下界中，在苯教的信仰世界中，这些动物被称为“鲁”，人们认为伤害它们会给人带来灾难①。蒜这种食物，不是绝对的禁止，但需要多加注意。因为大蒜有很大的味道，藏族人认为这种味道会使神灵不高兴。“吃大蒜之后，七天内不宜参拜庙宇、寺院和其他圣洁的地方。因为清除大蒜

---

① 才让：《藏传佛教信仰与民俗》，民族出版社 1999 年，第 271 页。

的恶臭是需要时间的。”①

回族禁食的东西非常多，《古兰经》规定：“禁忌你们吃自死物、血液、猪肉，以及诵念非真主之名而宰杀的、勒死的、捶死死、跌死的、牴死的、野兽吃剩的动物。”② 吃自死之物被认为会增加人的欲望：“物自死者，血气未去，嗜欲之性仍存，终为人心之累，故断勿食。”③ 动物的血液也被认为是“嗜欲之性”，不可以吃。诵念非安拉之名而宰杀的动物，被认为是不洁净的，如果吃下一口的话，真主四十日之内都不会接受他任何善行。回民可以自己宰杀动物，但是穆斯林们相信，清真寺的阿訇宰杀的动物更加干净，因此更倾向于请阿訇动手宰杀动物。回民将宰杀称为“下刀”。鱼和螽蝗类不需要阿訇下刀，《天方典礼》中有：“鱼暨螽，无宰而食。”④ 因为宰杀是为了去除动物的血性，鱼的血性在水中，离开水自然无血性，蝗虫类本来便没有血性，无须宰杀：“牲用宰，去其血性也。鱼离水，血性已去，故不宰而食。螽蝗之属，则全无血，故不宰亦可食。”⑤ 在穆斯林看来，猪肉是最为污浊的，万万不能食用。“豕，畜类中污浊之尤者也。其性贪，其气浊，其心迷，其食秽，其肉无补而多害。乐从卑污，有锯牙，好攫啮生肉，愈壮愈惰，老者能附邪魅为祟，乃最不可食之物也。吾人禁忌独严，而诸教以为常食，故特出戒之。”⑥

汉族禁忌食用本命兽肉——即是自己属相动物的肉。汉族人认为，有一个本命神掌管着、主宰着人的性命。本命兽是本命神的象征，因此不可以食用。这个禁忌由来已久。古代小说《夷坚志》记载

---

① 群沛、诺尔布著，向红笳译：《西藏的民俗文化》，见《国外藏学研究译文集》（九）第273页。

② 马坚译：《古兰经》，中国社会科学出版社2003年第2版，第76页。

③ 刘智：《天方典礼》，天津古籍出版1988年，第186页。

④ 刘智：《天方典礼》，天津古籍出版1988年，第187页。

⑤ 刘智：《天方典礼》，天津古籍出版1988年，第187页。

⑥ 刘智：《天方典礼》，天津古籍出版社1988年，第181页。

了禁忌食用本命兽的故事，说穆度喜欢斗鸡，曾经因为自己的鸡输了比赛后生气将鸡虐待至死。后来梦到北斗七星所化的七道人责备他说："你属鸡，怎么能如此残暴的对待它呢？如果它到阴曹地府去告你的话，你将受到不可饶恕的惩罚。"因此，穆度一生都不再吃鸡[①]。道教中也明确规定了不能食用自己和父母的本命兽肉，否则会魂飞魄散："勿食父母本命兽肉，则元形丧始，根本亡度，胎神号喲，绛君叫慕，三魂惨毒，魄索丘墓。此肉入口，命坠长夜。勿食己身本命兽肉，则形神犯真，泥丸减落，三宫闲门，婴儿交错，魂爽飞逐，魄求棺椁。"[②]

五、饮食思想

黄龙地区人们主张以美食待客，同时也要节约食物，不能随意浪费。

这里的谚语说"把盛装穿在自己身上，把佳肴留给尊贵的客人"。黄龙地区的人们特别热情，当有客人到村庄做客时，人们热情地招待客人。如果来客是某家的亲朋好友的话，人们会邀请他到自己家里盛情款待。

热情款待客人，但不能浪费食物。因为无论是大自然赐予的食物还是人工栽培的食物，都耗费了人类的劳动，来之不易，必须珍惜。藏族人民认为尤其不能浪费糌粑。糌粑不但是人们的日常食物，也在藏羌民族的祭祀生活中起到重要的作用。在祭祀神灵时候用到的朵玛——一种面团捏制的供品——就是以糌粑、酥油等为原料的。煨桑的

① 洪迈：《夷坚志》，中华书局1981年，第1234—1235页。

② 《太微灵书紫文仙忌真记上经》，《道藏》，文物出版社，上海书店，天津古籍出版社1988年，第3册，第402页。

时候，点燃柏香时候也要撒一把糌粑粉。于是，糌粑具有了某种神圣性。因此，生活中绝对不允许浪费糌粑。笔者在调研中的一次吃饭时，由于好奇想尝试糌粑的滋味，于是在已经快吃饱的情况下问饭店老板要了糌粑，等揉好团后发现吃不完了。同行的藏族师兄同美教授告诉我糌粑绝对不可以浪费，如果实在吃不下的话就打包带走等到饿的时候再吃。当时还有一些其他的食物没吃完，但似乎那些食物并没有受到同美教授的关注。藏族人认为节约并不是小气，招待客人时候不能以节约为借口而吝啬。回族主张节约食物，在伊斯兰教看来，铺张浪费是罪过。《古兰经》："你们应当吃，应当喝，但不要过分，真主确是不喜欢过分者的。"①

饮食的目的是要保持身体健康。藏医经典《四部医典》认为合理的食物选择是保持健康的最基本的要求。藏族人认为食物的性质分轻重，应当选择对自己有利的食物："始终要根据饮食性质的轻、重，适量饮食。性轻的食物要吃饱，性重的食物只能吃半饱，使其顺利消化。"② 回族更是非常注重饮食健康，他们特别注意食物的洁净以保持身体的健康。汉族选择食物的时候也是将健康作为基本要求，以养生为原则。养生则分为内养和外养，不但要注重食物的营养搭配以得到形体的健康，还要通过食物的摄取愉悦心灵，以得到心理健康。

适量进食也是一个重要的原则。藏族认为"如果不适量地进食，量少则不能增长体力，容颜也会衰败，随之就要产生龙病；若食量超过时，消化不良，胃液过多，会阻塞平住龙运行的脉道，因而胃火衰败，一切疾病会随之发生。"③汉族也主张饮食节制，《备急千金要方·养性序》中说："不欲极饥而食，食不可过饱；不欲极渴而饮，

---

① 马坚译：《古兰经》，中国社会科学出版社 2003 年第 2 版，第 111 页。

② 宇妥·元丹贡布等：《四部医典》，上海科学技术出版社 1987 年，第 34 页。

③ 宇妥·元丹贡布等：《四部医典》，上海科学技术出版社 1987 年，第 34 页。

饮不可过多。饱食过多则结积聚，渴饮过多则成痰澼。”①

总的来说，黄龙地区各民族的食物结构没有太大的差距。这是由于食物来源的一致性和地区气候条件使然。由于交通欠发达，这一地区的气候条件决定了可供人们食用的生物种类匮乏。而这一地区的高原寒冷气候又要求食物提供足够的热量才能维持人体功能正常运作，因此在食物结构方面各民族差异较小。

由于交通的快速发展，很多食物都可以运输进来。因此跟过去相比，黄龙地区的食物比以前丰富多了，人们可以选择自己喜爱的食物。

在食物禁忌和饮食礼俗方面，由于各个民族有自己奉行的思想观念和信仰世界，因此呈现出较大的差异。而各民族共同的饮食禁忌或饮食礼俗等则是因为各个民族在共同生活中相互尊重、相互影响的结果，或是中华民族传统美德的体现。如各个民族在饮食礼俗上都表现了尊老爱幼等美德。

第三节　居住习俗

远古人类“构木为巢”，经过长期的发展，人们如今住上了温暖舒适的房屋。在这个过程中，逐渐形成了固定的居住文化、礼仪和禁忌等。民居的建筑方式、屋内的布置形式、宅中的神灵、选址的宜忌和新房落成竣工的仪式，这些都深刻地反映了人们的生产生活方式和信仰世界。诚如梁思成言：“建筑之规模，形体，工程，艺术之嬗递

① （唐）孙思邈著，李景荣等校释：《备急千金要方校释》，人民卫生出版社 1998 年，第 574 页。

演变，乃其民族特殊文化兴衰潮汐之映影；一国一族之建筑适反鉴其物质精神，继往开来之面貌。”①

一、民居建筑方式

黄龙地区的建筑风格多样，有藏族同胞的藏式房屋，有羌族的碉房，有回族的“燕儿窝”，汉族的院落，它们各具风格。

藏族的民居为串木结构，以圆木立架，木板隔间，房顶的木盖不用钉固定，而是用较重的石块压在木板上。与文献记载的清代时期的藏族建筑基本相同。《直隶松潘厅记略·民俗记》：“富民居瓦室，贫则筑土为墙加椽柱削木为片盖其上，宽如瓦而稍长，名木瓦，上压以石，罕用茅草者，以风大故也。”②

藏族的民居一般分为三层，最下层堆放木柴等燃料和饲养牲口，中间一层分为客厅、卧室、厨房和经堂，最上层放置杂物。有的家庭将厨房兼做客厅，厨房燃烧的火炉可以保持整个房间的温暖。人们在厨房里烤火、喝茶。比较讲究的家庭将厨房和客厅截然分开，即使如此，人们依然很喜欢在厨房里活动。无论经济条件好坏，经堂是藏族民居中不可缺少的房间。在这个房间内，人们供奉着他们心中的神灵，珍藏着经书和各类宗教法器，这是他们心灵的归属。条件好的家庭经堂富丽堂皇，人们认为，经堂是他们生活中最重要的部分，不能马虎。藏族的院子中都插有一旗杆，旗杆上挂着印着经文的幡，蓝、白、红、黄、绿五色，分别象征蓝天、白云、红火、黄土、绿水。转经筒也是随处可见，转经筒里装着经书，藏族人相信，风吹过经幡，

① 梁思成：《中国建筑史》，百花文艺出版社 2005 年，第 5 页。

② （清）何远庆：《直隶松潘厅记略·民俗记》，（同治十二年刻本），四川大学图书馆馆藏。

或者转动转经筒时，就相当于自己念过一次经。转经筒常常设置在大门口或者是走廊上。随着现代科技的发展，以电做动力的转经筒也常摆在房间内。藏族的院子中还有一个煨桑炉，白色的外观，背面有一洞口，在洞内燃烧柏香。每天早上藏族人起床做的第一件事情就是洗干净双手，到煨桑炉内点燃柏香，加入糌粑粉。藏族人民的一天在轻烟袅袅升起中开始了。

羌族的碉房在古籍中叫做“邛笼”，为石、木混合结构，类梯形。分为三层，最下层为石砌的墙，即是文献中记载的“累石为室”，对于居住在高山的羌族来说，石头是非常容易获得的原料。第二层则是木头结构，外糊泥土。最上层为半封闭结构。第一层蓄养牲口，第二层是羌族人主要的活动空间，火塘安放在这一层的主要房间的正中间，神位也在这个房间。顶楼用于晾晒粮食，未干的粮食就放在这个通风的地方晒干。出于安全和保暖的考虑，他们的窗户开得较小，因此屋里比较黑暗。羌族碉房中的民居用木锁来锁门，木锁以质地坚硬的“柏木”或“铁沙木”等为材料，用一整块木头制作，分锁头和钥匙两部分。在大门的旁边开一个可以伸入手臂的洞，开门时候将手伸入洞里，把木钥匙插入锁洞，向上一敲，再往后拖，才能够打开门。羌族人一般都不带钥匙在身上，而是直接挂在锁洞上。在民风淳朴的羌族乡寨，这样的木锁主要功能是防止畜牲进屋，而不是防村民的。如今，由于制作时间长，这种木锁已经越来越少见了。

回族和汉族的房子结构非常类似，都是一楼一底的木结构楼房。一楼正中央做客厅，两侧为卧室。二楼主要堆放杂物。厨房和厕所与主体建筑相分离。客厅的门为对开的双扇门。由于这种建筑从正面看呈“凹”字形，一般称为“燕儿窝”。回族民居的浴室非常讲究，因为他们信仰的伊斯兰教要求穆斯林每天进行五次礼拜，在每次礼拜前都必须洗净身体。人们在家礼拜时必须要有一个舒适干净的环境来沐浴。有的回族家庭有男女两个浴室，这在其他民族的民居中是很少见的。很多有老人或者宗教职业者的家庭，还设有专门的礼拜房。

黄龙地区处于松潘地震带上，属于龙门山断裂带，这里地震活动较为频繁和密集，1976 年曾经发生过 7.2 级的地震。因此这里的民居首先要考虑的就是防震，他们采用木材建造房屋，因为木材的柔韧性较好，能够耗散更多能量，而且木结构的铆榫连接方式能够在地震的时候承受房屋震动。虽然木结构的房屋抗震，但是需要特别注意防火。由于全是木结构房屋，一旦失火的话，就会整个街道都会受灾，松潘县城曾经出现过这种情况，火势凶猛以致全城受灾。所以黄龙地区的人们，特别是木结构房屋密集的县城人民特别希望能够避免火灾发生。他们这种愿望非常强烈，表现在房屋建筑上便是挂悬鱼以求防火。悬鱼为木头制作，鱼生活在水中，悬挂着鱼，即是以水防火之意。

二、起居用具与装饰

黄龙地区的民居中有其独特的起居用具和装饰，也有表现其审美观和信仰的装饰。

1. 藏族民居中用具与民居装饰

过去这里的藏族民居中不用床和椅凳，而是在房间中沿窗摆放一圈铺垫，铺垫上放置毛织的藏毯。在铺垫前面放一张矮桌，摆放茶碗或者糖果等。人们睡觉的时候只需在铺垫上躺下，盖上脱下的藏袍就可以了。现在这种习俗已经非常少见，藏族家庭中都安上了床。藏族民居中的家具主要有藏柜和藏桌。厨房里的柜子摆放着许多的铜盆和碗，数量远远超过家里所需。藏族人特别喜欢铜制用具，铜盆、铜瓢，还有大大的铜锅。一般藏族家庭都有好几口精美的铜锅，这些铜锅不仅漂亮，而且具有非常重要的功能——贮水，用于防火。藏族的主妇将这些铜制品擦得发亮，看上去十分美观。经堂也是非常漂亮的，各种宗教用具，如鼓、喇叭、号等摆放得井井有条，神灵供奉在其中，信仰藏传佛教的供奉释迦牟尼，信仰苯教的供奉着辛饶东巴。神像前面是摆放着酥油灯和其他供品。当家里需要做法事时，僧人就在经堂里念经。只有僧人可以住在经堂里，其他人都不能住经堂。

有的藏族家庭在大门的上方供奉“擦擦”。“‘擦擦’，起源于印度古代及中世纪中部和北部方言中的一个词汇。”① 它的意思是“复制”，指的一种模制的宗教立体塑像。常见的造型是佛像或者佛塔。擦擦一般用泥土制作，制作时要选取质地较好的泥土，准备好凹形模型。然后将湿泥土填入模具制成泥胚，等晾干后，擦擦就做成了。为了使擦擦变得结实，人们还会烧制一下，这样擦擦就够结实了。制作擦擦时还可以加入植物药材和香料，这种擦擦叫做“药擦”，因其多为珍贵药材制作，一般不供奉在房屋大门上方，而是作为护身符或者佛像内膛的圣物。擦擦的制作简单，成本低廉，是藏区常见的供奉物，人们将其供奉在大门上，希望擦擦能够保佑一家人平安幸福。

藏族民居的装饰非常富丽堂皇，柱头、斗拱和大梁都雕刻精美，并有彩绘。藏民喜欢在外墙上画上雍仲符号，或者是八瑞相图。八瑞相是一组非常著名的佛教符号。它包括八个图案，即白伞、一对金鱼、宝瓶、妙莲、右旋白螺、吉祥结、胜利幢和金轮。在佛教中，这八个符号代表着佛陀身体的组成部分。藏传佛教中认为，“1）宝伞代表头部；2）金鱼代表双眼；3）宝瓶代表颈部；4）莲花代表舌头；5）金轮代表双足；6）胜利幢代表‘身’；7）海螺代表‘语’；8）吉

① ［意大利］杜齐著，向红笳译：《西藏考古》，西藏人民出版社 1987 年，第 42 页。

祥结代表‘意’”[1]。佛教经典中《吉祥之集》中有：“（您）有如吉祥的，保护宝伞的头部，有如吉祥的，珍贵金鱼的眼睛，有如吉祥的，珍贵镶饰宝瓶的颈部，有如吉祥的，盛开的荷花叶子的舌头，有如吉祥的，右旋的达摩白螺的语言，有如吉祥的，光芒四射吉祥结的思想，有如吉祥的，珍贵绝伦珠宝的双手，有如吉祥的，珍贵而不可战胜的胜利幢的身体，脚下蹬着吉祥的、启迪智慧的法轮。”[2]

在房屋内部装饰上，藏族喜欢采用彩绘的方式。藏族民居喜欢大红、明黄等明快的颜色，柱子上常画虎纹。门上绘着三宝图，三宝图象征着佛教供奉的佛、法、僧三宝，代表着一切佛的身、语、意。室内的装饰有很多动物的图案，如金翅鸟、老虎、龙、雪狮和风马。这五种动物也是藏族风马旗（经幡）的组成图案。风马旗中，风马在中央，金翅鸟、老虎、龙和雪狮居于四角。在黄龙地区，四角的动物没有图案，而是用藏文来表示。马是藏民常用的交通工具，当骏马奔驰时，风是马的有利因素。风马的图案为骏马驯服地低下头，马鞍上驼着转轮王的如意宝，马尾飘垂，象征着无论其在哪里，都会带去繁荣和谐。“藏医和星象学体系都认为保持人的精力或协调需要四大要素：1）命；2）身体；3）自在；4）运气。风马本身象征着四大要素的统一，精进可以消除疾病、灾祸、邪恶和星际影响引发的一切‘障’。风相当于重要的气息，在通过体内脉道时可以毫无障碍地运动，由此引发如风马一样可以驾驭的潜意识流。”[3] 将风马绘制在屋内，表达了藏族希望身体健康的良好愿望。金翅鸟，苯教中将其叫做“妙翅鸟”，被认为是神鸟鸟王。它长着人的手臂和双手，额头上长着两只

---

① ［英］罗伯特·比尔著：《藏传佛教象征符号与器物图解》，中国藏学出版社 2007 年，第 104 页。

② 转引自王海燕：《藏传佛教中的“八瑞相”》，《甘肃宗教》，2010 年第 1 期。

③ ［英］罗伯特·比尔著：《藏传佛教象征符号与器物图解》，中国藏学出版社 2007 年，第 73 页。

角，两角间藏着一块龙众宝，面部目光闪亮，长喙弯曲，双手抓住一条龙，并用喙咬住其中段。它被认为可以消除与龙众相关的疾病，如瘟疫、癌症等。老虎的造型为汉地的长毛老虎形象，眼如铜铃，它被认为是力量的象征。龙被描绘成金色的身体，头上长角，被认为能够控制天气，决定是否风调雨顺。雪狮长着绿松石色的鬃毛，它被认为是掌管雪山的神灵。这五种动物，在苯教中又象征着人身体的组成部分："'本'教义理认为'风马'旗中的五种动物象征着人的五个组成部分：中央的马是灵魂，又是吉祥的象征，大鹏象征生命力，老虎象征身体，龙象征繁荣，狮象征命运。"① 这五种动物又被认为是构成世界五大元素（地、水、火、风、空）的象征，雪狮象征土，龙象征水，金翅鸟象征火，老虎象征风，风马象征着虚空。五种动物图案象征世界万有。

除此之外，藏族民居还喜欢使用和睦四瑞图、长寿图等组图。和睦四瑞是由大象、猴子、兔子和鹧鸪四种动物组成，鹧鸪站在兔子身上，兔子坐在猴子头上，猴子骑在大象身上，他们旁边有一棵果树。传说他们为了排出长幼顺序，分别说出了自己的经历。大象说，他年幼时，这棵果树和它一样高。猴子说，他小时候，果树还是幼苗。兔子说，他年幼时，这棵树才吐出两片嫩叶。鹧鸪说，他在异乡吃了这棵树的树种，到这里后，粪便排出了树种，这样才有了这棵树。于是长幼顺序十分清楚，从此他们相互尊重和谐共处。也有传说是他们四个相互协作才种出了果实，鹧鸪带来种子，兔子刨坑埋下种子，等种子发芽后，猴子用树枝将幼苗保护起来，大象每天用水浇灌它，终于在四个动物的努力下，果树长出了硕果。表达了藏族人民希望生活团结和睦的愿望。黄龙地区藏族民居中的长寿图和汉族长寿图一样，寿

---

① 康·格桑益希：《"风马"与经幡》，《宗教学研究》，2002年第2期。

星手捧寿桃，后有长寿鹿，前立仙鹤，表达了希望健康长寿的愿望。

藏族民居经堂中常供奉唐卡。它是以宗教为题材的画卷，用彩缎装裱。唐卡的主要内容是宗教人物、宗教故事、佛教建筑等，用画来描述藏族人民的历史和传说。它悬挂在经堂供藏民顶礼膜拜。由于唐卡的制作一般是由虔诚的宗教徒完成，在制作过程中倾注了他们对宗教的热情，制作出来的唐卡非常漂亮，挂在经堂中同时又是一个美丽的装饰品。

2. **羌族民居中用具和装饰**

羌族民居以主室为最重要的活动空间，他们在主室吃饭、会客、议事等。主室以火塘为中心，过去火塘是直接在地上挖一个长方形的坑，上置三脚架，四周用石头砌边，柴火在坑中燃烧。现在羌族人民多用铁制的火炉代替。羌族火塘里的火终年不熄，被称为“万年火”。人们不能随意移动铁三脚，不能从火塘上跨过，更不能在火塘里燃烧头发、蒜皮等污秽的东西。

主室里的家具一般有柜子、桌子和椅凳。在一些家庭中，在木制的椅凳上铺上了动物皮毛，多是羊皮，坐上去保暖舒适。

羌族建筑中，最具有特色的是屋顶上插着箭和供奉着白石。白石，即乳白色的石英石。在羌族的信仰世界中，白石是一种灵物，象征着一切神灵。它在火炉旁象征着火神，在田间象征着土地神，在屋顶象征着天神。白石筑在土墙的最高处，绕着土墙一圈。有的房屋只有后墙才有白石，有的三面都有。插箭是将木制彩色的箭插在屋顶，神箭的箭口是牛部落和羊部落的区别。每年插一支箭，等箭筒放不下更多的箭时，就将以前的箭烧掉。有的民居外墙的一面镶嵌着一个木制的面谱，据说有避邪的作用。

剪纸是羌族民居中常见的装饰，它悬挂在门楣上、神龛上或其他地方。羌族的剪纸多为鲜艳的颜色，如黄色、桃红、绿色、蓝色。剪纸的题材主要是人物、动物、花草和民间故事等。其构图简单，颜色纯正，剪纸对现实物体既非完全模仿，又非截然不同，而是神似物体，但不呆板，具有很高的艺术价值。当然剪纸在羌族宗教生活中必不可少。每当羌族重大节日，如祭山会等，家家悬挂剪纸，一方面，剪纸是向神灵表达人们愿望的符号，另一方面，也增加节日的气氛。

小姓乡羌族用面粉在神龛、梁上和柜子上画雍仲符号或者是三点，既是装饰，又表达他们希望生活美满幸福的愿望。

3. **回族民居中用具和装饰**

回族的民居最重清洁干净。他们喜爱养花，在他们的院子里，种着各种花草和树木。回族人认为种花弄草可以修养心性，陶冶情操。在他们悉心照料下，回族的院子百花盛开，争奇斗艳，十分美丽。

回族的室内装饰多与其宗教信仰相关。他们悬挂着伊斯兰教的日历，这种日历上既有伊斯兰教历，又有公历和农历。既方便查阅伊斯兰教日历，又方便平日的生活，很有实用性。同时它也是精美的装饰，其图案多为著名的清真寺或者花草。

回族住宅门楣上悬挂着一个彩色的匾额，上面写着阿拉伯文字，类似于门牌号码一样，主要是为了加强同族人民的交往。回族的客厅里桌子上一般摆有“炉瓶三式”，包括香炉、香瓶和香盒。香炉是烧香用的炉子，香瓶是插放香铲的长颈瓶，香盒是放香的盒子。回族人在念经之前和打扫房间以后都要熏香，使室内空气更加清新，给人以清爽舒适之感。因此这三件东西是回族家中必不可少的用具。

回民家中还喜爱悬挂挂毯。挂毯也叫做壁毯，壁毯一般为天房的图案，也有的是著名清真寺的图案。伊斯兰教的挂毯构图华丽，色彩鲜艳。有的家庭悬挂阿拉伯文字的书法艺术品。

回民的室内装饰也别具特色。一般回民家庭西墙上都悬挂阿拉伯文中堂和具有伊斯兰艺术特色的工艺制镜以及克尔白挂图等。

4. **汉族民居中用具和装饰**

汉族民居多用雕刻艺术装饰，屋脊、檐部、柱础都有装饰，最精致的地方在门窗。汉族门窗均为木制，格子心是由棂条组成的各种图案，如龙、凤、鹿、鸳鸯、蝙蝠、梅、竹、松、莲花等传统吉祥图案，表达出人们希望生活如意富贵的愿望。阳光透过雕花窗户照进屋内，窗户的影子映在地上。雕花门窗既可以采光用，也是美丽的装饰。小河乡很多民居现在还保留了古老的雕花门窗。

这里民居色彩较为朴实淡雅。主要由两种颜色构成，青灰色的砖瓦和原木色的主体。虽局部有红柱朱檐，但没有大片鲜艳的色彩。总的来说，看上去朴实自然，有天然去雕饰，清水出芙蓉之美。

川西高原时常艳阳高照，即使是在寒冷的冬日，也有暖暖的太阳照在身上。汉族人喜爱在大门口摆上几根长板凳，人们坐在板凳上聊天、打毛衣、晒太阳。有的直接用一根圆木剖居两半当作板凳，经过长时间的使用，木条表面磨得光滑发亮。

汉族民居的堂屋中设置神龛，上坛供奉天地君亲师、自家祖先、古今文武诸大圣人，下坛为土地堂，供奉长生土地、瑞庆夫人和招财童子、进宝郎君。民国以后废除了君主制，汉族神龛上的“天地君亲师”变成了“天地国亲师”。据说这几个字的写法颇有讲究，人不顶天（顶横与“大”字之间留空），地不离土（“土”、“也”连笔写），国不留缺（国字框不留口），亲不闭目（“親”字的“目”不封口），师不带刀（“師”起笔的撇要写成横）。神龛前面有香炉，每到逢年过节的时候，都要上香。有的神龛上还摆放着几代近祖的照片。

使用装饰画，是汉族的生活习惯。他们喜欢在正对门的那面墙上挂上两幅画，内容多为山水、花鸟等，具有吉祥的象征意义，如象征长寿的仙鹤、象征富贵的牡丹，象征高洁的梅花等。

汉族民居的客厅内一般悬挂一面镜子，面对大门方向，俗称“照妖镜”，人们相信镜子能够照出妖怪的原形，防止妖怪进屋危害家人。这种以镜避邪的古老习俗最迟在东晋时候道士就开始使用了，《抱朴子》中记载了道士入山要携带镜子来避邪：“又万物之老者，其精悉能假托人形，以眩惑人目而常试人，唯不能于镜中易其真形耳。是以古之入山道士，皆以明镜径九寸已上，悬于背后，则老魅不敢近人。或有来试人者，则当顾视镜中，其是仙人及山中好神者，顾镜中故如人形。若是鸟兽邪魅，则其形貌皆见镜中矣。又老魅若来，其去必却行，行可转镜对之，其后而视之，若是老魅者，必无踵也，其有踵者，则山神也。”① 在镜子中，肉眼看不到的妖魔鬼怪无从遁形。因此民间用镜来避邪。

汉族聚居地如小河地区盛行请道士画符的习俗。符为长条形，黄色，上面写着似字非字，似画非画的符号，加盖红色法印。这里民居中所用符多贴在大门上方，也有贴在屋内的。

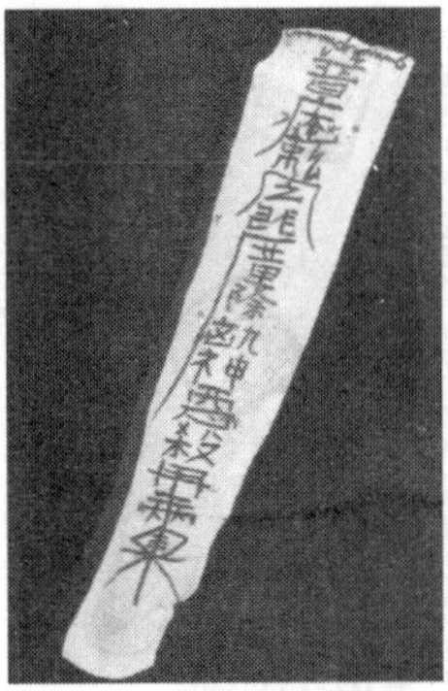
贴在大门上的符

贴在柱子上的符

贴在窗户上的符②

根据小河乡端公的手抄本书籍《五山全集》，上图中左侧之符是

① 王明著：《抱朴子内篇校释》，中华书局 1986 年，第 300 页。
② 2010 年 9 月 11 日小河乡拍摄的照片。

治邪所用，中间之符和右侧之符是治凶煞所用。用符是道教的一个古老方术，道教草创时，太平道和五斗米道都曾用符水给人治病①。根据刘仲宇的分类，用符的方式一般有三种，即服符贴符和镇符，焚符。服符包括服饰和佩戴两种②。服符一般用于治病，而贴符和镇符多是用于安镇。贴符祛邪镇宅的这种方法早已流行于民间。敦煌《护宅神历卷》和《发病书》中《推初得病的日鬼法》中有很多贴在室内或门上的符。这些符的功能很多，如祛邪、治病、祈求吉祥，甚至可以使夫妻相爱③。黄龙地区的最常用的符就是上面的三种符，反映出这里的人们相信，通过贴符，能够祛邪去煞，合家平安。

三、宅中神灵

黄龙地区的各民族，除了回族之外，都相信在他们的住宅中居住着各种神灵。而理解这些神灵，是了解人们的生活和信仰世界的前提条件。“只有深入到中国鬼神世界，我们才能体会中国宗教的复杂性，并进而理解它们对民众生活所拥有的巨大影响力。”④

藏族人认为，神灵可以居住在任何地方。人们在生活中要小心翼翼地避免惹恼神灵。与住宅相关的神灵有土主、家神和灶神。在建房的时候万万不能够得罪土主。“它（土主）既是地上财富，如树木、花草、飞禽、人等的主人，又是地下财富，如金银铜铁、各种珠宝玉

---

① 据《后汉书》卷七十一《皇甫嵩传》：“张角自称‘大贤良师’，奉事黄老道，蓄养弟子，跪拜首过，符水咒说以疗病，病者颇愈，百姓信向之。”——中华书局 1982 年，第 2299 页。《三国志》卷八《张鲁传》：“光和中，东方有张角，汉中有张修……角为太平道，修为五斗米道。……修法略与角同。”

② 刘仲宇：《道教法术》，上海文化出版社 2002 年，第 167 页。

③ 见高国藩：《敦煌古俗与民俗流变》，河海大学出版社 1989 年，第 78－118 页。

④ 余欣：《神道人心：唐宋之际敦煌民生宗教社会史研究》，中华书局 2006 年，第 196 页。

器的主人。"[①]如果在打地基的时候得罪了土主可能会导致房屋倒塌，所以人们在开工之前要首先煨桑并且摆上祭食，意为告诉土主，并希望得到土主的保佑。有的家庭在打桩时还要先下宝瓶，宝瓶是献给土主的。因为土地属于土主的，所以只有得到土主的允许，才能保证工程能够顺利进行。家神也叫做内神，它负责保护室内的安全。学者对它的位置有所争论。意大利学者图齐认为它"一般均在厨灶中最偏僻角落里的一根柱子或一根树枝上"[②]。然而藏族学者丹珠昂奔认为它"没有固定的神位，没有固定的活动场所"[③]。黄龙地区的人们一般来说，更加认同丹珠昂奔的看法，认为家神没有固定的活动神位。但是并非绝对。我们在红土乡的一个藏族家庭里看到家神被供奉在灶房的一个角落里。无论如何，藏族人都承认家神的功能是非常多的，它可以保佑一家人平安富裕，它身兼财神的功能和战神的功能。当一家人与另一家人结仇时，家神要代表家庭出战，家神不仅与其他家神战斗，有时候他还和人发生战斗。据说它非常的敏感，它不喜欢神咒师，也不喜欢不属于这个家庭的女子靠近。它对家畜的管理也有着监督权，当家畜被转卖后，家畜在新的家庭感到不愉快时，家神就会去安慰家畜。家神心眼小，如果不把它伺候好的话，它会将家里的东西送给别人，因此人们需要保持家中的整洁，并且要把好吃的东西先给它吃。从它的性格和保护范围看，它更像是一个女性。灶神是灶膛之神，灶膛一般在房屋的中央，它负责煮饭方面的相关事务。如果将不洁的东西丢入灶中，就会得罪灶神，它会发脾气，或者使煮出来的饭不熟，或者使食物溢出锅来，或者是将火猛爆，烧伤人手或眼睛。人们常用神香来取悦灶神。

---

① 丹珠昂奔：《藏族神灵论》，中国社会科学出版社 1990 年，第 25 页。
② ［意大利］图齐：《西藏宗教之旅》，中国藏学出版社 1999 年，第 282 页。
③ 丹珠昂奔：《藏族神灵论》，中国社会科学出版社 1990 年，第 27 页。

羌族是个多神信仰的民族，神灵无处不在，他们的民居中也供奉着不同的神。

羌族民居屋顶上的白石象征着天神。天神是羌族信仰的最高神灵，它管理其他的众多神灵。因此虔诚的羌民每天都要到塔子上去点燃柏树枝，逢年过节更要特别地供奉天神。屋内的角角神也是羌族重要的神灵，它的神位在主室的角落，它是羌族人的家神，它保护着家中的安宁。在角角神前，不能乱说话，不能睡觉，不能挂衣服，不能杀生。羌族人的家神是有名字的，如果两家人供奉的家神是同一个名字，说明他们是属于同一个根根的。角角神的神位上也插箭，并且贴上彩色的剪纸。羌族的民居普遍还贴有汉族的门神画，他们相信门神可以保佑一家人出入平安。

在汉族观念中，房屋内主要住着这样几位神灵：门神、灶神和坛神。门神的职责是守家护院，它的地位虽不高，但是人们生活离不开它。门神一般是两对，有的以神荼和郁垒为门神，有的以秦叔宝和尉迟敬德为门神，他们的形象高大威武。人们相信，他们能够保护宅院不被妖魔鬼怪骚扰。灶神本是主管民间饮食之神，同时它被认为是监察人的善恶的司命神，主管着人的寿命。人们相信，通过祭灶能够延长寿命："祭灶是李少君获得长生不死的方法之一，而且他实际上也建议汉武帝祭灶。"① 灶神对一个家庭来说作用是重要的，人们希望它"上天言好事，下界保平安"。人们不但要忌讳做一些惹它生气的事情，又要想出各种办法来讨好它，希望它能够在玉帝面前多说好话，不说坏话，同时也希望它能够保一家平安。灶神的牌位供奉在厨房。横批"奏善堂"，上联"上天奏善事"，下联"下地降吉祥"，中书"九天东厨司命灶王府君、定福夫人之位"。坛神是黄龙地区汉族

① 余英时：《东汉生死观》，上海古籍出版社 2005 年，第 71 页。

祭祀的一位神灵，过去四川很多地方普遍祭祀，如德阳、邛崃、简阳、合川等地[①]。祭坛神是四川古老的风俗，《蜀语》中记载："坛神名主坛罗公，黑面，手持斧吹角，设像于室西北隅，去地尺许，岁暮则割牲延巫歌舞赛之。考《炎徼纪闻》曰，'罗罗，本卢鹿，而讹为罗罗。有两种，居水西十二营、宁谷、马场、漕溪者，为黑罗罗，曰乌蛮；居慕役者，为白罗罗，曰白蛮。罗俗尚鬼，故曰罗鬼。今市井及田舍祀之，缙绅家否。'杜子美诗曰：'家家养乌鬼'，即此也。"[②]坛神有具体的形象，有神位，在室内西北角。但现在多没有形象，用一块石头来代表。坛神被认为是万万不可以得罪的，不可以轻易去碰他。四川人在运气很差的时候会说一句俗语"撞坛神了"，因为人们认为得罪了坛神会带来灾祸："城乡民家多设坛场……谓不可少有犯触，犯者祸立至"[③]。关于坛神究竟是谁，有不同的说法，如同治十三年《德阳县志》、嘉庆十六年《雅州府志》认为坛神是李冰、赵昱[④]，因为他们治水有功，所以四川人广为祭祀。也有一种说法是坛神"其主要神祇则分为四类：上坛、中坛、下坛及财神坛。上坛又称圣母坛、三圣坛，有的又称花花坛；中坛称为老君坛；下坛称为五猖坛；另有财神坛"[⑤]。即是说，坛神有很多，如圣母、太上老君、五猖和赵公明。黄龙地区的人们通常认为坛神具有巨大的力量，黄龙管理局李庆忠先生告诉我们坛神只认经常供奉它的人，不认家中其他的人。如果需要移动坛神的话，只能由经常供奉它的人移动。其他人去移动的话会遭到灾祸的。

---

① 黄尚军：《四川方言与民俗》，四川人民出版社 2002 年，第 197－198 页。
② 李实：《蜀语校注》，巴蜀书社 1990 年，第 128－129 页。
③ 傅崇矩：《成都通览》，巴蜀书社 1987 年，第 555 页。
④ 见黄尚军：《四川方言与民俗》，四川人民出版社 2002 年，第 197 页。
⑤ 黄尚军：《四川方言与民俗》，四川人民出版社，第 198 页。关于坛神，可参见王仲崛《四川人所奉祀之鬼神》（华西协和大学论文），民国三十四年手抄本。

住宅不仅是家人居住的地方，同时也是神灵居住的地方。在这个共存的空间中，人们只有处理好和神灵的关系，才能使自己的生活不会受到神灵的伤害。

四、选址宜忌及竣工仪式

黄龙地区的人们对房屋地址的选择很有讲究，藏族、羌族和汉族选址要找宗教人士或者是端公帮助，回族虽不看风水但也有自己的选择原则。在新房竣工的时候各个民族都有自己的竣工仪式

藏族的选址是请喇嘛打卦占卜建房的最佳位置。建房时候禁忌大门朝西开，认为向西开门是不吉利的。俗话说："百鸟的头向着东方时，唯有不吉之鸟蝙蝠的头总是朝西。"[①] 窗户开口忌讳对着洞穴和石崖。具体地说，盖房子时要避免盖在流水前，因为一旦山洪暴发的话，房屋将会被冲垮。第二，要避免把房子盖在两山之间，因为那样房屋看上去很像是嘴里的獠牙。第三，房子的位置不能太靠近水，看上去像戴了个马鞍。门前如果只有一棵树的话是不吉利的，因为一棵树在风中势单力薄，摇摇欲坠，但如果是很多棵树的话就没有关系。如果房屋前面有地下水渗出来的话，是不吉利的。有几种情况被认为是非常吉利的：如果房子东面有山形如打开的双扇门状，且山呈白色，被象征着白虎；如果西边有山如人仰卧状，且山呈红色，则象征着金翅鸟；如果南边有如粮仓状堆叠的山，且下有河水，则象征着青龙；若北方有山如屏风高，则象征着白龟。这四种动物都是藏族所喜爱的吉祥物，如果房屋有它们的护佑，会使家庭人丁兴旺，富裕平

① 李光文、杨松、格勒主编：《西藏昌都——历史・传统・现代化》，重庆出版社2000年，第383页。

安。藏族除了选择最佳的位置之外，还要选择最佳的动土时间，第一个动土的人需要和主人属相相符，如果家里的人都不合适的话就请一个父母双全，家庭富裕，相貌端正的小男孩来动第一锹土。在房屋的建造过程中，藏族人民不喜欢别人的闲话，甚至过分的赞扬也不受欢迎，因为他们相信，这样会导致相反的效果。

羌族建房要先请懂风水的人看一下风水。如果没有找到懂风水的人，则去寻找一个老的墙基，即“老屋基”。曾经盖过房子的地方，通常被认为即使不是最佳的建房位置，但至少不会给自身带来灾害。

回族建房不看风水，但他们要选择靠近清真寺的地方，和自己民族居住在一起。这主要是出于生活上方便的考虑。

汉族很重视房屋的选址。他们认为选址的好坏会给家庭带来直接的影响。汉族人将活人住的房屋叫做“阳宅”，死人的坟墓叫做“阴宅”。在选址时有很多讲究，比如要注意选择后面有山，左右两面也有小山的地方，这样是左青龙右白虎的象征，并且从实际上的考虑，背后有山，可以挡住南下的冷空气，冬天可以保暖，左右的山可以挡住东南或西南吹来的潮湿气流。还有的人认为大门、主房和安灶是选址中需要特别注意的地方。

上梁是黄龙地区建房最注重的一个环节。上梁实际上主要指安装屋顶最高的一根中梁，这根中梁安装好以后就意味着这个建筑的主体框架已经完成。中梁关系着整座建筑的安全问题。俗话说：“上梁不正下梁歪，中梁不正倒下来。”所以中梁支撑着整个建筑。上梁要选择吉利的时间，才能给家庭带来好运。藏族家庭修房上梁立柱时要请所有的亲戚前来，在立柱前将一个装着青稞、小麦、大米等粮食和珠宝的小袋子放在立柱的石头下，然后安放立柱。在立柱和横梁结合的地方压上五色彩布，在横梁上放上一些小麦粒。然后大家向主人道贺，主人要准备丰盛的饭菜犒劳工匠。汉族和镇坪的羌族上梁时也要看时间。镇坪乡羌民李红先生告诉我们，在上梁前，主人煮抛梁馍馍，准备糖果、苹果和核桃。掌墨师要先给主人敬两杯酒。等中梁安装好了，掌墨师一边丢馍馍一边说一些吉利的话，如："一点点梁头，二点点梁尾，恭喜主人家，吃不愁穿不愁。"丢一个馍馍说一段，主人要接住掌墨师丢下来的馍馍。然后帮忙的人将馍馍、糖果、苹果和核桃从梁上丢下来，下面的人争相抢这些东西。小姓乡的羌族没有撒抛梁馍馍的习俗。回族在上梁时候要写一段《古兰经》扎在中梁上，等房子建好后，要请阿訇念经半个小时，以期给家庭带来好运。

黄龙地区的居住文化，不仅仅是其地区物质文化的重要组成部分，亦是这一地区人们社会生活、思想信仰方面的体现。如今随着生活条件的改善，建筑方式等方面有了一定程度的改变，起居用具和装饰也有了更新，但是在人们心灵深处，宅中神灵依然有着神圣不可触犯的绝对权威，选址和竣工仪式依然是修建房屋时候需要特别注意的事项。

第四节　出行民俗

过去黄龙地区的人们认为出行是一件大事，不可大意，否则可能会遭遇意外。因为在行旅途中充满着各种不确定的因素，人们的平安不是完全由自己确定的，所以要格外地小心。

一、交通工具和交通设施

在过去交通不发达的时候，牲畜是人们的主要交通工具。马是最常见的交通工具，人们骑马外出经商，或是转山祈福。养马、牵马、骑马是小孩子从小就必须学习的课程。牧区六七岁的小孩就可以骑马驰骋在广阔的草原上。由于马与人们生活密切，黄龙地区有很多与马相关的谚语："部落聚会的时候需要口才，跋涉远路时需要骏马。""看人要看人的心眼，看马要看它的步伐。""夏季最惬意的是有骏马和猎枪相伴。"①

被称为"高原之舟"的牦牛也是重要的交通工具，黄龙地区终年寒冷，民谚说："正二三，雪封山；四五六，泥没足；七八九，稍好走；十冬腊，学狗爬。"在冰天雪地中，牦牛行走自如。民国《松潘县志》称："行冰天雪窖中不畏冷，虽数日无水草，犹驼二百余斛，行走不衰，真边地之宝畜也。"用于运输的牦牛主要是公牦牛和犏牛。犏牛是牦牛和黄牛交配而产的杂交牛。过去黄龙地区和外界贸易商品的运输常常由牦牛来承担。在牛群中，走在最前面的是头牛，它通常戴着由活佛念过经的珠子，或者拴着红绸，期望能得到神灵的保佑。

黄龙地区的交通设施主要有路和桥。过去的路多是泥土路，在城镇里——如松潘县城、小河乡则是石板路。过去黄龙地区在河流湍急的地方有溜索。溜索是用竹篾编制的拳头粗的竹绳拴在河流两岸牢固的物体上，在绳上装一个半圆木筒作滑轮，木筒外系绳缠在欲过河之人的腰间，借助于绳索的倾斜度溜向彼岸。只有经验丰富的人才能顺利通过溜索，外人看来无疑是惊险的行为。清代吴升写诗描述过溜索的险状："上无一发可援手，下则百丈奔惊龙。身如云浮脚绵软，达岸回视人飞空。"

索桥多建于峡谷地带，这种桥用绳悬两岸，中间没有桥墩，行走在桥上桥身不断摆动。至今这里还有索桥存在。廊桥也是黄龙地区常

① 中共松潘县委宣传部、松潘县文化体育局编：《岁月的痕迹》，大众文艺出版社2010年，第251、243页。

见的一种桥梁，它有顶可以保护桥梁，遮阳避雨。这里最为著名的廊桥是松潘县城的古松桥，它连接县城南北，横跨在岷江之上。这座桥据说历史悠久，虽不可考，但至少在民国期间已经存在。桥体下部为水泥石拱，上部为木结构亭桥，色彩鲜艳，图案精美。在桥上还有对联两幅，桥北书："一桥横跨古松沟通南北，两岸交融茶马互市东西。"桥南："江源浩淼长江卧，风雨图中客杖藜。"廊桥除了起到连接南北两岸的作用之外，还具有重要的休闲娱乐功能，人们在桥上歇息娱乐。

二、出行时间宜忌

出行民俗中，最为重要的是时间的选择。相对于出游地点的选择而言，出行时间更加灵活，人们很多时候能够按照自己的意愿选择出行时间。

黄龙地区的藏族在重要的出行活动之前要先请喇嘛打卦，请喇嘛帮助确定出行的时间。如果不是特别重要的出行活动，他们也按照民间的择吉传统来选择合适的时间。藏族人们认为星期五是吉日，利出行："'星期五干事最好，比在一个星期的其他日子办事都有成效。'据说星期五干事将会取得成功的结果。"① 星期六不适合动身旅行，另外新年的四天也不适合出门。藏传佛教学者噶玛·却美的《预兆的反映》中记录了藏文化中关于出行的宜忌，如一个月中的三号、十九号、二十七号特别适合出行，五号不适合出行："三号：如果在这一天开始旅行，你会十分满意地干成所有的事。……十九号：如果开始旅行，你会走在幸福的享乐之路上。……二十七号：如果外出旅行，

① 向红笳：《喜马拉雅的人和神》，青海人民出版社2004年，第26页。

这一天最吉利，你的工作定会圆满完成。……三号：不要与妇女一起旅行，否则你不久就会身亡。……五号：这一天不要外出旅行，因为你可能会永不归还。”① 但是，如果必须在不吉利的时间出行的话，藏族有一种禳灾的方法，即是在出行前一天把所有的东西带出门去放在其他地方，再回到家中，第二天空手出门，这样就好像是前一天出行的一样。

羌族出行之前也要请释比算日子，在信仰苯教的小姓乡，他们通常去请喇嘛占卜最佳的出行时间。

回族不占卜出行的时间。

汉族出行的禁忌比较多。在民间最为流传的是“七不出门，八不归家”。人们出门特别忌讳初七出门，这一天出门可能会带来不吉利。另外，杨公忌也是民间普遍遵循的禁忌，据说杨公忌时做任何事情都是不吉利的，当然也包括出行。杨公忌共有十三天，即正月十三、二月十一、三月初九、四月初七、五月初五、六月初三、七月初一和二十九、八月二十七、九月二十五、十月二十三、十一月二十一、十二月十九。小河地区发现的通书《正一雷查期通书全册》中还记载了最忌讳出行的黄沙日：“正四七月逢午日，二五八十一月逢寅日，三六九十二月逢子日。但凡出外犯黄沙，人乞财散不归家。”②

三、出行的准备和预兆

黄龙地区的人们相信，出行的准备工作非常重要，出门前发生的事情可能会是出行顺利与否的先兆。

---

① 向红笳：《喜马拉雅的人和神》，青海人民出版社 2004 年，第 40—43 页。

② 感谢小河乡刘应富先生提供的资料以及黄龙管理局毛明军、李庆忠和成都信息工程学院田晓膺的资料收集。

藏族人相信，在动身出行前要检查鞋带是否系好，如果没有的话，可能会有厄运。出行前准备好护身符——嘎乌和松可，随身佩带以保平安。如果你的脚跟发痒的话，那么应该尽快出门。在有人离开家远行时，人们不应该马上打扫房间，如果这样做的话，远行之人可能会遭遇不幸。在旅途中，发现尸体，是一个好兆头，预示着旅行顺利。

羌族在大年初五的时候要举行出行活动。出行的方向由人们在初二到初四期间，观察家里的牛头指向来决定。在出行途中，不能够用手去抓别人的马尾，这样是不吉利的。如果有人在出门时说了不吉利的话，可能也会给行路带来灾祸。如果出门时看到乌鸦乱叫，是不祥之兆。

回族似乎并不认为出行前发生的事情可以预示出行的状况。

汉族人在出行前也要准备好护身符，或是佛像的吊坠，或是平安符。开过光的物品也被认为有神秘的力量。人们相信这些东西能够保佑他们平安顺利。出门前忌讳说不吉利的话，否则可能会有不幸。如果人们出门不久发现忘记带东西了回来拿，一般会被认为是不吉利的象征，预示着要办的事情不顺利。

四、出行相关的神灵

黄龙地区大多数人相信，神灵无处不在，因此在出行的时候要格外小心，在经过神灵管辖的领域时应该拜祭神灵。

藏族在出行前要煨桑期望平安。在经过江河时，上船前煨桑祭水神。上船后往船头挂哈达、撒青稞，祈求水神能够让自己平安渡过。在翻山越岭的时候，藏族要祭祀山神。藏族认为每一座山都有山神，它们对自己的领地有着绝对的管辖权。山神可以呼风唤雨，可以控制天气，决定风调雨顺或者是灾害连连。人们的生活与山神息息相关。

而它又是非常容易动怒的，人们在经过崇山峻岭、悬崖峭壁时要小心翼翼，避免高声喧哗，以免触怒它们。这是为了对它们表示尊敬，并且希望得到它们的护佑，人们在羊肠小道通过的山口堆着大堆的石块，上面插着木棒、箭和长矛等木制武器，并且挂着彩色的经幡。每个行人经过的时候，都要下马来，在石堆上加上一块石头，如果没有石块的话，也可以放上头发、羊毛等东西，然后祈祷神灵保佑旅途平安，然后将龙达撒向天空。当然，在渡口和桥梁附近也有嘛呢堆，在路过时应该进行同样的仪式。

汉文化中，有一种祭祀行神的古礼。《礼记》中有：“王为群姓立七祀，曰司命，曰中霤，曰国门，曰国行，曰泰厉，曰户，曰灶。王自为立七祀。诸侯为国立五祀，曰司命，曰中霤，曰国门，曰国行，曰公厉。诸侯自为立五祀。大夫立三祀，曰族厉，曰门，曰行。适士立二祀，曰门，曰行。庶士，庶人，立一祀，或立户，或立灶。……行，主道路行作。”① 按照《礼记·月令》的说法，古代对行神的祭祀在冬天，到唐代时民间改在春秋祭祀。民间关于行神究竟是谁主要有以下两种说法，一说是修，《风俗通义》中有：“谨按：《礼传》：‘共工之子曰修，好远游，舟车所至，足迹所达，靡不穷览，故祀以为祖神。’”② 另外一说是累祖，《史记》中：“又崔浩云‘黄帝之子累祖，好远游而死于道，因以为行神’，亦不知其何据。”③ 但是无论是修还是累祖，今天在黄龙地区汉族人中都没有太大的影响了。这里的汉民更加希望得到土地公公、土地婆婆的保佑。在路边经常可以看到土地公公和土地婆婆端坐在土地庙中，行路的人们会停下脚步，给土地神跪拜，希望他们能保佑自己行路平安。在经过大山、湖泊的

① 《礼记》，阮元校：《十三经注疏》，中华书局1982年，第1590页。
② 王利器：《风俗通义校注》，中华书局1981年，第381页。
③ 司马迁：《史记》，中华书局1959年，第2095页。

时候，汉族总是忌讳说一些不吉利的话，甚至与不吉利的话双关或谐音的话也是避免说的。

当今交通日益发达，基础设施逐渐完善，相对于过去而言，如今的交通安全性非常高。过去因为交通条件恶劣给出行的人们带来的忐忑不安，期求神灵保佑旅途平安的心理发生了变化。由于出行不再是风险系数极高的事，人们出行很少会选择时间，也很少为出行做准备，出行前的预兆很少被人看重。人们自由地在自己方便的时候出行，因此有的出行民俗在悄然改变。

第三章　黄龙地区多民族的多彩人生仪礼俗

人生礼仪是民俗文化的重要内容之一。在漫长的历史长河中，它对风俗的凝结与人们日常生活的建构起着重要的作用。

第一节　人生寻踪：过渡礼仪与黄龙人生仪礼文化

人生百年，生命是如此短暂，每个个体生命都不过是漫漫历史长河中泛起的一点涟漪。而生命又是如此丰富，它要经历诞生、婴儿、童年、青少年、成年、中老年以及死亡等一系列不同的人生阶段，亦要遍尝人生的每一次悲欢离合与苦辣酸辛。正因为生命的短暂与丰富，人类才会以敬畏、信仰和真切的态度来对待生命，并将这种敬畏、信仰和真切外化为人生重要阶段上的特定仪式，以完成人生角色的转变和生命本身的意义。

这种借助一定的仪式象征形式，从一种状态进入到另一种状态的事件，阿诺尔德·范热内普以“过渡礼仪”（The Rites of Passage）

加以标识。"过渡礼仪"，又被称为"通过仪式"，是"伴随着每一次地点、状况、社会地位以及年龄的改变而举行的仪式"[①]。"过渡礼仪"的仪式过程分为三阶段论，即：分隔礼仪（Rites of Separation)、阈限或边缘礼仪（Rites of trantion)、聚合礼仪（Rites of Incorporation)，每一阶段均存在着特定的象征意义和文化内涵。分隔礼仪象征着与过去状态或旧身份的分离；阈限或边缘礼仪代表着既不在原有状态又未被新团体所接纳，既不在过去又不在未来，非此非彼的无限定状态；聚合礼仪时个人以新的身份进入新的状态，实现人生角色的转换。这种划分不但包括时空意义，而且也包含社会和心理上的过渡意义。因此，范热内普进一步指出，分隔礼仪又可称阈限前礼仪，边缘礼仪可称阈限礼仪，而聚合礼仪则可称为阈后礼仪。此模式目前已成民俗学的一个根本理论[②]。

"生命过程中的通过仪式是为了个人生命的危机时刻而设并与之相伴的，这些生命的重要关口就是指出生、成年、结婚、死亡几个时刻。这些关键时刻必须通过一定仪式才能安全渡过"[③]，这是"过渡礼仪"的一种，即"人生仪礼"。在我国，大多数民俗学者通常把"过渡礼仪"与"人生仪礼"混用，并把围绕着"生、冠、婚、丧"四个人生重要生命环节或关键时段而进行的种种民俗活动均称之为"人生仪礼"。当然，范热内普"过渡礼仪"所涉略的范围和包含的多层次性不仅仅局限于"人生仪礼"，从其著作《过渡礼仪》一书的全名《过渡礼仪：门与门坎、待客、收养、怀孕与分娩、诞生、童年、

---

① ［法］阿诺尔德. 范热内普：《过渡礼仪》，张举文译，北京：商务印书馆 2010 年，第 3 页。

② ［法］阿诺尔德. 范热内普：《过渡礼仪》，张举文译，北京：商务印书馆 2010 年，第 3—9 页。

③ 郭于华：《死的困扰与生的执著——中国民间丧葬仪礼与传统生死观》，中国人民大学出版社 1992 年，第 31 页；

青春期、成人、接受神职、加冕、订婚与结婚、丧葬等礼仪系统之研究》，我们便可窥知一二。

就个人生活仪礼本身而言，一个人从出生到死亡不仅表现为个体生命随岁月的嬗变而发生种种生理变化，家庭、宗族、组织等一系列社会因素对个体的社会角色的规约与认同也不可或缺地伴随在人不同阶段的仪式转换与身份确认之中。因此，任何存在于社会中的人，在他的生命活跃期间，都具有社会意义，其从生到死的各个生命环节自然要与他所生活的社会民俗紧密相连，并形成一系列复杂的社会民俗事象。

人生仪礼是文化的产物，它因民族、社会、历史等因素的不同而不同，没有人生仪礼的社会是不存在的。古今中外概莫能外。

中国传统社会沿袭已久的众多仪式来源于久远的先民。他们在面对给予自己生命保障的天地万物时，用无比虔诚和敬仰的感情构筑了种种充满意义与象征的活动仪式。象征内涵与符号意义只为行动中的人所知，并直接参与或促成社会行动，而行动中的主体又随时随地赋予旧符号以新意义。这种意义的建构具有一定的主观性，随着时间的推移，远古先民构建的系列人生仪礼意义或已内化为大众生活的一种程式化习惯，或许多数民众只知其然而不知其所以然。有些蕴涵着神奇意味的仪式，即使我们多番解读亦不能了解其仪式的原初的意义了。

人生仪礼的每个重要阶段都发生于人生命历程的关键转折点上，是一种“超常态行为”，具有文化行为与符号展演的程式性、象征性及可重复性。

在一次次重复的仪式行为展演中，人生仪礼的参与者经由分离、边缘、聚合等阶段逐渐进入另一个状态世界，用出生—成长—死亡—再生这样一套生命轮回的行为仪式符号，使生存世界与想象世界得以交融，从而在人的真实感中制造出独特的转化。社会观念、民族文化、精神信仰等内在的文化形态在仪式体验中得以潜移默化地印证与加强，并使民族历史与聚落情感牢牢地印刻在仪式参与者心中。

文化是动态的，随着社会文化的嬗变，古老的人生仪礼文化也必然会变迁。不过，现代民间沿袭的“人生仪礼”形式依然聚焦在诞生、成年、婚礼、丧葬等几个重要阶段；即使是法制化后的现代行政社会，也要履行各种法定程序：出生得去出生登记，成年需办身份证，结婚要有结婚登记，死亡还得去相关部门“销户口”。这样的程序不仅是现代国家的法制要求，也意味着用极简的象征仪式去获得整个社会法定身份的认可，这实质是“人生仪礼”在当代社会的极度简化与变形。

作为民族文化区，黄龙自古便处在川西北高原南来北往的交通大动脉和多民族迁徙流动的边缘之地。独特的高原地理气候环境，漫长的多民族、多族群迁徙，多元文化的交融与冲突，多民族杂居的社会结构等多元要素逐渐形成了黄龙地域文化的边缘特征。所谓边缘，乃是相对于中心和主流而言。相对于地理文化空间主体的藏文化和华夏大陆连绵型中心型文化，黄龙既是华夏农耕文化向高原游牧文化传播发展的过渡边缘，又是高原游牧文化数次主动向东转移传播的文化交融边缘。因此，黄龙文化极具边缘性。边缘文化既指物质形态的地域边界、族群边界和生态边界，又指非物质文化形态的边缘，还包含各文化之间的交叉与延伸。在华夏文化与藏文化的边缘，黄龙地区获得了一种多民族文化共生、交流与激荡的空间。在黄龙地区的文化积淀层中，藏族、羌族、回族以及历史上的古氐羌、古西南夷等多个少数民族都拥有自己的民族语言与民族思维习惯，有着鲜明的民族生活方式与本民族文明传递方式，这些都对黄龙地区文化的形成作出过独特贡献，都将本民族文化融入黄龙地域文化的整体之中。也许，正是这样的文化边缘状态，才带来了黄龙地区多民族共生、多宗教共存、多文化交流沟通的机遇和可能。

作为黄龙地区民俗文化的重要组成部分，人生仪礼的多民族的多样性及其交叉交融是其特点。当地谚语："一条沟，一种话"，"隔河不同服，隔山不同装"，"一山一文，一沟一寺，一坝一节"等深刻地反映了黄龙民俗文化的多样性、复合性与丰富性。历史用特别的方式在这片土地上演进时，留下了杂陈的特殊足迹。从人文自然景观到生活于其上的人们之穿戴、言行、人生仪礼均呈现出一种杂陈痕迹。黄龙地区的人生仪礼既继承各民族的民俗传统，也随具体的时空进行历史的创新和民族文化间的交叉融会，并成为黄龙地区民俗的一个亮点。

人生仪礼与观念信仰密不可分，观念信仰在整个人生仪礼及民俗生活中具有强大的生命力与聚合力。如果没有民间信仰，黄龙藏、回、羌、汉等各族人民在诞生、成年、婚姻、丧葬等重要的人生仪礼过程中就不可能呈现出丰富多姿的信仰仪式状态，依附于其间的民族民俗文化亦会丧失其存在的展演文化空间。在黄龙，宗教与信仰是凸显民族性的重要途径。对于宗教与自己所生存的信仰文化环境的理解和表达是黄龙民俗心理与精神向度的重要组成部分。循查史迹，黄龙以藏族佛教、苯教以及原始巫教信仰最为发达，道教、汉传佛教、儒学以及其他宗教信仰形式亦不同程度地同时并存于这个文化空间，它们对黄龙各个时代的民族、民俗生活产生了深远影响并不断地在民族、民系差异性和多元性之间拓展黄龙地区的文化精神空间，塑造着黄龙多元的地理文化性格。因此，黄龙地区的人生仪礼文化既有社会特征，又有信仰特征，是黄龙民俗文化一个精彩的侧面。

随着黄龙名胜风景区在被联合国列入《世界自然遗产名录》，越来越多的国内外眼光开始关注黄龙文化区域内的多民族族群，也有越来越多的黄龙普通民众开始通过多种传媒，了解世界。黄龙的民俗风情与传统文化正在被重新“发现”，族群与地域文化认同正在被加强，其人生仪礼文化不断组合、渗透、涵化，融注着黄龙各民族对自然界的各种感悟及人生思考，体现出一定的多元性、多样性、地域性、分层性、民族性和边缘性等文化特征，形成独特而浓郁的风貌。

第二节　雅称金线浴凤滁：出生仪礼俗

出生仪礼，又称诞生礼仪，是人生仪礼的开端之礼，是人从所谓“彼世”到达“此世”时必须举行的一种仪礼，在人生诸礼仪中占有重要的位置。它标志着一个鲜活的新生命的诞生，在不断向人们传递生命信息的同时也标志着人的社会性的第一次确定。

其实，出生并不是一个人自然生命的开始，早在父母精卵结合之际，作为物种个体的自然生命便开始了。但纵览古今中外，大多数民俗文化都只将新生命呱呱坠地的那一刻看成是一个人生命的开始。我国相关法规也把婴儿出生后的第一次呼吸视为个体生命的开始。

“天地之大德曰生”[①]，生育是人们永恒的话题。出生仪礼暗寓着民族生命信仰，它像一条永恒的法则，世界上每一个古老民族几乎都传承着一系列与新生命孕育、诞生息息相关的民俗事象和礼仪规范。在长期的历史衍变中，因不同民族地理生存环境和文化背景的差异，各民族出生礼仪都表现出自身强烈的地域特色和民族民俗风貌，折射出民众对生命、种族的繁衍以及生命价值的诸多认识。

文化是稳定的，同时又是变化的。出生仪礼俗广泛存在于黄龙地

① 《周易正义》卷第八之“系辞下”，北京大学出版社 1999 年，第 297 页。

区各民族的生活中，因地域、社会环境的差异及与民族文化间的碰撞、渗透，出生仪礼俗既有差异，又因藏、羌、回、汉等多民族文化因素而丰富多彩。面对新生儿石破天惊的一声啼哭，人们不仅是心怀喜悦，而且还有对脆弱新生命的生存担忧、前程期许，以及迎逐生命的惊愕与张皇和面对冥冥不可知世界的惶恐。所有这些情绪，人们都能在信仰与仪式中找到希望与慰解。

从严格意义上来说，祈祷有子、祝福有孕的习俗从新婚伊始就拉开了帷幕。不过，按民俗学家的通识，出生礼仪以时间延续划分，通常包括孕前求子仪式、孕期与生产习俗、产后庆贺生子三大部分，具体的民俗事象有求子、孕育、分娩、命名、坐月、喂养、教养等诸多内容。

一、载生载育：祈育风俗

关注生命，是人类的共性。而黄龙地区的各民族是一个热爱生命的民族大群体，对生命的礼赞和关怀始终融汇在人生仪礼文化的内涵之中。几乎每一个民族均不同程度地存留着形式各异的祈育之风，以期通过种种祈育习俗来传达他们对生命的期待与重视并最终实现其生息繁衍、血脉延续、生命转换、生生不息的祈盼。

《周易》曰："生生之谓易。"[①] 藏民族提倡一切有情终生皆平等，"没有任何地方是我不曾住过的，也没有任何生物的肚子不曾孕育过我"；回族穆斯林强调："天地代主育物，父母代主育人。"[②] 面对生儿育女，"凡所生者，皆真主之所命也。或男或女，或聪或拙，无非

① 《周易正义》卷第七之"系辞上"，北京大学出版社1999年，第271页。
② ［清］刘智：《天方典礼》，张嘉宾、都永浩校，天津古籍出版社1988年，第123页。

真主所与，惟承顺真主之命而爱育之”[①]。祈育习俗不仅贯穿出生礼仪的整个过程，而且远远地超越了这一过程，前后推移，形成了一个很长的连续性体系。为了迎接新生命的诞生，从男女结婚的开始甚至婚前，祈求子嗣繁衍的愿望就开始影响男女的普通生活了。

古语云："门前车马非为贵，家有子孙不算贫。"祈育是出生仪礼俗中的一个重要的部分，也是持续时间较为久远、含有某种巫术意义的民间信仰仪式发展为民俗文化形式的代表。古时，生育也是神圣而神秘的现象。受地理位置、自然条件、宗教信仰与民俗心态等综合性因素之影响，黄龙地区产生了适应本地域文化生态环境的种种祈育仪式，并渐渐演变成今天我们看到的祈育风俗。祈育习俗通常分为生殖崇拜类祈育和神灵崇拜类祈育。无论基于哪种祈育方式，其目的均为祈求一种人格化的超自然力量使女性生育、子孙繁衍，因此，黄龙各民族的祈育习俗通常与宗教或巫术紧密相联，表现为一种巫术仪式，或巫文化意识，甚至不少祈育习俗直接就是宗教（或巫术）活动的一部分。

昔日黄龙的医疗卫生服务条件比较落后，没有今天的"不孕不育症医院"，更没有试管婴儿等医疗技术手段。久婚未孕的女性，唯一的办法就是借助种种方法，向超自然的神力祈育。由于黄龙地区多民族、多信仰、多宗教派系之故，所以寺庙林立，宗教色彩极为浓厚。而黄龙民间的各族民间信仰更是一个多元文化的叠合体。自然崇拜、祖先崇拜、鬼神崇拜一直在民间或隐或显地流传，这些超自然力的巫文化信仰因子叠合表现在祈育风俗上就是向形形色色的神或灵物祈育。黄龙地区的祈育仪礼集合着民族民间文化根深蒂固的深层观念，

---

① ［清］刘智：《天方典礼》，张嘉宾、都永浩校，天津古籍出版社1988年，第123页。

表现形式多样，信仰内容繁杂，朝拜对象各异，展现着各民族民众蕴涵在民间仪礼深层结构中的理想探寻和精神追求。

在黄龙，主司或兼管生育、有名或不知名的神灵很多，较知名的如专司生育的白石神、三星娘娘、观音菩萨、送子娘娘、百子娘娘、千子娘娘、引母娘娘、慈航真人等。而他们实施祈育行为的方式也多种多样：或朝拜崇山峻岭；或到庙宇烧香许愿、去龙安庙“拴娃娃”；或祭祀神山神林神木；或通过巫师祛邪施药；或祈求专职生育的角角神；或转雪宝顶还愿；或赴洗身洞沐浴求子；或通过婚礼撒米、撒帐、滚床、压床等祝吉；或念唱嘛呢经；或赶“黄龙会”求童子许愿；或大年初一“拾元宝”；或舞狮、舞龙吐“红宝”等等。

随着社会变迁，当代黄龙的祈育出现了新趋势：年轻夫妻若婚后久不生育，通常会去镇或区里的医院检查，求助医生，同时，对家里、庙里的各种送子类神灵，老人们也是照旧拜祭的。他们的观点是“知道迷信，但宁信其有不信其无”。

祈育习俗在黄龙地区，虽由各宗教文化、民间信仰濡染，各民族的祈育习俗无论是祈求神灵、生殖崇拜、还是求祖先庇护，但都包含祈求者需要有某些善“愿”，以“善”求子的倾向是很明显的。比如，无子的祈求者往往会积极地去实践自己的“善愿”，修桥铺路、捐香油钱、救济穷困人士、节约粮食等，为社会和神灵作出自己的贡献，希望得到神灵的恩典，将孩子“送”来。这其中表现出对善行的追求，对善心的向往，在客观上对黄龙地区民风向善和淳朴有所推促。

随着时代的发展，医疗水平的提高，即使在最偏远的村寨，很多黄龙历史上广泛存在的祈育风俗有了重大变化，有的甚至在现实生活中已经难觅踪迹。“中国民俗大全”曾记载：羌族妇女常于三月二十日带着香蜡纸钱，到附近娘娘庙赶“娘娘会”，拜“三星娘娘”，意在祈育或祈祷三星娘娘保佑妇女儿童平安幸福。从文献记载看，拜“三星娘娘”多少有些受汉族风俗影响的成分，但羌族女性天神、山神在其中也必作为民间信仰崇拜的基础。今天我们在羌族山神祭祀中还能隐隐窥见天上女神保佑生育繁衍的功能。黄龙小姓埃溪五寨的“恰巴尕让”（音译）便是女山神。“恰巴尕让”除了是埃溪五寨的女性保护神，还是具有赐予生育功能的神。每年农历五月底左右的“转山会”，该山神均为五寨羌族女性单独祭祀之神灵。“恰巴尕让”上有一石头堆砌的塔子，女性有什么愿望与祈求便可以通过它向“恰巴尕让”祈祷。

在民族发展的历程中，不同时代的祈育风俗并没有随着时代的变迁而彻底消失，而是通过多民族多文化的选择、转换和重新阐释后，凝结、沉淀、层累、整合与叠合到民间趋吉祛害的民俗心理之中，甚至转化为一种纯粹装饰的视觉符号或民间俗语大量出现在我们的生活中。作为一种消隐了最初信仰意义的文化符号，吉祥图案积淀着大量祈育祝福的视觉形态。无论是“连生贵子”、“榴开百子”、“鱼腹多子”、“瓜瓞绵绵”、“右旋海螺”、“宝瓶荷花”、“牡丹花瓶”、“龙凤呈祥”、“龙虎交会”、“鸟鱼和合”等装饰图案，还是“麒麟送子”、“观音送子”、“张仙送子”、“老鼠偷白菜”、“茶壶与扣碗”、“雪山狮子送瑞”等图解形式，都将原始巫术思维的形象性特征展露无余，都运用象征的方式来思维并表达了一个共同的主题——繁衍生殖、子孙满堂。

纹饰作为图形符号，本身是不带有情感的，但以有生命的花草、动物和自然万物的图形符号来代替诸如线条、黑白、明暗变化等没有生命的装饰形式，是民众对生命、生殖的期望和对吉祥、如意的祈求以及强烈生命意识的反映。“所有纹样原来设想出来都是作为象征符号的——尽管它们在历史发展的过程中已经消失”①。

从古至今，我们会在民间俗语俚语中发现不少暗含生殖崇拜和生育期盼的隐义词汇。如在中国语言中，鸟—鸟作为阳的符号，实际从上古语言开始即已成为男根的隐语；中国古文字的“卵”字亦源于男根之形。古人发现鸟类先产下卵，再由卵孵出小鸟，期间需要一定时间。这使他们联想到男性也有两个“卵”（睾丸），男女结合以及分娩时婴儿有胎胞，且需要一定的时间。男性只有两个“卵”，而鸟不仅生卵，并且数目更多，因此，按照交感巫术的原理，远古先民遂将鸟做为男根的象征，顶礼崇拜，以祈求生殖繁盛。在黄龙地区，民间俗称男根为“鸟”、“鸡巴”，称睾丸为“蛋”，并将小孩的生殖器叫作“鸡鸡”、“雀雀”，此即以鸟象征男根。

当然，原始初民的“鸟”崇拜最早与母系氏族社会对“大母神”的生命、生殖崇拜有关，而鸟与男根之间划上等号应该是父系氏族社会的产物。在藏族家喻户晓的格萨尔史诗传唱中，有这样的记述：“沟脑飞出一只鸟，什巴太初是它名；沟口飞出一只鸟，什巴无极是它名；太初无极造鸟窝，生下十八颗鸟卵。……三颗螺卵去上界，上方神界形成做基础；三颗金卵去中界，中空念界形成做基础；三颗松石卵滚下方，下部龙界形成做基础；六颗鸟卵滚人间，形成藏人六大族。”② 这是藏族先民对天地人类、世间万物起源的三界卵生认识。“卵生”、“卵状宇宙”是先民对太阳的一种隐喻，远古先民之所以崇拜太阳，那是因为太阳滋养万物与光芒万丈的神奇伟力。而在上古羌戎部族的仰韶文化彩陶图案“金乌负日”的变化中，我们可以发现“鸟”这一生殖信仰文化的衍变：早期“负日”的“金乌”为两足

① ［英］贡布里希：《秩序感》，杨思梁、徐一维译，浙江摄影出版社 1987 年，第 376 页。

② 王沂暖译：《格萨尔王传》，甘肃人民出版社 1985 年，第 171 页。

“金乌”，而后期则为三足金乌，“我们推想，比较合理的解释或许是，‘二足金乌’是女鸟神、女太阳神，用《尔雅·释鸟》的说法，就是‘雌皇’；‘三足金乌’才是仰韶先民的男根、男性、男神，也就是最近几千年中国人熟悉的许许多多的先祖神”①。在山东肥城出土的东汉郭巨祠石刻画像上，其“日鸟合体”图案中的鸟头便为女像人头。在黄龙地区小姓羌寨，至今尚有太阳神为女性的说法。由此可见，初民最初对鸟的尊崇源于对女性的崇拜，进入父系氏族社会以后，鸟才与男性生殖崇拜联系在了一起，此二者统一的心理认知则均意味生命繁衍。

1. 洗身洞·祈育·母体崇拜

在黄龙景区，有一个亿万年前古冰川的天然洞口，洞高约 1 米、宽 1.5 米，它隐身于世界最长的钙华沉积岩塌陷山壁之中，洞内遍布各种浅黄色、乳白色钟乳石，形象各异，姿态万千。相传，此洞乃黄龙真人一洗红尘、羽化飞仙之处，亦是苯教高僧达拉门巴涤除俗垢、面壁参禅之圣地。洞以圣迹名，故曰“洗身洞”。亿万年的潜滋暗长，缝隙瀑痕的滑落珠水，大自然的巧夺天工令人遐想；仙人飞炼煮钟乳，面壁佛子成菩提。朦胧的宗教传说积淀了历史与民俗的多维效应。在黄龙地区，民间俗信“洗身洞”具有净身、疗病及满足生孕之奇效。年年黄龙会，来此沐浴祈育的女性络绎不绝。

在上古，祈育与原始人的生殖力崇拜、生命力崇拜紧密联系，作为人类特有的一种精神文化，它经历了漫长的女神崇拜、女阴崇拜到男根崇拜的历史文化时期，以不同的表现形式，对人类产生深远的影响。有时，女阴崇拜和男根崇拜同时存在。生殖崇拜是原始初民精神结构的重要内涵之一，是他们珍爱生命、抗拒死亡的生存斗争，也是

① 吴天明：《中国神话研究》，中央编译出版社 2003 年，第 218 页。

一个交叉性很强、覆盖面很广的文化现象。从某种角度看，人类的历史就是一“种”繁衍的历史。先民们强烈的生命渴望与人类文化史上的自然生殖崇拜，“大母神”崇拜，男性生殖崇拜等信仰形式紧密结合，水乳交融，从而形成一系列的风俗与观念文化，并有力地支配着一代又一代人。

在这里我们要明确一个概念——生殖崇拜。生殖崇拜是人类对自身繁衍的崇拜，是对母性的崇拜，它和性崇拜有本质的区别——尽管生殖崇拜和性崇拜几乎是同时产生。性崇拜张扬的是性结合和性快乐的欲望和动机，多表现或隐喻两性交媾场面。比如印度卡朱拉霍神庙以近乎圆雕的高浮雕形式，描绘了一组组正沉湎于性之疯狂与快乐中的人物与动物，上演着一场狂欢的性交仪式。而生殖崇拜凸显的是人类繁衍的强烈愿望。

荣格认为：“石洞可能是大地母亲子宫的象征，成为转变和再生可以出现的神秘地方。”[①] 从这个意义上说，黄龙的“洗身洞”，正是外形硕大、内部中空的母体子宫象征。而水可以滋养万物，天地万物和人类繁衍本源于水。在远古人类万物有灵的直观联想中，洞穴是大地之母的女阴，从洞穴中汩汩而出的水，是大地之母氤氲天地、化育生命的神力递嬗。因此，水在文化象征中，便成了人类与自然界的一种神圣的通感交往，常常是母体生殖的代名词。洞穴之“水”并非普通之水，而是繁衍后代的生命之水，是生命源泉之所在，特定的洞穴、灵泉、神井、圣河的水，也因此升华为具有神奇祈育功效的净泉。

在中国传统文化尤其是道教文化中，司水之神颇多女性如湘江二妃、白水素女、洛水宓妃等。《淮南子·天文训》曰：“积阴之寒气为

---

① ［瑞士］荣格：《人类及其象征》，辽宁教育出版社 1988 年，第 277 页。

水，水气之精者为月。”[①]《白虎通·五行》亦云：“水位在北方，北方者阴气。”[②] 这是先民对水直观的生命感受与生存智慧沉淀。老子曰：“天下柔弱莫过于水。”[③] 由于具有相同的审美特性，女性和水便产生了美学上的直觉联系，用水象征女性及女性生殖、生命力量则显得贴切而深刻。

因此，在伴有瀑布流水的黄龙钙华“洗身洞”乞求身孕，正是远古洞穴母体生殖崇拜的一种古俗孑遗与文化延续。虽然父权制文明取代母系时代已经几千年了，但是意识形态的信仰文化延续千年而不改的强大生命力仍然可以让我们从黄龙“洗身洞”祈育中感受远古乃至史前女性崇拜的虔诚与神圣。黄龙“洗身洞”母体崇拜是生殖崇拜的源头文化现象之一，是极其珍贵的民俗文化“活化石”。

人类有几百万年的洞穴文明史，对于洞穴母体的生殖崇拜早在人类群体演化的摸索中积淀成人类集体无意识的一种文化原型，在漫漫历史长河中迸射出文明之曙光，并以普遍意象模式根深蒂固地存在于人类世世代代的联想与幻想之中。中华文化亦不例外。老子云：“谷神不死，是谓玄牝；玄牝之门，是谓天地根。绵绵若存，用之不勤。”[④] “谷神”，有版本写为“浴神”。据学者考证，“浴谷”即“溪谷”、有水的谷地；谷，两山之间夹着的山谷，此取其空旷深幽之意。古人以不死为神，“谷神”象征了虚怀深藏、生生不息的化育功能。《淮南子》云：“丘陵为牡，溪谷为牝。”[⑤] 意思即丘陵高耸，为阳，象征男根；溪谷下虚，属阴，比拟女性生殖器。“牝”本意为雌性禽

---

① 何宁：《淮南子集释》，中华书局 1998 年，第 167 页。

② ［清］陈立：《白虎通疏证》卷四，中华书局 1994 年，第 107 页。

③ ［先秦］老子：《道德真经》，《道藏》第 11 册，北京文物、上海书店、天津古籍联合出版 2001 年，第 481 页。

④ ［先秦］老子：《道德真经》，《道藏》第 11 册，北京文物、上海书店、天津古籍联合出版 2001 年，第 474 页。

⑤ 何宁：《淮南子集释》，中华书局 1998 年，第 337 页。

兽的生殖器官。早期道教经典《老子想尔注》曰："牝，女像也。阴孔为门，死生之官也。"① "玄牝"乃直观取象，是幽深、模糊、神秘、微妙的大地母体象征，是女性不可思议、永不衰竭的生育力的象征。而"玄牝之门"则为产生生命的源头。"绵绵若存，用之不勤"，正是大地母体生生不息的神奇魔力。老子云："有物混成，先天地生，寂兮寥兮，独立不改，周行而不殆，可以为天下母。"② 这句话揭示了史前女性在人类社会中的初始性地位及其基本的存在功能。

在史前社会，崇拜女性的繁衍生殖能力，信仰母体孕育生命的神奇力量原本为自然而然之事，母体崇拜是史前人类社会普遍的文化现象。史前人类尚无能力认识男性在生殖中的作用，无论对人类生殖生育给予怎样或何种程度的解释，原始先民所见的最为直观最为具体的证据就是生命是从女性生殖器中诞生，他们以为生殖与繁育是女性独自完成的，因而女性在社会生活中受到特别的崇拜。一旦初民将这种母性生育能力与人类的永恒延续联系起来，母神崇拜也就自发地形成了。由此，对女阴和母体产生神秘和崇敬之感，乃至顶礼膜拜，是史前信仰文化的一大特点。"生殖之事，造化生生不已的大德，原始的人很早就认识，是原始文明所崇拜的最大一个原则；原始人为了表示这崇拜的心理，设有种种象征，其中主要的一个就是生殖器官本身。"③

在原始史前艺术最早的旧石器晚期遗址中，发现有不少丰乳、肥臀、大肚的"维纳斯"雕像，她们多出土于欧洲大陆。到目前为止，仅比利牛斯山脉到贝加尔湖畔这一广袤地区就发现了大约 140 多个旧

---

① 饶宗颐：《老子想尔注》，上海古籍出版社 1991 年，第 9 页。

② ［先秦］老子：《道德真经》，《道藏》第 11 册，北京文物、上海书店、天津古籍联合出版 2001 年，第 476 页。

③ ［英］霭理士：《性心理学》，潘光旦译，三联书店 2006 年，第 67 页。

石器时代的“维纳斯”雕像。关于这些雕像，学者们看法不一，但大抵与丰产和生殖观念有关，故又称其为“原母神”（The Great Mother）。学界认为，原母神是后代一切女神的终极原型，甚至还可能是一切神的起源。在两河流域距今约六千多年的出土文物中，生育女神伊士塔尔造像的腹部装饰有大量麦穗、椰枣果实等图案，这显然是史前先民把女性生殖与大地子宫类比等同的一种巫术仪式想象，目的是强化与希冀借助母体生命的强大力量。卡若遗址出土的新石器时代之双体兽形陶罐，出土时里面尚有碳化后的粮食。陶罐器型为两个硕大女性乳房形状，藏族先民这种赋予器物造型灵性的巫术思维，暗示着大母神强大的生产力，把食物种子装入其中，则意味着获得母神的保护，能生产出更多的粮食。与今人不同，“原始人的思维不把形象看成是纯粹的简单的形象；——对他来说，形象是与原本互渗的，而原本也是与形象互渗的，所以，拥有形象就意味着在一定程度上保证占有原本。”[①] 可见，史前女神像夸张的造型已不是纯然的自然形态，而是经过互渗思维与繁殖巫术贯注过的人为艺术符号。

从目前的考古发掘看，我国所有出土的母系氏族文化遗物，凡人面雕像或器物塑像，均为女性。从各地的母神造形看，女像整体造型混沌圆浑，身体各部分的比例及手、脚、五官、面部表情等细节表现简化、淡化甚至被剔除，直接以象征、隐喻、夸张、渲染等手法来强化与突出女性的生殖部位和性别特征，如乳房、臀部、阴部等。史前女陶像的造型特征，或为生命之门（阴户），或为生命之房（母腹）、或为生命之泉（乳房），表现出强烈的单纯化与抽象化倾向。我国甲骨文中“母”字，整体造型似一个跪坐的人形，字形表现则突出了乳房的外形特征，这其实也是女性形体造型的一种视觉抽象，是史前人

① ［法］列维·布留尔：《原始思维》，丁由译，商务印书馆 2007 年，第 222 页。

类繁衍欲求在视觉造型中的再现与传达；而建筑造型空间形式的命名词素“房”、“宫”、“户”则在一定程度上与母体崇拜的性征器官“乳房”、“子宫”、“阴户”存在着文化原型的同构关系和交感性联系。总之，由于女性史前文化中的基本功能与繁衍生命密切相联，母体崇拜实质上是对生命力量和生命创生的崇拜。史前女性视觉造型中丰满自足的形象，无一不彰显着原始人类对生命意识的张扬与对生殖繁衍的诉求。

据人类学研究可知，女性的神圣性的核心是生殖力，“在很早的时期，女人的生育能力就被视为一种神圣的力量，被一个受到赞美和感激的神所管理”①。目睹神奇的女性子宫不断地创造出鲜活的生命，原始先民赋予那些外形与子宫相仿、具有空间性和容纳性的圆形物体以生殖和繁衍的意义，进而崇拜一些形似女性生殖器或内涵相同的物体，如溪谷、葫芦、红莲、柳叶、桃叶、竹叶、花心等；并借女阴象征物来进行“顺势巫术”或“模拟巫术”的祈育、催生。中国民间称女子初夜为“破瓜”，由此可见，“瓜”象征女性身体并自然而然地具有了生育功能，这与史前“大母神”象征女性生育、繁殖的神格是一致的。

在黄龙地区圣山圣水中，有一处被誉为“第一神泉”的钦尼嘎摩圣泉，据苯教经典记载，此泉乃高僧松哇地曲用自身法力劈开岩缝、引来宝瓶圣水奔涌而出。圣泉之水，澄滢甘洌，大旱不涸，四时不竭。人们为纪念松哇地曲高僧开启圣泉之功，特以“松哇”命名该泉。生于斯、长于斯的各族人民常常在此洗净脸上污垢，他们相信圣泉具有祛病明目、延年益寿、保佑平安的灵力。因圣泉扁长狭缝酷肖女阴，当地亦有祈育的女性奉流泻而出的清洌泉水为“生命之水”，

① ［英］卡纳：《性崇拜》，方智弘译，湖南人民出版社1988年，第24页。

她们于此饮甘洌、洒龙达，祈求圣泉能赐予她们旺盛的生殖力与生命力。这样的习俗是通过交感作用使人获得像圣泉女阴生殖一样的生命能量与能力，也维系着民俗生命与远古巫术思维之间的神秘联系。所有这些关于水的仪式与信仰“主要是基于作为创造宇宙元素之一的水本身的神圣性，但又是具体地方的神圣显现，某种神圣降临到某个特定的水流或者泉水里面。这样一种具体地方的显现和附加在这些显现之上的宗教结构无关。水是流动的，它是‘活的’，它是运动的，它赋予灵感，它有疗效，它作出预言。正是因为本性，泉水和河流显示出力量、生命，生生不息；它们存在且有生命”[①]。水与洞是母体的象征，是生命的象征。

在中国母体生殖崇拜的文化原型中，葫芦意象在各民族发展历史中均有不同程度的呈现，是典型的母体崇拜象征物。葫芦乃一年生草本攀援植物，果实表面光滑，内中空而多籽，具有极强的生命力和适应力，而其外形形体颇像女性生殖器或岩洞，隐寓着人从母体诞生，以及人类早期穴居生活的深层意义。我国葫芦种植的历史悠久，植物生长的分布范围极广，考古学家曾在河姆渡遗址中发现葫芦，河南安阳的甲骨文中也出现过关于葫芦的最早文字记载，而民间大量关于葫芦的传说和记载，如葫芦生人、葫芦救世则生动地表现出葫芦与人类繁衍、母体生殖崇拜的关系。因此，在我国黄河流域的仰韶文化和马家窑文化以及岷江上游、杂谷脑河流域的新石器文化中，圆形葫芦造型的彩陶器物比比皆是，其典型造型的共同特点为：器形多为中轴旋转体、形体轮廓有徐缓变化的外弧线、造型骨架多以“C”或“S”形曲线呈现，几乎均保持圆形的基本特征，有些器物腹部向外作最大

① ［美］伊利亚德：《神圣的存在——比较宗教的范型》，晏可佳、姚蓓琴译，广西师范大学出版社 2008 年，第 188—189 页。

弧度的膨圆，近似球形。

随着时代发展，葫芦造型的彩陶器日益丰富，但基本上为球体的赓续。即器物造型在鼓腹圆体或半圆体的基础上，一部分横向发展成近球体扁平状的敞口器物，如盆、碗；另一部分则纵向拉长，形成长颈瓶、尖底瓶等。无论史前陶器的形体如何千变万化，其鼓腹似的造型形式依然有一种结构上的持续性，并持续地暗示着母体崇拜的信仰含义。

从史前陶器横向对比与纵向演变发展中，我们都能发现陶器造型发轫于圆体的踪迹。虽然，早期的圆形陶器并非绝对的浑圆，少数呈袋状或筒状如龙山文化出土的袋足陶鬶，但接近圆体或半圆体。器物纵向截面大体为圆形、半圆形、弧形、椭圆形，横向截面则多为圆形。在历史序列中，最初出现的是葫芦形人物造型的器物，如青海柳湾遗址出土的两件人头彩陶壶，器物腹部圆大臃肿，具有明显的裸体孕妇之体形特征。

在茂县、汶川、理县、松潘地区，曾陆续出土过一种具有典型意义的巨型双耳灰陶罐，年代从春秋战国延至秦、汉时期。岷江上游历来为南来北往的族群、族系迁徙、过往与停留的民族文化通道，族群历史存在状况相当复杂。大双耳陶罐的造型与西北甘、青、陕新石器后期齐家、寺洼、卡约等文化的“同类陶器有一定的历史渊源”[①]。出土于岷江上游的大双耳陶罐是否为今天生存于此的羌族先民所创造，考古学界尚无定论。有学者认为此文化遗留乃古氐羌族的分支冉族，即羌族在迁徙定居于岷江上游地区时遭遇的最大敌人——戈基人创造。即使与此类器物的创造者无直接的血缘关系，在历经多年的文

---

① 冯汉骥、童恩正：《中国西南地区石棺葬文化调查与发现》，四川大学出版社 2009 年，第 71 页。

化碰撞与民俗影响后，羌族与器物创造者也发生过直接或间接的文化联系。

在器物的外观造型上，此类器具多采用圆形球体造型，其长而宽的弯曲耳把从器物口沿弧转下接到圆鼓的器腹上，宛如一双手叉腰、自足安详的简化孕妇形象。有些陶器还在器腹表面装饰两组对称、半突起的宽带涡旋纹，像女性隆起硕大的乳房。这种具象或抽象裸体人像与圆腹器体的有机结合，清楚鲜明地传达了原始先民对生命与繁衍的观念和追求。

先民对圆形形塑的钟爱和对圆美的不断追逐来自他们母体崇拜意识中生生不息、循环不断的生命体验。在中华民族后来发展起来的文化思维中，“圆”成为一个植根于民族集体无意识深处的精神原型，“圆”之形塑落实到日用器物上，则成为中华民族生活世界中既庄严又亲切的“圆”美。可以说，圆形是造型艺术的基础，是史前人类造型经验的文化性实践及对母体生命张力的不辍追求。

原始先民烧黏土制作陶器的过程是互渗思维下对母体用血肉之躯和子宫生养子女这一行为的巫术模仿。他们制作的原始陶器是母体子宫的具象物和象征物，在原始先民看来，天地万物都是有生命和灵魂并且能相互感觉、相互渗透、相互置换的。葫芦易栽培，繁殖能力强，外形酷似大腹便便的孕妇躯体，因此，圆形葫芦与高高隆起的母腹在生命力和繁殖力上功能相通且可以同构互换。同理，创生万物的宇宙母体以可以和葫芦与人的母腹一样，用圆形的、有容乃大的陶器来代表和象征。取象造物、使用象征宇宙母体的彩陶器具是远古巫术祈育的重要实践，人们希望用象征宇宙母体器具盛水或食物，通过“吃”这个中介将宇宙母体创生万物的旺盛繁殖力传递给人类，并因此达到种族繁衍、生命不息的生殖愿望。远古先民基于万物有灵信仰上的巫术操作仪式，简言之，就是通过模仿来实现人们心中强烈的生殖与繁衍愿望。葫芦造型的各种生活器物如瓶、壶、罐、钵等实际上是女性旺盛生殖力的视觉传达语言，是母体崇拜的物化形态，是生命与生殖的象征符号。

在原始先民的巫术思维中，思维主体是自然对象的一部分，自然也是思维主体的延伸，宇宙万物和人相互感应，彼此影响，合为一体。基于互渗的思维方法，远古葫芦形器物把宇宙自然形态交融于一体，视人体自身为宇宙天体的合体，因此每一个器物都象征着一个孕育生命的完整宇宙母体。器物中心部位为母体子宫，口沿为笼盖四野之天，圈足为人类脚踩之大地，形成一个天、地、人上下通接、生生合一的完整宇宙母体符号。器物中空而硕大，器口向外敞开，正是母体生殖力量容纳一切，产生一切，无穷无尽，深不可测，神秘虚灵的崇拜象征。而史前母体生殖崇拜的视觉造型在中国传统花瓶、水缸、酒壶、耳杯等日常生活用具及民间美术中尚有大量遗存。较之圆形鼓腹陶器，始于 6000 多年前的新石器时代陶“匜”则更形象、逼真与强烈地象征了女阴，其口沿为“流”，流口便是尖桃核形的女性阴蒂之视觉造型，而“匜”为中华传统水器，水在特定环境寓意着女阴与地母阴户的润湿与滋养。从史前陶器到夏商周青铜器再到汉代漆器，“匜”一直是典型的华夏器物造型设计。直至今天，黄龙地区藏族宫廷青铜酒樽的樽口与藏、羌民间陶罐口沿依然保留了大量敞口造型。而中华史前不对称的三足陶鬲在造型设计上除便于平衡放置外，还是史前母体器物象征的遗留，具有生殖与多产的符号原型含义。其不对称三足的每个侧面，均为女性形体的抽象表达。随着器物的旋转，便会产生无数个女性形体，生生不息、永无终结，这正是史前多产与繁殖巫术在器物造型上的最好表达与功能强化。在岷江上游的理县曾发现一种国内罕见的三耳呈鼎立状的鼓腹灰陶罐，此器物从视觉造型的角度分析，属巨型双耳灰陶罐的衍变，或许是西北古文化流布到岷江上游后，川西北高原古代多族群、多族系特有的文化创造。

作为生殖崇拜的衍生和发展，后世有空洞容纳性的圆形物体比如山洞、岩石凹坑、凹陷地面、凹形物、湖泊、空心树、水井、泉眼、玉璧、钱币等均成为特定环境下女阴与地母阴户的象征与标志；有着类似于女性强大繁殖力的物种比如鱼、青蛙、瓜、石榴、桃、竹、桑、松、莲、柏等动植物也陆续进入人类女性生殖崇拜的视觉造型与文化象征视野，它们均被赋予神秘的母体生殖功能，表达了强烈的生殖祈求与巫术信仰力量。

母体崇拜是史前人类的共同信仰，以植物、花卉等象征母体性器官为中国各民族远古文化的一种普遍行为。先民绝非偶然为之，而是出于实践基础上的强烈生命感受与生存体验。远古先民们赖以为生的植物因其花瓣、叶片或树穴形似女阴，因此具备生殖器官的隐喻内涵；而植物死而复生、生而复死的生命循环和神奇的繁殖能力亦激发了先民对植物旺盛生命力及生养滋孕功能的膜拜。随着岁月嬗递，生殖（包括母体生殖崇拜与男性生殖崇拜）象征物逐渐衍生出“避邪”的文化涵义。“邪”，原意为野兽攻击的武器，远古时期，“邪”常常给初民的生命带来危害，甚至直接导致他们死亡。而象征生殖与繁衍的器物则代表着强大、坚韧的生命力量，唯有用生才能抵制死亡，因此，先民逐渐便用生殖象征物来驱除邪恶，避害趋吉。

在黄龙地区，羌族虽然没有单独的母体生殖崇拜仪式，但其一年一度的公众还愿大典祭场四周的神树林，便隐含了对女性生殖崇拜的文化意义。羌族“女人求子时，要于大典前上山砍回桦树枝，分别拿回家插在勒夏处和地隅香宿处。据说当年承办的会首特分得一枝两丫相连的树枝（一对雌雄）。该项活动的事象是要表明，凡插有占祥树枝的一方水土，一户人家已向神灵祷告并还了愿。而潜在的内涵是要把山中具有无限生命力、繁殖力的树之灵移到稼禾人畜之上。”[①] 羌族祭山会、家祭中常出现的柏枝、松枝以及枝叶状抽象符号的祭祀剪纸，无不是远古女性生殖崇拜在民俗文化中的残留与折射。四季常青的苍松翠柏巍然挺拔，其旺盛的生命力与强大的繁殖力，引起了远古先民对生命的神秘联想与无限崇拜。

黄龙地区的藏羌民众有崇奉松柏树的传统，小姓羌族认为柏树是极具灵性的，羌族释比经曰：“大地无行叙完了，柏树神灵叙一番，柏树神灵恩情厚，世间凡民不离它。解秽除秽不可少，柏香一燃神来到。”[②] 可见，羌族释比通常用柏香祭神灵，用刺柏占卜、祛邪等；藏族还多用松木、柏木做成宗教圣物。

黄龙地区小姓埃溪五寨，过去有每年五月底左右的祭拜山神的传统，其中有一仪式就是在山顶的塔子上插上大柏枝，上挂家中某人的名字等。小姓埃溪五寨昔日因瘟疫、迁徙等原因，现仅存三寨。五个村寨有各自单独祭祀的山神，也有共同祭祀的山神。三个村寨共同祭祀的山神名曰“格日囊措”（音译），再大范围的山神便是黄龙地区各民族共同尊奉的雪宝顶山。其中，“恰巴尕让”（音译）是只能女性祭祀的女山神。不同的山神有各自不同的地理管辖范围，每个村寨祭祀山神的日期各有不同，有些祭祀日期是固定的，有些则由各寨自己决定什么时间祭祀，但多安排在春夏之交的五月底六月上旬举行。有时，每个村寨独立的家庭或个人也会因种种原因单独来祭祀山神，以求得到山神的保佑，此祭祀时间不定。不是每年都必须亲自去祭祀每一个山神，有时可能只是选择其中的一两个去参加。

---

① 汪青玉：《羌族的祭坛、神树及其信仰观》，《中南民族学院学报》，1993 年第 3 期，第 34 页。

② 《羌族释比（许）文化》，四川省政协茂县民族宗教文史委员会文史专辑内部刊物 1995 年，第 51 页。

在黄龙地区，羌族山神的象征物是矗立于陡峭山脊上的石塔子，塔子的基本形制是由石块堆积成一米多高的锥形体石堆，中插柏枝（在调研中，虽当地羌族人家都称其为“枝”，在我看来，它更像是“杆”——树杆，至少也应该是“棒”——树棒）。塔子具有神圣的宗教象征意义，因此，插于塔子中的柏枝亦隐含了相当丰富的信仰符码。近年来，由于常去塔子前祭祀“恰巴尕让”的女性渐渐老去，让她们再扛着大柏枝登上高高的神山实在有些吃力，于是，很多人选择比较轻便的柳树枝代替。虽然载体改变了，但作为文化意象的本体却基本存在。柳，在我国亦有女性繁殖和生命昌盛的文化意象。不过，现代羌族年轻人祭祀山神更突出其文化意义而非神圣的宗教内涵。对羌族年轻人而言，每年祭祀山神的日期就像一个节日，一个可以热闹地和大家一起欢乐的节日。

羌族在祭祀山神的同时，也祭祀了“天神”、“地神”、“社神”、“树神”等，在一定程度上表现了羌族信仰文化的多源性与复合性。“松唯灵木”、“受命于地，唯松柏独正”等形容松柏的话语，传达了先民对松柏与土地之间存在的一种朴素关系的认识。由地而山，由山而树，松柏树是“受命于地”的杰作，大地母体的繁殖能力通过滋养与交感渗透到了松柏的植物体上。他们与松柏、高山、孕育生命的母体在宇宙天体下涵融成一体，故而，松柏本身的灵性、特性便成为远古先民将之作为母体繁殖的“神树”来崇拜。

史前时代，先民认为万物有灵，因为植物随着季节的流转，黄了又绿，绿了又黄，周而复始。于是远古初民把他们当成了“生—死—再生”的象征，并构成生命继而不衰、死而再生的文化图像符号。或许因为对树灵的崇信，黄龙藏民族除采摘柏树枝叶用作煨桑外，鲜有人砍伐树木，尤其是柏树。当地藏人认为人与树的灵魂可以相互寄托，也可以相互转化，因此藏人多不愿意当木匠，迄今为止，黄龙地区的木匠主要是安岳、遂宁、乐至等地移民或流动做工的汉族匠人。

如今，对于大部分早已跨入文明时代的民族，对于已经掌握“试管婴儿”技术、“克隆”技术的人们来说，当科技完全揭开生殖甚至控制生殖的时候，原始生殖崇拜早已成为千百年以前的神话。但初民们的这种原始精神意识，与现代文明仍有着千丝万缕的联系，母体崇拜意识的记忆仍然潜藏在民族文化的深处。中国古代，母体崇拜在华夏文化意识形态中始终占据着重要位置。老庄古道家、秦汉黄老道家乃至汉魏产生的道教，思想上继承、阐释和再造了上古母体生殖崇拜与女性文化，形成了中国传统文化大系统中特有的“尚阴”一系，其特征即道家、道教一系的“上善若水”的审美心理。黄龙地区各民族崇奉的圣洞、灵泉、仙湖、神木、巨柏很多，由于多元文化、多元信仰的多层复合与涵化，女性生殖与母体崇拜的最初含义也许已模糊不清，但在黄龙民间，作为一种文化符号，它们以巫术化、程式化的仪式或日常风俗习惯，仍然大量地保存在民风、民俗这样的民族集体无意识之中，绵延至今。

2. **白石·求子·生殖崇拜**

石头是自然生成物，坚硬持久。沧海桑田，天荒地老，石头却自巍然不动。一块兀然耸立于平川的奇石，一座峭奇陡拔的危峰，总会让人生出几丝遐想与敬畏。在人类的“童年时期”，几乎每一种文明都产生过巨石崇拜与石灵信仰。

在川西高原岷山汶水的高峡深谷中，散落着一个古老民族的众多分支族系，他们自称“尔苏”、“日麦”、“鲁日”、“尔玛”、“麦”等，而在我们国家56个民族中，他们被统称为“羌”。羌族，长年生活在汶川岷水之间的大山中，有语言而无文字，所有的民族记忆全靠代代相承的口传系统，以及汉文、西夏文古籍相关的寥寥记载。自古以来，黄龙羌族多居住于高山阻阨、峻岩拱列、蛮林蔽日、滩急路陡、交通不便的深峡高谷地区。相比于居住在自然条件较好的其他民族，生活的艰难反映在羌民族的精神领域便呈现出鲜明的特点，即强烈的生命意识与执著的泛灵信仰。这是由其生存的生态文化空间与民族文化心理所决定的。在松潘热务沟河谷小姓羌寨的多声部“力莎”中，活态流传着古羌人对石头的远古创世记忆：

往古，往古，更往古，
世界有天和地。
第一代人生在天地间，
他两臂一伸，
一庹，一庹，
身高有九庹，
他指间一握，
一掐，一掐，
乳房有九掐……
那代的地壳用什么装？
那代的地壳木头装。
地壳木头装来怎么样？
地下野火熊熊燃，
木头地壳被火烧。
地壳被火烧后怎么样？
天翻地覆，第一代人消失了。

很久，很久，过了很久，
世界有天和地。
第二代人生在天地间，

他两臂一伸，
一庹，一庹，
身高有三庹，
他指间一握，
一掐，一掐，
乳房有三掐……
那代的地壳用什么装？
那代的地壳铁来装。
地壳用铁装来怎么样？
地下锈生迹斑斑，
铁装地壳腐蚀掉。
地壳被腐蚀后怎么样？
天摇地转，第二代人消失了。

很久，很久，又过了很久，
世界有天和地。
第三代人生在天地间，
他两臂一伸，
身高有一庹，
他指间一握，
乳房有一掐……
那代的地壳用什么装？
那代的地壳岩石装。
地壳岩石装来怎么样？
地下岩石坚嶙嶙，
岩石地壳稳定了。

地壳稳定后怎么样？

天地茫茫，第三代人生存下来了。[①]

神话和历史都是开天辟地后的事，所以神话的开头是创世。“庹”、“掐”均为羌族传统的度量衡标准。“庹”，以成人两臂左右伸直的长度为一个单位标准；“掐”，以拇指和另一指的指尖相对为一个单位标准。在羌族代代相传、口口相诵的“力莎”中，远古人类曾多次被毁灭，野火燃烧、天翻地覆，如此险恶的生存环境使羌族先民在人类创世之初就对坚硬嶙峋的岩石情有独钟。以岩石安装地壳不是他们粉饰和掩盖现实苦难的虚妄幻想，而是融注了羌族先民对严酷现实的思考与征服自然、安居乐业的深切愿望。出于生存和发展的需要，羌族先民渴望了解和征服世界，于是便借助带有强烈情感色彩的岩石联想、比附，创造出符合族群心理的神话来。神话时代积累于羌族先民头脑中的岩石是带着强烈情感的表象，以集体无意识的形态沉淀在民族集体意识的最底层。这就是羌族先民岩石般坚韧不屈的文化性格。环境愈险恶，生存愈艰难，生命意识愈强烈，生存能力愈强悍，唯其如此才会有一个古老族群的世代传递及历史更迭，这是山地民族共有的特点。有宗教研究者认为，人的恐惧和敬畏产生了宗教。对生之不安、死之恐惧以及对大自然灾难的敬畏均是宗教的起源条件。羌族先民原始宗教与信仰的产生亦如此。“神话是情感的产物，它的情感背景使它的所有产品都染上了它自己所特有的色彩。”[②] 为什么会选择岩石安装地壳？必然是先民赋予了岩石强烈的敬畏情感与民族文化意象。因此，“力莎”中的“岩石”无疑也是一种情感的产品，它

① 此段记录出自黄龙管理局文史办毛明军老师多年收集、整理并翻译的未公开发表稿《力莎》。

② [德] 恩西特·卡西尔著：《人论》，甘阳译，上海译文出版社 1985 年，第 105 页。

借虚拟的精神形式和神话意象表达先民情感与心理结构中象征、隐喻的意义世界。

上古神话的来源极其复杂，文献记载所依靠的书写本身，却有着某种程度的遮蔽性。事实上，黄龙地区的藏、羌的先民部族的社会生活与文化信仰，比他们从何而来的神话流播要久远得多。“尽管如此，透过这样的神话，或者把这样的神话仅仅作为氏族和部落的代号，仍然可以从传说材料中理出当时历史的一些头绪来。”[①] 上古神话是先民口头传承的一种原始文化结晶。它“既不是骗子的谎话，也不是无谓的想象的产物，神话是保存关于过去的回忆的宝库，若非如此，这些回忆便会永远付之遗忘”[②]。神话世界不是常人的逻辑、理性世界，它折射远古先民的信仰世界与文化意象，寄寓着羌民族几千年延绵不断的精神与灵魂。

远古先民与大自然亲密接触，和谐共存，因此会主观地将自我的生命感投射给宇宙万物，并从中挑出与自己的生存状况密切相关的物种形式，赋予它们不同的生命象征和生存隐喻。“在神话幻想中，总是暗含有一种相信活动。没有对它的对象的实在性的相信，神话就会失去它的根基。”[③] 在大自然侵袭的威慑下，坚硬、粗砺、持久的石头于远古初民而言，是一种不可或缺的物质文化形态。正是因为石与初民的生活密切相关，所以人们才会产生出强烈的石崇拜观念。对石头或白石的灵物信仰不仅与羌族先民的繁衍和生活形态有关，并且在一定程度上也与其族群赖以生存的自然地理环境和生产、生活方式密切联系。

在松潘龙湾，有一处由于开路凿山而显现出来的天然峭壁石龙，

① 郭沫若主编：《中国史稿》，第1册，人民出版社1976年，第108页。
② ［法］拉法格：《宗教与科学》，商务印书馆，1982年，第53页。
③ ［德］卡西尔：《人论》，李琛译，光明日报出版社，2009年，第78页。

其形态从下至上，垂直高度有20多米，以一圈圈连绵不断的大幅度弯曲波浪线蜿蜒盘旋，直至山顶。这条蜿蜒石龙实际上是青藏高原地壳强烈运动造成的山体岩石错层所致。当地藏羌民众多相信此乃石龙神显灵，于是便有人在这蜿蜒的神龙下立碑、献哈达、挂红等祭拜之。石龙是黄龙地区藏羌民众在现代地理环境下衍生出的新“神话”意象，正因为有了神话的联想方式和石头的民族信仰文化意象，藏、羌民间族群才能把自己的生存与存在时空，从单一的大地，拓展到天、地、人、神的多重维度。从表层现象看，“石”与“龙”禀赋了某种特别的灵性与功能，是久远民族文化心理在现代的复活与凸现，又表征着川西高原藏、羌民众对自己生存地域的无意识、非理性的民族情感。无论外界力量如何严酷和强大，石头意象都灌注着藏、羌民族激昂而又乐观的生存意志和信仰体验，同时又呈现出特定历史时期的流变。

藏、羌民众自古对石头尤其是白石就有一种天然的喜爱之情。“临洮寺洼山墓葬遗址中分别放置着数块分散的大砾石，葬罐、陶片和小陶珠等物品。洮河流域在古代属于氐羌活动范围，这种葬俗应该与氐羌先民的石崇拜有关。20世纪80年代以来四川的考古工作者在茂县别立寨的早期石棺葬中发现有以白石作为随葬品的情况。白石放置的位置有三种情况：其一，将白石撒在石棺内人骨架的上半部；其二，较大的白石放置在人骨头部；其三，小的白石堆放在人头骨的两侧。沈仲常先生对此进行了比较，他认为：早期住在洮河流域的古代氐羌人，有用石头随葬的习俗，虽然在洮河流域的墓葬中所使用的是“砾石”，而在茂汉地区石棺葬或是用大小白石。从石质来说虽有不同，但其用“石头”随葬，则是基本相同的。”[①] 从中我们可以推测从西北草原迁徙到川西高原茂县、汶川、松潘、理县等地的氐羌族，仍然保留着以石头随葬的远古风俗。“在古羌人的文化观念中，白色代表着‘善’，黑色代表‘恶’，白石具有吉祥的含义。”[②] 即使今天，川西高原与古羌人有着紧密族源联系的藏羌民族也依然保留着这一习俗。镇坪、白羊羌族正月初一拣一块白石进屋并供奉家神；藏族在山寨祭神的玛尼堆上供奉白石。

羌族另一神话传说《羌戈大战》云：“白衣女神立云间，三块白石抛下山。三方魔兵面前倒，白石变成大雪山。三座大雪山，矗立云中间，挡住了魔兵前进路，羌人脱险得安全。”自此后，羌人“雪山顶上奉白石，白石供在房顶正中间”[③]。

从这个神话我们可以窥见羌族的雪山崇拜与白石灵力信仰的复合重构。“轩辕、神农、赫胥之时以石为兵。”[④] 远古先民利用石头作为防御、攻击敌人的武器，在史前考古学上有许多出土实物为证。而在《三国志·蜀书十三》裴松之注引《益部耆旧传》中记载了蜀国大将张嶷征讨汶山反叛诸羌时的战争状况。时，“羌于要厄作石门，于门上施床，积石于其上，过者下石槌击之，无不糜烂。”[⑤] 后，张嶷用引诱、威胁、离间等智取方法才得以招降反军。可见，迨至三国时期，古代诸羌尚长于“以石为兵”，其民仍勇猛善战、性格顽强。

---

① 郑文：《魏晋南北朝时期关中地区氐羌民族的宗教信仰——以造像碑为中心的考察》，陕西师范大学 2006 年硕士论文，第 5 页。

② 郑文：《魏晋南北朝时期关中地区氐羌民族的宗教信仰——以造像碑为中心的考察》，陕西师范大学 2006 年硕士论文，第 5 页。

③ 阿坝州文化局编：《阿坝藏族羌族自治州文化艺术志》，巴蜀书社 1992 年，第 154 页。

④ 李步嘉撰：《越绝书校释》第十一卷，武汉大学出版社 1992 年，第 267 页。

⑤ ［晋］陈寿：《三国志·蜀书十三》卷四十三，裴松之注引《益部耆旧传》，中华书局 1959 年，第 1052 页。

在旧石器时代和新石器时代，石器在人类生活的区域，遍地皆有、随处可见，取之则得。于是，初民才拿它作工具，做武器，作建筑的建件，既而发展到垒石而居，砌墓以葬，筑路以行。石崇拜与石灵信仰最突出的原因在于其坚刚恒久的物质特性。《宋史·礼志》曰："社稷不屋而坛，当受霜露风雨，以达天地之气，故用石主，取其坚久。"① 因为石的坚固不移，所以取石为祭祀之社主。由于古代原始信仰的多神性与自然条件的制约，古代的巨石的象征意义并非都是一样的。

今天，生长在岷山山脉深处的羌族地区"禹生于石"的故事依然存在于他们活态的口传记忆与传说中，羌族"石"丰富而神秘的文化象征密码可以通过古代汉文献得到一定程度的佐证。

《新语·术事》云："文王生于东夷，大禹出于西羌。"②

《淮南子》云："禹生于石。"高诱注曰："禹母修己，感石而生禹，折胸而出。"③

《艺文类聚》云："禹产于昆石。"④

《汉书·武帝纪》记载："元封元年……用事华山，至于中岳，获驳麃，见夏后启母石……"应劭注曰："启生而母化为石。"颜师古曰："石破北方而生启。"⑤ 并称事见《淮南子》。

从以上古文献的记载可以看到"禹生于石"这一神话叙事在流传过程中的变异。即，大禹的传说到了哪便与哪的当地文化融合而产生了置换变形。从"禹生于石"到"禹生于石纽"是一种"在地化"创

① ［元］脱脱等撰：《宋史》卷一百二之"礼五"，中华书局 1977 年，第 2484 页。

② ［西汉］陆贾撰，王利器校注：《新语校注》卷上，中华书局 1982 年，第 43 页。

③ 刘文典：《淮南鸿烈集解》（下册）之"修务训"，中华书局 1989 年，第 642 页。

④ ［唐］欧阳询撰：《艺文类聚》卷六之"地部"引《隋巢子》，汪绍楹校，上海古籍出版社 1985 年，第 107 页。

⑤ ［东汉］班固：《汉书》卷六"武帝纪第六"，中华书局 1962 年，第 190 页。

造的产物，这是口头传承系统的特点。

“禹生于石”与“石破北方而生启”是目前在我国汉文献上能得到的关于石头具有生殖力的最早信息。“禹生于石”，而禹的妻子变成石头生了启。禹—禹妻—禹子启，均与石头紧密相关，活脱脱就一神圣的石头家族。这无疑与中国古代的灵石崇拜有关。岷江上游多石，迁徙居住于此的古羌人历来信奉白石沟通天地人神的灵力，地理环境与深层的民族心理因素，再造出羌族民间属地化的大禹叙述真实。真实与人们相信的未必完全一致。人不是因为真实而相信，而是认为相信的是真实。从这个意义上说，真实与相信总是处于混乱之中。中华大地到处盛传着大禹的传说，从东到西，从南到北，与大禹相关的地名并不罕见，各地争相论证其乃大禹故里。仅在今天的川西羌族生息之地，汶川、北川、茂县就曾先后打出过大禹文化的“牌”。在文献资料与考古证据匮乏的现状下，作为古代神话人物的大禹故乡何在，虽众说纷纭，终究难于确证。即使大禹出生于彼处，大禹的精神与文化也可在其他地方得到传承和弘扬。河南、陕西、浙江、山东等地，都曾作过自己乃大禹故里的论证，但从民族文化心理和大禹原生文化背景看，今天的羌人认为大禹故里在羌乡也具有信仰文化体系的依据。

当古人崇拜远古祖先时，他们被当作神灵崇拜。观念与情感的真实，营造了羌族大禹故事的口传叙述之真实。而原始祖先崇拜、自然崇拜、英雄崇拜与生殖崇拜难解难分，最终融涵、凝结于“白石”这个远古意象中，产生出新的文化意味。

石头崇拜与石灵信仰是人类文化史上散布颇广且具有普通意义的一种文化现象，世界各民族都产生过关于石头的诸种神话传说或神圣仪典。美国著名宗教史学家伊利亚德认为：“祭祀并非指向有形物的石头，而是指向令石头充满活力的精神，指向使之成为神圣的象征。

石头、岩石、磐石、石圈、巨石等都变成神圣乃因为他们标志着某种精神力量。”[①] 据他的考察所知，西印度群岛上的居民认为石头具有促进粮食丰产的神秘功用和生殖灵力。

> 在印度，年轻夫妇向磐石祈祷早生贵子。在印度北部的撒冷（salem）地区，不育的女子相信那些能够使她们生育的祖先就居住在石圈里面，因此在献上祭品（花、檀香、米饭等）之后她们就摩挲这些石头。……在北加利福尼亚的迈度（Maidu）部落，没有孩子的女子就摸一块长得像孕妇的石头。在几内亚西南的凯伊岛（The Island of Kai），想要生孩子的女人用油脂涂抹一块石头。……在欧洲部分地区以及其他地方，年轻夫妇要在一块石头上行走，以便使他们的结合有所结果[②]。

人类文化史上有一种分布极广的“蹭石”习俗：“年轻女子若想要生孩子就在圣石上面蹭一下。另外一种甚至流传更为广泛的仪式就是‘摩挲’，摩挲也有保持身体健康的功效，但是主要适用于不育的妇女。甚至不久之前在（罗讷省）德锡乃（Decines），人们常常坐在埃尔弗里特（Pierrefrite）附近田野里面的一块磐石上面。在圣迦南（Saint—Renan，位于芬尼斯特［Finisterr］），每个想要孩子的妇女要在一块巨石上面睡三个晚上，这块石头叫做‘石头梦’。而年轻的新娘也常常在举行婚礼之后来到这里度过最初的几个夜晚，贴在石头

---

① ［美］伊利亚德：《神圣的存在——比较宗教的范型》，晏可佳、姚蓓琴译，广西师范大学出版社 2008 年，第 209 页。

② ［美］伊利亚德：《神圣的存在——比较宗教的范型》，晏可佳、姚蓓琴译，广西师范大学出版社 2008 年，第 209—210 页。

上摩挲她们的腰部。”① 所有这些仪式都包含一种信仰观念，具有丰产功用的石头能治疗女性不育。石头崇拜产生的文化原因具有人类学共性。女娲炼五彩石以补天，则是古代汉文献典籍记载中典型的华夏初民灵石信仰的文化折射。女娲补天虽经后世儒家不断地“雅”化与加工，但石的神异巫术力量与文化母体的意象仍然十分明显。

崇信石头灵力在不同地区、不同民族有各自不同的理由及原因，但最关键的要素是它象征着某种神圣的超越力量。荣格曾指出：“每一个意象中都凝聚着一些人类心理和人类命运的因素，渗透着我们祖先历史中大致按照同样的方式无数次重复产生的欢乐与悲伤的残留物。它们就像心理中一条深深的河床，起先生活之水在其中流淌得既宽且浅，突然间涨起成为一股巨流。”② 所以，从某种角度讲，白石之所以备受先民喜爱，是因为它被先民们赋予了精神意象及信仰意义。

早期的崇拜对象之一是“社”神。《淮南子》云：“殷人之礼，其社用石。”③ 社主是竖立的石头，是有特殊宗教意义的石头。1934 年，庄学本先生在羌区拍摄的羌族“天神”——一块立于社林的长圆形白石，正是这种古老的以“社”石为社坛的典型模式。而“高禖者，人之先也，故立石为主”④。

《礼记·月令》又云：“仲春之月……，玄鸟至，至之日，以大牢祠于高禖。天子亲往，后妃帅九嫔御；乃礼天子所御，带以弓韣，授以弓矢，于高禖之前。”⑤ 郑玄注曰：“天子所御，谓今有娠者。于

---

① ［美］伊利亚德：《神圣的存在——比较宗教的范型》，晏可佳、姚蓓琴译，广西师范大学出版社 2008 年，第 211—212 页。

② 叶舒宪编：《神话——原型批评》，陕西师范大学出版社 1987 年，第 100 页。

③ 何宁：《淮南子集释》之“齐俗训”，中华书局 1998 年，第 789 页。

④ ［唐］杜佑：《通典》，中华书局 1984 年，第 318 页。

⑤ 《礼记正义》卷第十五之“月令”，北京大学出版社 1999 年，第 473—475 页。

祠，大祝酌酒，饮于高禖之庭，以神惠显之也。带以弓韣，授以弓矢，求男之祥也。”“王居明堂礼”曰：“带以弓韣，礼之禖下，其子必得天材。”①

此段描述了天子携众亲前往祭祀高禖神，以期男女构精、瓜瓞绵绵的场景。弓袋和弓矢均为男子所用之器，天子携带于高禖神前，说明天子是为了祈求生男孩。如此关乎繁衍的“国之大事”，如此壮观场面，观者必众，男女嬉戏杂处，心许目成，声色生焉。可见，古之高禖，即求子之神，职掌生育。

高禖的来源，郑玄注说是“玄鸟遗卵，娀简狄吞之而生契，后王以为媒官嘉祥，而立其祠焉。变媒言禖，神之也”②。郑玄以简狄神话解释高禖祠俗，就因为玄鸟至。古人认为玄鸟来临象征着世间万物生殖力的苏醒。仲春之月，阴阳协合，万物复生；玄鸟南来，春光融融，故春情荡漾，兴发而有孕者多。则高禖本为司子嗣之神。

又《礼记·郊特牲》曰：“社，祭土而主阴气也。”③ 三国杨泉《物理论》云：“土精为石。”④《淮南子·说山训》曰：“东家母死，其子哭之不哀。西家子见之，归谓其母曰：‘社何爱速死，吾必悲哭社。’”而高诱注曰：“江淮谓母曰社。”⑤ 可见，古人认为石乃土之精华所在。土壤是岩石长期风化的结果。如果没有石天长地久的风化，就不会有孕育农作物的土壤产生，不会有地球上的自然万物，更谈不上生存与繁衍生命。因此，从这个角度说“石乃万物之母”也不无道理。而“立石为主”的“社”，最初的文化象征乃阴性的地母神，即

---

① 《礼记正义》卷第十五之“月令”，北京大学出版社 1999 年，第 475 页。

② 《礼记正义》卷第十五之“月令”，北京大学出版社 1999 年，第 473 页。

③ 《礼记正义》卷第二十五，北京大学出版社 1999 年，第 788 页。

④ ［唐］欧阳询撰：《艺文类聚》卷六，汪绍楹校，上海古籍出版社 1985 年，第 107 页。

⑤ 何宁集释：《淮南子集释》卷十六之“说山训”，中华书局出版社 1998 年，第 1132 页。

“高禖”神。高禖的求子功能，从心理导向上而言，是出于对生命延续的企盼，目的是为了人类自身的生存和发展。从文化渊源上来讲，则源于人们对赖以生存的土地生殖能力的崇拜。

从我国学者多学科的诸多考证亦能得知：石是社的代表物，禹是社神，所以民间才会衍生出禹生于石的传说。《诗经·长发》云：“浚哲维商，长发其祥。洪水芒芒，禹敷下土方。”①《诗经·信南山》又云：“信彼南山，维禹甸之。畇畇原隰，曾孙田之。”②

虽然后世汉文献的神话传说在历代删改中完全缺乏系统性的变化流脉，但是，殷商时代流传下来的《诗经》却能让我们对远古先民的信仰世界管窥一斑。从《诗经》中我们可以看出，夏王朝是在大禹治水平土的基础上建立起来的。“禹、稷躬稼而有天下”③，商周时期，能够超越族系血缘、部落纷争并与土地有关，且最可能受到华夏乃至戎、狄、蛮、夷等众多部族共同景仰的人是大禹。因此，西周大一统后，使社神由自然神演变为人化神的最好人选非大禹莫属。“禹劳天下，而死为社”④，人们视大禹为“辟地”之社神，“辟地”和远古人类的生活生产紧密相关，与我们这个发源于农业文明的远古民族思维一致。大禹，因为“敷下土方”的“辟地”功绩而具备了“社”创造、繁衍的祖先崇拜与生殖崇拜之功能。

“社”在先秦时期是一个包含广泛、内容丰富的崇拜实体，但它的最基本内涵是由生殖崇拜的联想而生发出来的。《说文》对“社”字的解释是：“社，地主也，从示土。”⑤《风俗通义·祀典》引《孝经》云：“社者，土地之主。土地广博，不可遍敬，故封土以为社而

① 《毛诗正义》下册卷第二十，北京大学出版社1999年，第1451页。
② 《毛诗正义》中册卷第十三，北京大学出版社1999年，第824页。
③ 《论语注疏》卷第十四，北京大学出版社1999年，第183页。
④ 何宁：《淮南子集释》，卷十三之“氾论训”，中华书局1998年，第985页。
⑤ ［清］段玉裁：《说文解字注》，上海古籍出版社1981年，第8页。

祀之。”[①]“地主”就是土地之主，“社”字由“示”和“土”两部分组成，在殷商甲骨文中象土块在地之形，则社和祭祀土地有紧密的联系，社神即土地神，而社神崇拜实际是崇拜土地生育万物的能力。

因此，民间认为只要与石产生神秘的交感互渗，石的灵力便可以给人们带来生育的希望。于是，四川自古便有“以石乞子”的民间风俗。《太平御览·郡国志》记载四川南部凉州：“乞子石在马湖南岸，东石腹中出一小石，西石腹中怀一小石，故僰人乞子于此，有验，因号乞子石”[②]。宋代《太平寰宇记》亦云：“在州（四川叙州府宜宾县）南五里，两石夹青衣江对立，如夫妇相向。故老相传，东石从西乞子将归。故风俗云无子者祈祷有应。”又曰：“石乳水在县（四川简州阳安）二十一里玉女灵山，东北有泉，西北两岸各有悬崖，腹名乳房。一七眼，状如人乳流下，土人呼为玉华池。每年三月上巳日有乞子者，漉得石即是男，瓦即是女，自古有验。”[③]

这种基于灵石信仰而产生求子之俗，在宋代民间衍变为摸石求子。柳永《一寸金·小石调》云：“井络天开，剑岭云横控西夏。地胜异、锦里风流，蚕市繁华，簇簇歌台舞榭。雅俗多游赏，轻裘俊、靓妆艳冶。当春画，摸石江边，浣花溪畔景如画。”[④]柳永的词描绘的是春日迟迟，游人如织，成都女性在锦江边摸石求子之情景。明代《蜀中名胜记》记载：“成都风俗，岁以三月二十一日游城东海云寺，摸石于池中，以为求子之详。”[⑤]

这种灵石信仰后世衍生出多样的表现形式。在松潘小河地区，至今尚有大年初一一家老小到野外拣小鹅卵石回家的风俗，当地人谓之

---

① 吴树平校：《风俗通义校释》，天津古籍出版社 1980 年，第 295 页。
② ［宋］李昉等辑：《太平御览》第 1 册，中华书局 1981 年，第 253 页。
③ ［宋］乐史：《太平寰宇记》，文渊阁《四库全书》第 469 册，第 621—622 页。
④ 薛瑞生校注：《乐章集校注》卷中，中华书局 1994 年，第 90 页。
⑤ ［明］曹学佺撰：《蜀中名胜记》，刘知渐点校，重庆出版社，1984 年，第 29 页。

“进财”。柳永词中“摸石江边”，南方民俗大全里记载的清末拣小鹅卵石的地区，正是今日灵石信仰残存的川西高原与成都平原的地理范围。“摸石”祈育正是交感巫术与民俗现象的奇妙结合。

无独有偶，在“藏彝走廊”的藏民族也盛行一种“白石”感生的神话传说：

> 很早以前，世界混沌不分，万物俱无，仅东方白地呈现出了一片白海和一块白石。天神纽阿姆布得见后，便吹了一口仙气，化作一只白鹏鸟。这只鸟常飞至白石上栖息，久而久之，使白石“怀孕”，生下一只猿猴。之后，这只猿猴又生出了他们的直系祖先。从此，他们便世代尊白石为神。①

石头因为白鹏鸟而沾染了神性，石头本身并不具备任何灵力，但因石头与大鹏鸟神结合，所以石头具备了灵力，石头的灵力是它代表的那个象征物本身的神力与灵力之显现。所以在黄龙也有藏家供奉白石，奉白石为天神。直到今天，黄龙藏区还有藏民认为白石是雪山的精华，而青稞田、庄稼地里的白石则有防止冰雹、防止虫害、保障丰产的灵力。

白石代表的灵性与神异，不仅通过接触巫术可以传递，甚至在梦中出现亦能助人实现生育的祈望。《周书》载：“琳母祓禊泗滨，遇见一石，光彩朗润，遂持以归。是夜梦见一人，衣冠有若仙者，谓其母曰：‘夫人向所将来之石，是浮磬之精。若能宝持，必生令子。’其母惊寤，便举身流汗，俄而有娠。及生，因名琳字季珉焉。”② 琳母亲

---

① 当地藏族老人口述，笔者文字整理。

② ［唐］令狐德棻等：《周书》，上海古籍出版社，1986 年，第 2627 页。

因夜梦水中浮石、感石而孕的记载虽显得有些荒诞不经，但却从另一角度说明古人对“石”繁衍生命的信仰与崇拜。

“如果说一般的石头因其重量和坚硬等共性被认为具有一般的巫术效力，那么特殊的石头则以其特殊的形状或颜色等特殊而被认为具有特殊的巫术效力。”①人们借助巫术思维，通过接触石、感染石去祈求受孕。这是典型的巫术感生思维在民俗生活中的孑遗。以此类推，羌族崇奉白石，但并非严格意义的白石崇拜，即崇奉的不是天然的白石，更不是白石神，而是白石所表征的一切羌人信仰的神灵。

羌族白石灵力信仰常常是一种多层复合信仰。白石信仰与自然天体信仰叠合，形成天神；与生殖崇拜叠合，形成生育神；与大山崇拜叠合，形成山神。如羌语称石头“俄”，称祭山为“俄博”，羌族神话传说中还有雪山乃白石神所变的说法，从中我们可以明显地发现白石崇拜与山崇拜信仰叠合的痕迹。而火塘神石或三块支锅神石，在黄龙地区的藏、羌族民众中已衍变出火神、灶神复合的家神信仰。由于“石”灵力和神力与其他事物交感呼应，于是白石的神职功能逐步扩大，有时可一身兼数职，并逐渐构成了一个以“白石”为中心的信仰文化圈。

人类原始时代信仰“万物有灵论”，石头在“万物有灵”的观念下被赋予“生”与“殖”的灵力：“生”是大千世界一切有情的生存、生命、生生不息；“殖”包含对生命活动中一切增产、繁殖的期冀。随着对石头灵力的崇信的不断扩大，羌族先民进而将石头人格化。大地赋予石生命力，石又在巫术感染与感应的作用下，传递给山岩间的植物以丰产的繁殖力，并以生命力影响人的生命力，赋予人生命与活力。这种万物有灵、相互感应与感染的思维是羌民族传统心理的典型

① ［德］费尔巴哈著：《宗教的本质》，王太庆译，商务印书馆1999年，第39页。

特征与基本构式。正因为有“万物有灵”的文化土壤，羌族地区才能不断衍化与发展“禹生于石”的传说。

到了后神话时代，神话时代的崇拜对象的神圣意义逐渐被文化意义所取代。随着时代的发展，石灵崇拜的神圣的宗教祭祀功能逐渐淡化，上古的这种巫术仪式，也逐渐变为民间生活理想的艺术表达方式，演绎为民俗活动甚至民间娱乐活动。今天，它原初的象征符号不断地被赋予新的意义，不断地以新形式再次在民俗生活中出现。

> 民俗文化变迁历程中的一个重要规律，即民俗文化的活动形式比其意义更富有传承力，许多民俗活动的原始意义或原有功能已隐性化，而隐藏到民俗的深层结构中去了，有的意义和功能或许早已消失，但其表层结构之一的民俗活动形式却流传下来，并衍生出新的文化意义，产生新的功能。①

在黄龙地区，巫术祈子的古老形式今多衰微，但其背后隐含的文化意象与民俗价值，却能随时间之流不断前进，记录和表现黄龙地区民俗的历史变迁。

二、孕兮产兮情宛然：孕产习俗

生存与繁衍表达的是人类最基本的愿望，每个民族的发展都依赖于自我繁衍的生育行为，人类的繁衍意识实质上都是生命意识的张显。然而，由于文化的差异，人们对生育的看法常常各不相同，而积淀形成特定的生育文化传统。

---

① 张桥贵：《论民俗文化的社会功能与变迁》，《思想战线》1989 年第五期。

有孕才能有育。孕，是生命的开始，从孕子到产子是一个创造生命的过程。传统观念认为，生儿育女乃家族的一件大事和喜事。在黄龙地区，汉族和其他民族都将女性怀孕称为“有喜”、“有了”、“有身子了”；孕妇的妊娠反应，则被称为“害喜”。“喜”成为具有隐喻性的词汇。为了让这样的喜悦顺利安全地实现，有了一系列的民俗形式和仪式。一旦确定怀孕，无论孕女父母，公婆、丈夫、亲戚朋友还是其他人，都会喜上眉梢，汉族通常会由当家之人烧香向祖宗报喜、祈求保佑并开始为迎接新生儿的到来作准备。黄龙地区各民族的孕产习俗在生育文化中占有重要地位，其内容之多，约束规范之严密，涉及宗教信仰之广，以及相互间多有交叉融会，成为当地孕产民俗的特色。

1. 十月养胎：孕期禁忌与习俗

禁忌并非现在才有，它是一种原始古老的民俗文化现象。在世界各地，无论高度发达的现代文明社会，还是原始状态的氏族部落，禁忌均普遍存在，黄龙文化区亦不例外。禁忌曾在人类文明前进的历史中起过重要作用，也是民俗信仰文化的重要积淀。在纷繁芜杂的民俗事象中，民俗禁忌的表现形式千姿百态、杂采纷呈。“十里不同风，百里不同俗。”自然环境、社会环境、人们生产方式、生活方式以及文化积淀不同，必然导致禁忌不同。

女性怀孕，尤其是第一胎，通常会引起家人的高度重视。添丁产子，为门庭之喜，长者常告知孕妇“别这样做，否则会发生什么事”，并以此对孕妇采取一定的保护措施。黄龙民间还有称新媳妇怀孕为“病了”，即说明民间对女性怀孕的重视和小心在意。虽然，“这样做”与发生“什么事”未必存在着必然的逻辑联系，但“禁忌最重要的特点之一是这种禁规无论怎样也不可论证。只有一点是清楚的——违反了禁忌就要发生危险”[①]。民间禁忌世代相承，它似一种无形的力量制约着孕妇的日常言行与饮食习惯，并在此基础上形成了不同的民间孕产“禁忌”风俗。

作为一种源远流长的信仰民俗，孕期禁忌限制与约束着孕妇的日常行为与生活。不过，某些孕期禁忌，还是有一定的“潜科学”道理的，有些甚至是古代妇产医学的经验积累。比如怀孕期间忌翻箱倒柜，这是避免影响孕妇休息与保养，有助于优生。千奇百怪的种种禁忌，其基本内核离不开对新生命之“喜”的保护，这种保护是以孕妇作出牺牲为前提的。在深入黄龙地区的考察中，我们发现，黄龙地区各民族的孕妇在孕期还存在着诸多禁忌的民俗，主要表现在饮食与日常行为两个方面：

(1) 饮食禁忌

孕妇的饮食禁忌，民间俗称“忌嘴”，即某些食物在怀孕期间不能吃，以免影响胎儿的发育与生长。即使在今天，黄龙地区民间对孕妇的“忌嘴”要求依然十分严格。

关于孕期饮食，藏、羌、回、汉四民族有些共通的禁忌，如忌吃“兔肉”的禁忌流传广泛，各民族几乎都不同程度存在此禁忌，原因据说均为避免生出的小孩豁嘴“兔唇”，即民间俗语所说的“兔子嘴”。此禁忌也历史悠久。早在东汉时期，王充的《论衡·命义篇》就提到：“妊妇食兔，子生缺唇。”[②] 魏晋南北朝《博物志》记载：“妊娠者不可啖兔肉，又不可见兔，令儿唇缺。”[③] 在此，不仅不能吃兔子，而且连兔子都要避免看见，否则会导致小孩子“唇裂”。另外，

---

① ［苏联］尤·谢苗诺夫著：《婚姻和家庭的起源》，蔡俊生译，中国社会科学出版社1983年，第70页。

② 黄晖：《论衡校释》上册卷二《命义》第六，中华书局1990年，第53页。

③ ［晋］张华：《博物志·杂说下》，范宁校，卷之十，中华书局1980年，第109页。

汉族乡间还有人认为小孩兔子嘴源于孕妇怀孕期间不小心用了缺口的碗、茶杯、水杯等食用器具；藏民族则有人认为兔子嘴是孕妇在怀孕期间揭了锅盖之故。此类民俗禁忌现象均为在同类相感的基础上产生。

黄龙藏区孕妇多忌吃驴肉、马肉、骡肉、狗肉等，此禁忌在黄龙民间流传程度比较高。汉族禁忌理由纷杂：一说此类动物肉属于“发物”，吃后易得湿疹等疾病；二说会难产；三说会延长孕期；四说会导致胎儿变笨；五说会导致日后的小孩变成“犟拐拐”；六说会得罪海龙王云云。藏族认为圆蹄动物放养时漫山跑，到处钻，沾染鬼气邪气，不祥。羌族民间认为动物是有灵魂的，有些羌族地区认为动物的五爪或五蹄类似于人之手，吃五爪或五蹄动物则仿若人吃掉了自己的手，大不吉也。

后经文献核查分析，一说，比较有医学经验常识；二说，不知源于何故；三说，在孙思邈的《备急千金要方》中曾提及“妊娠食驴马肉，（令子）延月”[①]；四说、五说，或许是同类相感巫术思维所致；六说，实在让人疑惑：陆上走兽与海里的海龙王有何联系？兹怀疑此说乃当地汉族受其杂居地的藏族苯教龙（鲁）神观念影响。然此龙非彼龙，只因一龙字，所以陆上走兽的肉食也被禁忌了。其他民族要么为宗教信仰而禁忌，要么与汉民族以上诸理由类同。

藏族部分地区孕妇有忌吃鱼、鳖、虾、蟹等的禁忌。禁忌理由，多因黄龙古老苯教文化传统中保留了对自然神的崇拜与禁忌。早期苯教把鱼、鳖、虾、蟹、青蛙这些水生动物生灵归于神谱中的“鲁”神系统，认为它们是“鲁”神的各种变体与化身，主要居住在下界的湖

① 李景荣等：《备急千金要方校释》卷第二“妇人方上”，人民卫生出版社 1998 年，第 27 页。

泊、河水和密林中。人们认为触动和捕杀此类动物会给人带来灾难。加之草原曾流行过水葬，因此消解灵魂躯壳的鱼类被视为腐败和有毒之物。再则，苯教举行驱鬼祛邪的巫术仪式时，总把一切作祟的东西驱逐到水里，所以鱼类是一切不祥之物的宿主，不吃鱼、鳖、虾、蟹等动物成为黄龙地区藏人的一种禁忌，孕妇亦不例外。但此禁忌产生的原因比较复杂，是否禁吃，也与居住区域的生活习惯密切相关。

在藏区，至今还有一种难产符，这种刻印的纸符专为女性难产禳灾而设。符上的主体图案为头尾衔接的双鱼，其身上刻着藏文的镇魔咒语。藏族民间认为，女性难产是水中的“鲁”系统神灵所致，于是民间才会通过符咒进行压服；不过，关于难产符，黄龙地区也有另一种解释，他们认为鱼多子且双鱼象征佛眼，所以用鱼来克制“鲁”病，对付难产是有效的。这种思维当然是一种联想巫术的模式。不过，此两说彼此间有相互矛盾之处，若难产符压制的是鱼、鳖、虾、蟹这样的水灵“鲁”神，那用来压制他们的双鱼不也是鲁神系神灵吗？当然，信仰是不能用理性去阐释的。鱼多子可治病这样的思想或许源于汉文化区，所以才会与当地苯教系统的鱼“鲁”神观念相抵牾。

从20世纪后半叶开始，藏民大都开始吃鱼类了，部分地区唯孕妇还继续保持不吃鱼类的禁忌。

回族伊斯兰教孕妇日常饮食禁忌主要依教义而为。《古兰经》云：“禁止你们吃自死物、血液、猪肉，以及诵非真主之名而宰杀的、勒死的、捶死的、跌死的、觝死的、野兽吃剩的动物，但宰后才死的，仍然可吃；禁止你们吃在神石上宰杀的；……凡为饥荒所迫，而无意犯罪的，（虽吃禁物，毫无罪过），因为真主确是至赦的，确是至慈的。”[1] 伊斯兰教教法禁食的食物是黄龙回族穆斯林孕妇饮食禁忌的主要来源。关于孕妇，《古兰经》并没有特别的饮食规范，所以只能参考其他关于饮食的教义。若担心封斋会给孕妇或胎儿带来身体伤害，可采取病人的教法律例，《古兰经》有这样的规定：“害病或旅行的人，当依所缺的日数补斋。”[2]《古兰经》对伊斯兰饮食的规定主要是合法的、健康的、洁净的、习性良善的、不污秽、无毒害的等，体现了伊斯兰各民族“守法”的“清真”品格。不过，回族穆斯林的饮食禁忌虽源于伊斯兰教，但经过中华文明长期的影响与涵化，其饮食禁忌的概念早已超出了伊斯兰教原有的含义，逐渐演变成回族穆斯林的一种民族传统和民俗生活习惯。

汉族有些地方不吃葡萄，否则腹中胎儿会成葡萄胎。这估计是新禁忌，葡萄胎这个现代医学名词进入到高原民间社会的时间应该不会太长。不吃鸭肉，原因有二：一为鸭子性冷，对身体不好；二是怕流产。不吃辣椒，怕小孩脾气火暴。不吃鱼，怕小孩全身长鱼鳞。忌吃生冷食物，怕影响身体健康。忌食麻雀肉与蛇肉，怕小孩会性情淫乱。不吃芝麻，怕小孩会变“麻子”。忌食煎焦食物，怕新生儿身上会有烧灼的疤痕或黑痣。以上饮食禁忌，都是将各种食物味道、特性等等与胎儿的孕育和未来相联想而产生。由此可以大致推断，此类禁忌，最初可能是由孕妇本人心中生出的某种惧怕与疑虑，经过一定时间地域的流传，造成一定社会影响，再成为一方一地之习俗；而复杂的信仰和崇拜体系，又使黄龙汉族孕妇的饮食禁忌，来源越发多端多样。

---

① 《古兰经》，第 5 章第 3 节，马坚译，中国社会科学出版社 1981 年第 1 版，第 78 页。
② 《古兰经》，第 2 章第 184 节，马坚译，中国社会科学出版社 1981 年第 1 版，第 20 页。

(2) 日常行为禁忌

在黄龙地区，各民族共同行为禁忌大多雷同，但也各有差异。最高度一致的是各民族都不能在家生产，此俗民俗学叫排斥寄产习俗。同时，四个民族几乎都存在着男人不能入产房的禁忌。

藏族孕妇忌从马缰绳上跨过，怕延长产期；忌跨越动物尸体等。

汉族孕妇忌接触嫁娶；忌接触丧葬；孕期不得与丈夫发生性行为，否则会流产或致使胎儿身体产生缺陷等；忌触摸家中供奉的神位和供品；忌动剪刀；忌搬动沉重的大件东西；凡有孕妇人家忌动砖瓦土石，也不能敲钉子，否则会引起胎动；忌婚前孕子，未婚有孕一定要在未生育前及早举行婚礼；忌与曾流产的妇女交流谈笑；忌在他人家里分娩；忌回娘家分娩；产后忌吹冷风。汉族还有根据生辰八字决定是否禁忌、禁忌何物等习俗。

羌族女性孕期不得随意进出别人家，因为妇女怀孕期间最容易附上各种恶鬼、邪气，如果犯忌则被认为会给他人家庭带来晦气，会令他人甚至全寨子的人不高兴；孕妇不得跨越火塘，否则会得罪神灵，孕妇生产时会大血崩，流血不止，甚至导致母婴双亡；忌孕妇参与神灵祭祀，祭神的场所、法器、祭神的用品都不准孕妇接触、靠近，甚至窥看；忌孕妇跨过农用工具、围猎工具和其他生产工具，若犯忌，农具沾上晦气、农活变沉重，猎具难以捕捉到猎物；忌孕妇的丈夫参加丧葬活动，认为此举会导致妻子流产；忌孕妇参加新人的婚礼，并严禁孕妇摸洞房里的东西，认为会冲掉新娘的福气，影响新娘日后生育；尤忌孕妇与能变“毒药猫”的女性接触，即使见到，也要远远避开，否则“毒药猫”的邪术会给接触者带来难以规避的大灾难等。

回族孕期行为禁忌主要是伊斯兰教义的宗教禁忌。与汉族聚落长期生活在一起的，通常受汉族禁忌行为的影响，禁忌行为执行程度与汉文化禁忌观念影响的深度大致呈成正比。

在黄龙各民族孕妇的孕期禁忌中，大部分是孕妇必须严格执行的，只有少部分是家人要遵守的：如妻子身怀六甲，无论丈夫还是妻子，忌摘树上的果子，据说摘了要“坏”树。但无论是谁严守禁忌，目的只有一个，那就是让孕妇平平安安、顺顺利利地生下一个完美、可爱的孩子。

一种禁忌诞生并能够长期延续和发展，必然存在禁忌产生的思想与文化土壤。“禁忌体系尽管有其一切明显的缺点，但却是人迄今所发现的唯一的社会约束和义务体是整个社会秩序的基石。社会体系中没有哪个方面不是靠特殊的禁忌来调节和管理的。”①

2. **一朝分娩：产期禁忌与习俗**

民间谚语云，“生儿好比爬血山，满月才算过鬼关”。古代民间生育大多在家临盆，由“接生婆”到家中接生。由于科技落后，若遇难产，唯有烧香磕头，束手待毙，别无他法。

黄龙民间歌谣《怀胎歌》就真实地记载了一场旧时孕妇惊心动魄的难产过程，歌曲唱到：

怀到了十月间，睡到了半夜间，
梦见了肚子疼疼（呀）疼得很。
疼（呀）疼得很，疼（呀）疼得惨，
把奴家（呦）疼了一身汗。
公婆请出去，丈夫请进来，
要给奴家（呦）买一副好棺材。
丈夫一听见，连忙去许愿，
保佑（呦）娃娃早呀早生下。

---

① ［英］卡西尔著：《人论》，甘阳译，上海译文出版社1985年，第138页。

娃娃生下地，公婆也欢喜，
杀猪（呦）宰羊谢天地。
鸡蛋取两个，鸭蛋取两个，
给我月母子打一碗定心汤①。

分娩是女性生命历程中的一道生死门槛，直到近代还被称为“闯鬼门关”。黄龙民间的这首《怀胎歌》把孕妇临产，疼痛异常，哀呼悲叫，命悬一线，公婆为其准备丧事，丈夫匆忙求神许愿，孕妇最终闯过“鬼门关”，合家欢喜，杀猪宰羊庆贺，孕妇虚惊之后开始吃鸡蛋、鸭蛋，喝定心汤的产子全过程生动地刻画出来。民歌中“疼疼（呀）疼得很。疼（呀）疼得很，疼（呀）疼得惨”，这一连串的喊疼，让今天的我们对孕妇临盆时痛彻心肺的折磨仍感到不寒而栗，心有戚戚焉。

据现代医学调查，女性分娩时所受的痛楚，在医学疼痛指数上一直高居第二，仅次于烧灼伤痛。因此，在产科医疗尚不发达的传统社会，生育是件极为凶险的事。很多产妇没能在临盆痛苦中跨过生产这道门槛，以致过早离开人世。

因此，一些与生产有关的祈求巫术随之产生。除了像《怀胎歌》中的丈夫那样在产妇分娩时焚香祈祷外，孕妇、孕妇家人、接生产婆等也会执行种种祈求巫术以保产妇分娩顺利，平安闯过鬼门关。

黄龙藏族女性在分娩之前，常常亲自去神山敬香，到寺院磕头，转经，祈求神佛保佑婴儿安全降临；若遇难产，家里要把所有坛子、罐子、柜子、箱子之盖打开，尤其是要把给产妇准备的产后食用的青

① 中共松潘县委宣传部、松潘文化体育局编：《岁月的痕迹》，大众文艺出版社 2010 年，第 184—185 页。

稞酒的盖子打开，据当地老人说，此法可使产妇顺产。这其实是一种类比联想的巫术思维，所有有盖的器物都打开，表示迎接新生命的大门已打开；而由此造成的一种开启氛围，使人联想到孕妇的骨盆打开，并以此认为这样做能为孕妇开骨缝施加一定的外在助力。类似的开门（盖）助产风俗汉族、羌族也存在。

黄龙民间产婆过去一到产家，先到厨房拜灶君，祈求生育平安。然后摸着筷子筒连喊三声："快生快养！"接着才走进产房。另外，在汉族民间也存在过分娩时蒙上产妇眼睛的禳解巫术。据说，产妇临盆时可以看见屋子中间的鬼，而其他人则看不见。若不蒙上产妇的眼睛，见鬼则魂丢，母子必赴黄泉。

而羌族则是在怀孕后请释比做安胎法事，并撑一伞于房顶，以防猫带来祸祟，并借此辟邪；也有的地方产妇家门外要竖立一条四条腿向外的长板凳，象征一切危害生命的秽气和邪气，均由于此可怖之形的威慑而难以入内。值得一提的是，竖四条腿向外的长板凳，不仅局限在人类，凡是将要生产的牛、羊、狗、猪、鸡等，都有此公众"福利"；过去黄龙地区的藏、羌产妇多没有助产，常在生产时多以割肉的小刀切断脐带，或用石头、或直接以牙咬断脐带自作结，产妇所冒的风险是显而易见的，也往往是非"人间的力量"所能控制的。

女性生产期间禁忌繁多而复杂，有时连亲人也不能犯忌。汉民族女性在家生产时忌讳有人敲门，认为不吉利；产后忌生人进产妇房间，怕"冲"走奶水，禁忌期限一般为坐月子的时间；羌族产妇未满月前，不得入灶房，不得去河边、沟边、井边取水，更不能去祭祀神灵之处；而黄龙回族穆斯林认为婴儿的诞生是真主安拉的恩赐，为了感谢神恩就应该从怀孕、出生到育婴都用虔诚的心去祈祷，而且要遵守很多禁忌和防止不净。其孕产禁忌主要来自伊斯兰教教义，通常不能有如下行为：礼拜、封斋、诵读《古兰经》、触摸《古兰经》、进入清真寺、环游天房、性交等。回族穆斯林若生男孩，要用 3 次水大净，生女孩则用 7 次水大净。生育后的女性进厕所必须戴帽。当月子结束时，产妇须用热水洗“大净”，此后女性就恢复了以前的清洁，生活恢复正常。根据伊斯兰教的教法，产血时间为 40 天，与汉族坐月子的时间基本相同。

（1）排斥“寄产”习俗

女性分娩时，会伴随大量出血的现象产生，若遇难产，甚至还会血流如注。俗信认为，女性分娩时的鲜血污秽而不详，严重的，甚至还会给亲戚朋友以及左邻右舍招致灾难与伤害。为了趋吉避祸，民间便产生了诸多女性生产时的禁忌事项。在黄龙地区，此俗非汉族独有，藏族、羌族、回族同样存在，只是内容有所区别。藏族忌孕妇在房内生产，古时汉族也如此，但现在汉族民间残留的禁忌与回族、羌族大体相似，主要忌回娘家生产。排斥“寄产”在黄龙地区主要分为：

A. 室外临产习俗

女性生产，婴儿与血水俱下，民间认为血水乃不洁、污秽之物。过去黄龙地区的藏族牧区妇女生育时，大多要置帐另居，因为藏族将家神、帐篷神视为家庭的守护神，为了神的清洁世界不被女性生产的血所污染，于是要将女性迁移到简陋的草庐居住以待胎儿生产并在门口燃一堆火或在门板上插柏树枝以驱不洁，此俗被称为“忌门”，有时甚至狂风暴雪亦不能在帐篷内生产；而其他男子也不再到产妇家串门。有产妇的人家要在门外挂一条红布带，以此提醒大家有产妇，外人勿进，同时也有驱邪避害的作用；藏族农区有些地方，妇女分娩也只能在牛棚、羊圈之中，还要在产妇身下垫上几把草，据说此俗即“落草”，意味着要借助牛羊旺盛的生命力，借助牛草、羊草年年生年年长的灵力给呱呱坠地的胎儿注入人世的第一股强大生命力量，以防小孩夭折或不健康。

黄龙地区羌族的传统民居多为碉房形式，二楼住人，一楼为畜圈。过去黄龙地区羌族女性一旦分娩，则不能居住在楼上的房屋，更不能在火塘边分娩，一般多在一楼的牛羊圈里临产。

这种产育习俗在人类历史上曾广泛存在过。原始先民认为，与不洁、危险的人或物接触，也会引发危险。女性在产子时，随时会面临生命丧失的危险，在原始先民的想象中，与身处险境、生死未卜的分娩妇女接触，产血会污染任何接触者或接触物，并引发接触者或接触物的灾难。因此，只有将产妇隔离至她们身体恢复、生命有了活力时，才能安然地度过这种想象中的危险。这种禁忌实质上是基于接触巫术而引发的一种趋利避害的预防行为。

英国著名学者弗雷泽曾广泛收集与整理世界各地的人类学、宗教学资料，对各地的女性分娩禁忌作过详细的研究。他在其著作《金枝》中写道，澳大利亚妇女“在分娩期间，也得隔离，期满以后，所有器皿全部销毁。在乌干达，妇女分娩或月经期间接触过的壶盆等物都得毁掉；枪盾等物被亵渎的，虽不毁掉，也需加以洗涤净化。”① “在塔希提岛（位于大洋州）上，妇女分娩后要住在圣洁地方的临时小屋里隔绝半个月或三个星期，在此期间，她们不得自己进用饮食，必须由别人喂食。……在阿拉斯加附近的卡迪克岛上，临产的妇女无论什么季节，都得住进用芦苇搭起的简陋茅舍，在那里养下孩子住满20天。在此期间，她被认为是最不洁净，谁也不接近她，她吃的食物都是用棍子挑着送给她的。布赖布赖印第安人认为妇女分娩的污染亵渎比月经来潮更为严重。妇女感觉快要临盆时，便告诉自己的丈夫，丈夫赶忙在偏僻无人的地方为她搭起一所小屋，让她一人独自居

① ［英］弗雷泽：《金枝》，徐育新等译，新世界出版社2006年，第207页。

住，除了她母亲和另外一位妇人外，不得同任何人说话”；“在南非人眼里……妇女做月子期间丈夫必须隔离八天，不得在家居住，主要是恐怕受污染。……妇女小产尤其是私自流产，所造成的污染更为可怕了。如遇这种情况，不仅男的受到威胁或致死亡，而是全国，整个天空，都受污染。”① 原始先民产妇生子后的“坐月子”，并非为了静养休息，而是防范产血污染，隔断死亡或灾害威胁。随着社会的发展，人们的观念逐渐发生改变，孕妇在家产子的现象才日益增多。

任何一种观念的形成，都经过漫长的历史积淀。“室外临产习俗”，汉民族古已有之。《礼记·内则》记载：

> 妻将生子，及月辰，居侧室，夫使人再问之，作而自问之，妻不敢见，使姆衣服而对，至于子生，夫复使人日而问之，夫齐则不如侧室之门②。

意思是，先秦时代女性临产前一月，得迁入侧屋去居住，丈夫每天两次派人去问候。阵痛发生后，丈夫才亲自去问候，但不能直接与妻子见面，必须通过接生妇来传话，这是先秦时代夫妻之间必有的礼仪与风俗。

后世产妇产地习俗大多脱胎于先秦的礼仪，只不过有许多增删变化。

两汉时期，产妇原地生产更成一禁忌，女性生产甚至要去人烟稀少、交通不便的荒林野岭。《论衡·四讳篇》云：

---

① ［英］弗雷泽：《金枝》，徐育新等译，新世界出版社 2006 年，第 208 页。
② 《礼记正义·内则》卷二十八，北京大学出版社 1999 年，第 860 页。

> 讳妇人乳子，以为不吉。将举吉事，入山林、远行，度川泽者，皆不与之交通。乳子之家，亦忌恶之，丘墓庐道畔，逾月乃入，恶之甚也①。

汉代女性生产被认为是一件不吉的事情，人们不能与之往来，其禁忌的因素远比先秦时期来得强烈。汉代人出于禁忌，把在分娩婴儿时的孕妇，视为受到禁忌的人。甚至接触孕妇都变为了一件危险的事。孕妇临产前一个月不仅不能在原地生产，而且还要远离家门，在道畔的简易庐舍居住，直至生产结束多月才能回家。其间，丈夫不会按照先秦夫妻礼制，每日派人问候，而且，其他人均要回避即将临盆之孕妇，“不与交通”，暂断日常交际。

但《论衡·四讳篇》接着又云：“江北乳子，不出房室，知其无恶也。”② 可见，此习俗在两汉就存在地域性差异。两汉时期，当时长江以南地区崇巫信鬼之风很盛，所以对产妇生产“恶之甚也”，其产育禁忌与更多一种文化心理，沉淀在江南民间的日常生活中。而“江北”即长江以北则“不出房室”。显而易见，处于隔离和半隔离状态的江南产妇，其生活条件与生产的安全系数必受影响。

在黄龙地区，汉族女性多在医院待产，偏远农村即使不去医院，一般也在自己家中生产，好多还是在产妇自己居住的房间内生产，不必挪地方。不过，汉族婆婆多在事前把从寺院求来的符或红布条压在产妇的枕头下，以防邪祟。

B. 排斥寄产与血光之灾

在黄龙地区，无论城镇还是乡村，过去广泛存在着产妇忌回娘家

① 黄晖：《论衡校释》卷二十三之“四讳篇”，中华书局 1990 年，第 975 页。
② 黄晖：《论衡校释》卷二十三之“四讳篇”，中华书局 1990 年，第 975 页。

分娩的习俗。产妇忌在娘家生育主要是产血不洁、污秽的观念所致，民间认为女性产血带有非常大的破坏力，担心产妇娘家产子会“冲”走娘家的福气并给娘家带来厄运。

昔日镇坪羌族有孕妇不得在娘家生产的禁忌风俗。他们认为，若产妇在娘家产子，会给娘家人带来晦气与灾祸，违忌者也难免受到娘家人的责难；毛尔盖草原地区多到野外分娩，分娩不足一月，产妇不得跨进别人家的门槛；而汉族在过去严禁已出嫁的女儿在临产前一个月回娘家，怕的是女儿因早产而把孩子生在娘家。在汉族传统观念中，“嫁出去的女儿泼出去的水”，出嫁的女儿把外姓人生在娘家是不合情理的，若分娩时母子有难，娘家既怕担待不起，更怕污秽的产血“冲”走娘家所有的福气。黄龙地区的汉族有种说法，若产妇在娘家待产，其娘家自此便会霉运到底、家门不幸家族不幸，其尚未婚配的家族哥哥或弟弟亦会穷困终生，终身难得良配。

黄龙地区羌族、回族与汉族过去均有孕妇怀孕八个月就不能回娘家的禁忌，怕孕妇不小心早产把小孩生在了娘家。旧时，小河地区村寨人家，若因一时失措，出嫁的女儿只能在娘家生产，通常有如下应急的做法：女儿娘家的母亲在其娘家屋子附近找个能够遮挡外人视线的林子，拉上围帘，划出一区域让女儿进去生产。该区域的地面要密密地铺上草灰，产后要认真清理该区域，还要在此区域周边挂上红布条，用鸡血或黑狗血祭祀，并放鞭炮以驱除不祥。产妇及其丈夫日后还得回娘家挂红、烧香、放鞭炮等谢罪致歉。

据说，排斥寄产习俗与禁忌源于初民对血的畏惧。“在史前的世界里，血就是生命。……早期的思索必然会导致下面的结论：血不仅是生命所必需的，同时更是生命的本质。在诞生时有血，在死亡的时刻也经常有血。因此血被视为赋予活力和再生的物质，它在很多神秘的仪式及对死者、神明、精灵的祭典里都被广泛使用着。”[①] 史前先民并不懂女性分娩与产血的科学关系。他们认为“产血是女性潜在能力的标志……它又是婴儿骨血的根源，所以这种血既肮脏又强大。说它肮脏认为是和污秽联系在一起。说它强大认为它可以带来生命，又预示着死亡”[②]，因此避之。

正是这种畏惧，使得黄龙地区汉族民间生出“血光之灾”的传说。因为对产血带来的破坏力惊怖异常、恐惧失措，所以民间认为若稍有不慎，产血中藏着的种种毒害与危险便会在在月华之夜出现，带来惨烈的大灾难。“血光”一词，可以让我们感受到此禁忌巫术的情感力量和想象幻化的神秘感应。“血”，流动于每个生理个体的血脉之中，通常不会产生光学反映。但民间既称血“光”，那血光一词必不会出自现代科学与理性认识。血为什么会有“光”？那是因为此观念延续了“万物有灵”的史前巫术思维。人和动物来到这世间都伴着母亲的血液而生，“血气者，人之华也”[③]，因此，远古先民认为血液是生命力的象征，是生命的来源和灵魂的寄生处。血在，灵魂在，生命在；血尽，灵魂尽，生命尽。血液具有魔性和灵性，从情感可以直观联想到血液的红色也具有驱邪厌鬼的功能。但大量血液的流失常常伴随母体或新生儿生命的消逝。产血，带来的不仅是新生命，也有位于生死结合点的死亡之恐惧与厌恶。

血液能带来新生命，但血液凝聚生命能量与释放危险的力量几乎是一样的。在生死交界点的产血是蕴涵着危害生命的巨大危险的，这样的危险是不祥的，是灾难性的。加之，生产时的产血沾染到被子等

---

① ［法］蕾伊·唐纳希尔：《人类情爱史》，李意马译，云南人民出版社 1988 年，第 12 页。

② ［美］卡莫迪：《妇女与世界宗教》，徐均尧译，四川人民出版社 1989 年，第 80 页。

③ 李定生、徐慧君校注：《文子校释·九守》，上海古籍出版社 2004 年，第 102 页。

物品，怎么样也会破坏物品的洁净与美感，所以是具有一定污染力的。在“顺势巫术”或“模拟巫术”的思维中，先民认为一切相似的东西，都是同一东西，都具有同一功能。所以，产血甚至与产血一样颜色的红色就是潜在的、巨大的死亡恐惧之延续。人们对死亡的恐惧有多强烈，对生命诞生时刻的产血恐惧就会有多强烈。一切灾难都可以和创造新生命的失败联系在一起：天干地裂、风雨如晦、瘟疫连年、饿殍遍地……即使新生儿安全成活，但产血导致的“血光之灾”依然有让阴阳失衡、灾难降临的潜在破坏性，所以依然要严守禁忌、规避死亡与灾难。

产子，原本是人间大事、喜事，只因产血的“血光”会冲撞天、污浊地，于是便成了罪恶。而处在产期的女性，因身上带有死亡和不祥的巨大潜力，所以便成了被禁忌之人，

从禁忌本身包含“神圣”与“不洁”两方面的文化意义看，中国民间的血液禁忌是完整的禁忌涵义。“血光之灾”的禁忌是对生命的崇拜与对死亡的恐惧。“血光之灾”的背后隐藏着人的灵魂，隐藏着生的灵魂、死的灵魂。“操纵世间万物运作的灵魂—生命，主导着神秘、恐惧、不祥的思想活动，安排着人们崇尚、回避或排斥的行为”。

对死亡和“血光之灾”有多恐惧，那么，娘家或他人家排斥寄产的思想就有多根深蒂固。明代《万历野获编》曾记载：

> 慈圣皇太后久病目疾，屡治屡发，至癸丑年，有医妇彭氏者入内颇奏微效，且善谈谐，能道市井杂事，甚惬太后圣意，因留宫中。而怀孕已久，其腹皤然。宫婢辈俱劝之速出。彭贪恋赏赉，迟迟不忍决。一日忽产一男于慈圣位下宫人封夫人名彭金花女者之室。上大怒，立命杀之，赖慈圣力救，宛转再三，上难违慈旨，命贷其死，发礼仪房打三十逐出。次年，慈圣即上仙。盖

寄产虽俗忌，然不避者祸立见。即已嫁之女有妊，其夫非赘婿而归宁者，母家必遣之行，况宫禁乎？①

从此段记述可以看出，即使次年慈圣皇太后才驾鹤西去，人们依然会把死亡的原因归罪到医妇彭氏曾在宫中寄产之事上。面对寄产，“上大怒，立命杀之”。明代连帝王这样的“真龙天子”尚如此排斥、忌讳与恐惧“寄产”，更何况民间普通老百姓？直至今日，在松潘县城还会有部分房东不愿意租房给即将临产的孕妇，也许就是传统的怕“致不祥”之故。

（2）怀中有可抱，何必是男儿：育俗与性别

在传统民间社会，生男称“大喜”，生女则称“小喜”，或称“如意”。此“男女有别”且“重男轻女”的现象在汉族社会古已有之。殷商的甲骨文中就有“生男为嘉，生女为不嘉”的记载。

A. 弄璋弄瓦：男女性别与差异对待

在汉族传统社会中，男女角色的分别十分清晰。从婴儿诞生之日起，人们对其性别差异便冠以不同的称谓。《诗经·小雅·斯干》云：“乃生男子，载寝之床，载衣之裳，载弄之璋。……乃生女子，载寝之地，载衣之裼，载弄之瓦。”② “璋”，一种上等美玉。在传统宗法社会，要为王为侯之贵族才有资格佩带与执拿。生男则“载弄之璋”，寓意男孩日后执圭璧，为王侯，是以民间称生男为“弄璋”或“弄璋之喜”；“瓦”，陶土烧制的产品，在这指一种陶瓦制的纺锤。原始母系氏族社会时期，“瓦”这种工业材质尚属尖端科技产品，那时女孩“弄瓦”一下，地位也不会低到哪去——尽管我国原始制玉技术也相

① ［明］沈德符撰：《万历野获编》卷二十三“妇女”之“女医贷命”，中华书局1959年，第598页。

② 《毛诗正义》卷第十一，北京大学出版社1999年，第689—691页。

当精良。“弄璋”、“弄瓦”之喻历史久远。在史前时代，汉族先民把最美好的祝福都赋予了新生的小生命——无论性别。史前社会生产力低下，人种的繁衍便是全氏族最大的大事，因此，男孩与女孩地位不存在明显的高低差别，甚至在很漫长的史前时空中，女孩的社会地位远远高于男孩；只是随着社会变迁，科技逐步提高，陶器制作再也不是什么难事，“弄瓦”之喜便随着女性在整个宗法社会地位的逐渐下降而日落西山。让男孩在矮几上把弄玉璋，女孩则放地上玩弄陶纺锤，这种对新生婴儿差异对待的诞生礼仪，足以看出父母重视程度、对待态度以及人生期望值等有明显的不同。西汉大臣杜邺云：“臣闻阳尊阴卑，卑者随尊，天之道也。是以男虽贱，各为其家阳。女虽贵，犹为其家阴。”① 可见当时“男尊女卑”思想影响的广泛程度。这种因性别不同而形成的新生儿礼俗在历史长河中流传下来，并在中华大地慢慢扩散与变异，逐渐形成了汉族社会“重男轻女”的性别歧视风习，在某些特殊的社会阶段或地区，还常常出现残害新生女婴的恶性之举。至今，黄龙地区乡土间的老太太生气时骂孙女为“赔钱货”的现象也时有见到。

B. 梦熊梦蛇：卜性别与转胎术

“不孝有三，无后为大。”年轻夫妻先是担心自己不能生育，一旦“有喜”又担心生的不是男孩。黄龙民间歌谣《怀胎歌》云：

怀到四月八，庙里把香插。保佑（呦）奴家生一个儿子娃。②

① ［东汉］班固撰：《汉书》卷八十五之“杜邺传”，中华书局 1983 年，第 3475 页。

② 中共松潘县委宣传部、松潘文化体育局编：《岁月的痕迹》，大众文艺出版社 2010 年，第 184 页。

孕妇亲自去庙里烧香，希望神佛保佑生一个“儿子娃”，生动地描摹了其求子的迫切心情与孕期的担忧。

新生命在母体中慢慢地孕育成长，想得子，首先就想知道腹中胎儿是男是女。但在珠胎初结之始，古人能用什么方法知道胎儿的性别呢？《孙子算经》中有关于占卜生男生女的方法：“今有孕妇，行年二十九，难有九月，未知所生。答曰：‘生男。’术曰：置四十九，加难月，减行年所余，以天除一，地除二，人除三，四时除四，五行除五，六律除六，七星除七，八风除八，九州除九。其不尽者，奇则为男，偶则为女。”[①]《孙子算经》成书在公元四五世纪，这是运用五兆卜法来占卜男女性别的古代记录。五兆卜法程序繁复，用时较长，后世无传。此记录是敦煌文书中的保存物。用如此繁复的占卜方法来推测胎儿的性别，父母之心可知也。

《诗》曰：“吉梦维何？维熊维罴，维虺维蛇。”“维熊维罴，男子之祥；维虺维蛇，女子之祥。”[②] 这是两千多年前流行于华夏上流社会的一种风俗，使用的是占梦方式来预测腹中胎儿之性别：梦见熊罴则预示生男，梦见虺蛇则预示生女。这种占梦卜性别的方法曾长期流传，对华夏文化影响深远。

那么，为何梦见熊生男，梦蛇得女呢？孙作云先生在《周先祖以熊为图腾考》指出：“梦熊生子的信仰，就是从原始的周人以熊为图腾的信仰发展而来；梦蛇生女的信仰，则是因为周人多娶姒姓女子为妻，而姒为夏人之后，原始的夏人以龙蛇为图腾，所以才产生了这种梦蛇即生女子的迷信。”[③] 孙先生的观点颇有道理，但不如从中国古

---

① 郭书春、刘钝校：《算经十书》（二），辽宁教育出版社 1998 年，第 25 页。
② 《毛诗正义》卷第十一，北京大学出版社 1999 年，第 688—689 页。
③ 孙作云：《周先祖以熊为图腾考》：《诗经与周代社会研究》，中华书局 1996 年，第 13 页。

代的阴阳之说来进行阐释更贴近原诗的本义。《毛诗》郑笺曰："熊罴在山，阳之祥也，故为生男；虺蛇穴处，阴之祥也，故为生女。"[①]朱熹《诗集传》释曰："熊罴，阳物在山，强力壮毅，男子之祥也。虺蛇，阴物穴处，柔弱隐伏，女子之祥也。"[②] 较之郑笺，朱熹的解释则更为清晰明了。而清人熊伯龙亦作过这样的解释："或曰：'生男阳气威，阳威则肠热，故梦刚物。生女阴气盛，阴盛则肠冷，故梦柔物。'犹身冷梦水，身热梦火也。"[③] 此解释更为直接，并更加切近原诗的生育主旨。"梦熊生男，梦蛇生女"的释梦方式实际上是建立在相似联想基础上的一种巫术思维。因为"熊罴"雄壮有力，与男性的"阳"文化基质相类；而"虺蛇"生长于阴暗潮湿的环境，与女性的"阴"文化基质相类。而按照弗雷泽的"顺势巫术"的观点阐释，果必同因，彼此相似的事物可以产生同样的效果。所以，比附推导，自然便产生出"梦熊"与"梦蛇"的梦占结果。随着历史的延续，"熊罴"、"梦熊"更是成为华夏族具有固定象征意义的梦兆专用名词与贺人生男的吉语。周文王夜梦罴熊直入，昼在滑水遇吕尚，得尚为良相。北朝氐族首领苻健之母"姜氏梦大罴而孕之，及长，勇果便弓马"[④]，此实为古老梦熊观念的一种延展。迨至唐，民间时有"伏熊枕宜男"[⑤] 之风俗。此风俗实是巫术"相似律"与"接触律"结合产生的一种"交感巫术"。人与熊枕一接触，熊的阳性推动力传输至枕，再感染于人，最后影响到胎儿孕育的性别。

据《东京梦华录》中曾记载，宋代婚礼夫妻交拜完毕，并坐床

---

① ［宋］朱熹：《诗集传》，上海古籍出版社 1958 年，第 125 页。
② ［宋］朱熹：《诗集传》，上海古籍出版社 1958 年，第 125 页。
③ 傅正谷：《中国梦文化》，中国社会科学出版社 1993 年，第 59 页。
④ ［唐］房玄龄等撰：《晋书》第 9 册，卷一百十二，中华书局 1974 年，第 2868 页。
⑤ ［后晋］刘煦等撰：《旧唐书》卷四十一之"志第十七"，中华书局 1997 年，第 3214 页。

沿，妇以金钱、糖果撒掷，此俗被称为“撒帐”[①]。婚庆时撒掷的吉祥花钱即为“撒帐钱”，这种“花钱”的正反两面上通常分别铸制“维熊维罴”、“多子多孙”两句话，实为民间婚庆“撒帐”时乞求多子的吉语。年轻夫妇刚踏进洞房，长辈们便开始用类巫术咒语式的干预术去期盼未来产子了。可见，当时的古人祈盼得子的心情是多么强烈。

（宋“维熊维罴”花钱。图片来源：中国收藏网）

能否生育男孩，魏晋陶弘景认为，关键取决于夫妻交合的时机：“若欲求子，待女人月经绝后一日、三日、五日，择中王相日，以气生时，夜半之后乃施精，有子皆男。”[②] 一、三、五皆为阳，按巫术交感的思维，时日的阳的因素会促成母腹内胎儿男阳的产生，于是，为得子，夫妻交合日也亦在阳日。

为了生儿子，汉族民间社会曾流行过“转胎”的巫术对胎儿性别进行孕期干预。转胎或行方术，或服药物，大都希望转女为男：马王堆《胎产书》教导产妇以埋胞之法影响下次怀孕，指出若欲生女，则埋胞阴垣下，欲生男，则埋胞阳垣下[③]；古人认为，当胎儿性别还无法确定时，可千方百计促使胎儿向男性方向发育。据西晋张华《博物

① ［宋］孟元老撰：《东京梦华录》，邓之诚注，中华书局 1982 年，第 149 页。
② 宋书功编著：《中国古代房事养生集要》，中国医药科技出版社 1991 年，第 207－208 页。
③ 马继兴：《马王堆古医书考释》，湖南科学技术出版社 1992 年，第 805 页。

志》记载："妇人妊娠未满三月，着婿衣冠，平旦左绕井三匝，映详影而去，勿反顾，勿令婿见，必生男。"① 当孕妇怀孕未满三个月，让其每天清晨身着男装，绕井三匝，并观看井水中自己的照影，便可保证生育时产男。这便是魏晋南北朝时期利用巫术转胎改性别的一种方法。

传统民间社会还相信，孕妇的言行若与特定的性别相关，胎儿便能相应转化，转胎主要以转女为男为主。汉唐之间，以孕妇行为影响胎儿性别的干预术有许多。如欲生男者，应操弓矢、射雄雉、乘牡马、观虎豹；欲生女者，则应着簪珥、绅珠子施环佩等。《本草纲目》记载："礼云：男子生，以桑弧蓬矢射天地四方，示男子事也。巢元方论胎教云：妊娠三月，欲生男，宜操弓矢，乘牡马。孙思邈《千金方》云：妇人始觉有孕，取弓弩一枚，缝袋盛，带左臂，则转女为男。"② 女性为阴，弓弩为阳，阴阳交感，阳气入胎，很明显，孕妇跨马执弓箭并非模拟男子从事军事活动或女性个人进行体育锻炼，而是为了用自己的阴去感阳、改阴为阳以便生儿子。这是古代阴阳思想在巫术交感中的运用。直到今天，民间还经常根据孕妇的某些行为来推测胎儿的性别和贵贱。如"酸儿辣女"，"儿勤女懒"，"生男肚子尖尖，生女肚子圆圆"等，上述种种方法性别预测，黄龙民间至今仍有人相信或疑信参半。

现代社会，虽然人们早已实行计划生育，汉族夫妇只能生一个小孩，生男生女都重要，但黄龙民间依然存在一些简单而常见的性别干预术：如在孕妇居室挂满可爱漂亮的小男孩画像，认为多看多接触男孩形象，腹中胎儿便会转女为男；也有多吃公鸡及其他雄性牲畜之肉

---

① ［晋］张华：《博物志·杂说下》卷之十，范宁校，中华书局1980年，第109页。
② ［明］李时珍：《本草纲目》，王育杰整理，人民卫生出版社1982年，第2000页。

以转胎改儿性别等。个别求男心切的汉族女性，甚至在怀孕初期便用超声波等现代医疗手段去辨认男女，然后采取进一步的干扰措施（如流产）等以确保生个男孩。

在黄龙地区，传统社会中的汉族、羌族和回族的传统价值取向与生育观念有极大的相似之处。与汉族多数地方相仿，遵循男性继嗣的原则，羌族、回族的生育偏爱为男性，民间大多数人依然希望有儿子，婚俗中种种祈育仪式以儿子为先。不过，近来"重男轻女"的观念大大改观，村寨民众虽希望有儿子，但并不轻视或歧视女孩。只是大多数人希望"儿女双全"，一般没有孩子的希望第一胎生男孩，有了女儿的，希望再生一个男孩，而有了儿子的，则希望添个女儿。或许，这正是"龙安堂"开始出现大量女童画像的原因吧。

与其他民族相比，黄龙地区的藏族对性别似乎并无特别偏好。笔者令人尊敬的山巴乡藏族师兄——西南民族大学的同美教授就在与我们同赴黄龙调研的日子里，天天把他的"千金"叨念在嘴上，每次提到女儿，他的脸就笑得灿烂如花。《甘青藏边区考察记》曾提到，当时藏人"赘婿生子或私生子皆以为孙，无男孙或男孙为僧时，女孙亦可承嗣，无子女及甥时，财产输之寺院"[①]。或许，生育性别上的偏好与选择，正源于各民族的传统信仰观念。藏民族之所以能坦然地接受"私生子为孙"，一是藏民族自古没有汉民族"不孝有三，无后为大"的宗法观念，二源于藏传佛教"天下有情皆平等"的宗教道德观。

不过，时代在变迁，人类社会在发展，家庭文化也随之变迁，现代黄龙地区民众的生育观念正在发生新的变化：城市汉族已意识到"生男生女"都一样，由于现代社会买房与生存压力，常会听到有女

① 马鹤天：《甘青藏边区考察记》，胡大浚校，甘肃人民出版社 2003 年，第 156 页。

儿的父亲取笑养儿子的父亲："你就慢慢挣你儿子的买房钱，愁你儿子的婚事去吧。"近来也时常能听到城市的父母感叹："生育容易，养教难哪!"近年来，黄龙地区民间的出生礼仪与生育观均发生了很大的变化。村民的生育习俗已由求神到求医转变，由注重生向注重育转变，由重男轻女向重男不轻女转变。但文化变迁与民俗的变更具有相对独立性和滞后性，传统社会中"不孝有三，无后为大"、"多子多福"等伦理观念尚存很大的意识空间，追求"生生不已"、血脉延续仍在民间意识中萦绕。在黄龙地区乡村，若邻里之间发生争执，一句"断子绝孙"于多数中老年人而言，无异于最恶毒的诅咒，是掐断人生命线的死亡咒语。因此，就黄龙地区的农业区的人们而言，新型出生礼仪文化的形成，也还是需要时日的。

三、掌珠一颗贺诞辰：贺生仪礼

"十月怀胎，一朝分娩。"从古至今，每有婴儿降生，便会牵动家人关注的目光与喜悦的心情，从民间俗称——"添喜"一词中，我们可以窥见人们对新生儿降临世间的期待与重视。

严格来说，婴儿诞生之前的种种孕期习俗是为新生儿呱呱坠地作物质与精神准备的，而婴儿诞生之后的庆贺礼俗才是整个人生真正的开端礼仪。黄龙地区的"贺生"之俗，藏族、羌族、回族、汉族的仪式程序基本一致，均有"贺喜"、"命名"、"满月"等庆祝仪式，但各民族仪式程序有繁有简，仪式内容有新有古。在仪式的深层观念上，藏族、回族的贺生仪礼的宗教性质比较浓厚，其宗教仪式环节一直贯穿与渗透在整个贺生过程中，而汉族则更多几分世俗喜庆的成分。由于黄龙地区的汉族民众，多为明、清时期从全国各地不断迁徙而来，而其中南方与附近川西平原的汉族又占了迁徙人口的主要成分，因此，中国南北各地，尤其是川西平原传统的“贺生”仪礼在黄龙都能寻觅到几丝沉淀的踪迹。

“贺生”仪礼包括很多环节，黄龙地区目前尚存的传统“贺生”仪礼主要有：

1. 驱邪禳夭贺嘉辰：藏族“旁色”

既然生命与灵魂相关，出生仪式自然少不了面向信仰世界的祭祀活动。藏族婴儿出生会伴随着很多相关礼仪。其中与宗教信仰紧密相关的礼仪就是“去污仪式”，藏语称之为“旁色”。此俗据说源于古老的苯教敬神仪式，类似于汉民族的“洗三”。

该仪式包括两个环节：一是婴儿降生时的煨桑与祭祀；二是男婴降生后第三天、女婴降生后第四天（各地时间略有差异，有些在第八天婴儿肚脐结痂的日子）举行的亲友贺喜活动。

第一环节：藏族婴儿来到人间后，父母会在孩子的头顶骨缝（囟门）尚未完全长合处抹上酥油，或捏一点糌粑在小孩额头，以防止邪恶侵入。父亲会怀抱婴儿，到户外经幡处举行煨桑仪式。煨桑的香料主要是青稞炒面，方法为将青稞炒面洒在用干净的干牛羊粪点燃的香柏树枝上，让燃烧的桑烟呈现灰白色，冉冉飘升于天空，借此向天地山湖诸神灵告知一个新生命降临人世，祈求诸神保佑。

在藏族传统习俗中，女性产血被认为是污秽不洁之物，所以生小孩的牧区藏家一般会在房门和院门挂上白色哈达或一撮白色的羊毛。农区藏家则在院门外煨桑焚香作为标志，以防止外人贸然进门而招致晦气。同时会在大门口放置一小堆石子并燃起桑烟以示家中有产妇要“忌门”。

类似风俗黄龙地区的汉族、回族与羌族亦存在，在传统汉族社会，婴儿诞生时，除产婆，连准爸爸也不得入产房，因此产妇居住的房间要在门楣上挂红布条等以示警醒和驱邪。

镇坪羌寨也有“忌门”之俗，但却允许丈夫进入产房探望妻子；小姓羌寨的部分人家甚至血亲的舅舅也有进产房探视的特权。镇坪羌寨一旦家里有产妇，便会在家宅门口挂上红布条或三个蛋壳以忌外人，尤忌陌生人和未婚男子进入，忌期三天到一月不等。蛋壳通常为产妇生子后最早吃过的三个鸡蛋之壳。当地羌人对置蛋壳于大门外有两种解释：一说是使外人勿擅自闯入，怕踩断了产妇的奶；二说则是为了婴儿无灾无病地长大。二说皆有其民俗信仰文化的根源。另外，镇坪部分地区还有“倒蛋壳”的习俗：“月母子”（四川方言，即“坐月子”的产妇）在月子中吃蛋留下的蛋壳不能随意丢弃，须在新生儿满月后才能倒掉。甚至，有些羌族人家还要求蛋壳必须倒在三岔路口。据说，如此才能消灾祛邪，保佑母子平安。在此风俗中，鸡蛋之所以具有消灾祛邪的民俗功能，乃源于民间俗信赋予鸡蛋的生殖能力。在鸡蛋繁衍生命的信仰中，生殖力量是超乎一切的神奇力量，鸡蛋既然具有生命的力量，那么也就具有消灾祛邪的力量。蛋的生殖力量保佑新生儿健康成长的意义，无疑是原始接触巫术在现代民间生活中的一种孑遗。

过去，在黄龙地区的某些藏族村寨，婴儿出生后的第一个凌晨，由其祖母在晨星初现之时，为产妇与新生儿提回第一桶祝福水。据说，此俗源自苯教信仰。在苯教观念中，一日之交替在于晨星出现的时刻，晨星又代表前额之星，象征着新生、智慧与涵养。而苯教又有尊敬老人的传统，它认为老人代表着神圣及智慧，所以才会有祖母提水送智慧祝福的风俗产生。

藏族民俗信仰流传着一种观念，认为孩子一出生，就有小鬼“色”出来偷盗婴儿的“灵魂”和“福气”。所以还有部分地区的藏民在小孩出生后，会特意去寺院为小孩请生日符。生日符上为具有特殊功能的咒语，该咒语专门压服小鬼“色”。符咒请回家后，长辈们会将此物放在小孩床边以护持其康健。

第二环节：在“旁色”仪式举行的这天早上，人们要在新生儿的家门口摆放上一堆石子，并在石堆旁煨桑。若新生儿为男，便堆上白色的小砾石，若新生儿为女，则什么石子均可。

亲朋好友们给新生儿及其父母贺喜，参加者都要或多或少带上礼物，哈达是必不可少的。贺喜的客人一进门，首先便给新生儿及其父母献上祝福的哈达，然后再敬酒、倒茶及献礼，有时还要在孩子的额头抹上一点酥油，并对孩子说上一些吉利的祝福话。“旁色”仪式，也是通过热闹祥和气氛驱除婴儿出生时带来污秽，并帮助小孩祛退小鬼。从民俗仪式的当代的作用来看，“旁色”与其说是为了祛退小鬼，不如说是恭贺小孩子诞生的庆典，它以欢快形式表达家人对新生小孩的良好祝愿。

2. **初生三日魄：“踩生”礼**

“踩生”，或称“踩门”、“逢生”，是流行颇广的一种全国性民间生育习俗。该风俗原指女性诞子后，新生婴儿遇见的第一个不期而至路过或造访的外人，这个不请自来的外人便为新生儿的“踩生人”。“踩生礼”的时间限定通常为三日之内，但黄龙地区民间的“踩生”礼有三日之内或未满月前等时间上的差异。

黄龙地区各族都认为，“踩生人”与新生婴儿之间有着某种天然而又神秘的联系。新生儿呱呱坠地后，一经踩生，踩生人的品行才貌、智慧能力以及贵贱穷富等会直接影响或转移到新生儿的身上。因此，遇见一个什么样的踩生人，对新生儿的前途至关重要。为了新生儿将来有个理想的品行情貌，一般人家总会尽可能地回避或阻止品行不好之人见到新生儿。当适当的“踩生人”来到，主人通常会端出醪糟蛋、红蛋等热情款待，而“踩生人”则会说上许多祝福小孩的话语。

现代社会多在医院生产，新生儿的“踩生人”无一例外地全为接生的医生或护士。因此，恪守“踩生”习俗的产妇及家属，总是想尽千方百计去了解、接触甚至“贿赂”待产医院产科中学历高、职位高、相貌好的医生。据说，如此便能借助医生的职业地位和广博学识带给新生儿获取锦绣前程的好兆头。一时之间，长相漂亮、学历和职位高的医生成为现代“踩生”的“香饽饽”，其接生任务亦相当地繁重。产妇及其家人的这种想法与传统观念有关，但“买通”医生也许是现代社会民俗的一种新流变吧。

在踩生习俗中，新生儿与踩生人的命运紧密相连。究其实质，此乃相信人或物之间存在着超距离交感作用，是古巫术思维的遗存，是借模拟巫术中的同类相生为新生儿招运祈福的民间巫术行为。此外，踩生礼其实还表现出各族群众在日常生活中的灵活应变又积极主动的生活态度。

3. **外家亲友乐情亲：“送祝米”**

“送祝米”是西南地区婴儿出生时一个非常重要的贺生礼俗仪式。“祝米”的称谓，说明了这种贺生习俗的传播地应为稻谷栽种区域，因为“祝米”之米原指糯米，而黑糯米仅有云、贵、川才有出产。明清时期随着移民迁徙与文化的交流融合，有些地区的人们逐渐把“送祝米”与“洗三朝”结合起来，合并成贺生仪礼中的一个仪式环节。“洗三朝”又名“三朝酒”、“洗三”，川西平原及黄龙地区的汉族群众多称其为“打三朝”。延至当代，部分汉族地区又把“送祝米”、“洗三”及“满月酒”合为一体，多以办“满月酒”的形式出现。近十年来，汉族群众也有不办“满月酒”的。

在黄龙地区，羌族、回族的传统文化上原本无“送祝米”的礼俗，后因不断受到汉文化的影响，近年来在不同社区、回族与羌族亦开始不同程度地出现“送祝米”的礼俗，各民族间虽各有差异，但大体内容相似。黄龙地区回族群众多选择北方民俗的习惯用语——“洗三”或“洗三朝”来命名此仪式环节，并常与满月礼一块举行。女儿初次生产后大约一周，部分地方为半月左右，外婆会邀约产妇娘家的七大姑八大姨甚至近邻、挚友等女性亲眷，携带鸡蛋、糯米、小衣服、小被子、背儿带或现代补品等礼物前来看望，祝贺小生命降生，此后出生的孩子“送祝米”则可办可不办。

过去，为护佑新生儿健康成长，外婆在给“月母子”（四川方言，即产妇）“送祝米”时，常常会带上一些自己做的衣物鞋袜或玩具佩饰等物品，尤其是头胎万不可缺。由于黄龙汉族的多源性，“送祝米”时外婆、舅妈们（多为外婆）选择的女红物品也略有差异：有些外婆会亲手给外孙做一个布老虎枕（或鞋、或帽或玩具等）；有些会在送给婴儿的小被褥四角缝缀密密的长命线；有些会送上绣制精美、深蓝色或黑色做底的“背儿带”。这些民间针线手艺虽不能说巧夺天工，但却凝聚着外婆对外孙浓浓的祝福与设计巧思。

当外婆一行到来，婴儿父亲家族要鸣放鞭炮以示欢迎，女客或被恭请到客厅喝茶，或去厨房帮忙，或去看新生儿，有些私下还要给新生儿见面礼物，一般有长命锁、银饰或直接给钱。若产妇家中还要给婴儿“打三朝”，金属类佩带物一般留待那时送。

类似风俗羌族镇坪地区也有，他们俗称“看月母子”。羌族一般送鸡蛋、米、酒、猪蹄等礼品。与汉族不同的是，羌族“看月母子”的仪式过程对神灵比汉族更具敬畏心理，因此，羌族“看月母子”的队伍到了新生儿家都要先把礼物放在神龛前供奉，男方家主还要向自己的家神及其他众神致以虔诚的献酒辞，前来祝贺的人常唱歌跳舞以示祝福。在此环节，男性绝对禁止入产妇房间；有些地区男性“送祝米”甚至会招人耻笑。

“送祝米”的礼俗反映了黄龙民间对“通过仪式”中的第一道重

要关口的高度重视。

4. **会值三朝洗尺躯：洗三朝**

“洗三朝”是传统汉族社会为新生婴儿进行的第一个洗沐仪式，是贺生仪礼中的重大仪式之一。有些地方又叫“打三朝”、“三朝酒”、“洗三”。据说，“洗三”的本意是为新生儿洗去生产过程中沾染的产血与污秽，因而被认为具有驱邪保生的意义。此外，“三”在传统汉族的观念中，是个吉祥数字。如三元及第、三星高照、三阳交泰、连升三级等均以“三”称。为新生儿的第一次洗沐称“洗三”，显然也包含着对新生命的美好祝福。

黄龙各地“洗三朝”的时间有些差异，但通常均有如下几个环节：

(1) 报喜环节：小孩一出生，父亲家族会将染红了皮的熟鸡蛋送给外婆家、近亲好友或街坊邻居，此谓报喜。

对这个报喜的仪礼，黄龙地区民间俗称“送红蛋”。羌族有些村落则送象征穹天宇宙的“弯弯馍馍”。以前，黄龙地区汉族生女孩不用送红蛋，现在男女都送。红蛋是生育报喜的象征物，汉族村寨的邻居看见孕妇家有人来送红蛋，立马就明白这家的孕妇已经生育了；在汉族村寨，过去还有新生儿父亲拎上鸡、带上礼品去外婆家报喜的风俗。通常生男孩提公鸡，生女孩提母鸡。有些人家，外婆还会给女婿回送一些生鸡蛋，其作用一是给自己的女儿做营养品滋补身体，二是希望自己的女儿能再接再厉，继续生育，多子多福。

(2) 沐浴环节：婴儿出生第三天（有些人家是第九天，称为洗九），要请来德高望重的老太太进行洗礼。据说这样可以洗去婴儿从“前世”带来的污垢，使今生平安吉利。婴儿洗身要用艾篙、花椒等中草药煮沸的水，工具是大木盆（塑料盆也可），盆里要放上亲友们送来的各种金银首饰。老太太给婴儿洗澡时，家中大人要帮忙，边洗边说一些祝福话，比如抓上一个金饰，便说“金玉满堂”；抓着长命锁，便说“长命百岁”。据说，把金银泡进水里，就等于把小孩子扔进了钱海里，将来定会富贵逼人。

洗毕，给新生儿穿上衣服。有些人家会特别穿上外婆做的衣物；有的人家会用秤量一下婴儿的体重，据说是看婴儿的命有多重，越重命越好；还有的洗完后要用装饰洗盆的物品象征性地在婴儿身上擦几次，以示驱邪避瘟。

（3）宴席环节：新生儿沐浴完毕，为答谢前来庆贺的亲朋好友，婴儿父亲家族还要大摆宴席，酬谢宾客，黄龙地区称为“洗三酒”或“三朝酒”。因此，古代又“洗三”又有“汤饼会”、“汤饼宴”之称。汤饼即一种煮的面食。当然，“洗三酒”并不局限于面食，主要是嘉肴。在“满月礼”的过程中，新生婴儿和母亲会在客人吃宴席的时候公开亮相，并抱着小孩一桌桌地答谢一圈，而宾客在觥筹交错之际，还必须得为新生儿说上几句祝福的吉祥话。

“妇女在生育了孩子之后，她的社会地位才得到完全的确认。同样，姻亲关系只有在她生育孩子以后才开始有效。”[①] 产妇初次分娩具有极大的个体与社会意义，成为母亲标志着产妇从新媳妇到母亲角色的成功转变，新媳妇的人生状态已经成为过去，产妇通过怀孕、坐月子获得了“新”的生命，她以母亲的新生活状态真正地进入丈夫家庭，并在夫家获得正式的家族地位，从此，她的角色不再只是一个女人，而是守护孩子的母亲和在夫家真正获得地位的妻子。在传统的社区生活中，新妈妈将被周围人冠之以“某某妈”的新称号，并在左邻右舍眼中，成为角色转换后的“妇女”。

汉族人家“打三朝”的人员主要为女性，俗语云：“男不打三

---

① 费孝通：《费孝通文集》第二卷，群言出版社 1999 年，第 23 页。

朝”，估计此俗受了“送祝米”影响。因为“送祝米”是以产妇娘家为主体的庆祝，而“打三朝”却是以父系家族成员为主的一个祝福仪式。直到今天，“打三朝”的贺生习俗依然在黄龙地区各民族群众中广泛存在，其举行仪式的具体时间因民族和族群而异，有人第三天庆祝，也有人在第七天或第十二天，甚至与满月礼重合而庆祝。在黄龙地区，尽管举行“打三朝”仪式的具体时间在不同民族、不同聚落、不同文化中而有所差别，但其仪式中蕴含的驱邪求吉、祝福喜庆之民俗意涵却大体一致。

当然，现代人为新生儿举行第一次沐浴的时间已远远早于“三朝”，往往婴儿才呱呱坠地、母亲尚在昏睡中，医院里的护士就已经为新生儿开始沐浴了。故现代民间即使为婴儿过“洗三朝”，通常也省略了沐浴的仪式环节。

5. 笑里唯是弥月酒：满月礼

为庆祝新生儿的“满月”而公开设宴的仪式，称之为“满月酒”，或称“弥月酒”、“月米酒”。在黄龙地区，汉族、羌族、回族、藏族均有此俗。外婆等亲友都会前来祝贺。产妇到此时为止，“坐月子”正式结束。

满月礼是婴儿满月后第一个重要的人生仪俗。汉族满月礼仪式比较重视“剃胎毛”，据说是防“压运气”；还要“剪胎发”，胎儿剃下的头发通常会用红纸包好，或挂床头或悬房梁或妥善保管，今天则有年轻父母直接将胎发做成婴儿胎发笔，为孩子留下终身纪念；亲戚朋友会送给婴儿大红包，或钱或金银玉等首饰。

黄龙地区乡镇群众的新式“满月酒”渐渐开始在酒店以酒宴的形式举行。在举行仪式前，婴儿父母或爷爷奶奶会为其拍摄满月照。举行满月礼，最高兴的莫过于爷爷奶奶或外公外婆，特别是汉族公务人员通常只有一个小孩，祖辈对小孩子的疼爱往往超过其父辈。赴宴前，他们会不惜重金购买金银饰品，到满月礼那天给小孩亲自带上，有些祖辈还会另外附上高额现金或银行卡，用作小孩未来的教育费用或“健康基金”。

羌族的婴儿剃发，一般由舅舅或爷爷完成。因婴儿的发型像扁扁的铲子，故俗语称“铲铲头”。在此俗中，要祭拜神龛，呼喊所有神的名字，从天神到地神，再到家神、已故祖先，只是不能喊冥神。婴儿剃下来的头发要妥善放置，否则小孩的灵魂会受到伤害。羌族群众常把胎发撮成团，用红纸或红布包好，塞于屋顶或神龛的缝隙中，也有人家挂在小孩的床头镇邪。产妇抱新生儿出来见生人，孩子的爷爷和奶奶要用锅底灰和猪油在孙子的脑门或鼻子上涂抹，意思是使妖邪鬼怪辨认不出小孩，不能加害于他，以此确保小孩一生平安；亲属长辈和舅舅、朋友都会给孩子“长命钱”。

藏族的婴儿满月，要打卦、占卜，并选择出一个吉利的日子，为新生儿举行正式的出门仪式。“这天小孩要换装，一般从家门出去往东走，以图吉利。有的第一天到寺庙朝佛，目的是祈求佛保佑新生儿一生平安。孩子第一次出门，往往在婴儿鼻尖上擦一点锅底的黑灰，意思是使婴儿在出门时不被魔鬼发觉。”①

6. 酬神欢宴聚塔前：羌族塔子会

黄龙地区的羌族是山地民族，其历史上生存繁衍与生产生活区域，多在高山深峡密林的山地地区，他们对连接天与地、滋养林木珍禽的大山有着极其深厚的感情。由于高山之颠与苍穹的接近，羌族先民在崇敬苍天的同时，也敬仰高山。羌族供奉的山神很多，每一个村寨都有自己的山神，不同村寨之间又会有更大范围的共同山神。不同山神有不同的职能，代表着不同的神威。这种山神信仰不仅反映在民

---

① 郑堆：《江孜人的生育习俗》，《西藏民俗》2000年2期，第36页。

间祭祀仪式与民俗日常活动中，而且无不与生命现象休戚相关。

羌族先民是信奉万物有灵的，他们赋予土地、山峦、岩石以神性与灵力，把他们视为孕育生命、繁衍生殖的地母神象征。因而，他们用石头堆砌起来的塔子也是带有神性的灵物，具有神圣的象征功能。

在黄龙地区，每年夏季六月十五左右是羌族传统的塔子会，又称祭山会，山神会、祭天会、转山会等。由于各寨的山神不同，所以黄龙地区不同的羌寨祭祀山神的时间并不全然一致，不同的神山有各自不同的祭祀日期。有时，为防止全寨人去祭山而出现空寨无人、盗贼潜入的现象，通常相邻两个寨子之间会相互协助、错开祭祀山神的同天日期。尽管祭祀日期略有差异，但黄龙地区羌寨塔子会的时间仍多集中于六月十五前后。

在祭山之日，小姓羌寨、镇坪羌寨的羌民会带上猪膘肉、弯弯馍馍、咂酒、柏树枝等祭祀供品去祭拜天神、山神，借以表达自己对上天的敬仰，并祈求五畜繁育、五谷丰登、村寨平安、生活美好等。届时，全寨男人汇聚至每年祭祀的塔子处，敬献咂酒、新插柏树杆、烧香跪拜并祈福还愿等。在塔子会中有一个特殊的仪式：凡在这一年祭山会之前生了小孩的人家，新生儿父亲会在塔子前供上一个特制的、直径 40 厘米左右的圆形大“弯弯馍馍”，然后面对塔子，将自家酿制的咂酒，敬献给众神并请求神灵庇佑新生儿健康成长。若小孩在祭山会之后出生，则要等到第二年的塔子会才能行此仪式。敬酒时要用吮吸的空心杆醮酒，向空中反复弹三下，以示敬天、敬地、敬神灵，同时口中还要虔诚地念请众神下界享受祭祀。新生儿父亲还会在塔子前用石块为新生小男孩砌一个小小的石塔子，此后每年塔子会新生儿父亲会到此整理、维护、翻新小石塔，待小孩长至十二岁，每年翻新小塔子的任务便由已长大的男孩自己执行。塔子会祭祀完毕，男人们会向空中鸣枪，借此通知全村寨的人祭山结束。

在塔子会中，参与祭祀的均为男人，女人们通常会在神山山腰附近选择一空阔的坝子，扎起帐篷，等待男人们从山上下来。当山上象征祭山完毕的枪声响起，全寨的女人便开始忙碌地准备食物。待男人们从山上下来，全村寨的男男女女、老老少少便开始围在一起聚会野餐、跳铠甲舞、唱多声部、载歌载舞，恣意欢娱。有新生儿的家庭要把事前特意做好的许多小弯弯馍馍分送给寨子中的每一家人，并邀请乡邻共同享用咂酒、猪膘肉等食物，分享新生儿降临的喜悦。在村寨性隆重的"塔子会"仪式上正式宣告新生儿降临的消息，无疑是明确了新生儿在羌族村寨中的族群成员角色。

塔子会仪式环环相扣，新生儿的贺生仪式与塔子会的祭祀功能重叠演示，天神信仰、地母信仰、山神信仰、神树信仰、白石信仰等有机地结合在一起，组合成多元一体的信仰体系，表达着丰富而多元的羌族诞生仪礼与民族、民俗内涵。

7. 小儿行礼认干亲：拜干亲

作为民间信仰表现形式的拜干亲是我国很多地方都有的一种传统习俗。黄龙地区的拜干亲习俗通常是将小孩出寄于某一对象，与之结成某种名义上的亲子、亲缘关系，以求消灾免祸，佑护小孩身体健康、顺利度过成长的危险期。因民族、聚落、祖源地的差异等原因，黄龙地区各民族民系的拜干亲方式略有差异，独具自己的特色与文化含义。

在镇坪、小姓羌寨，当新生婴儿瘦弱多病，夜晚常嘀闹不止，父母便会选择给小孩缔结一种"巫术性"的虚拟亲子关系。其寄拜对象可以为人、植物、动物、山、石等物。拜寄干亲的日子需要事先占卜测算。

与人缔结虚拟亲子关系主要有两种形式：一是通过占卜直接找熟悉与认识的人拜寄，此俗当地称为打干亲。通常父母会选择与孩子的生肖属相、五行属性相生相合的人来作干亲。打干亲的仪式较为简单：选择一个吉日，父母领着孩子，带着礼品到受寄之家拜寄干亲。干亲为表示对孩子的接纳，会给寄子或寄女取一个名字，命名可以加上干亲的姓，也可以不加。另外干亲还会给寄子或寄女一些礼物或钱。与汉族略有不同的是，羌族打下干亲后，每隔三年小孩子要去给干亲磕一回头，直到十二岁为止。这是因为在镇坪羌族看来，十二岁以前的小孩还未长大成人，其生命力比较薄弱，会每三年遇见生命的一关口，即三岁、六岁、九岁、十二岁四个关口。因此，每三年就得去给干亲磕一次头，以感谢干亲保命过关。同时，按照羌族的传统习俗，小孩过生日一般在十二岁前的四个关口过。其他时间，一律不过。羌族是个尊老的民族，在羌族社会中，只要家中有老人，无论其真实年龄为多大，都不能逾越过生。而汉族一旦缔结干亲，则是每逢年节或遇上婚丧嫁娶之事，两家一般都会互相往来，寄子女与干亲父母的关系如同父子关系一样。

第二种则为撞拜，即“撞干亲”。

当小孩多病或常哭，黄龙羌族过去存在一种撞拜干亲的保育风俗。他们认为，直接找干亲没有撞拜效果好，于是羌族母亲或奶奶会通过占卜选择日期、方位、地点，抱上或拉着小孩，带上酒、菜等食物，去等待第一个从面前经过的成年男子。因为没有事先约定，彼此间并不认识，所以这种拜寄方式称为“撞拜”。“撞拜”之人，不分贵贱、不分圣俗、不分民族，只要撞上，便为小孩的干亲。“撞拜”之人即使毫无思想准备，但出于对民间习俗的尊重，他们往往会欣然同意。通常被拜寄者会喝一碗小孩家长献上的咂酒，然后再接受小孩本人或其家长的跪拜，并给小孩子取一个新名字，通常为什么“保”或什么“生”，如“长生保”、“长贵保”、“茂生”、“保生”等。据说重新取名可以消除小孩的病患，此命名方式被称为“撞名”。在黄龙不同的羌寨，“撞拜”的方式还会略有些差异，但多以偶然因素闯拜，以取撞名消病患的微妙巫术心理是一致的。“撞拜”缔结的虚拟亲子关系多为匆匆一晤，此后难以再见，两个家庭像亲戚一样走动，长期保持良好关系的较少。

“羌民散播的区域很广。……除了寄拜于人外，羌民还往往找物件做他们的干爹，而且就把他们这种干爹的名字来加上一个‘保’字做自己的‘小名’。譬如寄拜于松树的便名松树保，寄拜于柱头的便名柱头保，寄托于土地神的便名土地保等等。”① 除了与人缔结虚拟的亲子关系，另外还有一种常见的择物拜寄，即拜寄于山、土、水、石、树或鸡、兔、猪、牛、狗等灵性自然物。

从 1929 年黎光明、王元辉的川西风俗调查记录中，我们可以发现，当时羌人的观念中，自然物不仅与人一样具有生命、情感，而且，人与自然还可以通过一种方式达到虚拟的亲子关系。拜寄，古已有之。史前社会以虎、以熊等为图腾，就多少含有借猛兽的神性与生命灵力护佑族群成长之意。在羌人看来，松树、石头、土地等自然物不仅具有灵性，而且还具有顽强坚韧与生机盎然的秉性。对生存与生命的强烈渴望使羌人运用交感巫术的象征观念，以物命感人命，把物与人视作彼此感应、彼此联系的统一体，以物命久长暗示与兆应人的长生长存。在他们的观念中，自然世界与人类社会一样，在同一部族的不同成员之间，有着彼此保护的义务和责任。于是他们以幻想的方式与松树、石头、土地等自然物缔结亲属关系，并期待这些自然物像人的血缘亲属一样，负有佑护小孩的义务和职责。因此，把多病而体弱的小孩拜寄给他们，小孩便会通过寄拜达成的亲密血缘关系而获得

① 黎光明、王元辉著：《川西民俗调查记录 1929》，王明珂编校，台北“中央研究院”历史语言研究所发行，2004 年，第 173—175 页。

自然物坚韧而超人的生命力量，从此身体健康，茁壮成长。今天，这种向大自然借力以护生保育的习俗，在黄龙地区羌族群众中依然存在。

灵魂信仰是羌族传统拜寄仪礼的重要基石和出发点。羌族民间普遍认为，生命与“索”（羌语大致发音，灵魂之意）休戚相关，有“索”才有生命的活力。若“索”与肉体分离，人就会失去活力、衰竭、生病、甚至死亡，只有“索”与“体”再次合一，人才能恢复原来的健康状态。一个婴儿刚出生的时候，他自己的“索”和身体一样，处在稚弱状态。若遇小孩整夜啼哭，寝食难宁，当地人便认为新生儿的“索”受到了某种伤害。若留心观察后却多次发现，无论小孩哭闹得多厉害，一遇见鸡叫便停止哭泣，一切如常，羌族父母便会带上，备上香烛，以礼奉鸡，拜鸡为干亲，求其庇佑，并以鸡命名，为小孩取名为“务孜”（羌语大致发音），意思是“鸡的儿子”、“鸡的女儿”，即“鸡子”、“鸡女”。调查中，镇坪羌族一罗姓老歌手介绍完拜鸡为干亲的民俗风情，喃喃地用羌语念叨：“务孜”，然后非常有感情地用汉语喃喃自语：“多好听!”或许因为鸡成为了婴孩保身护魂的干亲，羌人对认鸡为亲后取下的“寄名”才会如此有感情。这种朴素真挚的审美情感是羌族民间生命一体观与蓬勃生命力的讴歌与赞美。迄今为止，黄龙羌族在过大年的黄昏之际，尚会刻意留下一些食物给老鼠、麻雀、各类虫子、山上的野生动物等过节。

如果小孩病弱多灾，根据卜算，除拜寄于鸡之外，寄拜对象也还有其他。羌族民间还流行一种将十二生肖文化运用于占卜以确定寄拜对象的习俗。他们把各个生肖的一些活动特性与人的性格特征及行为类型联系起来，通过卜算，选择属相相生的人或动物作为寄拜对象。若一时难以找到合适的人，便直接找与属相相生的动物。如属猪的小孩子寄拜于属兔的人或直接寄拜于兔。羌族十二生肖的基本内容与汉族大体相同，只是由于民族精神与文化的差异，羌族对动物推崇的侧重点与汉族略有差异，因此形成了羌族生肖文化特有的民族文化内涵。镇坪羌寨羌族群众认为，兔、猪、羊三种生肖动物无论与什么样的生肖动物在一起均能平安相处，不打架不惹祸，是最好的生肖属相。

其中，兔是他们最偏爱选择的生肖拜寄对象。而鼠、龙、猴则次之，剩余的生肖均存在明显缺陷，要慎重选择与搭配才不至与属相相冲。镇坪羌人还认为在不好的生肖里面，最不好的乃虎。因为虎见到什么动物都要吃，八字太硬。古代西南诸羌曾有过虎崇拜观念，延至今天，羌人在选择生肖伙伴时却放弃了凶猛、好斗的老虎而钟情于可爱温顺的兔子，这隐在地体现了羌民族与人为善、追求和谐的文化心态。另外，小姓、镇坪羌族长期与周边的藏族、汉族杂居。在藏族民居装饰彩绘中，经常使用一幅很有名的藏传佛教的“和睦四兄弟”图。图像的视觉主体是相互协作、和谐共处的大象、猴子、兔子与小鸡。这四种同存共助的动物广为藏族民间所喜欢。在许多藏族家庭的大门上方，也悬挂兔子头像作为驱邪扬善的标志。这种对兔子的心理偏爱，也潜移默化了与藏民族生活在同一片土地，同一个时空中的羌民族。在迁徙流动中，历史上的古羌诸族曾与汉民族及其他民族有着密切的接触和摩擦，甚至爆发过多次的血腥战争。在苦难而坚强的民族体验与多民族文化交融的历史渊源中，羌民族逐渐形成一种与大自然为善、与社会为善、与人为善，以和谐为美的民族审美诉求。与羌族族源探讨一样，羌族十二生肖文化的形成背景亦相当的复杂，其朴素生动的表达形式无不折射出羌民族独有的审美情趣与民俗心理。

拜寄于动物源自羌族先民万物有灵思维下的一种交感模拟巫术的遗俗。“动物是人不可缺少的，必要的东西；人之所以为人要依靠动物，而人的生命和存在所依靠的东西，对人来说就是神。”① 动物崇拜作为原始宗教的一种信仰形式，在世界各古老民族的早期具有一种文化共性，羌族先民亦如此。史前初民相信与他们生存息息相关的动物具有人类没有的灵力，因此，他们崇祀动物，并借助巫术活动来达到护生保命、佐佑族群的美好愿望。羌族先民从芸芸万物中筛选出他们喜爱的动物“伙伴”，企图以动物的特性与灵力来控制不详事件的发生，并以此实现去病保育、繁衍种族的目的以及心理上的平衡和满足。这种拜寄于动物的“表意方式”体现出羌民族追求和谐的自然意向与生命意识。

拜寄风习中求存禳夭的象征文化和交感寄拜的巫术流风，正是羌人千多年来与大自然共存相处、相互感应、互不统属、平等交流的原始自然崇拜之真实反映。

8. **拈周试稚子：抓周**

婴儿满周岁，蹒跚学步，咿呀学语，初懂人事，逗人怜爱，此时亲戚朋友前来贺喜，父母在大家的关注下举行“周岁礼”。这种周岁礼也叫“抓周”，是传统汉族人特别关注的礼俗。“抓周”又名抓阄、抓周岁、抓周年，古代又名“拈周试晬”，是“周岁礼”中的主要礼仪。

此俗黄龙地区的汉族、回族、羌族群众中也还部分存在，只是“抓周”方式不完全一样，所抓物品选择上也有差异。一般是在婴儿前面摆上书、笔、算盘、玩具、微型刀具、化妆品等，任其抓取，以预测婴儿的喜好和将来的职业。比如，抓算盘，能经商；抓文具，知书礼；抓刀具，作军人；抓女红，手灵巧；抓玩具，败家业。现代社

① ［德］费尔巴哈：《费尔巴哈哲学著作选集》下卷，荣震华等译，三联书店 1962 年，第 438—439 页。

会的抓周物品还有鼠标、电动汽车、火车等玩具，前者表示长大后会成为 IT 精英，后者寓意会成为机械工程师。

“抓周”历史悠久，早在魏晋南北朝时期时就已成熟，当时称为“试儿”。

《颜氏家训·风操第六》载：“江南风俗，儿生一期，为制新衣，盥浴装饰。男则用弓矢纸笔，女则刀尺针缕，并加饮食之物，及珍宝服玩，置之儿前，观其发意所取，以验贪廉愚智，名之为试儿。亲表聚集，致宴享焉。”①

这段话的意思是说，在新生儿满一周岁的那一天，父母广邀亲朋，共赴试儿之会。在试儿的同时，家长们也从中得到了乐趣，并把自己的人生理想变相地寄托到了下一代人的身上。今天黄龙地区的“抓周”内容和形式与魏晋南北朝古俗相比，变化不大，这反映出“抓周”民间贺生仪礼有较强的传承性。抓周之俗，实际上是古代征兆占卜的遗迹，虽不能测出小孩的将来，但却能看出一个时代的嬗变和价值观念演变的脉搏跳动。

9. 风物习俗入名来：命名礼俗

人名是一个人的标志，新生儿一来到人世便要命名，是为了分别彼此，否则难以用独立的身份而进入到既有的社会系统中。因此，取一个吉利的名字对新生儿尤为重要，因此，命名礼俗是一项重要且颇具文化意义的礼仪形式。《说文解字》释云：“名，自命也，从口夕。夕者冥也，冥不相见，故以口自命。”② 意思是，白日有光亮时，远远做个手势，便可以相互打招呼；而到了黄昏，天色冥暗辨识不清，只能用声音呼唤人的名字，以此在黑夜中交往，所以要取一个可供大

---

① 王利器集解：《颜氏家训集解·风操第六》，上海古籍出版社 1993 年，第 115 页。

② ［清］段玉裁：《说文解字注》，上海古籍出版社 1981 年，第 56 页。

家呼唤的名。人名原本只是人际交往的语言符号，但中国民间却普遍认为，名字与人一生的命运息息相关，因此，命名要慎之又慎。所以，民间谚语云："赐子千金，不如教子一艺；教子一艺，不如赐子嘉名。"

藏族命名方式过去通常有两种：一是向活佛或喇嘛求取名字。婴儿父亲在小孩问世七天后，会带上哈达等礼物，将婴儿抱去向活佛献发，活佛剪去婴儿一小撮顶发以此象征剃度，然后在询问过婴儿属相、生辰及父母家庭等相关情况后，进行占卜并取一吉祥的名字以示佛的恩赐。婴儿父亲在得到赐名后，一般会严格保密，不让任何人知晓，直到返家后的第二天凌晨，召集全家所有成员围绕于婴儿身旁，然后在婴儿耳旁轻轻呼唤三声婴儿的名字，此时家人方能知晓婴儿名字。二是由年长的近亲或村中有威望的长辈给新生儿进行命名礼。

据说，旧时藏区只有占人口总数百分之五的贵族与高僧拥有姓氏，剩下的平民则有名无姓，且同名者极多。为了区别，人们往往在名字前加上职业、籍贯、地名、生理外貌等有区别特征的词汇。如兴索强巴（木匠强巴），即职业加姓名，意为一个做木匠的强巴；夏尔洼同美（雪宝顶西面的藏人同美），即出生地加姓名，意出生于夏尔洼文化圈的同美。

在藏区，藏人的名字往往与其信仰观念有密切联系，不少人的名字取自于佛教、苯教经典或日月星辰等自然崇拜等表吉祥的词句与术语。如：官却才旦（佛宝永寿）、索南（福德）、才索（福寿）、喜饶（智慧）、贡巴（寺院）、强巴（弥勒）、卓玛（度母）、多杰（金刚）、丹真（马头明王）、央坚（妙音仙女）、坚赞（胜幢）、尼玛（太阳）、达瓦（月亮）、尕玛（星辰）、巴桑（金星）、坚措（大海）、赛措（金色的湖）、梅朵（鲜花）、白玛（莲花）、玉珍（玉观音）、德吉卓嘎（欢乐仙女）、珠本加（十万龙神）、珠毛（龙女）、雍仲（苯教标志）

等。这种命名方式让新生儿从生命的最初便沐浴在神灵与大自然万物的恩赐中，使其在人神精神交流中得到护持与保佑，最终健康成长、一生顺利吉祥。它充满着藏家对吉祥美好事物的追求与对小孩的真切诚挚祝福。

随着时代的变化，黄龙地区的藏族命名也不断变化并折射出特定历史阶段的社会文化和意识形态。新中国成立后，金珠（解放）、沙吉（革命）、达玛（红旗）等反映新时代新气象的名字开始在藏区流行。十年浩劫期间出生的藏族小孩，甚至直接以文革、曙光、朝阳、卫东、卫红等汉族名为自己的名字。随着汉藏族际婚姻的日益增多或受汉族姓氏文化的影响，王卓玛、李强巴、孙才让、张达娃等汉藏联名的新命名形式也开始出现。

汉族婴儿出生后一月要命名。在汉族社会，生而有姓，姓乃命中注定，难以改变。从古至今，姓都不属于某个人独有而是一群人共有，这“一群”，有时可以多至数千万人。当代汉族的李、王、张三姓的人口，每一姓均超过八千万人。尊崇血缘关系和宗祖情结是汉民族的文化传统。今天我们在街头看人吵架，常常会听到这样的赌咒：“我要……我就不姓李（王、张……）。”这样底气十足的赌咒发誓，是汉民族对自己及家族姓氏近乎神圣的宗祖表现之一。坚持自己的姓氏，意味着对尊严的捍卫、对责任的承担。

孟子曰：“姓所同也，名所独也。”[①] 与姓相比，汉族的名却可以是一种个性化的社会符号。名是个人独有的，但名也是个人开始社会交往的必要符号。名的称呼与使用是一种社会行为，个人无力阻挡。若名与他人重复，就达不到命名的基本目的和社会交际的某些功能与意义。所以，旧时讲究一点的传统人家，对命名之礼极为重视。一般

① 《孟子注疏》卷第十四下，北京大学出版社 1999 年，第 404 页。

先取乳名，即小名、小字、奶名，上学再取学名，也叫大名、官名。小名多为家庭成员称呼以示亲热，外人和晚辈叫小名则为极度不礼貌，甚至是侮辱。如曹操，名操，字孟德，小名阿瞒。《三国演义》中有人骂曹操，就直呼“阿瞒”以示侮辱与轻蔑。这种以小名来贬低他人的习俗，在现代依然存在。如“文革”时称呼孔子为“孔老二”。孔子字仲尼，排行老二，后世根据其排行，强加一小名“老二”给孔子，以此表达对孔子的极度蔑视。

汉族旧时人名多请家族尊者根据家谱，按家族排行，再结合八字、风水等因素命名。古人命名重取义、重内涵的做法，几千年来一直延续至今。每遇取正名，汉族人家通常会冥思苦想，或大雅，或大贵，极尽美好之能事。旧时汉族“名”与“字”是有差异的。幼时取名，成人加字。“名者，幼少卑贱之称。”按照汉民族在人际交往中自谦的文化传统，对人际交往中的平辈人，应称“字”而不能直呼其名，否则则为大不敬。如岳飞，字鹏举，其朋友应称其为“鹏举”。通常情况下，“名”供长辈呼唤或用作个人谦称，“字”为朋友交往称呼，如孔子在其弟子面前可自称“丘”，而其弟子却绝对不能直呼孔子为“丘”而称“仲尼”或“夫子”。在古代社会，“字”独立于“名”之外，但又与“名”保持了某种文化意义上的隐秘关系，如清代戏曲家李渔的字为“笠翁”，用“笠翁”阐“渔”，词义互见，相辅相成，古代文人澹泊雅趣跃然“名”、“字”间。近代维新运动发起人康有为，字广厦，旨在用“字”表达自己为黑暗之中的国人构建自由、光明的社会“广厦”之宽阔胸襟。这种“名”、“字”有别的习俗在汉民族一直延续到新中国成立，今天我们所说的名字其实是姓名或名。

由于名象征着身份与地位，汉民族旧时有避尊者讳的命名传统并形成了中国历史独特的语言文化景观——避讳。对尊者的“名”进行避讳即意味着对尊者身份地位的尊崇与敬畏。否则，则为失礼，甚至是犯罪。翻开五千年的中华史，最让人见之生畏的名即为帝王名。避讳帝王名称为“君讳”、“国讳”。我们熟悉的嫦娥，就是避汉文帝刘恒名讳的产物。刘恒之前，嫦娥名“姮娥”。“端月”作为“正月”的别称源于避秦始皇之名“讳”。秦始皇名嬴政，因此秦朝避“政”，将“正月”改为“端月”。惨酷无比的明、清文字狱中就有许多“君讳”导致的事例。除“君讳”外，还有“家讳”，又称“私讳”，即避家族内部尊长的名讳。唐代著名诗人李贺终生未取进士，一说就是因为要避其父李晋肃的名讳，“晋”与“进”音同。“国讳”、“家讳”体现的是儒家文化的“尊君”与“敬祖”思想。除此以外，还要避“圣人讳”，即避圣人孔丘之讳。“丘”姓改为“邱”，就是避“圣人讳”的典型事例。“避讳”现象对汉族命名方式产生了久远的影响，它折射出汉民族传统的民俗心理。

回族姓名多与他们的伊斯兰教信仰有密切关系。民间谚语：“十个回回九姓马，另外还有沙、喇、哈。”因伊斯兰教的创始人“穆罕默德”的汉语音译名在明代多把“穆”译作“马”，清承旧例，多把伊斯兰教圣名的首音译作“马”，于是，回族马姓的人口数量在清朝膨胀起来，成为今天回族的一个大姓。以先真或祖先名字的首音或每一个音节为姓在明、清回族群体里也很盛行，由此亦产生了大量回族姓氏。如大清官海瑞的“海”姓就源于其父亲海答儿的名字首音；“纳速喇丁”则分解出纳、速、喇、丁四个姓氏。与全国其他地区的回族名类似，黄龙地区回族名分为学名、小名、经名，其中最具宗教和民族特色的是经名，而学名与小名的命名方式与汉族相似。过去，回族穆斯林诵读的《古兰经》通常为阿拉伯文，民间习惯把阿拉伯文称为经文，因此，源于伊斯兰文化的阿拉伯名字就被称为“经名”。“经名”意味着名字来源于《古兰经》，带有强烈的伊斯兰宗教意识。

黄龙地区的回族婴儿在诞生后三天或七天，通常会请阿訇来家里或去医院为婴儿举行命名礼，即命取经名。仪式方式通常为：由婴儿的父亲或母亲将孩子抱在怀里，阿訇先对着孩子的右耳小心翼翼地低念“邦克”词，再对着左耳低念“尕麦体”招呼词。念毕，依据男左女右的原则，若男孩在左耳朵里象征性地轻轻吹口气，女孩则在右耳朵里。据说，这种念吹结合的命名方式，带有真主召唤之意，其意义在于以真主的名义宣布新生婴儿正式降临人世，并且一出世便聆听到真主的召唤并把一个刚由真主赐世的孩子，召唤到主道上来，使之成为一名当然的穆斯林。之后，再从伊斯兰教众多先贤圣名中选取一个，冠之于婴儿，并告之家长。

据清朝《天方典礼》训谕，子生三日，命名“必以美好字，或贵物名，或圣贤名。男用男名，女用女名，勿以天地四行名，勿以草木鸟兽名，勿以贱名。”① 由此可见，清朝回族穆斯林虽受汉文化趋吉祈福及重视儒家伦常教化的影响，但却顽强地保持着真主独一的宗教意识，不以天地四行、草木鸟兽等有偶像崇拜、自然崇拜、图腾崇拜含义的字、词为新生儿命名。经名的选取以伊斯兰文化为标准，阿訇通常会从《古兰经》中的“圣人”、“先知”、“圣贤”、“圣妻”等“圣名”中为新生儿选取经名，如男性有“伊卜拉欣”、“伊斯玛尼”、“萨利哈”、“努哈”、“穆萨”、“尤努”、“尤素夫”等，女性则有“法蒂玛”、“哈芙赛”、“哈理麦”、“阿社”、“色麦”、“麦燕”等。一般婴儿出生在哪个月，就选用与婴儿同月的“圣人”之“圣名”为“经名”。“经名”表达了回族穆斯林对先贤的追忆和尊敬、对美德善功的追求和信仰的恪守。取经名是回族命名和汉族命名的根本区别。这种有别

① ［清］刘智：《天方典礼》卷十一，张嘉宾、都永浩校，天津古籍出版社1988年，第32页。

于汉族的独一无二的取名方式，正是回族伊斯兰情结的昭示与突显。

回族经名带有浓郁的伊斯兰宗教文化色彩，与汉族传统的避尊者忌的命名方式截然不同。这种看似对立的命名习俗，恰恰都根源于对名字功能与力量的过分夸大并赋予了名字这个符号系统过多的文化承载，它们的发生机制是一样的。只不过，同样的发生机制处在具有相异因素的文化环境中，便产生了习俗不同方向的演化。

在命名过程中，人们很重视名字的象征涵义。为了免灾、易养，旧时人家小名取贱名，如二狗、大猫、土生，据说阎王簿上无贱名，正因名贱，阎王才不感兴趣，小孩便不会有黑白无常拘役之忧。无独有偶，在黄龙藏区也有取贱名的风俗，为避灾攘夭，藏族会给小孩取名为“那日”（黑蛋）、“吉珠”（小狗仔）、“旺周”（小驴）、“吉加”（狗屎）、“帕加”（猪尿）等贱名。随着社会发展与医疗卫生条件的改善，新生儿死亡率降低，黄龙地区各民族取贱名的习俗渐渐开始消隐。

在当代，羌族命名受汉俗影响较大，名字一般为三个字，第一字表姓，第二字表辈分排行，前两字命名风俗来源于汉族，但羌族婴儿名字的第三个字却要由释比来决定，这种宗教文化含义与汉俗不同。绝大多数羌族小孩尚有羌语小名，据说保留有原始崇拜痕迹。众所周知，由于羌族历史上没有统一和通用的记录本民族语言的文字，且构成羌族姓名的语言呈现出极其复杂的面貌，所以，羌语命名规则究竟是什么，一时还难以总结出规律。在黄龙地区小姓羌寨，还有一种因新生儿“闯拜”而产生的随机性“撞名”。具体的命名方式为：若新生儿体弱多病，家长会带上果品、礼物等，在路边等待第一个出现之人并奉上果品礼物，以求其认继自己的小孩。此人接受后，便会为小孩另换一名。如来自于小姓乡埃溪村的毛明军老师在童年时曾“闯拜”过一个汉族邮递员，为其取撞名——“长命宝”；与此类似，因小孩多病，认寄于卜命相生的干亲，便会产生另一种新的命名方式："寄名"。若认寄给鸡则叫鸡子保，认寄给树或石则叫树保、石保，寄拜给神山则叫山神保等。

现代社会出生上户口就得取名字，且不能用生僻字，但名字包含的种种文化内涵依然丰富。随着时代变迁，黄龙地区各民族群众的命名方式在动态发展的过程中不断演化，出现了多元化的趋势。人们的名字不仅是社会性标识，而且还是续接民族的历史人文编码。个人是暂时的，流动的，而名字则是文化社群可以长久传递下去的财富——它凝结着对自然的认知、历史的记载与社会意义的诠释。当婴儿刚开始第一声啼哭，祛灾求吉的人生仪礼就已为他展开。民间庆贺婴儿诞生仪礼的仪式丰富多彩，表明人们对个体人生和民族兴盛的美好向往和追求，包含着为新生儿祝吉、对产妇祝愿、对家人祝贺等多重内涵，体现了人们对子嗣繁衍的重视，是一种古俗与文化的传承。

但无论仪礼形式如何，所有的出生礼仪均具有双重功能的意义：

其一，通过仪式承认新生儿作为正式社会成员、肯定新生儿身份与地位的族群合法性，并意味着社会抚育的肇始；

其二，作为对社会新成员生存与成长的关心，出生仪礼象征性地为新生儿提供了最基本的生活资料和物质基本准备，出生仪礼意味着对社会化生殖力的崇拜。

如同族群社会的每一次礼俗聚会，黄龙地区的种种诞生礼建构和展演了当地民间不同群体的社会结构，不同角色的人际关系在诞生礼中得到梳理和整合。在亲缘关系与族群关系的强调中，个体生命由此走向社会化的开始。出生礼仪积存着厚重的历史蕴涵，同时也随时代发展而发生着或已经发生了诸多变迁。随着社会生活节奏的不断加快，民族和地域的独特性正被科技手段、交通、通信和市场经济所突破。黄龙地区历史上形成的多元的、多样的出生仪礼有渐渐淡化的趋势。当代黄龙地区的少数民族的年轻人，尤其是城镇的年轻人，其日常生活方式与思维模式与大都市和其他民族越来越趋同，这使黄龙大量的传统出生礼仪文化空间变小。就诞生仪礼而言，随着社会大变革和计划生育等政策因素的影响，传统社会的大家族愈来愈小，亲戚交往的范围逐渐缩小，即使在农村，诞生礼的热闹场面也今非昔比，黄龙地区各民族的诞生仪礼普遍呈现出越来越淡化、简化的趋势。随着社会文化水平和生产力的提高，人们对地域因素和民族文化因素的突破，考上大学时的“金榜题名庆典”、小孩过生用奶油蛋糕等新人生仪礼形式在黄龙地区逐渐兴起。

第三节　昨日成人从礼起：成年礼

成年礼，又称为成丁礼、成人礼，是人生礼俗中的重要仪式。它并不是一偶然的跳跃。从生命胎动到呱呱坠地，从牙牙学语到开蒙入学，成年礼是在熟悉社会，吸收知识，接受教育等无数量变过程中的一个必然的质之飞跃。社会塑造人，风俗熏陶人，这是一个过程。“成年礼仪式的目的是要使个人成为‘完全的’人，使他能够执行部族的合法成员的一切职能，使他完成作为一个活人的过程，如同结束丧期的终结仪式使死人成为‘完全的’死人一样。”[①] 从文化人类学的角度看，所谓“完全的”人，指避免了夭亡并拥有保护自身生命和繁衍、维系民族生命之能力的人。

成年礼是从原始氏族社会传承下来的远古礼仪。在远古部落社

---

① ［法］列维．布留尔：《原始思维》，丁由译，商务印书馆 1981 年，第 342—343 页。

会，成年是关系到一个人一生乃至家庭、氏族的大事。因此，成年礼仪式的举行尤为庄严与神圣。对于个体生命而言，一是宣布生理个体已成熟，可取得婚恋与担承社会责任的资格；二是通过仪式，在神灵护佑下，进入神圣的生命状态。任何原始的成人礼都包含了这两个层面，只是在人类岁月的嬗变中，宗教与巫术的神圣性逐渐消隐。尽管如此，我们依然能在今天的成年礼中看到神圣的宗教痕迹。古罗马的斯巴达人，为了接纳成年男子进入本族社会，对他们的成年仪式举行得越隆重，对他们的考验便越残酷。如使其脱离城邦、家庭与社会，放逐到莽莽苍苍的森林或荒寒无人的旷野，让他们与原始的大自然搏斗，与野兽猛禽与各种突发的灾难作斗争，经历各种各样人生的磨难。这种“隔离”仪式是在神的名义下举行的，英国学者弗雷泽认为，成年礼的隔离仪式中贯穿着一种“拟死再生”的文化现象，这种残酷考验式的“拟死再生”“是为了要同一个动物，一个精灵，或其他强有力的神物建立相互感应关系，以便使人能把自己的灵魂或灵魂的某些部分安全地寄托在对方身上，并且又能在对方身上获得神奇力量”①。以“拟死再生”为核心的成人礼最初是建立在神圣的巫教基础上的。随着社会的变迁，围绕着成人礼进行的种种残酷考验逐渐消失，但作为成人礼的神圣符号却在后来的很多成人礼中以象征性意义存在。

黄龙地区各民族的成人仪礼形式各异。藏族男孩到了 13 岁，有权参加部落内部的各项仪式，家人要为他专门举办一个仪式，此即他的成人礼。藏族女孩成年则有戴“头盘”仪式。汉族历史上以男子“冠礼”、女子“笄礼”象征性礼仪环节来完成成人礼。羌族历史上盛

---

① ［英］弗雷泽：《金枝》第六十七章，徐育新等译，新世界出版社 2006 年，第 700 页。

行成年礼后“穿褡古”。回族穆斯林流行过宗教形式的“割礼”。成人礼曾是各族人民生活中重要的组成部分，作为人生仪礼文化，它与巫术、宗教、观念意识互相渗透，叠合衍变成多元的民俗文化风景。

一、礼之始也：华夏族冠、笄礼

我国华夏族的成人礼，为男子二十岁束髻顶冠、女子十五盘发插笄的“冠、笄礼”。在华夏远古时代，氏族社会无论男、女，在年龄达到被公认的成熟、成年后，只有经过庄严的“成年礼”仪式，才能与原来的生活分离，并很快地使分离出来的自我结合到氏族公社的大集体中，成为氏族社会的正式一员，享受应有的权利与履行应尽的义务。

古代华夏族孩童，一般将垂发梳向两边，称为“两髦”，或将两髦梳扎起来成为两个形状如角的发结，称为“总角”。男子未成年，不戴冠。满二十岁，则把头发盘成发髻，谓之“结发”，然后再戴上冠，故谓之冠礼；女子未成年，发分两侧作髻，称为“两髦”。成人以后，盘发作髻，插上簪笄，所以女子成人礼叫笄礼，又叫及笄。

为什么要举行成人仪式?《礼记·冠义》云：“成人之者，将责成人礼焉也。责成人礼焉者，将责为人子、为人弟、为人臣、为人少者之礼行焉。将责四者之行于人，其礼可不重与?”① 冠礼象征着男子“孺子”阶段的行为得到社会承认，也预示着加冠后将成为温恭贤良的君子，并承担更大更多的社会责任。

据考证，冠礼成熟于西周时期，在相沿成习下来的传统礼制中，冠礼是与婚礼、丧祭礼、朝聘礼、射乡礼并重的五项大礼之一，亦是

① 《礼记正义》卷六十一“冠义第四十三”，北京大学出版社 1999 年，第 1615 页。

其他各种礼制仪节的基础。周人把冠服纳入礼制范畴，冠服不仅具备实用功能，而且开始拥有“明贵贱、辨等列、顺少长、席威仪”① 的礼法教化与社会文化功能。从西周起，华夏传统社会中无论天子、诸侯、卿大夫、士成年均行冠礼，因上下有别、尊卑有序的身分差异，他们的冠礼内容随即有所不同。“二十成人，士冠，庶人巾，当自谨，修于四教也。”② “士”指贵族，“庶人”指百姓。冠唯贵族才可加戴，而普通庶民和一般劳动者则与“着冠”无缘。从广义上讲，冠礼之“冠”是古代华夏“首服之总称”③。它在汉服中的地位格外突出，往往是身份地位与等级秩序的象征。士人以上首服带冠，庶民首服则只能用巾。“巾，谨也。”④ 巾在古代乃“谨慎”之意，喻须时时谨慎从事，切莫做出非礼之举。

据《礼仪·士礼冠》记载，行冠礼时，事先须占卜择日，并由受冠者的父亲在宗庙中请嘉宾主持、将规定的服饰即冠加于其子头上，冠礼分“始加、再加、三加”共三次，仪式十分隆重：首加缁布冠，即闲居时戴的冠，又名燕服之冠；再加皮弁，即朝会时使用的朝服之冠；三加爵弁，即祭祀时戴的玄冠。三次所加之冠顺序不能出错，因为三种冠分别代表了不同的含义，缁布冠象征有了治人的权利，皮弁象征要承担战伐田猎、服兵役的义务，爵弁象征着拥有祭祀的资格，越往后，冠越尊贵，所象征的意义越发远大与神圣。因此，《仪礼·士冠礼》曰：“三加弥尊，谕其志也。”⑤

“三加三换三拜”之后，男子梳发至头顶结为髻，表示从此脱离少年时期进入成人行列。加冠之后还有一个重要的仪式，即由德高望

---

① 《春秋左传正义》卷第三，北京大学出版社 1999 年，第 95 页。
② ［汉］刘熙：《释名疏正补》卷四，上海古籍出版社 1984 年，第 236 页。
③ 钱玄：《三礼名物通释》，江苏古籍出版社 1987 年，第 11 页。
④ ［汉］刘熙：《释名疏正补》卷四，上海古籍出版社 1984 年，第 236 页。
⑤ 《仪礼注疏》卷第三，北京大学出版社 1999 年，第 55 页。

重的正宾给受冠者取“字”。“已冠而字之，成人之道也。”① 只有“冠而字之”的男子，才能被社会所承认与接纳并具备择偶成婚以及担任其他社会职务的资格。

冠主要是社会身份的象征，多为贵族士人所使用，其所蕴涵的象征意义远远超过了最初的实用性功能，更多的乃为了礼仪之用途。几千载中华民族的文明史上，“衣冠古国”一直是中国人引以为傲的赞誉之称。华夏古人更视戴冠为神圣，凡重大事件皆须戴冠。皇帝即位叫加冕，显贵一方叫簪缨，士大夫聚居处称为“衣冠里”，官宦之家叫作“家世冠盖”。成语“衣冠楚楚”意为士人若想展现自己该有的风度和气质，礼仪场合亦必须一丝不苟、衣冠整洁。孔子的弟子子路在其临死之前还要扶正冠帽，也许不乏迂腐，但足以说明冠服的重要性和文化象征意义，所以屈原才会有“带长铗之陆离兮，冠切云之崔嵬”② 的行吟。

“夫礼始于冠，本于昏，重于丧祭，尊于朝聘，和于射乡。”③“始于冠”即男子二十行冠礼，表示男子已成年，要顶门立户，开始承担各种社会义务和家庭责任了。可见，冠礼在华夏历史上被赋予了极其重要的意义，蕴涵着深邃而多元的文化内涵。“黄帝、尧、舜垂衣服而治天下。”④“冠”所彰显的服饰治世的传统文化观念向来是华夏服饰有别于少数民族和西方服饰的显著特征，只有行过冠礼之人才有资格进行传统礼仪体系中的其他环节。

“笄女之礼，犹冠男也，使主妇女宾执其礼。”⑤ 按汉代郑玄的记载，女子笄礼的仪式程式应与冠礼类似，只是由主妇邀请亲属作女宾

① 《礼记正义》卷第六十一“冠义第四十三”，北京大学出版社 1999 年，第 1615 页。
② 《屈原集校注》“九章”之“涉江”，中华书局 1996 年，第 466 页。
③ 《礼记正义》卷第六十一“昏义第四十四”，北京大学出版社 1999 年，第 1620 页。
④ 《周易正义》卷第八之“系辞下”，北京大学出版社 1999 年，第 300 页。
⑤ 《仪礼注疏》卷第六，北京大学出版社 1999 年，第 95 页。

以执其礼。笄，是古人用来固定发髻或连冠于发的一种针状物，后世的发簪便由此衍化而来。《释名》曰："笄，系也，所以系冠使不坠也。"[①] 笄在中国古代社会出现得很早，从考古出土的文物来看，旧石器时代就有笄出现。古时华夏族男女均可用笄，只是笄的使用范围不太一致。"凡笄有二种：一是安发之笄，男子、妇人俱有，即此笄是也。一是为冠笄、皮弁笄、爵弁笄，唯男子有而妇人无也。"[②] 男子使用笄既可束发又可固冠。

与世界许多民族高度重视女子成年礼、其重视程度有时往往超过男子成年礼的文化现象截然不同，在中国古代浩瀚的文献典籍中，关于女子笄礼的记载寥若晨星，甚至对先秦笄礼的仪式过程几乎毫无记载，女子成年礼被严重忽视。

女子行笄礼大致分为两种情况：一种是女子"十有五年而笄"，即女子十五岁时行笄礼。"笄者，簪也。……明系属于人，所以养贞一也。"[③] 笄礼时要用簪把头发盘起，改换发式，借服饰语言的转换以示成年，意谓女子已到可以出嫁的年龄了。

笄礼的"三加三换三拜"程式包括：初加色泽明快的采衣，正宾将笄者的长发盘起挽髻，换上襦裙表示成长为少女开始穿裙。二加穿上曲裾深衣，正宾上前，向笄者插上一支精致一些的"发簪"，端庄优雅的深衣，是成年女子日常穿用的服饰；三加笄者换上盛装礼服，正宾为笄者插上一支华丽的发簪。

"女子许嫁，笄而字。"[④] 女子成年许嫁而行笄礼并随之取"字"，

---

① ［清］毕沅：《释名疏证》，天津古籍书店 1982 年。

② ［汉］郑玄注，［唐］贾公彦正义：《仪礼注疏》卷三十五，《十三经注疏》本，中华书局 1980 年，第 1130 页。

③ ［清］陈立：《白虎通疏证》卷十嫁娶，吴则虞点校，中华书局 1994 年，第 455 页。

④ 《礼记正义》卷第二之"曲礼上"，北京大学出版社 1999 年，第 55 页。

乃称“及笄”。行笄礼后，女子不能随意与其他男性交往与接触。插笄表示女子已许嫁，服饰的外在标志说明女子已有明确归属。因此，按华夏传统社会的要求，女子要为其未来丈夫守持贞节。未许嫁的女子通常不取“字”，所以“待嫁”称之为“待字闺中”。

另一种情况为“其未许嫁，二十则笄”。华夏古人认为，女子二十岁尚未出嫁是失礼行为。迟至二十岁，无论许嫁与否，女子都得举行笄礼，只是仪式与已许嫁女子的笄礼有所不同。已许嫁女子的笄礼隆重而喜庆，未许嫁女子的笄礼则无须邀请女宾主持，仅仅是象征性地由家中的女性长辈给女子梳头、挽髻并插笄而已。因未许嫁，礼毕，受笄女子仍要取簪解髻，恢复原来未成人时的发式。不过，凡行过笄礼的女子，不管许嫁与否，死后均可享受成人规格的丧葬祭礼；若没行过笄礼便夭亡，则按照未成年小孩的身份对待，不能举行丧礼。

笄礼主要由女宾为行笄礼者清除脸上的汗毛和整修眉毛，称为“绞脸”；同时将头发绾成一个髻，插上笄（簪子），叫做“上头”，表示从此结束少女时代，可以婚嫁了。及至新中国成立初期，汉族民间女子尚有婚前梳辫子，婚后绾髻的古代笄礼遗俗，以女子发饰的改变来标示其恋爱婚嫁身份的现象屡见不鲜。

“男子二十而冠，有为人父之端，女子十五而许嫁，有适人之道。于此而往，则自婚矣。”① 有学者认为，成年礼“是一种原始的冠礼。因为，成年礼是作为一种婚姻禁忌或婚姻的否定性规范而登上人类婚姻历史舞台的，它除了禁止与未成年的异性通婚之外，未附加任何其他的社会责任。而冠礼则与之不同，它是对婚姻的一种肯定性规范，

---

① 陈士珂：《孔子家语疏证》第六卷之“本命解之二十六”，1940年商务印书版，上海书店影印出版1987年，第170页。

它不是告诉人们‘不能做什么’而是告诉人们‘应该怎样做’，所以，冠礼中的各种要求已大大超出了自然婚姻的本身意义，它可以说是对成年人的婚姻资格的一种道德审查而非年龄审查。因而冠礼实际上是同一夫一妻制的个体婚制同步产生的”①。成年礼是对于生命存在的一种真正的考验与正式确证，它是一种界限，一个门坎，是个体的角色转换，越过了它，就成为了一个新人。华夏成年礼后的变化更多的是在社会文化层面发生的，安身立命，责以成人也。正是在社会公共生活中，个体生命方向得以规约，生存意义得以确立。

成人礼作为一种人生仪礼与各民族的信仰有着千丝万缕的联系，其深层次的文化内涵，在人类历史的不同阶段得以延续。随着社会的发展，“成人礼”仪式的文化教育意义越来越突出。冠、笄礼是我国古代华夏族的传统成人仪礼，是中华文明的重要人文遗产。至清末民初，西风东渐，冠、笄礼逐渐废止，其部分内容最终被民间婚礼所包容与吸纳。

今天，在黄龙地区的某些汉族婚礼过程中，我们依然可以见到盘发插簪、开脸、上头等仪式简化后的女子笄礼内容，其仪式有着强烈的“成人礼”意味。可见，成年礼中服饰文化符号的规范具有普遍意义，它固化在人们的普遍文化心理中，是一种潜在的民俗制度形态进入制度文化的范畴，也具有社会文化的含义和表征。

二、受戒祖先：羌族成人礼

历史上，羌族流行过成年礼。与华夏族一样，对于羌族男子来说，成年礼是人生的一个新起点，它不仅标志着羌族男子已经成年，

① 陈科华：《孔子思想研究》，人民日报出版社 2002 年，第 121 页。

可以独立行事，而且也表明他将对整个家庭、寨子承担起义务和责任。

据目前多数学者的观点，学界通常说的羌族成人礼是在释比举行神圣祭山会上时，附带为羌族第一次参加祭山会的十六岁少年举行冠礼，还会让他敬奉冠郎神。传统的羌族成年礼是作为“祭山会”的一部分而进行的。据调查，在“祭山会”上，由释比举行的成人礼主要存在于今天四川茂县、北川的部分羌区。在岷江上游的茂、汶、理、潘地区，作传统法事与成年礼的释比已垂垂老矣，好多羌族村寨如黄龙地区小姓、镇坪羌寨今天甚至没有一个严格意义上的“释比”存在。按照学界对“祭山会”举行羌族成年礼的认同，则没有神圣的“祭山会”也难有庄严的成年礼，失去了场域与话语空间的羌族成年礼渐渐成为了无根之木。

那么，羌族成人礼是一种什么样的文化状态？在近现代汉文献的田野调查中，我们能依稀看到一些旧日的痕迹。羌族成人礼最早见于1941年胡鉴民先生《羌族之信仰与习为》中的详细记录。其后历来学著、调查基本沿用此记载，内容大同小异。据学者调查认为，“至迟到20世纪50年代，羌族成年礼就已经消失”①。笔者在镇平、小姓羌区调查时，有好些老人说他们从前完全没听说过“祭山会过成年礼”的风俗，只知道过去有大年初几给十三岁男孩过成人礼、“穿褡古”或“换褡古”的传统。何为“穿褡古”或“换褡古”？据小姓大耳边的杨茂林老师与黄龙管理局文史办的毛明军老师介绍，小姓羌族男孩十三岁前穿袍服，十三岁过完成人礼后换穿“褡古”，并在大年期间为小孩举行一种严肃而隆重的庆典仪式，该仪式实际上便是典型

① 马宁：《羌族成年礼探析》，《阿坝师范高等专科学校学报》2008年6月第25卷第2期，第4页。

的小姓、镇坪羌族男子成年仪式。这种仪式过程包含许多环节，因为地域、聚落或受外文化影响的不同，各羌寨仪式内容和环节略有差异。小姓大耳边的杨茂林老师曾多次主持过自己侄子们的成人礼，在仪式过程中有舅舅为侄子脱下袍服、帮他换穿上“褡古”、并为其佩带刀剑的环节；但出生于小姓小耳边的毛明军老师在介绍当地羌族成人礼时，却强调庆典仪式中无穿“褡古”的内容，只是成人礼后，被当作成人的男孩可以穿上象征成人标志的“褡古”。

“褡古”是羌语裤子的发音，它长至膝盖，裤档和裤脚只相距五、六厘米，异常宽松，裤形结构短而宽大，双腿上抬、下蹲都没有任何障碍。其风格剽悍粗犷，很能体现羌族先民尚武、崇力的刚性文化特征。

黄龙地区小姓羌寨的男孩“成人礼”是一生中头等大事，是由大舅舅主持、长者唱祝词、全寨人共同祝福与见证的一种生命通过仪式。与学界通常所说的由释比在祭山会上举行的成人礼不同，松潘大耳边与小耳边的羌族成人仪式一般在春节期间而不需要在一年一度的祭山会上举行，与祭山会无直接联系。仪式举行的具体时间要根据小孩属相与生辰时日等占卜决定。年龄均为虚岁十三。虚岁十三是羌族男孩与男人的分界线，镇坪民间有种观念，十二岁（虚岁十三岁）以前，人的魂与生命力比较薄弱，容易受到邪气干扰，此时的生命状态为尚需扶植与呵护的孩子，虚岁十三岁前小孩要遭遇人生的四个关口，十二岁（虚岁十三岁）是成人前最后一个危险的生命关口，所以在十三岁为小孩举行过成人礼也暗含了使小孩顺利度过生命危险关，真正成长为有能力承担家庭和羌寨义务的大人的祝愿。

黄龙地区羌族群众把虚岁十三确认为男孩成年的标志点并为此举行隆重的成年仪式。今天，黄龙地区小姓羌族的“成人礼”不仅仅征对男孩，一般也为女孩举行。

成年礼后，羌族男孩要耕田、打猎、承担家庭内所有重体力劳动，若此时其爷爷尚在、父亲尚年轻，家庭劳动力尚有余，那么，成年礼后的男孩尚有逐步参加各种重体力劳动的适应与缓和期；除了承担劳动生产的家庭义务，成年礼后的男孩还要参与氏族的集体活动。过去，黄龙羌族每个寨子“塔子会”、“正月转山会”等民间节庆习俗，每户人家均有参与权，一般由户主或男性代表参加。羌族男孩在成年礼后，便拥有参与讨论、决策氏族公共事务的权利。旧时，若氏族与氏族之间发生武力争斗或战争，羌族成年男孩还必须挺身而出，为氏族利益而战。而成人仪礼通过后，羌族女孩除了参加力所能及的农牧劳动与家务劳动外，还要学会接亲待友、交际应酬与最基本的家庭管理能力。特别值得关注的是，在羌人传统的社会生活中，他们从此可以与异性交往，并通过结婚来拥有自己的性伙伴，开始另一段新生活。仪式的实施是最好的教育方式。舅舅在成人礼上为男孩赠刀、佩刀等环节也预示着传承给新成人者勇气、男人力量与氏族责任等族群文化精神。

“身体不仅仅是我们‘拥有’的物理实体，它也是一个行动系统，一种实践模式，并且在日常生活的互动中，身体的实际嵌入，是维持连贯的自我认同感的基本途径。”[①] 换“褡古”仪式，有效沟通了服饰语言与人体生命之间的连接，促成了物质身体与社会身体之间的意义生成，实现了新成人者生命转换和自身身份的界定。换“褡古”礼仪式，意味着告别正在过去的“男孩”生命状态，迎接“新生命”状态下男人的苏醒，是个体进入群体并获得社会身份的过程与象征。隆重的成丁礼仪是羌族少年重要的人生过程。经过成丁礼，他们会自觉

① ［英］吉登斯：《现代性与自我认同》，赵旭东等译，三联书店 1998 年，第 61—62 页。

地迈开人生步伐，并最终成为羌民族大家族中合格的社会成员。

整理各类文献、影视记录，羌族成人礼实施过程大致可以抽离出如下几个要素：

一、一般都没有隔离、放逐与考验的过度仪式环节。不过，邻近黄龙地区的北川地区羌寨“祭山会”有抬大石板“请冠郎神”的仪式，此仪式其实是一种很温和的磨难考验的过度仪式。

二、均通过改换服饰来标志成年。无论先穿好成人服饰，还是仪式后再换上成人服饰，换装是必需的。事前换装，暗喻着仪式主角与以前的生活决裂，做好了进入隔离期前的准备。仪式后换装，意味着仪式主角已经把个人的生命历程整合进族群的社会生活中，获得了融合阶段后的新生。

三、均具有一定的宗教色彩。成人仪式通常由村寨中的释比或熟知祭山仪式及经典的长者主持；桃坪羌寨成年礼仪式是舅舅主持，释比做法，宗教神职与世俗尊者地位分离；黄龙地区小姓大耳边、艾溪沟等地的羌族成人礼今天虽然完全没有释比出场，仪式的主持者仍为年纪最大、最有威望的大舅舅，宗教神职与世俗尊者地位分离；地点要么在神树林，要么在祖先神龛神像下，具有宗教的庄严与神圣色彩。

四、均有羌族历史习得的环节。无论哪种羌族成人仪式，仪式中均有回顾祖先历史的环节，此环节的重大任务一般由族中长者或主持仪式的舅舅担任。但此环节却是成人仪式中极其重要的民族文化与价值观习得的过程。

三、顺依真主：回族割礼

回族穆斯林的成年礼为“割礼”，俗称“做逊奈提”，有的地方将割礼看作一个人生命过程中如同婚礼一样重大的仪式，所以又叫“小婚礼”，还有的地方俗称“做笋”。行割礼或成丁礼是回族穆斯林人生之途必不可少的“圣行”之一，所以，回族穆斯林的“割礼”既具成年礼仪的意义，又是伊斯兰教吸收信徒的一种宗教仪式。行穆斯林割礼或成人礼在我国通常为男孩，年龄一般为五岁到九岁，也有的地区是十一二岁，甚至有十五岁的。过去行割礼是由专门的宗教人员施行，现在则多在医院由专业的医护人士进行。

割礼仪式是盛行于古代各民族的一种成年礼。割礼，通常是男性割掉阴茎包皮，女性割掉阴蒂（有的地方连阴核也割掉）。目前，境外穆斯林或犹太教徒一直严格地奉行着男性割礼的宗教礼仪，而东非与北非的某些部落则盛行着女性割礼的成年仪式。

在我国，回族人不一定就是穆斯林，回族是民族标识，穆斯林则为宗教身份，因此，回族男子成年礼不一定得与伊斯兰教的“割礼”划上必然等号。另外，中国的伊斯兰教有中国自己的地域特色，就算一个地道的回族穆斯林，也不是都得行“割礼”。随着时代的发展，目前黄龙地区的回族穆斯林基本上不行“割礼”。

作为一种传承了千年的仪式，回族“割礼”具有成人仪礼与宗教仪式的双重意义与功能：

首先，从某种意义上，割礼是一种典型的宗教成人仪礼，它通过仪式将即将迈入青春期的少年纳入宗教生活中，让他在脱离儿童时期进入下一个人生状态时，也脱离孩童时代度过的凡俗世界，进入宗教的神圣世界。割礼后回族男孩就要正式承担伊斯兰教的宗教责任，割礼不仅提醒了一个成年男子的社会身份也再次强化他的穆斯林身份。

第二，割礼不仅是将生理现象变成社会过程的成人仪式，而且通过割礼宗教功能的制约、规范与教育，作为仪式主角的年轻人在与安拉和圣人接近，个体精神会发生变化，个人的生活面貌亦会发生改变。经历了身体的伤害与疼痛，年轻人获得社会责任感，精神境界有了质的提升，宗教的崇高意义已铭刻在他们的身体上与思想里。

四、隐于众象：藏族成年礼

随着岁月嬗递，黄龙地区藏族群众中“成年礼”逐渐消隐。表现在成年礼上，便是当代人对久远风习的模糊与众说纷纭，其风俗习惯呈现出突出的多样性、丰富性与兼容性。

在黄龙地区的藏区，提起成年的年龄，有说十二岁、十三岁、十五岁、十八岁不等，版本众多。关于成人礼，城镇和交通较发达区域的藏人多认为黄龙藏族无此仪式。而乡村与老年人的观点多以结婚成家为标志，或以能让少年跟着过成年男性参与祭祀的社会公众生活如转山会、插箭仪式等为成年礼的仪式象征。

黄龙地区藏族成人仪式的繁简和宽严各不相同。藏区的成年礼仪在不同的地方有不同的内容与仪式，川主寺山巴乡、牟尼沟乡有老人认为，过去男孩是以第一次参加转山、祭山时点燃煨桑火种为其成人的标志。亦有人认为，是以第一次参加转山并行插箭仪式作为男子成年的标志。但没听说过有女孩成人礼。

据调查，插箭仪式主要有“制作个人的插箭”、“为箭举行净化仪式”、“上山煨桑”、“正式插箭”、“抛洒风马完成仪式”几个环节。

在上八寨乡，有老人回忆，以前藏族男孩到十三岁时，家中会专门为他举办一个成年的庆祝活动，大约是“成年宴席”之意。在活动中，“家人要给他一匹好马、一把好的火枪，让他参加部落内部的各项仪式；同样，在部落中有什么东西分配时，他也会收到一份子，同时如果在部落之间发生战争纠纷等事情时，他有义务去打仗保卫自己的部落”[①]。这就是过去藏族男孩的成人礼。但随着岁月更迭，此仪式逐渐消隐于藏族社会的日常生活之中。

通过以上种种调查，我们可以发现藏族传统社会在一定程度上对男子成人达成的某种共知共识，即担负起部落成年男人的社会职能。

而在毛儿盖等牧区，女孩在进入青春期阶段，其父母亲友会为其举行一个简单的成人仪式，即“戴头盘”仪式。今天在毛尔盖已婚妇女的头顶，我们常常能见到这样的头盘装饰物。此头盘用数条密密镶嵌着红色琥珀的粗布管支撑起一环形的固定物，上点缀数粒硕大的蛋状黄蜜腊，式样独特，颜色鲜艳，对比强烈，从头顶俯视，恍若光耀灿目的太阳，形成一种立体装饰的效果。红色的珊瑚管，金黄色的蜜腊盘，保留了天然质材的机理和质感，排列组合大胆而古朴，隐隐透露出原始苯教自然崇拜的遗韵和通灵气息。

此仪式举行时间，通常选择在女儿结婚前夕举行，具体时间多请喇嘛占卜决定，具体仪礼环节各村落不尽相同。“戴头盘”为换装仪式的一种，其焦点主要集中在发式与佩式变化上。当头盘顶于头上，则标志着天真无邪的童年时代的终结。在黄龙传统藏区，已婚女性与未婚少女在外形上要有所区别。未婚少女习惯上不佩戴任何头饰，而已婚女性不戴任何头饰外出，则会被当成不祥之兆。由此可见，头饰是黄龙藏区已婚女性的一种象征与标志，蜜腊头盘从这点上强化了传统风俗。或许，这样的头饰变换正是女子心理成长历程的外部体现，是伴随生理成熟后才具有的心理美感。

除了婚后戴头盘，有的地方在女儿长大成婚之前会找个“全福人”为其放辫盘发，然后配以头饰，即汉族民间通常说的“上头”仪

① 转引自南措姐：《藏族人生礼仪馈赠礼俗研究》，西藏大学2010年硕士论文，第12页。

式；而另有些村落则为放辫分发，并以绿松石、青金石和玛瑙等头饰或辫套进行装饰。无论盘发还是分发，父母一般会不惜代价地给女儿准备珠宝首饰，佩带、装饰于女儿的头顶。头饰作为已婚女性的象征，随时提醒出嫁女子记得转换自己的身份，并承担其为人妻的家庭与社会责任。改换服饰，是成年礼常见的一种变形方式，从旧的状态进入一种新的状态，就标志着女孩子成熟了，可以进行独立的社交活动并准备为人生的下一个重要关口——婚恋作准备了。随着岁月的嬗递，藏区成人仪式渐渐衰竭，某些环节残存在婚礼之中。

“生是在实际上分娩时开始的，但要完全成个人则是在行了成年礼仪式以后的事。”[①] 成年仪礼是少男少女走向成年与成熟的标志。终结了孩提时代的“旧我”，便意味着“人生的第二次断奶”，取而代之的是一个全新的生命状态。因此，成年礼是个体实现心理嬗变、改变个体与族群关系，并获得公众认同与接受的重要仪式。借助仪式的完成，新成人者获得了各种社会资格，并以成人的自觉意识从此肩负起家族与族群的责任。

不同族群、族系在黄龙地区的地理文化空间中建构了自己的成年礼符号，成年仪式中无论改换服饰、痛苦考验、训导学习还是象征性进入社会都隐含了人生即将到来的另一个重要阶段：婚姻。

第四节 执子之手，与子偕老：婚姻仪礼

婚姻是人生旅程的重要阶段，也是人生最重要的一个组成部分。世界上任何一个民族、部落都有其婚姻的形式并在民族长期的演变过

① ［法］列维·布留尔：《原始思维》，丁由译，商务印书馆 1981 年，第 300 页。

程中形成了较为固定与程式化的婚俗风貌。与其他文明相比，中华文明尤重婚姻中“礼”的价值确立与制度规范。

《礼记·郊特性》云：“天地合，而后万物兴焉。夫昏礼，万事之始也。取于异姓，所以附远厚别也。”① 郑玄注《毛诗》云：“婚姻之道，谓嫁娶之礼。”② “婚礼者，将合二姓之好，上以事宗庙，而下以续后世也，故君子重之。”③ 可见，婚礼在华夏礼制文化空间有着举足轻重的地位。婚姻礼仪的复杂性往往和社会的复杂程度成正比，也在一定程度上决定其婚姻文化的发展程度。两性结合的开始是种族得以繁衍的基础，婚姻，从本质上说是对子孙繁衍的一种期冀。各民族的婚俗，或同一民族在不同的历史时期形成的婚俗，多种多样、千差万别，但都与期冀分不开。婚礼之所以被称作喜事，就因为婚姻包含了种族绵延和家庭幸福的希望。

黄龙地区各民族的婚俗，在人类婚俗文化的舞台上扮演过或正在扮演其特定的角色，同一民族在同一婚俗仪式上，由于居住地的不同，杂居民族的不同，有着迥然不同的表现方式。而同一婚仪，不同民族、不同聚落又不同程度地加进自己对该习俗的理解，并把本民族的文化无形地融进同一婚仪中，使得黄龙地区的婚俗文化更加异彩纷呈。由此我们亦可想见，黄龙地区民族间的交往是何等密切，相互间的影响又是多么深！

黄龙地区完好地保存了民间古老形式的婚恋习俗，如藏族“抢帕子”，就与古老的“抢婚”遗风相关联；“浪寨子”是母系民族时代走婚形式的孑遗；而羌族接亲进程中的“退红煞”则为原始婚俗中的巫

---

① 《礼记正义》卷第二十六，北京大学出版社 1999 年，第 814 页。

② 《毛诗正义》卷第四之“郑风·丰”，郑玄注，北京大学出版社 1999 年，第 308 页。

③ 《礼记正义》卷第六十一之“昏义第四十四”，北京大学出版社 1999 年，第 1618 页。

术行为干预。

一、遥遥华胄缔婚姻：汉族传统婚礼

人类在迈入文明时代之前，群居野处，男女无别，媾合无禁，两性关系纯然自然。在漫长的时期内，成年男女无固定的配偶，两性交往无任何习俗和理性的约束，人皆“聚生群处，知母不知父”[①]。

“食、色，性也。”[②] 礼缘人情而作，性情以男女为大，人类的性本能难以自发地控制，“人所以有姓者何？所以崇恩爱，厚亲亲，远禽兽，别婚姻也”[③]。为了引导人们正确地把握男女之情，使性情之道万世不废，人类制订了婚姻之礼。

华夏婚姻仪礼在较长的历史时期呈现出一种“俗”、“礼”并存、因“俗”制“礼”、由“礼”导“俗”的文化发展趋势。中国素有“礼仪之邦”的美称，嘉礼中的婚姻礼仪又被视为所有礼仪之根本。

华夏古代婚俗涉及许多繁复细微的婚姻仪式，其中与新娘有关的习俗占主要部分，主要从阴阳两分，阳导阴从的阴阳宇宙观比附、类推人道之婚礼，倡导女性顺从、服从，严守妇道。女性一旦出嫁，从此“服也，服于家事，事人者也”[④]；“在家从父母，既嫁从夫，夫没从子也”[⑤]。迨至汉代儒家思想占统治地位后，夫权得到更加绝对的肯定，尊卑差异越来越大，对女性亦开始全方位的礼法控制与行为束

---

① ［秦］吕不韦：《吕氏春秋》，上海古籍出版社 1989 年，第 177 页。

② ［清］阮元校刻：《十三经注疏·孟子注疏》，中华书局 1980 年，第 2748 页。

③ ［清］陈立：《白虎通疏证》第卷九《姓名》，吴则虞点校，中华书局 1994 年，第 401 页。

④ ［清］陈立：《白虎通疏证》卷十嫁娶，吴则虞点校，中华书局 1994 年，第 491 页。

⑤ ［清］陈立：《白虎通疏证》卷十嫁娶，吴则虞点校，中华书局 1994 年，第 491 页。

缚。“女人低一等被作为一种原则灌输到她们脑中，直至她们本人也承认这是一种事实为止”[①]，服从作为阴性属性的女性必须遵守的行为规范。

在以“礼”为社会意识核心的等级社会，国家、社会、家庭等各种关系，根据礼法形成一套严密、立体、清晰、明确的伦理体系。早在西周初期，“男不自专娶，女不自专嫁，必由父母，须媒妁”[②] 的婚姻礼俗就已基本形成，后世逐步固定并使之向着礼制的社会功能转化。汉代以后，随着先秦儒家自由精神的失落，独尊儒术后的儒家，尤其是宋明新儒家的礼法观念对民间社会教化的加强，女性被禁锢于社会与礼制的囹圄，个人情感淹没甚至消失于社会礼制中。

1. **岂敢奔之：父母媒妁**

“父母之命，媒妁之言”是男女婚嫁的必备前提，“男女非有行媒，不相知名”[③]，“处女无媒，老且不嫁”[④]。即使两情相悦，“非我愆期，子无良媒”[⑤]，女方亦不得不要求推迟婚期。若没有“媒妁之言，父母之命”而私定终身，则被视为“淫奔”、“私合”，而“聘则为妻，奔则为妾”[⑥] 的礼制约束，人为地在自然自主的婚恋道路上设置了难以跨越的障碍。那些没有“媒妁之言”沟通的女子，其婚姻得不到社会的承认，“奔”的代价是妻子的合法地位被整个社会所剥夺。“妻者，齐也，与夫齐体。自天子至庶人，其义一也。”[⑦] 齐即对等、

---

① 摩尔根（美）：《古代社会》，商务印书馆 1977 年，第 478 页。
② ［清］陈立：《白虎通疏证》卷十嫁娶，吴则虞点校，中华书局 1994 年，第 452 页。
③ 《礼记正义》卷第二，北京大学出版社 1999 年，第 51 页。
④ 《战国策・燕策》（下），上海古籍出版社 1985 年，第 1075 页。
⑤ 《毛诗正义》上册卷第三，北京大学出版社 1999 年，第 228 页。
⑥ 《礼记正义》卷二十八，北京大学出版社 1999 年，第 871 页。
⑦ ［清］陈立：《白虎通疏证》卷十嫁娶，吴则虞点校，中华书局 1994 年，第 490 页。

匹敌，指正妻与丈夫平起平坐，同处尊位；《礼记》笺注云：“妾言‘买’者，以其贱，同之于众物也”[①]，妾不过是可以随意买卖的货物。华夏乃文明古国、礼仪之邦，娶妻纳妾也要严遵礼法规定，“奔”女为妾，妾为贱流，卑不主尊，贱不主贵，妻与妾的关系是天上、地下之主奴关系。历代对无媒之“奔”均多次以官方律法规定的高度予以否认。向来无规矩难成方圆，即使在世风较为开放的唐朝，对违“礼”的“奔”者也有“奸者不婚”、“淫者不婚”的法律禁令。奸者，未婚同居者。淫者，无媒奔者。“淫奔”是伴随“奔”女一生的污点。

礼云：“妾虽贤，不得为嫡。”[②] 唐代法律也明确指出，妾乃贱流，妻、妾之间身份等级的鸿沟是用法律和规矩来严守的，以妾为妻则触犯大唐法律。妻乃明媒正取，是合法、独一的“聘取之妇”，而士子也不能随意纳良家女为妾。因为“人有子孙，欲尊之，义不可求人以为贱也。”[③] 妾为贱流，妾之家族亦不能算夫家亲戚，大家族若有为妾之女，实在是一件自贱身份、自毁名誉的耻辱事。所以，良家女是万万不可为妾的。

无疑，在礼教的巨大精神压力与思想控制下，女性只能将个人的情感追求融于族嗣利益之中。“不待父母之命，媒妁之言，钻穴隙相窥，逾墙相从，则父母国人皆贱之”[④]，不合礼制的私自相见、约会将受到社会的谴责与鄙视。只有通过“父母之命，媒妁之言”的婚姻才有机会进入正式的婚礼仪式——“六礼”之制。卓文君私属司马相如能被社会所接受与承认，或许与后世文人对风流韵事的美饰和向往

---

① 《礼记正义》卷第五十一之“坊记”，北京大学出版社 1999 年，第 1418 页。

② ［清］陈立：卷十嫁娶《白虎通疏证》，吴则虞点校，中华书局 1994 年，第 471 页。

③ ［清］陈立：《白虎通疏证》卷十嫁娶，吴则虞点校，中华书局 1994 年，第 471 页。

④ ［清］陈立：《白虎通疏证》卷十嫁娶，吴则虞点校，中华书局 1994 年，第 425 页。

有极大关系。况且，西汉初年的临邛（今四川邛崃）乃邛人聚居地。邛人，夷种，非华夏族也。司马相如，蜀地成都人，西汉蜀地尚属被文翁礼制教化之地。所以，卓文君与司马相如的美谈，只能算华夏主流文化边缘的特例。

汉族传统婚仪重人伦。“昏礼者，合二姓之好，上以事宗庙，而下以继后世也”[①]，从择偶、定亲、结婚乃至婚后生活无一不遵循婚礼制度，恪守礼的准则，遂使汉族传统婚姻凸显浓厚的社会意义而鲜见两情相悦的个人情愫。汉民族几千年的文化层积虽不乏吟咏男女情爱的艺术作品，但在传统婚礼制度重“礼”轻“爱”的悖论中，个人情感因素难以自然、自由地得到释放，“‘爱情’和‘结婚’难能结合得天衣无缝，虽然这两种东西在同一种气候中诞生”[②]。从某种角度说，男、女两性在汉族传统婚姻中的角色是一种工具性的社会存在，其个人的情感选择不得不服从于宗法规范与家族利益。“继后嗣”是汉民族传统婚姻的基本理念和根本目的，女子“不育”则犯“七出”之大忌，会直接导致婚姻关系的解体。

今天，以男女相悦为基础的婚姻理想，正在步入城市、乡村，成为千百万汉族男女青年婚恋的普遍方式。随着时代的发展，报刊杂志、电视广告、网络新媒体等其他媒介纷纷加入婚姻介绍的“媒妁”队伍。

2. **古来嫁娶：六礼**

汉族传统婚姻不但重“礼”，而且重“仪”。“婚仪”是结婚的礼俗形式，汉民族婚礼有“古有六礼”之说，“古视婚姻意义深远，礼

---

① 《礼记正义》卷第六十一之“昏义第四十四”，北京大学出版社 1999 年，第 1618 页。

② ［美］莫蒂默·艾德勒、［美］查尔斯·范多伦编：《西方思想宝库》，吉林人民出版社 1988 年，第 200 页。

仪遂以庄重为尚，故意纤其进行之程序，藉示民情之不渎，于是六礼兴也。”[①] 至迟在周代，作为婚姻程序中的规范仪式，“六礼”就被有意识地礼制化，成为君政教化、维护社会秩序的一种重要手段，并初步形成较为完备的“六礼”婚俗程式，奠定了后世通行的“六礼”基础。汉文献古籍记载婚姻礼仪的颇多，其中，“六礼”的婚俗过程被归纳概括为：“纳采”、“问名”、“纳吉”、“纳征”、“请期”以及男子驱马乘车到女家“亲迎”礼。

“纳采”是“六礼”的首序，即男方托媒到女家贽雁为礼，表达其求婚的意愿；“纳采”仪式中所用之雁乃求婚时的贽礼，若女方同意，则收下礼物，表示“接纳”。古之纳采相当于今日的提亲。

“问名”，纳采礼毕，男方请媒人贽雁为礼，询问女孩姓名和生辰八字，以占卜婚配吉凶。女家此时要设酒款待来宾。古之问名，或托媒询问女孩姓名，或遣使了解女孩生母姓氏。在古代，女孩名讳多不外传，只有当议婚时才告诉未来夫家。即使媒人“问名”前已清晰地知道女孩名讳，还是要借“问名”强调礼制规范，并以此说明男、女婚前严遵礼教，互不认识，品行端正，所以连女方姓名都不知道。《礼记》云：“取妻不取同姓，以厚别也。”[②] 宗法社会尊卑有序，嫡庶有别，询问女孩生母姓氏则乃判明血脉正宗、区别尊卑之举。现在，黄龙民间常把纳采、问名二礼合一，俗称“说媒”。

“纳吉”，男家获得女孩姓名与生辰八字后，在宗庙占卜，请求祖宗指示婚事前途。卜得凶兆则罢，若卜得吉兆，仍以雁为贽，遣媒复告女家，决定正式订婚。

“纳征”，春秋时又谓之“纳币”。“征”，成也，以女方收受男方

---

① 陈顾远：《中国婚姻史》，商务印书馆 1998 年，第 99 页。
② 《礼记正义》卷第五十一之“坊记”，北京大学出版社 1999 年，第 1418 页。

财物，确定婚姻成立而得名，先秦时期的“币”，是用作礼物的一种彩色丝织品，后世俗称的“彩礼”就源于此。男女定盟后，“纳征”是进入成婚阶段的重要礼仪。后世变周代的象征含涵义为具体实际的经济功能，嫁娶重币在这项礼俗中表现得最为清晰。《礼记》曰：“非受币，不交不亲。”[①] 在婚娶过程中，收受男方的礼物是一个标志性的仪礼环节，婚姻是否成立，以此为界。古人云“许嫁”，即“已受纳币礼也”。因此中国古代法律将这种婚姻视为合法的“聘娶婚”，由此娶来的妻子是合法的“聘娶之妇”。“纳征”是六礼中唯一不用“雁贽”的礼仪。

在20世纪八九十年代，黄龙地区汉族群众订婚礼通常为男方给女方买几身衣服、少量的金钱，然后由媒人作陪，男女双方去县城饭店一起吃顿饭，看场电影，并借此机会交流与了解。过后，男方再特意选一个好日子去女方家下聘礼。近年来，黄龙地区民间订婚和下聘礼经常并在一个仪式环节进行，且男方给女方的礼也多以金钱为主。黄龙地区民间俗语云：“养女不折本，烧起锅儿等。”可见买卖婚姻的观念在汉族地区还是有生存环境的。

“请期”，送完聘礼后一段时间，男家卜得结婚的吉日良辰，托媒备礼贽雁至女家，告知娶期，并与女家商量，征得同意，请定合婚之期。“请”，说明此仪礼环节绝不是男方单方面的占卜得出吉日婚期，女方的意见也相当重要。

请期之前要查看黄历，定下吉日乃至吉时。先秦迎娶一般在春秋两季。《诗经·桃夭》云：“桃之夭夭，灼灼其华。之子于归，宜其室家。桃之夭夭，有蕡其实。之子于归，宜其家室。桃之夭夭，其叶蓁

① 《礼记注疏》卷第二之“曲礼”，北京大学出版社1999年，第51页。

蓁。之子于归，宜其家人。”[①] 灼灼春光，烂漫风华，三千多年前的夭夭桃花书写着华夏新娘的嫁时记忆。春日天地交通，阴阳交接，万物始生，此时行百年修好之嘉礼，可谓顺应天时也。

《诗经·氓》云：“非我愆期，子无良媒。将子无怒，秋以为期。”[②] 面对热恋中男子“愆期”的不满，女子提醒他找个好媒人前来说亲，秋以为期，迎娶之期约在秋天。与春季相同，秋天也是阴阳交替的时节。阳往阴来，暗含女子嫁往男家。春秋迎娶，正是先秦阴阳思想在民俗生活中的运用。后来，请期逐渐复杂化，迎娶的日子并不固定。一年十二月通过各种烦琐的占卜，总能找到一两个吉日良辰，各地均产生了一些流行的说法。如黄龙地区民间谚语云：“过了二十三，结婚不论哪一天。”

“亲迎”是指在约定的婚期，新婿亲往女家迎接新娘而归的仪礼，是“六礼”中最隆重也最繁琐的仪式，也是婚礼的高潮与核心。

“婚礼者，礼之本也。”[③] 繁文缛节，隆重行之。礼仪之邦的华夏在婚姻仪礼中留下了明晰的历史脚印。“六礼”概括了从议婚到完婚的六个仪式，沿袭数千年。随着时代的变迁，后世“六礼”历代都有变更，其程序与内容的增删补益不断地赋予“六礼”新的含义，其基本精神却相承一贯，具有巨大的再生性、传衍性和渗透力，至今仍在一定程度上影响着我们的日常生活。即使今天，黄龙地区民间婚礼中仍大致保存着“六礼”的基本程序结构与礼俗文化意涵，只不过，人们也根据实际需要和时势变化，对“六礼”加以了地方性的转化。如进安区有些汉族家庭至今仍保留着古老的婚仪风习：新娘过门三天内不吃婆家的饭，而只吃娘家人送来的饭菜，以此表示父母对女儿的留

① 《毛诗正义》上册卷第一，北京大学出版社 1999 年，第 46—47 页。
② 《毛诗正义》上册卷第三，北京大学出版社 1999 年，第 228 页。
③ 《礼记正义》卷第六十一，北京大学出版社 1999 年，第 1620 页。

恋和关爱。这无疑是汉民族传统孝文化在“六礼”之外的衍生增益。

随着西风东渐，民国初期，当时的政府以颁布全国法令的形式对旧式婚礼进行了简化改革，推行新式的文明婚礼。新式婚礼主要在大、中城市的上层和进步人士中传播。广大的农村地区和边远乡镇依然沿袭“六礼”的主要程式，视为“正统婚礼”。在中华历史大变革的时代，民国初年提倡的文明婚礼在很大程度上带着直接移植、僵硬模仿的文化痕迹：手镯香槟、礼帽马褂、长衫礼杖、婚纱绣鞋一起共存。到今天，随着时代的变迁，民国初年移植的西式婚礼内容，已多被各地区各民族文化选择性地融合，剥离基督教的文化氛围与宗教虔诚，西装婚纱、戒指束花，真正地融入到中国人婚姻仪礼中，成为现代婚俗的重要组成部分，使当代婚礼呈现出崭新的时代新面貌。而华夏传统婚礼延至当代，喜新并不厌旧，传统“六礼”程式虽越来越淡化或简化，但大致尚残留着订婚、纳聘及成婚三个主要环节，婚仪的民族传统文化则多保留了明清以来“婚”俗的热闹，以致一提起华夏传统婚礼，人们脑海中瞬间浮现的多是吹吹打打、绯红一片的喜闹印象。

华夏族传统婚姻“不属于宗教婚，也不属于法律婚，实为另一种形式婚——礼仪婚”[①]。后世婚礼在中华各民族文化的交流中，融入了不少新的习俗内容，但“六礼”基本仪制的婚俗结构尚无明显变化。民间婚姻多讲究仪礼程序和习俗认可，并不习惯诉诸法律。在黄龙地区乡土社会中，青年男女若仅仅按照法律进程领取了结婚证，尚不能被视为真正的缔结婚姻，只有进行了“结婚仪式”才叫结婚，才能被亲朋好友和传统社会所认可。婚姻关系的确立以婚礼为标准，这

---

① 李桂梅，禹芳琴：《试论中国传统婚姻习俗的文化内涵》，《常德师范学院学报》，2000年第4期，第1页。

或许也算是华夏婚仪重“礼”的文化遗留吧。

3. **婚嫁礼盛：“亲迎”**

“亲迎”之日，红色是汉族婚礼的基本色调。红盖头，红花车，红双喜，红衣红裙，红被红床，红桌红盘，红灯红烛……劈啪的鞭炮，欢闹的人群，婚姻仪礼中所有的热烈与隆重都在“亲迎”礼中走向顶峰。红红火火，似乎组成了汉民族亘古不变的婚礼场景。

“当活动被权威厘定，并一成不变地被人们不加思考地重复时，它们就成了仪式。……仪式不会轻易被改变，它严格地与详备的和锱铢必较的规则保持一致。它不承认例外之举，不允许胆大妄为。规则越严格，仪式支配活动和成员的力量就越大。”① “亲迎”礼历史悠久，程式繁复，是传统社会极其重视的成婚典礼。不同时期、不同地域对其内容有所增损，具体礼仪项目的名称亦有所区别。古今不一，各地异俗，但发展至今，一般都有铺陈豪华、热闹喜庆的大场面。

先秦至唐，“亲迎”礼通常在黄昏时举行。婚，古写作昏。“婚者，昏时行礼，故曰婚。……所以昏时行礼何？示阳下阴也。昏亦阴阳交时也”②，“日入后二刻半为昏”③。华夏先民选择“昏”这个微妙的时刻来诠释婚礼，巧妙地给婚姻仪式烙上天人合一、神圣虔敬的文化性格与华夏情愫。在华夏古人的观念中，黄昏是大自然日月渐替、阴阳交接的最佳时辰，以人来模拟自然，男女二性的结合也被认为是阴阳交接。因此，黄昏迎娶则为顺应天道，阳往阴来，调谐阴阳。

据刘师培、吕思勉等学者的观点，昏时行“亲迎”礼是上古杂婚时代盛行的掠夺婚之遗俗迹。因为史前劫掠婚总是乘暮色苍茫对女子

---

① 转引自高内中：《中国人的生活世界：民俗学的路径》，北京大学出版社 2010 年，第 67 页。

② ［清］陈立：《白虎通疏证》卷十嫁娶，吴则虞点校，中华书局 1994 年，第 491—492 页。

③ 《礼记正义》卷第六十一，北京大学出版社 1999 年，第 1617 页。

实行抢掠与突袭，后这种婚俗随着周代礼制的完备而逐渐消亡，但昏时迎娶之俗却以制度化的婚仪规范形式支配着人们的婚姻行为，隐秘地表达着一种来自远古时代的生存经验。

直至今日，黄龙地区小姓羌族依然完好地保存了昏时迎亲的婚俗习惯：小姓羌族的迎亲队伍通常在太阳将落、暮色随至的时刻，披着满身的霞光踏上前往新娘家的迎亲道路。小姓羌族的迎亲队伍一般为马队，虽不如明清以降汉族迎亲仪仗队那样壮观与华丽，但却别具另一番高原民族的率性风味。

古之“亲迎”的程序通常为新郎于黄昏时分，在家承父命、乘黑漆车舆、着黑服至女家，迎亲队伍有随从执烛照明行于前。并以雁为礼交付女方。新郎在女家行礼毕，返至男家，新娘盛装随行，由专门的驾车人负责新娘乘舆上路。而新郎则乘上自己的车，先行返回自家门外等候。待至新娘乘坐的车舆到达，由新郎迎接其“出舆”，接着还有行合卺共食礼等，至此，男女双方成正式夫妇。

与我们今天熟悉的热闹红火、喜庆吉祥不一样，先秦之际，汉族地区的亲迎仪礼没有鼓乐喧天，车水马龙，铺张排场，也无亲友前来朝贺，更没有鼎沸的人声，连迎亲队伍在暮色中也执烛悄然而行。“昏礼不用乐，幽阴之义也。乐，阳气也”[①]，婚礼重的是夫妇之义，喧闹嘈杂非婚礼本义。“嫁女之家，三日不绝火，思相离也。娶妇之家，三日不举乐，思嗣亲也。”[②] 婚娶之际，女家三日不熄烛火，在盈盈火光中思念着远去的女儿；夫家也三日不举乐，安抚思念双亲的新娘。整个环节发乎情、合乎礼，连新娘的父亲都要迎婿于门外，礼节甚重。

---

① 《礼记注疏》卷第二十六之“郊特牲”，北京大学出版社 1999 年，第 815 页。
② ［清］陈立：《白虎通疏证》卷十嫁娶，吴则虞点校，中华书局 1994 年，第 462 页。

在先秦古人的观念中，女性属阴，婚嫁是阴阳交合，即以新郎的阳去迎新娘的阴入家。因此一切均要符合以阳迎阴的寓意，所以有关先秦婚娶的尚黑，宜夜间进行。“主人爵弁、纁裳、缁袘，从者毕玄端，乘墨车。从车二乘。妇车亦如之，有裧。”[①] 新郎纁色下裳摆镶嵌着醒目的黑边，其随从一律着黑，迎亲的马车也一律全黑。即便有执烛人，那也只为与夜色之阴相配。玄黑与纁红，在隋唐以前一直是华夏婚服的主流色系。在寂寂人定初的暮霭下，先秦婚娶一切按照礼法规制，按部就班地安静进行，体现出先秦阴阳五行观念对民间婚俗的濡染。魏晋南北朝时期，随着五胡入华，民族文化交融，北方氐羌、鲜卑等游牧民族婚仪中一些迎亲风俗，如奏乐、嬉戏等在中原地区逐渐流行起来。到唐代，举行婚礼的地点——青庐退出了历史舞台；此后，彩灯高悬，蓬荜生辉，华夏婚礼的世俗欢庆气氛逐渐扩展，直至明清的十里红妆、喜气洋洋、热闹喧哗。俗进而礼退，先秦迎阴气入家的虔敬端肃在汉民族婚俗中基本消失。

汉代以降，“亲迎”礼在民间生活中不断地被添加新的仪式内容：北朝增加了“夫妻交拜”、“催妆”；延至唐代，变北朝迎亲队伍在门外齐喊“催妆了”为文人骚客赋诗催妆；唐朝盛行“障车”，即新娘的亲朋好友拦住喜车不放行。至宋代演变为“拦门”索取诗词，民间则出现拦门、拦轿索取钱物的新举动。在唐代，民间出现亲迎不必在黄昏的新现象，“亲迎必昏”的定制被打破。至今，汉民族民间“亲迎”的时间仍各地不一。宋代还变汉、唐“却扇”为大红盖头蒙面，在“亲迎”礼中增加新郎洞房花烛夜为新娘揭盖头的新环节。（“却扇”，用团扇遮面，南北朝诗歌“何如花烛夜，轻扇掩红妆”即“却

---

① ［清］陈立：《白虎通疏证》卷十嫁娶，吴则虞点校，中华书局 1994 年，第 491—492 页。

扇”礼俗的生动描述。）“大红盖头蒙面”之俗沿用至近世，黄龙地区民间婚俗至今尚有遗留。至于为什么新娘头上要蒙上大红盖头，有人说那是为了避邪，有人说是因为新娘娇羞脉脉，还有人说是古代血缘婚的遗存。宋代“亲迎”礼增加了许多富有世俗情趣的欢乐内容，对后世影响很大的除“揭盖头”外，还有“牵巾”礼、“撒帐”礼。另，宋代还在“合卺”礼中用交杯酒的形式彻底代替了先世的瓠瓢传饮，饮交杯酒的习俗后世长期传承。元、明沿袭宋制，明代士庶社会僭越传统社会的礼制规定，在亲迎礼中彻底突破身份局限，堂而皇之地增加了新娘穿戴宫妃命妇的服饰——即凤冠霞帔出门的环节。至此，凤冠霞帔成为汉民族新娘的标准嫁衣。“亲迎”礼中不断增加新的民俗形态，是汉民族在长期发展中民俗文化心态的真实反映。

“亲迎”是婚姻仪式的终端，而亲迎的开端则要从婚礼日头天的“铺房”开始。新中国成立初期，黄龙地区汉族的“铺房”主要为安床和铺床，通常是男方家中儿女双全、家庭和睦的女性长辈执行。有些村落会让一个可爱的小男孩在铺好的床上打个滚。

婚礼当日的黎明，男方要派迎亲队伍前去女家接亲。松潘城镇的汉族过去新郎必去女方家行“亲迎”礼，但小河、彰腊地区则有些汉族的婚礼新郎不必亲自前往迎娶的现象存在。迎亲队伍中必有一名儿女双全、夫妻和睦、公婆康健的“全福人”前往接亲。新娘出门前娘家要放三挂火鞭以祛除邪恶。在白羊地区，过去行亲迎礼时，男方还必须给女方家庭送上一公鸡一母鸡，此两鸡不可杀，不可卖，只能任其自然生长、自然死亡。近来随着汉族社会风俗的变迁，很多“亲迎”礼上的具体内容在黄龙地区民间消失。

在“亲迎”礼中，新娘乘坐的交通工具也随着时代社会的变迁在不同地区衍变。黄龙地区汉族传统的迎亲一般用花轿迎娶。据松潘进安区的屈源奎老人讲述，建国前进安一带的汉族除了花轿亲迎，还盛行新郎戴金花、骑马接新娘；新中国建立初期，花轿尚为黄龙地区汉民族迎亲的主要工具；20世纪六七十年代，自行车迎亲日益流行；至20世纪80年代，当地汉族的摩托车迎亲成为一种时代风尚；20世纪90年代以后，人们开始用面包车迎亲；21世纪以来轿车迎亲的越来越多。

从马匹、花轿到自行车，再到摩托车，直到轿车，迎亲工具随着时代的嬗变而各有不同，但它们基本上代表了不同时期最时尚与最先进的交通工具。由此可见，进安区的人们对“亲迎”礼的重视。围绕新的迎亲交通工具，逐渐形成的城镇新婚俗——花车亲迎，也渐渐衍生出当代的新婚俗禁忌。如，若第一部迎亲花车是“奔驰”，那么第二部则不能用“桑塔纳”，否则便为“奔丧（桑）”，大不吉也。迎亲花车的禁忌无疑是黄龙婚俗在现代社会高速发展中的民俗流变与时代新气象。

4. **鸣雁于飞：“雁贽”**

雁，古时又称之为“鸿”。礼曰：“女子十五许嫁，纳采、问名、纳吉、请期、亲迎，以雁贽。纳征曰玄纁，故不用雁贽。”①

华夏婚俗“六礼”，除“纳征”环节不必贽雁外，其他“五礼”皆用到“雁”，“雁”在婚姻仪礼中的重要性由此可知。古“雁”频频在“六礼”中使用，除古时雁乃易得之物外，更主要的是它具有一定的人文象征意义。

在上古时代，臣初次见君或士以尊卑相见，或两姓结好，都要带礼物，这礼物就叫作“贽”。贽根据每个人的身份地位不同而有别。《周礼·大宗伯》云：“以禽作六挚，以等诸臣。孤执皮帛，卿执羔，

① ［清］陈立：《白虎通疏证》卷十嫁娶，吴则虞点校，中华书局1994年，第457页。

大夫执雁，士执雉，庶人执鹜，工商执鸡。”郑玄注云：“挚之言至，所执以自致”[①]，这是臣见君之礼；“士相见之礼，挚，冬用雉，夏用腒”[②]，此言士相见；“昏礼。下达，纳采用雁”[③]，此言婚礼。但不管是什么性质的见面，礼物都是以禽为主的。双方相见，贽为先，“贽”充当的乃交际的“媒介”角色和象征意义。“在动物中间，性欲也很有几分‘理想化’的程度，特别是在鸟类中间；鸟类可以为了失偶的缘故，伤感到一个自我毁灭的境界，可知这其间所牵涉到的决不止是一个单纯的性的本能，而是此种本能与其他生命要素的一个综合。”[④]华夏“贽雁议婚”的婚仪象征与其雌雄相依乃至殉情的现实生命有极大的联系。“雁的配偶习性，与鸳鸯相同，系一夫一妻制”[⑤]。大雁一夫一妻、终身一侣的生物学特性合于人类两性相依的理想情爱境界，所以得到汉民族普遍认同，并被提升到伦理道德的礼制范畴。华夏先民“惯于将社会生活的节奏同自然物候、某些动植物的盛衰与生活规律同步看待，古代婚礼便多在春秋两季举行。而雁的雌雄忠贞不渝，南来北往随物候变化周而复始地奔波，亦最能体现出宇宙自然间的阴阳韵律节奏。”[⑥] 所以“雁贽”便作为华夏婚姻仪礼中的必备大礼。《公羊传·庄公二十二年》注云：“凡婚礼皆用雁，取其知时候也”[⑦]，“用雁为贽者取其顺阴阳往来。”[⑧]。把中国传统的阴阳理论引申到男女两性交往，实际上是阴阳两种相反相成的自然力量在人类两性上的

---

① 《周礼注疏》卷第十八之“大宗伯”，北京大学出版社 1999 年，第 476 页。

② 《仪礼注疏》卷第七之“士相见礼”，北京大学出版社 1999 年，第 110 页。

③ 《仪礼注疏》卷第四之“士昏礼”，北京大学出版社 1999 年，第 60 页。

④ ［英］霭理士：《性心理学》，潘光旦译，三联书社 2006 年，第 432 页。

⑤ 贾祖璋：《鸟与文学》，上海书店 1982 年，第 136 页。

⑥ 王立、刘卫英，《雁意象与民族传统文化心理》，《衡阳师专学报（社会科学）》，1994 年第 2 期，第 36 页。

⑦ 《春秋公羊传注疏》卷第八之何休注，北京大学出版社 1999 年，第 163 页。

⑧ ［清］陈立：《白虎通疏证》卷十嫁娶，吴则虞点校，中华书局 1994 年，第 356 页。

具体表现，“阴阳往来”成了男女相欢的另一种隐晦表达。婚俗中“用雁为贽”礼寄托着两性婚配和谐，夫妻恩爱、多子多福的美好心愿。在这里，鸟原始神使的象征意义已经积淀为世俗社会的文明礼仪了。“用雁者，取其随时南北，不失其节，明不夺女子之时也。又取飞成行，止成列也，明嫁娶之礼，长幼有序，不逾越也。又婚礼赞不用死雄，故用雁也”①。雁是古代人们常见的一种迁徙性鸟类，它们具有随季节更改而远距离迁飞的生物习性，春去秋来，去来守信。此特性与人类对婚约坚贞、忠信不渝的情感追求正好一致，传达着一种普遍化的历久不衰的社会情感。而且，大雁在迁徙飞行时，总以老而壮者在前导飞，幼而弱者继后尾随，行止有序，从不逾越，这是其他候鸟没有的一种禽鸟生物特性。而华夏礼制社会重视伦理秩序的建构，长幼有序便是其伦理建构的一条基本原则。长幼循序用于婚姻制度，便为叔季勿跨伯仲而结秦晋之好。可见，六礼中多次出现的“执雁”是承载特定礼法寓意和民俗心理的一种物化符号。

在婚姻仪礼的“六礼”中，有“五礼”都必须带雁，且必须是有生命力的活雁，象征生生不息。但大雁是野生候鸟，春来北国，秋去南方，不经人工驯养，很难捕捉到手。于是有人想出了一个替代的方法，即用皮帛制作。后来，也有人开始使用木雕、石雕、玉雕等材质制作的仿生造型雁。

此风俗对古代朝鲜族有较强的辐射影响力。受华夏传统汉文化的影响，沿至今天，“朝鲜族婚礼仍保留了用雁作为‘贽’的习俗，不过用的已不是真雁而是木雁。迎亲路上，走在新郎前面的是一个手捧一对用红布包着的木雁的人，这个人被称为‘雁夫’。到了新娘家后，

---

① ［清］陈立：《白虎通疏证》卷十嫁娶，吴则虞点校，中华书局 1994 年，第 457 页。

新郎接过木雁，献给岳母，安放在蘸礼厅，蘸礼厅也叫尊雁厅，婚礼就在这里举行”[1]。

“舒雁，鹅。”[2] 可见，雁即鹅。延至后世，民间开始用活鹅作贽，但依然沿用了“雁”的名义。现在已很少能见到用雁为贽礼的了，黄龙地区汉族群众尚有改用鸡或鹅代替的古俗存在，不过，在“贽雁”礼中，无论雁、鸡还是鹅，作为纳采礼均要用活物。因为婚事是件喜庆的事，若与“死”字联系起来，则太不吉利了。婚典是婚姻文化的显性层，而在隐性层中，是广大汉族地区社会生活结构的改变与全球化浪潮中思想情感的嬗变。婚仪民俗的变化正是对社会生活条件急速变化的一种显示与反映。

5. **红烛摇影：闹洞房**

“闹洞房”，亦称“谑亲”、“戏妇”、“暖房”、“吵房”（黄龙地区民间俗称“耍新媳妇”），这是一种以“谑妇”、“戏媳”为主要内容的庆贺婚仪，多在红烛高烧的洞房夜举行。当喜筵完毕，新人回房后，“闹洞房”的压轴大戏便开场了。参与的男女老少，不分辈分大小，都可涌入新房，肆无忌惮地调笑、戏弄坐于床前的新郎、新娘。闹洞房似乎具有一种不可抗拒的性质，民间流传着“三天无大小”，“不闹不发，越闹越发”及“人不闹鬼闹”的说法。此仪式环节不仅形式多样，而且范围广泛，遍及大江南北。

在我国，先秦礼制中并没有“闹洞房”的内容。但作为一种婚俗，最初“听房”的形式在汉代便已开始萌芽了。《汉书·地理志》曾记载西汉燕地风俗：新婚之夜，亲人在洞房窗外窃听洞房内新婚夫妇的言语动静，以为笑乐。《后汉书》也记载了马融之女嫁袁隗，新

---

① 吴存浩：《中国婚俗》，山东人民出版社 1986 年，第 100 页。
② 徐朝华注：《尔雅今注·释鸟第十七》，南开大学出版社 1987 年，第 317 页。

婚之夕，亲人“听房”的故事。由汉及晋，闹房之俗渐渐形成。学界有观点认为，西晋时闹房最初在北方出现，而且一开始时仪式针对的对象主要是新郎。这与魏晋南北朝民族大融合，北方游牧民族的风俗习惯渗入中原文化有关。他们认为，北方游牧民族以狩猎、放牧为主要的生活手段，在婚礼上随意戏弄，甚至棒打新郎的风俗正可以证明一个男人是剽悍、勇健、有能力承担家庭生活的合格丈夫。唐代世风开放，闹房之俗开始泛滥。而民间婚礼长期传承，有盛无衰。随着社会的发展，清中叶以后，这种借闹房、戏弄新婚夫妇来达到娱乐目的的现象在婚礼中更加突出，世俗欢乐的无限上升改变了华夏婚礼的基本风貌。闹洞房成为清朝婚姻仪礼中最为热闹又最能肆无忌惮的一项民间习俗，因为失去了礼的强力制约，有些地方的闹洞房甚至对新娘有鄙俚不堪的言语或举动，庸俗和无礼常常消解华夏传统婚礼自身的可贵价值。

汉民族历来对性讳莫如深，但闹洞房时却一反常态，对大众来说，闹洞房就像正常伦理被悬置的节日一样，有学者认为，闹洞房是“对年轻人性愚昧、性无知的一种恶补”，“肩负着进行紧急性教育的使命”，“闹房中的种种戏谑，其目的也许正是为了破除新婚夫妻间的羞涩感‘趣之情欲’”，“为生儿育女去努力”①。新郎、新娘尽管被众人折腾得着实不爽，但也不能不配合。大喜的日子，一生一次，再火爆的脾气也要低眉顺眼地忍了。

对于闹房，松潘进安镇的屈大爷曾非常自豪地对笔者说，当地汉族婚礼中没有闹洞房的内容，只是过去公公、婆婆会在儿子大喜之夜“听房”。屈大爷告诉笔者，过去当地汉族的“听房”不同于其他地区低俗的“闹房”。昔日广大汉族地区的青年男女婚前几乎没有见面的

① 蔡利民：《掀起你的红盖头：中国婚礼》，上海文艺出版社 2001 年，第 65 页。

可能，公公、婆婆于新婚之夜隐于门外“听房”，是为了了解新婚夫妇相处是否和谐。若不和谐，长辈有义务帮助新人建立感情。屈大爷出身于旧日传统的乡绅家庭，其思想有着汉民族儒家礼法的文化因子，所以他堂堂正正地从儒家的礼法教育角度阐释了民间的“听房”之俗。其实，仔细想来，若担心婚前互不相识的两个人难以交流，众人闹洞房也是帮助他们摆脱窘境，并建立融洽感情的一种尝试。在现实生活中，不乏用“听房”来满足自己好奇甚至是意淫心态的人。用现代人的观点看，伏于窗下、侧耳凝神的“听房”事实上也是对新郎、新娘私生活的一种侵犯。无论是“闹洞房”，还是“听房”均有可能成为一种良莠混杂的民间陋习。

现代闹洞房仪式在形式与活动内容都有了不少革新，松潘县城汉族新式婚礼中的闹房仪式就注入了不少时代新内容，如：让新郎、新娘谈谈恋爱的经过；让新郎当着众人的面大声说三声自己爱自己的新娘，并让新郎向新娘三鞠躬；让新郎、新娘与来宾一起表演唱歌、跳舞和表演小品等。但闹洞房性启蒙意味的暧昧游戏仍隐隐存在，如共咬吊在绳上的一块喜糖，同啃一个用红线拴起的苹果，让新郎张嘴伸舌去舔含新娘嘴里的糖等。今天，黄龙地区汉族婚礼闹房仪式中唯有听房已退出了历史舞台。

黄龙汉族婚姻仪礼中还有婚后回门的习俗，或当天回、或第二天、第三天回，其中以第三天回门居多，部分回族、羌族社区亦然。

二、夺帕抢婚别有情：藏族婚姻仪礼

藏族婚姻仪礼随地区不同而形式殊异。黄龙地区藏族婚俗无论在内容形式上都有一定的特殊性，既不同于卫藏地区，又不同于川西汉族。一夫一妻制是藏族主要的家庭形式，自由婚则得到了黄龙地区大多数藏族民众的公认。此外，招赘婚，即男方结婚后加入女方家庭，当地汉族称之为“倒插门”的“女娶男”婚姻形式也不少见。在藏族民间社会，人们尤其是藏族牧民对儿子和女儿在家庭中的地位与待遇没有太大的差别，在他们的观念中，嫁男、嫁女都一样的正常，因此，藏族民众很少歧视入赘者。赘婿在入赘家庭的社会权利和义务多与岳家的儿子平等，不仅可以继承家产，甚至还能成为一家之主。

黄龙地区汉族群众过去的传统婚姻，也是讲媒妁之言、父母之命，汉族女子恪守着“女德”的恋爱观，少有私人情感的张扬。而黄龙地区藏、羌群众传统婚俗，男女婚娶多无行媒，非“礼”相“奔”者众。此“非礼”非的是汉族传统婚礼中的“礼”，而在藏族观念中则为男女相吸、自由爱慕的正常婚姻。

另外，黄龙藏族“非礼”的婚姻形式，还有源自于上古社会的抢婚，即掠夺婚。在人类社会发展的历史上，“掠夺婚”是事实上的阶段性存在，并成为一些民族长期、主要的婚姻方式，对研究者来说具有不容忽视的社会学、文化学价值。今天，“抢婚”这一古老的习俗在时间长河的冲刷下发生了明显的变异，原始氏族时期不择手段的野蛮“掠夺婚”早已成为过去的历史，但模拟“抢婚”和佯装“抢婚”等婚姻形式，在黄龙地区藏族群众婚姻中仍然存在，并逐渐演变为一种娱乐逗趣、增加婚礼气氛的象征性形式。

黄龙地区藏族自古以来就有自由恋爱成家的婚姻习俗。藏族青年男女只要两情相悦，互相爱慕，即可成就婚姻，完全不受汉族繁杂琐碎的“礼”制约束，私人情感成为两性关系发展的主要衡量标准。藏族青年男女婚前社交自由，未婚男女青年常在劳动和节日、庙会、转山会、畅坝等社交活动中主动接触异性，自由选择未来的终身伴侣。传统的藏族婚姻具有非常浪漫的民族色彩，整个过程，可概括为“抢帕子”、“浪寨子”、“抢婚”、“说媒”和“结婚”五个阶段。“浪寨子”

即赴约相会，黄龙藏区称为“参尼”。“参尼”相约成俗，交往自由，是富有民族地方特色的一种婚恋仪礼。

1. **浪寨子・抢帕子**

“浪寨子”是旧时黄龙颇为盛行的一种古老的藏族婚恋风俗。每逢藏族民众的节庆欢聚时刻，便是未婚男女相互接触、情感交流的“参尼”时刻。届时，来自于各个村寨的男女青年汇集在一起，聚餐联欢，对歌传情，大家都希望在这样的时刻能够挑选到自己理想中的恋人与未来伴侣。“参尼”具有浓厚的民族风情和乡土气息，是一种联系群体成员的集体民俗文化活动，亦是黄龙地区藏族群众继承、创新的传统婚恋仪礼形式。

“参尼”的序曲为“抢帕子”。旧日在黄龙藏区，青年男女多为自由恋爱，父母亲友一般不加干涉。至于求爱方式，或直露，或隐晦，因人因地而异。当地未婚女子平常头上都搭着各色头帕。男青年一旦找到自己的意中人，不管认识不认识，通过一段时间的仔细观察与神秘跟踪后，突然靠近姑娘，出其不意地抢走她头上的帕子，然后转身离去，只留给姑娘一个富有诱惑力的强壮背影。当姑娘意识到头上帕子被心仪自己的男子所抢时，便会回头紧紧追随。当姑娘追上来时，小伙子就会约会姑娘：晚上到什么地方取头帕。届时，双方都会约上自己的好朋友，来到约定地点。经过交谈，姑娘若无意，便会立即要回头帕，约会很快结束；姑娘若坠入情网，就会无拘无束畅谈玩耍至深夜，甚至到天亮。约会延续到深夜而难分难舍之时，男女青年定下第二次约会的地点、时间。求爱时间与空间的选择，让“抢帕子”洋溢着美妙甜蜜的情感与愉悦、轻快的气氛。

“参尼”还有另一种情况：当姑娘对抢走头帕的小伙子无意，不愿意继续交流与接触，便会请一位能言善道者去婉言谢绝小伙子的求爱，并要回头帕；或请一帮小伙子抢回头帕，让求爱者自觉地“改换门庭”、“另择高枝”。

在第二次约会时，双方都要带上能歌善舞的伙伴，以歌为媒，以歌传情，通过情歌对答增进感情。情歌婉转悠扬、悦耳动听，使谈情说爱融进了富有诗意的特定环境中，营造出一种感情勃发的氛围。

之后，男女双方经常约会，多是男方在夜幕降临时来女方寨子幽会，并以唱情歌的方式表达感情。从不认识到相识，从相识到了解，多次“浪寨子”后，双方的情感加深。两人在爱河中畅游，并最终确定关系，永结秦晋之好。

“浪寨子”是黄龙地区藏族群众最主要的传统恋爱方式，很多青年男女通过浪寨子认识异性，并相中意中人。至现代，青年人外出求学、务工，特别是20世纪90年代后期，伴随着黄龙社会生活的飞速发展以及打工热潮的出现，藏族村寨三五成群地去“浪寨子”的年轻人逐渐减少。加上传统的场坝的地理空间的缩减与衰微，“抢帕子”风俗在黄龙地区藏族青年中也渐渐淡化。

近年，黄龙地区藏族青年男子遇见心仪的女孩，通常会索要女方的手机号码或QQ号码，若姑娘同意，再通过手机或网络联系进一步升华感情。川西高原夜晚天气寒冷，即使有时间，呆在家中看电视、上网聊天的年轻人也越来越多，传统“浪寨子”对歌的浪漫逐渐被现代生活方式所冲淡。电话、手机与网络使城镇的藏族年轻人无需面对面便可顺利地传情达意，因此，求爱过程中的仪礼环节均变得直接而简单。相比于传统的“抢帕子”、“浪寨子”，当代藏族青年更喜欢通过短信、电话传达心意，或慢慢趋同于外界社会男女恋人茶楼约会、街边吃宵夜等恋爱形式。而网络普及后的网恋也渐渐成为一种婚恋时尚风。而蜷缩、残存于僻壤边鄙的“抢帕子”、“浪寨子”风习，也因大多数藏族青年被卷入当代打工大潮而受到强烈冲击，只在民俗文化的现代化进程中闪耀着传统浪漫的星光。

2. 抢婚·说媒·不落夫家

当双方感情发展到一定程度，男女青年就会商定好具体的日期与地点，让小伙子到姑娘寨子中执行“抢婚”仪式。“抢婚”那天，姑娘会早早地收拾打扮好，并约上要好的女伴一同在事先的约定地点静静地等候。小伙子则带上寨子中最好的朋友数十人，骑上壮马，雄赳赳地奔赴约定地点。在月黑之夜悄声无息地来到与姑娘约定的树林里或泉水边，将姑娘和陪伴她的女友掠上马背“抢”回家中。姑娘被“抢”到男家后，三日之内不与新郎同寝，而是由送亲或男方请来的伴娘陪宿新娘。伴娘通常选择本族中家庭和睦、夫妻感情美满、相貌端正的已婚女性楷模担任。

次日清晨，男方父母请寨内德高望众的老人携带哈达和酒等物品前往女方家庭送礼并正式“说媒”。无论女方父母的态度如何，通常情况下礼物要诚心地送两次，并竭尽全力说服女方父母、长辈同意女儿出嫁、变冤家为亲家。女方同意婚事，则饮其酒，受其礼；否则，婚事告吹。若女方的父母、长辈收下礼物，表示同意这门亲事。女方允亲后，媒人再次带酒去女方家商定聘礼，聘礼多寡不一，但一般不宜太多。另外还要送女方母亲一、两千元人民币做“吃奶费”，以此报答女孩母亲对女儿的养育恩情。“吃奶费”的多少不同时代、不同家庭各自不同。议定聘礼的同时，女方会派人将姑娘被抢的消息通知给姑娘的舅舅与亲戚朋友。然后，由舅舅牵头与男方沟通，确定一个日子，请齐女方所有的长辈亲戚，一起去男方“看家庭”。

另一方面，姑娘在被“抢”三日后，送亲者与伴娘携新娘返回娘家居住。这种婚俗从外在形式看，是上古时代“不落夫家”的婚俗演变形式。但根据范·盖纳普的“通过仪式”分析，处于人生过渡期的新娘是比较典型的禁忌人，易遭到各种邪祟纠缠与附体，因此，必须采取相应的隔离办法来保证既不使新娘伤害别人，同时也不使新娘本人受到伤害。姑娘回娘家居住从某个角度可以说，乃远古巫术思维趋利避祸的一种自我保护手段，其目的在于促使新娘对自己在社会和家庭中的不同角色进行确切认证，以尽快完成婚前角色到婚后角色的人生转换。只有通过了一系列的仪式，新娘才能以洁净的新生进入到新的家庭角色，即为媳为妻为嫂的新角色。

黄龙地区藏族民俗认为，新娘出嫁后应该回娘家住上一两年，不但可以显示出姑娘的尊贵和养女儿不容易，提醒女婿家日后要懂得心疼儿媳妇；而且，出嫁的女儿继续在娘家劳作一年或二年，也是对父母养育之恩的一种报答。新娘回娘家后，通常会用这段待嫁的时间为自己准备嫁衣。为了表示对女儿的厚爱，女方娘家会倾其所有，为姑娘置办珊瑚、琥珀、玛瑙、翡翠、金银手镯、戒子、项链等首饰、各季服饰以及被盖、褥子、地毯等嫁妆。

3. **打卦·成亲**

信仰文化是贯穿藏族婚俗的一条红线，它是不同习俗形式在不同婚姻阶段的意向表述。黄龙地区藏族群众，影响其婚俗的信仰多为本土的苯教信仰，打卦择日的遗俗一直沿用至今。

藏族男女青年正式成亲前要请喇嘛打卦看黄历，择吉日结婚。成亲的良辰吉日、迎亲的美好时辰，多根据生肖属相来决定。黄龙地区藏族民俗认为，如男女双方属相不合，婚姻会被冲犯，会存在相克相冲的矛盾与灾难。小则婚姻生活不美满，大则家庭破坏、人畜无端夭亡。属相不合导致的灾难是天神的旨意，无法逆转，不可抗拒。因此，最传统的藏族民俗认为：如婚姻双方的生肖属相占卜非吉祥，又无法禳解，则这段婚姻还是早日放弃为好。

结婚当天，双方大摆宴席宴请亲朋好友，女家派人将新娘及嫁妆送至男家，男家会找一位有地位的人，组织人马并牵上一匹准备给新娘骑的马前去迎接。按照黄龙地区藏族的传统风俗，女方有一件衣服，男方就要用一人去迎接。通常情况下，女方会准备一百件左右的嫁妆。现在随着黄龙地区旅游经济的发展和人民生活的富足，藏族人家的嫁妆不再以“件”而是用“捆”作计量单位，一捆一个迎亲人。按藏族传统风俗，成亲之日新娘必须乘骑由婆家准备的白马，有时马镫上也系上白色的羊毛。因为白马在当地藏族民众的观念里乃吉祥圣洁的象征。黄龙地区藏族骑白马之俗，与小姓羌族送亲时的风俗有相似之处，不同的是羌族必骑白马者为送新娘时的大舅舅，藏族则为婚姻的女主角——新娘。

在迎亲马队到达之前，新娘家还要烧柏香，祭神灵，举行喝酒等告别仪式，新娘要真诚地感谢父母多年的养育之恩及亲友的长期关照。当男方迎亲的马队来到新娘的山寨时，把守路口的女方亲友，会给前来迎亲的客人每人敬三大碗酒才放行。在双方的长辈互献哈达、敬酒致祝福后，新娘就要出门启程直奔新郎的山寨了。通常新郎的迎亲人马在前，运送嫁妆的新娘送亲马队在后。迎亲途中，送亲使者会用歌唱的形式提出种种多问题要迎亲使者一一回答。答对了，队伍继续前进，答错了，迎亲队伍则很没面子。此时，迎亲使者则必须随机应变，周旋说合，并且要在既定的时间内让新娘进入新郎家门，否则会不吉祥。因此，迎亲队伍不仅要唱答送亲的问题，而且还要百般谦让，设法不让他们提出更多的问题，以免延误吉时。一路高歌中，送亲、迎亲队伍骑马而行，歌声不断。歌曲曲调虽固定，但歌词全为即兴唱出。迎接路上若遇见背空水桶的人，则为不吉，应请喇嘛念经消灾；如果遇见背水或背柴的人，便为吉兆。领队人应下马向过路人呈献哈达。

新娘到达男方大门时，男方亲友会放鞭炮，烧柏香，手捧哈达与青稞酒在门前迎接。新娘的舅舅或兄长亦会代表新娘的所有亲友向亲家互献哈达，又是一番敬酒致祝福。新娘下马处，铺有事前准备好的、画着雍仲符号的白色毡毯（近来受汉文化影响，有些藏族人家为喜庆，毡毯改用为红色），男方的女性长者用奶汁为新娘擦拭额头，以示洁身清垢、除灾避邪。入门仪式比较烦琐，进门、上楼、入厅，每个环节都得唱一次颂歌，献一次哈达。新娘入厅后，坐在新郎下首，送亲、迎亲两队人马也入厅依次坐定。接着，喇嘛诵经祝福并向新婚夫妇各献哈达一方，喇嘛还要在新娘头顶醮香柏枝水点洒。新郎、新娘给佛像敬酒，给父母献哈达、在柱头上挂哈达。礼毕，新娘入内房，宾客入宴席。婚宴食物多以典型的藏族风味食品如牛羊肉、糌粑、小麦、青稞面为主。

婚宴后有些地方还有敬“切玛”的重要仪式：新郎捧切玛，新娘端青稞酒，逐一答谢宾客。当新郎捧着切玛走到每个人身边的时候，来宾在“切玛”盒里拈一点炒麦粒、酥油糌粑、青稞向天空抛撒三次，以示敬天、敬地、敬人，然后再拈一点放进嘴里尝一下。紧随新娘、新郎的随从则端着一大盆糌粑，让每位客人抓一把，最后，每位来宾手里都有一捧糌粑。在祝福的歌声中，众人为一对新人抛洒出祝福的糌粑。

红日西下，吉时已到，参加婚礼的人们用美酒、歌声和欢快的舞蹈为新郎、新娘祝福，宾主喝酒畅饮，双方歌手尽献歌技，人们用载歌载舞的形式表达对新人的祝福。整个婚礼热闹非凡，掌声、笑声、鞭炮声连绵不绝，歌声笑语此起彼伏。从次日起，男方家属轮换宴请宾客，陆续馈送哈达与礼物，欢乐的气氛延续三两日方毕。以上婚姻仪礼中诸形式，民间藏胞各依情况，或增益、或删减行事。

在20世纪五六十年代的特殊时期，婚礼的仪式极端简化，人们不再请喇嘛卜属相、算吉日，传统的婚礼过程也取消，新郎、新娘到政府登记领结婚证，买些糖酒水果，请亲朋好友来热闹一番即完事。80年代以后，一些传统的婚礼仪式又逐渐恢复，但“浪寨子”的习俗逐渐淡化消失、“不落夫家”的时间缩短甚至不复存在。

20世纪50年代之前，黄龙地区藏族牧民的婚姻，还有着严格的血亲通婚禁忌，如本村不能通婚，父系亲属永远不能通婚，或父系血缘属于第八代或更晚辈的才能结婚。而母系血缘则要求至少追溯到五代或七代以外方可通婚。如果有六代以内的血缘亲属成亲，则被视为不洁与不吉之事，甚至会给他所生活的寨子带来灾难。他们的后裔也被当成不洁与不祥之人。这样的婚俗禁忌在一定程度上利于优生，具有一定的前科学的价值。

三、咂饮漫歌响连声：羌族婚姻仪礼

中国汉文献典籍对羌族古代婚俗言之甚少，但茂县、汶川、理县、松潘的羌区不同程度地流布着一个古老的传说：

> 上古时，黄水滔天，大地被淹没。有家村民膝下有一儿一女……洪水退后，人间已是四际茫茫渺无人迹。兄妹在一山腰处搭建木棚，垦荒种地。为重新繁衍人口，兄妹各自爬上一座山峰，将两扇石磨从山顶滚下，结果两扇石磨在山谷底重合在一起。于是兄妹俩结成夫妻。一年后，妹妹分娩产下一个不规则的肉团。兄妹二人伤心之极，将肉团砍成小块碎片，挂在棚前大树上。第二天，天刚破晓，兄妹二人听到鸡鸣声，起来一看，大树四周冒出了很多人户，袅袅炊烟，好一派羌村山寨的新气象……①

“石磨”是早期农耕社会型态的文明产物，而根据现有考古证据，

① 罗晓林：《羌族释比的故事》，汶川县人民政府内部资料2006年，第55页。

岷江流域羌族先民的主体来自于甘青草原上“随畜逐水草，不田作”[①] 的古代氐、羌游牧民族。因此，“兄妹成婚”的传说不是古羌先民最早的创世传说。而这个传说让我们窥探到最早的婚姻礼俗——血缘婚的影子。它是人类婚姻史上早期血缘婚习俗的生动说明，具有重要的文化转折意义与史料价值。在现代人看来，兄妹成婚是不可思议的，但“在原始时代，姊妹曾经是妻子，而这是合乎道德的。”[②] 人类确实曾有过血缘婚之羞。

兄妹成婚产下了不规则的肉团，同一个血脉成婚是被禁忌的。神话深入人心，祖传规矩也深入人心，羌族社会对血缘婚、同姓婚的禁忌心理根深蒂固。古羌历史上存在过族内婚，党项羌“妻其庶母及伯叔母、嫂、子弟之妇，淫秽烝亵，诸夷中最为甚，然不婚同姓”[③]，但依然坚持“不婚同姓”。直到今天，羌族都严禁同一血脉的男女通婚，也就是实行严格的家族外婚制。家族，与传统汉族的理解略有差异，在小姓、镇坪两地的羌族社会往往把供奉同一家神的人视为有共同的血脉，即当地称呼中的“家门”。明清以后，羌族民间社会广泛受到汉文化影响。一些靠近汉族聚居地的羌族家庭开始使用汉民族父系继嗣的姓氏制、家谱制，于是，也逐渐出现了某些羌族家庭以“姓氏”辨血脉、认家门的汉化现象。在羌族看来，同姓结婚是“乱来”，会得罪天神而导致灾祸。若有违反，当事人必遭全寨人嘲笑、讥讽、鄙视甚至疏远等。

羌族历史上存在过入赘婚、转房婚、自由婚恋等民风习俗。羌族《唱婚嫁》云：“古今婚嫁大不同，不同之处说根由。从前羌人男也嫁，男子赘入女子家。但因女子无体统，三脚上面擦鼻涕，虱子三脚

---

① ［东汉］班固：《汉书》卷九十六，中华书局 1975 年，第 3871 页。
② ［德］恩格斯：《家庭私有制和国家的起源》，人民出版社 1972 年，第 34 页。
③ ［五代］刘昫等撰：《旧唐书》卷一九八，中华书局 1975 年，第 5291 页。

上面掐，吃饭猪狗坐上方。这样一来可不该，天神发怒罪难逃，父母责备她不该，无可奈何另安排：从此乃将制度改，男子娶女到男家。”[①] 这段古歌反映了羌族社会母权向父权转换时期的婚制变化。入赘婚是母系家族婚制的一种历史遗留。当母权旁落，父权意识成为主流社会的主体意识时，入赘婚常被嘲笑为“倒插门”。

《西夏纪事本末》云：“凡育女稍长，靡由媒妁，暗有期会，家不之问。必相挈奔逸于山岩掩映之处，并首而卧，绅带置头，各悉力紧之，倏忽双毙。一族方率亲属寻焉。见不哭，谓男女之乐，何足悲悼？……云：‘于飞升天也。’二族于其下击鼓饮酒，尽日而散。”[②] 情到深处，男女双方可相约赴死，以身殉情。与汉民族礼法制度下的婚恋不一样，党项羌当时是允许自由恋爱的。两家族人寻回尸体后，均认为共同赴死乃男女之乐，死即飞升上天，不足悲伤，更难谈以之为耻。

乾隆年间“改土归流”后，羌族受川西汉族婚姻仪礼影响极大，汉族“六礼”的婚仪程式在羌族日益盛行。靠近汉族聚落的羌族逐渐被汉文化涵化，川西平原汉族曾流行的女大男小的包办婚在羌族也传播很广。羌族民歌云：“六月芥子正扬花，丈夫还是奶娃娃。哪天等到丈夫大，落了叶子谢了花。”[③] 从中，我们可对当时婚俗管窥一斑。

黄龙地区羌族的聚居地主要集中在岷江上游的小姓、镇坪、白羊三个乡镇。在这片土地的周遭，还交错杂居着藏族、汉族、回族三个民族。在多元文化交融并存的社会氛围中，黄龙地区羌族往往以开放

① 王康、李鉴踪、汪青玉著：《神秘的白石崇拜》，四川民族出版社 1992 年，第 140 页。

② ［清］张鉴编撰：《西夏纪事本末》卷第十，龚世俊、陈广恩、朱巧芸校，甘肃文化出版社 1998 年，第 68 页。

③ 阿坝州文化局编：《阿坝藏族羌族自治州文化艺术志》，巴蜀书社 1992 年，第 169 页。

的心态和别的民族交往互动。如小姓羌族有不少人可以根据交际需要，灵活使用藏语、羌语与汉语，并同时吸收藏、汉两族的民俗文化因子。黄龙地区羌族婚俗可谓纷繁复杂，不同村寨风习殊异，但风俗具有极强的渗透性与亲和力，同与不同又是相对的。羌族婚姻仪礼有诸多程式：决定婚姻缔结、不可或缺的重要人物是舅舅，缔结婚约时的主要联络人是红爷。婚姻仪礼既有汉文化三媒六聘等趋于简化的婚仪环节，又有刀劈草人、以火去邪等古羌民族的巫文化因子。载歌载舞是羌族的古风，万人空巷是村寨的重视，而“耍红爷”、“喝咂酒”、“力莎演唱”等则无不彰显着今日羌民族轻松与欢快的色调。

1. **云云鞋·定情·赠遗**

夏天，在川西高原古城——松潘的街坊间，时不时会看见一些小伙子穿着一双十分醒目的挑花布鞋，形如小船，这便是羌族云云鞋。据说，昔日黄龙地区羌族有热恋中的姑娘给情郎绣制云云鞋之风习。

羌族情歌云：“听说情哥要远行哎，阿妹心中难舍分，送哥一双云云鞋哈，腾云驾雾快回来呦……”① 情歌乃迫切的情感焚烧于心而自然流露于口。情歌中所唱到的“云云鞋”也是情感的一种符号象征。给情郎做鞋十分讲究，鞋样、花色全凭姑娘自己设计与选择，其制作流程主要有鞋样设计制作、鞋底加工制作、鞋面的裁剪，以及在鞋面挑花装饰、最后组合缝制等多道工序。一双精美别致的云云鞋，每一步工艺技法都体现出姑娘的聪明灵巧和艺术才能。

从某种意义上来说，云云鞋就是羌族青年男女的定情物。男女相爱，交换信物表示巩固双方关系，加深彼此感情。对即将在婚姻大事上作出决策的相爱双方，也可以起到清除顾虑、互相信赖的心理建设

① 阿坝州文化局编：《阿坝藏族羌族自治州文化艺术志》，巴蜀书社 1992 年，第 171 页。

效果。

作为一种古老的赠遗民俗，以信物定情盛行于上古、延续至今日，其俗源远流长，是我国各民族常见的一种婚恋现象。如《卫风·木瓜》曰："投我以木瓜，报之以琼琚。匪报也，永以为好也。投我以木桃，报之以琼瑶。匪报也，永以为好也。投我以木李，报之以琼玖。匪报也，永以为好也。"[①] 投瓜报琚，情迷心动、热情主动的年轻女孩把随手采摘下来的瓜果投赠给意中人以示自己的一片诚意芳心。

"投瓜报琚"是华夏上古时期青年男女选择恋人的一种社会风俗。上古时期，女人以采摘植物的根茎果实维系族群生计。在初民万物有灵的思维中，花果不只是花果，它们有着与人相通相感的灵性。因此，男女交往时，女子往往用投桃送李、采花遗草等方式来表达自己的感情。为引起意中人的注意，女子会向男子投掷瓜果，若被瓜果击中的男子也中意她，则遵照当时的礼仪回赠琼琚、琼瑶、琼玖等，以示对爱情的坚定不移。于是，"木瓜"就有了传达情爱的婚恋意象，与美玉一块成为定情之信物。后世成语"掷果盈车"、"掷果潘郎"也与此婚恋风习紧密相关。年轻女孩不仅以瓜果为求偶的媒介，同时也取瓜果的多实、多籽的象征意义。

"溱与洧，方涣涣兮。……维士与女，伊其相谑，赠之以芍药。"[②] 这是先秦时期每年三月三，郑国溱洧河岸边男女结伴游玩、互赠芍药以表爱意的歌咏。芍药，初夏开花，形似牡丹，但比牡丹更早著芳名。根据原始巫术思维的"接触律"，女子把绰约芍药采摘下来，抚之摸之，并把芍药作为自己心灵感应的媒介物，将自己内心的

---

① 《毛诗正义》上册卷第三，北京大学出版社 1999 年，第 246 页。
② 《毛诗正义》上册卷第四，北京大学出版社 1999 年，第 322 页。

所思、所想传递于它，再通过芍药传递于自己心仪的男子，希望他能通过芍药的馥郁芳香、艳丽花姿感受到自己的一番情愫。而男子接到芍药后，花草凝聚的情志开始通过“相似律”发挥作用，最后两情缱绻，眷慕如胶漆。凡花草赠遗，皆同理。

这种古老的赠遗之举，在汉文献古籍中历代均有记载，屡见不鲜，有盛无衰。五代后蜀皇甫松《采莲子》云：“船动湖光滟滟秋，贪看少年信船流。无端隔水抛莲子，遥被人知半日羞。”[①]“莲子”谐音“怜子”，采莲姑娘隔水向自己属意的少年大胆抛掷莲子，以表爱慕之情，却又因被远处的人发觉而备感娇羞。莲子，古又称之为“荷苞”也，记作“荷包”。莲子亦即荷包。后世“掷荷包”、“绣荷包”之俗，则源至此。延至今天的荷包不仅是展示女子心灵手巧的吉祥饰物，也成为爱情的凭证和信物。古人曲江春游时的赠花之举更是登峰造极，以致诗人许棠无奈地发出“好花皆折尽，明日恐无春”[②]的慨叹。再至后世，此俗之盛更不胜枚举。

今天，赠花仍然是青年男女相悦相慕的主要方式之一。西方情人节“永不凋谢的玫瑰”，无疑是当代青年男女借玫瑰这个西方文化“新瓶”酿作的一壶“赠花示爱”之中华老酒。西风卷帘中，中华古老的情愫在当代重新回归，并悄悄滋生。古代青鸟难传云中信的现实窘态，在现代化邮政业务发展中不复存在。“特快专递”的普及能使远隔千山万水的情侣在短短的一天之内就能收到馈赠示爱的鲜花。

年年岁岁花相似，岁岁年年人不同，古往今来，变的是人，不变的是情。不同时代、不同民族、不同地域有各自特定的示情方式与爱情信物。绾于发的簪、钗、梳，系于身的佩、香囊、荷包、烟袋、腰

---

① 李一氓校：《花间集校》卷二，人民文学出版社1981年，第29页。
② 《全唐诗》卷六百零三，中华书局1960年，第6971页。

带、围裙、同心结，环于手的镯、钏、戒指，包于头的巾、帕、冠，穿于脚的鞋、袜、鞋垫，甚至自己身体上的指甲、头发等，都曾是华夏历史上定情信物的共通性民俗符号。

近年来，随着高涨的民族旅游开发和非物质文化保护活动的深入，云云鞋已不仅是男女青年的定情信物，更成为中外游客眼里颇具风情的民族手工艺品，还是地方政府热情打造的羌族文化元素的象征。

云云鞋非羌民族独创，赠鞋定情也非羌族独有。20 世纪 80 年代以前，中国民间广大乡村女性一旦定婚，为未来新郎倌及其家人做鞋的女红能力便是衡量其是否可以成为好妻子的一个标准。而在羌族，挑花的云云鞋便成为她们向情郎表达情感的一种方式，云云鞋是民间女性用一针一线书写的密码式情书。

民间谚语云：挑花不能无花，无花不成挑花。与汉族民族传统名绣蜀绣不一样，羌族挑花的形式是利用布料的经纬线形成格子，在每个格子中绣上十字，图形自然就被处理成横竖相间的几何形，整体造型工整简洁。挑花以线立骨，在羌族女性的妙手编织下，绒线或丝线被挑成刚柔相济的一根根线条，产生变幻多样的抽象图形，在色变中创造出鲜明的地域特点和民族风格。

在汉民族绣花鞋的基础上，羌族根据挑花的特点，发展出富有本民族特色的几何构成图式与纹样。羌族云云鞋挑花纹样中充满大量羊角双旋纹、放射状杜鹃团花纹、卷枝圈纹、星纹、云涡纹等涡旋结构式图案，其挑花的基本骨架显得大气、粗犷、豪放、古拙。这些涡旋图案以单独、组合、角隅、边饰、散点、连续、规则条格等形式进行配置，纹样布满了云云鞋的每个角落，并自由酣畅、不受限制地进行羌族女性心中意象的再创造。羌族云云鞋的挑花造型追求的是心理上的真实，而非物质上的真实，是动态的、整体的感受，是用心灵的幻感去弥补眼之不及，并将自己的意志赋予视觉对象的一种视觉传达方式。云云鞋造型拙朴、色块对比强烈、构图活跃而充满张力。然而，作为定情信物，更为重要的是形式内在的表意信息。

“符号化的思维和符号化的行为是人类生活中最富于代表性的特征”①，从这个意义上讲，云云鞋“符号是一种暗喻，一种包含着公开的或隐藏的真实意义的形象”②。没有生命的云云鞋，因为一针一线包含了羌族女性的心情、心意、心血而变得有情有义。

2. **红爷·说亲·定婚**

黄龙地区羌族的传统婚姻，必有红爷说合，羌族“红爷”的职能相当于汉族的媒人。羌族民间谚语云：“为婚之法，必有行媒。”虽然在当今社会中，“父母之命、媒妁之言”已不是婚姻的必备条件，但作为羌族传统媒人的“红爷”在婚俗仪礼中依然起着重要的沟通作用。羌族青年男女即使自由恋爱，民间称为“耍朋友”，待到瓜熟蒂落时，家长也会拜托“红爷”出面行说合之仪规。红爷是羌民族传统婚俗仪礼中留存至今、极具特色的一种主体文化事象之一。与汉民族能言善辩、言过其实、一心谋取财物、道德水准低下的某些民间职业媒婆不同，黄龙地区的羌族红爷撮合婚姻通常是无偿的，他们一般由四十岁以上、六十岁以下，知晓羌族古规，为人公正、在当地德高望重的男性成员担任。

请红爷说媒，起源于何时，文献无考。但相邻的成都平原某些区县为避免把新郎、新娘给喊“霉”了，却有称媒人为“红叶”之风俗。成都地区谚语：“说媒一盘，倒霉三年。”故男人不为媒，家境稍好或社会地位稍高的女性，通常不屑为媒。即使在媒人自己的家里，

① ［德］恩斯特·卡西尔：《人论》，上海译文出版社 1985 年，第 35 页。
② ［美］苏珊·朗格：《艺术问题》，中国社会科学出版社 1983 年，第 134 页。

若遇见媒人正在与人说媒，媒人的亲人家属也要离开回避。成都俗语："狗谗到处跑，人谗当月老。"可见，在邻近川西高原的汉族地区，媒人社会地位低下。成都民间认为，正因为媒人太"霉"，所以才称媒人为"红叶"。"红叶"可以冲走霉运，并带来幸福与吉利。但在黄龙地区，羌族红爷却与成都媒人有着截然不同的社会地位和命运。在羌族传统社会，红爷社会地位极高。"红叶"与"红爷"，如此相异的社会待遇，如此相反的公众评价，却恰恰有着完全一样的称谓发音。此两者之间是否存在着一定的文化联系，笔者将在今后作进一步考证。

羌族红爷不仅是婚姻的撮合者，而且还是道德修养与社会身份的象征。在整个婚配的过程中，红爷公正无私、能说会道，随机应变等素质和能力尤为关键，它们直接关系到能否成就一段好姻缘。在羌族婚俗中，从订婚到成婚都有一定规矩，一般要经过说亲、定婚、成婚等仪式环节，红爷则伴随着整个婚姻仪礼的全过程。

当羌族男女长大成人时，父母常常主动为子女选择婚配对象，在为子女物色对象的过程中，红爷是必不可少的人物。若是某小伙子看上某姑娘时，男方父母就会寻找一切时机，通过闲聊询问，从侧面打听女方有无缔结婚姻的想法，若女方没有明确地表示反对，男方则会请"红爷"带上酒、猪膘、弯弯馍馍等礼物去女方家说亲。说亲时，小姓男方去女方家提亲通常必送一大弯月造型的弯弯馍馍，女方去男方家提亲则为一大山尖造型的弯弯馍馍；而镇坪提亲礼物则通常为一套：即弯月与圆形馍馍各一个，普通大小，象征阴阳相谐。两个羌寨均需带上半边猪膘肉，猪膘要有完整的猪头与猪尾。

据小姓大耳边羌寨的杨茂林老师讲述，羌族红爷说亲通常会去三次：第一次去说亲，红爷仅带少量酒、面等薄礼。红爷对女方父母说："某某好福气啊，你们家女子都这么大了，得给她找婆家了，你看某某小伙子如何?”女方父母回答:“我们女子还小,现在还不懂事,不能嫁哦。”表明自家姑娘也是自己手心里的一块宝,哪能谁想迎娶就迎娶,另外话里话外也透露出姑娘尚未许配人家,会给红爷再次上门来提亲留下商量余地,但坚决不收礼物,事情到此告一段落。当地谚语云:“买东西还要挑几遍,求亲也得多跑几趟”,认为这样才能体现男方求亲的诚心。第二次,红爷带上酒、猪膘、弯弯馍馍等礼品正式向女方父母说亲:“某某,儿女都大了,你看是不是把礼收了?”此时,女方父母说话的口气比上一次提亲的时候会稍微松一点:“哎呀,你看我们女子现在还小,可能家里会耽误上一两年。现在还没长大,还不怎么懂事。”红爷对答:“莫来头,人都是慢慢长大的,她已经很可以了。”接着再巧言说上许多好话,使得女方父母的口气越发松弛。女方若同意,就收下礼物,不同意则拒收。

羌族的宗教信仰主要为原始多神崇拜,表现在婚姻仪礼的说亲、定亲环节,均有祭家神的礼仪,由此可以看出,羌族婚姻的确认,是需要神灵见证的神圣事件,这在婚礼中会表现得更为明显。一般情况下,为避免被拒绝,红爷会将弯弯馍馍直接放上女方家的神龛上,这样,女方家拒绝起来会比较难。若女方接受了弯弯馍馍,则代表着说亲成功。而女方事后会邀请亲戚朋友一块分享说亲者送来的弯弯馍馍,表示让家门周知。

若第二次说亲未被拒绝,过段时间,男方会请喇嘛占卜、“合八字”,若占卜无异则可定亲。男女婚配是否适宜,通常沿用汉民族属相相合相冲进行判断。民间有歌谣云:从来白马怕青牛,羊鼠相逢一旦休;龙蛇见虎如刀断,猪遇猿猴不到头;龙逢兔儿云端走,金鸡见犬泪交流。近年来,年轻人对属相是否相合一般并不多考虑。镇坪羌寨忌讳女比男大,尤其忌讳女比男大一岁。当地俗语:“女大一,合不拢”,认为大二、三岁都行,大四岁最好。小姓羌寨则忌讳“女大三”。

待到第三次再去，红爷会跟女方父母与长辈详细商量“订日子”，即订下女方家庭宴请亲朋，正式对外宣告两人定亲的日子。男方要放一挂鞭炮，意即通知女方家门双方定亲了，女方则焚香行礼将喜事随着萦绕的缕缕青烟告知自己的家神。此时女方不请外人，只请家门和“红爷”商量订亲的日子。到了正式定亲的这一天，“红爷”要在吃酒前把带去的弯弯馍馍放于女方神龛之上，并亲自烧香、祭拜，在女方家神龛前向女方的家神禀告两家结为亲家之事，最后吟诵“说亲词”。歌词大意为：“世间万事有来由，羌人婚配从头说。理不讲来人不知，须将此事晓众人。自古男女皆婚配”，“一代一代传下来，羌人古规须遵守”等等[①]。反之，若某女方看中了某男方，则会请红爷带上酒、山尖馍馍等礼物去男方家说亲，此礼俗在小姓羌寨又被称为“看小伙子”，程序与内容大体一致。

订婚之后，一般要间隔几个月到几年才择定吉日良辰结婚，日后逢年过节男方要去女方探望并送礼。

3. **接亲·耍红爷**

羌族婚礼多在农历腊月、正月的农闲日期择日举行。举办的情况通常要看男方家的经济条件而定。富裕的三至七天，贫困则三到五天，现在的传统婚礼大都持续三天三夜。在小姓羌寨，无论谁家嫁女或娶媳，均被视为全寨子的大事。在举行婚礼的前几天，新人双方的家庭会邀请各自寨子中的家门、邻居喝咂酒，并商定每个人在婚仪过程中应负责的具体事项。相帮之人一直帮忙到三天婚礼结束为止。主家婚礼前要给自家神龛换新衣，彻底清扫房屋，驱除家中的不洁与邪煞。

---

① 四川省编辑组：《中国少数民族社会历史调查资料丛刊》之《羌族社会历史调查》，四川省社会科学院出版社 1986 年，第 189 页。

接亲这天，男方会派出雄壮的接亲马队，驮上酒、大弯弯馍馍、猪膘肉等物品，奔赴女方家庭。在接亲队伍中，“红爷”通常为领头人，其所骑之马为白色。去时还要专为新娘准备一匹紫红色的马；在迎亲队伍人员数目上，镇坪羌寨与小姓有些差异，镇坪接亲队伍一般为八人，取一桌之数，八人必有一人是红爷。镇坪羌寨迎娶新娘的时辰必须在上午，即必须在中午十二点之前将新娘迎娶至新郎家。

在迎亲仪礼中，红爷代表男方，起一个“男方特使”的作用。迎亲的前提是要叩开女方家的大门，这往往不容易。当红爷率迎亲队伍来到到女方家门口时，女方亲友会竭力阻止迎亲队伍接走新娘。登楼时，一方要上，一方阻拦。此时男方要给新娘的老庚和亲友团发红包，红爷必须周旋打点和调停撮合，一次又一次地讨价还价，直到女方放行；进门后，迎亲队伍将大弯弯馍馍置于女方家的神龛上，接着，红爷用羌语开始致“接亲词”。

在接亲过程中，红爷还得接受新娘女伴及亲友们的一番戏弄，女方通常挖空心思让红爷出丑：如用锅灰抹红爷的脸，直抹得满脸漆黑，逗得大家哄堂大笑；在筵席上出难题难为红爷，不管怎样，红爷都要忍气吞声，四方斡旋；酒饭之余，新娘的伙伴们会群起攻击红爷，她们几人合力，同时抬起红爷的双脚、双手，快速地摇摆抖动红爷的身体，并不时以红爷的臀部狠狠地触击地面，使红爷狼狈不堪。此仪式被称为“筛糠”；待到出亲吉时来临，新娘常常被亲友藏起，红爷敬酒求人，好话说尽，几经周折，使尽浑身解数，才得以让迎亲队伍见着新娘。羌族婚姻仪式中的这一番阻拦嬉戏，华夏大地各地同风，南北皆然，只是各自的衍生形式不同罢了。

婚俗中阻挠迎亲现象或许是远古抢亲的一种衍变形式。《易经》

贲卦六四云："贲如皤如，白马翰如，匪寇婚媾。"① 意思是：炎炎烈日下，白马奔袭而来。心中犯疑之际，马队已临近。原来不是掠寇，而是前来抢亲的人。在远古抢亲的婚姻过程中，抢亲者自然会受遭到被抢者的强烈抵抗。随着后世社会文明的发展，抢亲之"武"越来越难有使用之地，于是，便在各文化、各民族中逐渐演变成佯抢、媒约、迎娶等越来越"文"的嬉闹阻拦形式。

婚礼之时，黄龙乡土社会还有"人闹鬼不闹"之说，所以羌族的"耍红爷"、汉族的"闹洞房"，从这一角度便带有辟邪去煞的巫术意义。

4. **送亲·退煞·挂红**

女子成婚，民间叫出嫁。出，点明了生活空间的转换。当新娘离开父母，脱离自己原来熟悉的生活空间，在到达新郎家却未完全融入新郎家族之前，新娘处于一种完全离开了娘家家神、寨神、山神等诸神灵护佑的状态。从通过仪礼的象征看，这踏上的出嫁路途，无疑是充满着危险和不安全的。实际上，即通过仪礼中的"阈限"阶段。在这危险的路途中，招惹来凶神恶煞是非常有可能的，于是，才在送亲过程中衍生出许多驱邪退煞的巫术环节。

小姓、镇坪一带的羌族认为，新娘出嫁之大喜会招致世间所有邪魔鬼魅之妒忌，所以接亲之日，他们会群集萦绕于新娘身边。此日新娘的周遭处处弥漫着"煞气"，该"煞气"叫做"红煞"。"红煞"凶猛无比，黄龙民间谚语云："黑煞遇红煞，倒退一百步"，可见"红煞"之威力。

"在婚姻礼仪中，有些是想从积极的方面给新婚夫妇双方或其中一方以助益，而另外一些则是要保护他们免遭邪魔侵袭，或把邪魔从

① 《周易正义》卷第三，北京大学出版社 1999 年，第 106 页。

他们身上驱走，后一种就是所谓辟邪仪式。”[①] 基于“红煞”这样的民间俗信，为了维护新娘的安全并防止新娘身边的鬼魅被带到新郎家，小姓、镇坪羌族在迎娶新娘的送亲过程中就有一系列的祈吉辟邪、禳解驱除的巫术象征仪式。

小姓羌族民间常说：“大舅舅最吃亏。”原因是羌族传统社会重舅权，大舅舅在兄弟姐妹中具有绝对的尊严与权威。不过，权力越大，责任也越大。当姐妹出门时，也是大舅舅承担义务之日。小姓羌族女子成婚之时的“舅舅”（其实即汉族的“舅子”）与新娘同辈，即新娘的哥哥或弟弟。而镇坪羌族结婚日的舅舅则与母亲同辈，所以他们通常是哥哥承担义务。两个羌族村寨说法不一，但实质却一致。

小姓羌族新娘出门前禁忌踏土，此时大舅舅要把新娘从碉房一步一步地背下楼，直到背出大门、扶上马为止。随后，大舅舅骑着白马，跟随送亲队伍，一直护送新娘至新郎家。若前往新郎家的道路全是车马不通之地，则需要由送亲的众同辈舅舅们沿途相互轮换，一直将新娘背到新郎家。民间俗信认为，新娘的脚一旦与土地接触，不免会触犯土地神。而天、地是不能侵犯的，出于天地诸神的敬畏感情，渐渐衍生出送亲途上的这个禁忌习俗。

嫁娶既然是人生重要的礼仪，倘有恶鬼邪神作祟，则非同小可。送亲途中，为避新娘的煞气，沿途若有路人与之相遇，则必须靠边隐藏或拐道回避。当接亲、送亲队伍经过某些不洁净的三岔路口时，新娘家的舅舅们，通常为最有权威的大舅舅要抽出腰刀，将新郎家迎亲队伍用茅草、树枝等捆扎的草人一刀劈倒。侧旁生一堆火，送亲人等要从火上跳过，谓之“退煞”。有时，迎亲队伍还会将草人挂于高高

① ［芬兰］韦斯特马克：《人类婚姻史》第2卷，李彬译，商务印书馆2002年，第879页。

的大树上，要求新娘的舅舅们在一刀劈开草人时，还不能让草人从树上落下。这样的要求对新娘舅舅们的刀技和勇猛程度着实是一大考验。还有些村寨，会在三岔路口点燃事先堆砌的柏树枝，并让新娘与送亲队伍从熊熊燃烧的火堆旁走过，谓之“驱邪”。

这种以火辟邪的婚俗，在与上古羌戎部族有着血缘渊源的遗裔，如彝族、纳西族、普米族、珞巴族、傈僳族、白族等民族的民间习俗中都能发现，它是古羌先民祭火习俗的遗留。古羌族对于火的崇拜是极为强烈的，其岷江河谷的遗裔如羌族、藏族等至今对火仍保留着不同程度的崇拜。火对于世居高原寒冷地带的人们有着特殊的意义。黄龙民间婚俗中对火的应用正是上古巫文化火崇拜的延续与衍变形式。

当新娘乘马到达男家时，与上马时一样，新娘在下马时也禁忌踏土。《东京梦华录·娶妇》云：“新人下车檐，踏青布条或毡席，不得踏地。”[①] 可见，此俗古已有之，黄龙地区藏族、汉族、回族等亦有此俗。

新娘进门时，男家宾客相迎并鸣枪，现在多为放鞭炮。枪声或鞭炮劈啪的声音不但增加了婚礼的喜庆，同时也退掉了部分新娘带来的煞气。镇坪羌族新娘在进新郎家大门时，新郎要请新娘喝水，然后趁新娘不备，猛然将灌满水的瓶子或罐子狠狠摔地，使新娘惊愕，谓之“吓煞”，即驱散新娘身上的煞气。据说此仪式是为了防止新娘把娘家不干净的秽气和迎亲途中遇到的恶魔带进家中。

小姓、镇坪羌族婚礼服饰为红色，新娘所乘之马亦为紫红色，这些都是为了防止新娘把邪煞带到新郎家，有驱邪、趋吉、喜庆之意。羌族婚姻仪礼中有“挂红”祝福的习俗，挂红有一套相应的仪式环节：首先要在火塘屋的神龛前摆放供品。然后由母亲辈的舅舅们行挂

① ［宋］孟元老撰：《东京梦华录》，上海古典文学出版社 1956 年，第 188 页。

礼。通常第一道红由大舅舅庄重地从新郎左肩斜挂于右肋下方，并挽成结。其后由同辈舅舅们按长幼排序依次给新郎行挂礼。挂红的同时，每位行挂礼的人口中要用羌语说上一段祝福的词，大意为："这道红布红得好，今晚用来贺新郎"等祝福夫妻和睦相处、家庭美满、孝顺父母、早生贵子等吉祥美好的话语。内容随意发挥，寓意吉祥则可。在小姓羌寨，挂红仪式不仅为新郎挂红，还包括为新娘"挂帕子"。几十上百条红、白帕子代表了羌寨亲朋们的淳朴祝福。一场婚礼，给新郎、新娘挂红、挂帕子的亲朋好友络绎不绝。礼毕，新郎往往全身披红，一片飞扬的红火喜庆；新娘则挂得像黄龙的雪山顶，纯净无邪。

在羌族社会，挂红仪式主要是辟成婚日的邪煞和嘉庆祝福之意。土耳其医学教授阿尔佛通过十多年临床实验研究，提出若要避免因地球臭氧层变薄而让人体皮肤遭受紫外线的过量辐射，只要在阳光下穿件红色衣服即可。因为红色能够吞噬掉七色光谱中离红色光谱线最远的一种短波射线，即介于291—320毫微米波段，人的肉眼无法看见的近紫外线。这与我国古代多个民族都认为红色可以避邪的观念无意之中相合。从两万年前山顶洞人在死者尸体洒矿物质的红色粉末，祈望灵魂不死生命永生开始，红色作为生命象征的信仰崇拜，在中华民族流传至今。红是中国人心目中标准的镇邪色彩，一切威胁生命生存的鬼魅妖怪都怕红色，所以婚礼上的红色便成为民俗辟邪的一种文化符号。

另外，在羌族婚礼仪式中，忌孕妇、带孝之人、结婚多年无子女之人进厅堂，因为孕妇会冲掉新娘未来的胎儿，令人败兴；带孝的人易使人想到死人和丧事，不吉利。

5. **花夜·力莎·咂酒**

羌族婚礼的前一天晚上，男女双方各自的家庭要为一对新人分别举行“男花夜”与“女花夜”仪式，男的庆祝娶妻，女的欢送出嫁。“花夜”并不是正式的婚礼，但却甚为隆重。其庆祝仪式的重点和主要部分通常由舅舅完成。

小姓羌寨传统婚礼多在夜间进行，整个过程比较漫长，全寨持续狂欢达三天三夜。羌族多居住在岷江流域的高山或半高山地区，这里深峡密布，湍流纵横，自然环境险恶，生活于其中的山地民族生存压力较大。过去因生活艰难，单家独户很难独立承担婚丧嫁娶、建房修碉等大型活动，它需要整个群体的高度协作。在长期的生存压力下，羌人逐渐形成了一套全寨相互协助、团结合作的村落民俗。羌族谚语“独柴难成猛火，心齐可平雪山”，“一根树子盖不起房，一块石头砌不起墙”，正是羌人淳朴互助精神的体现。在小姓羌寨，一家举办婚礼，同寨的家门邻居都要积极调动起来，协调全寨的人力、物力、财力等资源，帮助婚家接待客人，安排食住等诸多事宜并顺利完成婚礼。羌族婚礼自始至终均在载歌载舞、咂酒欢声中进行。这是参与性极强的一种民间集体演述仪式，仪式过程中，全寨羌民人人参与，全心投入。

一到夜幕降临，寨子中的人们汇集在一块，女方的亲朋好友开始相互对歌，男方的迎亲队伍也必须要加入其中。当“力莎”的旋律此起彼伏，悠扬地飘荡于羌寨的夜晚，羌族传统婚礼的高潮也就来到了。在这个过程中，新娘和新郎完全处于次要角色，双方的长辈和唱歌的亲友们才是这个仪式的主角，新娘和新郎淹没在各自的亲友队伍中，似乎没有谁对他们投以更多关注的目光，参加婚礼的人们都在全神贯注地唱歌和把仪式一丝不苟地进行下去。语言是最具代表性、也是最顽强的文化疆域。羌族多声部作为语言与感情交融的传达方式，更具民族、民系的文化意义。

小姓埃溪羌寨的婚礼“力莎”不是近现代民歌发展的产物，而是遗存于岷江上游高山深峡的茂县、黑水、松潘交界之沟谷三角地带的一种古老独特、以多声部唱腔演唱的群体性原生态民族艺术。由于羌族没有文字，“力莎”的传承只能靠“口传心授”，通常用羌语演唱，分两组对歌，男性一群，女性一群，歌唱时先由一个人起调，随之有人和音、补音，少则几十人，多则成百上千人。埃溪羌族群众认为，一个人是演绎不出美妙音乐的，只有高高低低、同时发声的音乐才美丽。羌族“力莎”演唱时，歌手有一种传统的演唱姿势，即用手掌轻轻托腮，闭目作深情倾诉状，据说是可以防止喉结往上滑。婚礼“力莎”主旋律固定，歌词随着场境变化、情绪高低即兴添加，演唱时间根据演唱者的技能和听众气氛可随时调节。“力莎”多声部演唱的好坏和规模大小有时常成为评判婚礼优劣与隆重的一种标准。婚礼时，很多人被带入婚姻仪式的场景中，甚至是全寨人都参与婚庆仪式。

小姓羌寨的婚礼“力莎”是古老文化现象的孑遗，它所反映的羌族文化现象既有久远的民族记忆，又有社会现实生活的真实写照。其唱词内容丰富：远至天地山川、日月星辰、人类由来的神话传说，羌族先民不断迁徙至热务草原（今松潘草原）的民族历史追忆；近则歌唱欢庆团聚、五谷丰登、男女情爱的现世生活，有客主间互相祝贺、应酬之辞；有反映大舅舅梦中兆应的；有表达新娘不愿离开娘家，恋恋不舍的哭别歌等等。在整个婚礼中，根据不同的情景表达不同的感情，唱词多样，增添了婚礼的喜庆。传统的“力莎”是一套一套的，从古代唱到今天、从高山唱到草原、从太阳唱到月亮、从森林唱到小草，世间万物，历史未来都在歌声中。

小姓羌族村寨的“力莎”演唱讲究正宗，凡有所偏离，当地人便感觉不对。或许正因为对正宗的严格遵循，千百年来，“力莎”才能借声音传播，在时间之流中承载着黄龙羌人的喜、怒、哀、乐，生生不息。当一个民族在漫长的历史发展过程中，由于复杂繁多的种种人文因素，没有创建起自己独立的文字系统且语言也在当代社会变迁中日渐式微、将面临消亡危险时，我们只能从他们留存的口头传统和歌吟事象中去聆听他们的声音。在漫长的传播中，古羌民族对祖先迁徙、生存与斗争的记忆，对黄龙区域雪山、森林、大自然的审美经验，对藏、羌、汉交往中的体验以及多种多样的民间文化和民俗文化精神都编织进了这悠久的“力莎”古歌中。穿越“力莎”的歌声，在咂酒、篝火、舞蹈中，羌民族的“集体记忆”和内在民族文化精神正被重温、建构与传承。小姓羌寨婚礼由言语与行为交织构成。古老的“力莎”多声部通过吟唱的仪式经典抒发了羌人古朴的情感与别具一格的民族生存方式。“当一种文化执著的价值一代人传给下一代人时，借助于仪式可以变得更加容易。”① 在仪式所编织的文化空间里，羌族古老的文化得以延续与发展。

“以御宾客，且以酌醴。”② 酒是人们联络感情、消除隔阂的催化剂。在羌族婚礼中，主家要准备几大缸的咂酒宴飨众宾客和整个寨子的人。羌族饮咂酒几乎都是群体欢聚共饮。众人共围坐一坛酒，以竹杆、麻杆或麦杆等吸酒管入坛咂酒，酒坛众人共用。与汉民族“干杯”的酒俗不一样，在羌寨，据说能在一起同坛吸饮咂酒者，其关系可视为亲如家人，情同手足，因此越庄严、隆重，越情义相通，饮酒时就越不能分用酒具，否则被视为见外或瞧不起人。一根竹杆按顺序，全寨人无拘无束地聚在一块痛痛快快地对歌，酣畅淋漓地饮酒。过去，婚礼喝酒不漏下寨子中任何一个人。即使是麻风病患者，举办婚礼的家庭都要为他留一碗咂酒，用器具盛好倒进他专用的碗中。

在羌族传统婚礼中的“男女花夜”、“正宴”、“谢客”等环节中，

---

① [英] 菲奥纳·鲍伊：《宗教人类学导论》，金泽、何其敏译，中国人民大学出版社2004年，第173页。

② 《毛诗正义》卷第十，北京大学出版社1999年，第658页。

唱“力莎”与饮咂酒均结下了不解之缘。民间谚语云：“有酒歌儿多，无酒难起歌。”有歌就有酒，有酒就有歌，婚礼上的咂酒是一定要和着那些带有对生命、对族群、对生活、对幸福、对理想完满表达的酒歌才能共饮的。酒歌文化的吉祥性，是通过象征性极强的歌词来表达的。

今天就是好日子，
我们来会好朋友，
要唱三句酒歌，
敬一碗甘甜的美酒，
让我们友谊天长地久。①

唱起迎宾的酒歌，把咂酒坛子放在中心，点起篝火，全寨村民边唱边跳，以酒成欢，以舞助兴，整个场面热闹非凡。

婚礼上的咂酒格外注重酒仪。通常，主家会准备两大坛酒。一坛专为送亲的舅舅们准备，另一坛则为男方亲人及寨子中的人饮用。在饮咂酒前，一般由尊长者致酒词。长者将吸酒管插入坛中蘸三滴咂酒，洒向空中，以示对天地神灵的敬祭，并向神灵祝祈：“天神、地神、家神、树神、水神……饮咂酒了，请天神先饮，请地神先饮，请家神先饮……”请罢众神，长者自己开始咂一口，领唱《开坛酒歌》，众宾客齐和。饮咂酒时须有主客之礼，首先送亲队伍先开始饮，然后男方亲人朋友再按辈分、年龄依次轮流吮吸一口。轮饮完毕，就开始敬酒，先敬长辈中的年高者，其他人按年龄次序吸饮。平辈人中年龄相近者可同时咂饮。饮者围坐于酒坛周围，依所插吸酒管根数，轮番

① 据毛明军老师讲述记录。

吸咂，边饮边唱酒歌，一人高歌，众人齐合，酒助歌兴，直至通宵达旦。“力莎”每个乐句开头的发音都是喷发出来重音。如“嗬……”字，紧接着的“啊”和“哦”发音吐字就适当地降低爆发力度，但音域却必须高于前面领唱者的声部。每段唱词复沓，每一段均由低声部引唱、高声部加入，两个声部一问一答，一上一下，大起大落，互为交织，重叠起伏，极具感染力。

如此铿锵有力地反复喷发“嗬”等重音，事前不准备一点咂酒是难以臻至情绪激荡的极端体验。全寨人聚在一块唱“力莎”、喝“咂酒”，不仅促进了彼此感情的交流与深化，而且也塑造了羌民族内聚亲合的民族精神。婚礼上的全寨群体欢聚也从另一角度说明旧时羌民族生产力水平较低，必须依靠集体的力量与智慧去对抗大自然的灾害，承担人生的大事，以保族系生存与繁衍。“一个人必须完整地为他的邻人而存在，而他的邻人也必须完整地为他而存在，这样就能建立真正的社会协调。”[①] 婚礼不仅是全羌寨共同庆祝的喜庆日子，同时也是整合社会关系，促进人际交往的重要场合。从这个角度说，“力莎”、“咂酒”也是一种兼具了生活秩序和情感需求的群体交往方式。羌族婚姻仪礼有其独特的社会功能，在婚礼过程中，逐渐陌生化的传统得以不断地被“记忆”和“展演”，羌寨的族群历史与共同价值体系在口口相传的群体记忆中得以合理地“重建”和“传承”，村民的情感得以交流，羌民族内部的一致性、协调性与凝聚力得以加强。

6. **洛各·火塘·生命**[②]

人类生活在一个有声有色的民俗文化象征世界。自古以来，各个

---

① ［法］萨特：《他人就是地狱》，陈德中译，陕西大学出版社 2006 年，第 160 页。

② “洛各·火塘·生命”部分内容参见本人已发表文章：《松潘“洛各”造型的文化意涵谫说》，《艺术与设计（理论）》2012 第 4 期。

族群的人们便不停地用丰富的民俗符号交流着眼花缭乱的民俗文化信息，形成各自不同的民俗文化传统。而“洛各”就是其中的一种民俗符号。“洛各”是黄龙羌族流传已久的一种民俗面食，“洛各”是其大致的羌语发音。在黄龙民间，根据不同的造型，汉语俗称日月馍馍、太阳馍馍、月亮馍馍、弯弯馍馍、山尖馍馍等。“洛各”是盛行于黄龙羌区的一种民间传统食品，也是建房上梁、定亲结婚、丧葬礼仪、节庆祭祀等民俗生活中必不可少的礼俗食品。在羌人生命转换或人神传递等隐喻象征的仪式空间，“洛各”总会以圆形（在松潘，圆形“洛各”主要存在于镇坪羌区）、弯月形、山尖形三种主要造型出现在羌人的视线中。

“洛各”产生于久远的羌族民间社会，其制作以青稞、麦子、玉米等面粉为主要原料。制作时，首先将面粉加少许苏打与温水和匀，苏打要适量，太多“洛各”颜色会很难看，太少则会成“死馍馍”。水温也要适度，不能太高也不能太低，通常与自己的体温差不多即可。接着用手揉面，揉面要软硬合宜，一般面粉不粘手就行。和面完毕，则把已经揉捏好的若干个圆形面团放入一块凹面铁板，并把放有“洛各”的铁板置于火塘上烘烤，每隔几分钟翻面。待“洛各”半熟，取出并置于双手上颠簸，直至“洛各”外表面呈现出自然的裂纹花痕。最后，再将“洛各”埋入火塘中，并将滚烫的火灰覆盖于上适时翻烤。火塘灰以高原坚硬的青冈树之灰为最嘉。当拍击“洛各”发出“噗、噗”的声音时，即为熟。

在羌族传统社会，女性是千多年来“洛各”的主要制作者，她们根据不同场合、不同仪礼空间，充分利用面粉的可塑性制作出不同造型的“洛各”：在日常劳作或生活中，“洛各”可烤制成厚度 1.5 厘米左右的圆形造型，这种“洛各”便于携带出行。在婚姻仪式中，“洛各”特别突出三角形或弯月形及圆形造型的区别。如在小姓羌族订婚仪式中，若红爷去男家下定，必带上一个由一到二斤上等面粉特制而成三角形的大“洛各”，以供奉于男方家神的神龛龛前。

（婚礼前男方家庭准备的“洛各”。图片来源：黄龙管理局毛明军老师拍摄）

当地羌民习惯把这个三角形的大“洛各”用汉语俗称为“山尖馍馍”；若去女家，则为弯月形的大“洛各”，当地汉语俗称“弯弯馍馍”；在举行婚礼的当日，男方接亲队伍也要特制一个大“弯弯馍馍”，用以祭献女方家神。若男方是上门女婿，则女方的接亲队伍要为男方家神供奉一个大“山尖馍馍”。而在临近小姓的镇坪羌寨，其婚姻仪礼中出现的“洛各”通常则为一套，即弯月形与圆形“洛各”各一个，普通大小，当地汉语俗称“日月馍馍”或“太阳馍馍”、“月亮馍馍”。两寨“洛各”在婚姻缔结过程中的民俗形态虽有变异，但文化内涵却依旧相通。

传统“洛各”的制作与完成离不开火塘，而火塘是羌民族千百年来信仰与习俗凝聚与衍生的灵性之域。因此，在火塘边烤制“洛各”有一些讲究与说法：羌族火塘的座位有尊卑贵贱之分，在火塘上方、靠近家神神龛的一面是尊长的位置，被称为“上把位”，此方位禁忌烤“洛各”；婚仪中的大“洛各”，无论“弯弯馍馍”、“山尖馍馍”还是一套“日月馍馍”，都要在烤制烧熟后呈现出自然的裂纹。花纹裂得越开，纹样面积越大，则预示着婚姻美满幸福。若“洛各”烤制不开花，或烤糊了，即为婚姻不祥之兆。此时，要重新和面另作新的“洛各”替之；丧仪中使用的“洛各”在制作时多为日常食用的圆形造型。在制作中不能加苏打，烤制出来必须为不开花的“死馍馍”。在制作时，火塘加柴要一反平时的添柴顺序，先将柴尾放入火塘，然后让火从柴尾烧至柴头。意即生死殊异，死者的世界与生者的世界是颠倒相反的，因此，丧仪“洛各”的烤制方法也要相反。从上可以看出，“洛各”制作过程与神圣之域的火塘密不可分，其使用环节与使用禁忌常关乎生命历程中生、死过渡与仪礼空间的灵性传达。因此，羌族“洛各”并不只是一种简单的食物塑形活动，“洛各”、火塘、生命之间存在着一种隐秘的信仰联系。

“洛各”造型拙简、生动质朴、无刻意的修饰与着色，其拙朴而简单的弯月、圆日、山尖造型合乎先民们对太阳、月亮、山峦的形象说明，是民俗精神蕴涵赋予世界的视觉图式转换。它们以变形、隐喻与象征手法塑造出的日、月天体形象和山峦形象，将万物生长的宇宙自然空间神圣化，在以形喻神的同时，也追求抽象的神似。“象征是宗教艺术的结构之一，最初产生于神话意识，它也和原始思维产生出的系统（如图腾、禁忌）一样，是一些秘密、隐蔽的符号。”[1] 通过对世界原型意义的符号探索，人们可以把握生死的神秘、超越生存有限性并实现生命的延续。“洛各”早期的造型意向以隐喻、象征的方式来传达，是一种有意味的形式，即“洛各”造型是用“象”表

---

① ［苏联］E. T. 雅科伏列夫：《艺术与世界宗教》，任光宣、李冬晗译，文化艺术出版社 1989 年，第 5 页。

“意”的意象图式。

人类很早就知道运用视觉图像来抗衡生命的流逝，以视觉造型来崇拜不可名状之物，并持续不断地创造人类视觉化的世界。圆日造型是羌族初民保留视觉活动的太阳图像，并以瞬间的物质形态、简单的几何造型应合精神需求的一种图像直观体验。

在高海拔的寒冷区域，对生的祈盼是藏、羌初民关注万物的原动力。温暖的阳光，是万物生长、牲畜繁殖、五谷丰茂的保障。因此，先民日常生活经验中的太阳是一切生物的保护神。

敦煌千佛洞残存的古藏、羌族民歌深情地讴歌：“在亮亮的蓝天上，有温暖可敬的太阳，白天给人间带来温暖，夜至才回到它的卧床，如无可敬的太阳，众多生灵便无法活下去，世间也就没有了生机。”①

太阳对于藏、羌先民的生存、繁衍意义，让他们在万物有灵和神化自然的观念中，用简单的圆形符号赋予太阳生命和灵性。如同女性孕育生命一样，太阳东升对于原始初民而言，意味着生命的开始。太阳与女性的信仰意识结合，形成了生命转换与生命交融的太阳女神崇拜及圆形符号宗教意味的视觉超越。

在黄龙小姓乡埃溪村的羌族俗信中，太阳的性别为女。当地还流传着这样的民间传说：很早很早以前，太阳与月亮是一对夫妻，太阳是妻，月亮为夫，太阳夜出，月亮日行，两人每天轮流执掌天上事务。由于太阳生性胆小羞涩，害怕在黑夜巡行天宇，于是，作为男性的月亮便与太阳商量，两人相互交换了出现在天空的时间。从此以后，太阳每天便从东方升起②。

① ［英］托马斯：《东北藏古代民间文学》，李有义、王青山译，四川民族出版社1986年，第145页。

② 此传说由小姓乡埃溪村69岁的热妹她老人讲述。

此传说在理县、茂县等岷江上游的各羌族聚落和古羌裔族各支中均有流传，内容大体一致。羌族对日神的女性神格认知，源于羌族先民对女性生殖与生命的崇拜。“生命与繁衍”正是羌族日神原生态女性神格的基本内涵。

茂县尔卜羌寨的太阳传说后面还增加了一个情节：太阳刚开始白天出来时，依然很害羞，于是月亮就赠送给太阳一枚针并告诉她说谁敢盯着你看，你就射谁的眼睛。所以直到现在，人们也不敢盯着太阳看，一看就好像有针扎一样，刺眼得很。因为太阳的神圣和威严，原初先民匍匐其下，战战兢兢，不敢亵渎与观看。“针扎”既是藏、羌先民对阳光刺眼的直接感受，又隐含着对远古太阳崇拜毕恭毕敬、敬畏惊惧的原初信仰心理及集体无意识。

原初社会，对于生活在高海拔冷寒地区的古羌先民来说，太阳是光明与温暖之源。而太阳与火一样热烈，都可以燃烧，都能产生温暖与光明。对光明和温暖的本能需求，很有可能使川西高原的先民将太阳与火混淆在一起。火崇拜可以说是人类发展史上太阳崇拜的衍生表现形式。火来自于太阳，太阳即一团大火，太阳崇拜与火崇拜叠合，都以圆日造型获得信仰的视觉表现。人工取火诞生后，太阳崇拜不断衍生新的信仰表现形式，而圆日造型也被极具意义地加以延伸与运用。

羌族民间传说中，羌人男祖先燃比娃两次上天取火失败，再次请求其父亲天神蒙格西赐予神火，“蒙格西把火藏在石中，交给燃比娃，并说：‘两石相击，即可出火。’燃比娃藏石于身就往凡间跑……从此凡间才有了火种。”① 在羌人的观念里，火来自于石，石是天神、先祖与人间的传递沟通媒介，因此，孕育火种、架置白石的火塘便成为

① 李明主编：《羌族文学史》，四川民族出版社 2009 年，第 47 页。

天神神力与先祖生命灵力的化身。两石相击，竟能产生神奇的火花，由一种事物产生另一种事物，“生”的概念隐含其间。白石“生”的灵力与早期的太阳崇拜、火崇拜、母体崇拜等具有生育功能的信仰交融在一起，神职逐步扩大，神灵逐渐泛化，最后慢慢衔接、叠合在众神萦绕的火塘空间。

石源于山。“山”是天地间最直观的的语符，高山的壮观成为宇宙的象征。“高山仰止，景行行止。”[①] 高山总是和太阳相提并论，山东莒县大汶口文化遗址出土的陶尊上就刻画着一个用圆圈表示的太阳，圆日下面是火焰云气纹和耸峙着的山峰。今日我们在羌族人家的神龛或火塘屋的梁柱上尚能见到用青稞面点上的日、月、小星星等白色图案，也有羌家把星星染成五色。当地人解释说，羌人的祖先是从“万山之神山的雪笼包”山来的，白色即意寓雪笼包山。羌人的雪山记忆与他们民族历史上的多次迁徙，最后在大雪山阻挡下，逃过敌人追击，并在岷江上游的雪山沟谷中定居下来有关。古羌人有个观念，诸神在天上，高山是通向天庭的关口。因此，羌人的高山崇拜与诸神有关，具有神圣象征意义的“雪笼包”连接天地，它可以包容天神、太阳神、生育母神等一切神灵信仰。而在羌语中“山与石是相通的”[②]，于是，石头崇拜与山崇拜、太阳崇拜等一切崇拜相沟通，白石可以成为一切神灵的象征。羌族流传这样的传说，据说金鸡女神在羌族万山之神山的雪笼包上由卵生而出，然后飞到天上，与金星在一起。该传说隐藏着对一种文化象征意义的事实性描述。在西方，有学者认为，“卵生”、“卵状宇宙”是先民对太阳的一种隐喻。金鸡女神与雪笼包太阳神和山神形象重合，均象征母体。银蛋或金蛋的象征意

① 《毛诗正义》卷第十四，北京大学出版社 1999 年，第 874 页。
② 王康、李鉴踪、汪青玉著：《神秘的白石崇拜》，四川民族出版社 1992 年，第 36 页。

义或许来自羌族远古人类对月亮和太阳的敬畏和沉思，它们传达的是一种隐在阴阳关系。此神话蕴涵的巫术思维与意识则进入了民俗思维和民间生活中，最终转换叠合成火塘梁柱上的日月星辰符号，成为隐喻繁衍、生育，隐喻生命灵力感应的一个文化象征。

随着人类思维能力的发展和时间观的延续，在月亮的盈亏变化上，也寄托了羌族初民对生与死的关心。他们从相似律和“万物有灵”的思维方式出发，认为日、月的运行既能使万物生长，也就能使人生育繁衍；日、月既然可以通过升沉天宇而经历死亡、再现、复活、新生的发展过程，那么人借助日、月的神力亦可以实现死而又育、育而新生的繁衍与扩展力量。而女性生而具备的容纳能力和生育能力，使得原始初民把光明与黑暗，即日与月的交替过程理解为生命的诞生过程一样。“个别自然事物，特别是河海山岳星辰之类基元事物，不是以它们的零散的直接存在的面貌而为人所认识，而是上升为观念，观念的功能就获得一种绝对普遍存在的形式。”①初民这种极为普遍的生命感知把对天体自然物——日、月的认识凝固为一种抽象存在的神圣真理与信仰观念，“使生殖崇拜变成了一种潜在的力量，而支配着民族的行为”②。所以向日、月等自然天体祈求生育与繁衍就成为“洛各”天体血亲象征的原始内涵之一。

人类思考生命起源之初，是不会认识到男人在人类生产中的作用的。这时候，在人们的信仰中，只会有大母神崇拜。人类社会步入父权制时代，先民逐渐觉悟到人类生育之事不单是女性自身的事情，而必须有男性参与，随着对男性生命创造力热情颂赞，产生了狂热的男根崇拜。山尖符号在父权时代是以母系文化时期的大母神象征符号转

---

① ［德］黑格尔著：《美学》第二卷，商务印书馆 1979 年，第 23 页。
② 刘毓庆：《图腾神话与中国传统人生》，人民出版社 2004 年，第 198 页。

变为阳物男根隐喻的。随着社会的发展，羌族先民逐渐在人与万物的血亲认识上，发展出天地、日月、两性交合的阴阳观念。阴阳合体创造生命是人类最为神圣的事。这种文化积淀在中外各民族都颇为丰赡。先民把两蛇紧紧缠绕的交尾图与人类神圣的始祖神融为一体，足见其性生殖崇拜之情是何等的虔诚与强烈。

“洛各”的山、月图符造型又成为男女交媾、传递阴阳之气的象征性表达。是以直至今日，羌族女子出嫁必备“洛各”，过年精心制作“洛各”，祭山虔诚供奉“洛各”等等。这些，均体现了羌族传统文化中阴阳交合的生命关怀和生命灵力的崇信。月亮与太阳、弯弯与山尖两种图式符号的组合即为生育母体和男性的结合。羌族火塘梁柱上的各种星星图形符号，主要有由三个圆点组合而成的三角形或彩色剪纸拼贴而成的五角形和六角星形图式。而五角和六角被认为是象征男性的倒三角形和象征女性的正三角形相交组合。六角星形在藏传佛教密乘中还是佛父与佛母交合双修的平面几何图案表现形式。而最具有阴阳相交、男女交媾意义的抽象符号便为“十”字形。把“十”字形进行视觉的旋转，便会出现川西藏、羌地区流行的“雍仲”符号或万字符。生命母体与男性的结合，构成新生命萌芽、滋长以及将生命释放出来的空间。象征乃是文化升华及意义展现的基本途径。象征通常更多地以某些具体的事物或现象来展现或诊释比较抽象的概念、信仰及意义。太阳、月亮、山峦正是基于这样的意义延展，才能作为一种象征生育与繁衍的图式“符号”在民俗生活中反复出现。

多重信仰叠合，交汇在火塘的神圣空间中。这种以火塘为中心，关于生命灵力的信仰在后来历史发展过程中，其演化形式越来越多，也越来越复杂。婚俗中的“洛各”不仅是神与人、祖先与人沟通的媒介，也是维系羌族亲缘感情、增强族系内聚力的重要感情纽带。在亲友们共同分享“洛各”的过程中，羌族文化意识的图式符号与象征不断被回忆与构建，其深厚的原始造型意识和古老的生命文化内涵在无意识中被传承。“洛各”图式符号符合羌人隐在的民俗文化心理，表达了羌民族从远古持续至今的自然信仰与生存文化逻辑。“洛各”的民族民俗符号意义既表现在婚礼的仪式象征中，又表现在婚姻程序的流动过程中。它从羌族女性的指尖中流落出来，是久远文化的积淀，是民族情感的真挚流露，是生存生活的真实体验，同时也是内心深处的一种生命渴望与信仰观念。

火塘是羌民族诸多神灵、祖灵盘踞来往之地。在羌人的民俗文化生活中具有特定的文化涵义及信仰指的。“洛各”制作与羌寨传统的火塘紧密相关，其视觉造型是民俗文化沉淀和火塘信仰叠合的一种图式传达。弯月、圆日、山尖是一个被视觉把握的信仰文化世界，是民俗生命与灵魂信仰换置、叠合的羌族精神图式象征。火塘是“洛各”礼俗的重要载体，也是“洛各”视觉造型的意义转换和衍生流变空间。近年来，随着羌族传统火塘急速消失，“洛各”制作成为一种难以到场的民俗追忆，而“洛各”视觉造型的图式意义正是我们今天应该进一步探讨的民俗文化遗产。

四、尼卡哈中结同心：回族婚礼

回族婚俗的形成与回族文化形成历史有关。它既保持了伊斯兰教婚姻制度的严肃性和完整性，同时在某些做法和仪式上又烙印着明显的中国汉文化的痕迹。“这种婚姻制度不是伊斯兰婚姻制度的翻版，也不完全是对中国传统文化婚姻习俗的继承，它是中国化了的伊斯兰婚姻制度，具有鲜明的民族特色。”①

在中华大地，各民族婚俗在婚姻程序上不同程度地受到中国传统汉文化“六礼”——即纳采、问名、纳吉、纳征、请期、亲迎之影响，他们基本具备汉文化的“六礼”程序，但每道程序所包含的内容与文化含义却各有自己的民族特色。因《古兰经》训诫曰：“饮酒、赌博、拜像、求签，只是一种秽行，只是恶魔的行为，故当远离，以便你们成功。”② 算卦、占卜、看风水等在伊斯兰教的世界中，是被教法严格禁止的。因此，回族遵守伊斯兰教的规定，并不择取所谓“黄道吉日”，也不验生辰八字，所以，穆斯林婚俗中自然没有“问名”与“请期”这两道程序。举行婚礼时，新郎新娘不拜天地，也不互拜，不必给公婆磕头。这些皆因悖离伊斯兰教的原则而被禁止。因此，回族婚礼与汉族婚礼尽管婚姻程序上类似，但回族穆斯林婚姻中每个程序都渗透着的伊斯兰教文化色彩。

在回族婚俗文化中，婚姻是一种神圣崇高的行为，是对生命本身、对家庭、社会的一项庄严承诺。伊斯兰教提倡男女婚配，并号召每一个穆斯林云：“你们中未婚的男女和你们的善良的奴婢，你们应当使他们互相配合。”③ 回族穆斯林认为成全一桩婚姻功德无量，必会获得主的回赐。因此，在回族穆斯林中，婚姻被当作一件大事来对待，做父母的也特别关心子女的婚事。

另外，伊斯兰教认为，公正是天地赖以存在的基础，在真主面前

① 俞布仁：《试论回族婚姻制度的变化以及社会发展对其所产生的影响》，《西北民族大学学报》2007年第5期。

② 《古兰经》第5章第90节，马坚译，中国社会科学出版社1981年4月第1版，1985年4月第2次印刷，第89页。

③ 《古兰经》第24章第32节，马坚译，中国社会科学出版社1981年4月第1版，1985年4月第2次印刷，第268页。

男人和女人都是平等的，“她们应享合理的权利，也应尽合理的义务”[①]；“她们是你们的衣服，你们是她们的衣服。”[②] 虽然《古兰经》以衣服作比，但穆圣曰：“最好的人是最善待妻子的人。”[③] 衣服之喻所传达的深层含义却与汉民族“女人是衣服”的传统观念截然不同。在这里，男女两性是互为衣服的平等关系，且衣服的遮盖、温暖、美饰等特点更暗含了夫妻双方彼此维护对方的荣誉、互相关怀、互相温暖等亲密关系。“他从你们的同类中为你们创造配偶，以便你们依恋她们，并且使你们互相爱悦，互相怜恤。”[④] 与传统汉族婚姻强调家族、宗法利益不同，伊斯兰教更注重婚姻双方的心灵依恋与爱悦安宁。

具体到婚姻仪礼中，则有男性婚前送女性聘仪的宗教权威性规定，《古兰经》训诫：“你们应当把妇女的聘仪，当做一份赠品，交给她们。”[⑤] 聘礼的多寡视男家具体的经济情况而定，“教富裕的人用他的富裕的财产去供给，教窘迫的人用真主所赏赐他的去供给。真主只依他所赋予人的能力而加以责成”[⑥]。这种聘仪《古兰经》并没明确要求非得在结婚前或结婚的当天全部交付，男方可全部或部分延期交付，也可根据双方的事前沟通与协商分期交付。妻子婚后是否要全部免除或部分免除聘仪，则是她个人选择的自由与权利。

---

① 《古兰经》第 2 章第 228 节，马坚译，中国社会科学出版社 1981 年 4 月第 1 版，1985 年 4 月第 2 次印刷，第 25—26 页。

② 《古兰经》第 2 章第 187 节，马坚译，中国社会科学出版社 1981 年 4 月第 1 版，1985 年 4 月第 2 次印刷，第 20 页。

③ ［阿拉伯］安萨里：《圣学复苏精义》，张维真、马玉龙译，商务印书馆 2001 年，第 240 页。

④ 《古兰经》第 30 章第 21 节，马坚译，中国社会科学出版社 1981 年 4 月第 1 版，1985 年 4 月第 2 次印刷，第 310 页。

⑤ 《古兰经》第 4 章第 4 节，马坚译，中国社会科学出版社 1981 年 4 月第 1 版，1985 年 4 月第 2 次印刷，第 56 页。

⑥ 《古兰经》第 65 章第 7 节，马坚译，中国社会科学出版社 1981 年 4 月第 1 版，1985 年 4 月第 2 次印刷，第 439 页。

随着整个社会生活的日趋现代化以及人民生活的改善，黄龙地区穆斯林的聘仪内容亦有所更新，好多已被现钞或金银珠宝之类的饰物所取代。至于当今社会出现的一些索取高价聘仪的现象，那与《古兰经》所倡导的精神是背道而驰的。聘仪的明确规定，在一定程度上确认了女性在婚姻方面的某些优先权益，显示出伊斯兰教对女性的人文关照。为防止男方随意弃离妻子，伊斯兰教对男方有一定的经济制约，即男方婚前送给女方的聘礼，无论日后是合是离，均为女方私产。两人若离异，男方无权追索聘礼。因为，《古兰经》云："即使你们已给过前妻一千两黄金，你们也不要取回一丝毫。难道你们要加以诬蔑和亏枉而把它取回吗？"①

1. **回族婚礼主要程序**

回族婚俗，各地风俗不同，因而各有差异，但婚姻仪礼通常却均有订婚、迎娶、婚礼等程序。

请媒人上门提亲是回族婚姻仪礼中的一个重要环节。当男女某方相中另一方时，常常会请一位能说会道的媒人上门提亲。代表男方，叫"跑媒"；代表女方，叫"说媒"。

伊斯兰教穆圣曰："清廉的妻子不属于现世，因为她能帮助你从事后世。"② 一个清廉、有教养的妻子可以帮助丈夫的教门事业，有助于他修善行。因此，回族穆斯林在选择配偶时往往更关注信仰、品行、志向等内在方面的涵养与素质。一旦说媒成功，接下来就是按照商定的日子举行婚礼。黄龙地区回族婚礼多安排在岁末年初的冬季举行，其所择吉日多为穆斯林在清真寺的"聚礼日"，即星期五的"主

---

① 《古兰经》第4章第20节，马坚译，中国社会科学出版社1981年4月第1版，1985年4月第2次印刷，第59页。

② ［阿拉伯］安萨里：《圣学复苏精义》，张维真、马玉龙译，商务印书馆2001年，第235页。

麻日”。随着时代变迁与社会发展，现代回族“白领”由于工作时间的限制，其举行婚礼的日期也逐渐趋向于选择双休日及节假日。

婚礼日凌晨，男女双方均要在各自家里沐浴更衣，行过“大净”，以求净化。男方要在堂屋里悬挂阿拉伯文的《古兰经》并烧香感激真主赐予婚姻。婚礼日上午，新娘进大门之前，先要“递经本”，即选品貌端正、夫婿健在、子女双全的女性穆斯林将《古兰经》递给新娘，寓意为“认主独一，不忘教门”，新娘接受后才能进大门。而男方设宴款待阿訇和男女双方的迎亲、送亲客人后，婚礼便在阿訇的主持下开始。

首先，由阿訇依次询问男女双方的经名，然后向男女双方分别询问是否自愿缔结婚姻。在得知双方均愿意结婚后，阿訇用阿拉伯语或汉语为新郎新娘念“尼卡哈”，内容是赞美安拉的祈祷词，表示婚姻是由安拉的“口唤”（答应、允诺之意）所决定。新人虔诚地跪在阿訇面前听经。经毕，阿訇将一把把果子、糖、枣子、核桃、花生等撒向新人，围观众人纷纷拣而食之。这既是对真主赐结良缘的感激，又是祈求真主赐予贵子的象征表达。这种仪式称为“撒喜果”。

现今存在的婚仪习俗与传统婚俗一脉相承，是在历史更迭中不断衍变、不断发展而成的。黄龙地区回族婚俗中的“撒喜果”，也许与回族历史上“撒金豆”有些关系。“撒金豆”之俗盛于元末明初，“西域回回那叽呐，选民间女子入其室，为金豆撒楼下，命女子攫取以为戏笑”[①]。元末回族富商抛洒的是真正的金豆，意谓向真主祈祷平安幸福与感恩分享的深层文化内涵。后，此俗流于民间。普通的回民难有储备大量黄金的雄厚财力与资本，于是便将汉民族婚俗文化改造吸

① 罗韵希、王正伟、马建春、李仁、马达等：《回族风情录》，四川民族出版社 1994 年，第 84 页。

纳进回族文化中，借用汉民族婚俗文化中早（枣）生（花生）贵（桂圆）子（莲子）的外在形式，通过改用枣子、花生、核桃等物品来代替早期的金豆，以此寄寓回族伊斯兰教的祝福礼俗。今天，黄龙地区回族某些村落还保留着“撒喜果”的习俗，城镇或某些农村社区虽然不再撒喜果，但从向新郎、新娘撒纸花、撒彩色纸屑等新俗中，仍能窥见撒喜果古俗的影子。

至此，婚姻仪式基本完成。

2. 婚礼程序中的“尼卡哈”

念“尼卡哈”包括写“婚书”，所以也叫写“伊扎布”（证婚词）。它由“念”和“写”的两个阶段组成，或者由两个人共同完成，一人念，一人写。

在回族穆斯林的婚姻仪礼中，一对新人念了“尼卡哈”，就可以成为伊斯兰教承认的正式夫妻。受宗教教义的影响，回族青年男女在结婚的重大时刻，均要请阿訇到婚礼上念诵“尼卡哈”。念“尼卡哈”的主要目的为：一是让一对新人的婚姻关系得到真主的承认与祝福；二是获得穆斯林社区的认可。

在婚礼中，阿訇会在一对新人及在场的所有来宾面前念如下三段“尼卡哈”经文：

《古兰经》云：“信道的人们啊！你们当真实地敬畏真主，你们除非成了顺主的人。”①

《古兰经》云：“众人啊！你们当敬畏你们的主，他从一个人创造你们，他把那个人的配偶造成与他同类的，并且从他们俩创造许多男人和女人。你们当敬畏真主——你们常假借他的名义，而要求相互的

① 《古兰经》第3章第102节，马坚译，中国社会科学出版社1981年4月第1版，1985年4月第2次印刷，第46页。

权利的主——当尊重血亲。真主确实监视你们的。”①

《古兰经》云：“信士们啊！你们应当敬畏真主，应当说正话。他就改善你们的行为，就赦宥你们的罪过。服从真主及其使者的人，确已获得伟大的成功。”②

“尼卡哈”仪式中在场的人均为这桩婚姻的证人。证人在参加回族婚礼时须着装整洁，男性要戴礼拜帽，女性则须包裹头发或佩戴头巾。在回族婚姻仪礼中，念“尼卡哈”是核心的一个环节。回族传统文化更强调宗教的认可，认为伊斯兰教的宗教仪式是婚姻缔结中最神圣的环节。一个没有履行伊斯兰教仪式的婚姻，是不被宗教承认的婚姻，并且在现实社会生活中，也会受到回民的非议。

在当代黄龙地区，伊斯兰教仍然规范着黄龙地区的穆斯林婚俗观念，这种规范属于内核型的规范。它通过社会化的作用将伊斯兰教的价值观渗透到回族日常民俗生活中并影响回民个体的成长过程和成人后的择偶观。

随着社会的高速发展，回族穆斯林婚姻仪礼中出现了一些新时代的新流变：新娘穿上了抹胸露背的白色婚纱；婚礼上新婚夫妇同饮香槟酒；而陪嫁物品越来越时尚，电视、电脑、冰箱、汽车甚至套房等城市流行陪嫁品亦开始在黄龙地区出现。

五、民族和睦一家亲：婚嫁流动与民俗文化交融

黄龙地区自古以来民族迁徙流动频繁，民族间的交流与融合从来

---

① 《古兰经》第4章第1节，马坚译，中国社会科学出版社1981年4月第1版，1985年4月第2次印刷，第55—56页。

② 《古兰经》第33章第70—71节，马坚译，中国社会科学出版社1981年4月第1版，1985年4月第2次印刷，第326页。

就没有中断过。唐时吐蕃势力东扩，直达松潘草地，并与这里的诸羌部落融合，逐渐发展成为黄龙地区的藏族。藏族在其自身历史发展进程中表现出了一种极为开放的特征，历史上便有文成公主与松赞干布“汉蕃一家”的通婚嘉话。在温情脉脉的联姻混血与惊心动魄的兵戎相见中，各民族不断交流融合。明、清两朝，更有不少汉族、回族垦民、军队、商旅等进入川西高原黄龙藏区。移民，是处在不同文化接壤处的一个开放而特殊的群体，他们对黄龙藏区民俗文化从适应到采借，最后相互交融是一个漫长的发展过程。族际通婚作为两种文化深层交融的标志，一般发生在移民后期。汉族、回族与当地藏、羌族联姻，并逐渐融入藏区的社会文化生活，是民族、民俗文化长期交流后的双向选择结果。在“大杂居、小聚居”的黄龙多民族地区，藏羌、藏汉、羌汉、回汉等不同民族之间的婚嫁流动较为普遍。

“夫两民族混居，不同化人者，即同化于人。中华号称民族大熔炉。”①娶另一民族的女子为妻，一个人便很自然通过妻子的家庭和社会关系与这个民族的其他成员进行频繁文化与社会交往。因此，族际通婚是消除民族隔阂、促进民族交往和民族关系和谐发展的重要因素。影响族际通婚的因素很多，而精神层面的特别是宗教信仰是影响族际通婚的主要因素。

伊斯兰教提倡内部通婚，但并不绝对排除与外人婚配，先决条件则是要求对方改奉伊斯兰教，遵从自己的风俗习惯。《古兰经》中有明确规定：“你们不要娶以物配主的妇女，直到她们信道。已信道的奴碑，的确胜过以物配主的妇女，即使她使你们爱慕她。你们不要把自己的女儿嫁给以物配主的男人，直到他们信道。已信道的奴仆，的

① 任乃强：《康藏史地大纲》，西藏古籍出版社2000年，第192页。

确胜过以物配主的男人，即使他使你们爱慕他。”① 回族的族际婚和族内婚，都留下了信仰层面的深刻痕迹。这种婚姻缔结的宗教因素将仍在很长的时间里对回族个体产生很强的规范和约束作用。但是纵观历史，回族形成发展过程中，族际婚就一直存在。回男娶汉女，回女嫁汉男，历来就有。黄龙地区回族与汉族、藏族、羌族等民族通婚，近二十年来，这种情况在城镇中呈逐渐上升的趋势。

在黄龙地区，人们对回汉通婚、回藏通婚的态度，多数视性别差异而有所不同。回族老人希望回族女孩嫁本族人的占绝大多数，而对回男娶异族女则相对比较包容。在调查中，多数回族老人认为族内婚生活方便、择偶时应首选回民。若儿子找不到合适的回民，族际婚也行，但嫁过来的异族女孩要按回族的习惯生活。而女儿则应找回族配偶，否则难有穆斯林的生活环境。一些汉族老人也说，娶回族女子麻烦，回族不吃猪肉，汉族又不常吃牛羊肉，生活上难以适应。然而，凡事都不能绝对。松潘城边雪山红旅店老板娘就曾在闲聊中与笔者这样谈到族际婚姻：“回族找回族也有老人不同意的啊，所以回族找汉族或其他民族，老人不同意也很正常。这不是民族问题，而是感情与生活的问题。”目前，随着人们的择偶取向日趋多元化，完全以宗教、民族的考虑为准也不再是唯一选择。

民俗文化变迁有一个适应的过程。从民俗内容看，居住、饮食、服饰等物质民俗偏实际运用，变化更快些。而婚丧嫁娶、民俗信仰等仪式文化或观念文化由于涉及深层次的民族文化心理和价值观念系统，采借吸收时需要漫长的过滤过程，所以变化较慢。在饮食习惯上，黄龙地区回族在顽强保持自身的饮食禁忌的同时，吸纳了藏族吃

① 《古兰经》第2章第221节，马坚译，中国社会科学出版社1981年4月第1版，1985年4月第2次印刷，第25页。

糌粑、喝奶茶，羌族玉米面制作法，汉民族爆、焖、炖、煨、烩等饮食烹饪习俗；在服饰穿着上，他们接纳了寒冷时节穿藏袍。这些兼容的民俗都是由环境条件和日常生活的实际需求而作出的文化选择，反映了回族穆斯林在民俗文化变迁过程中的地理适应性和文化适应性。岁时节庆，黄龙地区回族除过本民族的开斋节、古尔邦节、圣纪外，还过汉族的春节、端午节、中秋节，春节时回族也走村串巷地耍花灯、耍春牛、耍狮子。农闲时，一些回族穆斯林也去藏、羌、汉其他民族的宗教活动中去凑热闹或做生意，如黄龙六月会便常常会发现回族穆斯林的身影；清真寺重大宗教活动，藏羌汉族同胞也多有人前去观看。无论藏、羌、回、汉，参加宗教文化活动多为联络感情、增长见识或娱乐休闲，而非仅仅为信仰之目的。

在黄龙地区藏、羌民族与外来汉族、回族的民俗交流、婚姻流动中，任何一方都不是被动的接受者，而是主动的适应、采借与吸纳者。有的可能是全部吸收，有的是相互交融，有的是形同实异，也有的是形异实同。藏族民居中有明显的汉族飞檐、屋脊、大门辅首等建筑构件因素，八里乡、山巴村等藏族聚落区开始出现用藏文书写的汉藏合璧式的大门对联。地震灾后的羌族民居无一不借用汉民族的屋脊构造；而一些清真寺、汉族佛道寺院的建筑工艺则吸取了藏传佛教寺院精美的制作方式；在黄龙地区，无论汉族或藏族，很多人家堂屋的山堂挂的是毛主席画像。在小河地区，汉族民间道教与当地苯教信仰交相融合，形成了“韩婆婆”信仰。在黄龙地区，一个人或一个族群同时认同两个或两个以上的文化群体并不是件新鲜事，就如小姓羌寨的人兼通、兼容藏、羌、汉三种语言及文化一样。这种多民族的民俗文化相互交流、对接、渗透与融合后创造出的婚俗文化是复合型的多重粘合体，极具生命力。所以，马戎教授总结说：“只有当两族的大多数成员存在广泛的社会交往，在政治、经济、文化、语言、宗教和风俗习惯等方面彼此间比较相近或高度和谐时，两族间才可能出现较多数量的通婚，一般需要以下条件：1、两族的文化同化已达较高程度，族群间无语言障碍，宗教上互不冲突或至少彼此容忍；2、两族成员们有很多社会交往机会；3、两族彼此间没有整体性偏见与歧视；4、个人所在家庭与族群社区对族际通婚不反对甚至比较积极。当两个族群间的通婚率达到10%以上，可以说两族整体关系比较好。”①

族际通婚是反映族群关系深层状况的一个重要领域，也是研究民族地区民俗流变的重要切入点。黄龙文化区域给藏、羌、回、汉等各族民众构建了一个多元信仰与文化共荣的和谐交流与发展平台。黄龙庙会是黄龙各民族信仰文化与民俗风习交融的集中体现，其多民族文化和谐相处的经验，尤值得人们珍视。随着社会经济的发展和交通通讯的逐步改善，以及黄龙文化的进一步发展，各民族之间的相互交融与交流互补必然会进一步深入，族际通婚必然会在多民族或跨民族的区域文化空间中孕育。

婚俗作为一种民俗文化事象具有一定的社会功能。在长期的生产生活以及交往活动中，民族文化之间的互借与涵化现象不可避免。族际通婚不仅能使黄龙地区现有的良好民族关系顺利、平稳地继续发展，而且还能让双向或多向互动的多民族文化积极、包容地不断吸纳他文化因素，从而构建充满活力、生机勃勃的黄龙地区区域性民族、民俗新文化。

随着社会发展、民族交流的不断深入以及黄龙藏区出外求学工作、常驻外地的人员数量大幅度增加，远嫁（娶）、外嫁（娶）、嫁（娶）外民族或外国籍，在黄龙藏区已不再是令人诧异的新鲜事。跨

① 马戎：《民族社会学—社会学的族群关系研究》，北京大学出版社2004年，第177—178页。

民族、跨国际通婚正悄然地扩大着藏区各民族的通婚圈，不同地区、不同民族，乃至不同国家的人正逐渐形塑着黄龙地理文化空间中多族群共生的区域新文化。

随着社会的发展，文明程度的提高，信息的高速传递，黄龙地区文化观念与婚姻仪礼发生了巨大变化，族际通婚越来越包容，新的文化模式和话语方式对传统婚姻礼俗的影响日益加剧。近年来，拍婚纱照、婚车接亲、手拿捧花、头戴白婚纱、身着抹胸婚服、戴白手套、吃婚礼蛋糕、交换婚戒、用摄像机录下婚礼全过程等西方婚俗元素在黄龙地区已屡见不鲜。新旧交加、中西合璧、多民族、多文化元素结合的婚礼也频频出现：城镇藏族婚姻仪礼开始出现大酒店西式自助餐的形式，婚宴中藏餐、中餐、啤酒、香槟供宾客自由取食。婚宴还请来专业歌手，代表主人逐一向参加婚宴的宾客献歌、敬自制青稞酒，敬酒的规矩是“一个都不能少”；受汉民族影响，黄龙藏区不少藏族、羌族、回族婚房中贴“大红喜字”，婚宴中打麻将，婚礼程式中出现“闹洞房”的环节：新郎、新娘亲朋欢聚，想出各种点子调侃新人，甚至用一对新人恋爱、结婚时的种种趣事打趣逗乐……当地青年人的婚姻仪礼愈加地多样化与多元化。城镇婚礼多元因素凸显，新式婚礼、简化婚礼较为常见，而农区、牧区则多沿袭本民族的传统婚礼。在继承传统婚礼的同时，黄龙地区也出现了网络相亲、旅游结婚、直接领证结婚的裸婚等简化婚仪的婚俗新趋势。

不同的地理位置，不同的文化环境，造就了不同的婚姻礼俗，黄龙地区的婚姻礼俗凸显了自身多民族复合文化的特点，其信仰、禁忌、宗教等和婚姻礼俗是互相渗透、互相影响的，不同的婚姻仪礼分别有各自适应的文化群体。“人们世世代代传承的文化信息，是在不断变化着的历史条件下进行的。在接受即有文化的时候，每一代人、每一个时代都有一个重新理解和再创造的过程。人们总是按照社会环境和自然环境的历史变迁，对原有文化做出相应的调节和改造，以达到适应，或对世界做出新的改造。”① 恪守礼俗规范的人们，在潜意识中传承着礼俗，一代又一代的传承者延续着婚姻仪礼世代的生命。

第五节　生死忽忽照寒灰：丧葬仪礼

在人生仪礼中，丧葬是人的最后一次生命仪礼，是联系生者与逝者的重要仪式。丧葬礼俗是人类为自身而进行的一项古老而永恒的仪式。古今中外不同族群、不同时期、不同信仰有着繁杂多样的丧葬仪式。这取决于不同族群自身生存的自然地理环境，也取决于不同民族的历史文化层叠积累，尤为重要的是，丧葬仪礼是围绕着死亡而进行的一整套仪式行为，是观念信仰和习俗文化相互配合、相互影响的构成体系，人们在多大程度上理解死亡的终极意义，决定了他们对丧葬仪礼重视的程度、投入的多少、仪式的繁简和规模。

在黄龙地区，藏、羌、回、汉等主要民族具有“大杂居、小聚居”的特点，从大格局看，每个民族都与其他民族相互交错，不能截然分开。而且，在稳定的民族共同体形成以前，该地区曾是多族群千百年来迁徙流动、聚集分散与交流碰撞的活动区域。不同时代、不同族系的先民在黄龙完成了他们各自理想中对亡者的尸体安置，留下了他们层叠式的丧葬文化痕迹。从现今的丧葬民俗遗迹看，黄龙地区历史上存在过火葬、土葬、树葬、水葬、鸟葬、野葬和岩葬等多种葬式，从特定的角度反映了民族文化内涵，折射出民族丧葬文化与自然地理生存空间的密切关系。

① 王亚南：《经济全球化中的文化多样性保护》，《思想战线》2002 年第 1 期。

黄龙地区的自然生态环境对当地各族人民的丧葬文化选择起着不可忽视的塑造作用。一方水土养一方人，一方水土养一方文化。黄龙景区管理局唐思远局长就认为，松潘草原藏民过去选择天葬的丧葬方式并在长期的历史积淀中使之成为一种具有典型民族特征的丧葬文化定型活动，与松潘当地藏民所处的自然环境空间有很大关系。草原上无充足的木材焚烧，想实现火葬几乎没有现实可行性。天葬不仅符合藏族的民族信仰习惯，亦能与当地自然地理环境相适应。

“死亡从来不是自然的。”[①] 丧葬是信仰文化的产物，丧葬民俗中的诸多事象与内容均为信仰观念的象征性表达。在民俗与宗教信仰的关系中，与宗教信仰融合最紧密的就是葬俗。在宗教观念中，死亡不是生命的终结，而是生命的转移。上天堂的诱惑与入地狱的威胁，灵魂不死的观念，作为一种超自然的力量支配着人们的观念。于是，死亡既使人感到恐惧，又使人充满希望。这就是古今葬俗的精神支柱。其中，各民族多元宗教文化在民间丧葬仪礼中的重新融合，是黄龙丧葬文化变迁中的在地化发展，它充分展现了多民族边缘区的区域性文化特色。

一、古今葬客成丘墟：汉族丧葬仪礼

黄龙地区，汉族乃这一地区的“少数民族”，多为明、清时期从不同的汉族地区陆续迁入。从晚清到民国，黄龙地区汉族传统丧葬仪礼发生了诸多变化，但汉族丧葬仪礼因“礼”而产生的丧葬程序仍然繁琐，其内容依然庞大而复杂。《松潘县志》记载：“始卒，奔告亲友，料理衣棺，同视含殓。三日成服，以后每七日及百期或小详、大

① ［法］列维·布留尔：《原始思维》，丁由译，商务印书馆 2007 年，第 268 页。

详，俱延僧道斋荐。安葬之日，初夜家祭，次日展奠，越日亲友执绋送葬。”① 可见，延至20世纪初叶，报丧、入殓、成服、小详、大详、家祭、展奠、执绋送葬等一系列汉民族传统丧葬的主要程式，仍相当稳定地保存于黄龙地区汉族民间，其仪礼环节与丧葬活动承旧制、尊古礼，厚葬久丧，甚为隆重。

20世纪以后，汉族丧葬仪式在总体上逐渐变得简略。20世纪50年代，传统的丧葬仪礼发生了根本的变化，呈现出简化、淡化和非公开化的趋势。80年代以后，由于社会文化氛围的改变与相应宽松，一些趋于潜伏、消亡的传统丧葬仪式在某些地方得到了部分恢复，现代文化因素伴随着传统丧葬形式在民间逐渐流行。如民间“端公”又活动起来，丧葬礼俗中的各种规矩与禁忌又开始讲究起来。黄龙汉族各聚落的丧葬风俗大同小异，其丧葬习俗大致遵循送终、入殓、出殡、做七等主要的传统程式。这是从总体上看黄龙汉族居民所沿用的丧葬仪礼。在实际操作中，常因地域和个人具体情况的不同而有所出入。即使相同项目，在具体操作上亦有不同。

1. **送终·入殓**

生死离别是人生之大痛。依照汉民族传统风习，老人临终前，其子女应全部从各地纷纷赶回，并寸步不离地守在老人身边伺候，直至老人安详地停止呼吸，此过程被称为“送终”。

“圣人知之，故多其爱而少严，厚养生而谨送终，就天之制也。”② 在生厚养，临死送终，善始善终乃顺天应时适人之举，故汉族传统习俗十分重视“送终”。黄龙汉族聚居区素有“红白喜事”之

---

① 丁世良等编：《中国地方志民俗资料汇编·西南卷》，北京图书馆出版社1991年，第387页。

② ［清］苏舆义证：《春秋繁露义证》卷第十一之“五行之义”，中华书局2002年，第322页。

说，“白喜事”即花甲以上老人的丧事。汉民族视花甲以上老人的离世为“喜事”，所以老人寿终正寝后，多把举丧当成喜事办，甚至不惜财礼力求丧事红火热闹。这种久传不衰的丧葬现象积淀着汉民族重人伦、尊孝道的传统文化意识。

“天地之性人为贵，人之行莫大于孝。”①老人垂危之际，总有许多肺腑之言要向子女与亲人交代，并希望和亲人见上最后一面。儿孙守护于前既让老人有团圆、温暖的感觉，也让老人交代完后事可以放心离去。即使远在天涯海角的子女，亦要在老人落气之前赶回家，并日夜守候直至老人离世。汉族民间有种说法，谁能守在老人身边，看着老人离开人世，谁便是孝子。老人气绝，儿孙即长跪床前，齐声嚎哭恸哀，全家举哀。古代汉族哭丧有诸多讲究，如男主人只能节制地呜咽而啼，兄弟们则应号泣大哭，妇女必须捶胸顿足、又哭又跳等，哭法众多，不一而足。

黄龙地区旧时民间还认为，人若死在床上到阴间仍要背着张床，故要让弥留之际的老人坐在靠窗的椅子上，由儿子扶着落气。否则将被视为不孝，遭人耻笑。其实，让老人不在床上落下最后一口气，是生者怕死者留恋初终的地方，阴魂附着，不走不散，以至滋扰家宅。

“入殓”，是把逝者尸体移入棺木的一种丧葬仪式，古称“大殓”，民间俗称“入棺”、“入木”等。在黄龙地区的不同汉族村落，逝者入殓的时间不一，多数人家习惯在死后第三天举行入殓的仪式。入殓主要有装尸、盖棺等习俗。装尸由孝子孝孙将死者的遗体装入棺内，并在死者口中塞入烟叶几许，有些家庭则是包米饭若干，填入亡人之口，谓之“饭含”。死者手里握一根“打狗棒”，棒上串九个青稞饼，据说此乃死者走向阴间世界时打饿鬼、赶厉鬼的有效武器。汉族“打

① 《孝经正义》卷第五之“圣治章”，北京大学出版社 1999 年，第 28 页。

狗棒”串藏族青稞饼，此无疑是汉、藏物质民俗交融的文化产物。

为去世的老人穿寿衣时，最外面的衣服要反着穿，衣服的带子要系成死结。死结与活结、衣服的正面与反面，是人们在生与死、阴与阳相交接的人生转换中举行的最后一次换装仪式，此俗被称为“反饰”。在汉族民间观念中，阴阳两界的人对事物的看法完全颠倒，死者的世界与生者世界截然相反。打死结、反穿“寿衣”，即通过死、活相反的系带与反、正颠倒的服装穿着样式来暗喻阴阳两界的迥然不同，让逝者明确知道自己已经死了，使其魂灵无法再滞留阳世，并奔赴该去的另一新世界。之后，合上棺盖并用棺材钉钉紧，称为“封棺”，谐音“封官”，寓意子孙后代官运亨通、步步高升。“封棺”意味着生者与死者永久性地告别，从此上天入地，魂魄难寻。入棺当日，孝子贤孙要请道士或比丘做道场，表示对死者的孝敬，也显示家道昌盛。

死者棺前设祭桌，称为“灵桌子”。灵桌上香火不断，白色蜡烛昼夜长明；灵桌前放一小瓦盆，供烧“福纸”用，名为“孝子盆”，出殡那天由长子摔碎，名为“摔瓦盆”；出丧前，每日早、中、晚必于灵前供饭，称“上饭”。每当五更，守灵女眷须恸哭举哀。停丧期间，各村落多选择性地采用汉民族千年来通行的“五服制度”。子女均服孝，戴孝帕，穿孝衣，扎麻绳，血缘关系越亲，孝服越粗。新中国成立后，丧葬仪礼通行单位开追悼会，农村则多举行简化的传统丧葬仪礼。

2. **备寿材·做老衣**

旧时，由于生活条件与医疗水平的局限，只要家中有老人，其子孙后代都要及早为老人准备身后事。后事的重头戏是备寿木与做老衣。此行为并非害怕死亡，而是对死亡的一种坦然和积极应对。尽早为父母准备寿木、做老衣是儿女表达孝心的一种方式。老人看到为自已准备的“寿材”、寿衣，知道后事无忧，心中才会踏实。若已到耄老之年，家人仍未做“寿材”和准备寿衣，老人会一再念叨，屡屡催促，担心死时没有棺材、寿衣，临时凑合了事。

“备寿材”，俗称“建大房”、“备老屋”、“做喜材”，即准备棺材。棺材是丧葬仪礼中重要的文化“道具”，传统丧葬程式中的“守灵”、“出殡”等重要的仪礼内容均与此有关。汉民族有早备寿材的传统风习。关于棺材制作，首先是木材选择。寿材的原材料称为寿木。据说过去最好的寿木为金丝楠木。但金丝楠木目前已成国家一级保护植物，不能再用。关于寿木的选用，汉族民间有歌谣曰：“一柏二杉三梓楸，槐桑枣榆是中流。楝树不做寿材用，杂木泡桐次杨柳。”黄龙地区汉族民间的棺材选料多为杉木。黄龙地区本多杉树，杉树生长迅速，砍伐后易发芽长荪子，意多子多孙。而赤贫之人要么有仁义之乡绅捐助“义棺”，要么则一领破席随意一卷便永埋于荒郊野岭。

制作寿材，要按喜事来办，又称“圆材”。动工要占卜选吉日。动工那天，主家要亲备红包，到现场观看木匠劈下的第一斧。汉族民间认为，木匠劈下的木片距离木马越远，则棺材主人的寿命就会越长；若垂直落于木马下，乃棺材主人将死之兆。故民间把圆材的第一斧称为“神斧”。在圆材的过程中，要始终保持棺材口朝下，朝上则是装人的不吉之兆。棺成，鸣炮。亲戚朋友、街坊邻居纷纷前来祝贺，民间称此仪式为“翻棺材底”或“翻材”。有些老人还会去棺材里坐坐，意谓已经死过一次了，此后便可长命百岁，福寿永乐。

木工圆材完毕，漆工才开始工作，一般用上好的土漆，外黑内红，至少要反复漆三遍以上，直至漆中映出人像为佳。一幅好寿木是主人的骄傲，通常在完工后，主人就会小心翼翼地将其收藏在阁楼之上。若放于一楼，则必将棺材悬空，以免受潮变质。若棺材变质发裂且发出响声，民间俗信则认为主人死期不远矣。“备寿材”不仅选上好的材料，而且还要选手艺精湛的工匠。

“做老衣”又称备寿衣。逝者之老衣，多用棉布做成，忌用“缎”，因“缎子”和“断子”音同，唯恐因此而遭到断子绝孙的恶报；忌用皮料，怕老人转世为畜生；忌寿衣沾染污物，怕死后阎王不收不净之物。

因“扣子”谐音“克子”，所以寿衣忌钉纽扣，一般只缝系扎的飘带，并把带子打上死结。俗语云：“活人打活结，死人打死结。”通常情况下，富裕之家“做老衣”偏爱用“绸”。“绸子”谐音“稠子”，意为福佑后代、多子多孙。

现代社会因火葬在汉族渐渐普及，故“备寿材”与“做老衣”亦渐渐失去了其存在价值。寿材在丧礼中演变为一个又一个的骨灰盒，而与“寿材”相关的某些传统丧葬仪礼不复存在。

3. **报丧奔丧·以哭尽哀**

父母亡故后，子孙们要将死者去世的消息迅速告知亲朋好友和邻里乡亲，此之谓告丧，又称报丧。秦汉以前，击鼓告哀；唐宋之后，鸣炮报丧；清末明初，泣泪书讣闻贴而告之；近年则流行播放哀乐向四邻告丧。

“报丧”的人通常是死者的晚辈。进安镇汉族民众过去报丧一般根据亲戚关系的亲疏，安排不同的人前往报丧。近年来，城镇报丧直接改用电话或者手机群发信息通知。

“奔丧”，即闻丧奔归之意，原特指以主人身份奔家操办自家长者的丧事。后世逐渐把以客者身份前来慰问丧家的“吊丧”也混称为“奔丧”。“奔丧”在中国传统重人情的社会具有重要的地位。旧时，亲友奔丧来到时，死者的子孙后代应在村外、屋外分别跪迎。

在汉族的民俗传统中，丧葬仪礼的倡盛与丧葬意识的“礼”、“孝”流向深受儒家文化的濡染。丧礼在民间社会的基本要素为

"孝"，对亲人的哀思、追悼，是"孝子之志也，人情之实也，礼义之经也，非从天降也，非从地出也，人情而已矣"①。

俗语云："男儿有泪不轻弹。"但人伦亲情的正当发泄，是合乎礼教的。《礼记》对报丧与奔丧环节的"哭"有着严格而具体的要求："奔丧之礼：始闻亲丧，以哭答使者，尽哀；问故，又哭尽哀。遂行。日行百里。唯父母之丧，见星而行，见星而舍。"② "闻丧不得奔丧，哭尽哀；问故，又哭尽哀。"③父亲死后，孝子要毁衣跣足，痛哭不止。"恻怛之心，痛疾之意，伤肾干肝焦肺，水浆不入口，三日不举火。故邻里为之糜粥以饮食之。夫悲哀在中，故形变于外也。痛疾在心，故口不甘味。"④ 孝子因"孝"而哭，"恻怛之心，痛疾之意，伤肾干肝焦肺"，不吃不喝，竟严重摧残了身体。对于孝女，《礼记》规定："妇人不宜袒，故发胸击心爵踊，殷殷田田，如坏墙然，悲哀痛疾之至也。"⑤ "其往送也，望望然汲汲然如有追而弗及也；其反哭也，皇皇然若有求而弗得也。故其往送也如慕，其反也如疑。求而无所得之也，入门而弗见也，上堂又弗见也，入又弗见也。亡矣！丧矣！不可复见已矣！故哭泣辟踊，尽哀而止矣。心怅焉、怆焉、惚焉、忾焉，心绝志悲而已矣。"⑥ "哭"是成全孝子、孝女的重要标志。如此琐细的"哭"规定若非情到至深之处，几人能够一丝不苟地执行下来呢？

至近世，黄龙地区汉族出嫁的女儿回娘家奔丧，依然哀痛欲绝。通常，出嫁的女儿距离较近者边走边哭，一直哭到灵前；远道而来

① 《礼记注疏》卷第五十六之"问丧"，北京大学出版社 1999 年，第 1536 页。
② 《礼记注疏》卷第五十六之"奔丧"，北京大学出版社 1999 年，第 1522 页。
③ 《礼记注疏》卷第五十六之"奔丧"，北京大学出版社 1999 年，第 1529 页。
④ 《礼记注疏》卷第五十六之"奔丧"，北京大学出版社 1999 年，第 1537 页。
⑤ 《礼记注疏》卷第五十六之"奔丧"，北京大学出版社 1999 年，第 1537 页。
⑥ 《礼记注疏》卷第五十六之"奔丧"，北京大学出版社 1999 年，第 1536 页。

者，一进村口或街巷口，便要一路唱着丧歌，号哭顿足地急赶进娘家大门。而娘家人听到渐近的哭丧调，知道出嫁的女儿回来奔丧了，需派人去大门口迎接，并发给她丧服，陪着她直接进灵堂哭丧。哭丧时一把鼻涕一把眼泪，凄凄惨惨戚戚，甚为悲切。

4. **出煞·回煞**

人初死，把房顶的瓦揭去一片或窗户弄个洞，以便死者灵魂升天，此之谓“出煞”。仪式中，一人站在板凳上，用竹竿戮房顶之瓦，戮一次说一句“生魂出不出？出！”再次说“死魂出不出？出！”最后，众人齐说“生魂死魂皆出！”信仰者认为，这样可以使死者之灵魂顺利升上天堂。今住居多为楼房，故为权宜之计，打开窗户或划破窗纸。此俗不仅流行于黄龙地区的民间大众，亦广泛流播于巴蜀大地的其他区域。

回煞又称“回殃”。旧俗以为人死后其魂魄犹存，在七七四十九天前，死者灵魂会回家一次，这个时间被称为“回煞”。回煞的具体时间由道士或端公按照死者生死年月和天干地支推算。届时，丧家把香烛酒食摆在桌上，在灵前和死者落气之屋铺一层细草灰，用以检验死者回来的足迹。然后用土罐装上一煮熟了的鸡蛋置于房屋角，以此贿赂押送亡魂归来的地狱鸡脚神。待次日清晨在铺灰处视之，若有鸡爪似的鸟迹则为吉，预示着死者灵魂升天也。黄龙民间亦有人认为，“回煞”的起因乃由于新逝之人要回到阳世“收脚板印”，即把逝者生前所到之处，通通走一遍。此后正式前往阴间，从此不再于阳间行走。这实际上是逝者告别尘世、进入阴间的一个过渡转换仪式，亦是加入另一种新的存在方式的宣告仪式。

回煞的日子，丧家要打开家里的门窗，将狗拉走，全家人也要离家避凶，此曰“避煞”。民间传说，“煞”高一丈以上，打开门窗，死者灵魂才能从窗户进来。将狗拉开，则是避免狗惊扰到亡魂。因为狗可以看见魂。人要回避，则是因为民间相信，如果在回煞过程中有生人不回避，而看到了鬼将、鬼卒与亡魂，那么生人将很快死去。避煞之说，古来有之，北齐颜之推在《颜氏家训》中记载："偏傍之书，死有归杀，子孙逃窜，莫肯在家。画瓦书符，作诸厌胜。丧出之日，门前然火，户外列灰，祓送家鬼，章断注连。"① "杀"亦作"煞"。"避煞"主要基于亡者会作祟害人的恐惧，此俗世代相承，至期必避之。避煞采取了消极回避的方式去规避祸害。原因在于人们相信回煞是有时间性的。煞期一来，举家搬出，人的空间让于凶煞栖居。煞期一过，凶煞离室，人又返回家中。避煞禁忌中，空间与时间的禁忌意识都相当鲜明。这种以特定日期与时辰确定的空间禁忌，不仅是人们回避死亡的威胁，而且也包含对疾病的恐惧。

5. **做七·送灵**

旧时，黄龙地区汉族聚落丧葬仪礼中普遍举行"做七"仪式。当地民间说法，死者从人间通往阎罗殿的路上关卡林立，每七天都要过一个关口，一直要到第七个七天，死者才能到达彼岸。为了让逝去的亲人少受痛苦折磨，并顺利过关，从老人离世之日起，家中亲人每逢七日辄焚纸祭奠一次，祭奠从"一七"、"二七"、"三七"一直到"七七"，共计四十九天之后方才结束，称为"做七"或"祭七"。老人辞世的那天为"头朝"，即第一天，此后每隔七日做一次"七"。第一次"做七"叫"头七"、"首七"、"一七"，"七七"又称"尽七"、"满七"、"断七"。谚语云："七七四十九，亡人撒了手。"逝者百天再做斋设祭，叫"百日"或"百期"，整个过程形成了一整套完整的仪式。

过去，有富裕人家停柩四十九日做尽"七"。这期间，院内搭灵棚，做"金山"、"银山"；扎"童男童女"、"开路将军"、"打路小

① 王利器：《颜氏家训集解》风操第六，上海古籍出版社1993年，第98页。

鬼”，糊“孝幡”、“摇钱树”、“聚宝盆”等，凡是想象中逝者在另一个世界用得着的各种物品，都可以用纸扎出，随其一块焚化。现代丧葬仪式改革旧俗后，民间多不做纸扎，随葬品改为花圈。从某种意义上来说，花圈象征生命永生的太阳。更有甚者，新时代的逝者还能饱享新时代的现代文明。虽然没有殷商时期的人殉为祭，没有春秋战国、秦汉魏晋、唐宋元明清的奇珍异宝陪葬，但却有历朝、历代老祖宗们从未听过、从未见过的现代新玩意：手机、轿车、电视机、电冰箱、洗衣机……纵然是纸糊竹扎，但礼仪犹存，祭奠全凭想象。

过去，民间做“祭”时多请僧人、道士或端公做道场，替死者诵经祈福，超度亡灵，还要请几班鼓乐吹打。一般人家停柩七日，做些简单的纸扎，请一班鼓乐，出殡下葬也就了事。贫苦之家停柩三五日即行出殡。停灵的天数无论几天，均为单数，不可双数，这是最大的忌讳。过每个“七”时，均头天下午上供，第二天上午上坟，夜里“送纸”。部分汉族村落还有出嫁的女儿必须回家给逝去老人做“五七”的习俗，做“五七”时，夜晚女儿要长哭不止，哀痛欲绝；有些村落有“五七”是“女儿七”的说法，据说这天出嫁的大女儿必须回娘家为死去的老人做一桌子饭菜，还全天自带干粮与水，不能吃娘家一口饭，不能喝娘家一口水；也有人家“五七”这天将由全部子女亲属到逝者坟前焚烧纸香以示悼念。尽管做“五七”的仪式环节和内容各不相同，但做“五七”在黄龙地区民间曾受到过普遍重视，是黄龙地区汉族群众丧葬仪礼中非常重要的一个环节。民间还有人认为，“五七”是正式超度亡灵升天的日子。

笔者曾在松潘县城一美发店洗头时，询问老板怎么看待丧葬中的“做七”仪式。老板说，不管迷信也好，习俗也好，还是“宁愿信其有”，虽然心里很清楚，即使做“全七”老人也回不来了，但经济条件允许的话，还是愿意为老人把这个“七”做好一点，做全一点。毕竟，自己的亲娘老子，万一真有什么关口堵在那让他们受苦，自己心里会很不好过的。信也好，不信也好，做三天，做七天，做四十九天，不管怎么做，求个心安吧。美发店老板原籍四川南部县，十几年前离开家乡到松潘谋生，之后他便在这个高原小县城娶妻生子，逐渐定居下来。虽不是土生土长的当地人，但“求个心安”还是颇能代表这个时代当地汉族群众的思想观念。

黄龙民间有一种说法，人死下葬后，三年之内为“新坟”。除每到周年时上供、上坟外，过七月半、春节、清明等节日时，亲人们都要比旧坟提前一天上供与上坟。在三年守孝期间，孝子要不贪色、不娱乐，不到人多欢娱的地方去，时时日日为失去父或母而百感哀思，泣血顿首。“祭七”后，还有百日、周年和三周等，慢慢地逐步拉长时间距离，生者对死者离世的巨大哀伤随着漫长祭奠和时间的推移渐渐淡化，最终取而代之的是生者对逝者的怀念。

“送灵”也称“送葬”或“出殡”，是整个丧葬仪礼中较为隆重的环节。出殡前要请民间端公算黄道吉日。出殡时长孙执“引魂幡”，孝子们捧死者灵牌和遗像；孝女、族人和亲友则继后尾随至墓地。出殡时，沿途要抛洒“买路钱”。一路上，孝子、孝女们皆嚎啕大哭，哀声动地。

旧时，黄龙地区汉族传统丧葬仪礼，仪式琐屑，内容繁多，有许多涉及生、死转换的专门程式。汉族俗信认为：对待生与死、阳界与阴间的交接与转变，只有凡事谨慎小心、妥善处理，才能让死者满意而去，死者魂灵才能保佑生者，福泽子孙。若处理不当，死者魂灵无法到达阴世空间，便会成为孤魂野鬼，到处游离，扰乱阴、阳两界的正常秩序，引发灾难，导致难以想象的不良后果。葬礼之所以成为各民族人生仪礼中一个重要礼俗，并衍生出诸多禁忌与仪式，均出于人们对死后不可知世界的神秘联想及对死者灵魂的某种畏惧心理。

汉族历史上多行土葬。生命本于土，死后亦要复归于土，这其实是华夏农耕民族集体无意识的一种土地信仰。土葬改火葬对汉民族的民间死亡观念与丧葬习俗产生了重大的冲击。对古代汉族而言，火葬是对死者最严厉的惩罚："古人之法，必犯大恶，则焚其尸。"[①] 时至今日，黄龙地区仍有不少汉族老人坚持"入土为安"的土葬，即使政府一直倡导火葬，也难以在一时之间改变他们根深蒂固的观念。有些老人甚至宁愿罚款，也不放弃土葬。"入土为安"是汉民族在几千年民俗文化流变中形成的一种心理定势，它体现了一个农耕民族对土地生生不息的崇拜和中华民族"叶落归根"的返归情结。

二、逝魄魂归入幽尘：羌族丧葬仪礼

黄龙地区羌族历史上主要存在过火葬、土葬、树藏、水葬、石棺墓葬和土岩石砌墓葬等多种丧葬形式。羌族丧葬仪礼的形成，也同样是黄龙地区民族、民俗文化"层累的历史"[②]，具有丰富的内涵。

1. 羌族火葬流变

黄龙羌族丧葬仪礼与其族源有着内在的历史联系。今天羌族的主要族源是远古氐羌氏族群，而火葬是古氐羌人传统的丧葬方式。

《荀子》记载："氐羌之虏也，不忧其系垒也，而忧其不焚也。"[③]

《旧唐书·党项羌》曰："死则焚尸，名为火葬。"[④]

---

① ［宋］程颖、程颐：《二程遗书》卷二下，影印文渊阁《四库全书》第 698 册，台湾商务印书馆，1983 年，第 53 页。

② 引号处从顾颉刚先生独具创造性的"古史层累说"演化而来。自 20 世纪 20 年代顾颉刚先生"古史层累说"提出后，此观点便成为 20 世纪中国古史研究的主要方法与主要范式之一。

③ ［清］王先谦：《荀子集解》之"大略"，中华书局 1986 年，第 330 页。

④ ［后晋］刘昫等：《旧唐书》卷一百九十八，中华书局 1975 年，第 5291 页。

《太平御览》云："羌人死，燔而扬其灰。"①

由此可见，古氐羌先民早在秦汉以前就普遍存在着火葬之俗。根据考古发掘的资料，古氐羌部族的火葬墓遗迹处处可见。其中，考古人员在甘肃临洮寺洼山遗址中发现的一个装有人类焚化骨灰的大陶罐，被考古界推测为中国最早的火葬形式。在岷江上游河谷发掘的春秋战国至汉代的石棺墓中，也发现了葬具或尸骸被焚烧过的痕迹。在古氐羌族群发展而来的西南少数民族中，也多不同程度地遗存了火葬习俗。可见，古代诸羌部族火葬习俗影响深远。正如闻一多先生所说，"火葬的意义是灵魂因乘火上天而得到永生，故古书所载火俗流行的地方，也是'不死'传说发生的地方"②。火葬之俗，源于古羌部族的原始宗教观念与信仰实践。他们认为，人死后灵魂会脱离躯体而永远存在。"几乎所有国家和处于各个不同文化发展阶段的人们都会不约而同的认为，他们死后如果肉体腐烂了，意识仍将继续存活一个不定时期。"③ 由于对生命与生存的渴望，原始初民认为，肉体可以消逝，但灵魂却可以通过一定仪式获得永生。他们认为，灵魂也与人一样，有善、恶之分。它们既可以上升于天，也可以变为妖魔鬼怪作祟于人。因此，原始初民会举行各种各样的仪式活动，以求灵魂上天而获永生。

火葬离不开火。为什么火可以使得灵魂不死呢？在古羌先民所见事物中，"火"具有充当灵魂载体的功能。"古求神之道亦多端矣，或以气，或以声，或以臭，其次虽有不同，而其用则无或异。……神既在天，于是有燔燎之礼以格之，烟炎之彻于上，较声音之号之诏告于

① 《太平御览》卷七九四之"四夷部"，影印文渊阁《四库全书》第100册，台湾商务印书馆1983年，第113页。

② 闻一多：《闻一多全集》，三联书店1982年，第156—157页。

③ [英] 弗雷泽：《永生的信仰和对死者的崇拜》，李新萍等译，中国文联出版社1992年，第3页。

天地之间者，尤为有象矣。”[①] 当古羌先民焚烧柴火时，人们看见袅袅青烟徐徐上升，直至消散在空中，于是他们幻想着灵魂可以凭借火燃烧时所产生的升腾状烟雾而直达神灵之所，从而获得永生。因此，在远古羌人的观念中，火所起的作用就如同圣山、神木一样，部族成员死后，只有将尸体加以焚烧，灵魂才会随着袅袅上升的烟雾升腾至祖先的魂灵居所，从而与祖先合一，并获得永生。出于“火”是普通人进入天际的灵物崇拜思想，古羌先民死后均采用火葬的形式。因此，火葬之俗经久不衰。

《列子·汤问》曰：“秦之西有仪渠之国者，其亲戚死，聚柴积而焚之，熏则烟上，谓之登遐，然后成为孝子。”[②] 仪渠国是春秋战国时期生活在“秦之西”的一个古羌部落，火葬“登遐”是他们的传统丧葬习俗。闻一多考证：“遐当读为煆，本训火焰，因云旁赤光，或赤云之似火者谓之霞，故又或借霞为之。登霞的本意是火化时灵魂乘火上升于天。”[③] “登遐”被古老的羌戎部族——仪渠国视为灵魂得以不死并能追寻祖先灵魂而上天永生的重要途径。值得注意的是，此时的“登遐”之俗已包含了道教神仙思想的升天内容与汉民族丧葬中的儒家“孝”观念。这反映出源于游牧文化的古羌人在与华夏农耕文明的交流与接触中，已经与华夏民族有文化的交流与融会。

最迟在唐朝，汉族学者把这种丧葬方式命名为“火葬”，且古羌族最早的火葬不保留骨灰，人死后直接火化，然后将骨灰抛于野外，“燔而扬其灰”。宋以后，羌人开始将骨灰放入小匣子内。至元初，马可·波罗在游历西夏时，也看到了曾流行于西夏党项羌的“焚尸之俗”：

---

① 王国维：《观堂集林》（附别集），中华书局 1999 年，第 42—43 页。
② 杨伯峻：《列子集释》卷第五“汤问篇”，中华书局 1979 年，第 167—168 页。
③ 闻一多：《闻一多全集》，三联书店 1982 年，第 159 页。

焚前，死者之亲属在丧柩经过之道中，建一木屋，覆以金锦绸绢。柩过此屋时，屋中人呈献酒肉及其他食物于尸前，盖以死者在彼世享受如同生时。追至焚尸之所，亲属等先行预备纸扎之人、马、骆驼、钱币，与尸共焚。据云，死者在彼世因此得有奴婢、牲畜、钱财等若所焚之数。柩行时，鸣一切乐器。

其焚尸也，必须请星者选择吉日，未至其日，停尸于家，有时停至六月之久。①

其停尸的方法则如下：

先制一匣，匣壁厚有一掌，接合甚密，施以绘画，置樟脑香料不少于匣中，以避臭气。旋以美丽布帛覆于尸上。停丧之时，每日必陈食于柩前桌上，使死者之魂饮食。陈食之时，与常人食时相等。其尤怪者，卜人有时谓不宜从门出丧，必须破墙而出。②

《马可·波罗游记》中提到的盛放骨灰之木匣子，与今天黄龙地区小姓羌族丧葬用具大致一致，可见羌族丧葬仪式传承的悠久，而焚烧“纸扎之人马骆驼钱币”等则明显受汉文化丧葬礼仪的影响，但古羌族在吸收汉文化的同时，依然保留了自己传统传统丧葬仪式的基本结构与族群死亡观念。

---

① ［意］马可波罗：《马可波罗行纪》第五十七章，冯承钧译，上海书店出版社 2001 年，第 117 页。

② ［意］马可波罗：《马可波罗行纪》第五十七章，冯承钧译，上海书店出版社 2001 年，第 117 页。

从先秦到明朝后期，羌族以火葬为主的葬俗始终没有改变。明朝后期，岷江上游羌族聚居区的“改土归流”开始实施，清乾隆十七年，即公元1752年废除杂谷土司后，“改土归流”则大规模地在羌族地区陆续推行开来。“小姓寨土百户，其先郁从文，于明末归附，授长官司职衔印信，管束番众。顺治年间，将明时印信号纸呈缴。”[①]历经乾隆之后的一百多年“改土归流”，岷江上游的羌人改汉姓，换汉名，殓用棺木，筑坟以葬，羌族几千年的传统丧葬习俗发生了巨大的变化，火葬和羌人渐行渐远。

20世纪30年代，庄学本在羌族地区考察时，已罕见火葬痕迹了，“这类的岩洞，多是他们（羌族）的祖先火葬以后收藏骨灰的墓穴。因为羌民还未同化之前，多数采用火葬……现在的羌民，多已采用了汉人的土葬，火葬是少见了”[②]。在今天，黄龙地区镇坪羌寨尚存有大量火坟场的遗址，只是大多数上了年纪的老人从有记忆开始，羌族寿终正寝者便多执行与汉族丧葬相差无几的土葬风俗。现在羌族正常死亡的老人基本上不再火葬，只有凶死者还必须火葬。

羌族土葬习俗与汉族基本相同，而火葬仅用于凶死、传染病死和非正常死亡者；至于不到1岁的婴孩死亡后，即装入木箱或竹笼里，或置山洞内，或水葬放入河中冲走。纵观羌族丧葬的历史变迁，我们可以发现，这一变迁过程所经历的时间不仅漫长，而且充满了曲折，更是羌族这一古老民族与汉文化长期适应与融会的过程。今天黄龙地区的羌族多放弃了传统的火葬形式，但若干年后，谁敢说黄龙地区羌族的土葬不会成为迥异于汉族火葬的文化系统，被后来的学者们重视呢？

---

① 赵尔巽等撰：《清史稿》卷五百十三之“列传三百土司二”，中华书局1977年，第14232页。

② 庄学本：《羌戎考察记》，四川民族出版社2007年，第19—20页。

2. **羌族丧葬过程**

丧葬是人生旅途的终结，长期以来，羌民族十分重视丧葬仪礼。羌族对死亡有着客观的认识，对年老死亡并不恐惧，羌族民间谚语云：“人有生错的，没有死错的。”在这个意义上，说羌人对死的认识与理解具有“视死如归”的意味也不过分。正如将新生成员隆重迎入一样，也要将离世人隆重送走。灵魂不死的观念对于羌族的丧葬习俗起着至关重要的作用。

黄龙地区小姓羌族的老人逝世后，趁尸体尚未僵硬，要给死者净身。净身的水要煮入高原香柏枝，据说这样处理后对遗体有驱邪、防腐之功效。接着，由几位男性将尸体屈肢成盘腿趺坐状，用绳捆扎，再裹以白布，装进竖式的“火匣子”中。“火匣子”是一种薄而简的木匣，不能用铁钉或金属钉。金属为阳，亡者属阴，阴阳相克，一旦冲克住死者的灵魂，死者便永远都不能升天转世。而镇坪羌寨的葬具与汉族基本相同，镇坪羌寨叫棺材为“方子”，整个“方子”亦不用金属钉，完全用木钉铆接。近来有一些灵巧的木匠颇有创意地在“方子”两头雕刻传统的汉族“寿”字，在“方子”两侧绘以类似于城墙垛墙的变体万字纹。据木匠师傅说，这是他们学习藏族纹饰后的结果。在镇坪羌寨，未成年人丧亡是不举行葬礼、不能用寿材的，十二岁以下的用木板简单装钉成“火匣子”直接埋葬。因双亲健在而死者却未成家、未报父母恩而身先死，这样的人黄龙地区民间认为是来向父母讨债，俗称为“讨债鬼”。因此，“火匣子”也便成为镇坪羌寨咒骂、怨忿时的一句訾语。

黄龙地区小姓羌族处于藏文化、羌文化与汉文化的边缘，其丧葬仪礼中死者亲属不必穿孝服、无须披麻戴孝、墓前不必立碑、盘腿“坐化”式的遗体处理以及“火匣子”的葬具装殓等形式显然借鉴了汉、藏两族的丧葬习俗，并带有明显的藏文化倾向。镇坪羌族的土葬方式与汉族类似，若家中有老人去世，趁尸体尚有余温，便要给死者穿“老衣”。“老衣”的衣服质地与具体数量视家庭条件而定，但不能是尼龙、缎子之类料子的衣裳。

黄龙地区镇坪羌族盖“方子”时，并不扣严或彻底钉牢，只是轻轻合上，一般留有缝隙，在尸身头与脚下面通常要各垫一把木香，据说此乃驱邪避鬼之用。待至出殡之时，重新打开“方子”，以便让生者与死者作最后的告别。此仪式名为“开殓”，“开殓”之后，生者要派代表与死者说上几句最后的告别话语。代表的选择有一定要求，若死者为男性，代表为男性的家门（即供奉同一家神者）长者；若为女性，则代表是死者娘家来奔丧的家门长者。告别完毕，重新合上“方子”，此仪式称为“闭殓”。

在“方子”半掩期间，死者需要“停灵”。通常，会在房子的堂屋中搭设好停灵的灵床，灵床是用两个木凳搭成的，上面铺一块床板，板上铺有毛毯或毛毡，把棺材放在上面，在棺材旁放置死者灵牌，用红纸写灵牌，上写死者姓名、性别、享年等，在棺材前放上祭桌，摆上酒肉，点上清油长明灯，开始停丧。

接着以发信号方式将有人辞世的信息告知亲友和村人。小姓羌人旧时多生活在高山阻隔、交通不便之地，鸣枪三响可以更快地将死亡消息传递给村人与朋友，同时以示向亡者致哀并礼送亡者之魂。近年来，政府作出了个人不能私自拥有枪支并不允许随意鸣枪的规定，所以现在小姓、镇坪羌寨多数人家已改为鸣放三响大火炮（鞭炮）的方式报丧，此叫“落气炮”。听到响声，全村人都会赶来帮助死者家属办理丧事，这里面含有深刻的宗教原因。因为人们相信，人死后的鬼魂具有非凡的能力，谁如果得罪了鬼魂就会大难临头，村寨中就会不得安宁，所以一旦有乡亲死了人，全村人都会带上礼物去帮忙，到现在逐渐演变成联系乡情的一种方式。

黄龙地区小姓羌族的丧葬日期，一般请喇嘛打卦决定。如果是土葬，一般都是在白天下葬。若为火葬，则多在太阳下山天黑以后生火火葬。火葬一般得在次日太阳初升之前把尸骸烧完，然后掩埋骨灰坛子。镇坪羌寨有种说法，若死者焚烧后的尸骸见到阳光，死者的亡魂可能会变成精。

黄龙地区小姓羌族送葬时，死者遗体多为其儿子直接背着下楼与出门，路上不能休息，更不能把死者的遗体放于地上。在前往墓地的途中，每一位送葬人都要互相轮换着背几步死者遗体。据说这是对死者的尊重，也是最后的告别。亡者出殡后，小姓羌寨的人家还要用香柏枝熏烟，驱除家中的邪气与秽气。

与此同时，死者家人还要进行一个驱邪仪式。该仪式通常两人配合，一人行前，手持火把，火把由火塘的“万年火”点燃。另一人尾随其后，手拿青稞粒和小白石子混合而成的原料。在绕行家中所有屋子的过程中，后面的人不断把混合着青稞粒和小白石子打向正在燃烧的火把，引得火把“啪啪”作响，火舌也不断闪烁。据说这样可以使鬼邪无法进入家中。

就羌族丧葬形式来说，不管是火葬还是土葬，以上的基本过程都一样，只是到了埋葬的时刻才有了分别。火葬者要去羌族传统的火坟场火化，土葬者则去土葬的祖坟地，两者的埋葬形式和埋葬地不同。

火葬者的棺材被抬到火坟场后，要绕着火坟坑走三圈，在僧侣的指挥下，众人将棺木放在柴堆上，用斧头分别在棺头上部和棺尾下部劈一个三寸见方的小孔，僧侣念“超度经”并点火焚化，火化时要不断熬酥油往尸体上浇，还要不断抛洒青稞等五谷。而送葬的亲人朋友则纷纷痛哭，磕头告别。

土葬者的棺材被抬到祖坟地后，也要绕坟坑三圈，然后下葬，将棺材放在坟坑中，再用青石板坟盖盖住，由僧侣铲第一铲土入内，再由众亲属添土，盖土埋好后用石块堆成圆锥形的坟包，再在墓前供上弯弯馍馍或“朵玛”与酒，在墓穴周围抛洒一些自己带来的食物。

凡村寨内有人辞世，羌族均聚族举办葬礼，村寨中所有的成员都会积极参与丧仪与活动安排，其村寨聚落互助的风尚十分浓厚。近年由于受外来文化的影响，在丧葬过程的出殡环节，送殡队伍送花圈至墓地以寄托哀思也逐渐成为羌族丧葬的一种新趋势。

（小姓羌寨丧葬出殡中的送花圈队伍，图片来源：黄龙管理局毛明军老师拍摄）

从黄龙地区小姓、镇坪羌寨丧葬环节中的藏、汉文化因子和彼此间的仪式差异，可以看到黄龙地区羌族文化的混杂性与多元性，此乃羌族所居住的地理边缘性与文化多元性所致。在多元文化与地缘文化的不间断冲击中，小姓丧葬仪礼在传承羌族传统文化中，吸纳了周边多元文化中适合自身生存模式与生存环境的异文化因子，并最终构筑起一套仪式化的本地化丧葬形态。

三、嘛尼酥灯出凡尘：藏族丧葬仪礼

丧葬仪礼的衍变是社会经济文化发展变迁的一种反映，由于受自然条件、亡者身份、信仰观念等影响，黄龙地区藏族在不同时期实行过天葬、塔葬、火葬、水葬、土葬等不同的丧葬形式。人死后，采用何种葬法，通常由藏区的宗教神职人员卜卦决定。

过去，黄龙广大的草原地区曾盛行过天葬。天葬又称野藏、鸟藏，是藏地古老而独特的风俗习惯。这种丧葬形式始于何时，汉、藏史籍均无明确记载，学界争议亦颇多。通常在喇嘛卜卦念经后，死者家属就会将尸体送往天葬场。此后尸体将被天葬专业人士肢解并放置于高处以召唤秃鹰成群飞天吞噬。

塔葬源于印度佛教，是藏族地区一种独特而优厚的安葬方式，多限于威望很高的大活佛，通常分为肉身塔和骨灰塔两种。肉身塔的丧葬过程如下："活佛得病，习惯上不让他躺卧，由若干喇嘛扶其盘腿而坐。死后有的制一木桶，将尸体按原来盘腿姿势装进，随即将盐由上倒下，填满木桶乃至埋盖全身，然后置于佛殿内敬供三年或五年方打开木桶将尸体取出，经盐浸透后形如原状，置于玻璃柜或特制的木箱内供奉。"[①] 而执行火葬以后，大活佛或高僧的骨灰也要收集起来，拌泥土做成佛像存放于庙堂以资信徒供奉。此亦为塔葬的一种变形形式。藏族塔葬多安葬于寺院庙堂之内，是佛门圣物的一种象征。在著名的小西天尕米寺就保存有佛门高僧的灵塔五座。佛教的传入，使我国许多民族的丧葬仪礼中出现了佛教文化的因素，其"转世再生"的观念在很大程度上改变了汉文化祖先灵魂永存阴间、永佑子孙的看法，并在轮回思想下部分改变了汉族传统丧葬仪礼中厚葬、厚祭风习。黄龙藏族因深信死者亡灵可以超度，而重念经轻祭祀。

火葬在藏传佛教传入黄龙地区前就已存在。一般说来，火葬是藏族地区最为考究的葬法。在草原地区，只有大活佛、大堪布或达官贵人才有资格实行火葬，平民无权使用。但在邻近汉文化区的黄龙地区藏族村寨，普通人死后进行火葬的也为数不少。在毛儿盖草原，藏民

---

① 四川省编辑组：《四川省阿坝州藏族社会历史调查》，民族出版社 1985 年，第 63 页。

去世后多采用火葬形式。火葬前要请喇嘛择日和确定丧葬地点，尸体一般盘腿捆绑成“胎坐”形式，并用牛驮到火葬场。死者寨子中的每一户人家都会派代表前去送葬，但此代表不能为女性。送葬的人们会协助寺院喇嘛堆砌焚尸的木柴堆，并准备火葬时的丧葬用品。死者尸体将被置放于木柴上，浇涂酥油，点燃焚化为灰烬。尸体焚烧后，不收骨灰也不用土掩埋，火灭则毕。黄龙地区藏族民间认为火能净化万物，所以，病死或死于不洁的人一般要实行火葬。藏族火葬与佛教信仰有极大的文化联系。佛祖释迦牟尼舍身饲虎、舍身贸鸽，死后又用香木焚身并留舍利于世间。或许正因为有佛教教义和佛本生故事潜移默化的影响下，黄龙地区藏族群众才会不囿于沉重的肉身，而关注超拔的魂灵，并使火葬得以在此地区流行。

黄龙地区藏族的水葬，现多限于几岁的小孩或婴儿死者。据黄龙管理局李明忠老师讲述，藏族民间有种观点，认为早夭的婴儿若用水葬，则可重返母体，再生为人。水葬时，人们还可以根据兆象进行占卜：若小孩尸体浮于水面为吉，预示着小孩命好可再生；若沉于水底，则说明小孩有“邪过”，永远不能转生。

与汉族传统的“入土为安”的观念不一样，“地上不留尸骸”曾是藏族民间很普及的一种观念。他们认为只有麻风病人、受刑而死或刀砍凶杀等意外丧亡者才进行土葬。人们认为，死者用泥土盖压之后，便永远不能再生为人了。所以，藏族民间一般对土葬心存畏惧。不过，吐蕃王朝建立之前的藏族先民也曾实行过规模宏大的土石墓葬。现在依然保存在雅砻河畔的藏王高台丘墓就是藏族历史上实行过土石墓葬的最好例证。如今岷江上游的黄龙地区藏族多实行土葬，土葬已成黄龙藏区的主要丧葬形式。

因地区不同，土葬方式略有差异：过去藏族土葬不备棺木，通常用白布缝制口袋，将尸体以坐姿或卧姿，赤身装进白色口袋并埋入土中；葬后不垒高大坟丘，仅砌一小土堆，上铺白石或一刻有经文的石板以志纪念。而现在藏族多同汉族一样，穿戴整齐后装棺埋葬，只是棺木形式仍存在一些细微的差别。

黄龙地区藏族若有临终垂危的老人，子女及亲属一般会聚于身旁，默念送气经，虔诚祷告。有些老人弥留之际，病痛难忍却迟迟落不下最后一口气，此时其亲人要请僧侣为此念度亡经，以助其安详离世。此僧侣被当地俗称为“枕边喇嘛”。过去，黄龙地区藏族某些老人常常在生前就为自己选择好了“枕边喇嘛”，此俗至今尚有遗存。待到老人停止呼吸，亲人们用棉花醮柏枝水为死者净面、擦身，然后趁尸体尚留余温时，由有经验的中年男性把遗体蜷成伏首抱膝的姿势，并用绳自脖颈绕过腿弯束定，以白布单包裹，用木板垫尸，停放于屋角黑暗处，前面用一块布遮挡。把死者遗体捆绑成胎儿蹲坐姿态，寓意着人从母体中来是这样的肢体形态，死后亦要怎样来就怎样回到母腹中去，并且含有让死者尽快投生转世之意。捆扎尸体时，有些地方还因男女性别的不同而选择不同捆扎方式。如捆扎男性逝者时左脚要压右脚，女性逝者则右脚压左脚；捆扎尸体的绳子男性要从左至右绕，女性则反之。老人去世后，其直系亲属中的男性要把死者生前所乘马匹梳整一番，备好鞍鞯，直奔寺院，并晋见寺院活佛或主事僧侣，由他们打卦来择定停尸时间、出殡日期、安葬地点、下葬方式等。卜卦时，须向活佛或高僧禀报逝者的属相、生辰、亡时，配偶子女的属相、家庭经济状况等情况。然后请求寺院高僧为亡者诵经超度。

藏族是一个笃信宗教的民族，其信仰文化源远流长。黄龙地区藏族主要信奉苯教，但同时也不排斥藏传佛教各派别的信仰，他们的宗教信仰在丧葬仪礼中多表现为苯教、藏传佛教宁玛派、格鲁派等多教多派共同参与。在黄龙藏区，若遇丧亡，经济条件较好的藏民通常既邀请苯教僧侣安排丧葬仪式，又迎请藏传佛教其他派别的宗教神职人员念经超度亡灵。若需僧人到家超度，通常不超过八人。藏传佛教格鲁派僧人一般习惯在寺院为亡者诵经超度，而宁玛派、萨迦派和苯教僧人则倾向于去亡者家庭举行各种丧葬仪式和超度法事。黄龙地区苯教寺院众多，若丧家需要在短时间完成仪轨繁多的丧葬仪礼，一般只有苯教寺院可以派遣出大批僧人，而丧家通常会派卡车去接送苯教僧侣。僧侣到亡者家中念经时，丧家要为其提供免费的食宿和一定的宗教服务报酬。寺院派出的僧侣人数甚至高达八九十人，丧葬仪式一天内可以完成。为死者念超度经的喇嘛，当地称为“哈松喇嘛”。

在黄龙地区藏族民间，一个人是否真正死亡不能仅仅从身体表征进行简单的判断，还要检验其灵魂是否真正脱离躯体而不再返回。所以，人死亡后不能马上送葬，必须将尸体停留一段时间，其停尸时间由灵魂的去留状况来决定。黄龙藏区有的村寨停尸一天，有的停尸三天至五天，还有的放置数日，乃至半个月，但通常不超过七天。停灵期间，禁止猫靠近。禁忌遗眷串门、嬉笑等，要请法师举行降魂仪式，念去凶经，以安抚、超度死者的灵魂，防止死者的亡魂因凶气过重而伤人。降魂仪式完成后，才将死者送葬，完成死亡仪式。

送葬之日，村寨家家户户的大门口都要用烟灰画三道线，以示清除凶气。送葬之日一般动身很早，最迟不过午。与死者同属相、同生日的人不能前去送葬。村寨中只有男性才允许送到墓地。送葬归来的全体人员要用香柏枝熏烟净身，用香柏枝水洗手、洗面，并留在死者家中共进晚餐。共餐仪式除表示逝者灵魂告别村寨众亲友，也有逝者家庭对乡邻帮助支持的拳拳谢意。

在黄龙地区藏族村寨，谁家有丧事，远近亲友及邻里都带上经旗、酥油、食品等前去慰问吊唁，帮助办理丧事，死者生前生活、居住过的村寨一般一年内不举行大型的集体娱乐活动。死者亲属和子女要服孝一年，一年内不穿新衣服，不在节庆时出门拜访亲友，不参加喜庆的娱乐活动，禁忌杀牲，男子百天内不理发，女子百天内不梳头。

四、奔土归真入天园：回族穆斯林的丧葬仪礼

“每一种文化都包含了某种形式的宗教。”①伊斯兰教文化是黄龙地区回族民俗的重要组成部分，其教义和教规早已渗透到黄龙地区回族穆斯林的日常生活中，其丧葬仪礼便是这种伊斯兰教文化的集中阐释与体现。

伊斯兰教认为，人的生死与寿命是由是真主定的。《古兰经》训诫：“凡有血气者，都要尝死的滋味。我以祸福考验你们，你们只被召归我。”②死，对每个人来说都是不可避免的。伊斯兰教信仰后世，他们相信人死后会去极乐的天园或苦难的地狱，像又一世一样，最终生活在那里。而一个穆斯林死后进入天园或地狱则由他们的今世行善或行恶的表现所裁定。因此，回族穆斯林认为死亡并不意味着结束，死亡只是今世的结束、后世的开始，而后世才是最终归宿。回族穆斯林“两世吉庆”的生命观，以及现实的奋斗，保障了穆斯林的现世生活，也克服了他们对死亡的恐惧，形成了他们不同于其他民族的对死亡的理解与认识。

《古兰经》云：“我们确是真主所有的，我们必定只归依他。”③回族穆斯林认为世间万物均由真主所创造，所拥有，人来源于真主，

① ［美］菲利普·巴格比：《文化：历史的投影》，夏克等译，上海人民出版社 1987 年，第 163 页。
② 《古兰经》第 21 章第 35 节，马坚译，中国社会科学出版社 1981 年，第 247 页。
③ 《古兰经》第 2 章第 156 节，马坚译，中国社会科学出版社 1981 年，第 17 页。

“无常”后也归于真主。穆斯林将死视为“归真”，即归顺真主。“死亡为正命”是穆斯林的信条，因其人生就是不断接近真主的过程，生命历程就是不断走向真主的旅行。所以，虔诚的穆斯林对死亡并不恐惧，而认为死亡是人生的最终归宿，视死如归，充分表现出穆斯林对生老病死的达观态度。穆斯林讲究“入土为安”、“奔土如奔金”，即亡人归信真主之心如箭之故。另外，土葬也符合安拉用土造人的宗教意义。

人类对死亡的思考历时久远，而对逝者死后世界的安置则反映出先民们对死亡的强烈关注，结集着人类文化史上的多种宗教观念、生命情感与思考机缘。“宗教的一切源泉之中，要以死亡这项生命的最末关节、无上的转机为最重要了。……宗教的启发……也是很多很多来自死亡这件事的。”[①] 与其他宗教一样，死亡亦是伊斯兰教关注的焦点问题，它营造出穆斯林丧葬文化的独特风景，塑造着穆斯林对死亡的淡定心态，在回族民间生活中起着巨大的心理与社会支撑作用。

1. 蕴涵伊斯兰文化因素的丧葬禁忌

黄龙地区回族穆斯林的丧葬普遍实行土葬、速葬、简葬。一般夜亡晨埋，早亡午埋，停尸最多不超过三天，最迟在第三日晌午后入葬。

根据伊斯兰教规定，天下穆斯林在真主面前人人平等，他们都有获得同等待遇的机会与权利。因此，表现在丧葬仪礼中便为：不以物质贫富论高低，不以社会地位分贵贱，任何人逝世后均埋于一块墓地，均占用一般大小的坟地空间，均不得用任何物品作陪葬。伊斯兰教规定：“凡是去世的孩子，都要为其举行殡礼，即便是私生子，因

---

① ［英］马林诺夫斯基：《巫术科学宗教与神话》，李安宅译，中国民间文艺出版社1986年，第29页。

为他也是在伊斯兰的本性上出生的。无论其父母均为穆斯林，或只有父亲是穆斯林，而母亲不是穆斯林，只要生下来时喊出声音后死去，就要举行殡礼。若生下来时未出声音就死去，则不举行殡礼，因为那是流产。”[①] 在伊斯兰世界，无论正常死亡、非正常死亡，或意外丧亡及夭折，伊斯兰教教徒都要进行一套完整的丧葬仪式。即便是小孩，也享有丧葬的平等权利。

禁忌是人类社会最古老最原始的一种民俗控制。在黄龙穆斯林的丧葬仪礼过程中就充满了种种禁忌。

首先，是丧葬活动使用的语言禁忌。此类语言具有高度的宗教性和强烈的避凶就吉的愿望。“避凶就吉是语讳发生的原始成因之一，也是一种基本类型。”[②] 回族虽然通用汉语、汉文，但其所使用的语言却不完全与汉族相同，回族语言中的经堂语、波斯语、阿拉伯语，风俗语、习惯语以及自己不断创造的一些语言，在汉语中是没有的。如汉族把人的逝世叫作“死”，而回族穆斯林却只用于飞禽走兽的范围，而把人之“死”，称为“无常”，“口唤”、“段了”、“归真”（书面语）、“隐光”（苏菲书面语）等，穆斯林向亲友报讣切忌用“死”这个字，一般称死亡为“无常”或“归真”，或“殁了”，即真主的“口唤”到了，逝者要归依真主。大部分地区回族穆斯林逝世后称“无常”。回族穆斯林称“死人”为“亡人”、“无常人”，称“尸体”为“埋体”，这或许有尊重死者的文化寓意。在词汇的用法上，回族穆斯林与汉族的丧葬用语也有许多细微的区别：如汉语中的“饶恕”、“容让”、“祈求”、“保佑”、“阴间”、“杀羊”等词汇，回族却用“恕饶”、“饶让”、“求祈”、“襄助”、“后世”、“宰羊”等词汇来代替。

---

① ［阿拉伯］布哈里：《布哈里圣训实录全集》第一册之“殡礼章”，祁学义译，朱威烈、丁俊校，宗教文化出版社 2008 年，第 281 页。

② 曲彦斌：《民俗语言学》，辽宁教育出版社 2004 年，第 376 页。

穆圣云："禁止使用银制器皿，戴金戒指，穿丝绸，米萨尔和绸缎。"① 米萨尔，丝绸的一种。禁止使用金银制器皿、禁止穿着丝绸是对伊斯兰教简葬原则的践行，避免了炫耀，体现了伊斯兰教的平等观。

回族穆斯林的丧葬过程中与汉民族丧葬截然不同是：严禁嚎啕大哭、怨声载道与顿足捶胸。这与伊斯兰教的教义有关。作为穆斯林，一旦选择伊斯兰教，就应深知生、老、病、死乃真主前定的旨意与安排。死亡是每一个人的最终归宿，是安拉的安排与正常的事情，理应顺应天命，正确对待，再大的悲哀也不能办违背信仰与教规的事。在丧葬仪礼的执行中，"当借坚忍和礼拜而求佑助。礼拜确是一件难事，但对恭敬的人却不难。他们确信自己必定见主，必定归主"②。伊斯兰教认为，"亡人确实因活人的哭泣而受刑罚"③。因此，"表露忧伤属于恶言恶意"④。伊斯兰教严厉禁止遇到丧事大声号哭，更不能"打自己的脸颊、撕扯衣领和用蒙昧时代的言词叫喊"⑤。一切感情的流露均不能逾越教律的范围。不过，眼睛可以流泪，心灵可以悲伤，不露悲伤、不发声音的默默哭泣是尊贵的和被允许的。

回族穆斯林丧仪不许火葬，不许大声喧哗、不许放鞭炮、不许放哀乐、不设灵堂、不挂遗像、不戴青纱；前来吊唁的亲朋好友不送花圈、不送挽联、不设祭帐、不做白花、不烧纸钱，不披麻戴孝，不向

① ［阿拉伯］布哈里：《布哈里圣训实录全集》第一册之"殡礼章"，祁学义译，朱威烈、丁俊校，宗教文化出版社 2008 年，第 258 页。

② ［阿拉伯］布哈里撰：《布哈里圣训实录全集》第一册，祁学义译，朱威烈、丁俊校，宗教文化出版社 2008 年，第 271 页。

③ ［阿拉伯］布哈里撰：《布哈里圣训实录全集》第一册之"殡礼章"，祁学义译，朱威烈、丁俊校，宗教文化出版社 2008 年，第 268 页。

④ ［阿拉伯］布哈里撰：《布哈里圣训实录全集》第一册之"殡礼章"，祁学义译，朱威烈、丁俊校，宗教文化出版社 2008 年，第 270 页。

⑤ ［阿拉伯］布哈里撰：《布哈里圣训实录全集》第一册之"殡礼章"，祁学义译，朱威烈、丁俊校，宗教文化出版社 2008 年，第 270 页。

“孝幔”中的亡者鞠躬下跪，穿着以素为佳，三天之内不在亡人临终时所在的屋子里吃喝嬉闹，亦不许抽烟喝酒。这些禁忌既有宗教信仰的观念影响，亦有民间风俗的习惯使然。

2. **回族穆斯林的丧葬程序**

黄龙地区的回族在长期的继承与发展中，形成了一系列展示本民族深层价值结构与特有思维方式的丧葬仪式。其主要程式大致如下：

(1) 念“讨白”与诵“清真言”

回族穆斯林临终前，一般要请阿訇念“讨白”，阿訇要以病危者的口气向真主祷告悔罪。“讨白”一词系阿拉伯语的音译，意为“忏悔”、“悔罪”等，是伊斯兰教中，有过失的穆斯林向真主安拉悔罪的一项重要的教法规定。而临终“讨白”，则是回族丧葬仪礼中的一种具有宗教文化意涵的特殊形式，意在忏悔逝者生前尚未来得及悔过与改正的过错，并以此确保逝者以洁净无罪之身心去面对真主。同时，亲朋邻里若与临终者过去有过磕磕绊绊、争争吵吵，此时也要消除误会、请求原谅，愉快了结往日不愉快之事，为临终者要“口唤”（阿拉伯语意为“许可”），让临终者平静轻松地归真。“主麻日”是穆斯林的尊贵日，若能在这天得到“口唤”，则是穆斯林最吉利的反真日。通常，一个穆斯林在弥留之际，其家人都要小心地提醒他（她）诵念“清真言”，又称“作证言”。所谓清真言即一段赞美真主，高度概括伊斯兰教的基本信仰的经文。临终念“清真言”的目的，即要求亡者临终不忘主圣，坚定信仰，以“认主独一”的状态离开“顿亚”（今世），实现“魂有所归”。

伊斯兰教圣训云：“你们抬着殡尸时要快，如果亡人是位廉洁之人，你们是在送他去往优美的地方。如亡人不是廉洁之人，对你们来说快速卸恶于肩上。”[①] 因此，回族穆斯林提倡速葬，一个穆斯林若早上离世，通常下午即埋；若下午或晚上离世，翌日清晨即埋。总之，逝者遗体不宜久放，越早掩埋越好。若遇久等在外儿女或远方亲属归来的特殊情况，其停置的时间不能超过三天。

（2）停“埋提”

黄龙地区回族把亡者的遗体称为“埋提”，“埋提”的阿拉伯语意即“尸体”。根据学者的田野调查，回族穆斯林“停止吸呼后，在身旁的亲人或阿訇，要即瞑其目、合其嘴，顺其手足，理其发须，置‘埋提’于水床，不能停在睡觉的床上，不能停在伙房。停‘埋提’有条件的要安排在通风凉爽的客堂大厅，家境贫寒者，可在客房地上铺上席子将‘埋提’置于上。停‘埋提’必须使亡人头北脚南仰卧，面稍向于西。在尸体上要覆盖一洁净的白布单，同时要向街邻亲友报丧。然后从直系亲属中推选几位有组织能力和处理丧事经验的人，做好迎来送往、丧事费用开支等工作。另外，回族穆斯林在人亡后若当天未能埋葬，还得‘坐夜’”[②]，“坐夜”的人均得洗过大净。“坐夜”过程一般不“哭丧”，并多以唱念《古兰经》、赞美真主为主。

（3）洗“埋提”

洗“埋提”是生者代替逝者洗大净、小净及清洁身体的一种丧葬仪式。洗“埋提”在有的地方又被称为“行水”或“着水”，即为死者沐浴净身。

伊斯兰教崇尚洁净，它要求穆斯林无论身体还是心灵，均要远离一切污秽，洁净无染。当亡人离开尘世、进入天园之际也应当是洁净

① ［阿拉伯］布哈里撰：《布哈里圣训实录全集》第一册“殡礼章”，祁学义译，朱威烈、丁俊校，宗教文化出版社2008年，第273页。

② 罗凉昭：《四川回族丧葬习俗的特点》，《西南民族大学学报（人文社科版）》2004年第10期，第47页。

的。因此，回族穆斯林葬礼中的洗“埋提”便显得尤为重要。给逝者净身，是让亡人在神圣的伊斯兰教洗礼中消除污秽，洗涤罪过，以洁净之身归于真主。在穆斯林的观念中，洗浴可以清除逝者生前的一切“罪恶”，为逝者洗浴对穆斯林是莫大的警诫。因为洗“埋提”本身就是规劝，它能激发人们的恻隐之心，敦促穆斯林坚定淡泊色世、追求后世的宗教理念。

洗“埋提”无论在清真寺还是在逝者家里，都要准备好水床，又称“洗板”。洗板是由清真寺专门制作以供洗“埋提”的一种公用木板。一般长七尺宽三尺，四周钉有三寸高的边沿，板内钉有一层不漏水的铁皮或铝皮，板角有一出水孔，以便流水之用。回族穆斯林给逝者洗浴，由于逝者的性别差异而导致洗“埋提”者男女有别。按照伊斯兰教规，男性无常后，要请当地四五十岁的中年阿訇或近亲为其洗“埋提”；女性无常后，则请本地经过特殊培训、有过洗沐经验且道德品质良好的中年妇女为其洗沐。洗“埋提”是一件功德无量的善事，对亡人要有十分的尊重与关怀，一切必须严格按照教法程序进行。伊斯兰教穆圣曰：“谁遮蔽穆斯林的缺陷，安拉将在今后两世遮蔽谁的缺陷。”[①] 遮蔽缺陷是每一个穆斯林的义务。因此，一旦发现亡人的羞体有什么缺陷，洗“埋提”者不得泄露亡人生理上的任何隐私，更不能四处传播。洗“埋提”一般由三至四人承担。其中阿訇负责洗“埋提”，两到三位助手协助倒水，若逝者为男性，他的儿子可以为阿訇的洗浴助手，若为女性，其女儿则可以在场协助洗浴。沐浴所用之水通常为用麝香、樟脑、冰片末、花椒、艾草等熬煮过的洁净热水。

洗“埋提”前先洗小净，再洗浴全身。按照伊斯兰教教规规定，

---

① ［阿拉伯］安萨里著：《圣学复苏精义》，张维真、马玉龙译，商务印书馆 2001 年，第 322 页。

“你们以单数遍清洗她的身体，三遍，或五遍，或七遍。你们给她洗浴时先从右边开始，从洗小净的部位开始洗。”① 因此，“埋提”的清洗次数须为单数，黄龙地区回族洗“埋提”时通常清洗三次。因手摸羞体在教法被伊斯兰教视为非法，因此洗的人不会直接触“埋提”，而要戴上手套。一般准备两副专用手套，一副洗上身，一副洗下身。在伊斯兰教文化中，身体不该裸露的部位叫“羞体”。“羞体”所指部位男女各异，男性的羞体指肚脐以下膝盖以上的部位，而女性的羞体则指除了面部和手脚之外的任何部位。回族穆斯林历来忌讳裸露自已的身体，对身体裸露程度随着社会的变迁，不同时代、不同地域不尽相同。

然后按“大净程序”进行，淋水的人手提灌有温水的汤瓶壶，顺着洗的人手移动冲洗，另一人专门往汤瓶里灌水。回族给逝者洗“埋提”时，除洗涤之人外，其他人一律不得入内。

(4) 穿“克凡”

人死之后，一般不会裸身埋葬，这是世界各民族的共有习俗。伊斯兰教亦禁止裸体葬尸。因此，穿“克凡”是穆斯林丧葬过程的一道重要程序。

所谓穿“克凡”就是在洗好大净的逝者尸体上裹上白布。据说伊斯兰教的创始人穆罕默德逝世时，只用三块白布裹身。白色象征清净，布寓意朴素。因此，黄龙地区的回族穆斯林“无常”后均不穿寿衣，不用有色布或丝绸遮体，不用奢侈的陪葬物品，只用白色的棉质“克凡”简单裹身。丢下一切尘世眷恋，一个穆斯林告别尘世前的全部行装便是“克凡”。

---

① [阿拉伯] 布哈里撰：《布哈里圣训实录全集》第一册之“殡礼章”，祁学义译，朱威烈、丁俊校，宗教文化出版社 2008 年，第 261 页。

穆斯林逝世后，亲属要为其买三丈白细布做成大“卧单”，小“卧单”，皮那哈手套。“克凡”通常“男三件，女五件，按统一规定缝制，第一块即大卧单，长 7 至 8 尺，宽 4 尺；第二块即小卧单，长 4 至 5 尺，宽 4 尺；第三块即皮那哈，长 5 尺，宽 2 尺。女性增加一条裹胸布”[1] 和一块盖头布。裹胸布长从腋至膝，宽可围身。盖头巾长 3 至 4 尺，宽一尺多。包“克凡”时，“先将大卧单铺开、小卧单放在大卧单上面，撒上香水、药物，将亡者遗体平放布上，把皮那哈紧贴“埋提”，抽去遮盖布”[2]，不能裹，把遗体包好即可。给亡人穿好“克凡”后方可瞻仰遗容。无论男女，“克凡”以普通白棉布为贵，不用丝绸或和其他昂贵的布料，不须线缝，亦不钉纽扣。“克凡”以阿訇缝制为贵。穿时可用绳或布带束上，以防送殡时“克凡”散开。

穆斯林无常后坚持伊斯兰教简葬、薄葬的宗教原则，不带走在“现世”积攒下的任何财产。因此无论贫富贵贱、职位高低，都用同样的“克凡”包裹“埋提”，埋在同一块墓地，占用同一般大的面积，即使最富有的沙特国王“归真”也只有三件“克凡”包裹，墓穴内不会有任何珍贵的陪葬物品。穆斯林身前并不拒绝享受，却让生命的终点归于素净和清真，这是伊斯兰教对待死亡的智慧，用无声的方式为自己的信仰做了最后的诠释。

（5）站“折那孜”

站“折那孜”，即向逝者告别、为逝者赎罪祈福，举行拜功的一种伊斯兰教站礼仪式，亦是穆斯林丧葬的一道重要礼仪。“折那孜”是阿拉伯语的音译，意为“殡礼”。穆圣云：“如果你参加了殡礼，你

---

① 罗凉昭：《四川回族丧葬习俗的特点》，《西南民族大学学报（人文社科版）》2004 年第 10 期，第 47 页。

② 罗凉昭：《四川回族丧葬习俗的特点》，《西南民族大学学报（人文社科版）》2004 年第 10 期，第 47 页。

就完成了应尽的义务。”[①] 在伊斯兰世界，出殡者是尊贵的。因此，站“折那孜”仪式庄严而简朴。

在站“折那孜”前要先将冲洗干净的遗体放入“塔布”，阿拉伯语指专门抬运“埋提”的长形匣子，俗称讨白匣子，也称经匣。此匣子形同汉族的棺材，用木头做成长方形，外观呈绿色，上有经文，前后共有四根抬杆，经匣上有盖顶。因穆斯林土葬不用棺木，专门安放“埋提”的塔布为反复使用的公用物品，通常一个清真寺一个。平时置于清真寺内，上面覆盖有星月图案的绿毯。“塔布”不是专门为一人所造，所有“无常”后的穆斯林均可使用，不论老少贵贱，一律平等，没有任何一人可以特殊对待。“埋提”抬上山后，“塔布”要放回清真寺。“埋提”进入“塔布”前，先在“塔布”放落带布三条，即头部、腰部、脚部各放一条，以便殡埋时将“埋提”提起放进墓坑。

将“埋提”装进“塔布”后，由事前已洗完大、小净的人，抬至亡人家门外的干净空地上，向西放置好。然后，送殡者向遗体举行庄严的站“折那孜”告别仪式。为了表示对逝者的尊重，所有参加站“折那孜”的人均要在仪式前大、小净以祛秽净身。站“折那孜”不同于汉族的追悼会，不致悼词，不鞠躬，不叩头，站礼一般不在日出或日落进行。向遗体告别的家人亲友没有痛哭、哀号，只有默默地抹泪。

仪式由阿訇主持，阿訇对着亡人站立，众人随后站立，阿訇诵《古兰经》片断，抬手为亡人和族众作“都哇”，阿拉伯语意为“祈祷”。“都哇”的内容以“太思米”和“清真言”为主，目的是求真主宽恕死去的和活着的人。亡者亲属、邻里亲友紧随阿訇为亡人站“折

① ［阿拉伯］布哈里：《布哈里圣训实录全集》第一册之“殡礼章”，祁学义译，朱威烈、丁俊校，宗教文化出版社 2008 年，第 275 页。

那孜”。整个过程简单、朴素，仅几分钟即结束。众人捧着双手做了“都哇”后，穆斯林男子一涌而上，抬着“塔布”直奔公墓。

（6）墓制·试坑

回族人的坟墓有一定规制，一般为南北方向，封土呈长方形。坟的底部不用石板、木板、水泥等非土物质，埋体要直接放入土中，实行彻底的土葬。坟墓的形制，大致为二种，一种是选向阳、干燥、土质坚硬的山地，挖掘墓坑。墓坑长六尺，宽三尺。在底部约一尺的部位，依两侧凿穹形墓穴即成，俗称“窑子”，这是黄龙地区最常见的一种墓；“另一种是在土质疏松，无法挖‘窑子’的地方，挖一个长约六尺，深约四尺左右的长方形直坑。墓穴内四周用石板墙或石条，石板上预先刻上或临时写上”[①] “都哇”，上用石板或石条或木板为盖。墓穴下面平整地铺着一层细沙，用雄黄调制的液体在石椁上书写上“都哇”。墓穴制作通常都需要一段时间，因此，黄龙地区的穆斯林“在病人垂危时，就得动工，急病和意外死亡者，来不及挖窑的，有时就要向挖好未用的人家借用。在城区清真寺，长期雇人统一挖出备用墓穴，丧家向清真寺管理委员会办理手续后”[②]，揭开石盖就能启用。

逝者入土前，由其亲人跳下墓穴，亲自躺下去检视墓坑是否合适，此仪式环节被称为“试坑”。“试坑”是穆斯林向亡人表达情感的最后一种方式，也是生者对死后世界的瞬间体验及对死亡的反省与认识。在穆斯林的丧葬风俗中，只有逝者的儿子或兄弟至亲才有“试坑”的义务。

---

① 罗凉昭：《四川回族丧葬习俗的特点》，《西南民族大学学报（人文社科版）》2004年第10期，第48页。

② 罗凉昭：《四川回族丧葬习俗的特点》，《西南民族大学学报（人文社科版）》2004年第10期，第48页。

黄龙地区回族穆斯林若客死异乡，葬仪较为简单，遗体一般找当地的清真寺协助掩埋，不运回家乡。

（7）送葬·下葬

回族穆斯林主要实行土葬。在黄龙地区，一个穆斯林无常后，阿訇会在出殡前带着《古兰经》先行到墓地，出殡队伍随后抬着“塔布”紧随。送殡时，穆斯林成年男子都会争先恐后地抢着为死者抬“塔布”，哪怕是短短的几步路，也表达了他们对亡者的尊重。“塔布”通常由四人轮流帮抬，送葬队伍请几位阿訇一同前往公共墓地，整个出殡过程不雇佣一个殡葬人员，这种传统习俗既节省了丧主的开支，又体现了穆斯林团结互助的精神。

亡者抬至墓地后，先由两人钻到墓地里去，并在墓中撒上红花、冰片、雄黄等一些防虫的药物。外面众人将“埋提”从“塔布”中轻轻抬出，放置于墓门口。坟坑上面的人将放有“埋提”的板子稍向墓内倾斜，先钻进墓地的人则分别托住“埋提”的头部和下肢，以头北、脚南、面西（朝向麦加）的形式慢慢地将亡人送入墓穴。然后用一块石板将墓门封好，再由送葬亲属掩上泥土。过去黄龙穆斯林埋葬时多不堆土成坟也不立碑，近年来受汉文化的影响，穆斯林的坟穴在地面上大都有封丘，且出现大量立碑现象，碑面多向南。有时如不便在下葬时立碑，也有日后立碑的。

此时阿訇在一旁开始敬诵《古兰经》，家人和其他送葬的人则认真听经。诵经完毕，送葬人接“都哇”，大家以虔诚之心，祈求万能的安拉提升亡人在天国中的品级，万赞归于真主。至此，整个丧葬仪礼程式完成。

穆斯林丧葬礼有“任何人抬亡人四十步，可赎四十件大罪”[①] 之说法，因而送亡人入土，大家轮换抬“塔布”对穆斯林来说是一种尊贵的圣行。正因宗教的渗透，穆斯林葬礼的生命意识便别具另一种文化色彩。过去黄龙地区穆斯林送葬，女性一般不参加，多在家为亡者祈祷。近来也多有随男子出殡的女性。无论在家祈祷还是出外送殡均不能号啕大哭。

若遇鳏、寡、孤、独者离世，其所在地的阿訇和穆斯林信众有义务为之安葬。

丧葬仪礼是中国礼仪文化与民俗文化的重要载体。黄龙地区丧葬仪礼不仅是一部民族、民俗文化积淀厚重的历史画卷，而且具有凝聚民族、支撑生存、传递伦理等多方面的社会功能。它从特定角度反映了黄龙这个多民族地区多民族文化的生存与发展，多层面地凸显多民族、多族系文化的宗教信仰、民族心理等意识形态。

“大哉死乎”[②]，两千多年前的子贡曾发出这样的感叹。的确，死亡对于人有着重大的意义，是人生不可逃避的必然环节。死亡是人自然生命的终结，然而，传统葬礼却并非“盖棺定论”，它仍然是一种过渡仪式，是逝者告别现世生活、开始踏上另一段“生”之旅、进入另一种生命形态的人生仪礼，是当事人灵魂从肉体解脱、通过过渡生长、身份转换的象征性标志，只不过这种过渡加入的新生世界仅存于人们的观念信仰中。葬仪只是送走亡人的一种外在形式，无论葬于土、化于火、归于天，最终都要复返于祖先灵魂所在的另一个世界，甚至连现代葬礼中“为死者送行”都植根于远古葬礼为死者“送魂”的深层文化积淀。不管多么遥远，多么神秘，传统丧葬仪礼正是送亡魂回到生命本源的一种过渡仪式。

---

① 《穆斯林礼拜教程》，[2008—1—31] http：//www. Islamzx. com/ article _ view. asp? id=3858。

② 王先谦校译：《荀子集解》卷十九，中华书局 1984 年，第 511 页。

第四章 黄龙地区岁时节庆

岁时节日是民俗生活的一个重要部分，它集中地反映了人们关于时间、历史、宗教、审美等文化方面的观念。岁时节日的存在，使线性的不可逆的时间变得可以循环，生活充满了意义。如果生命中每一天都相同，都是普通的平常的，那么生活会多么枯燥无味。正是因为有了节日，有了一些特别的时间，我们的生活才变得有所期待。伊利亚德的《神圣与世俗》中说时间“既不是同质的，也不是连续的”，据此，金泽认为“在此意义上，时间具有二元的性质：一方面是神圣的时间（年节等），另一方面是世俗的时间，在这种时间中的行为没有宗教的意义”[①]。

岁时节日，指的是什么？我们追根溯源，从文字学来追问它的意义。

“岁”字的研究前人做了很多。“岁”在甲骨文中已经出现，写作，其状如斧，古文字学家大都同意将其解释为斧子[②]。斧子用来收割农作物，按当时的发展状况，农作物一年成熟一次，收获之后，人

① 金泽：《宗教人类学导论》，宗教文化出版社2001年，第270页。
② 于省吾：《甲骨文字释林》，中华书局1979年，第67—68页。

们要报答神灵，因此这种报答活动在每年年末举行。这样，“岁”与“年”联系起来。《说文》：“年，谷孰也。”即谷物的成熟是年的标志。《尔雅·释天》中有：“载，岁也。夏曰岁，（注：取岁星行一次。）商曰祀，（注：取四时一终。）周曰年，（注：取禾一熟）。唐虞曰载。（注：取物终更始。）岁名。”[①] 可见，“年”“岁”同义，与岁星（木星）关系密切。古人讲二十八宿分成十二次，岁星运行一周是十二年，行一次则是一年。后来岁就主要指春夏秋冬四季。时，《说文》：“时，四时也。从日，寺声。”时以日为偏旁，说明它和太阳的运行密切相关。四时指春夏秋冬四季。“岁时”连用，当然是指一年四季春夏秋冬。梁代宗懔记载了荆楚地区的节日习俗，名为《荆楚岁时记》，之后历史上又不断出现大量命名为“岁时”的书籍[②]，从此“岁时”二字又可以指节日。

节，《说文》：“节，竹约也。”即是指竹竿上的竹节。竹节在整个竹竿中间断出现，而且竹节较短，两个竹节之间的距离较长。节日在一年中也是间断出现的，是特别的日子，虽然时间比较短，但是节日热闹快乐充满意义，把人们单调枯燥的日子区分成神圣的时间和世俗的时间。人们的生活因为节日带来的变化而充满节奏，不会死水一潭。

岁时节日体现了人们的时间观念。人们根据对时间的感受来设置节日，安排生产和休息。同时，节日是人们信仰世界和社会文化的重要反映，节日本身就是“各种活动的复合体”[③]。黄龙地区有的节日是各个民族共同庆祝的，有的则是独特的民族节日，有的则是与宗教

① 李学勤主编：《尔雅注疏》，北京大学出版社 1999 年，第 169 页。

② 如唐末的《辇下岁时记》、《秦中岁时记》，北宋的《岁时杂记》，南宋的《乾淳岁时记》、《岁时广记》，明朝的《北京岁华记》，清代《帝京岁时纪胜》、《燕京岁时记》等。

③ 钟敬文遗稿：《民间节日与民族文化》，《民族艺术》2008 年第 3 期。

密切相关的，还有一些节日过去非常隆重如今已经消逝了，我们将分别介绍。

本章在介绍黄龙节日之前先简单概述一下黄龙地区的历法。

第一节 黄龙地区的历法

节日的制定和推算都是以历法为依据的。不仅如此，历法还是理解节日文化的基础。“历法就构成了我们理解节日的意义、起源和变迁的语境和背景，也就是说，只有从某个节日在历法系统的整体结构的地位和功能出发，才能从根本上理解这个节日的意义和起源。”①

黄龙地区现在使用的历法主要有：公历、农历、藏历、伊斯兰教历。官方使用的是公历，但是对民俗影响不大，人们在民间使用传统的历法——农历、藏历、伊斯兰教历。

一、公历和农历

人们常将阳历和阴历并称，但事实上更加准确的叫法是公历和农历②。

公历是在辛亥革命后即1912年开始正式在全国使用的。它是国际通用的历法，因为是西方国家传入的，又称为“西历”，因为使用

① 刘宗迪：《从历法史的角度看中国节日系统的形成和变迁》，《江西社会科学》2006年第1期。

② 很多学者对“农历”这一称谓颇有异议，早在80年代金祖孟就曾提出“农历”宜改称为“旧历”。见《上海科技报》1986年2月1日。章潜五等提出应该采用“夏历”这个名称，并指出“夏”字是华夏的夏。见《“农历”应改称“夏历”》，《西安日报》2005年3月7日。余仁杰认为可以改为“华历”，见《大公报》2010年4月17日。但由于至今没有一个统一的称呼，因此此处仍称为“农历”。

时间较短，它又被叫做“新历”。公历以地球绕行太阳一周为一年，是一种太阳历，也称为“阳历”。公历在黄龙地区主要用于官方计时和推算一些新兴的节日、国际节日和西方节日，如妇女节、青年节、劳动节和国庆节等。由于使用时间较短，公历并未对黄龙地区的民俗产生重大影响。

农历，是黄龙地区与民俗最为相关的一种历法。它也叫“阴历”，但是它不是纯粹的太阴历，因为它并不是仅以月亮运动为参考物的历法。实际上，它是一种阴阳合历，同时参照太阳和月亮两者的运行。它以月球绕地球一周的时间为一月。大月三十天，小月二十九天，全年354或355天，比回归年少10－11天。它通过置闰的办法使每年的平均天数接近一个回归年的天数。农历同时参照太阳的位置，将一个太阳年分为二十四个节气，即立春、雨水、惊蛰、春分、清明、谷雨、立夏、小满、芒种、夏至、小暑、大暑、立秋、处暑、白露、秋分、寒露、霜降、立冬、小雪、大雪、冬至、小寒、大寒。人们根据这些节气安排生产。通过上千年的经验观察，黄龙地区流行很多与节气相关的谚语，如：“白露无雨，百日无霜。”“清明断雪，谷雨断霜。”“清明要明，谷雨要淋。”“春分秋分，季节平分。”“过了立夏节，犁头架担坎上立。”“寒露高山麦。”[①] 农历采取干支纪年法，即以天干和地支相配合纪年。天干十个，为甲、乙、丙、丁、戊、己、庚、辛、壬、癸。地支十二个，为子、丑、寅、卯、辰、巳、午、未、申、酉、戌、亥。一个天干和一个地支配合，如甲子、乙丑等，一共有六十种组合方式，称为六十甲子。干支纪年的方式过去非常流行，很多老人当被问及自己年龄的时候都以出生年的干支回答。干支

① 中共松潘县委宣传部、松潘县文化体育局：《岁月的痕迹》，大众文艺出版社2010年，第237－239页。

也可以用来记月、记日、记时，但是并不十分流行，一般只有算命、合八字或民间择吉时才用到。农历的一天是从子时开始，即晚上11点。

农历在过去叫做夏历，并且这个称谓使用了很多年。《史记》中有："夏正以正月，殷正以十二月，周正以十一月。"[①] 即夏朝以正月为岁首，殷商以十二月为岁首，周代以十一月为岁首。从汉代开始，中国民间就一直按夏历以正月为岁首。汉族的所有传统节日都以农历为推算工具。在黄龙地区，其他民族在生活中也经常使用农历。

二、藏历、回历、羌族历法

藏历，据崔振华、李东生的看法，产生于公元1027年[②]。藏历和农历相似，用干支纪年，只是换了一种方式。它用五行配阴阳来代替天干，其对应关系为：木阳（甲）、木阴（乙），火阳（丙）、火阴（丁）、土阳（戊）、土阴（己）、金阳（庚）、金阴（辛）、水阳（壬）、水阴（癸）。藏历用十二生肖代替地支，即鼠（子）、牛（丑）、虎（寅）、兔（卯）、龙（辰）、蛇（巳）、马（午）、羊（未）、猴（申）、鸡（酉）、狗（戌）、猪（亥）。用阴阳五行和十二生肖相配合，形成六十年一次的循环。即木阳鼠年是甲子年，木阴牛年是乙丑年，以此类推。

在13世纪以前藏历以子月为岁首，13世纪后才改为以寅月为岁首。和农历一样，藏历也是一种阴阳合历，年是太阳年，月是朔望月，每年十二个月，大月三十天，小月二十九天。后来干脆每个月名

---

① 司马迁撰：《史记》，中华书局1959年，第1258页。
② 崔振华、李东生编：《中国古代历法》，新华出版社1992年，第106页。

义上都三十天，但是这样就一定会出现“空日”的现象，也就是说有的月份实际上只有二十九天，每一天的序号不一定是连续的，比如初二之后可能就是初四。藏族人喜欢吉日，不喜欢凶日，空日多是凶日；而如果是吉日的话，则可以重复，即两个同样的序号。但藏历规定，初一、十五和三十不作为空日，并且十五这天必须是望日，月亮必须是满月。藏历的一个星期也是七天，分别用七曜日、月、火、水、木、金、土来代表星期一到星期天。藏族认为星期六不吉利，因此把这一天作为休息日。与农历不同的是，藏历中一天是从日出开始。

藏历在黄龙地区主要用于推算一些藏族宗教节日。

回历实际是伊斯兰教历，一是所有信仰伊斯兰教的穆斯林共同使用的历法。它有两种年法。一种是太阳年，主要用于指导农业生产，一种是太阴年，主要用于历史纪念和宗教生活。但由于伊斯兰教对穆斯林的生活起到非常重要的指导作用，因此回族非常注重太阴历。一般说回历就是指太阴历。回历元年元旦是从公元 622 年 7 月 16 日开始。据说公元 622 年 9 月 20 日穆罕默德为了逃避迫害从麦加迁移到麦地那继续传教。本来创制历法时想以这一天作为纪念为回历纪年的开始，但这一天并非阴历元旦，因此就提前二十多天。这一年被叫做“至圣迁都元年”。

回族太阴历的一个月就是月亮圆缺一次，每月的第一天是初见新月的那天。回历的大小月相间，单月三十天，为大月，双月二十九天，为小月。八、九是例外，八月是单月或是双月取决于八月二十九日是否有新月。若有新月，则八月为小月，第二天开始斋戒；否则从第三天开始斋戒，则八月为大月。九月二十九日同样观察新月，看到新月，则第二天开斋，九月为小月，否则第三天开斋，九月为大月。

回历有闰年和平年之分，平年三百五十四天，闰年在十二月末增加一天，即三百五十五天。每三十年设置十一个闰年。

因此回历的岁首可能在春夏秋冬任何一个季节，同样按回历推算的各种宗教节日也有可能在任何一个季节。回历只反映月亮变化的状况，不能得知季节，这是其不方便之处。但由于信仰的缘故，回历在回族生活中是必不可少的。

由于以月球运动规律为主要参照，回历的一天从日没月出开始。回历的一周也是七天。

和其他地区的穆斯林一样，回族依据回历来庆祝伊斯兰教的节日。

羌族有个盛大的节日叫做“羌历年”。虽然现在羌族在生活中使用农历，并且羌历年的时间也是在农历十月初一，但研究者指出羌族是有自己的历法，至乾隆年间才改用农历的：“据羌族历法，一年为365天，人们将其划作10个月。”其依据是顾炎武的《天下郡国利病书·蜀中边防记》中引《四夷风俗考》云：维州诸羌“岁时不用官历，知岁时者为端公，如辰年则画十二龙，或卧或行，因形而推之，它像亦然”。并说，以此“推算日月蚀及甲子建除，毫厘不差。大率以十月为一岁”①。无论如何，今天羌族已习惯用农历来推算自己的节庆。

第二节　黄龙地区的共同节日

黄龙地区的节日文化丰富多彩，有些节日是民族独具的，有些节日却是整个地区的盛会。比如黄龙庙会、端午节、中秋节和清明节这

① 耿少将：《羌族历法初探》，《阿坝师范高等专科学院学报》2010年第3期。

四个节日是整个地域各民族共同欢庆的节日。

一、黄龙庙会

庙会是明清以来人们喜爱参与的集体活动，它是人们在生产劳作中重要的调剂。实际上，庙会不仅仅是信仰活动，还具有娱乐休闲的功能。庙会上锣鼓震天，杂耍多样，歌舞动人。参加庙会是一件放松心情逍遥自在的事。《醒世姻缘传》说："这烧香，一为积福，二为看景逍遥。"① 除此之外，庙会期间，人潮汹涌，也是商贩做生意的好时机。各地商人在庙会上出售各种商品，以便前来参加庙会的人们挑选购买。清代学者景日昣的《嵩岳庙史》中有一幅庙会图，描绘了庙会上繁荣的商业景象，图中天中阁外有卖茶、饭、酒、肉的，天中阁中有农具行、针行、布行、伞行、药行、扇行，庙内还有书行和制衣行等。和人们生活相关的一切商品，几乎都可以在庙会上买到。因此，庙会是集信仰活动、娱乐活动和商业活动为一体的集体活动。

庙会过去在全国各地都非常流行。在庙会上，人们虔诚的信仰、欢快的娱乐和繁华的商业构成了一道美丽的风景线。

黄龙地区的庙会有很多，如城隍庙会、林坡寺庙会和黄龙寺庙会等等。这里的庙会与其他地区相比的特色在于，参与庙会的民族较多，他们载歌载舞，欢聚一堂。《松潘游记》中记载了1915年的城隍庙会：

> 每年三月二十一日为神会，未遭变乱时极为闹热，有大戏班演剧本，年会期有傀儡班而已。某到任十余日即神会期，首人贴

① 西周生：《醒世姻缘传》，上海古籍出版社1981年，第975页。

请降香，并请有汉军营长田君文明、何君宝珊暨各机关员绅。见各寨番民男女杂沓，形形色色，奇奇怪怪，目不暇接，汉番人等有不远千里来者，焚香礼神，亦奇观也。①

林坡寺的庙会也非常热闹：

林波寺距松城四十里，距漳腊十里，每年四月十五番僧作会，番人演各种状态跳跃，汉夷往观，名曰跳锅庄。跳毕，番人男妇嬉戏，即以会期勾许婚嫁。②

在黄龙地区的庙会中，黄龙寺的庙会最为隆重，其规模最大，各民族参与程度最高。

黄龙寺，又名雪山寺，位于松潘县东北部岷山中段的雪宝顶山脚下黄龙沟内。雪宝顶为岷山主峰，海拔 5588 米，是黄龙地区最高的山峰。其山顶终年积雪，巍峨雄壮。据民国《松潘县志》，黄龙寺建于明代："黄龙寺，在县东七十里，明兵使马朝觐建，亦名雪山寺。相传黄龙真人养道于此，故名。"③ 黄龙寺的格局为三寺一体，主体建筑为前寺、中寺和后寺。汪志斌博士经过详细的考证认为："马朝觐修建黄龙寺这一道教化事件，实际上应当主要发生在黄龙后寺，是一次以修建后寺为主体的整合三寺的行为。"并且指出："马朝觐修建黄龙寺（后寺）的时间当在明代中期，即 15 世纪"④。

黄龙寺的历史悠久，地理位置特殊——坐落在雪宝顶脚下。山形

① 傅崇矩：《松潘游记》，国家图书馆数字方志，第 78 页。
② 傅崇矩：《松潘游记》，国家图书馆数字方志，第 94 页。
③ 民国《松潘县志》卷五"坛庙"之"黄龙寺"条。
④ 汪志斌：《松潘黄龙多宗教共存与融合现象研究》，四川大学 2009 年博士论文。

巍峨，山顶积雪，四周群山罗列，如儿孙样，雪宝顶成为黄龙地区人民心中的神山。在神山脚下的寺庙自然更加具有神圣性。各种神灵在此供奉，据说这里曾经供奉过阿弥陀佛、韦陀、罗汉[①]，还有孔子、孟子、荀子[②]，还有玉皇、三清和三母娘娘，文昌、关帝、黄龙真人、太上老君、观音、普贤、文殊等。现在前寺被毁，中寺按藏族寺庙风格修建，其中供奉释迦三佛，苯教徒认为中间的那尊佛像是苯教祖师辛饶弥沃，后寺供奉黄龙真人。黄龙寺供奉众多神灵，吸引了这一地区很多人来此进行朝拜等信仰活动。

黄龙庙会即是围绕着黄龙寺的信仰活动为中心的庙会，一般认为会期是农历的六月十二至十六日。但实际上，人们通常会等到六月二十左右下大雨后才归去。当地将这时的大雨叫做“洗山雨”。黄龙庙会的实际结束时间取决于洗山雨降落的日子。“年年都是‘不下洗山雨不归家，不尽兴不回家’。（因每年六月二十日左右都要下几场大雨，人们都说是下洗山雨了，把自己的灾难洗得干干净净，黄龙真人在催信徒们回家收粮食了!)”[③] 下了洗山雨才回家，尽兴了才回家，充分表现了人们十分享受并且留恋黄龙庙会的美好时光，如果不是忙着收获还不舍得离开。当然，洗山雨具有消灾的功能是与此山、此寺的神圣相关的。另外，黄龙真人催信徒们回家收粮食，表明了黄龙真人对人民的生活关心得无微不至，与人们的心理距离非常近。

过去参加黄龙庙会的人很多，川西各地各民族人们都参与其中，据张瑞和老人回忆：“以前黄龙寺庙会规模大，热闹非常。每年会前

① 《黄龙寺庙会》，张瑞和讲述，王德生记录，见《松潘文史资料》第一辑，第 99 页。

② 根据当地民众对黄龙前寺的回忆，更主要可能是他们的想象。参见汪志斌：《松潘黄龙多宗教共存与融合现象研究》，四川大学 2009 年博士论文。

③ 王星明：《雪宝鼎转山活动及黄龙庙会》，《松潘文史资料》第三辑，政协松潘县委会文史资料委员会，1997 年 10 月。

几天各地赶会的人，就起身向黄龙涌。赶黄龙寺庙的人来自青海、西藏、甘肃等地。多来自四川的平武、江油、绵阳、北川、茂县、松潘。以及当时松潘所属的南坪、黑水、松潘草地阿坝、红原、若尔盖、三俄洛。藏羌回汉各族民众骑马的、步行的，成群集队，穿上最好的衣服，佩戴名贵服饰，骑好马，备好鞍。携帐篷，带炊具，备美食佳肴，带上各地土特产品，汇集玉翠峰下。”①

欣赏风景，是人们参加黄龙庙会的原因之一，这里风景如画，如今黄龙寺所在地已经列为“世界自然遗产名录”，也是国家重点风景名胜区。祁鼎臣曾参加黄龙庙会，他用诗描述所见所闻：

雪山山寺雪山麓，昔为黄龙修真屋。黄龙上飞不复见，空余古洞白云簇。汉夷朝拜六月中，我亦风尘共追逐。子弟相随驰八马，中有名驹玉花腹。险如平地登崇峰，背出骨石趋金蓬。雪栏关上煮仙茗，活火新煎鱼眼浓。沁我诗脾足乘兴，忽闻鸡犬鸣天空。行人语此是风洞，时当夏日闻秋虫。想是混沌凿巨窍，雪山灵气由此通。远见一岭起天半，五岳失峻无兹崇。铁蹄径度九折阪，絮语绝顶观无穷。尚有一峰高不极，霞烧岩石丹砂红。俯视万山伛平地，仰窥十指摩苍穹。东北走龙绵，西南即松茂。西北通夷巢，东南筑崇墉。忆昔避寇昼夜伏，羌夷恶焰正汹汹。满地坚冰映明月，千山积雪当隆冬。一步一歇，不知所指。气喘郁胸，汗流盈体。偶逢侠少年，负我还故趾。六载行踪犹未远，今朝鸿泥复印此。立马风头不可当，载驱直下三岔子。突兀左右皆童山，羊肠一道何迤逦。乔松古柏翠连云，缥缈犹疑蜃楼起。山

① 《黄龙寺庙会》，张瑞和口述，王德生记录，松潘县政协所编《文史资料》第一辑，第101页。

随路转境忽开，遊骑布帐纷纷是。只因游仙不肯驻，桃源仿佛在咫尺。曲径入幽深，悬崖相对峙。辗转穿薜萝，隐约闻芳芷。玉嶂参天走素虬，金沙映水游赤鲤。巫峡神功无此奇，峨嵋秀色差堪比。好景难得日难留，明朝再备谢公履。我偕子弟卧山间，独抛明月暂休止。旭日忽曈曈，游人正如市。炊烟暗不分，羌歌出云里。独立欢场思渺然，马君具馔邀我餐。烹羊炮羔且为乐，相约热火窥洞天。石床与古佛，构造知何年。天浆滴出石钟乳，洞底应有龙潜渊。君不见程生访道居此间，洞中七日证仙缘。渴饮玉泉食石髓，夫妻羽化上池边。寻幽探奇不辞远，更上山头看雪莲，仙草盈握花如掌，写将一副图画传。如此畅游难再来，归来犹忆雪山巅。①

作者参加黄龙庙会时被美丽的自然风光震撼，山里风光如世外桃源，并有藏羌歌声嘹亮，帐篷如星星般散落，炊烟袅袅，烤羊的香味在空气中飘荡。好一幅美丽的画卷！

除了欣赏自然风光美好外，更多的人前来“畅坝”放松心情。“畅坝”是黄龙地区的方言，意为在郊外露营野炊，载歌载舞，开怀畅饮，逍遥自在的一种郊游活动。小姓羌族叫做“坐草坡”。黄龙庙会期间，很多人来黄龙寺附近畅坝：

更有那参加“畅坝”活动的、赛歌赛舞的、吼羌家多声部的、品尝羌家杂（咂）酒和东路“醇色”、“老窖”的，通宵达旦，还有那些在篝火旁随着沸腾的马茶谈天说地话古今的，一些老庚、老伙计在溪畔、坡边、大树下成群对歌——不同年龄的各

① 民国《松潘县志》卷一。

族群众，沿着祖先艰忍和求新的生活方式，在这一地点的不同空间同时向大山神灵和心中的偶像展示着各自生存的欲望和对美好未来的无限憧憬、祝愿。①

人们搭好帐篷，做好饭菜，备好美酒，一边在美丽的黄龙沟里欣赏风景，一边尽情欢娱，跳锅庄，唱山歌，品甘醇。早在光绪年间就有文人记录下黄龙庙会时的“畅坝”活动。马尧安的《黄龙寺述览》中有：

每届会期，士女多赴寺游览，布帐炉烟，行歌互答，岁以为例……上草湾里许至寺前，忽然空旷，帐棚分布如连营，炉火明灭如星光。各部酉长诸蛮排列大围，环跳互唱，声应山谷，谓之跳歌（锅）庄。②

跳锅庄是藏羌民族热爱的娱乐活动，锅庄是一种民间舞蹈，众人围成圆圈状，边唱边跳。在庙会期间“畅坝”，很大程度上是由农业生产时间决定的。农历六月，正是等待粮食成熟的农闲时节。这个时候既有空闲的时间娱乐，又能祈祷神灵保佑丰收。庙会期间的畅坝活动也是青年男女相会的好时机：“未婚男女三五成群，评头品脚谈情说爱，一旦相中，或大胆前去吐露情怀，或邀约单独相见，有的一次成功，有的相识再盼来年。”③

无论如何，黄龙庙会中最为重要的活动是信仰活动，如转山、求

① 王星明：《雪宝鼎转山活动及黄龙庙会》，《松潘文史资料》第三辑，政协松潘县委会文史资料委员会，1997年10月。

② 马尧安《黄龙寺述览》，民国《松潘县志》卷五“坛庙”之“黄龙寺”条。

③ 《黄龙寺庙会》，张瑞和口述，王德生记录，松潘县政协所编《文史资料》第一辑，第101—102

签、求子、求平安、求丰收、求雨等等：

> 虔诚的宗教信徒们一进沟就一丝不苟的按习俗进行朝圣的转山仪式，从容的进行着相关的活动。其场面蔚为壮观：抽签、算卦的；还愿许愿的；求神佛、菩萨保佑老人、子女、爱人、友人长寿平安的；代表地方前来求水、求雨，祈求神灵保佑五谷丰登、六畜兴旺的；敬观音、求财神的。大家出现在同一寺庙、道观中拜谒着各自不同的神灵和菩萨，场面甚是热闹。此外，还有在洗身洞中洗身祛病、求子的；沿路化缘的；各地做药材生意、布帛生意、珠宝生意和日用百货生意的；摆小吃摊点、卖香烛纸币、说评书、摆龙门阵、卖字画、画符咒的等等，真是应有尽有。[①]

几乎所有跟人们生活相关的信仰活动都能够在此进行，因此，黄龙庙会能够吸引广大群众前来参与。

黄龙庙会是多民族参与的、多元文化交流的一个重要方式。朱越利指出，黄龙寺的宗教融合现象体现在三个方面，一是佛道融合，二是道教信仰与少数民族原始宗教信仰，三是黄龙寺是各族人民共同的宗教活动场所[②]。黄龙庙会是黄龙地区多民族多元文化多种信仰和谐共处相互交融的一个突出的体现。黄龙地区的人们拥有共同的信仰——黄龙信仰，这一信仰在不同的人眼中有着不同的意义。在藏族看来，黄龙寺所在的雪宝顶是东方海螺山，是黄龙地区众多神山中最为尊贵的山，这里的寺庙被藏族人称为金海子寺。羌族也将雪宝顶看作

---

① 王星明：《雪宝鼎转山活动及黄龙庙会》，《松潘文史资料》第三辑，政协松潘县委会文史资料委员会，1997 年 10 月。

② 见朱越利：《松潘黄龙寺的宗教融合现象》，《宗教学研究》1988 年第 4 期。

最尊贵的神灵，他们在请神的时邀请的众多神灵中，雪宝顶山神排在首位，它被认为是级别最高的山神。大多数汉族并非虔诚的某种宗教信仰者，即无论朝拜的神是哪种宗教的什么神，只要能够通过烧香叩拜满足自己的愿望，那么这位神就被认为是灵验的，人们需要特别供奉的。黄龙信仰这种共同信仰，具有浓厚的地域性色彩，黄龙信仰被人格化为黄龙真人。在当地人的脑海中，黄龙真人因为帮助大禹而对当地民众有功：

相传黄龙寺是黄龙真人修道成仙的地方。又传夏禹治水到茂州，黄龙为其负舟导江，从茂州而上才有岷江，黄龙助夏禹治水有德于人民，人民修黄龙寺以示纪念。①

在传说中，黄龙真人在黄龙沟里修行，并且被描述成具有高超医术能替人治好疑难杂症的道士。民间传说《黄龙真人能请匠》中说黄龙真人通过治好绵阳大员外的儿子的重病，使大员外非常感激黄龙真人，从而花重金在黄龙沟里修建了黄龙寺：

传说黄龙真人刚到黄龙修行的时候，那里还没有寺庙。为此，他就四处云游，准备物色个合适的人来修一座寺庙。

有一天，他来到绵阳城，听说这里大员外的儿子病得很厉害，眼看不行了，正在到处找医生。

黄龙真人拄着拐杖向员外家走去，见一条街上几十间铺子都这员外家的，知道他是绵阳城里有名的富贵人家。

① 《黄龙寺庙会》，张瑞和口述，王德生记录，松潘县政协所编《文史资料》第一辑，第101页。

……

黄龙真人走过去，把耳朵贴在少爷的胸口听了一阵，又用手摸了摸他的额头，微微一笑，叫员外赶快到井里去打了碗凉水来。黄龙真人拨开拐杖柄上的一个小木塞，倒转过拐杖，抖了点药粉在碗里，用手指搅匀了给少爷灌下：一口下去，少爷就快断了的气给续上了，呼吸渐渐平稳起来；两口下去，少爷轻轻地呻吟了几声；三口下去，少爷的眼睛慢慢地睁开了。

看到儿子活过来，老员外高兴得不得了，他紧紧地抓着儿子的手，激动得老泪纵横。

哭过之后，员外这才想起儿子的救命恩人，他连忙转身想要感谢，可是人已经无影无踪，不知去向了。员外知道今天遇到了不一般的人，马上派家丁四处去寻找，可是又怎么能找得到呢？黄龙真人正驾着一阵清风，在赶往黄龙的路上呢！

黄龙真人知道老员外想真心报答他，当晚就给老员外托了个梦，说自己是黄龙真人，在松潘县的黄龙沟修行，如果他真心想报答，就到黄龙来修一座寺庙。老员外从梦里醒来，觉得刚才的情形栩栩如生，可是他左看右看，屋里连个人影都没有，他明白了这是仙人在托梦。①

传说中，黄龙真人化身为道士，手拄拐杖，拐杖内装药粉，可以御风而行，完全是一个仙人的形象。黄龙地区的民间经书《黄龙真人醒迷太平新经》中讲述了黄龙真人的来历："金仙十二，吾列二名。

---

① 中共松潘县委宣传部、松潘县文化体育局：《岁月的痕迹》，大众文艺出版社 2010 年，第 38—39 页。

有功于世，有德于民。”[①] 十二金仙实际是《封神演义》中元始天尊的十二位弟子。这个身份被黄龙地区相当一部分人接受，人们并不认真追究黄龙真人来历，更加看重的是黄龙真人的超高医术，御风而行等能表现法力的本领。黄龙寺庙中供奉的神灵，不论是什么形象——无论道士形象或是菩萨形象或是其他形象——在人们心中其神通广大是毋庸置疑的。

因为这一地区黄龙信仰的普遍性，黄龙庙会成为了黄龙地区参与程度最高的集体性聚会。

二、端午节

端午节是我国较为隆重的传统节日，它与春节、清明节和中秋节并称我国四大传统节日，如今也是我国的法定假日[②]。在中国大多数汉族居住的地区，春节是整个地区最为隆重的节日在黄龙地区，由于生活着四个民族的人民，而回族不过春节，因此春节虽然隆重热闹，却不是全民参与的节日。端午节是黄龙地区各民族全民参与的一个传统节日。

端午节这一节庆的时间为农历的五月初五。据说“端午”二字首见于西晋周处的《风土志》[③]。对于端午节的来历，学术界有以下几种主要的观点：一是认为其与夏至相关，二是认为来源于恶月恶日的习俗，三是认为端午节是为了纪念历史名人。另外，还有龙图腾祭祀

---

① 转引自汪志斌：《松潘黄龙多宗教共存与融合现象研究》，四川大学 2009 年博士论文。

② 2008 年起清明节成为国家法定节假日。

③ 宣炳善：《春节及端午节的节日信仰及其类型》，《文化艺术研究》2009 年第 3 期。

说、祈求生育说等等。[1]

第一种观点认为，端午习俗来源于夏至习俗。[2] 夏至是我国最早确立的节气之一。古人相信，寒来暑往，春来秋去的变化是由气的运行所引起的。气分阴阳，阴气盛则阳气衰，阳气盛则阴气衰，阴阳二气的消息变化引起季节的变化。汉代孟喜提出卦气说，“得易候阴阳灾变书”，即用阴阳来解说周易卦象来解说一年节气的变化，即以六十卦配四时、十二月、二十四节气和七十二候。其对应关系为：

（十二消息图[3]）

在此图，我们可以看见，夏至所对应的卦名为“姤”，卦象初爻为阴

① 参见黄珍：《20世纪80年代以来端午节俗研究述评》，《苏州科技学院学报》2007年第3期。

② 持这种观点学者如刘德谦、萧放等。见刘德谦：《端午起源又一说》，《文史知识》1983年第5期；萧放《“岁时”——传统中国民众的时间生活》，中华书局2002年；萧晓阳《端午考源》，《苏州大学学报·哲学社会科学版》2005年第4期。

③ 朱伯崑：《易学哲学史》第一卷，华夏出版社1995年，第124页。

爻，其余五爻均为阳爻。可见，夏至是阳气达到全盛，阳极而衰后阴气初生的时候，从夏至以后，阴气渐长。冬至则是阴气达到全盛时阴极而衰后阳气复生的时候。因此夏至和冬至都是阴阳转换的关键时刻。《周易·复》"后不省方"唐代孔颖达疏："夏至一阴生，是阴动用而阳复于静也。"① 那么这个时候人们要帮助阳气战胜阴气。明代的养生书籍《遵生八笺》中引《吕公岁时记》说："夏至一阴生，宜服饵制过硫黄，以折损阴气。"②即扶阴助阳之意也。古代有夏至日吃粽子的习惯，白居易的《和梦得夏至忆苏州呈卢宾客》诗写道："忆在苏州日，常诣夏至筵。粽香筒竹嫩，炙脆子鹅鲜。"③ 粽子，又叫角黍，取"阴阳包裹未散之意"④。《太平御览》引晋周处《风土记》云："又以菰叶裹粘米，以粟枣灰汁煮令烂，节日啖之……一名糉，一曰角黍"⑤。在夏至日和端午节吃粽子有扶阴助阳的作用，端午节吃的其他食物也有此作用。如雄黄酒中雄黄被认为是纯阳之物。《本草纲目·石部》卷九记载："雌黄、雄黄同产，但以山阳山阴受气不同分别。故服食家重雄黄，取其得纯阳之精也；雌黄则兼有阴气故尔"⑥。

第二种说法来源于恶月恶日的习俗说。农历五月时气候湿热，蛇虫活动活跃，容易滋生疾病，爆发瘟疫。民间认为五月是恶月，五月百事不宜。《风俗通义》："俗云五月到官，至免不迁……五月盖屋，令人头秃。又曰不得曝床荐席。"⑦ 古人认为五月五日犹为不吉利，

---

① 阮元校刻：《周易正义》，《十三经注疏》，中华书局 1980 年，第 39 页。
② 高濂：《遵生八笺》，巴蜀书社 1992 年，第 163 页
③ 《古今岁时杂吟》（二），辽宁教育出版社 1998 年，第 251 页。
④ 《玉烛宝典》引《风土记》、《渊鉴类函》引《提要录》及《广东新语》等皆有此说。
⑤ （宋）李昉：《太平御览》，四部丛刊本，卷第三十一时序部十六。
⑥ （明）李时珍编纂；刘恒如，刘山永校注：《〈本草纲目〉新校注本》，华夏出版社 2002 年，第 383 页。
⑦ 应劭撰，吴树平校释：《风俗通义校释》，天津人民出版社 1980 年，第 436 页。

因此在这一天出生的小孩会给家人带来不幸。《风俗通义》云："俗说五月五日生子，男害父，女害母。"[①] 在这样的恶月恶日中，尤其需要注意祛邪。钟敬文、乌丙安等民俗学家都认为这一节日主要的活动是祛邪。"端午节的初始之意当是驱瘟、除邪、止恶气。"[②] "端午节的主要内容在古代一些杂记当中为祭屈原，为屈原招魂，但从大量的民俗文献和地方志记述中又看到这个节日主要是避兵鬼、止病瘟的驱邪禳灾节日。"[③]

第三种观点认为这是纪念历史名人的节日。《续齐谐记》、《荆楚岁时记》等书籍说这是纪念屈原的节日，人们十分愿意接受这个说法，因为屈原的投江自尽表现了其坚守道义的高贵品德。人们对屈原的纪念，表达了对他的赞赏和尊敬。因此这一说法最为流行。也有人说端午节是为了纪念伍子胥的，《曹娥碑》："五月五日，迎伍君，逆涛而上。"[④] 尽管伍子胥生活的年代比屈原早，但人们并不十分接受这一说法。

另外还有龙图腾祭祀说、祈求生育说等端午节起源说，但影响较小。

民国《松潘县志》记载黄龙地区人们在端午节"悬艾叶、菖蒲于门首，饮雄黄酒，食角黍"[⑤]。

悬挂艾叶、菖蒲这是端午节较古老的习俗。实际上，端午节是采集百草的最好时间。《荆楚岁时记》中有："四民并踏百草。今人又有斗百草之戏。采艾以为人，悬门户上，以禳毒气。以菖蒲或缕或屑，

① 应劭撰，吴树平校释：《风俗通义校释》，天津人民出版社 1980 年，第 434 页。
② 钟敬文：《民俗学概论》，上海文艺出版社 1998 年，第 142 页。
③ 乌丙安：《中国民俗学》. 辽宁大学出版社 1985 年，第 334 页。
④ 转引自（清）袁景澜撰：《吴郡岁华纪丽》，江苏古籍出版社 1998 年，第 180 页。
⑤ 丁世良等编：《中国地方志民俗资料汇编·西南卷》，北京图书馆出版社 1991 年，第 387 页。

以泛酒。是日竞渡，采杂药”。书中引《夏小正》说：“此日蓄药，以蠲除毒气”[①]。可见此俗起源很早，在全国广泛流行。黄龙地区藏、羌、回、汉四个民族都有悬挂艾叶菖蒲的习俗，以期避邪。菖蒲和艾叶都是中药，可用来防治疾病。菖蒲有很高的药用价值，它的根茎能起到镇痛、健胃和驱风寒的作用。《本草经》将其列为药中“上品”，认为它能通窍明目，长期服用甚至可以达到“轻身，不忘，不迷惑，延年”[②] 的作用。菖蒲叶子的外形如一把宝剑，人们认为将其悬挂在门口能够起到护宅的作用，或者将菖蒲碾成粉末泡酒。艾蒿也很具有药用价值，五月正是艾蒿药性最好的时候。艾叶气味芬芳，《本草纲目》说它：“灸百病”[③]。人们将艾蒿做成人形或虎形挂在门外，或者将艾叶煎汤沐浴。

喝雄黄酒也是黄龙地区人民驱毒祈福的一种传统习俗。雄黄有毒，也有药用价值，人们认为饮用雄黄酒可以预防疾病，去除病毒。人们还在小孩的脑门、手腕、脚腕和耳朵等处抹上雄黄酒，这样蚊虫蚂蚁等就不敢靠近小孩了。

端午吃粽子在全国都盛行，黄龙地区也不例外。粽子过去写作“糉”，右边的意思为“敛足”，即裹脚，加上左边的“米”字旁表示粽子是一种包裹“米”的食物。黄龙地区很多家庭都自己制作粽子，也有很多贩卖粽子的小摊。每年端午节前后，松潘县城街道旁边都有回族妇女在销售她们自己制作的清真粽子。松潘的粽子馅有花生、莲子、红枣、豆沙等原料做成的甜味粽子，也有腊肉、香肠等做成的咸味粽子，适合各种口味的人群。

---

① 宗懔撰，宋金龙校注：《荆楚岁时记》，山西人民出版社 1987 年，第 47—48 页

② 马继兴主编：《神农本草经辑注》，人民卫生出版社 1995 年，第 41 页。

③ （明）李时珍编纂；刘恒如，刘山永校注：《〈本草纲目〉新校注本》，华夏出版社 2002 年，第 649 页。

端午节采药是一项重要的活动。黄龙地区的羌族认为，这一天所有的植物都可以入药，而且药性最好，因此要在端午节采齐这一个季节能采到的所有草药以备用。羌族知识分子毛明军先生告诉我们，羌族把端午节采药叫做“扯百草”，是端午节的主要活动，一般来说要采以下几种植物，即六椏子羌活、“若苦”、落叶松枝条和“博义”。六椏子羌活比较稀有，羌族人认为它特别珍贵。六椏子羌活的叶子可消毒、杀毒和去脓。“若苦”是一种顶上开花，结红果，个头很高的植物，它平常不入药，只有端午节这一天为药。“若苦”采来以后当艾使用，用来泡水洗澡。落叶松枝条也是端午节要采的药物之一，羌族人认为落叶松很神圣，从不生长在不干净、有邪气的阴冷处，因此采集落叶松的枝条有避邪的作用。另外，落叶松的嫩芽有止腹泻的作用。“博义”是艾草的一种，用作烧艾灸。

黄龙地区藏、羌、回、汉四个民族都有在端午节当天用露水洗脸的习俗。他们清晨起床，到郊外将露水打湿毛巾洗脸，据说用露水洗眼不会患红眼病，擦洗全身可以驱除百病。

镇坪乡端午节午餐要吃粽子、猪肚和背脊肉。镇坪乡羌族李红说，猪肚是羌族最好的食物，用来招待尊贵的客人。在酒席上，长辈不离席，任何人都不能离开。另外，羌族施行的穿耳之术也在端午进行。“届时由有经验的妇女为启蒙女孩施行，其方法是先用花椒使被施者的耳廓麻木，然后用花椒刺刺穿耳垂，搽上雄黄酒以防止感染发炎，待伤口无痛后即可戴上银光闪闪的耳坠了。”①

藏族端午节要在郊外支帐篷，把帐篷放在草坝里耍上五六天。端午节当天要祭水神和山神，祈求神灵的保佑。

黄龙地区较为特殊的端午节俗是吃“万萼肉”，即韭菜炒肉。据

① 汪青玉：《羌族的端午习俗》，载《民俗研究》，1988年第4期。

说“万蕚”是明朝黄龙地区的军民指挥签事，他在任期间徐国公回乡省亲时不小心得罪了他，于是万蕚将松潘的风水破坏了①，还做了很多坏事。人们对他非常不满。于是几个老汉决定要为民除害，他们在五月初五这天把万蕚骗出城后将其灌醉并且杀死。人们听说了这个消息，都非常高兴，前来把万蕚的肉割回去炒韭菜以解恨。从此以后，每到端午节人们都要吃“万蕚肉”纪念这件事，表达了人们爱恨分明、追求正义的性格。到了晚上的时候，人们还要到郊外散步，谓之“游百病”，据说这样做来年就不会生病。

黄龙地区的端午节是各民族共同的节日，在这个节日里，他们所做的一切事情更多地是为了祛邪除病。

三、中秋节

中秋节时间为农历的八月十五，也是我国法定的四大传统节日之一。中秋节是黄龙地区较为隆重的一个节日。农历中的秋季是七、八、九三个月，八月正好在三月之中，八月十五又是一月中的正中，因此自然被称为“中秋节”。

有的学者认为中秋节产生于唐初，因为在唐代描写八月十五前后赏月的诗歌非常多，且“中秋”一词也普遍使用②。中秋节的来历，一般有三种说法，一是源于自然崇拜，古人崇拜天上的日月星，八月十五时的月亮又圆又亮正是进行拜月活动的好时机。另外一种是来自古代的传说，说是为了祭祀月亮上的女神嫦娥。第三种说法认为其源于秋季庆祝丰收报答土地神的祭祀仪式。黄龙地区的中秋节，主要是

① 当地人认为，松潘之所以不出名人就是因为万蕚破坏了这里的风水。
② 见杨琳：《中国传统节日文化》，宗教文化出版社 2000 年。

吃月饼和赏月。民国《松潘县志》："十五日'中秋节'，亲友交馈饼饵，夜设茗果赏月。"① 这些活动表明黄龙地区的中秋活动更重要的是一种对月亮的崇拜行为。松潘县城汉族老大爷邹晓初在我们采访中把中秋节又叫做"太阴节"②，太阴即月亮，也显示了中秋节与月亮崇拜直接的密切关系。

中秋吃月饼，过去人们常常自制月饼，现在很少有人再做月饼，而是直接购买成品。中秋节还要买来糖果和水果，和月饼一起摆在院子中央，献给皎洁的明月。松潘民歌唱："八月里、月亮圆，摘个西瓜敬月亮。只要你心合我意，这个西瓜你拿去。"③ 在祭祀月亮的仪式完成后，大家要分食祭品，即月饼、糖果和水果。

中秋节也是家人团圆的重要时刻，月饼的形状为圆形，取团圆之意。所有家庭成员都要赶回家来合家团圆。已经出嫁的姑娘被认为是丈夫家的家庭成员，必须在当天回到夫家。

民间向来有祭神仪式完成之后分食祭品的习惯，所以月饼很自然地又成为人们的中秋食品。人们还互相赠送月饼，以表达祝愿家人团聚的愿望。

黄龙地区的中秋节各个民族的过法不尽相同。汉族拜月、赏月和吃月饼。镇坪羌族也要做月饼，并摆上花红、苹果和核桃等水果，等月亮出来的时候开始"通白"（向神灵祈祷）；小姓羌族过去似乎并没有过中秋节的习俗。回族、藏族会买月饼来吃，但不拜月。黄龙地区的藏族中秋节时在自家经堂里多烧几柱香。藏族在中秋节多上香并不

---

① 丁世良等编：《中国地方志民俗资料汇编·西南卷》，北京图书馆出版社 1991 年，第 387 页。

② 邹晓初老人出生于 1914 年，现已 90 多岁。不知"太阴节"这一叫法如今还有多少人知晓。

③ 中共松潘县委宣传部、松潘县文化体育局：《岁月的痕迹》，大众文艺出版社 2010 年，第 176 页。

是近来的事情，据川主寺镇藏族老人祁主他先生讲从他小时候就一直如此，充分证明黄龙地区民俗文化的交融性和开放性。

四、清明节

清明本是农历中二十四节气之一。《淮南子》："（春分）加十五日指乙则清明风至。"[①] 清明本来是春分以后的一个节气，后来却演变成我国一个重要的传统节日。黄龙地区的清明节也是一个全民族参与的节日。

清明节与古代的一个重要节日——寒食节密切相关。宋代以后，寒食节的习俗并入清明节，寒食这一古老的节日便渐渐地从人们生活中淡去。

寒食节的起源非常早，寒食禁火这一习俗在《后汉书·周举传》中便有记载，说明当时这一习俗已在民间有所影响。《荆楚岁时记》记载了禁火扫墓："去冬节一百五日，即有疾风甚雨，谓之寒食。禁火三日。"杜公瞻注云："按据《历》合在清明前二日，亦有去冬至一百六日者。"[②]寒食节禁火的原因源于介子推的故事。介子推是春秋时代晋国的忠臣，晋献公有八个儿子，其中最受宠爱的是太子申生、公子重耳和夷吾。后来骊姬进宫得宠生下一子后开始挑拨晋献公和他那三个儿子的关系。晋献公在挑拨下想废掉太子而立骊姬之子。申生被逼自杀，重耳和夷吾逃了出来，流浪了十几年。在流浪途中，介子推忠心耿耿，在没有食物的时候甚至将自己身上的肉割下来给重耳吃。等重耳重回晋国，当上国君后，给跟随他的人论功行赏时却忘记了介

---

① 何宁撰：《淮南子集释》，中华书局 1998 年，第 215 页。

② 宗懔撰，杜公瞻注，宋金龙校注：《荆楚岁时记》，山西人民出版社 1987 年，33—34 页

子推。介子推并不邀功请赏，反而带着自己的母亲去隐居山林。重耳后来想起来这位忠臣就派人在山林中搜寻介子推的身影，却怎么也找不到他。有人献计说用火烧山，介子推一定会带着他母亲出来，因为他是孝子。重耳接受这个建议，大火烧了几天几夜，介子推仍没出来。等到大火熄灭后，人们才看到介子推和他母亲已经被烧死了。重耳觉得非常难过，于是为了纪念他，禁止人们用火三天。这是寒食节的来历。九十岁高龄的汉族老大爷邹晓初先生能清楚地讲出这个故事，说寒食节要吃凉粉、凉面，并且说出“足下”一词的来历。而在非多民族聚居区域，这个传说似乎少为人知。可见，在多民族聚居的地区，一方面，各个民族的文化相互交流，另一方面，也使民族意识增强，努力继承和发扬自己的文化。

唐代以后寒食节出现了上墓的习俗。《通典》中说既然上墓已经成为一种习俗，不如允许人们扫墓以寄托对先人的哀思。由于清明和寒食节日子相近，渐渐地两个节日合二为一，后来的清明节不单单是一个节气，更是一个扫墓纪念先祖的日子。

清明节的重要节俗主要是祭拜祖先和悼念去世的亲人，体现中华民族慎终追远的文化。清明节上坟、除草、整理坟墓，挂上纸钱，表明此坟墓有后人祭祀，而非孤魂。清明时节的气氛悲凉，“清明时节雨纷纷，路上行人欲断魂”，表现出人民对去世的亲人的深切怀念。

民国十三年《松潘县志》记载了 1924 年以前黄龙地区的清明节俗：“人民携香帛、酒脯祭扫坟墓，舁城隍至厉坛祭孤。”①

人们在这个悲凉的日子对自己故去的亲人寄托深深的思念之情。他们带着香蜡钱纸和酒肉前往。扫墓是清理坟墓上的草棘，如果不清

---

① 民国《松潘县志》，转引自丁世良等编：《中国地方志民俗资料汇编·西南卷》，北京图书馆出版社 1991 年，第 387 页。

理掉这些草棘据说会让后人眼睛不好，然后将供品摆上，上香，敬酒。虽然在古代礼仪中墓祭是吉礼，但这也是一件严肃的事情，绝对不能在坟前打闹嬉戏。

祭祀孤魂野鬼通常在厉坛。厉，即恶鬼。《春秋左传·成公十年》："晋侯梦大厉，被发及地，搏膺而踊"①。《春秋左传·昭公七年》又说："鬼有所归，乃不为厉"②。即是说只有那些没有归属的鬼，才会成为恶鬼四处害人。所以人们要善待自己逝去的亲人，在他们去世时要合乎礼节地埋葬，并且祭祀他们，他们就不会变成厉鬼。而那种含恨而死，死后又没得到祭祀的鬼可能就会变成恶鬼给活着的人们带来伤害。人们希望能够通过对孤魂野鬼的祭祀来阻止它们的危害，也希望孤魂野鬼也能够过上幸福的日子。祭祀厉鬼从周代就开始了，到明代已经建立了一套完善的祭祀礼制。《明史》卷五十载："洪武三年定制，京都祭泰厉，设坛玄武湖中，岁以清明及十月朔日遣官致祭。前期七日，檄京都城隍。祭日，设京省城隍神位于坛上，无祀鬼神等位于坛下之东西，羊三、豕三、饭米三石。王国祭国厉，府州祭郡厉，县祭邑厉，皆设坛城北，一年二祭如京师。里社则祭乡厉。后定郡邑厉、乡厉，皆以清明日，七月十五日、十月朔日。"③

过去黄龙地区官方在厉坛祭孤一年三次，民国《松潘县志》："每岁清明、中元、十月朔祭。先期一日，牒本州城隍，焚牒文。祭日，迎城隍行神于坛上，书本境无祀孤魂牌位立于坛下左右。城隍位及左右位各羊一、豕一，并设饭羹。"并有告文，内容为：

……普天之下，后土之上，无不有人，无不有鬼。人鬼之

① 阮元：《十三经注疏》，中华书局 1980 年，第 1906 页。
② 阮元：《十三经注疏》，中华书局 1980 年，第 2050 页。
③ 张廷玉：《明史》卷五十“志第二十六”，中华书局 1974 年，第 1311 页。.

道，幽冥难殊，其理则一……此治人之法也……此治神之道。如此尚念冥冥之中无祀鬼神，昔为先民，未知何故，而殁其间。有遭兵刃而损伤者……在京都有泰厉之祭，在王国有国厉之祭，在府州有郡厉之祭，在各县有邑厉之祭，在一里又各有乡厉之祭。期于神依人而血食，人敬神而知礼。仍令本处城隍以主此祭……①

如今，厉坛已经不复存在。清明节前往厉坛祭祀厉鬼的活动已经鲜为人知。但是上坟是必须要去的，且是清明节的主要活动。民歌里唱“三月里是清明，手拿长线上新坟”，“三月里是清明，家家户户上新坟”②。这天人们要清理坟墓上长出来的杂草，如果需要迁坟的话，也可以在这天进行，其他时候若非风水先生选定的好日子是不能随便动坟的。

黄龙庙会、端午节、中秋节和清明节是黄龙地区人们共同的节日。黄龙庙会的隆重体现了黄龙地区的独特信仰。而端午、中秋和清明节的流行，表明了黄龙地区作为中国的一部分，对中华传统文化的继承。

第三节　五彩缤纷的民族节日

黄龙地区居住着四个民族，他们拥有各自不同的文化，也有着独特的节日。因此这里的节日文化显得五彩缤纷。这一节中主要介绍非

① 民国《松潘县志》卷二。
② 中共松潘县委宣传部、松潘县文化体育局：《岁月的痕迹》，大众文艺出版社 2010 年，第 164、174 页。

宗教信仰的民族节日，或者说现在与宗教信仰的关系较远的节日。由于回族的很多节日与伊斯兰教密切相关，因此回族的民族节日将在第四节宗教节日中介绍。

一、藏族节日

藏族的节日很多，大部分与他们的宗教信仰相关。在黄龙地区，藏族信仰的宗教有苯教和藏传佛教，藏传佛教又有不同的分支。所以根据他们所信仰的宗教不同，他们庆祝的节日是不同的。但是藏族全民族共同参与的节日也是有的，藏历年就是藏族人民共同庆祝的热烈隆重的节日。

藏历年是藏族人民一年中最隆重的节日，所有家庭成员都争取和家人共度这一欢乐的时刻。人们在辛勤工作一年之后，理所当然应当享受节日的欢愉。

从十二月开始，藏族人民就开始积极为迎接藏历年的来到作准备工作了。在新年来临之前，男女老少都要整理自己的发型，男性要剪去长发，女性要洗梳美丽的发辫。如果不这样做的话，人们会认为他们心中有悲痛的事情，无心梳妆。除了注意个人卫生外，人们还应该打扫房屋，以确保新年来临时房间里每一个角落都是干净的。在打扫烟囱时，应当选择吉利的日子。村寨道路和田间地里同样应当被清理。除此之外，家中的男女要分头准备新年需要用的东西。家中男性和寨子里的男性一起骑马到圣山上去砍回来柏香树枝，以备新年期间祭拜家神、山神等神灵时煨桑之用。女性要准备好咂酒、炸油饼果子和酥油奶糕，这些都是节日期间的美食。

藏历新年从十二月三十日开始庆祝。中午以前，人们要将垃圾和杂草分成若干小堆，堆在田间，大年初一早晨把它们点燃。家中主妇准备好大年初一早晨的引火柴，人们相信，如果早上起床点火一点即着的话是一个好兆头，预示着新的一年万事顺利。在川主寺镇等靠近汉族地区的藏族人们，于是日在大门上贴上年画和对联。与汉族不同的是，藏族的年画上常是狮子、老虎和龙等本民族的吉祥图案画，对联是用藏文写的吉祥语。藏族人们还会在窗户上贴藏族吉祥图案的剪纸，整个屋子都充满了喜气洋洋的气氛。

三十日的晚餐是极为重要的，被称为团圆饭。藏族人民要精心地煮一种带汤的食物，原料是牛羊肉、萝卜和面团，相当于汉族的年夜饭。在吃饭前，有僧人的家庭——实际上过去黄龙地区每个有两个儿子的藏族家庭就要送一个去做僧人，由家长决定哪个儿子去，俗语说“是男是女天来定，是僧是俗父母定”——要先由僧人念一段经，经文内容通常为祝福祈祷来年丰收，人畜平安。念完经后，要在经堂的神坛上放上一个盛满青稞、上放酥油、中立八宝图木板的盘子，神坛四周的酥油灯也要点燃，这代表着新的一年会五谷丰登、六畜兴旺。经堂的事情完成后，一家人就可以开始吃饭了。饭后，妇女们喝酥油茶和咂酒，男人们喝白酒和青稞酒，他们喝酒聊天迎接新年的到来。

大年初一早晨，女性听到第一声鸡叫时就要立刻起床梳洗，点上藏香，怀里揣着糖果和油饼出门，意思是怀中有物，希望新的一年家庭富裕。她们将新年礼物送给泉神和江神，神灵当然不会现身来接受礼物，人们只需将礼物挂在水边的树枝上神灵就可以收到。礼物是用小袋装好的大米、酥油、奶渣和羊毛等，这些礼物是农业和牧业的产品，人们希望在神灵的保佑下，农牧业都兴旺。送了礼物以后，妇女才能在泉边舀水，在舀水进自己的桶之前，要先将水瓢向泉的上方泼三下水，表示对佛、法、僧“三宝”的供奉。新年的第一桶水被认为是天神赐予的，是能给人类带来健康的甘露，喝了新水在新的一年中会健健康康不生病。这个过程叫做“抢新水”。

新水带回家后，主妇开始熬茶。煮茶过程中将前一天准备好的杂草点燃。然后洗手煨桑，煨桑的时候要叫寨神、家神的名字，还要说一些吉祥的话。茶快煮开时，主妇为家中每一个人准备茶碗，包括已经去世的父母、已经出嫁的姐妹、还在吃奶的婴儿和外出未归的亲人，茶碗中放入酥油、奶渣、白糖和糌粑等佐料。

家里的男性大概在妇女煮茶时候起床，准备好马鞍，吃过早餐就和寨子里的男性一起去本寨的神山煨桑。村里每家都要有一个人前往，有的家庭因为特殊情况没有男性参加时必须要请人帮忙把“龙达”带到山上去散发，表达对神灵的尊敬。

从神山回来后，男性聚集在村里的平坝里进行赛马比赛。全村的男女老少都前来观看这一比赛。男性们骑在骏马上驰骋，冠亚军可以获得村里德高望重的老人亲手戴上的哈达，那是一种崇高的荣誉。

初一还有一些集体活动，如跳锅庄和耍龙、耍狮子等，人们兴高采烈地参加这些活动，然后各自回家。初一不走亲访友，初二开始互相拜年。直到正月十四，人们才停止藏历年的活动。

黄龙地区藏历年的时间按农历推算，因此和汉族的春节是在同一天庆祝，这段时间整个地区都沉浸在浓浓的节日气氛中。

二、羌族节日

羌族一年中最重要的节日是祭山会、春节和羌历年。祭山会与羌族宗教密切相关，因此在下一节中介绍，这里主要讲羌历年和春节。

1. 羌历年——牛王会

羌历年是羌族人民的一个重要节日，时间为农历十月初一。

关于羌历年的时间为何是十月初一，有两种说法。一是历法的缘故。学者认为羌族自己的历法一年为十个月，而“按羌历日、月、星、辰计算，逢十进一，万物起一，即为岁首，有深刻的送旧迎新之意”[1]。另外一种说法来自于羌族宗教经典《木姐珠》，说木姐珠是天神的小女儿，她下凡与羌族青年斗安珠结婚，她父母送给她树种、粮种和牲畜作为陪嫁。她来到凡间后繁衍了后代，树种、粮种和牲畜为他们的生活提供了衣食和房屋的原料。木姐珠十分感谢父母的赐予，就在十月初一这天把收获的果实摆在露天供给父母，从此习以为俗。

据说过去羌历年非常隆重，在新中国建立后，羌历年的集体活动取消，人们在家中庆祝。直到十一届三中全会后，经征求羌族人民的意见，由阿坝州政府批准将每年农历十月初一定为羌历年，并且阿坝州放假两天。从 1988 年起，羌历年庆祝会由州内茂县、汶川、理县和北川四县轮流举办。因此在这些地方，羌历年非常的隆重，但在黄龙地区所在的松潘县，由于没有政府官方主办的大型庆祝会，因此羌历年并不特别热闹。小姓乡的居民甚至认为，这是一个新兴的、在 80 年代以后才开始流行的节日，说明在他们记忆中并没有关于太多羌历年的故事。

在黄龙地区，十月初一并不是一个普通的日子。镇坪乡认为这天是“牛王会”，要为犏牛做馍馍吃，馍馍中间还要放上六个或者十个鸡蛋。在做馍馍时候，人要笑，这样馍馍才会开口。牛王会过后，就不能犁地了，该休息了[2]。犏牛在黄龙地区农耕生活中至关重要，畜力几乎是除人力以外的唯一可用的力量，而犏牛是主要的畜力，靠农业为生的人们对犏牛非常有感情。由于牛对人类的农业生产具有重大的作用，人们想象出保护耕牛的神——牛王，通过对他的祭祀来祈祷自己耕牛的平安。在羌族人的传说中，牛是牛王菩萨的坐骑，牛王菩

---

① 《羌族词典》编委会编：《羌族词典》，巴蜀书社 2004 年，第 387 页。

② 一说为这一天，耕牛不能下地，而要休息。黄龙地区农历十月以后冰天雪地，不能进行农事活动，因此牛王会后不再犁地这个说法更为确切。

萨见到羌族青年聂比娃辛勤耕作十分劳苦，将牛赐给羌族人帮助耕种。聂比娃在十月初一得到牛王菩萨赐予的耕牛，因此将每年十月初一定为牛王会，来报答牛王菩萨的恩情。①

实际上，并非羌族才有牛王会。很多以农业为主要生产方式的民族都对牛有着特殊的感情，如土家族将四月十八日定为牛王节②。四川很多地方也有牛王会，如道光年间《德阳县新志》："十月初二日为'牛王会'，农家尤重之。城市则皆有牛王庙，乡村则寺观亦塑有牛王像，比户合钱演戏以酬神，彼此争先，乐部为之增价。"③ 民国十六年《简阳县志》："十月初一日，相传为'牛王诞辰。'……是日，牛不耕作。"④ 清道光《叙州府志》："十月朔日，民间各制纸衣冠焚墓间，谓之'送寒衣'。是日祀牛神，谓之'牛王会'。烝糯米捣糍巴饭牛，并粘牛角，以酬其力。"⑤

牛王会是农耕民族的共同节日，如今随着农业在现代社会中地位逐渐下降，这一节日慢慢淡去。而羌历年在阿坝州的大力提倡下，一方面宣传力度加大，另一方面将羌历年作为阿坝州的法定假日，这样羌历年渐渐流行开来，成为黄龙地区羌族人民独特的民族节日。

2. **羌族春节**

对于黄龙地区的羌族来讲，春节是一个热闹欢庆的节日。虽然羌族过两次年，一次羌历年，一次春节，但实际上，最主要的庆祝活动

---

① 四川阿坝州文化局主编：《羌族民间故事集》，中国民间文艺出版社1988年，第15—17页。

② 参见彭勃：《牛王节》，《湖北民族学院学报（哲学社会科学版）》1989年第1期。

③ 转引自丁世良等编：《中国地方志民俗资料汇编·西南卷》，北京图书馆出版社1991年，第123页。

④ 转引自丁世良等编：《中国地方志民俗资料汇编·西南卷》，北京图书馆出版社1991年，第137页。

⑤ 转引自丁世良等编：《中国地方志民俗资料汇编·西南卷》，北京图书馆出版社1991年，第143页。

还是在春节时候进行。

春节到来的前一天是除夕。这是辞旧迎新之际。羌族人民从除夕便开始过年。除夕夜的晚餐叫做团年，团年是取团圆之意。家庭成员要全部在家，而且家中的牲口也要收回来，牛、马、羊、鸡各回其圈，甚至借出去的物品也要收回来。屋子收拾得干干净净，特别是绳子要收拾好，羌族人认为不这样的话来年出门的时候会遇到蛇。

大约晚上六点钟的时候，开始吃团圆饭。吃饭之前，要先将香蜡和猪脑壳摆好，供奉家神，屋外的晾架上也要点香，以求来年的丰收。吃饭的时候，将五谷杂粮撒在地上，意思是让麻雀、老鼠和虫蚁也能吃上一点，让它们也过年。这是一个不同寻常的举动，在平日里，这些虫鸟是不受欢迎的，它们总是偷吃人们的粮食，平时人们总是小心翼翼地提防着这些虫鸟。但在除夕夜竟要主动给它们食物，可见这真是一个普天同庆的好日子。

除夕要守夜。镇坪乡的羌族在除夕夜里要烧九台香后才能够睡觉，在家烧完香后，有的人直接去地藏王庙里烧早香。据说新年的第一柱香会给家庭带来好运。小姓乡羌族在早晨鸡叫时分出门抢头水。第一桶水舀回家来沐浴洗脸，春节时候水温非常低，人们在家中烧柏香时烧红白石，用白石将水加热后再洗。白石代表着吉祥，用白石加热的水更加具有消灾的功能。在用头水洗脸时，要一边洗一边说吉利的话。等洗完脸进屋的时候，每个人的手中必须要有东西。俗话说："空手出门，抱柴（财）回家"，这样新的一年家庭会更加富裕。新年第一天的早晨，给小娃娃发猪耳朵吃，小孩子们拿着猪耳朵边啃边玩。

新年的第一天，人们不串门。只有小男孩是受欢迎的，他们被叫做"童子娃娃"。人们纷纷邀请小男孩到自己家中做客，因为他们相信小孩的到来会给家庭带来吉祥。已婚妇女绝对不允许去别人家中串门，人们认为她们到来会使家庭整年都运气不好。初一这天不能扫地，不能乱倒水，不能喝冷水。不能乱舀水缸中的水，否则新的一年请人帮忙干活的时候会下雨，自己希望干的活不能如期完成。新年的第一天打“尖嘴嘴”（麻雀），预示着新的一年不会吵架。因为麻雀总是叽叽喳喳吵个不停。

新年的禁忌在大年初一特别严格，过了初一禁忌就开始松动。年初二开始可以扫地，可以串门。

初三早上小姓乡的羌民要敬山神。每家都要有男性代表前往，如果家中没男人的话，请邻居带。敬山神时要先喊最大的山神，高喊三声后再敬其他的山神。烧柏香、打枪、放龙达和祈祷神山保佑一家人吉祥是敬山神的主要内容。男人们敬完山神返回寨子时要结伴同行，背着柏桠，边走边唱。女性在寨门口迎接男子的归来，并向他们敬酒致意。

初七也是春节里一个特别的日子。正月初七是人日，镇坪乡的羌民说这一天是人过年，要穿上漂亮干净的新衣服，用弯弯馍馍、酒和肉敬菩萨。这天还要“跳盔甲”，跳舞时身穿生牛皮制作的铠甲，手拿兵器，围成圆圈跳。跳的时候铿锵有力，震天动地。

春节里的娱乐活动多姿多彩。抱蛋、举石、扭棍、推杆、耍龙灯、喝咂酒、跳锅庄都是节日中的活动。抱蛋主要是青年男子参与，游戏分为抱蛋人和保蛋人。用三块石头作蛋。蛋放在地上，保蛋人为一人，他双手着地，任务是用胸脯护住蛋，不让人偷走。抱蛋人人数不等，任务是想办法将蛋偷出来。如果抱蛋人偷走了蛋，保蛋人就要受惩罚，如罚酒等，然后换其他人做保蛋人。这个游戏既可锻炼人的反应力和灵活性，又可以给人们带来欢乐。举石和扭棍则更多是比试青年的力量。举石是单人举起沉重的大石头。扭棍是两人间力量的较量，两人对面站立，各执棍子的一端，逆向扭动。比赛用的棍子上有标记，根据标记的位移来判断胜负。唱尼萨、喝咂酒和跳锅庄是羌族聚会时常有的活动，新年的聚会自然也少不了。

春节里的大型聚会以村寨为单位，大家共同承担大伙的饮食。妇女们在新年要做一种羌语叫做“嘎叽麦”的饼子。它将饼子擀平，面上放上盐、花椒和油等佐料，揉碎后用手抓着吃。羌族俗语说“好吃不过嘎叽麦”。聚会一般在晚上进行，准备活动从下午开始，妇女们擀面做“嘎叽麦”、做馍馍和准备猪肉。晚上人们在一起吃肉喝酒，唱尼萨，跳锅庄。尼萨是叙事诗，讲述羌族的历史，一首歌可以唱一个多小时。在欢歌笑语中，羌族的历史一代代传颂，历史的记忆在不经意间传承。

欢娱的时光到大年十五结束，新年期间要龙灯用的龙要在这天烧掉，因为人民相信夏天要龙会引起火灾和水灾，正月十五送龙，即是“送瘟”之意，烧掉了龙灯，就意味着瘟疫的免除。这天还要做很多面人和准备猪的棒棒骨，在念经后，将棒棒骨砍烂就意味着所有的灾难都被带走，新的一年无病无灾，幸福安康。大年十五之后，春节就全部过完，人们又开始了一年的生产劳作。

三、汉族节日

汉族的一年中的节日主要跟农事安排相关，同时也反映了自然循环。汉文化讲究人道顺乎天道，人的活动要与天道循环一致。汉族主要岁时节日为春节、立春、龙抬头、重阳和冬至。

1. **春节**

毫无疑问，春节对于汉族人来讲是最热闹的时刻。即使在海角天涯，再忙也一定要回家过年。

春节在去叫做“元旦”。《说文》：“元，始也。”“旦，明也。”段玉裁注："明当作朝。下文云：朝者，旦也。二字互训。"① 古代，元旦就是新年的第一个早晨——农历的正月初一，也叫做"元日"、"正旦"、"岁日"、"岁旦"。直到使用了西历纪年，元旦才改到了西历的1月1日。

春节从腊月（农历十二月）就开始准备，直到大年十五。春节期间包括腊月二十三祭灶、腊月三十除夕、大年初一、大年初七人日和大年十五元宵。

黄龙地区的春节从腊月二十三开始。据说这一天是灶王爷上天的日子。人们要将房屋打扫得干干净净，晚上祭祀灶神。祭灶起源很早，在商周时候就已经开始了。先秦时期官方规定的"五祀"中就有灶神。祭祀灶神的日子在商周时初为夏天，后来改到腊月，再后来固定为腊月二十三，据说这一天是一年一度的灶神上天言事的日子。民间传说灶君爷上天去汇报人在这一年中所做的善事和恶事。如果做了恶事，被灶王举报了的话要被罚减寿，大罪要减寿三百天，小罪要减寿一百天。《太上感应篇》里有"司命随其轻重，夺其纪算"② 的记述。司命即指灶君，《抱朴子》："纪者，三百日也。""算者，三日也。"③ 腊月二十三对灶神的祭祀主要是请求他在天界多为家庭说好话，奏善事，不要说坏话。

从腊月二十三到除夕，家家户户开始作迎接新年的准备工作，打扫房屋、清洗被盖。打扫清洁既可以令房屋干净，人居住其间不易生病，又有将所有晦气和瘟疫扫去之意。

新年将至，人们纷纷准备好年画和对联。过去对联常找写字漂亮

---

① （清）段玉裁注：《说文解字注》，凤凰出版社2007年，第1页，第541页。

② 《太上感应篇》，《道藏》文物出版社、上海书店、天津古籍出版社1988年，第27册，第135页。

③ 王明：《抱朴子内篇校释》，中华书局1985年，第125页。

的人写，现在大多都买成品来贴。年画多为门神像。《荆楚岁时记》："帖画鸡，或斫镂五采及土鸡于户上，造桃板著户，谓之仙木。绘二神贴户左右，左神荼，右郁垒，俗称之门神。"① 挂鸡和插桃符可以驱鬼。神荼和郁垒，是民间传说中的神灵。据应劭《风俗通》，神荼和郁垒是上古时期的一对兄弟，他们居住在度朔山的桃树下，他们力大无比，当遇到鬼怪害人的时候，他们就用苇索把鬼绑起来，丢去喂老虎。由于神荼和郁垒能够对付害人的鬼，人们相信把他们的画像贴在门上可以使鬼害怕，不敢前来。到唐代以后，门画上不再是神荼和郁垒，而是秦叔宝和尉迟敬德。他们两人是唐代的武将，英勇神武。据说唐太宗在睡觉时听到门外有鬼魅的声音，不能安寝。于是跟大臣们说了这件事情，秦叔宝和尉迟敬德就提出在太宗休息时替皇帝守护大门。果然在二位将军的守护下，太宗睡得很好。于是唐太宗令画工画下他们二人戎装守门像，贴在门上，以防鬼魅来犯。民间也渐渐流行起贴秦叔宝和尉迟敬德的画像，直到今天他们二人仍是人们心中的门神，黄龙地区张贴的门画主要是他们二人的画像。《荆楚岁时记》中"造桃符著户"的"桃符"，则是春联的前身。古代人们将两片桃木板挂在门两侧以驱邪。桃被认为是五行之精，能制百鬼。所以将桃符挂在门口主要是为了驱鬼。后世人们开始在桃符上写吉利的对联。据说后蜀孟昶写的"新年纳余庆，嘉节号长春"是我国历史上最早的一副春联。到宋代时，春节贴春联就十分流行了。王安石诗《元日》："爆竹声中一岁除，东风送暖入屠苏。千门万户曈曈日，争插新桃换旧符"②。门上张贴上崭新的春联和年画，意味着新的一年马上就要到来了。

---

① 宗懔撰，宋金龙校注：《荆楚岁时记》，山西人民出版社 1987 年，第 4—5 第。
② （宋）王安石撰：《临川先生文集》，中华书局 1959 年，第 308 页。

大年三十，是除夕。除夕是农历中的最后一天。除夕的晚饭为年夜饭，也叫团圆饭，所有的家人都要参加。而春节的盛宴和欢庆由除夕夜的团圆饭正式拉开帷幕。家家户户在这天都要做上满满一桌好饭菜，无论如何，鱼是不可缺少的一道菜，“鱼”与“余”同音，意味着年年有余，表达人们对幸福富庶生活的渴望。饭后，小孩子给家中的长辈磕头拜年。长辈会给小孩压岁钱。据说有一种小鬼叫做“祟”，它会在大年三十这天出来惊吓小孩，如果小孩子身上有压岁钱（岁、祟同音）的话小鬼便不敢作怪。也有一种说法是，年是一种怪兽，每三百六十五天要出现一次，人们要赶走它时发出的声响会吓到小孩，压岁钱可以给小孩压惊。无论如何，长辈给晚辈压岁钱时，都希望小孩在新的一年健康成长。年三十的晚上，小孩子结伴担水送到别的人家中去，他们高呼“送财来了”。主人很高兴地接受寓意美好的礼物，并回赠小孩红包。水被看作是财富的象征，人们在除夕夜要在水缸里蓄满水，意味着来年的富裕。除夕夜的最后时刻，也是新年即将到来的半个小时左右，人们开始放鞭炮庆贺。有人说春节放鞭炮最初的目的是为了赶走“年”兽，后来成为了一种习俗。也有人说放鞭炮是为了驱赶山魈和恶鬼。《荆楚岁时记》：“先于庭前爆竹，以辟山魈恶鬼。”[①] 山魈是传说中山里的一种怪物，长得有些像人，《神异经》中说它只有一只足，《国语》中说它人面猴身。它不怕人，只怕鞭炮爆炸时发出的声音。由于在喜庆的日子，鞭炮经常用来增加欢乐的气氛，久而久之，鞭炮的声音也被认为是喜庆吉祥。除夕夜的晚上，无论平常作息时间如何，人们都要坚持不睡，或者是晚睡，这种习俗被叫做“守岁”。守岁的习俗在唐代已经出现，杜甫诗《杜位宅守岁》：

---

① 宗懔撰，宋金龙校注：《荆楚岁时记》，山西人民出版社 1987 年，第 3 页。

"守岁阿戎家，椒盘已颂花。"① 人们守岁的习俗据说也是为了避免被年兽吃掉，也有说除夕夜守岁是为给父母延长寿命。在新旧交替的夜里守岁，一年马上就要过完，新的一年又要开始，人们不禁要思考这一年的收获和新一年的计划，自然也有珍惜时光的意味。苏轼诗《守岁》："明年岂无年，心事恐蹉跎；努力尽今夕，少年犹可夸"② 写出了守岁的意义。如果实在坚持不了，也必须在新年的钟声敲响以后再睡，漳腊地区的人们在睡觉的时候每个房间的灯都必须亮着，或许是要制造出一种人在守岁的假象，以避免年兽或是其他鬼魅的骚扰。

大年初一这天是新年的第一天，这天的禁忌尤其严厉，不能洗澡、不能倒垃圾、不能动扫把、不能串门。初一的早餐各家并不相同，但一般是汤圆、面条和水饺。汤圆意味着团团圆圆，面条意味着健康长寿，水饺取"更岁交子"之意，意味新年交好运。

大年初二，人们开始走亲访友，到处拜年。

大年初七是传统的"人日"，民间谓之"人过年"。传说女娲在创造世界时，在第一天造了鸡，第二天造了狗，第三、四、五、六天分别造了羊、猪、牛、马，第七天时才造了人。因此人们认为，正月初七这天是人类的生日，要特别庆祝。古代在人日有吃七宝羹、戴"人胜"和登高的习俗。《荆楚岁时记》关于人日有这样的习俗："以七种菜为羹，剪彩为人或镂金箔为人，以贴屏风，亦戴之头鬓。又造华胜以相遗，登高赋诗。"③

春节期间有盛大的舞龙、舞狮和舞牦牛活动。舞龙和舞狮是我国传统的活动，但舞牦牛在我国其他地区并不多见，在黄龙地区，由于人们与牦牛有着深厚的情感，因此舞牦牛。黄龙地区春节舞龙，不同

① （清）仇兆鳌：《杜诗详注》，中华书局 1979 年，第 109 页。
② （清）王文浩辑注：《苏轼诗集》，中华书局 1982 年，第 161 页。
③ 宗懔撰，宋金龙校注：《荆楚岁时记》，山西人民出版社 1987 年，第 15 页。

的村有自己独特的龙。东一村的是独眼龙，顺江村的是青龙，南街的是玉皇龙，外城是彩龙，漳腊是火龙。漳腊的火龙不能进松潘县城，只能在城外转一圈，因为火龙进城可能会给城镇带来火灾。其中玉皇龙地位最高，青龙排第二。大年三十出龙，众小龙出去迎接大龙。狮子和龙都是传统的瑞兽，牦牛是雪域重要的交通工具和饮食来源，被称为高原之舟。舞狮、舞龙和舞牦牛的方式基本相似，都是由人使用道具装扮成狮子、龙和牦牛来表现它们的喜怒哀乐等神态和跳跃、戏珠等动作。舞狮、舞龙和舞牦牛的观赏性极强，表演起来热闹欢乐，同时还具有象征意义。狮子威武强壮，舞狮象征着借用狮子的力量来消灾除害。在中国民俗信仰中，龙管理着人间的降水，关系到庄稼的收成。舞龙表达了人们希望风调雨顺、五谷丰登的愿望。牦牛是高原之舟，舞牦牛象征着吉祥如意，同时表现高原人开拓进取的精神。

新年的庆典一直持续到大年十五，即是元宵节。元宵节是重要的传统节日。元者，始也。宵者，夜也。元宵是指新年中第一个月圆夜，即是正月十五。一年中第一次月圆时，人们要特别地庆祝一番。汉代开始，元宵节就开始形成，汉代祭祀太一神的时间为正月十五，因此太初历中将元宵节定为一个重大节日。从此以后甚为流行。元宵节的主要活动为观灯、猜灯谜、吃元宵等。黄龙地区地方志记载："十五日'上元节'，亦曰'灯节'。民间出鱼龙百戏，爆竹相随，谓之烧灯。"①关于元宵节燃灯的习俗，有几种说法。一说是汉代以望日祀"太一"，从昏到明，很多人围观，因此成俗。一说是来源于佛教。汉明帝提倡佛教，他听闻印度求法归来的蔡愔说，在印度，僧人和信徒在正月十五云集寺庙参佛，于是为了弘扬佛法就在宫中燃灯礼佛。后来此俗流传到民间。一说是汉文帝为了纪念"平吕"而设置元宵

① 《松潘县志》八卷，民国十三年刻本。

节。吕后是汉高祖刘邦之妻，刘邦去世后，吕后之子汉惠帝刘盈登基，汉惠帝病死后，大权旁落，吕后掌握了朝政，大量任用吕家亲戚，引起了刘家宗室和朝中大臣的强烈不满。待吕后去世，诸吕试图篡夺刘家天下。齐王刘襄联合国之重臣周勃和陈平，平定了诸吕之乱。然后大家拥戴刘邦之子刘恒登基，是为汉文帝。平定诸吕之乱的时间在正月十五，因此文帝将这天定为节日，到处张灯结彩以示庆祝。元宵节的灯会热闹非凡，黄龙地区也将元宵节叫作灯节，四处张灯结彩，各式各样的灯耀眼夺目。有的灯上贴了纸条，上面写着谜语供人猜测。人们一边观看赏心悦目的彩灯，一边思考谜语，既能观景又能益智。元宵节的节俗食品是汤圆，也叫元宵，用雪白的糯米内包红糖、豆沙、花生等馅。汤圆的形状浑圆，正如家庭成员的齐聚团团圆圆，汤圆的味道甘甜，正如天伦之乐的甜蜜。吃汤圆，表达了人们渴望与家人团聚永不分离的美好愿望。过完这一天，就算过完年，要开始劳作了。四川有句谚语："年过十五，有肉不煮"，意思是春节的庆祝活动到此为止，所以这一天特别热闹。

2. **立春**

立春是二十四节气之一，它的形成时间较早。根据历史文献可知，最早形成的二十四节气是二分二至，即春分、秋分、夏至和冬至。《尚书·尧典》："日中星鸟，以殷仲春；日永星火，以正仲夏；宵中星虚，以殷仲秋；日短星昴，以正仲冬。"[①] 日中、宵中指白天和黑夜同样长，将一天等分，是为春分、秋分。而日永、日短则指白天长和白天短，是为夏至和冬至。春秋时期，四立——立春、立夏、立秋、立冬形成，这四个节气和二分二至被称为"分、至、启、闭"。《左传·僖公五年》载："凡分、至、启、闭，必书云物，为备故也。"

① 阮元校注：《尚书正义》，《十三经注疏》，中华书局 1980 年，第 119 页。

孔颖达疏："分，春秋分也；至，冬夏至也。启，立春立夏；闭，立秋立冬。"①

立春的特别之处在于，它是二十四节气中的第一个节气。华夏民族以农业为主要生产方式，历来受人们重视。对于农业生产来讲，最为重要的是掌握农时，顺应天时。作为一国之主，帝王应当帮助人们知晓农时，不误农时。经典记载，古代贤明的君主——尧就是一个榜样。"（尧）乃命羲和，钦若昊天，历象日月星辰，敬授人时。"② 不仅如此，帝王的政令也应与自然变化相符合，以突出人道合天道的思想。立春之日，帝王要带领群臣进行迎春仪式，并颁布阳德柔惠的政令，举国同庆：

> 是月也，以立春，先立春三日，太史谒之天子曰："某日立春，盛德在木。"天子乃斋。立春之日，天子亲率三公、九卿、诸侯、大夫以迎春于东郊，还，乃赏公卿诸侯大夫于朝。命相布德和令，行庆施惠，下及兆民，庆赐遂行，无有不当。③

根据五行与四季、五方相配的关系，孟春属木，木配东方，故"迎春于东郊"；木性仁，故行阳德柔惠之政令。立春日举国同庆，万民同乐。

因为立春是二十四节气中的第一个，因此在立春日，帝王带领各级官员亲自耕种，以鼓励人们劳作。西汉《盐铁论》中就已记载劝耕仪式，至东汉这一仪式已经成熟。《后汉书》中记载立春日，百官着青衣，造土牛，以提醒人们春耕已经开始，鼓励人们勤劳耕种。

---

① 阮元校刻：《春秋左传正义》，《十三经注疏》，中华书局 1980 年，第 1794 页。
② 阮元校刻：《尚书正义》，《十三经注疏》，中华书局 1980 年，第 119 页。
③ 王利器疏：《吕氏春秋注疏》，巴蜀书社 2002 年，第 27—32 页。

黄龙地区立春的迎春活动，如今虽不见，但根据地方志的记载，在20世纪20年代仍存在。民国《松潘县志》："'立春'前一日，曰'迎春'。知事领春官等扛芒神、土牛出迎于东郊。次日'打春'。"①

芒神即是句芒，也称勾芒。《吕氏春秋》高诱注："句芒，少皞氏之子曰重，佐木德之帝，死为木官之神。"② 由于春天是万物生长之时，木生时"勾曲而芒角"，因此名为句芒。它是管理春天的神灵，也叫春神。每年立春之日，所用的芒神形象并不完全一致，而是根据立春日地支的五行属性和立春时刻等来设定芒神的年貌、发式和衣式：

> 勾芒神，衣色、带色，视立春日地支，衣色用克，带色用生；头上两个髻视立春日纳音，属金两髻均在耳前，属木两髻在耳后，属水左髻在耳前，右髻在耳后，属火左髻在耳后，右髻在耳前，属土两髻在头顶；勾芒神的罨耳视立春时刻是白天还是夜晚，子、丑时全戴，寅时右边戴，左边揭开，亥时左戴右揭，卯至戌则手提罨耳，阳时用左手提，阴时用右手提；勾芒神的绑腿、鞋、裤或有或缺视立春日，水俱全，火俱无，土只有裤，金、木俱全，但绑腿位置不同，属金左绑腿带挂腰带上，木右绑腿带挂腰带上，勾芒神的年貌视年支配四季，属冬（寅、卯、辰）童子像，春（巳、午、未）少壮像，夏（申、酉、戌）青壮像，秋季（亥、子、丑）老人像。③

土牛用泥土制作，内装五谷杂粮，也叫做春牛。春牛的颜色同样

① 《松潘县志》八卷，民国十三年刻本。
② 王利器疏：《吕氏春秋注疏》，巴蜀书社2002年，第10页。
③ 王道瑞：《古代皇宫的迎春活动及春牛芒神》，《紫禁城》1991年第6期，第19页。

要根据天干地支与五色的配属关系来制定，宋代时已有关于春牛的颜色规定的《土牛经》：

常以岁干为头色，从甲乙丙丁戊己庚辛壬癸为十干，甲乙木，其色青，丙丁火，其色赤，戊已土，其色黄，庚辛金，其色白，壬癸水，其色黑，余仿此。支为身，从子丑寅卯辰巳午未申酉戌亥为十二支，寅卯木，其色青，巳午火，其色赤，申酉金，其色白，子亥木，其色黑，辰戌丑未土，其色黄，余皆仿此。纳音为腹，从金木水火土，为纳音。金白，木青，水黑，火赤，土黄，以此五色言之，立春日干色为角、耳、尾，支色胫、蹄，纳音色为蹄。假令甲子岁立春，甲为干，其色青，用青为牛头；子为支，其色黑，黑为身；纳音金，其色白，白为腹。丙寅日立春，丙为干，其色赤，用赤为角、耳、尾、寅为支，其色青，用青为胫、蹄，纳音是火，其色赤，用赤为蹄。[1]

芒神和春牛的颜色和形状有复杂的规定，所以推算并绘制芒神春牛图的任务由专管天文的钦天监在前一年的六月开始进行，等绘制完成芒神春牛图后由中央发往地方。地方官员根据此图来制作句芒和春牛神像。清末以后，春牛不再用泥土制作，而改用竹编制骨架，外糊彩纸。

“打春”仪式在立春日当日进行，百官身穿朝服前往东郊。等到立春时刻一到，奏响鼓乐，大家争相使用手中的鞭子鞭打春牛。春牛外糊的彩纸被捅破后，它肚子里装的五谷杂粮纷纷落下。人们欢快地

① 《古今图书集成·历象汇编·岁功典》卷十八立春部引宋向孟《土牛经》，中华书局1934年，第16册，第41页。

呼喊五谷丰登，这表达了人们希望当年庄稼丰收的愿望。

由于农业在人们生活中的地位有所下降，如今黄龙地区立春时的庆祝活动减少。但人们仍然认为立春是一件喜事，没有立春这个节气的年份（即立春在农历大年初一之前）被叫做“寡妇年”，这一年不宜婚嫁，否则新嫁的姑娘会成为寡妇。当然这种说法并不可信，但足以见得立春在人们心中的重要地位。

3. **龙抬头**

俗语说“二月二，龙抬头”。在农业生活中，二月二被认为是一个特殊的日子，是为“龙抬头日”，也叫“青龙节”和“春龙节”。

为何二月二为龙抬头？从不同的角度有不同的说法。一种说法为古代天象观念的解释。古人将天上二十八宿分为四组，东、西、南、北分别用青龙、白虎、朱雀、玄武表示，代表春夏秋冬四季。根据二十八宿在东方地平线上出现与否来确定季节。东方青龙包括七宿：角、亢、氐、房、心、尾、箕，这七宿分别为龙头、龙颈、龙胸、龙腹、龙心和龙尾（尾、箕对应龙尾）。农历二月初二的时候，只有代表龙头的角宿在东方地平线上出现，其他六宿隐没不见。因此将二月初二叫做龙抬头，这意味着春季开始，一年的农业活动即将开展。但由于地轴运动，春分点变化，现代角宿露出地平线已在农历三月以后了[①]。因此这种说法并没在民间造成很大的影响。对民间影响较大的是第二种说法，即是传说故事。关于二月二龙抬头的传说故事有很多种，《中华民俗源流集成》中收集了陕西、河南和江苏不同版本的传说[②]。其中最为流行的版本是，玉帝因为人间罪恶令天气干旱以示惩罚，主管兴云布雨的玉龙看到人间苦难不忍心，于是降雨解救了老百

---

① 参见完颜绍元编著：《中华民俗之谜》，上海辞书出版社 2002 年，第 41 页。

② 参见雪犁主编：《中华民俗源流集成·岁时节日卷》，甘肃人民出版社 1994 年，第 80—88 页。

姓，但却违反了玉帝的命令。玉帝将其压在山下治罪，并且立碑“玉龙降雨犯天规，当受人间千秋罪。若想重登灵霄阁，金豆开花方可归。”人们想报答玉龙的恩情，也希望玉龙返回天界再给人间降雨，于是想出了个办法，即是把金黄的玉米炒开花。玉帝见后，以为真的金豆开花，就让玉龙重返天庭，重新管理人间的降雨①。可见，民间关注二月二龙抬头，主要的目的是希望龙能够给人间恰到好处的雨水，不发洪涝也不干旱，靠天吃饭的老百姓期盼风调雨顺。

黄龙地区的二月二，并没有特别的庆典活动。但由于农业生产至关重要，而龙又主管兴云布雨，直接关系到是否风调雨顺，五谷丰登，因此黄龙地区至今仍保留着一些禁忌，如忌在龙抬头日动针线，以防伤龙眼。

4. **洗晒节**

俗语说，“六月六，晒衣服”。农历六月初六是传统的洗晒节。

农历的六月六在节气小暑和大暑之间，是一年中最热的时候。人们将家中衣物和书籍等全部拿到太阳下暴晒，以防发霉。

魏晋南北朝时期，晒衣服的时间是在七月七日。《世说新语》中记载了七月七日晒衣服的故事：

> 阮仲容步兵居道南，诸阮居道北；北阮皆富，南阮贫。七月七日，北阮盛晒衣，皆纱罗锦绮。仲容以竿挂大布犊鼻裈于中庭。人或怪之，答曰：“未能免俗，聊复尔耳。”②

---

① 参见周一平，沈茶英编著：《岁时纪时辞典》，湖南出版社 1991 年，第 119 页；雪犁主编：《中华民俗源流集成·岁时节日卷》，甘肃人民出版社 1994 年，第 80－81 页；《中国风俗图像解说》，上海书店出版社 1999 年，第 29－31 页。

② 徐震堮著：《世说新语校笺》，中华书局 1984 年，第 393 页

可见，当时的习俗是七月七日晒衣服，而且一般所晒衣物是高档珍贵的。晒衣可以防蛀，同时也可以显摆家中的财富。阮仲容把自己不值钱的犊鼻裈挂出去晒，别人觉得很奇怪。

同书还记载了郝隆晒书的故事："郝隆七月七日出日中仰卧，人问其故，答曰：'我晒书。'"[①] 校注曰："'七月七日'下《御览》三一有'见邻人皆暴晒衣物，隆乃'九字，语义更备。"[②] 意为郝隆在七月初七邻居晒衣服时仰卧在阳光下，别人问他原因，他说自己在晒书，意指书在肚子中。

后来，洗晒节的时间由七月初七变为六月初六。明代书籍记载，官方晒书时间在六月初六。《万历野获记》："六月六日本非令节。但内府皇史宬晒曝列圣实录，列圣御制文集诸大函，每岁故事也。至于时俗，妇女多于是日沐发，谓沐之则不腻不垢。"[③] 明代时六月六日固定为一年一度的洗晒节。

六月六日也是道教的一个节日，叫做"天贶节"。《说文》："贶，赐也。"[④] 天贶节即是指这天是天书下降之日。天贶节起源于北宋真宗时期，真宗赵恒称在梦中见神人将降天书，于是举行了受天书的仪式。

黄龙地区人们家中多皮货，如老羊皮、羔子皮和狐皮等。每逢六月初六，人们就将这些皮货、衣物和书籍拿出来晾晒，以防发霉和虫蛀。

5．**重阳节**

重阳节是农历的九月初九，是我国的传统节日。

---

① 徐震堮著：《世说新语校笺》，中华书局 1984 年，第 430 页.
② 徐震堮著：《世说新语校笺》，中华书局 1984 年，第 430 页.
③ 沈德符撰：《万历野获编》，中华书局 1959 年，第 619 页。
④ 许慎撰，徐铉等校定：《说文解字》，中华书局 1985 年，第 206 页。

“重阳节”的名字由其节日时间而来。在古代文化中，万事万物都分阴阳，数也不例外。古人认为奇数为阳，偶数为阴。而在个位数中，九是最大的数，也被称为“阳之极”。农历的九月初九，月、日都为九，二九相重，是为“重九”，而九为阳，则为“重阳”。

对待重阳，人们向来有两种截然相反的观念。一种认为重阳是吉祥的日子，因为“九九”和“久久”同音，曹丕的《与锺繇九日送菊书》：“岁往月来，忽复九月九日。九为阳数，而日月并应，俗嘉其名，以为宜于长久，故以享宴高会。是月律中无射，言群木庶草，无有射而生。至于芳菊，纷然独荣，非夫含乾坤之纯和，体芬芳之淑气，孰能如此？故屈平悲冉冉之将老，思食秋菊之落英，辅体延年，莫斯之贵。谨奉一束，以助彭祖之术。”[①] 曹丕认为九月九日是“宜于长久”的好日子。他为好友锺繇送上一束菊花以帮助其延年益寿，寿如彭祖。传说彭祖在娘胎中待了三年，才从母亲左边腋窝中出生，彭祖寿命长达八百岁。在重阳这样的吉祥日子，人们互相祝福长寿。另一种看法则截然相反，认为重阳是凶日。因为九是“阳之极”，而天地间万物的生长的规律是盛极则衰。阳之极则变为阴。而且《黄帝内经》中直接说“天地之至数，始于一，终于九焉”[②]。九是终极数字，不祥。另外，术数家认为灾年常常降临在奇数年，因为天为阳，奇数也为阳。所以重阳是二九相重，非常不祥。以这种观点来看，重阳节登高则是出门避灾。

重阳节有登高的习俗，南朝时《续齐谐记》中讲述重阳登高的节俗起源：

① 《艺文类聚》卷四。

② 《黄帝内经索问补注释文》，《道藏》文物出版社、上海书店、天津古籍出版社1988年，第21册，第90页。

汝南桓景随费长房游学累年。长房谓曰："九月九日，汝家中当有灾厄，宜急去，令家人各做绛囊（红色小口袋）盛茱萸以系臂，登高饮菊花酒，此祸可除。景如言，齐家登山。夕还，见鸡犬牛羊一时暴死。长房闻之曰："此可代也。"今世人九日登高饮酒，妇人带茱萸囊，盖始于此。①

即是说，重阳节登高带茱萸以避祸。实际上，在秋风萧飒的时候，人们对天气变化不适应，容易感染疾病，这样人们更加认为这一特殊时刻是危险的。而九九重阳是阳数之极，盛极必衰，这日地气上升，天地之气交接。这种不正之气会给人带来极为恶劣的影响，因此人们要登高以避免接触到不正之气。登高超越了日常的生活空间，这种超乎寻常的方式避免了可能发生的灾祸。

登高一般是去登山，但并不局限于登山，还包括攀登一切高出地面的地方，如塔、楼、阁等。登高从空间上是从低往高攀登，象征着步步高升。

重阳节也是老人节，重阳的登高被认为可以延年益寿。登高不仅为祈求长寿和步步高升，同时也是欣赏风景，野餐娱乐的好时光。

重阳节所喝的酒叫做重阳酒，多用菊花酿制。因为菊花在秋天盛开，这一时节很多花草都枯萎了，唯有菊花在秋风中绽放，非常有生命力。用菊花酿酒，即取其生命力旺盛之意，希望饮菊花酒的人可以长寿。重阳也是酿酒的大好时节，黄龙地区人们认为重阳节酿酒格外地香。民歌中唱"九月里、九重阳，重阳造酒满缸香。"② "九月采茶

---

① 《续齐谐记》,《汉魏六朝笔记小说大观》，上海古籍出版社 1999 年，第 1007 页。

② 中共松潘县委宣传部、松潘县文化体育局：《岁月的痕迹》，大众文艺出版社 2010 年，第 175 页。

是重阳，大姐二姐同造酒。”[①]

黄龙地区重阳节的主要活动是登高宴饮和酿造佳酒，表达人们趋利避害和追求长寿的心理。

6. **冬至**

冬至是我国二十四节气中之一，也是我国的传统的节日。冬至是全年中白昼最短的一天，一般是在阳历12月22或者23日。

我国处于北半球，冬至日白昼最短，黑夜最长。过了冬至以后，白昼时间渐长。古人认为，天气变化寒来暑往是阴阳二气运动的结果，冬至日是阴气最盛，盛极而衰，阳气复生之时，用《周易》卦象来表示的话，则为复卦。卦象初爻为阳爻，其余皆为阴爻，意味着阳气开始复生，谓之“一阳来复”[②]。

阳气的复生，意味着新的一轮阴阳变化的开始。殷周时期将冬至日作为新年的开始。改用夏历后，冬至不再是新年的开始，但在人们心目中，其仍是一个非常重要的节日，值得庆祝。《独断》中有：“冬至阳气起，君道长，故贺。”[③] 在魏晋时期，冬至的庆祝仪式规模和热闹程度仅次于春节。宋代以来冬至愈加隆重，国家规定放三天假，这三天中，皇帝不处理公务，集市放假休息，举国同庆。

民间说“冬至大如年”，冬至以后就开始数九，即一年中最寒冷的时期到来。以九天为一个周期，要数九个九即八十一天，天气才开始变暖。冬至日要吃能够御寒的食物以抵挡即将到来的寒冷。黄龙地区的人们吃羊肉和饺子。据说，冬至吃饺子，冬天就不会冻耳朵。羊肉是燥热的食物，冬至日吃羊肉是为了御寒，同时，其燥热属阳，象

---

① 中共松潘县委宣传部、松潘县文化体育局：《岁月的痕迹》，大众文艺出版社2010年，第175页。

② 见前面端午节之“十二消息图”。

③ （汉）蔡邕：《独断》卷下，《丛书集成初编》本，第24页。

征着扶助阳气。

冬至日也是祭奠祖先的时候。东汉时期就有冬至祭祖之俗，人们在冬至到来前沐浴斋戒，冬至日当天祭祀玄冥之神和列祖列宗。此后一直延续此俗。宋代书籍记载人们无论贫富都要穿戴新衣，祭奠祖先：“十一月冬至，京师最重此节。虽至贫者，一年之间积累假借，至此日更易新衣，备办饮食，享祀先祖。”① 明清以后，冬至日仍为祭祖之日，民间常说“清明扫墓，冬至祭祖”。祭祖的时候，有家族祠堂的人们和族人一起祭祀先祖，由族长主持，族人共同出资，共同缅怀祖先，同时加强家族感情。没有祠堂的人们则在家祭祀祖先。

如今黄龙地区的冬至日虽没有以前热闹，但人们仍在这天祭祀祖先，同时庆祝阳气回复，吃羊肉和饺子御寒。

第四节　宗教节日和信仰世界

黄龙地区是一个多民族杂居、多宗教共存的地区。这里的居民宗教信仰多种多样，藏族人多信仰苯教和藏传佛教；羌族多信仰羌族原始宗教，有一部分靠近藏族地区的羌族受苯教或藏传佛教影响较大，靠近汉族地区的羌族受汉传佛教或道教影响较大；回族信仰伊斯兰教；汉族多信仰汉传佛教或道教。在这样一个多宗教共存的地区，宗教节日也异常丰富。从这些宗教节日的庆祝活动中，我们可以了解人们的信仰世界。

---

① 孟元老：《东京梦华录》，《笔记小说大观》九编第 5 册，台湾新兴书局 1973 年，第 3359 页。

一、苯教节日

黄龙地区地处川西高原，属于安多藏区，这一地区很多藏族人信仰苯教 。据 1999 年《松潘县志·社会风俗·宗教信仰》："苯教又称苯钵教，为县境内原始宗教。唐以来，土著民族信仰苯教。"随后藏传佛教的传入与苯教发生了摩擦和冲突，但是苯教作为藏族的原始宗教并未被藏传佛教所取代，而是与藏传佛教相并立。黄龙地区是苯教信仰的一个大本营，苯教的神山——小西天和雪宝顶都在这个地区。松潘县内开放的苯教寺院有十三座，其中尕米寺是苯教著名寺院，它以西藏著名的苯教寺院——雍仲林寺为母寺。尕米寺下辖五个寺庙，即德巴扎仓（上尕米寺）、郎依扎仓（对河寺）、降仓扎仓（山巴寺）、仁普扎仓（林坡寺）和甲顶扎仓（元坝寺）。苯教的宗教节日主要是寺庙的法会。

1. 良米迪青

良米迪青是纪念苯教大师年麦·辛饶坚赞的节日。"迪青"为藏语重要节日的音译。

年麦·辛饶坚赞又译为良美·西绕坚赞，或称为年美大师、酿麦大师，是苯教重要人物，苯教认为他是第二佛陀，或称第二祖师，其地位仅次于祖师辛饶米沃。他于苯历火候年孟春五日（1356）出生在多康嘉绒地区绕丹拉乃多角（今四川阿坝州内丹巴县与金川县交界处），他在苯教文化衰退的时期大力弘扬苯教，使苯教文化得以发扬光大。他从小博学多闻，精进修持，精研义理，著作等身。传说他于 1415 年正月初五圆寂。

为了纪念这位苯教大师，苯教寺院在每年正月初五举行法会。尕米寺的庆祝活动在其所辖的五大扎仓举行法会后再进行，一般在正月初九到正月十六。这是苯教盛大的法会，黄龙地区的苯教徒从四面八方赶来尕米寺，人潮汹涌。他们转山、拜佛，祈求神灵保佑。

正月十四至十五日是良米迪青的高潮时期。寺院的僧人为信众表演法舞，藏语称为羌姆。"'良米法会'期间要跳14种法舞。其跳的顺序是：客强、阿勒尕勒、纳机、甲那阿洪、玛机、楚强、热朵、哈强、阿杂然、德车达姆、狮子、猴子、辛绕更强、萨龙。每种法舞都各自有一套独具特色的服装以及面具，各种法舞都有其特殊的宗教意义以及神秘象征。"①

在良米迪青，苯教信徒祈祷新年庄稼丰收，六畜兴旺，生活幸福。

2. **莫朗切波法会**

这一法会据说是为了纪念修建尕米寺而举行的，也有一说认为莫朗切波是为了纪念在安多地区"降魔建寺"的阿尼雄大师而举行的②。时间在藏历五月初九到五月十六进行。

阿尼雄是安多三圣人之一雄帕大师，"藏语称安多三圣人雄帕大师为'阿尼雄帕 a－myes－skyang－vphags'"③。阿尼帕是安多三圣人中影响最大的一位。他出生贫寒，通过修习苯教经典而成为大师。他在若尔盖地区和迭部地区修建了寺庙，影响很大。其传人也到处弘法，修建寺院和静修院。阿尼雄对苯教传播作出了杰出贡献。

在五月十四日和十五日两天同样有羌姆表演。五月已是春暖花开时，苯教信徒除来此进行宗教活动外，还常常带上帐篷在寺庙附近畅坝，歌舞尽欢，热闹程度甚于正月的良米迪青。由于其参与人数众多，很多商人也前来贩卖商品。

---

① 达尔基，尕让他：《小西天旅游便览》，《雪原文史》编辑部2002年，第28页。
② 中静珠穆：《苯教寺院研究》，兰州大学硕士论文，2007年。
③ 同美：《早期本教斯巴本与释比文化》，《民族学刊》2010年第2期。

尕米寺的主要活动是念《麻直经》和《德直索经》等苯教经典。

3. **降仓法会**

这是降仓扎仓即山巴寺举行的一年一度的盛大法会，时间为二月十五到二十二。降仓法会期间，僧人表演一种叫做“申强”的法舞，非常受信众喜爱。这种法舞由两个僧人表演，他们装扮成猴子，在(一根一端固定在经堂三楼，一端固定在院坝木桩上）绳索上表演行走、倒挂、翻转等动作，如猴子般灵敏。

4. **龙孜河甲法会**

龙孜河甲法会是仁普扎仓即林坡寺的重要法会，每年四月十五举行。这是为了纪念林坡寺喇嘛辛饶耶西而举行的。

辛饶耶西是林坡寺苯教喇嘛，生活在清朝。咸丰十年时，松潘县发生变乱，史称“咸丰之变”。辛饶耶西在“咸丰之变”中维护了当地的民族团结，是地方杰出人物。

这次事变发生在清朝咸丰十年，即1860年。那时清政府内有太平天国起义，外有英法联军入侵，内忧外患，不断增加税收，导致民族矛盾加剧。事情起因为1856年松潘镇中营收取所辖的热务寨、牟尼包子寺寨等部落的公粮。收粮人中饱私囊，不顾人民疾苦，不以平斗为单位，而要求量斗装得堆尖。当地人将其称为“尖斗粮”，对此非常不满，请求废除这种计量方式。但当时总兵文升毫不理会，反而申请派兵来镇压，未果后离开。而各个部族决定抗粮并积极准备。等到1860年时，总兵换为联昌。这时由于太平军的节节胜利，松潘地区的军队调去对抗太平军，防守空虚。各部族的变乱准备活动也基本上完成。民间传说小姓乡大耳边村的苯教活佛黑仑来生而神异，于是以活佛名义号召联合大家，商量好以木刻为信，准备起义。农历四月，抗粮行动正式进行。后来局势失控，演变成仇杀汉人的行为，并试图占领松潘县城。经过几个月的时间的战争，1861年7月，松潘县城周围全被占领，仅余下一座孤城。直至1862年，清政府才收复松潘，事变结束。

林坡寺的喇嘛救出了总兵联昌，并将其藏在林坡寺内一年。在事变之前，林坡寺的喇嘛就四处奔走试图阻止事变，事变中又到处救援难民，事后又请求清政府不要妄杀变民。

清政府鉴于林坡寺喇嘛在事变中为民族团结所作的贡献，赐予他"二品堪布"的职衔。

林坡寺每年举行法会就是为了纪念这位喇嘛的杰出贡献，也表达了苯教信众希望民族团结的美好愿望。法会期间，僧人表演一种叫作"甲那阿洪"的藏戏。藏戏中僧人戴浓眉大眼的面具，左右各一小和尚，伴着宗教音乐声在院坝内来回走动，好似官员视察。林坡寺的法会热闹非凡，跳法舞的表演非常有吸引力，无论是否苯教信徒都纷纷前往观看。《松潘游记》记载："林波寺距松城四十里，距漳腊十里，每年四月十五番僧作会，番人演各种状态跳跃，汉夷往观，名曰跳锅庄。跳毕，番人男妇嬉戏，即以会期勾许婚嫁。"①

5. **对河寺庙会**

对河寺庙会时间为每年三月二十三至四月一日。这天对河寺的和尚们无论在何地都要赶回来，沐浴洗漱，穿戴一新。经堂装扮得格外漂亮，经幡四处悬挂。经堂前面的空坝也打扫得干干净净。对河寺的法会也要跳法舞，亦非常热闹。《川西民俗调查记录》从汉族人的视角详细的记录了跳法舞的过程：

> 经堂里念了一阵经，敲了一阵铙钹，跳出一个执长鞭，戴鬼脸的来，把坝子里的闲人赶到边上去，这就算舞场开幕了。

---

① 傅崇矩：《松潘游记》，国家图书馆数字方志，第94页。

所有的演员都戴的是面具，穿的像汉人在旧舞台上所穿的古装，但其式样也有小异之点。因为他们戴有面具，当然不能讲话；因此，汉人多称西番的神会叫“盲哑会”，其实未见得“盲”。

第一场是一个穿黄袍的红脸和一个穿绿袍的白脸，各自的跳舞。

最常用的跳舞姿势是“两手叉腰，一步一旋转”。乐亭上鼓号、铙钹的响声，单调而且喧杂，其用在节奏跳舞时的步伐；当鼓声快到分不开捶数的时候，舞者旋转如风车，衣裙飞洒如圆盘，这便是观众们喝彩的机会。

第二场是四位两手捏有铜镜的，由迎送队领出场来，也只跳舞。迎途队中持杖的那两位，行时将杖左右交掷，也合乐音的节奏。这四位舞罢归经堂的时候，迎送队也一样的送入。

第三场是两个戴鹿头的跳舞。场中预插两对短的竹棍，棍上搭卡打[①]两条。二鹿舞后，用角将卡打挑去。

第四场情节比较复杂。场中置一木盘，内盛一个糌粑作成的人，长约两尺，听说，这人的五脏六腑都是全的，并且肚子里还装得有血。六个执剑的“山神”出场来跳舞一阵，把这糌粑做的人斩成两断。有一个喇嘛来到斩人的地方叩头跪下，“迷迷莫莫”的念经，这时候乐器都停止吹打，乐亭上的人也和这喇嘛一样的念起经来。同时，有两三个和尚把很多的青稞和一些糌粑做的小佛像，不住地向空中抛洒。举凡一二三场所出的那些脚色一齐出来，伙着大跳一阵歇台。

休息片刻之后，继续表演一场狮子舞。就是汉人，也很夸奖

① 即哈达。

西番神会中的狮子舞，说，“扮得很像一个活狮子”。确实，扮得很像衙门口的石狮子。遍身披著各色绫罗绸缎的小片，项上系著一串响铃，肚子里包著两个人，一人管头，一人管尾，走起路来，跳起来，摇起尾来，或打起滚来，都很像北平产的狮子狗。狮子出场来的时候，众人给它燃爆竹，系卡打，或竟给它系上一条红布，红绫子，以至于红绸子。

舞场中的节目表演完了以后，迎送队送过乐队，又送大喇嘛回私宅。[①]

实际上，其中戴着鹿头和狮头面具表演的是“鹿舞”和“狮舞”。其中有着汉族的视角所看不出来的深刻的宗教含义和教育意义，同时可根据表演时的情状来进行占卜。“鹿是守护神‘赞’的化身。此舞蹈之意是守护神‘赞’化作鹿来到人间巡视。舞蹈同时还教导信众不能杀生。表演过程中，在几只柳条上横放哈达，以鹿能否用角顺利挑起，预测庄稼的丰欠。”“狮子为阿尼玛钦神的坐骑，在跳狮舞时，狮子出门前需念诵三遍‘玛钦帮日经’，其舞蹈象征着阿尼玛钦神的降临……如若在表演狮舞时降下微雨，便视为大吉大利。”[②]

对河寺庙会期间喇嘛在寺院中念经讲法，同时还举办摔跤和赛马等娱乐活动，非常热闹。

二、藏传佛教节日

藏传佛教在黄龙地区的影响亦很大有三个教派在这一地区流行，

① 黎光明、王元辉著《川西民俗调查记录1929》，“中央研究院”历史语言研究所2004年，第117－119页。

② 白玛措：《松潘本教神舞简介》，《西藏研究》1998年第1期。

即宁玛派（红教）、萨迦派（花教）和格鲁派（黄教）。传说宁玛派7世纪时进入黄龙地区，是最早传入的藏传佛教教派，烟囱寺是宁玛派的寺庙。萨迦派在元代传入，上尼巴寺是萨迦派的寺院。格鲁派是最晚传入黄龙地区的，却是藏传佛教影响最大的一个教派，毛儿盖寺院、肖包寺、后寺是格鲁派的寺院。藏传佛教虽有不同教派，但他们都念六字真言，即“唵、嘛、呢、叭、咪、吽”。因此人们用“嘛呢”来指代藏传佛教。同样由于苯教念八字真言为“哦、嘛、直、莫、耶、萨、来、德”，人们用“嘛直”来指代苯教。

1. **祈祷节**

祈祷节，藏语为“毛兰切莫”，在黄龙地区又叫做传召节、木郎节，是阿坝州隆重的大型宗教节日。一般在正月举行，萨迦派寺院上尼巴寺祈祷节，即庙会时间为正月十五至十六。格鲁派寺院毛儿盖寺院祈祷节，据1999年《松潘县志》称会期在正月初九至十六，我们在毛儿盖寺院实地调查时寺院僧人说会期为正月初一至十五。祈祷节的时间较长，活动内容分为两类，一是僧人参加的念经、祈祷，一是僧众共同参与的公开聚会，僧人的念经祈祷持续时间较长，而信众所参与的时间实际上比较短。

祈祷节又叫做传召节，佛教词典“传大召”词条这样解释：

> 又称“大祈愿法会”，藏语称“默朗钦若”，意为发愿、祈愿。西藏自治区藏传佛教传统节日。每年藏历年正月初三至二十四日举行。是宗喀巴大师提倡的四大佛事之一。15世纪初（1400年）宗喀巴为振兴衰微中的藏传佛教，推行宗教改革，创建了格鲁派。为广募资财，宣传教理，扩大影响，经多方努力，决定举行大祈愿法会，并将大昭寺的殿堂、佛像、法器、供物、幡幢、壁画修饰一新，宗喀巴本人还特意集金500两，为大昭寺

觉卧佛像制作了五佛金冠。是时，佛教诸派僧人万余，信教群众数万云集拉萨，举行盛大法会。宗喀巴圆寂后，由于教派势力之争法会中断了19年，根敦嘉措时重又恢复，传召活动一年一度，至今已有500多年历史。[①]

这一解释说明了传大召是宗喀巴为弘扬佛法而举行的法事。宗喀巴在信众心中虽然地位重要，但是他们更加愿意相信这一节日与世尊相关，于是民间传说有了传召节是释迦牟尼战胜外道的庆祝节日。“传召法会始于1409年，是藏传佛教格鲁派创始人宗喀巴为纪念释迦牟尼神变降伏妖魔而创设的。佛教祖师释迦牟尼在天竺舍卫城，于藏历火龙年（前511年）正月初一至十五，与外道师斗法，比赛神变，最后击败了六外道师，取得了胜利。”[②]

藏传佛教的信徒认为祈祷节是为了纪念释迦牟尼用神力战胜外道。他们相信释迦牟尼之所以与外道辩论相持了一段时间，是因为释迦牟尼故意这么做的。“传统中都相信，正月初一到初八，释迦故意在外道面前辩论输了，但在正月初九到十五，则用了真正力量，把外道一个一个地辩输了，有的外道被焚，或被淹死，有的堕入悬崖。外道终了以后，佛教便有顺当时间，在全世界得到传布。”[③]

西藏将正月的祈祷节叫做“传大召”，是因为那里还有在二月举行的“传小召”。黄龙地区只有正月有活动，并没有二月的活动，因此不需要区分“传大召”和“传小召”，直接将正月的活动叫做传召节。

---

① 谢启晃、李双剑、丹珠昂奔主编：《藏族传统文化辞典》，甘肃人民出版社1993年，第330页。

② 陈立明、曹晓燕：《西藏民俗文化》，中国藏学出版社2010年，第362页。

③ 李安宅：《藏族宗教史之实地研究》，上海人民出版社2005年，第186页。

祈祷节的主要活动是僧人念诵佛经，辩论佛法。信众参与的是跳神舞活动，据说参与跳神的僧人，无论其跳舞、念经或者奏乐，都会在象巴拉王降临时得到任用，观看神舞人也将在死后得到一种好处，即避免恐惧。除了希望获得将来的好处外，祈祷节还有更为现实的重要目的，即为了祈求新年的丰收和人畜平安。

跳神舞时戴各式各样的面具，扮演各种角色。上尼巴寺的面具有十二生肖、狮子、大鹿、宗教传说人物等。使用这些面具扮演不同的角色，在潜移默化中开展了宗教教育。

2. **释迦月**

释迦月是指四月，因为藏历四月叫“萨嘎达瓦”，也称四月为萨嘎达瓦节。据说佛陀在四月降生、成道和圆寂。人们认为在这个月里做善事可以比平常积累更多的功德。这个月念六字真言相当于平常念很多遍。于是人们纷纷前往寺庙转经拜佛，大行善事。

人们认为释迦佛是在四月十五降生和圆寂的，这天要斋戒，所有的僧人不吃肉，有的信徒也不吃肉不杀生。信仰虔诚的人甚至斋戒整整一个月。

释迦月是一个僧俗共同参与共同纪念的日子，比起其他时候仅仅观看神舞表演来说，信众的参与程度更高。他们转经、朝佛、布施、行善，向佛陀致敬。

3. **烟囱寺色登会和哑巴会**

宁玛派寺院烟囱寺的色登会会期为五月初九至五月十四日，一共六天。前三天，人们汇集寺庙聆听喇嘛讲经说法，祭祀神山，畅坝娱乐。从五月十二日开始，就是为期三天的哑巴会。人们在十二日早餐以后开始参悟，反省自身，直到十四日凌晨，期间不说话、不吃饭、不娱乐。十四日凌晨喇嘛念经以后，人们才开始进食说话。

这种不吃饭不说话的斋戒方式在川西藏区和甘南藏区广泛流行。

位于甘南州的格鲁派的六大寺院之一拉卜楞寺的“娘乃节”也以同样的方式进行斋戒，只是时间不同，其时为四月十五和九月二十二日[1]。嘉绒藏区也有此活动，他们的会期在四月十三日到十五日，金川在六月初四也有哑巴会。他们认为参与了哑巴会的斋戒，下辈子就不会投胎为畜牲。

实际上，通过沉默和禁食，人们可以静静地思考佛法的真谛。禁食与禁语是一种周期性的生理控制方式。很多宗教中都有不同方式的禁食，如伊斯兰教的斋月从日出到日落不吃不喝，印度的苦行僧修行也是不吃不喝，基督教在大斋节期间禁止吃肉等等。学者认为这属于生理控制的一种，“通过痛苦、失眠和疲劳所导致的‘苦行’以及停止进食进水（如斋戒）产生万念皆空、精神恍惚或欣慰感。”[2]

通过哑巴会的禁食禁欲，佛教信徒身心得到洗涤。

4. **初转法轮日**

相传六月四日是释迦牟尼初转法轮日。初转法轮即是佛陀第一次宣讲他的学说。“法轮”是个比喻，指佛所说之法，如轮王的轮宝无坚不摧。法轮有转动之意，如车轮般，永不停滞，解救众生。

据说，释迦牟尼六月四日在波罗奈斯的鹿野苑对憍陈如等五个弟子首次说法，先讲了八正道，即正见、正思维、正语、正业、正命、正精进、正念、正定。然后再讲四谛。为了纪念这个事件，藏传佛教信众在这一天转神山和附近的寺庙朝拜。人们到寺庙中敬献哈达和敬奉供灯。转山过后，人们在野外畅坝游玩。

5. **莲花生大法会**

莲花生大法会是纪念莲花生（或译为莲华生）大师的活动，在六

---

① 伦珠旺姆、昂巴：《神性和诗意——拉卜楞藏族民俗审美文化研究》，民族出版社2003年，第108页。

② 金泽：《宗教人类学导论》，宗教文化出版社2001年，第214页。

月举行。

莲花生是藏传佛教中的一位重要的大师。他出生于邬仗那（在今巴基斯坦境内），8 世纪时将佛教的密宗传入藏区。藏传佛教中的宁玛派就是由他开创的，藏传佛教中称他为为洛本仁波切（轨范师宝）、古如仁波天（师尊宝）、乌金仁波切（乌仗那宝）。莲花生大师在藏传佛教中的地位非常高，有“第二佛”的尊号。他对藏传佛教的贡献非常大，他组织修建了桑耶寺，大力发展了藏传佛教，他与苯教的辩论常常胜利，最重要的一次胜利使赞普崇佛抑苯。他四处修建佛塔招收门徒，大力倡导佛教戒律。他还大量翻译佛经，其中在桑耶寺译经十三年，为藏传佛教的弘扬奠定了坚实的基础。他在吐蕃培养了大量的佛教人才，他自己的著作有八种收入《甘珠尔》和《丹珠尔》。

据说，六月被认为是莲花生大师的生辰月。“六月达纳郭夏诞生了莲花生的主体——海生金刚尊。”① 因此在六月举行莲花生大师法会。法会内容包括：为期六天的会供仪轨，为期两天的集中诵念《上师密集》经，表演羌姆金刚法舞和举行灌顶仪式。②

《莲花生大师本生传》中有：“要依靠佛法和护法神，每月十日我来吐蕃，所有食物献做曼荼罗。”③ 因此，每月十日也有纪念莲花生大师的仪式，只是规模较六月的大型法会小。

6. **八月八日跳神节**

我们在毛儿盖寺院的调查时，僧人说八月八日有一次跳神活动。在《藏事论文选·宗教集》中有一篇文章《跳神——记松潘跳神会》说到：“三二年八月八日……这天，松潘牦牛沟后寺，一个盛大的跳

---

① 转引自白玛措：《藏传佛教的莲花生信仰》，中国藏学出版社 2008 年，第 114 页。
② 见白玛措：《藏传佛教的莲花生信仰》，中国藏学出版社 2008 年，第 134—146 页。
③ 转引自白玛措：《藏传佛教的莲花生信仰》，中国藏学出版社 2008 年，第 114 页。

神会，在观众高度兴奋的情绪下开始举行。”①

牦牛沟，即今天牟尼沟。牟尼沟后寺和毛儿盖寺院同属藏传佛教中格鲁派，毛儿盖寺院的僧人称毛儿盖寺院是拉卜楞寺的分寺之一。但是李安宅的《藏地宗教史之实地研究》和伦珠旺姆、昂巴的《神性和诗意——拉卜楞藏族民俗审美文化研究》并未见到拉卜楞寺八月跳神活动的记载。

黄龙地区的八月八日跳神，主要是表演宗教舞蹈。毛儿盖寺院僧人说这天要跳狮子。《跳神——记松潘跳神会》详细记录了1932年后寺的跳神活动，根据记述，当时的跳神会使用了白发面具、鹿头面具和狼头面具，他们表演的舞蹈有故事情节：

> 十余分钟后，大号“莽……莽”的急鸣着，鸣声未止，两个戴狼头穿红衣的直奔出场，双腿曲跃，双手交选伸屈，这舞姿显示着轻佻与奸狡，极像狼行，但态度却现着不胜仓惶的样子，最后也舞到坛上跪地祈祷，喇嘛喃喃的答诵后，狼就坐在鹿的两旁，并且特别表示受了喇嘛庇佑后的欢喜，互相偎依很久。
>
> ……
>
> 海啸又啸叫着。两个白发老翁手里拿着鞭，带着弓箭，后面跟随两个儿童，从寺的一旁轻步而出，在场里徘徊了一阵，彼此回答着，表示是结伴出来行猎的。后即在地上举火进餐，直到饱食酒醉为止。那两个儿童，仿佛小丑似的，常有诙谐的表情，引的观众大笑。餐后，两翁分头巡山，且行且歌，显出十分懊恼的样子，这样在场上绕了十几圈。一老翁忽然发现了野兽，忙叫他

① 曹江：《跳神——记松潘跳神会》，《藏事论文选·宗教集》，西藏人民出版社1985年，第566页。

> 的猎童拿弓，搭矢准备射击，当着紧要的关头，坛上的喇嘛忽然立起来叫停止，并且告诉他杀生的罪过，说了一番轮回的道理。两个老翁听着这番教喻，心里很感到忏悔，而且作出很惶恐的样子，结果，求赦于喇嘛，请宽恕他们，喇嘛也就分别加以抚慰。①

这个舞蹈中狼在皈依佛法前轻佻奸诈，皈依佛法后能够与鹿偎依在一起，并且十分欢喜，可见佛教对众生的积极作用。舞蹈中的喇嘛劝阻老翁和小童不杀生更是直接表现佛教的慈悲精神。舞蹈的最终结局是狼、鹿、老翁和小童一起“步登天界”，十分完满。从此处我们也可以清楚看到，面具舞的表演不仅仅是一种娱乐活动，更是将佛教的义理和佛家的精神灌注其中，使观众在不知不觉中接受宗教教育。

7. 甘丹安曲节

甘丹安曲节，是纪念西藏佛教格鲁派创始人——宗喀巴的节日，又被称为燃灯节，时间是十月二十五日。

宗喀巴出生于元顺帝至正十七年（1357）青海地区的一个佛教家庭，他自幼敏而好学，七岁受沙弥戒，十六岁前往西藏学习，二十五岁时已精研“弥勒五论”、《俱舍论》等，渐有影响。在学习过程中他逐渐发现花教萨迦派的弊端，于是改革宗教，换穿黄衣，建立黄教格鲁派。黄教在宗喀巴的领导下日益兴盛，宗喀巴的两个弟子——达赖喇嘛和班禅喇嘛也非常有才干。在元代中期时，格鲁派的势力就远远超过了萨迦派。宗喀巴在其六十三岁时（1419）的十月二十五日圆寂。宗喀巴对藏传佛教有着巨大的贡献，他学问精深，博学多闻，总

---

① 曹江：《跳神——记松潘跳神会》，《藏事论文选·宗教集》，西藏人民出版社1985年，第567页。

结各家各派的理论而自成一家之言，并且改革了旧教派的弊端，创立新的宗派。他所创立的格鲁派是藏传佛教中影响最大的一支，因此很多藏传佛教信徒都奉他为祖师。

甘丹安曲节就是为了纪念宗喀巴而设立的节日，时间选择在宗喀巴的圆寂日。这天，格鲁派的寺院和信众有一系列的庆祝活动，家家户户点燃酥油灯祭奠宗喀巴大师。人们在自己院子或寺院门前煨桑、转经、撒龙达以示对大师的尊敬。

三、羌族宗教节日

羌族的宗教属于原生性宗教，它没有创教者，也没有独立的教团，它的宗教节日比较少，主要的宗教节日为祭山会和哑巴会。当然由于羌族受汉族和藏族文化影响较大，靠近藏族地区的羌族也过藏传佛教或苯教的宗教节日，靠近汉族的羌族也过道教或汉传佛教的宗教节日。

1. 祭山会

羌族一年中有几次祭山活动，春节和羌历年都祭山。但羌族人说的祭山会指的是夏季时候的祭山活动，具体的时间各地并不统一。镇坪乡新民村树底寨的祭山会时间是五月十五，而镇坪乡双泉村的祭山会则在六月十六。

祭山会又叫塔子会，主要活动是祭祀山神以求五谷丰登、人畜兴旺、平安吉祥。祭山会是以村寨为单位的集体活动，八岁以上的男孩子就可以参加。祭山会当天，全寨子的男子一起出发祭祀山神，他们带着柏香和细香、自己印的龙达和玛尼旗旗前往神山。镇坪乡双泉村和立壳村所去的神山有三个塔子（用石头堆成的小塔），其中最上面的一个塔子代表着大天爷木祁他，两个小塔子则分别代表着双泉村的天爷和立壳村的天爷。人们在塔子前点燃柏香，参与祭山会的人依次从柏香前上跨过，并将祭品也在柏香上熏一下，这象征着一切污秽和不祥被消除。由寨里的长者（以前有释比的时候，由释比担任此任务）跟天神通告，说全村的人还愿来了，希望天神保佑庄稼丰收，家畜兴旺，家庭和谐。并且跟天神发誓，绝不触犯神灵，否则愿意接受惩罚。然后长者唱羌族的史歌，通过追忆共同的历史加强村寨的团结，并教育后代要团结友爱，遵守乡规民约，维护当地的长治久安。接着是转山活动，人们烧香、插玛尼旗旗、撒龙达，然后绕着塔子载歌载舞三圈后回寨。

寨门口早已等候着迎接他们的妇女，她们排成一排，手捧酒碗，要祭山回来的男子喝下她们手中的酒才能通过。这一活动叫做“过酒阵”。祭山归来的男子如英雄般荣耀，等他们依次喝完一排妇女敬上的酒后，大都都情绪很高了。到晚上，大家到晾架坝子上耍游戏，如抱蛋、举石等，唱歌跳舞，吃肉喝酒，十分快乐。

2. 哑巴会

1999年《松潘县志》称，哑巴会是镇坪羌族的节日，时间为四月十二至十四日。会期要请喇嘛或端公念经诅咒害虫，并求老天爷保佑不要让冰雹影响了农业的收成。十三日这天人们禁食禁语，等到晚上月亮出来才能吃饭说话。十四日人们解除禁忌，歌舞相庆。

但是哑巴会并不是羌族所独特的宗教节日，前面已经说到，川西藏区和甘南藏区，禁食禁语的哑巴会是比较常见的。但是羌族哑巴会所祈求的内容更加与农业生产相关，而祈求的对象是羌族宗教的神灵——天爷。因此羌族的哑巴会虽说和藏族采取了同样方式——禁食禁语，但仍然是属于羌族的独特节日。

四、伊斯兰教节日

回族全民信仰伊斯兰教，回族节日和信仰密不可分，可以说，回族的节日都是伊斯兰教节日。黄龙地区伊斯兰教节日比较隆重的，主要是三大节日——开斋节、古尔邦节、圣纪节以及阿舒拉日、登霄节。

1. **开斋节**

开斋节是伊斯兰教最为隆重的一个节日，我们采访的回民常说，我们的开斋节就像汉族过年一样热闹。

按照伊斯兰教的规定，教历九月为斋月，它是一年中最尊贵的月份，被称为吉庆之月、和平之月。据说真主在此月为穆斯林们颁布了《古兰经》，给穆斯林指明了方向。这个月里所做的善功会得到真主额外的报偿。所有符合条件的男女穆斯林在斋月都必须斋戒整整一个月，即从天亮以后到太阳落山之前不得饮水进食，禁止房事，甚至连自己的唾液都不能吞下。每天除坚持五次礼拜，不做其他事情，专门反省自己的过错。

封斋的第二十八天晚上，为盖德尔夜。回族人认为这天夜里，真主将《古兰经》降示给穆罕默德，这个夜是高贵而平安的。《古兰经》第九七章："1. 我在那高贵的夜间确已降示它……3. 那高贵的夜里，胜过一千个月。4. 众天神和精神，奉他们的主的命令，为一切事务而在那夜间降临，5. 那夜间全是平安的，直到黎明显着的时侯。"这天晚上穆斯林还要做上一些可口的饭菜，或是送去清真寺让大家一起吃，或者邀请客人到家中一起吃。饭后可去清真寺诵经也可在家中聊天吃瓜子。总之不能睡觉。在外地不能赶回家的穆斯林就在清真寺坐夜。

斋戒的第二十九天即九月二十九日晚上，穆斯林要观察新月，如果看见了新月的话，第二天就是开斋节，如果没有看见月亮的话，则第三天开斋。当然，要两个人以上共同见证新月才有效。

结束一个月的封斋，意味着完成了一项天命。当然穆斯林迎接开斋节的心情无比兴奋。回族十分重视这个节日，回族有俗语“百里赶主麻，千里赶尔德”。尔德即尔德·菲尔图，指开斋节。回族人即使离家千里，也要赶回家和家人团聚，共度佳节。

开斋节当天，清真寺充满着浓浓的节日气氛，穆斯林家中也打扫得干干净净。所有在家的回族男子清晨不吃早餐就前往清真寺，这一天清真寺里的人特别多。平常做礼拜时礼拜殿就能够容纳穆斯林，开斋节这天，不仅礼拜殿里跪满了穆斯林，院坝里也跪满了穆斯林。

清真寺里设有两个募捐的箱子，其中一个装灯油钱用于清真寺支付掌教阿訇工资和招收学生念经的费用，另外一个给孤寡老人和孩子或其他需要帮助的人。来清真寺的穆斯林首先要往募捐箱里放钱。灯油钱是固定的数目，相当于两斤小麦的价格，家中有几个人就交几份，如果家中有回族客人的话，要替他交一份灯油钱。

开斋节的礼拜是伊玛目带领大家做两次礼拜，开学阿訇在穆斯林齐聚的时候发表演讲和宣讲教义，进行一番宗教教育。会礼结束后，乡老围成环形向掌教阿訇致“色俩目”（问候语，相当于“你好”）。穆斯林间互道“色俩目”后离开清真寺。

妇女不参加开斋节的会礼，她们在家里准备食物，如炸油香、馓子、糯米饭等。男性参加会礼后，回到家中吃早餐。2010 年的开斋节，我们在会礼结束后，随回族马叔叔去他家吃了开斋节的早餐——白菜牛肉饺子。他热情地招待我们，吃完饺子后又招呼我们吃桌上摆的干盘子——花红、红枣、桂圆和糖果等。

吃完饭以后，穆斯林就要去游坟。这是开斋节的一项重要活动。

中国是慎终追远的民族，中国人常在重大节日时缅怀先人。同时，伊斯兰教认为游坟有着积极作用。《古兰经》云：“竞赛富庶，已使你们疏忽，直到你们去游坟。”① 穆斯林游坟有着几种目的，一是表达对亡人的追思和怀念，二是祈求真主宽恕亡人生前的过错，三是令游坟者本人及早地参悟人生，积善除恶，追求两世吉庆。游坟的时候不能够嬉笑打闹，也不能放声痛哭。游坟的穆斯林应当本人诵经，但由于很多穆斯林不会，就请阿訇代劳。来到坟前，首先阿訇和游坟者与亡人道“色俩目”，然后阿訇诵读《古兰经》中的一些章节，最后为亡人、游坟者和其家人求恕。

开斋节的庆典要延续三天。这三天人们走亲串户，相互祝贺，亲朋好友相互拜节。女婿还要给岳父岳母送上一份礼物。

开斋节是穆斯林欢聚的时刻，也是消除积怨增强团结的时候。开斋节期间，阿訇带领各家户轮流主到诸家拜斋，即使要去拜斋的人家与自己有过结也必须前往。通过拜斋，积怨可能就消失了。

开斋节期间，黄龙地区的回民还要举行耍花灯、赛山歌等娱乐活动。这里耍花灯时不用鼓乐伴奏，而是根据领舞人的哨声而动。男女成对表演，过去女角也由男子扮演，非常具有地方特色。

2. **古尔邦节**

古尔邦节是伊斯兰教的三大节日之一，为希吉莱历十二月十日。

“古尔邦”是阿拉伯语音译，也叫做称为“尔德·艾祖哈”，意思为“牺牲、献身”之意。这天家家都要宰一只牲口。据说这个习俗来源于先知易卜拉欣。这位先知十分虔诚，常将大量牲口献给真主。易卜拉欣还郑重地表示，要是自己有儿子的话，真主如要将他作为牺牲，自己也决不吝啬。后来他老年得子，他侍妾为他生下儿子易司玛

① 马坚译：《古兰经》，中国社会科学出版社 2003 年第 2 版，第 461 页。

仪。易司玛仪十三岁时，真主为了考验易卜拉欣的忠诚，于是几次在其梦中要求他敬献自己的儿子。易卜拉欣一点也不迟疑，带儿子去麦加城郊准备宰杀献给真主。魔鬼几次三番地教唆易司玛仪逃跑，易司玛仪不为所动，赶走魔鬼，顺从地躺在地上等待父亲实施他的善举。就在这关键的时候，天使哲伯勒依来奉真主之命送来一只羊代替易司玛仪作为牺牲。因此，古尔邦节又叫做“宰牲节”、“牺牲节”，也因易卜拉欣父子“父尽忠，子尽孝”而叫做“忠孝节”。

古尔邦节就是人们为纪念先知易卜拉欣父子的高尚品格而设立的节日。节日期间，每家每户都宰牲献礼。有条件的穆斯林应该亲自前往圣城麦加朝觐。

明清时期回族学者认为此节日与中国古礼“禋祀”相同，认为宰牲事主的目的在“盖亦有洁己以希临格之意。考其名，与禋祀略同，究其实义，则别有寄也”[①]。禋祀，是古代儒家的一种祭祀，焚薪燃烟，再将牺牲和玉帛置于薪上，供奉昊天上帝。它们二者的相同之处在于都用牺牲表达自己的信仰。当然，信仰的内容完全不同。

古尔邦节表达了伊斯兰教的教义，同时加强了人们对伊斯兰教的信仰。伊斯兰教认为，有三重障碍阻止人类接近真主，其为财物、恩爱和私欲。人要步入“清真”之境，就必须首先客服这三重障碍。宰牲节就是通过施财、割爱和舍己的方式来克服三重障碍，使自己内心得到纯净，更加靠近真主。

古尔邦节和开斋节一样，当天要到清真寺举行会礼。会礼结束以后，穆斯林纷纷将自己饲养的牛、羊（宰杀动物只能是牛、羊和骆驼）敬献。宰牲节敬献的羊必须是羝羊，一人敬献一只羊或者七个人敬献一头牛或一峰驼。当然如果一个人敬献一头牛更好。敬献的牲口

---

① 刘智：《天方典礼》，天津古籍出版社 1988 年，第 106 页。

有年龄的要求，羊一岁，牛两岁以上才能够宰杀。另外，作为祭品的牲口应该肥美漂亮，不能有残疾，也不能有胎在身。性别方面，以公羊公牛为佳。颜色方面，白、黄、棕色是首选。回民并不自己亲手宰杀牲口，而请清真寺专门负责宰杀的阿訇动手，但宰杀时，敬献的回民必须在场。在宰杀之前，要先在心中举意，“我举意宰这个被宰物，并且割断其四根血管，以便应流的污血出净，我凭真主安拉之命——我们以尊大的宰牲赎买的它。”举意只能是心理活动，绝对不能从口中说出，一旦说出来就变成对真主许愿，那样宰牲功课无效，必须重新宰杀一只牲口。宰牲的时候，牲口的三只脚被绑起来，余下一只脚不绑。传说这是为了纪念易卜拉欣父子。因为当时易卜拉欣准备宰自己儿子时，儿子易司玛仪提出要求请父亲不要把自己双腿双手捆住，而是留出一只脚以便自己疼痛的时候好蹬两下减轻痛苦。

宰杀牲口过后，肉分作三份，一份留来自己食用，一份送给亲朋好友，一份施舍贫困家庭。如果家庭十分穷困，所有的肉都可以留下来自己食用。但是牲口的皮，无论宰牲家贫富，都必须捐献给清真寺。回民还将宰杀时候的骨头、血液和其他污秽废弃物收集起来掩埋，以示其献牲的洁净。

古尔邦节的节日活动与开斋节相同，穆斯林相互拜节，走亲访友，也要游坟。穆斯林当然也要向清真寺和贫困的穆斯林散发数量不等的乜贴。

3. **圣纪节**

圣纪节是为了纪念伊斯兰教先知穆罕默德而设立的节日，穆圣出生和归真的日期都是伊斯兰教历的三月十二日，故名“圣纪”，也是回族三大节日之一。

与开斋节和古尔邦节不同的是，圣纪节并不在每年的固定时间进行，而是根据各地的生产，由当地清真寺制定当年圣纪节的时间。黄龙地区的圣纪节过去一般在农历的十月份，因为那时候刚收获了粮食，大家把粮食凑在一起才好过节。现在由于生活条件改善，随时都具备过节的条件，因此一般把圣纪节的时间定在农历七八月份。

穆罕默德在归真前从来不过生日，穆斯林没有庆祝活动，归真以后的一段时间也没有纪念活动。直到其归真七百年后，才开始庆祝其圣诞。人们在这一天缅怀穆圣降临人间，又悼念穆圣离开我们。

穆罕默德是伊斯兰教的创始人，穆斯林认为他是真主的使者。穆斯林纪念先知是感谢他为人们开创了伊斯兰教，并将穆斯林带到正确的道路上。穆罕默德对于真主无比忠诚，待人接物平易温和，真主在《古兰经》中赞扬穆圣说道："你的确具备一种伟大的品德。"（68：4）这些美德也是人们须向穆圣学习的地方。另外，人们希望在末日审判时得到穆罕默德的帮助。《古兰经》："在那日，人人都要发现自己所作善恶纪录，陈列在自己面前。"（3：30）人的一生不可能不犯错误，审判场上，需要穆罕默德的帮助才不会堕入炼狱。

圣纪节前一天，清真寺便开始装扮寺院，打扫一新，张灯结彩，贴上关于穆罕默德的生平和功绩介绍。圣纪前一天晚上吃的炒牛肝，是一道具有纪念意义的菜，被认为是"为圣祝寿"。圣纪期间的食物由穆斯林以实物或现金方式自愿捐献，清真寺的杂工也由穆斯林义务承担。穆斯林认为，圣纪节帮工和捐献都是善行。

圣纪节当天，男女穆斯林要沐浴更衣，修剪发须，穿戴一新，前往清真寺参加庆典。庆典的主要内容是诵经赞圣。人们先念《古兰经》，再集体念赞圣诗，用诗和韵，在悠扬悦耳的赞圣诗中缅怀圣人，抒发自己真实的情感。

会后，掌教阿訇为穆斯林讲述穆罕默德的神圣事迹，感谢穆圣将穆斯林引上正途，宣传穆圣的高尚品质，规劝穆斯林学习先知的精神和遵守先知制定的典章制度。圣纪节的宣教可以邀请其他清真寺的阿訇或伊斯兰教学者前来演讲，比平常的聚礼和会礼演讲时间长。

圣纪节当天，清真寺要宰杀牛羊、备好酒席，在会礼以后进行盛大的会餐。每户穆斯林根据自己家庭条件承担会餐的开支。穆斯林们齐聚在寺院中，同时开席，共享快乐，展现了回族人民团结友爱的精神。有的穆斯林散发了也贴没来进餐，那么他的亲友或邻居要给他带回一份油香。

圣纪节是一个增进民族团结的节日。黄龙地区，回族和藏族、羌族、汉族共同生活，有着深厚的感情。每当圣纪节的时候，回族人民邀请其他民族的兄弟姐妹前往清真寺参加活动，因为伊斯兰教认为，聆听念经赞圣可以获得吉庆。回族穆斯林热情款待其他民族的同胞，邀请他们享用会餐，并赠送香油。其他民族的人们对被邀请参加活动感到十分荣幸，并非常珍惜回族同胞赠送的油香。

4. **阿舒拉日**

阿舒拉日在伊斯兰教历的一月十日——开斋节一百天以后，因此回族俗语说“七十天的古尔邦，一百天的阿舒拉”。

据说“先知努海的方舟在洪水中漂流了六个月之后，发现洪水逐渐消退，出现陆地，于是先知努海吩咐将方舟中仅有的绿豆煮粥，人畜饱餐，感赞安拉的相救。穆斯林在阿舒拉日喝绿豆粥，就是根据这个传说。”①

也有传说在远古时候，真主派先知努哈去劝说人类放弃偶像崇拜，改信真主。有些人接受了努哈的劝告信仰真主，有些人却不相信反而嘲笑努哈。努哈无可奈何地请求真主惩罚他们，真主默示努哈尽快造好方舟。等努哈带着信仰真主的人和动物登船后，人间洪水漫

---

① 勉维霖主编：《中国回族伊斯兰宗教制度概论》，宁夏人民出版社1997年，第62页。

天，那些不信真主的人全都丧了命。等洪水退去以后，人们下船来却找不到食物。努哈捡来各种豆子煮了一锅粥，救了这些人的命。

另外，伊斯兰教的很多历史事件都发生在这一天。真主在这天造了人类始祖阿丹和好娃，安拉在这一天救出易卜拉欣，等等。

黄龙地区的回族大爷告诉我们另外一个关于阿舒拉日的传说，过去有家人孩子很多，养不活，阿舒拉就用砂子煮了一锅饭，然后哄小孩子说这是吃的。结果真主见其可怜，将锅里的砂子变成了粥。从此以后回族为了纪念她，每年都要煮“阿舒拉”粥。这种粥要用一百种材料做成，里面必须有五谷，再加上果木菜蔬等。可见，在黄龙地区阿舒拉日主要是为了纪念一位女性的。这与伊斯兰教中另外一个纪念女性的节日——法图麦节的传说有着相似之处。

法图麦节是纪念法麦图的，她是穆圣之女，阿里之妻。“传说很早以前，法图麦的丈夫阿里带兵打仗已三天三夜没东西吃了，兵荒马乱，为安抚人心，法图麦到河边拣了一衣襟各式各样的小花石头，回来淘洗了两遍就下到锅里煮，在人们正闹着要吃饭时，一看，那各样石头变成了小花豆，香味扑鼻。阿里高兴地说，今天弟兄们放开肚皮吃吧。士兵们每人吃四五碗，边吃边赞扬法图麦的功绩。有的吃饱了还撑着吃，结果一个穆斯林弟兄因吃得太多‘无常’了，阿里当众宣布，今天吃饭‘无常’的真主不降罪。”①

黄龙地区的清真寺在这一天要煮“阿舒拉”，来寺的人都要喝上一碗，以示纪念。

5. **登霄节**

登霄节是信仰虔诚的回族穆斯林参加的节日。“登霄”是阿拉伯语“米尔拉知”的意译，有阶梯和升腾的意思。这是纪念先知穆罕默

① 王正伟：《回族民俗学·礼仪与节日习俗》，宁夏人民出版社 2010 年，第 42 页。

德“夜行升霄”的日子。

据说，穆罕默德在其五十二岁时——公元621年7月27日，为了躲避反对者的迫害而前往他妹妹家。真主派遣天使哲不里勒用“天马”来接穆罕默德，穆圣坐上天马，瞬间就从麦加到达耶路撒冷。穆罕默德在耶路撒冷的一座清真寺的一块岩石上登霄，见到了天使和先知们，并在黎明前返回麦加。于是伊斯兰教将每年伊斯兰教历的7月27作为“登霄节”以示纪念。

登霄节当天，回族穆斯林在清真寺举行礼拜和祈祷，这天要比平常多做四拜礼拜。清真寺的阿訇给穆斯林讲穆圣登霄的情景和意义，并且教育穆斯林向穆圣学习。

五、汉传佛教节日

黄龙地区的汉族和羌族很多信仰汉传佛教。汉传佛教于南北朝时期进入岷江河谷，在这一地区汉羌民族中的影响较大。民国《松潘县志》中称“松潘除番寺外，所有庙宇率多佛教徒”。因此汉传佛教的节日对民俗生活影响颇大。这些节日中最为隆重的是以下四个：

1. **佛诞日**

佛诞日又称为“浴佛会”，传说是佛教释迦佛的诞生之日，为农历四月初八。

佛诞节名为“浴佛会”的原因源自佛教的传说。释迦牟尼本名乔达摩·悉达多，为古印度迦毗罗卫国的太子。中国佛教典籍《五灯会元》载：

> 释迦牟尼佛，姓刹利，父净饭天，母大清净妙位。登补处，生兜率天上，名曰胜善天人，亦名护明大士。度诸天众，说补处

行，于十方界中，现身说法。《普曜经》云："佛初生刹利王家，放大智光明，照十方世界。地涌金莲华，自然捧双足。东西及南北，各行于七步。分手指天地，作师子吼声。上下及四维，无能尊我者。"即周昭王二十四年甲寅岁四月八日也。①

实际上，这个传说在很早时候的佛传文学《过去现在因果经》中就出现了，说太子出生时有龙吐水为之沐浴。因此汉地在南北朝时就有了在四月初八庆祝佛诞而作的"浴佛会"，《荆楚岁时记》中将之称为"龙华会"。北宋时期寺院煎香药糖水叫做浴佛水，并有斋会。南宋时期，人们在佛诞日做放生会。

佛诞节时黄龙地区的汉传佛教寺庙要请出太子像，举行浴佛法会。这种浴佛法会的仪制按元代《百丈清规》"佛诞条"中的规定执行。具体情形为："浴佛法会一般在寺院大殿中举行，先在殿中作方坛，敷妙座，座上置之盆，盆中供奉太子像。同时，备好以各种香料煎制的香汤、香汤盆中放上汤勺。主持上堂捻香，说法，率领僧众上殿进香，拜佛、宣读疏文，唱《浴佛偈》、然后开始浴佛。先由住持执勺挹取香汤，次第灌浴佛身。再用净水淋洗。然后僧众逐一浴佛，反复唱偈。凡是参与浴佛者，都各取少许洗像净水，倒在自己头上，最后在神圣庄严的气氛中结束。这天，寺院还煎香汤，供僧众们沐浴。"②

信众们在这一天前往寺院烧香拜佛，讨要浴佛水带回家去以求得吉祥和福气。另外放生也是这天的主要活动。佛教的慈悲精神主张不杀生。人们相信这天放生有着特别的功德，他们买回被捕捞的鱼、鸟

① 普济著：《五灯会元》，中华书局 1984 年，第 3 页。
② 王志远：《中国佛教百科（第三卷）》，华龄出版社 2008 年，123 页。

等放回它们原来生活的地方。佛诞节放生体现了佛教的慈悲胸怀。

2. **腊八节**

腊八节也是为了纪念释迦牟尼的节日，节日时间为腊月（十二月）初八。

佛教传说，释迦牟尼于此日得道。释迦牟尼本为太子，他在看到众生受生老病死之痛苦折磨时，舍弃王位出家修道。经过几年的苦修后，他终于在腊月初八这天在菩提树下悟道。在他苦行期间，每天吃得很少，后来被牧羊女用乳糜所救。后来人们为了纪念释迦牟尼，在其成道日这天吃腊八粥。

腊八粥用核桃、花生、松子等干果和五谷杂粮混合做成。寺院在腊八节做腊八粥敬献神灵。据宋代《梦粱录》和《武林旧事》，宋朝时寺院已经流行做腊八粥。

腊八节在佛教徒和寺院中大为流行，好像这是一个纯粹的佛教节日，但实际上这个节日是佛教与中国传统腊日相结合的产物。腊日产生的时间较早，《礼记·郊特牲》云：“天子大蜡八，伊耆氏始为蜡。蜡也者，索也，岁十二月合聚万物而索飨之也。”① 腊祭的目的是为了报答神灵对丰收所作的贡献。“合聚万物”是指将地中出产的五谷杂粮做为祭品。腊祭其实就是在丰收以后报答神灵的一种仪式，在这个仪式上，被感谢的包括土地神和祖先神。民间同时进行驱鬼活动。腊祭时候所用的五谷杂粮经过演变通过腊八粥的形式保留在腊八节中。

黄龙地区腊八节是佛教的节日，人们在这天前往寺庙烧香拜佛，寺庙也煮好腊八粥给信众吃。它也是民间的节日，人们在家中自已煮腊八粥吃，以消灾去害。

① 《礼记正义》，《十三经注疏》，中华书局1980年，第1453页。

3. **盂兰盆会**

盂兰盆会时间为七月十五，民间通常叫做“鬼节”，道教叫作“中元节”。它在民间的影响很大，由于佛道二教有着不同的故事，故将二者分别介绍。

佛教盂兰盆会的起源与目连救母故事息息相关。《盂兰盆经》讲述的目连救母的故事在南北朝时期就已经流行。《荆楚岁时记》中已经记载了这个故事：孝子目连看见自己死去的母亲在饿鬼道中，于是盛饭送给母亲吃。但是食物还没放入口中，就已经化成了火炭。目连跑去找佛主问解救之法，佛主告诉他他母亲生前罪孽太过深重，靠目连一个人的力量无法解救其母。只有在七月十五这天，用百种供物供奉三宝，请众多僧人一起帮助其母亲摆脱饿鬼道。后来人们为了报答父母的养育之恩，于是日做法会帮助父母乃至七世父母解脱。

盂兰盆会名称的来历，佛教中有两种说法，一种说“盂兰”是梵语，意思是倒悬，而“盆”是汉语，指盛放食物的器皿，意思是盛食奉佛以救倒悬之苦。另外一种说法认为“盂兰盆”皆为梵语，意思是救倒悬器。无论如何，盂兰盆会是尽孝救亲的法会。

《佛祖统纪》中说盂兰盆会起于梁武帝时。而唐代文献记载这一法会非常盛大，此后一直甚为流行。

今天黄龙地区盂兰盆会主要为佛教信众为其父母超度亡灵。

4. **观音会**

观音是深受黄龙地区佛教徒信仰的菩萨。在民国《松潘县志》记载的寺庙中，供奉观音的特别多：

治城（即县城）：观音堂（2）

县属东区：观音庙

小河城：观音阁

县属南区·石河桥：观音庙（2）

县属南区·归化堡（今岷江乡）观音堂（2）

县属南区·镇江关：观音庙

金瓶岩观音庙

镇坪：观音庙

漳腊城：观音堂

南坪城（今九寨沟县）：观音阁（2）

一个地区有这么多供奉观音的寺庙，甚至有的地方并不大，如岷江乡，却出现两座观音堂，可见观音菩萨在人们心中地位之崇高和信仰之广泛。观音信仰在整个中国，甚至东亚影响较大，有人将其称为“半个亚洲的信仰”①。

观音最初的形象为男性，在唐代以前观音像几乎全是男性。佛教经典《法苑珠林》记载了观音在公元 479 年现女身，到 7 世纪时，观音作为女性形象在中国确立下来。

作为女性形象的观音被认为是大慈大悲的，有求必应的。同时，她也是平易近人的，因为佛教徒相信只要心中大慈大悲，他便是观音，观音可能是身边的任何一个人。

观音信仰虽然产生于佛教，但是后来受到道教和儒家的影响变成一种复杂的民间信仰。她被认为具有很多方面的能力，如降妖伏魔，占卜凶吉、送子送福等等。

人们认为观音生日是二月十九日，九月十九日出家，得道是在六月十九。这三天，寺院皆作会，是为观音会。信徒纷纷前往观音庙焚香诵经，信仰虔诚的人在二月、六月和九月吃素三个月。

观音会期间，汉族、藏族、羌族纷纷前来观音阁，多为求子和求平安。

---

① 见郑僧一：《观音——半个亚洲的信仰》，财团法人台北市慧炬出版社 1987 年。

六、道教节日

在黄龙地区，主要是汉族和一部分羌族人民信仰道教。道教产生于中国，中国传统文化是其支撑；道教又具有很强的开发性和包容性，不断吸收各家思想特别是民间思想。因此道教与民间信仰的关系非常紧密。民国《松潘县志》所记录的135处庙宇，按照广义上来讲，大部分可以归属道教。道教的影响在黄龙地区毋庸置疑是非常大的。道教的节日以三元节、玉皇大帝圣诞、中霤神诞的影响最大。

1. 三元节

三元节是指正月十五上元节、七月十五中元节和十月十五下元节。传说这是道教早期信仰的天、地、水三官考校功过的日期。三元节是从早期天师道的三会日演变而来的，三会日为正月七日，七月七日和十月十五。后来传说三元日是天、地、水三官的诞辰日。天官紫微大帝出生于正月十五，其日天官赐福，是为上元节。地官清虚大帝出生于七月十五，其日赦罪，是为中元节。水官洞阴大帝出生于十月十五，其日解厄，是为下元节。

上元节为天官赐福之日，在这一天建醮的话可以获得一年的福德。明代时民间有上元节在家的祈福仪式："于十四点起以祀太乙，至十六至，用糯米圆，不落角以祀之灯下，儿女相聚而食，谓之庆上元。"① 实际上后来的上元节逐渐地少了宗教意味，民间的活动很少有祭祀内容，而以观灯、吃元宵等娱乐活动为主。当然在道教的宫观有建醮活动。

---

① 转引自胡孚琛主编《中国道教大辞典》，中国社会科学出版社1995年，第1528页。

中元节，俗称鬼节，在黄龙地区的影响很大。道教认为这一天是考校道教徒的籍辰的。据说这一天，鬼魂都出来到处游走，人们不能随便出门，尤其不能出远门，否则会给自己带来不幸。黄龙地区人们在这一天“焚楮于庭，谓之‘烧賻’”①。賻，是指賻包，即用白纸作包皮，里面装纸钱、翘宝（用锡箔纸包成两头翘，中间鼓圆的样子）、纸折的衣物、鞋袜。包皮上要书写已故老人的姓名，有的写三代，有的写五代。有的还焚烧纸糊的房屋、金童、玉女等。这一天晚上，人们不能随便出门。道士在这天念经，举行“中元普度”，供奉食物及焚烧冥纸，普度孤魂野鬼，让他们吃饱后不害人。

下元节，是水官解厄之辰。据道教的说法，这一天水官根据考察启报天庭，为人解厄。是日道观做道场，民间祭祀亡灵，并祈求水官排忧解难。民众在下元节前往道观祭拜下元水官和其他神灵。

2. **玉皇诞**

玉皇诞为正月初九，黄龙地区也将此日叫做“上九日”，这天人们纷纷前往道观进香。

在民间信仰中，玉皇大帝法力无边，但在早期文献中却没有关于玉皇的记载，那么他是如何成为人们心中最高神的呢？

《高上玉皇本行集经》（即《玉皇经》）说，从前有一个国王年老无子，十分忧愁。于是令道士建道场，做法事，虔诚祈祷。半年以后，王后梦见太上道君降临送子，一年后的正月九日生下小皇子。他出生时便光芒耀眼。王子自幼聪明，长大后十分仁慈，把皇家的金银财宝送给鳏寡孤独、穷困潦倒和其他需要帮助的人。他继位以后把国家治理得非常好，但是他却放弃王位，外出修道。总共经历三千二百

① 民国《松潘县志》，转引自丁世良等编：《中国地方志民俗资料汇编·西南卷》，北京图书馆出版社 1991 年，第 387 页。

劫难，始证金仙，号曰清净自然觉王如来。然后又经过上亿次劫难，始证玉帝[1]。此经有元明注本，应出自元代以前。

实际上，“玉皇”、“玉帝”在南北朝时期道士陶弘景的《真灵位业图》中最初出现，但那时候玉皇的地位还不高。《真灵位业图》把道教神仙分为七级，玉皇道君位于玉清三元宫右位第十一，“高上玉帝”排在玉清右位第十九，两者地位都不高。到唐代时，道教十分兴盛。据说玄宗在撰《月令注释》时首次将玉帝生日定为正月初九。宋代时，“澶渊之盟”之后，宋朝为了稳定人心，宋真宗策划了“天书事件”，说有神人传达玉帝命令。大中祥符八年（1015），宋真宗封玉皇大帝圣号为“太上开天执符御历含真体道玉皇大天帝”。一百年后，政和六年（1116），宋徽宗又给玉帝上尊号“太上开天执符御历含真体道昊天玉皇上帝”，把对玉皇大帝的崇拜与国家最高祀典——昊天上帝的崇拜合为一体了。这样在人们心目中，玉皇便占据最高地位。

玉皇大帝诞辰定于正月初九，是有来历的。“玉帝生于正月初九者，阳数始于一，而极于九，原始要终也。”[2] 因为按阴阳分，一和九都为阳数，阳数起于一而终于九。因此，一月九日就被认为是一个特别尊贵的日子，只有最高神才能配得上此特别的日子。

玉皇诞辰是道教重要的节日，道观当日要进行盛大的祝寿道场，祈祷风调雨顺、国泰民安。在人们心中，玉皇的地位类似于人间的皇帝一样，他管理着天界的所有神仙。因此每到玉皇诞时，人们都要去道观烧香祈祷。

3. **中霤神诞**

中霤是我国早期祭祀的对象之一。如古文献所说：“古者复穴，

---

① 见《道藏》三家本，第1册，第695—699页。

② （明）王逵：《蠡海集》，台湾商务印书馆影印《文渊阁四库全书》866册，第729—730页。

室中为霤”。中霤与“户、灶、门、行”合称为“五祀”。

《通典・礼》：“殷制，天子祭五祀：户一，灶二，中霤三，门四，行五也”①。《郊特牲》：“家主霤，而国主社，示本也。”② 周秦两汉之后，“中霤神”是“五祀”中的主神，是一家的司命，它伺察家中人的善恶，并惩治其罪过。到了宋代，关于中霤神的传说便更加有血有肉。宋代有一篇名为《中霤神》的传奇，其中说：

中霤之神，实司一家之事而阴佑于人者，晨夕香火之奉，故不可不尽诚敬。余少时过林棣赵倅家，见其庄仆陈青者，睡中多为阴府驱，令收摄死者魂识，云：“每奉符至追者之门，则中霤之神先收讯问，不许擅入。”青乃出符示之，审验反覆得实，而后颦蹙而入。青于门外呼死者姓名，则其神魂已随青往矣。其或有官品崇高之人，则自有阴官迎取，青止随从而已。

建安李明仲秀才山居，偶赴远村会集，醉归侵夜，仆从不随，中道为山鬼推堕涧仄。醉不能支，因熟睡中，其神径还其家。见母妻于烛下共坐，乃于母前声喏，而母略不之应；又以肘撞其妇，亦不之觉。忽见一白髯老人自中霤而出，揖明仲而言曰：“主人之身今为山鬼所害，不亟往，则真死矣。”乃拉明仲自家而出，行十里许，见明仲之尸卧涧仄，老人极力自后推之，直呼明仲姓名，明仲忽若睡醒，起坐惊顾，而月色明甚，乃扶路而归，至家已三鼓矣。乃语母妻其故，晨起率家人具酒醴，敬谢于神云。

又朝奉郎刘安行，东州人，每遇啜茶，必先酹中霤神而后

① （唐）杜佑撰：《通典》，中华书局 1988 年，第 1418 页。
② 阮元校刻：《礼记正义》，《十三经注疏》，中华书局 1980 年，第 1449 页。

饮。一夕忽梦一老人告之曰："主人禄命告终，阴符已下，而少迟之，幸速处置后事，明日午时不可逾也。"刘起拜老人，且询其谁氏，曰："我主人中霤神也。每承主人酹茶之荐，常思有以致效，今故奉报也。"刘既悟，点计其家事，且语家人神告之详，云："生死去来，理之常也。我自度平生无大过恶，独有一事，吾家厨婢采蘋者，执性刚戾，与其辈不足，若我死，必不能久留我家，出外则必大狼狈。今当急与求一亲，使之从良，且有所归，则我瞑目矣。"因呼与白金十星，以为资遣。语毕，沐浴易服，以俟时至。过午，忽觉少倦，就憩枕间，复梦其神欣跃而告曰："主人今以嫁遣厨婢之事，天帝嘉之，已许延一纪之数矣。"已而睡起安然，后至宣和间，无病而卒。[①]

由上可知，中霤神为老人模样，和土地神的形象类似。那么中霤神与土地是什么关系呢？《礼记·月令》中有："其帝黄帝，其神后土，其音宫，律中黄钟之宫，其数五，甘其臭香，其祀中霤祭先心。"郑玄注曰："中霤犹中室也。土生中央而神在室。古者复穴，是以名室为霤。"孔颖达疏："主中央而神在室者，所以必在室中祭土神之义也。土，五行之主。故其神在室之中央也，是明中霤所祭则土神也。故杜注《春秋》云：'在家则祀中霤，在野则为社也。'又《郊特牲》云：'家主中霤而国主社'。社神亦中霤神也。"[②] 实际上中霤神就是社神。而《说文》：社，土主也。因此民间认为中霤就是土地，常将"中霤"、"土地"连说。如《眉山属志》："七月七日祀中霤土地神"，《彭山县志》："七月初七，中霤土地之神降诞，家家设酒、钱祀之。"

---

① 李剑国辑校：《宋代传奇集》，中华书局 2001 年，第 457 页。
② 《礼记》，《十三经注疏》，中华书局 1980 年，第 1372 页

另外，也有人认为，中霤是土地中的一种。如《简阳县志》："土地，在家者曰家神土地，又曰长生土地，即古中霤；在山者，山神土地，又曰七郎土地；在田间，曰秧苗土地，在堌口者，曰堌颈土地，盖古八蜡司啬之神也。乡民祀以七月七日或二月二日，犹是春祈秋报之遗，时俗循之，而失其意。言土地生以是日，为之庆生。"① 此说认为，七月七日或二月二日实际上是农业社会祈祷丰收、收获后报答神灵的日子，而在民俗传承中，逐渐不知原因，便认为是日为土地神的生日。

黄龙地区认为"中霤神诞"为农历七月七日。四川普遍在七月初七祭祀土地。金堂将这天叫做"土地会"，眉山人亦认为此日为土地生日。温江、蒲江、大邑这天均有祭祀土神活动。黄龙地区民国十三年《松潘县志》记载"民间设鸡酒以祭"②，说明至晚到公元1924年黄龙地区的人们在这天还有祭祀土地神的习俗。

另外，据说这一天也是张古虔的殉难日。据《大清畿辅先哲传》：

> 张中寅，字古虔，大兴人。幼颖异，读书逾常人。稍长能文，尤研究性理诸书。谨言慎行，一以古人为法。道光十五年举于乡，咸丰元年诏举孝廉方正，当时以中寅应，力辞不就。四年考充镶黄旗官学汉教习。七年引见，以同知用。九年授四川松潘厅同知，究心吏治，裁决如流。下车复江源书院，延师儒，捐膏火，令诸生习业其中，曰：此间强悍可废诗书耶！松城接壤野番，中寅察其情反复，亟谋守备。九年秋，野番果倾穴来犯，距

---

① 见《中国地方志民俗资料汇编·西南卷》，北京图书馆出版社1991年，第182页，第186页，第139页。

② 民国《松潘县志》，转引自丁世良等编：《中国地方志民俗资料汇编·西南卷》，北京图书馆出版社1991年，第387页。

城十里屯焉。中寅率壮勇登陴守御，谓总兵联昌曰：吾城居番地中，形如釜底，只小河汛一面不当敌，且通饵道，乃全城要害也。为今之计，惟有扼守小河汛，坚壁以待，令其久而自困，舍此不可保矣。议定，上书乞援，不报。相持数月，众环跪请自为计，中寅愤然曰：朝廷命我守此土，抚此民，生死以之，无他计也。众感泣誓死守，逾年四月，贼夺小河汛，饵道梗绝，警报不通。中寅书木牌告急，涂以油，逐流而下。仍不报，粮尽至杂煮牛马皮充食。贼知城之不可下也，诡令喇嘛前致辞，伪为降者。联昌开门受之。贼乘不备突入。中寅遽上马奋击，身受重创而死，时年六十二。[①]

此文囿于时代，对少数民族的认识水平有限。但张公古虔誓死守土保卫百姓的忠义精神让当时黄龙地区的百姓十分感动。因此在张公殉难之日，“松人感其忠节，绣像祀之。是日鼓乐仪仗，舁公像出巡，士民持香卫送。”[②] 随着时光的流逝，这一天纪念张古虔的活动已经不复存在了。

① 徐世昌：《大清畿辅先哲传》，北京古籍出版社 1993 年，第 1332—1333 页。
② 民国《松潘县志》卷一“风俗”之“七月”条，国家图书馆数字方志。

第五章　黄龙地区巫术文化与卜筮文化

第一节　又得尊前说巫语：巫、巫文化、黄龙巫风流韵

巫术是人类文明的开端，形式各异的巫术为世界各国文化奠定了基础。巫文化是植根于原始宗教信仰的一种文化形态，它在人类历史上普遍存在。世界上几乎所有古老民族均经历过史前鸿蒙的蛮荒时间，有过信仰原始宗教、践行原始巫术的历史，并产生了本民族的宗教职业者——“巫”，因而不同程度地存在过巫文化，只是表现形态各不相同而已。巫文化是以“万物有灵”信仰为核心的一种原始宗教遗留。巫术信仰与巫术行为源自于人类童年生活的实际经验与文化土壤，涉及初民的生存诉求、思维习惯、情感记忆、价值认同和审美意识，是初民精神现象和文化心灵的外化与显现，在初民意识中占据着重要地位。巫文化的主体为巫，巫沟通天地、交往魂灵以禳灾祈福的系列宗教行为则被称为巫术。巫术活动是初民希望掌握异己力量的

表现。

巫文化由来已久，源远流长。从世界范围看，在欧洲旧石器时代中、晚期的奥瑞纳文化中，就发现了含有巫术性质的遗迹。法国诺克斯洞穴里发现的野牛壁画，便是原始巫术的代表作。中国的巫术思想，肇始于远古的旧石器时代并撞击出中华文明的电光火燧。据我国考古学资料证实，远在距今约18000年前的北京周口店山顶洞人文化中，就产生了灵魂不死的观念，原始巫亦萌芽于其中。而在新石器时代晚期，中国已出现专门从事职业巫术活动的巫觋，并进入了漫长的巫术与巫文化时代。此后，“巫术礼仪，在周初彻底分化，一方面，发展为巫、祝、卜、史的专业职官，其后逐渐流入民间，形成小传统。后世则与道教合流，成为各种民间大小宗教和迷信。另一方面，应该说是主要方面，则是经由周公‘制礼作乐’即理性化的体制建树，将天人合一、政教合一的‘巫’的根本特质，制度化地保存延续下来，成为中国文化大传统的核心，而不同于西方由巫术礼仪走向宗教和科学的分途”①。华夏古巫术发展到战国时代，为方士们所吸纳，汉末道教产生以后，巫术转化为道教法术。佛教东传也带来了自己的法术。“巫术并不是宗教之外的另一种社会文化现象，而恰恰正是宗教本身的一种表现形式和现象形态。”② 巫文化影响下形成的文化思维模式，在中国民族意识中占据了重要地位。

黄龙地区各民族群众中流传的各种各样的巫术，同样是古巴蜀巫鬼信仰的遗留，也是后来进入各种宗教中的方术文化的民俗化分支，从学术的角度看，它们所代表的文化因素，也许更加具有原始形态的文化人类学意义。

---

① 李泽厚：《历史本体论·己卯五说》，三联书店2008年，第178—179页。
② 吕大吉：《宗教学通论新编》，中国社会科学出版社1998年，第299页。

一、巫术的分类

巫术作为一种特殊的民俗文化现象，种类繁多，难以计数。

从巫术社会功能的道德价值判断，可以将其分为黑巫术和白巫术。

白巫术：又叫吉巫术，乃祝吉祈福、禳灾祛邪等以行善为目的的积极巫术。在现实生活中，不少白巫术为全体民众所用，并发展为民俗，如节日、婚庆等中的巫术辟邪灵物的运用等。在一定条件下，巫术对象还可以转化为审美对象，如形似男女生殖器的泥娃娃玩具、年画图案、剪纸贴图、民族食品造型等。

黑巫术：俗称“邪术”，多用于对付仇人或报复他人，通常以诅咒、厌镇和巫蛊为主。如在建房过程中，工匠在中梁上钉三根钉子，再扣上三条黑线，据说能导致房主死亡。行巫的巫师也可分为两种，一种为历代相传，由老巫师传授；另一种是所谓神灵在梦中传授的巫师，称为梦巫。马林诺夫斯基认为标准的巫术是黑巫术①，但这一理论并不适用于中国。中华民族是一个温良恭谦、信奉“己所不欲，勿施于人”的民族，以害人制敌为目的的黑巫术，从来不是中国巫术的主流，这也是中国巫文化的特色之一。

史前人类的巫术活动以及巫术背后存在着一些相似的原则或规律，英国人类学家、宗教史学家弗雷泽认为：

> 如果我们分析巫术赖以建立的思想原则，便会发现它们可归结为两个方面：第一是“同类相生”或果必同因；第二是“物体

① ［英］马林诺夫斯基：《巫术科学宗教与神话》，李安宅译，中国民间文艺出版社1986年，第54页。

一经互相接触，在中断实体接触后还会继续远距离的互相作用”。前者可称之为“相似律”，后者可称作“接触律”或“触染律”。巫师根据第一原则即“相似律”引申出，他能够仅通过模仿就实现任何他想做的事；从第二个原则出发，他断定，他能通过一个物体来对一个人施加影响，只要该物体曾被那个人接触过，不论该物体是否为该人身体之一部分。基于相似律的法术叫做“顺势巫术”或“模拟巫术”。基于接触律或感染律的法术叫做“接触巫术”。①

关于模拟巫术与接触巫术的阐释与划分是弗雷泽在《金枝》一书中的重要成就。按照弗雷泽的观点，巫术在现象上可分为如下两类：

一类为“模拟巫术”，又称顺势巫术。即认为相似的物体可以等同，相似的物体之间可以相互发生作用，因此对与某物相似的代用物施加巫术就可以影响到某物。

例如，羌族曾有用“送茅人”仪式为治沉疴重症的习俗。通常用草杆扎成人形，然后象征性地给茅人穿上病患的衣物，然后找一适当的地方念咒，焚烧茅人，据说不久病人便会转危为安。此茅人实际上就是羌族巫医的一种替罪物。藏族驱邪“朵玛”性质与羌族“茅人”一致，扔“朵玛”和“送茅人”这种行为仪式便是模拟巫术的一种。不孕妇女偷拿送子娘娘身旁的泥娃娃，春节时由小孩扮演“送财童子”送宝，扎龙以祈雨，立“石敢当”以驱邪等都是模拟巫术的表现。

① ［英］弗雷泽：《金枝》第三章第一节“巫术的原理”，徐育新等译，新世界出版社2006年，第15页。

（八十沟藏族村落野祭中的驱邪“朵玛”，图片来源：廖宇调研拍摄）

另一类为“接触巫术”。弗雷泽认为，接触巫术“是在这样的概念建立的：事物一旦互相接触过，它们之间将一直保留着某种联系，即使他们已相互远离。在这样一种交感关系中，无论针对其中一方做什么事，都必然会对另一方产生同样的后果。”① 因此，按照接触巫术的界定，某人身体的一部分如头发、指甲、牙齿等，在脱离人体后，仍然和人体相互关联，相互影响。若某人久病难愈，家里人把病人喝药后的草药残渣倒在村寨或街道的大路中间，使来往行人路过并带走病祟，此即为接触巫术。小孩过生日时吃“红蛋”以佑健康，让小孩用长寿老人用过的碗筷以保佑其顺利成长等都是接触巫术在民俗生活的一种表现。

当然，在现实生活中，巫术的行为方式常常是多种巫术方式的综合运用，即同时结合几种巫术方式来进行一种巫术活动。

---

① ［英］弗雷泽：《金枝》第三章第三节“接触巫术”，徐育新等译，新世界出版社2006年，第38页。

二、话“巫”

“巫之兴也，盖在上古之世”[①]。华夏巫术的盛行，应在史前氏族文化解体的过程中。早期的“巫”，与现代乡间为数不少的一群装神弄鬼、欺蒙哄骗的神汉、巫婆大不相同，他们是“聪明、有魄力、有恒心，富有献身和探索精神的一群杰出人物。从我国现存的一些史料或文献看，可以说巫是我国可以追溯到的最早的一代知识分子”[②]。

“金文的巫字可能象征两个矩，而用矩作巫的象征是因为矩是画方画圆的基本工具，而由此可见巫的职务是通天（圆）地（方）的”[③]。即“巫”是交流天上人间、沟通天、地、人三界的重要使者。上古少皞氏之前，民神杂糅，人人祭神，家为巫史。帝颛顼命早期宗教神职人员重、黎专司祭祀与占卜，从此天地分立，人神异界。人间俗事和天上神事各有人专司，天地界限分明，秩序井然，贯通天地、上见天神的权利仅限于个别专业巫师，只有地位特殊的巫师才能够充当人神之间的媒介、天地之间的桥梁。这样的人在男曰觋，在女曰巫。巫是先有女巫，后有男巫。羌族历史上也存在过专司“扯索卦”的女释比，直到新中国成立前，绵虒一带“扯索卦”的释比供女神扎米西木纳，不“扯索卦”的释比供男神阿爸木纳。巫、觋同为巫师，职能相同，都是能使天神下降并传达神谕的神人之间的联系中介，“群巫所从上下也”[④]。后世司天的“祝”、“宗”与司地的“五官”，就是从巫觋发展、衍化而来。

---

① 王国维：《宋元戏曲考》，中国戏剧出版社 1999 年，第 1 页。
② 何裕民：《走出巫术丛林的中医》，上海文汇出版社 1994 年，第 27 页。
③ 张光直：《中国青铜时代》，三联书店 1983 年，第 327 页。
④ 袁珂：《山海经校注》第七“海外西经”，上海古籍出版社 1980 年，第 219 页。

《说文解字》释巫曰："巫，巫祝也，女能事无形，以舞降神者也，像人两庭舞形，与工同意。古者巫咸初作巫。凡巫之属皆从巫。"[①] 巫的主要工作就是通过舞蹈降神。早在三十年代，就有学者将古今巫者的本质特点阐述得相当清楚："巫也者，处乎人神之间而求以人神之道通于神明者也。人嗜饮食，故巫以牺牲奉献；人悦男女，故巫以容色媚神；人好声色，故巫以歌舞娱神；人富言语，故巫以辞令歆神。"[②]

上古巫觋是上天下地、交通人神的重要媒介，具有无可比拟的神圣性与绝对崇高的社会地位。因此，其特殊的使命决定了凡俗之人难以再胜任巫师一职，而上古巫师亦通常为有地位、有权威、有文化的智慧人物。所以，"君与官吏皆出自巫"[③]。颛顼时代"绝地通天"后，部落祭祀和巫术通天的权利遂为上层贵族所垄断，巫者为王和王者兼巫，构成巫王传统。王权与神权相结合是古代社会的一种普遍现象，"在世界很多地区，国王是古代巫师或巫医一脉相承的继承人。一旦一个特殊的巫师阶层已经从社会中被分离出来并被委以安邦治国的重任之后，这些人便获得日益增多的财富和权势，直到他们的领袖脱颖而出、发展成为神圣的国王"[④]。华夏上古时期的社会状况也基本符合这个论断。"国之大事，在祀与戎"[⑤]，是巫文化渗透政治的写照。在上古时期，中华大地上很多部落集团经历了从人到到巫、从巫到神、从神到王的过程。出身巫觋世家的国王有很多，夏禹、殷商、两周的三代君王、灵觋身份的楚国君、三星堆神圣祭台上的青铜大立人以及藏、蒙等族后世传唱的英雄格萨尔王就是古国形成过程中的群

① ［清］段玉裁注：《说文解字注》，上海古籍出版社 1981 年，第 201 页。
② 翟兑之：《释巫》，《燕京学报》1930 年第 7 期，第 2 页。
③ 李宗侗：《中国古代社会史》，台北华冈出版公司 1954 年，第 118 页。
④ ［英］弗雷泽：《金枝》，徐育新等译，新世界出版社 2006 年，第 92 页。
⑤ 《春秋左传正义》卷二十七，北京大学出版社 1999 年，第 755 页。

巫之长、百事之君。

在古代汉文献的记载中，少数民族的首领常被称为“鬼主”，即说明了他们宗教巫师的身份性质。至近、现代，黄龙地区羌寨的“许”，往往也是村寨的精神文化领袖，负责决策羌寨生产、生活中的各项重大事情，主持祭山、驱鬼、婚丧占卜等村落集体性的信仰文化活动。

上古时代具有巫政合一的特点，国王、君臣出于巫觋者不胜枚举。《尚书·君奭》记载：“在昔成汤既受命，时则有若伊尹，格于皇天”①，说明辅佐成汤灭夏建商的伊尹是沟通天地的巫者；周原甲骨H31·2片记载：“衣（殷）鸡（箕）子来降。”② 多数学者认为“来降”指的是箕子到周举行降神仪式。箕子，商末周初人，出生于巫史贵胄的家庭。而周原甲骨的记载恰恰说明了箕子拥有崇高的巫师地位。总之，“如果商汤、伊陟、傅说、箕子等王室宫廷中的贵人也都具备巫师的本事，他们也就和巫咸、巫贤、巫彭等人一样也都是巫”③。

“巫彭作医，巫咸作筮”④，“巫者事鬼神，祷解以治病请福”⑤ 等巫医同源的现象是中国上古文化史的一个突出现象。《大荒西经》记载上古时“有灵山，巫咸、巫即、巫肦、巫彭、巫姑、巫真、巫礼、巫抵、巫谢、巫罗十巫，从此升降，百药爰在”⑥。可见，古医皆古巫，众巫皆通医，古巫在巫术活动中促进了上古医药学的产生与传播。上古时期，人们普遍相信人生病是因为触犯了神灵，要治病就必

① 《尚书正义》卷第十六，北京大学出版社1999年，第441页。
② 朱歧详：《周原甲骨研究》，台湾学生书局1997年，第213页。
③ 张光直：《商代的巫和巫术》，三联书店1999年，第259页。
④ 陈奇猷：《吕氏春秋新校释》，卷第十七“勿躬”，上海古籍出版社2002年，第1088页。
⑤ 何休注《公羊传》卷二，《十三经注疏》，中华书局1980年，第2205页。
⑥ 袁珂：《山海经校注》卷十一，上海古籍出版社1980年，第396页。

须求助于可以与神灵交通的巫觋。巫觋是上古医疗技术与文化的掌握者，是人类勇敢向疾病探索与挑战的先行者。“古之圣人，不居朝廷，必在卜医当中”[①]。西汉初年，巫卜与医生仍常为一体，并且在贾谊这样的大文人眼里，还是相当崇高的。

上古时代的巫觋又常常是客观的自然观察与记录者，史前传说中奉颛顼之命的重、黎，便为司天地历法之神人，负责通天降神的巫师自然也负责观星象。上古时期的史官一般兼掌观测星象和制定历法。古人常以“巫史”连称，观射父“家为巫史”即为一例[②]；司马迁在《史记·太史公自序》中说他的祖先出自周宣王时的司马氏[③]。司马氏世典周史，是掌天官、记录史事的巫史。因为周代巫官分工明确，掌天的绝不管地，司地的绝不涉天，更不会直接参加行政管理，所以史官记史才有秉笔直书、不怕杀头的“史德”传统。

在古代社会，行巫必卜，凡祭必卜，几乎所有的事物都需占卜。殷墟甲骨卜辞就是先民占卜过程的描述和对卜象的阐释、记录。巫师阶层的形成，其中一个重要原因是占卜、术数、方技等的操作和传授，上古巫术文化解体后，巫的职能尚能长期维持，重要原因在于巫对占卜术的保存、积累和阐释。故《易》云：“探赜索隐，钩深致远。定天下之吉凶，成天下之亹亹者。”[④]

最早的教育者为巫，巫术祭祀仪式即教育场所。巫术地位降低后，一些巫师在民间建立学校，在新的社会结构中为自己重新定位。从此以后，原来由秘密仪式家传身教的巫文化知识转变为公开的教

① ［西汉］司马迁：《史记》卷一二七，中华书局 1959 年，第 3215 页。

② 徐元诰：《国语集解》楚语下第十八之“夫人作享，家为巫史”，中华书局 2002 年，第 515 页。

③ ［西汉］司马迁：《史记》卷一百三十之“太史公自序之七十”：“当周宣王时，失其守而为司马氏。司马氏世通周史”，中华书局 1959 年，第 3285 页。

④ 《周易正义》卷第七，北京大学出版社 1999 年，第 289 页。

育。巫到儒的转化与分化之一，就是教化人心、化民成俗的礼法教育。

“巫作为人神对话的中介和桥梁，不仅使人保持平衡的态度与精神的统一，而且将他长期以来的经验形成社会的规范、文化的模式。”① 上古巫术事关重大，巫仪复杂又纷繁，施巫术要有广博知识。巫既可涉天，又能入地；既舞袂翩翩，又通辞达令；既能谋“卜筮”，又可决“大疑”……由此可见，古“巫”乃远古百科全书式的重要人物，是人类社会最古老的文化传播者。

直到科技昌明的今天，黄龙地区民间若遇家中亲人沉疴难愈、每况愈下时，病人家属还会按惯例求助于巫师，卜问是否冲撞了神灵，是否需要供奉和禳解等。有病求医，有祟查鬼，驱邪除秽，神药两解是黄龙民间巫师和普通民众的通常观点。黄龙地区现在还存在于各族群众中的巫术和文化，更多的是上古巫术的留存与民间信仰崇拜文化的交融、结合。作为远古社会自然崇拜和鬼神的原始宗教即巫教的余绪，巫术在黄龙地区各个民族中都有流传。对掌握和施行巫术的人，黄龙地区各民族称名不一：汉族称呼为“端公”、“阴阳先生”、“神汉”、“大仙”、“巫婆”、“仙娘”等；羌族称为“释比”、“许”、“比”、“诗卓”、“诗谷”等；藏族称为“苯波”、“阿尼”、“莫玛”等。

三、巫文化与黄龙民间民俗

鲁迅先生认为，“我们中国人本来就是信巫的，巫在传统文化中一直扮演着极其重要的角色”②。因为植根于民间，所以在远离中心

① 刘绪义：《巫：天使在人间——关于先秦诸子的发生学思考》，《长沙理工大学学报》，1996 年第 1 期。

② 鲁迅：《中国小说史略》，人民文学出版社 1974 年，第 29 页。

的乡土社会，尚巫之俗犹存，巫文化与百姓们的日常生活密切相关。在现实生活中，几乎所有的民俗都或多或少地受到巫术的制约和影响，而在笃信“万物有灵”的黄龙地区，巫术和巫文化在漫长的历史时期内，曾是各民族、各族系希望实现理想生活的一种重要手段。它与黄龙普通民众的日常生活密切相关，并经由古老的俗信形态渗透到各民族的文化性格与心理状态之中。

岷江流域历来是古羌民族迁徙流动的区域。岷水连蜀地，古蜀与羌族先民关系密切。而蜀地自古巫术流行，巫风弥漫，巫术是黄龙地区重要的民俗文化之一。早在殷商时期，以巫文化为特征的神灵信仰就笼罩在古蜀大地上。三星堆“祭祀坑”出土的大型青铜雕像群，及各种青铜动物、植物、怪兽群像均与降神、通神、祈神、降祸福于人间的巫术仪式和巫歌、巫舞有关。三星堆文明巫风之盛，在西南各族中造成了深刻而久远的影响，其中也包括黄龙土地上的各族先民。隋唐之后，四川地区西北部“松潘、茂县、汶川的羌民，除黑水以西的羌民信仰佛教以外，其余绝大部分不信仰佛教而信仰巫术。”① 可见羌族的巫术信仰源远流长，在羌民的生活中起着重要的作用，古之黄龙巫风甚厚。《魏书·吐谷浑传》记载：“吐谷浑遂徙上陇，止于枹罕暨甘松，南界昂城、龙涸”②。昂城大致范围在今四川阿坝地区，龙涸则为今松潘一带。而吐谷浑则崇尚日、月、星辰等自然天体，其民多信巫尚卜，此俗盛而不衰，延及古代黄龙。

黄龙地区早有藏传佛教传播，也吸收了藏族本土宗教——苯教的巫文化的诸多元素。苯教是古代藏族盛行的一种本土宗教，历史悠久，其名称、源起、衍化等，学界争论颇多，兹不多作探讨。黄龙地

① 马长寿：《氐与羌》，上海人民出版社 1984 年，第 215 页。
② ［北齐］魏收：《魏书》卷一百零一，中华书局 1982 年，第 2234 页。

区藏族的民俗信仰，主要依托了苯教所留存的各类传统巫术。如果从学界多数人的观点看，这些巫术和仪式属原始宗教的范畴，以自然崇拜和鬼灵信仰为其主要表现形式，讲究仪式，擅长咒术。苯教与巫文化有着紧密的联系，藏文史籍中就记载着不少古代苯教的巫文化现象。《土官宗派源流》记载，在吐蕃止贡赞普执政时期，曾分别从克什米尔、勃律、象雄三地请来三位苯教僧侣，“其一人能行施除灾巫术，修火神法，骑于鼓上游行虚空，开取秘藏，以羽截铁，示显诸种法力。其一人以色线、神旨、牲血等作占卜，以决祸福休咎。其一人则善为死者除煞，镇压严厉，精通各种超荐亡灵之术”[①]。除灾巫术、修火神法、占卜、除煞、镇压严厉等，就是书中提到几种古代苯教巫术。

苯教在历史分为“笃本”、“恰举”、“觉本”三个发展期，其教义以及宗教仪式在后世漫长的世俗化流变中逐渐为民间接受，并渗透于藏区民众日常生活的每个领域。苯教有许多民俗化的仪式，“最常见的仪式是结婚仪式，确保后代延续的仪式，延长寿命的仪式，招来好运的仪式，避开灾难的仪式，带来好收成的仪式和为死者祈祷的仪式”[②]。在进行每一种仪式时，“都按四个步骤进行，第一步是占卜，第二步是占星术，第三步是仪式，第四步是诊断治疗。……这四步方法也扩大应用于普通人日常出现的问题。这类方法被看成是苯教最基本的习俗之一”[③]。

黄龙地区的雪宝顶神山，香花供养的黄龙神，牟尼沟的圣水之

---

① 土观·罗桑却季尼玛：《土官宗派源流》，刘立千译，西藏人民出版社 1999 年，第 194 页。

② 噶尔美：《国外藏学研究译文集》（第二辑），王尧、陈观胜译，西藏人民出版社 1987 年，第 231 页。

③ 噶尔美：《国外藏学研究译文集》（第二辑），王尧、陈观胜译，西藏人民出版社 1987 年，第 264 页。

畔，至今可见的彩旗经幡和顶礼膜拜的朝圣者。“天下第一泉”——钦尼嘎摩圣泉旁抛洒龙达、洗眼睛的人群，藏家祈祷家人平安的驱邪“朵玛”，格萨尔降生人间、降妖伏魔、救护生灵、安定三界的传说，松潘民族廊桥俨然成为市井百业中的算命、看相先生的集中地，各民族春节时分的舞龙、舞狮等等，无一不是古老巫文化的遗存。

（西南民族大学的同美教授在钦尼嘎摩圣泉旁抛洒龙达，图片来源：田晓膺调研拍摄）

“‘巫术礼仪’主要是直接为群体的人间事物而活动的，具有非常具体的现实目的和物质利益”①。千百年来，巫术广泛应用于黄龙地区各族群众生活的各个方面，祈子、恋爱、婚嫁、治病、造房、出行等，都会无意或有意地求助于巫术。巫术不仅影响到民俗的产生，而且成为民俗的重要内容和表现形式。对巫师和巫术的信赖，对鬼神实有的信仰，历来是黄龙地区各民族或多或少都有的民间俗信。

① 李泽厚：《中国古代思想史论》，天津社会科学出版社 2008 年，第 287 页。

巫术对黄龙地区民俗文化的影响是深刻而久远的，它经过卷帙浩繁的宗教典籍归纳而升华为哲理，又经过万物有灵、鬼神信仰、自然崇拜而更富神秘色彩，再通过苯教、民间佛教道教、羌族原始宗教、其他民间信仰等等，在黄龙地区乡土上广为传播，并扩散到社会思想的方方面面，渗透到民俗生活的各个角落。今天，黄龙地区藏、羌、汉等民族岁时节日中蕴涵着古老巫文化因子的酬神送鬼活动，仍然在热闹上演；民间广泛使用的吉祥语、吉祥字、吉祥画、吉祥物等祈福趋吉习俗，亦无不渗透着民众集体无意识的巫术意识；在日常生产、建筑居住、服饰饮食、婚丧嫁娶、生老病死、岁时节令、乡规民约中，巫术文化均有呈现；诸如看风水、照妖镜、捞油锅、看相算命、测字抽签、请符化水、驱鬼招魂、求神问卦、去邪治病、祭祀还愿、开坛唱经之类的民俗现象，其巫术性质不言自明。

今天，许多日常生活中流传久远、习以为常的习惯用语，人们并不一定能察觉它们与巫文化有何关系。“千里姻缘一线牵”，是民间常用的一句普通话语，但这种关于的“姻缘”宿命观点本身就存在着巫文化的因子；“天打雷劈”这句话，细想来，又何尝不是巫文化的咒语体现；在言语交际时，人们常常不经意地带出许多“鬼”来：“烟鬼”、“酒鬼”、“赌鬼”、“小气鬼”、“胆小鬼”、“鬼头鬼恼”、“心怀鬼胎”、“鬼话连篇”、“活见鬼了”、“有钱能使鬼推磨”等。可见，巫“鬼”文化并没有随着“鬼”信仰的巫文化生存基础消失而彻底灭亡，它以隐性的形式渗透在汉民族的言语行为中。

巫术文化作为人类思维深层根深蒂固的精神意识形态，其产生和消亡都不是一朝一夕能够完成的。在黄龙地区多民族文化历史河流中，巫文化经过一系列的流传、继承、发展和变化，早已经成为该区多民族、多元文化的组成部分，直到今天还让我们为其久远与丰富感叹，启发我们进行更加深入的探索。

第二节　古来巫术应有灵：黄龙巫文化片羽

巫术在黄龙地区的民间民俗活动中被广泛应用。在黄龙地区，古老的禳祓巫术至今还时常可以看到其文化的遗痕，比如：为了避免天降暴风雨、冰雹，防止野兽和其他灾害的袭击和侵扰，藏族群众便请来巫师进行禳祓或施巫，以保人畜平安和庄稼的收成。据说，藏区古老的苯教经典《九乘》中有三百六十种禳祓巫术可以消灾解厄。有时请来的不是民间苯教巫师，而是藏传佛教寺庙中的喇嘛，但即使是在这些喇嘛所作的禳祓仪式中，仍不乏送鬼、降魔、祈福、占卜等巫术活动的痕迹。虽然这些禳祓仪式中的巫术有简有繁，但其中有很大一部分应该说源于藏族先民想通过自己的言行控制自然力的表现。人们是怎样想的，也就怎样去施行。就其内容来看，其所反映的，也大都属于人与自然之间的关系这一范畴之内。只不过在传承过程中，其形式发生了很大的变化。

黄龙地区藏族群众请苯教、藏传佛教的喇嘛所做的禳祓仪式，总体上呈现出一种混杂复合的特征。这些禳祓巫术，既有民俗信仰和巫术的成分，又包涵了藏传佛教的理论与技术，也有苯教的一些做法，甚至还借鉴了一些外国宗教的形式，形成了一种特别的包容的综合的巫术形态。

一、啸傲声震天：驱雹巫术

过去，在川西高原的藏区，施用最普遍的禳祓巫术莫过于驱除冰雹了。川西高原每到夏日，气候多变，冰雹、暴风雪时有发生。冰雹突袭在川西高原是常见的，也是后果较为严重的一种自然灾害，通常发生在每年的五至八月份。一场雹灾，常常使农作物颗粒无收，对藏、羌民众饲养的牲畜也有很大的危害。农、牧民一年的辛勤劳动常因一场雹灾而付之东流。藏、羌族先民对雹灾的危害性感到惧怕，不得不冀求于神灵的佑护，希望巫师的作法能驱除灾害。即使时光流转到了近代，藏、羌民众亦多是谈“雹”色变，感到束手无策。因此，黄龙地区藏族、羌族群众关于驱逐雹灾的仪式自古有之，擅长防雹的巫师也受到藏、羌群众特别的尊敬。

旧时，黄龙地区的藏族群众，每逢夏季农作物长势良好之际，为避免雹灾，民间常集体聘请一个、两个擅长驱雹巫术的苯教僧人作法，来防止农作物与牲畜受到冰雹的袭击。这些防雹巫师长住山间，专司防雹、驱雹之职。驱雹之前，有些地方的防雹巫师还要敲击法鼓，通过鼓声的变化来占卜预测天气好坏。通常情况下，“若鼓声低沉或有怪声，预示着坏天气的出现；鼓声高昂而正常，预示着不会有雹雨或雪暴降临。还通过各种特定的征象来判断天气，从而决定祈请供奉哪一类神灵。如，若从东方飘来一块呈佛塔状云彩，那么就必须朝拜王系魔；若从南方飘来象怒相神头发一样的倒竖发状云，那是玛姆女魔阻挡了降雨云，为防雹则要进行答谢仪式”，“要判定一块积雨云是否带来冰雹，要把水装进一个用五种贵金属做成的平底盘内，然后观察盘内水中反映的天空云彩，如有下冰雹的征候，咒师立即进行相应的禳除仪式”①。

马长寿先生在《苯教源流》中记载过苯教僧人驱雹之事：“阻止风雹之事，非高明苯僧不为功。凡风雹厉行之寨，寨民派粮供养一苯

① 刘志群：《西藏祭神的供品——圣器和特殊巫仪及咒术、御邪术》下，《西藏艺术研究》1995年第2期，第45页。

僧，平时静坐室内，不与外界通声息。至夏秋之季，风雹为厉，此僧则于山顶设坛作法，或登高山而啸，或拔剑咤叱。空中之密云则为之散，谷内之风则为之息”①。如果这一切无效，行法术的僧人则选择更具威慑力的人胫骨号而鸣之。事后，“风雹则缕蜷一处，随所指而下。所指之地，雹积尺许，田禾淹没，或烈风鼓荡，树木披靡”②。苯教之驱雹巫术，后来被藏传佛教各派吸收、发展与运用，成为目前黄龙地区各苯教、藏传佛教寺庙夏季正常佛事活动之一。此活动举行期间，一般不允许女性进寺朝拜，亦不允许寺内僧人随意外出。

1929 年，黎光明与王元辉先生在关于川康民俗考察的报告中曾记载：“松潘四月以后，还降雪雹，毁禾苗，一般人请喇嘛在西岷顶上施法术以求止雹。”③。在藏族农业区，每年自五月十三日开始，每日有村民挂牌轮流煨桑。若某户煨桑之日黑云密布，则必须前去桑台煨桑、呐喊。煨桑者手摇三角红色小旗，不停地指向雨云，口吹海螺，驱散雹雨。藏族民众相信借由这样的仪式，可以抵御冰雹的来袭，实现他们对风调雨顺的向往。

每逢藏历的四五月间，黄龙地区有的藏族村寨全体男子还要在有名望的长者率领下，一齐到“神山”上去举行大型煨桑仪式，其煨桑所用之柴，必须是头年伐好准备下的柏树和松树。柴堆点燃以后，参加仪式者把净手后炒过的青稞面以及蜂糖、青棵酒等洒在正在燃烧的桑堆之上以祀“山神”，当地称这种煨桑仪式为“堆柴烧烟烟”，据说其主要目的是为了防止冰雹和避除冰雹。

---

① 马长寿：《马长寿民族学论集》，人民出版社 2003 年，第 331 页。

② 马长寿：《马长寿民族学论集》，人民出版社 2003 年，第 331 页。

③ 黎光明、王元辉著：《川西民俗调查记录 1929》，王明珂编校，台湾“中央研究院”历史语言研究所发行，世圩实业有限公司印刷，2004 年，第 105 页。

二、咒水度空山：诅咒巫术

诅咒巫术，又称厌胜咒人，简称咒术，是一种专以诅咒仇敌，以期达到危害对方为目的的一种语言巫术，多为主动出击，带着强烈威慑的自信。巫术仪式中，诅咒都最为常见，无论仪式规模是大是小，均离不开它。

诅咒巫术肇始于久远的上古社会，其根源是人们对超自然神秘力量的信仰。“在人类发展进步过程中巫术的出现早于宗教的产生，于是，原始巫术就产生了。最古老的巫术之一是巫师在各种仪式场合使用咒语来试图用来控制、和驱使对象。于是另一种巫术形式就出现了，这就是在颂神，即在献祭、膜拜等崇拜仪式中说祈祷语来取悦于神灵的。人在努力通过祈祷、献祭等温和谄媚手段以求哄诱安抚顽固暴躁、变幻莫测的神灵之前，曾试图凭借符咒魔法的力量来使自然界附和人的愿望。”① 可见，咒术“针对不可知或不可察见之超自然神秘事物而产生，潜藏着先民企图通过自身或外界之神秘力量来制服神秘物事的法术意识，是先民企图消弥不详、化解危难、缓和恐惧心理的方法之一”②。

在原始灵物崇拜中，语言本身已经是一种神圣象征的崇拜物，当语言的地位和作用被提升到灵物崇拜程度，就可能形成咒语。“咒语是巫术的语言要素，是语言的巫术，任何巫术行为（仪式），见得到的都是集中在咒语的念诵。……咒是巫术的神秘部分，相传于巫士团体，只有施术的才知道。在世人看来，所谓知道巫术，便是知道咒，

① ［英］弗雷泽：《金枝》，徐育新等译，中国民间文艺出版社 1998 年，第 84 页。

② 李生龙、张辟辟：《六朝至唐志怪小说中符咒元素的思想内蕴与叙事功能》，《湖南大学学报（社会科学版）》2011 年第 2 期，第 74 页。

咒语永远是巫术行为的核心。”① 在古人看来，语言同天空、大地、山川、森林等一样是具有魔力的客观物质存在，他们在实践中把语言的力量与功能无限夸大。当自然界出现威胁人类生命与安全的某种危害现象时，他们就企图用语言来诅咒制服它。鬼魂观念出现后，诅咒就成为驱鬼禳灾的一种法术。即使到了科学昌明的现代社会，诅咒巫术在民间仍然广为流行，其使用最普遍的方面乃念咒去病。由于咒术治病既方便又经济，民间好些普通民众不是巫师，也不会法术，但因为咒术治疗在民间的广泛传播，他们学会了一两句简单的咒语和治疗方法，于是遇上家中有人生了某些小病，就用咒语来实行自疗。这种简单的咒语通常是带有强烈役使色彩的敕令式。如“去”，“呸”，“急急如律令，敕”，或“太上老君急急如律令”；如苯教祭祀咒语：“达拉卡卡卡嘿”，即请众神吃吃吃。

诅咒巫术一开始就与苯教联系在一起，成为苯教文化不可或缺的组成部分。黄龙地区苯教诅咒术源远流长，苯教大藏经《甘珠尔》中就汇集了许多古代苯教徒的仪轨、经典与诅咒法术。据《苯教源流》记载：“咒人之事，今苯僧虽讳言之，虽诅咒实为苯教之传统特点。主人有仇敌，密遣人至敌家，窃取仇家之发、爪或衣服之沾汗者，最为灵异。不然，则绘仇者之相，上书此人之年岁生辰。交苯僧，苯僧为置三角铁盒中，铁盒置炭屑内，环匝以铁刀剑镇压之。或以利镞贯穿绘像之心，然后诵经诅咒之，瘗于地下。据告者言，诅咒有奇效，被咒者虽不死，亦癫狂或卧病不起。”②

历史积淀起来的咒术类别众多，功用不一，难以尽述。诅咒巫术在民间多与民俗信仰相结合，种类与形式繁多。在日常生活中，主要

① ［英］马林诺夫斯基：《巫术、宗教、科学与神话》，李安宅译，中国民间文艺出版社 1986 年，第 52—56 页。

② 马长寿：《马长寿民族学论集》，人民出版社 2003 年，第 331 页。

有如下几方面的民俗表现：

治病：黄龙地区各族群众普通认为，人生病往往是由于邪祟附身所致，因此，必须采取相关应对措施以防病、治病，而诅咒则是民间广泛运用的一种以巫术为主的治疗方式。巫术治病的一种最简单的方法，即念咒。民间之念咒治病通常有两种，一为老百姓自己念咒治病，这些老百姓并不是职业或半职业巫师，只因诅咒巫术在黄龙地区民间流传甚广，各民族乡土社会中的普通民众学会了一些简单易行的诅咒巫术，从而在生病时运用以实行自救。如小孩吃鱼被鱼刺梗住喉咙，吞咽艰难时，民间通常会念“化骨咒”并喝化骨水治疗。化骨咒很多，如“老龙进洞，急急化龙，急急化龙；老龙进洞，急急化灰，急急化灰”。又如：若小孩子跌倒，母亲或奶奶会拍着小孩安抚，并念咒：“前拍拍，后拍拍，某某的灵魂别出来。”治病咒术在黄龙民间广泛存在。其传播相当隐秘，其作用就在咒术的神秘性与实用性。失去神秘性，咒术自然也失去了效力。二是巫师（巫婆、许等，各民族、各地区有不同称呼）做法治病。语言灵力在人类的信仰活动中，占有极其重要的地位。民间巫师做法术时的一个重要武器即念咒。此类诅咒治疗比民间的繁复，一般都有请神、作法、念咒等一套程式化的仪式。

祛灾：灾的种类很多，可分为雹灾、雪灾、旱灾、水灾、霜灾、地震、山崩、泥石流等自然灾害，蝗灾、冻害等植物灾害，瘟疫病害等动物灾害及其他。如苯教驱除冰雹的咒词云：“轰轰轰，帕达帕达！帕达！”若该咒语无效，则念更猛烈的咒：“所有的为邪作祟者，所有带来灾祸的魔怪——冰雹被切断！”假如这条猛咒还不起作用，那么咒师求助于大慈大悲的观音菩萨，急切地念六字大明咒，即“奄嘛呢叭咩哞”[①]。

辟邪：所谓邪，一般指鬼怪邪魅等引起的非常情况。如民间建房“安门”时的驱邪咒云：“雷神雷神，三眼看人。人来有路，鬼来无门！”[②]根据原始万物有灵的信仰，语言所代表的东西与所要达到的东西，具有巫术交感的作用。“一些表示欲望的词句，一经说出，便算达到目的。”[③]因此，通过语言的念诵，很多邪祟鬼魅也一样会被语言的魔力所驱除。黄龙地区有民间儿歌云：“月亮月亮光光，月亮月亮光光，哈巴儿起来烧香，烧死麻大姐，气死幺姑娘，幺姑娘告状，告给和尚，和尚舀水，告给小鬼，小鬼上山，遇到大官，大官坐轿，抬死两个鬼儿子。”[④]这首民间儿童歌谣，就带有一些驱邪咒鬼的巫术含义。

镇宅：镇宅是驱除邪恶、安宅定家、护佑平安的一种民俗巫术活动。如有些汉族人家在大门口或梁头贴着“姜太公在此百无禁忌”的字帖，这就是镇宅的功能。汉民族新房落成的“上梁”仪式，要在正梁上书写“上梁大吉”、“太极八卦图”等都属于此功能的代表。

情咒：情咒常借助超出现实可能的咒语力量去表达主体的爱情誓愿，并发下生死誓愿以保障爱情，使之持久不变。黄龙地区有民歌云：“郎十五来妹十五，两人相交把咒赌，郎有外心飞石打，妹有外心给刀杀”[⑤]；“太阳出来照河口，照见二人手拉手，要得二人丢了

---

① 林继富、李丽：《藏族语言崇拜剖述》，《西藏艺术研究》1996 年第 4 期，第 73 页。

② 松潘小河镇刘应富端公讲述记录。

③ 李安宅：《巫术与语言》，上海文艺出版社 1988 年，第 14 页。

④ 中共松潘县委宣传部、松潘文化体育局编：《岁月的痕迹》，大众文艺出版社 2010 年，第 160 页。

⑤ 中共松潘县委宣传部、松潘文化体育局编：《岁月的痕迹》，大众文艺出版社 2010 年，第 208 页。

手，除非河干石头松。”[①] 这种赌咒式的语言，尽情地表达着热恋中的情侣此情不渝、生死不分之强烈意志。人们相信，语言的这种惊异的力量不是来自于民歌中的词或曲，而是来源于蕴涵着不可知灵力的咒。受巫术交感思维的支配，在一对相恋情侣的观念中，语言包含神力，尤其是吟咏抒情的歌谣，更具有一种灵异而惊人的独特力量，因而具有咒语的神秘功能。“在所有与爱情有关的事物中，它（咒词）是至关重要的。巫术可以赋予魅力、触发爱情；巫术可以使伉俪情侣感情疏远；巫术可以产生和增加个人美。”[②] “要得二人丢了手，除非河干石头松”的誓愿，从巫术的角度似乎也可以理解为男女双方相互被施加了诅咒巫术。即当现实的爱情障碍无法克服时，咒术的语言魔力就会采用盟誓的形式，给爱情接受者施加某种神秘的影响，并以此达到巩固情感、生死相依的目的。实施情咒的保障系统存在于宇宙万物的冥冥神灵中，由于这种保障系统的特殊性，情咒在信仰的范围内相当有效。

刘应富端公处问咒

“端公”行巫是民间巫术的一种表现形式，“端公”在黄龙民间有广泛存在空间，他们在乡土俗信仰中起到沟通阳间与阴间的作用，所以又俗称阴阳先生。

2011 年 8 月 12 日下午，笔者与黄龙管理局毛明军老师、李明忠老师一行在松潘小河镇的一个茶园里对当地端公刘应富进行了简单的访谈。

刘应富端公所掌握的法术主要有两个来源，一是青年时拜师学习

---

① 中共松潘县委宣传部、松潘文化体育局编：《岁月的痕迹》，大众文艺出版社 2010 年，第 213 页。

② ［英］马林诺夫斯基：《野蛮人的性生活》，刘文远等译，团结出版社 1980 年，第 246 页。

所得，二是婚后因其岳父无子继承而来。他称自己为阴阳先生，认为自己的祖师为太上老君，并说自从盘古开天地，万法教祖就是李老君，言语间颇有几分得意。平日，刘端公主要在民间主持一些驱邪袪魔、修房架桥、丧葬婚嫁等法事活动，据说他的业务范围甚至辐射到了成都，成都有人开着小车来请他做法事。

刘端公反映比较敏捷、语言表达能力较强，精通书符咒语，调查中几乎都是他在滔滔不绝地叙述，下面是刘端公关于化水治病的讲述记录①：

当某人生病恍惚时，要念“万变一碗水”咒，并配以一定的仪式为其治疗；或乡村有小孩鱼刺、鸡骨卡喉，但又不想去医院开刀，于是也可以用此咒的前两咒，称为“九龙水”。化“九龙水”前先要准备一些道具，即找一把竹筷子，用刀斜切成三段，再准备一个磨砂碗盛净水，这碗水不能随便舀，要在缸后面直接舀，多了不倒，少了不添。

化水伴随着一套程式化的巫术，借以渲染气氛，其主要程序有：

第一步是念“请神咒”请师爷：“本师那摩来化水，祖师那摩来化水，入口传法度师那摩来化水。”据说请师口诀非师承系统内的人不传，笔者怀疑此请师诀只是开了一个小头。“那摩”兹以为是“南无”（佛门念着“拿摩”），古梵语汉语音译词，无实在意义，即“我在这里遥遥叩拜你”之恭顺敬词。

第二步念“化水咒”：

“一点清净水，心花五夜开。通天五线神水一道，吾已化为尘。一道化十道，十道化百道，百道化千道，千道化万道，道道有宗，道

① 以下皆为刘应富端公口述，笔者事后根据采访记录整理而来。因方言与讲述人记忆准确度等原因，或许会有疏失。

道有灵。”

“二点清净水，心花五夜开。观音老祖神水一道，吾已化为尘。一碗化十碗，十碗化百碗，百碗化千碗，千碗化万碗，道道有宗，道道有灵。祖师我自变，葛仙一变，本师我自变，葛仙二变，入口传法度师自变，葛仙三变。阴测阴变，阳测阳变，身份度师气变。正月不见雷神动，二月哪里动雷神，三月雷神赫赫喉，四月雨水落纷纷，五月端看龙隍会，你看我此水灵不灵。吾已化为尘。”

请水两咒念完，鱼刺卡喉者即在此时遵端公吩咐喝下化水。接着端公继续施咒：

“吃水不吃药，喝了这碗万变一碗水，百毒消除，病毒消散。斩签签，化签签，九龙饮水下九滩。遽遽下令，遽遽下令，若遑不下，同他他下，若遑不下，陪他他下，若遑不下，茅山三连度下，若遑不下，使起铜锤打下，若遑不下，使起铁锤打下。喝了这碗万变一碗水，吃水就不吃药，骨内痛治骨位，脾里痛治脾位，心里痛治心痛，背里痛治背痛，连心连肝一起止，喊他不痛就不痛。”

此时端公用手指醮清水弹洒在树上，若没树，则往天空点弹洒。接下来，继续念咒：

“弟子把你架到半天云，光痛那个树就不痛那个人。三点清净水，心花五夜开。梅兰天子小山人马，吾已化为尘。一道化十道，十道化百道，百道化千道，千道化万道，道道有宗，道道有灵。正月不见雷神动，二月哪里动雷神，三月雷神赫赫喉，四月雨水落纷纷，五月端看龙隍会，你看我此水灵不灵。吾已化为尘。”

“四点清净水，心花五夜开。那摩祖师赐我神水一碗，吾已化为尘。一碗化十碗，十碗化百碗，百碗化千碗，千碗化万碗，道道有宗，道道有灵。一道化十道，十道化百道，百道化千道，千道化万道，道道有宗，道道有灵。急急如律令，吾奉太上老君。”

“五点清净水，心花五夜开。鲁班赐我墨斗之水，天坛打来天坛神水，地坛打来地坛神水，海中打来大海神水，井后头跳来船工神水，河边打来盐六神水。一碗化十碗，十碗化百碗，百碗化千碗，千碗化万碗，道道有宗，道道有灵。阴测阴变，阳测阳变，每人喝了这碗水，骨内痛治骨位，脾里痛治脾位，心里痛治心痛，背里痛治背痛，连心连肝一起止，喊他不痛就不痛。吃水就不吃药……”

讲述至此，刘端公补充道：“吃水不吃药，话这么说，实际上你药还是要吃的，神药两解嘛。吃药就要用印，把印盖在中药方子上。然后把万变一碗水倒进中药中熬。一般人喝冷的，女人不洁净时就要用温水……”

第三步念“解玉神咒”。

水化好后，即念“解玉神咒”：“天地自然，未齐（因四川方言之故，兹疑为“秽气”）分散。”此时，刘端公特意补充道：“未齐分散”就是解玉。有人问，什么是解玉，他说：“水化起了就是解玉神咒了嘛。”“洞洞太虚，玄若太玄，八方威神，使我自然。灵宝符命，普告自然，乾罗达那，洞罡太玄；斩妖除邪，杀鬼万千。岳渎真官，土地祇灵。左社右稷，不得妄惊。皈依大道，我就扫出邪精！急急如律令，如奉太上老君。”一碗水要“解”两次“玉”，解玉完毕还要用两块合在一起的竹根扔于地上打卦，扔下去若为阴卦，则化水成功。化水时要配以一定的掌诀，化观音神水用观音掌诀，化老君神水用老君掌诀等，不同的掌诀，在不同的诅咒巫术中具有不同的功用。据说掌诀具有无穷之魔力，能驱除邪魔。

在黄龙地区民俗信仰中，化水治病仪式有不同的仪式、方法和师承。而不同师承，常各有自己的一套神谱、咒术与治疗手段。此端公接此神，彼端公接彼神，不同的巫师请的“神”大不一样，其神谱多广大无边，在刘端公的化水咒中就出现了葛仙、鲁班、达摩祖师、观音老祖、通天五线神等各路尊神，甚至闻所未闻的“梅兰天子”、“小山人马”都罗列进来。打来的神水也源自天上地下，四方各地，“天上神水”、“地下神水”、“船工神水”、“盐六神水”、“老君神水”、“观音神水”、“龙王神水”行行色色，无所不包。由此可见端公化水时驰骋的神灵世界无边无涯。只要端公思维能够驰骋到的地方都可以有神，可见民间巫术神系庞杂。

（刘端公做法事时的部分法器，图片来源：田晓膺调研拍摄）

三、呼星招鬼有无间：寄魂·招魂·驱鬼

黄龙地区藏、羌民众笃信万物有灵。他们认为各种神灵无处不在、无时不有，日月星辰、风雨雷电、鸟兽虫鱼、花木草石，无一不具有灵性，无不暗藏神机，众神以一种神秘的形式生活在人类的周围。万物有灵的观念是黄龙地区巫文化的思想根源和理论基础，其重要表现形式为灵魂不灭与灵魂迁移。

这种灵魂不灭的观念、灵魂和肉体可以分离的观念，其实不仅仅是藏、羌先民特有的意识。从万物有灵到灵魂外寄，是人类文化史上对灵魂认识的一种普遍现象。后来，随着生产力的发展和人类理性思维与逻辑认知能力的不断提高，人们的灵魂观念逐渐淡化和消失。只不过，这种灵魂观念在藏族、羌族群众中至今仍根深蒂固，并在社会生活的各个方面有着广泛而深刻的影响。

伊本·西那在《论魂灵》中提出过一个重要观点：灵魂必须与形体统一。他认为，“灵魂与形体之间联系的发生，并不是通过印象作用，正好相反，这两者之间的联系乃是灵魂借以为形体所占据的联系，因而灵魂能够凭着这个形体知觉，形体能够承受着这个灵魂”[①]。同时，他还认为，“灵魂之所以不会与形体一起死亡，是因为一切事物之由另一件事物的毁灭而毁灭，乃是就其以一种依存关系依附于另一件事物来说的”[②]。

黄龙是一片古老而神秘的土地，灵魂观念是黄龙民间巫文化的一种表现形态。藏族先民的灵魂与寄魂观念古来有之。藏族民间英雄史诗《格萨尔》中便存在着大量的寄魂物，如寄魂山、寄魂海、寄魂牛、寄魂树等。在《征服大食》中，格萨尔王的妃子珠牡唱道：

上玛地荡漾着一湖泊，宽阔的水面上翻金波，金色天鹅嬉水起又落，这是长系的寄魂湖泊。

中玛地荡漾着一湖泊，宽阔的水面上翻翡翠波，松石色水牛横卧其中，这是中系的寄魂泊湖。

下玛地荡漾着一湖泊，宽阔的水面上翻银波，雪白的海螺逍

---

① ［阿拉伯］伊本·西那：《论魂灵》，商务印书馆1963年，第23页。
② ［阿拉伯］伊本·西那：《论魂灵》，商务印书馆1963年，第238页。

遥其中，这是幼系的寄魂湖泊。[1]

歌中吟唱的是岭国的长系、中系、幼系的三个寄魂湖泊。透过这些寄魂物，可以看到灵魂的转移和转化。在藏族先民的观念中，灵魂不一定要在人的身体中，它可以远离躯体，并通过远距离的交感作用而使人体继续保持生气与活力。寄魂物是生命的依托和力量的源泉。寄魂物灵魂越多，生命力越强，越不容易受到伤害。“能寄寓人们灵魂的‘宝物’，‘避邪物’，‘镇物’，‘厌胜物’……说到底都是对于生命归宿的思考与实践的产物，可以说是一切神秘信仰的基石。”[2]

藏族民间俗信涉及灵魂的仪式和法术有许多，其中最重要的就是招魂术。据卡尔梅博士研究，现今流行的藏区民间招魂仪式主要受苯教以及藏传佛教宁玛派仪轨影响。在这两个宗派中，都有其传承已久的招魂仪轨书。藏族苯教传说，人的两肩上依附着阳神和战神两种神灵。若阳神或战神从人体上离开，邪祟就会乘虚而入，灾难疾病就会降临，甚至丧失生命。若要阳神和战神重新回到人体里面，就须请苯教巫师为其行“招魂”仪式。或许受苯教传说影响，某些藏族群众特别忌讳别人把手或不净之物置于自己肩上——因为这样会触犯自己体内的阳神或战神，给自己招致不详。

招魂术古已有之，敦煌文献中记载了一位娘地女神被妖魔偷走灵魂，后请巫师为其“招魂”的故事：

一位女神，娘地的女神管辖着那个地区，管辖着娘地的黑林，镇压和驯服着妖魔，镇压和驯服着娘妖拉吉库。高地有地震

① 青海省民间文学研究会搜集翻译：《征服大食》，青海民族出版社 1986 年，第 317 页。

② 仲富兰：《中国民俗文化学导论》，上海辞书出版社 2007 年，第 26 页。

时，娘国森林所在的高地没发生地震。一个妖魔从远方来了，娘妖拉吉库从远处来了，它乘娘地女神打眺时，偷去了她的灵魂，拿走了七块灵魂湖地松蕊石。于是娘地女神一心不能想，神智不清；嘴不会说，口齿不清；眼看不见，模糊不清。

上面活的缘分虽然尽了，没有关系；下面死的缘分虽然近了，没有关系；虽然遭到足踢的虐待，没有关系，虽然遭到缰辔勒伤，没有关系。那里有苯教巫师，有中国娘地的苯教巫师廷纳和江拉觉。这两个巫师到火不热水不湿的妖地去，在娘妖拉吉库前面丢去一个替身。每天晚上供养神灵，供养娘地女神；也供养松石轰觉和穆贝觉，于是娘地女神比从前更漂亮了，比昨天更可爱了。①

故事中的女神，灵魂被盗，其灵魂寄魂绿松石也被偷走，造成致命的危险，巫师便采用招魂术——一种使用替身物并进行供奉的办法，最终为她招回了灵魂。

招魂仪式在古今中外各民族中都普通存在，羌族就有专门的招魂仪式。羌族认为万事万物都有魂，魂在生命力在，魂去生命力失。旧日，若一个人疾病缠身，四肢无力，神魂不定时，家人便会认为他的魂离开了肉体，不知去了哪。于是会找释比或村中擅长巫术的尊者为病人“招魂”，释比会做一弯弯馍馍，上插一小旗，从很远处为病人念唱“招魂经”：

高山之处唤魂了，山岭之处唤魂了，山沟之处唤魂了，杉林

① [英] F. W. 托马斯：《东北藏古代民间文学》，李有义、王青山译，四川民族出版社 1986 年，第 91—92 页。

深处唤魂了，桦树林中唤魂了，竹林之中唤魂了，悬崖之处唤魂了，岩石之上唤魂了，道路之处唤魂了，歇气坪上唤魂了，身体周围唤魂了，巷道之中唤魂了，房子周围唤魂了，门前巷中唤魂了。①

一路唤魂直到返回病人家，招魂施仪者继续唱道："门槛之处魂回了，堂屋之中魂回了，上方位置魂回了，火塘周围魂回了，魂魄唤回皆安息，神灵成千来护佑，魂魄歇息勿再动，众人魂魄已安定"②。释比在火塘旁边把弯弯馍馍交于病人，让他在火塘吃下。至此，招魂仪式结束。把脱离本身、四处飘浮的灵魂招回来的巫术，不只用在招人的魂，也用于招动物、植物的魂。

在镇坪羌寨有一种"洗梦"的祛病巫术。当一个成年人老做噩梦，且身体逐渐消瘦，没有精神，民间便认为此人的"索（魂）"在梦中被鬼魅邪祟污染了，必须得通过洗梦来禳解。通常人们会在河里拣三块白石头，然后放在火塘上面与水一块烧，并请各类神灵降临。最后用这样的水洗脸，直到自己认为病邪已被驱走。

类似的招魂仪式在汉族民间过去也很普遍。汉族民间的招魂巫术之盛由来已久，其流行的形式主要有两种，一种是为家中病人招魂，一种是为亡灵招魂，其目的均为把失落的灵魂找回来。

为生病之人招魂，一般多为生病的小孩招魂。过去，小孩出去玩耍受到惊吓，一时惊恐不安，汉族民间便认为小孩子的灵魂被吓丢了，于是，其家人在黄昏时刻到空旷的野外为小孩"叫魂"。叫魂时

---

① 四川省少数民族古籍整理办公室主编：《羌族释比经典》，四川出版集团四川民族出版社2009年，第1154页。

② 四川省少数民族古籍整理办公室主编：《羌族释比经典》，四川出版集团四川民族出版社2009年，第1155页。

多一叫一答，而被叫者则必须待在家中。具体做法为：通常由母亲拿着小孩的贴身衣物，到野外小孩惊悸失魂之处去呼叫孩子的灵魂，招魂词一般为："某某，回来啊。跟妈妈回家啦。妈妈在等你，回来啦。"连呼三次，然后用灯笼引路，转身返家。一路上，每走一步叫一次，一呼一喊，喊声由低到高。到家后马上把衣物给小孩穿上，并将门窗关严实以防小孩灵魂再次跑走。某些汉族村落则由母亲抱着孩子，在夜晚到家门外沿途为孩子叫魂，同时其身后还尾随一人。母亲在前面呼叫："某某，回来了。"后面跟随的人立即应答到："哦，回来了。"如此反复呼叫应答。

另外还有些村落是由母亲在小孩子夜晚睡熟后，拿上一簸箕，簸箕内装一些米，站在家门口，一边撒米，一边呼叫："某某，某某时候在某某地方把魂吓掉了，赶快回来吧。东边吓掉从东边回来，西边吓掉从西边回来，南边吓掉从南边回来，北边吓掉从北边回来。不要害怕，妈妈在这等你。"然后一边撒米一边回到小孩的卧室，轻轻拍打熟睡中的孩子，口中念道："不要怕，魂回来了。"

这些叫魂方法在汉族民间过去极为盛行。从心理学的角度，小孩受到了惊吓，会留下难以磨灭的创伤痕迹。若没有及时的心理治疗，长大后就会潜抑在无意识中，成为日后心理疾病的根源。因此，民间叫魂看似幼稚可笑，但也许是用亲情和信仰消除儿童心理阴影，使其健康成长的一种民俗治疗方式，蕴涵着一定的"前科学"的因素。

"原始人普遍地认为世界是一群有生命的存在物，自然的力量，一切看到的事物，对人友好的或不友好的，它们似乎都有人格，有生命或有灵魂的。"① 这种从远古延续至今的信仰观念，给黄龙地区各

① [英] 爱德华·泰勒：《原始文化》，连树声译，上海文艺出版社 1992 年，第 23 页。

民族的思想文化造成了深远的影响。“灵魂”不死的观念产生后，人类随继便产生了“鬼”的观念，因为在初民心中，人死后仍然活着的灵魂就是“鬼”。《礼记·祭法》曰：“人死曰鬼。”[①]《说文解字》曰：“鬼，人所归为鬼。”[②] 可见，在古人的观念中，人死以后变成的“鬼”是一种必然和归宿。鬼魂通常分为两类，一类对人间有益，可保佑子孙；另一类则会危害人世，殃及后代。鬼魂是灵魂观念的另一种形式，羌族释比“送邪”时口诵经云：

> 东方有个石头鬼，石头下来打死人。……南方有个泥饼鬼，泥饼下来打死人。西方有个木头鬼，木头下来打死人。……北方有个白虎鬼，白虎过来咬死人。……中间有个害人鬼，释比面前是小鬼，不吃油盐害人鬼，吃人血脉三回吞。不扣纽子赖皮鬼，邋里邋遢先生鬼，披头散发龌龊鬼，红起颈颈挨刀鬼，一伸一缩瞎子鬼，拿个棒棒瘸子鬼，背起罗盘阴阳鬼，背起鼓鼓释比鬼。……[③]

东、南、西、北、中五方鬼、释比面前的小鬼、不吃油盐的害人鬼、不扣纽子的赖皮鬼，邋里邋遢的先生鬼，披头散发的龌龊鬼，形形色色，不计其数，甚至连阴阳鬼、释比鬼等人、鬼、神混杂不分的“鬼”名目都出来了。由此可见，羌族民间“鬼”观念的外延极其广泛，绝不仅限于鬼魂，凡属不详、不吉利的事物都被归于应该被诅咒或禳除的鬼邪魔祟之列。在黄龙地区，各民族民间俗信普遍认为，生

---

① 《礼记正义》，卷第四十六，北京大学出版社 1999 年，第 1298——1299 页。

② ［清］段玉裁注：《说文解字注》，上海古籍出版社 1981 年，第 433 页。

③ 四川省少数民族古籍整理办公室主编：《羌族释比经典》，四川出版集团四川民族出版社 2009 年，第 1176—1177 页。

前作恶多端、行为下流者死后灵魂通常为凶魂，会危害人间，招致灾难。另外还有种说法，人死后对自己的家人不放心，其鬼魂要找生人附体，被附体的人通常要病上半月，所以需要请巫师作法“赶鬼”或“驱鬼”。“驱鬼”，这种对自然物的崇拜、对鬼神的敬畏活动，作为黄龙地区各民族共同的巫文化遗存，至今仍遗存在民间的传统民俗活动中，如民间祭祀活动和节日的祈福禳灾活动，如汉族过年的放鞭炮、挂年画、写对联，羌族大年十五送火龙，藏族过年前的祛污驱邪、吟诵吉祥祷文、“送鬼”等等。

“驱鬼”的主要目的，是防止鬼魅邪祟损耗人类灵魂，侵害家宅和牲畜等。世界各地防范鬼邪伤害均有相应的应对手段，而运用这些手段的主要基础在于对鬼邪的认识和态度上。在黄龙地区，尽管藏传佛教、苯教和道教之间存在教义、教法的差异，但在驱鬼逐疫、防范邪祟入侵的态度上却高度一致。黄龙地区民间信仰和传统宗教之间又互相影响，相互吸收、渗透，所以，在黄龙地区各族群众俗信中的各种驱鬼术、祛邪术，几乎都少不了苯教、道教的参与。我们若要追踪民俗生活中的各种驱鬼逐邪技术、工具与手段，几乎最后的追溯终点常常落在苯教寺院及民间道教中，这表明黄龙地区的传统宗教都具有地方化和民俗化倾向。

黄龙地区藏、羌族群众中，若有人生病，人们多认为是鬼怪邪祟在作怪，因此常请巫师来驱鬼祛病，进行专门的禳解与驱除仪式。在黄龙藏族村落，“有病人之家必延苯僧至，以青稞麦塑三棱供，置桌上，苯僧蒙熊皮，击鼓鸣金以诵经，声音宏利，状貌狰狞，终日夜乃罢。最后送三棱供于郊外，与病鬼食之”[①]。

藏区还存在一个民间传统：每年都要举行驱鬼仪式。日喀则地区

---

① 马长寿：《马长寿民族学论集》，人民出版社 2003 年，第 331 页。

是藏历十一月二十九日，林芝地区是藏历九月三十日，拉萨地区是藏历十二月二十九日驱鬼，称为“固朵”（音译）。藏族历史上流行过以麦熟为纪年的物候历、以月亮的圆缺为纪年的十月历，后又受汉民族农历影响，于是随着汉藏相互涵化程度的不同而出现了不同地域新年日期的差异。尽管存在着差异，但广大藏族民间通常选择在二十九日晚饭后举行驱鬼仪式。

黄龙地区各族群众，由于苯教和原始宗教的长期作用，鬼魂也是家喻户晓的一个信仰概念，鬼魂与神灵对于人类生活所发生的作用经常是同等的，因而小心对待鬼魂就成为必然。为了不得罪鬼魂，使用替罪物品如驱邪朵玛、送魂茅人和各种避免灾难的防御手段在民间非常流行。民间谚语云：“门前贴神像，神鬼不敢闯。大神守护家院，免遭三灾八难。”① 门神带有护宅驱鬼的意义，在藏族民居的大门或墙壁上常画着或贴着这种驱魔邪的类似“门神”功能的神像，门前贴神像原本是需要由宗教神职人员主持的仪式，但在这里已简化为由普通人张贴神像的简单形式。不过，人们相信其功效仍然存在，在乡民的观念深处，驱鬼的功能并没有发生实质性的“简化”。

四、童子烧香禹步时：巫术与舞蹈

“巫以歌舞事神，故歌舞为巫觋之风俗。”② 在巫文化中，巫在祭祀典仪中以乐舞作为祭祀天地、鬼神、祖先、灵物的重要仪式，充当沟通人与天地鬼神的媒介，其目的是以歌舞娱神，求福除祸，也就是说，巫乐巫舞是巫术活动的工具。

① 此处由黄龙管理局文史办的李明忠老师讲述。

② ［清］阮元刻本：《十三经注疏》，中华书局 1980 年，第 163 页。

《说文解字》释“巫”云：“巫，巫祝也，女能事无形，以舞降神者也，像人两庭舞形，与工同意。古者巫咸初作巫。凡巫之属皆从巫。”① 这段解释有两层含义，第一指出了巫为女形，她有来往天地、斡旋人神的超凡本领。舞是一种仪式，它隐藏在整个巫术活动中；第二还暗示出，鬼神本无形，巫之通神，即以舞事无形。即巫舞蹈是可以作用于鬼神的。河南信阳楚墓出土的女巫张臂疾呼的舞蹈绘像，证实女巫的舞姿与许慎所说吻合。

“歌舞之兴，其始于古之巫乎？巫之兴也，盖在上古之世。巫之事神，必用歌舞。”② 巫以歌舞事神，女巫男觋以舞蹈为媒介，去连接天地、沟通人神，并通过强烈的意念去祈求和呼唤超自然力量，以驱鬼禳夭，佑护氏族成员的生存、繁衍和发展。

青海大通县出土的彩陶舞蹈人纹盆，西藏当雄县扎西岛岩画上的多人舞蹈图，四川马尔康县莫斯都卡村发现的凿刻舞蹈人像岩画等都用视觉形象给我们留下了上古藏、羌巫舞的剪影式瞬间造型以及巫舞事神的祭祀场景。上古时期，大凡祭祀，世界各早期文明的原始先民都不约而同地在巫师率领下，为了生存、繁衍、驱鬼敬神而手舞足蹈。以舞事神的男觋或女巫，舞和巫合为一体。

上古，为讨好神灵，先民之巫者将婆娑、痴迷的舞蹈献给神灵；而对于鬼魂，巫者则装扮成一副狰狞恐怖的面孔，做出追打驱逐的动作，以此恐吓、驱除降灾于人的鬼魅。古代社会的“巫傩”，藏族“羌姆”的面具舞蹈均是如此产生的，因此，早期巫舞具有驱鬼与娱神两方面的功能。正因巫舞有娱神的一面，所以祭祀乐舞常被抹上神圣的光辉。一般说来，娱神巫舞专注于取悦和谄媚，所以舞姿比较优

① ［清］段玉裁：《说文解字注》，上海古籍出版社 1981 年，第 201 页。
② 王国维：《宋元戏曲考》，中国戏剧出版社 1999 年，第 1 页。

美，而驱鬼巫舞则比较神圣与阴郁。

今天，黄龙地区苯教寺庙的“羌姆”跳神舞，镇坪羌寨每年六月十五或正月初七的“跳甲”舞，汉族端公驱鬼逐疫的“傩舞”（面具舞）均为传承有序的巫舞。而民间习俗礼仪之“锅庄”、“萨朗”、“舞狮”、“跳花灯”、“舞火龙”、“丧葬乐舞”等，均包含有古代巫舞的直接符号和仪式之遗留。早期巫舞在审美形态上延伸到宫廷舞、民间舞台并影响整个民族舞蹈风格的，其突出代表有古华夏之楚舞、朝鲜族之“长鼓舞”、“扇舞”、黄龙地区藏、羌族之“锅庄”舞等。

按照巫术与舞祭的功能，黄龙地区藏族、羌族民间巫舞大致可分为祈神祭祀、酬神娱神、安鬼除疫三大类。三者之间相互交叉，并无清晰的界限。

镇坪羌寨的“跳甲”舞为相伴于祭祖、祭神以及送魂仪式中的一种武舞，属祈神祭祀类集体舞蹈。每年六月十五的祭山会或春节大年初七（过去多在初三）都要表演。“来自过去的向我们说话的声音（文本、作品、遗址）本身都提出问题，并使我们的意义处于敞开状态。”① 由于年代久远，文献无载，“跳甲舞”的具体产生年代已难考辨，但作为巫术祭祀的重要组成部分，其产生、形成与发展的历史应久远而漫长。跳甲舞是由一人领舞，众人单列随行并模拟战争场面的一种舞蹈。舞蹈时队伍一边发出吼叫，一边晃动兵器，并变化出多种复杂队形。其舞蹈形态独特刚健，舞步多为“步罡踏斗”的禹步。跳甲舞把战争的“武”与欢庆的“舞”神气贯通地融入同一个特定时空，并以祭天或祭神的特有方式而将其神秘化、信仰化，最终成为民族心灵尚武的符号象征及内在的情感意象。

黄龙地区小姓羌寨春节期间的“火龙舞”，是来自安鬼除疫的民

---

① 朱立元主编：《现代西方美学史》，上海文艺出版社 1993 年，第 1038 页。

间巫舞的民俗舞蹈。每年腊月，小姓羌寨的群众就开始扎龙，直到正月十五点燃火龙，送龙驱瘟结束，前后持续一个多月。小姓羌寨的“火龙”分为“龙头”与“龙身”两部分，龙头用纸扎，龙身以竹篾扎制并在其外用红布包裹。火龙舞是集体配合的舞蹈，需要龙头、龙身及其表演者之间的默契配合。一般都在正月的夜晚玩舞，玩舞时常施放烟花、爆竹以示喜庆。火龙舞的历史源远流长，西汉时董仲舒就曾详细记载过火龙舞祭。新春伊始，人们用烈火唤醒蛰伏的龙神，与其同乐，祈祷它降福众生并保佑羌寨全年吉祥。火龙舞除了在本寨挨家挨户地逐一戏耍、祈吉祛祟，寨与寨之间还可以互访，是小姓羌族群众春节期间重要的一项娱乐活动和巫舞祭祀。

“火龙舞”原为汉民族所创，在漫长的发展过程中，渐渐传播到少数民族地区。其最初的巫舞祭祀成分随着汉民族民间信仰世俗化程度的升高，已渐成节庆期间的一种民间游艺活动。但小姓羌寨却借汉民族火龙舞的形，填充上羌族驱瘟祛邪的重要内容与庄严仪式，并赋予火龙舞羌民族的火灵信仰，从而衍生出火龙舞的羌族新形式，别具特色，也使火龙舞最初的巫祭含义得以部分保存。

“羌姆”是黄龙藏区驱疫鬼、祭祀苯教骷髅神的一种祭祀性舞蹈。“‘羌姆’在藏文中本是个动词，意为‘跳’或‘舞’，最初它和宗教并无瓜葛，但长期以来被特指各种形式的寺院宗教舞蹈，因此，久而久之便成为宗教舞蹈的代名词。”① 作为一种带有巫术舞祭仪式的舞蹈，苯教“羌姆”献舞的对象是神灵鬼魅而不是人。苯教“羌姆”表演各寺院略有区别，各寺只跳各自供奉的护法神，其举行神舞仪式的时间也不完全一致，但多集中在春末夏初的农闲时间。

---

① 裘亚平：《羌姆的历史渊源及其文化内涵》：《世界宗教文化》2007 年第 2 期，第 9 页。

在苯教“羌姆”中，舞蹈并不是独立存在的，而是和神歌、道具、祭祀神灵等一同构成完整的酬神祭祀仪式。跳“羌姆”前参演的僧侣要提前几天进行舞蹈练习。演出前，要举行诵经、焚香柏枝、安排场地等仪式。“羌姆”跳神内容包括鹿神舞、狮舞、九动物神舞、驱邪神舞、愤怒神群舞、六辰神舞、尸陀林舞、喜饶九神舞等。一时间，群神聚集，载歌载舞，变幻多端。这种神人同形同性的体验，是舞祭经验中最神秘的部分。当“羌姆”神舞进入到纵情无我、神气贯通的意识状态，舞者就是神者。他们以舞祭的特殊语言，借神之威，为民众祈福、驱邪、消灾，借此实现沟通人神的使命，并迎来人间和平安祥的威严正气。

“羌姆”之后，有的寺院还有专门的驱鬼逐祟仪式。僧人把糌粑、青稞等做的“朵玛”送到寺院外的空旷之地点火焚烧，意谓邪祟鬼怪已除。

“为了讨好某个鬼神，非洲野蛮人竭力设法使它愉快。他们用美味食品（祭祀）来收买它，并且为了表示尊敬，给它跳一些他自己从中得到最大快乐的舞蹈。”① 这种能让人快乐的舞蹈，是酬谢神灵的娱神舞祭，跳神者和观舞者双方均能在热烈气氛中得到快乐。

黄龙地区的民间巫舞作为一种仪式，其展演一方面敬神、娱神，另一方面亦娱人娱己；既歌又舞，反映了地处偏远寒冷的川西高原的黄龙地区各族民众“笑对生活”的乐观姿态。巫舞仪式在很大程度上是民众的一种集体娱乐活动，通过视觉、听觉相互交织的巫舞展演，“在这样的庆祝活动中的、跳着巫术舞蹈的人们，是彼此溶为一体并且与自然中的一切事物都溶为一体的。他们不是孤立的；他们的欢乐是被整个自然感觉到并且被他们的祖先分享的。空间与时间突然消失

---

① ［俄］普列汉诺夫：《论艺术》，曹葆华译，三联书店 1974 年，第 103 页。

了：过去变为现在，人类的黄金时代回来了”[①]。

五、猎过群山犹走马：山神崇拜与狩猎习俗

直到20世纪中后期，居住在黄龙地区的藏、羌民众还保留着季节性的狩猎遗风，并普遍有猎（山）神信仰。藏族供奉的猎神较多，形象也较复杂；羌族则无清晰的猎神形象，他们的猎神与山神常常是交融混杂在一起的。

自然的神性，来自于人对自然神的信仰。羌族古歌云：“神中大神是太阳神，紧挨着是月亮神，旁边是星宿神，水流之处是水神，岩高之处是岩神，树林之中火树神，草坪之上草坪神，界址之处界址神。”[②] 在藏、羌民众的眼里，雪山上的一草一木都是有生命和灵魂的，自然界的一切均有灵性，都可以与人交感，“神”就与世界本身一样的多样。所以，当笔者在黄龙庙会上随意问身边一位穿着民族盛装的羌族姑娘：“山上有神吗?”她会毫不迟疑地回答：“有。”

在黄龙地区，小姓羌寨的群众奉“格日囊错”神山为大山神、大猎神，其他的小神山则有小猎神。“山无大小，皆有神灵。山大则神大，山小则神小也。”[③] 世代相传，习以为俗。山神信仰是远古藏、羌先民以“万物有灵”信仰为核心的巫文化遗韵。

高原深山之中，古木参天，杂草从生，百兽共居，千禽栖息。一座山就是蕴涵无限宝藏的密码箱，只有虔诚崇敬它的人才能领略其间的奥妙。对自然山神的信仰，使小姓羌族在对“格日囊错”大雪山的

---

① ［德］恩斯特·卡西尔：《人论》，上海译文出版社，2004年，第133页。

② 四川省少数民族古籍整理办公室主编：《羌族释比经典》，四川出版集团四川民族出版社2009年，第1156页。

③ 王明：《抱朴子内篇校释》，中华书局2002年，第299页。

顶礼膜拜中意识到个体生命的渺小和有限。小姓羌族认为，飞禽走兽都归“格日囊错”传令调遣。猎人入山能捕获什么野兽、猎获多少，全由山神决定。捕获到的猎物乃山神恩赐，无法捕获的猎物是山神放生之物。山神没有专门的庙宇供祀，羌人入山狩猎只能面向进山方位或途经处的塔子膜拜。逢年过节或猎人首次使用狩猎工具，羌人也有祭拜山神的传统。每逢羌人进山打猎，他们都要先敬格日囊错雪山，在雪山前念念有词地祷告：“格日囊错，请赐予我一只麂子。”或云：“格日囊错，请把贝母鸡、野猪、岩羊……赐给我，请保佑我平安。”请求雪山神将猎物放出，以便人们猎获，并乞求狩猎过程平安顺利。他们请求神山给予征兆，打卦以判断是否为吉兆，若兆象如意才出门打猎，否则另择日期。当猎获大猎物时，他们会虔诚地向山神进贡咂酒或其他物品，并常常诵唱一种对自然神灵的祈祷词。词中或云：“格日囊错啊，谢谢你赐予我山鸡。”或云：“格日囊错啊，我本无猎杀之意，都是这火枪在作怪啊。”诸如此类的祈祷词，呼神名号是施咒时的一种主要交神方法，很多咒语的第一句便是某神的神号。这样反复祈祷或用咒语的狩猎现象均源于古羌人对语言魔力的信仰。小姓羌人一方面借助语言的神奇力量向山神祈祷，另一方面则隐匿其捕猎的真实动机，并推卸猎杀的责任以防止灾难。这是羌族猎人在长期的山林生活中产生的一种现实智慧，也是羌人对生存的一种变通与灵活应对。

狩猎收获的多与少，对古代游牧民族的生活至关重要。旧时，藏、羌老猎人认为，狩猎空手而归乃是有不好的东西在作祟或得罪了山神，又或者是因为猎人晦气太重所致。遇见狩猎无收获的情况，猎人们通常要拜山神或找人打卦以祛晦气。得罪山神的情况很多，比如男女在大神山谈情说爱。在羌族的俗信中，大多数山神是“素”山如尕米山，只有极少数的山是“荤”山，比如黄龙寺所在的山。素山要求绝对纯净，儿女情长再情意依依也要避开“素”山，否则会引发山神的怒火。笔者认为，小姓俗信中的“荤”山其实是多宗教同存、包容开放性较强的山，“素”山则常是单一宗教信仰的山。

在黄龙地区藏、羌民众眼里，山林不仅仅是山林，山林是有灵魂的。因此，他们敬畏山林，敬畏自然。在他们传统的狩猎意识中，有十分值得现代人珍视与借鉴的山林生存智慧。古代藏、羌民众多以狩猎为生，猎物曾是他们生活的重要来源，他们十分注意对猎物的生态保护，特别防止赶尽杀绝式的灭绝性狩猎行为。如：禁止猎杀或伤害怀孕的动物、哺乳期动物以及动物幼仔；又如：禁止猎杀正在交配中的动物。这些已成为藏、羌猎人的一种传统狩猎习俗，更准确地说，是他们狩猎的一种不成文但却具有强制效力的民俗的“习惯法”。由此可见，山神外在并高于人的生命本体，藏、羌民众在亲近高山和敬畏高山的情感之中，保持人与自然同一性，而非科学理性时代所强调的作为万物灵长的人类凌驾于一切自然（包括高山）之上并肆意支配自然。在长期的狩猎生活中，藏、羌民众早已意识到保护生态的重要性，可以说，他们的“生态意识”早在“前科学”的时代就已形成。

藏、羌民族对神山的崇拜与大自然的敬畏也体现在他们不断丰富与发展的种种狩猎禁忌中：如禁止随便动用神山上的树木、土石；禁止捕猎山中的珍禽异兽与稀有物种；“到一山一水，尤其是山口和水头，更要谨慎小心。一不能高声喧哗，二不能随便吐唾沫，擤鼻涕，拉屎拉尿，都得有所选择，否则就会得病”①；入山狩猎或砍柴，林中不见同伴亦不能直呼其名，只能以“哦”或“哦吼”召唤，怕山神或鬼怪依照名字摄走同伴的魂灵；禁止随便踏入神树林，更不能动林内的草木。神树林的草木只能自生自灭；禁止伤害和侵犯放生的羊、

① 丹珠昂奔：《藏族神灵论》，中国社会科学出版社 1990 年，第 15 页。

鸡、鸟、鱼，因为它们皆为神物；禁止在入山狩猎前说出具体的狩猎地点与狩猎对象，否则想要捕获的猎物就会闻“语”而逃；禁止家中女性经期或产期入山狩猎，怕经（产）血的污秽冲撞、触怒山神及山中的众多神灵；禁止在出猎的早晨谈论死人、鬼神或说不吉利的话，以免狩猎无获；行猎途中第一个遇见的人若为女性，要中止出猎等。

狩猎的各个环节均有各种不同的禁忌，这些狩猎观念及风俗禁忌流露出藏、羌民众对自然雪山的敬畏感和对狩猎对象的崇敬、依赖与乞求的心理，具有明显的民族特色。从这些观念及风习中，我们可以清晰地感受到藏、羌狩猎习俗与一山一水的紧密联系。对神山的崇拜沿袭至今，黄龙地区藏、羌民族群众在他们创造的生命精神世界与自然界生命互相震荡，聆听的是宇宙生命的呼唤，触摸的是生命的肌里，捕捉的是生命的淳朴与充盈。

第三节 欲从灵氛之吉占：黄龙占卜片羽

占卜是一种极其古老的信仰习俗，或占梦、占星，或卜于龟、卜于骨，诸法纷陈，不一而足。占卜也是巫术的一类。“巫能占骨法吉凶之气，故见其兆征。”[①] 一个巫师能行占卜，但占卜师却未必可以行巫术。在科学技术还不发达、人们还不能掌握自己命运的古代，为了探测吉凶祸福，决定自己应采取的对策和行动，往往借助于占卜。占卜不仅仅是预示未来、揭示未来的发展趋向，而且还要趋利避害、获得控制未来的精确指示和导向。

黄龙地区各族群众中民间的占卜术历史悠久，它是与原始宗教相

① 何宁：《淮南子集释》卷七“精神训”之高诱注，中华书局 1998 年，第 534 页。

伴生的一种巫术手段或宗教“技术”。千百年来，藏、汉、羌等族系在黄龙的土地上生存繁衍，他们各有自己的占卜“技术”传统。在民族民间文化的相互交流与影响中，多种占卜术同生共存，相互吸收、相互影响，共同发展流传。

早在殷商时期，“武丁时的祭祀官中，便有两个羌人，即羌可、羌立”①，这种祭祀官的职责便是祭祀、贞卜。古羌人好卜。《史记·龟策列传》记载：

> 蛮夷氐羌虽无君臣之序，亦有决疑之卜或以金石，或以草木，国不同俗。然皆可以战伐攻击，推兵求胜，各信其神，以知来事。②

《辽史》也详细记载了西夏羌人在出战、疾病、复仇等时候占卜的具体方法：

> 凡出兵先卜，有四：一炙勃焦，以艾灼羊胛骨。二擗算，擗竹于地以求数，若揲蓍然。三咒羊，其夜牵羊，焚香祷之，又焚谷火于野，次晨屠羊，肠胃通则吉，羊心有血则败。四矢击弦，听其声，知胜负及敌至之期。病者不用医药，召巫者送鬼，西夏语以巫为“厮”也；或迁他室，谓之“闪病”，喜报仇，有丧则不伐人，负甲叶于背识之。仇解，用鸡猪犬血和酒，贮于髑髅中饮之，乃誓曰乃誓曰：“若复报仇，谷麦不收，男女秃癞，六畜死，蛇入帐。”③

---

① 冉光荣、李绍明、周锡银等撰：《羌族史》，四川民族出版社1985年，第27页。
② ［西汉］司马迁：《史记》卷六八，中华书局1959年，第3223页。
③ ［元］脱脱等撰：《辽史》卷一一五，中华书局1974年，第1523页。

黄龙藏族历史上的占卜术集中表现在苯教的各种仪轨之中。“苯教的九乘法中的恰辛有三百六十种禳祓法、八万四千种观察法。朗辛有四歌赞法、八祈祷法、四十二种酬神法。楚辛有见净灵异书，斯辛有三百六种超荐亡灵法、四种丧葬法、八十一种镇邪法等。”①

苯教是藏民族本土宗教，笃信万物有灵，崇拜天地山川日月星辰等自然物，历来有尚巫重鬼、占卜念咒、驱邪禳灾的宗教践行传统。释迦牟尼创立佛教之初并不提倡占卜。当时真正的高僧大德，通常也不会进行占卜活动。但佛教传入西藏并逐渐成为藏区的主流意识后，却出现了一种特殊的宗教交流现象：一方面，古老的巫术占卜活动并没有消失，它们常常以藏族佛教的面貌在藏族民间流传了；另一方面，藏传佛教的喇嘛包括达赖、班禅这样的大活佛大多笃信占卜，并常常在重大的宗教仪式上亲自进行占卜。无疑此乃苯教之影响。元朝以降，尤其是明清之际，苯教在与佛教争斗中被挤出藏民族的政治文化中心，渐渐退隐到四川阿坝、甘孜及甘肃、青海等佛教势力相对薄弱的地区。当苯教在藏文化主流区域被彻底边缘化时，却在黄龙等地找到生存空间。

苯教在占卜学上发展出种种体系，以至对藏族群众产生深远的影响。“当藏王止贡赞普时期，有凶煞，从象雄等地请来三位苯教徒为之消除凶煞。其中一人行使除灾巫术……显示诸神法力。一人以色线、神言、活血等作占卜，以决祸福休咎。”② 根据敦煌遗留的吐蕃文献，古代藏人的占卜术种类较多；自吐蕃王朝以降，直至晚近时期，藏族人的占卜可谓五花八门，种类繁多，如使用羊骨的骨灸占

① 土观·罗桑却季尼玛：《土观宗派源流》，刘立千译注，西藏人民出版社 1984 年，第 198 页。

② 土观·罗桑却季尼玛：《土观宗派源流》，刘立千译注，西藏人民出版社 1984 年，第 192 页。

卜、使用镜子的圆光占卜，使用彩线的绳结占卜、使用彩箭的箭占卜、使用法鼓的鼓占卜、使用青稞粒的青稞卜、使用梦象的梦卜等，还有观察闪电形状以预示祸福征兆等。无论采用哪一种占卜方法，其实质都是为了破译既定物象信息或图式符号同人事的对应关系。藏族的圆光卜则是借助镜中所显示的图像来判断吉凶。

黄龙地区藏、羌族民间占卜活动十分流行，占卜法种类繁多，在群众日常生活中也极具影响力。乡间老百姓修房动土、筑路架桥、婚丧嫁娶、走亲访友、生病遇难等等，迄今仍离不开打卦占卜。值得一提的是，近年来，随着与外界联系的日益加强，西方的预测巫术逐渐传入黄龙地区，民间开始有人将“星座学”、“灵魂学”、“催眠术”之类引入各民族传统的占卜术，并在民间信仰中也出现了“中西结合”的苗头。

一、吉凶何为兮：征兆卜

旧时，不论城镇还是村寨，黄龙地区民间普遍相信某些兆象可以预测未来的吉凶祸福，此类卜法被称为征兆卜，又叫前兆、先兆或预兆。与其他占卜术相比，征兆卜无需繁杂的占卜程序与技巧，只要按照约定俗成的民俗观念阐释便是，因而尽管经过几千年的风风雨雨，征兆卜仍然在民间广泛流行与传播。

征兆卜历史久远。史前社会人们普遍存在万物有灵的观念，人们认为到处都有鬼魂的存在，一切事情的后果都是神秘力量作用的结果。原始初民往往把日常生活中的偶然发现与一些前兆现象结合起来，这就在原始人的思想中就产生了一种前兆观念，认为每做一件事情，既有后果就必有前因，加上有些事情的偶然巧合，便把前因和后果必然地联系起来，并认为通过某种形式，可让神灵有意向人们预告前兆。前兆观念是早期人类认识事物的一种方式，即通过认识事物发展过程中的前期现象，以求预知事物发展的可能结果，达到趋吉避凶的目的。前兆观念常常是两种相似或相近的事物在原始思维活动中发生类比联想和交感互渗的结果。由于前兆观念遵循的原始思维法则而非现代科学逻辑，所以其揭示的事物前期现象与后期结果之间并不存在必然的因果关系。在古人的前兆观念中，动物的行为迹象往往被视为人事前景的预兆，而这种行为迹象通常是那些令古人迷惑、震惊、恐惧而又容易诱发神秘联想的反常现象。因此可以说，原始的前兆观念，是古代占卜发生的基础。原始人前兆观念的产生，反映着当时人们受自然力的压迫，自感软弱无力而又要依赖神力求得一种侥幸的心理。从一般情况来看，最原始的占卜是从自然界的一切现象和人体不能自由控制的生理现象来占知未来事物的。

羌族坚信“万物有灵”。某些动植物的一些行为与状态，常被羌寨中的“许”或尊长者视为吉凶的征兆，对此，并借此比附于人世。释比经典对羌族传统社会的某些神秘兆应做了总结：

纳萨祭地猫头鹰哭了不吉利，
杉杆上面老鸹嘶叫不吉利，
青稞穗吊分叉不吉利，
麦子穗吊不熟落地不吉利，
麻成熟穗吊分叉不吉利，
圆根畸形分叉不吉利，
荞麦籽粒未熟落地不吉利，
玉米苞谷有黑粉病不吉利，
五谷种下高矮一样不吉利，
蜜蜂分群回原桶不吉利，

母鸡孵化独鸡不吉利，
公鸡不叫母鸡叫不吉利，
老鼠房顶乱打洞穴不吉利，
猫和猫厮打不吉利，
产猪生独仔不吉利，
蛇乱进家屋不吉利，
见刺猬进屋不吉利……①

以上动植物的行为状态为什么可以成为预示吉凶的征兆？或许是因为它们的非常态，反常往往意味着正常的社会秩序被打乱，正常的生活状态陷入混乱。而且有些兆象还跟黑暗、阴郁与死亡有意象联系，如老鸹嘶叫。反常有时也因为难以解释或不能解释而使人产生神秘的心理联想。母鸡打鸣在多个民族民俗文化中被视为一个不详的征兆。民间谚语云：“母鸡打鸣，家有不宁。”一旦发生母鸡打鸣的现象，民间社会常常要立即杀掉母鸡，焚香禳解以求消灾免祸；近年来有四川球迷认为母鸡打鸣是吉祥之兆，因为母鸡打鸣象征着他们喜爱的球队要雄起。看来，文化背景不同，其征兆卜得出的结果会截然相反。

其实，母鸡打鸣是母鸡体内的内分泌紊乱、雄性激素增加所致，无所谓吉，无所谓凶。但古人并不具备现代生物科学可以达到的认知水平，反常现象让他们的心理产生了迷惑与恐惧，并由这种动物生命规律的错乱联想到了人世的混乱与灾异，久而久之便形成了母鸡打鸣兆凶的观念。但母鸡打鸣的巫术联想是产生在对雄鸡和太阳崇拜信仰

① 四川省少数民族古籍整理办公室主编：《羌族释比经典》，四川出版集团四川民族出版社 2009 年，第 771 页。

基础上的。传统羌族社会“万物有灵”的观念使他们把动植物的生命状况与人的生活状况混合在一起，动植物不仅是人类生存的资源，更是与人类相互感应、彼此影响，是合为一体的命运共同体。

在现代，征兆卜在黄龙地区已逐渐演变为各民族的一种民间习惯用语——谚语。作为一种文化现象，征兆卜早已渗进民间谚语大血脉之中。例如：外甥像舅有官做；母鸡打鸣要倒运；灶火笑，客来到；家猫洗脸，必有客到；人黄有病、天黄有灾；帐篷不出烟，必定是雨天；羊不吃草，到处乱跑，雨天就到；家狗夜哭要死人等等。

在日常生活中，征兆卜也有颇多的运用：打喷嚏乃有人思念；耳根发热是有人在背后议论自己；右眼皮跳是好运，左眼皮跳是霉运；鸡飞上屋，乃火灾之兆，不祥；日中，鸡拉屎于门槛，吉，意谓主家有贵客要上门，提醒主家赶快扫地；药方反折，不祥，意谓药性与病情相克；喜庆、热闹之日，若有来宾一身素雅，白衣飘飘地来到，必被视为不吉之前兆；汉族老人八十一岁死亡，丧家必将算盘拆散，因为九九八十一意味着家族财数已定，乃后世子孙衰败开端的不详之兆等等。藏族游牧人迁徙离开营地时，通常会在灶中留下最后一把火并往火中扔糌粑以祭灶神。当他们跨马离去时，会回头观察糌粑是否冒出青烟。若青烟袅袅则为吉兆，反之，则预示着下一个扎营地环境不好。

黄龙地区小姓羌寨群众，有大年初一不串门的习俗，若这天有别家的小男孩到自己家玩，则预示着全年都很吉利；但若有别家的女性初一到自己家，则为全年不详之兆。但初一一旦有小男孩到自己家玩过，则其余任何人都可以进自己家门了。

二、黄粱非此莫能穷：梦兆与梦卜

梦与灵魂观念的产生，从认识论的角度说有一字的联系。梦卜，是根据人的梦象来进行天地人事预测并判断吉凶的一种占卜形式。与狭义占卜比较，梦兆不是人们主动求取的前兆。狭义的占卜通常乃有为而发，是为了解决现实生活中疑难与困境而主动进行的巫术行为。而梦的形成则不是梦者主观意志的明确选择，梦象呈现与梦象的组合乃人处于睡眠状态时自然产生的。但梦兆观念认为，梦象是神灵或鬼魂对梦者的一种神秘的预兆或启示。梦是自我实现预言的一种心理暗示，因此，从这个角度看，梦兆也是一种特殊的占卜。

梦卜，可以说是自古以来都不曾衰落过的一种预测性巫术。《说文解字》曰："梦，不明也。"① 远在上古时期，人类因为对命运的不了解以及对梦的神秘好奇感，就曾出现过大量的占梦记录。殷商甲骨文卜辞、《左传》、《国语》、《诗经》以及羌族释比经典、藏族格萨尔传说、苯教故事中多涉及古代各族人民占卜的记梦片段。这些涉梦记录多为梦体验的占卜，它们关注的重心是纷繁梦象背后潜藏着的兆示，人们将梦视为沟通神人、预示吉凶的中介，逐渐形成一系列完整的解梦学问，即占梦术，又称梦占、梦卜。梦兆与梦卜在我国有着广泛的民间信仰基础。

梦通常用明喻、暗喻和象征等形式显示我们意识深处的各种潜思索，确实包含着大量事变的征兆信息。在巫术思维里，梦是对现实生活的警示，准确"占梦"就能预知未来，从而为避开即将到来的祸患提供可能。"梦，它不是空穴来风，不是毫无意义的，不是荒谬的，

① ［清］段玉裁：《说文解字注》，上海古籍出版社 1981 年，第 315 页。

也不是一部分意识昏睡，而只有少部分乍睡少醒的产物，它完全是有意义的精神现象。实际上，是一种愿望的达成。它可以算是一种清醒状态精神活动的延续，它是由高度错综复杂的智慧活动所产生的。”[①]弗洛伊德认为，梦的活动并非荒诞无稽，而是大脑思维意识的一种有机而自然的延续。从这个角度说，古人的梦卜术，与今天的深层心理学的释梦还有一些相通之处。古人认为梦是鬼神传递信息的方式，在梦中可以沟通生死两茫茫的阴阳两界，梦象预示人的吉凶祸福。

“众占非一，而梦为大。”[②] 黄龙地区藏、羌先民的征兆文化中，以梦兆的影响最为深远。远在史前时代，藏、羌先民的巫觋们便认为梦是夜间人处于睡眠状态时，灵魂出窍到处游荡而产生的，而人的睡眠状态正是人神相互交流、通话的状态。因此，人们通过梦象可以获得神灵或鬼魂的启示。弗洛伊德在分析梦的起源、梦的作用时，指出：“原始时代遗留下来的对梦的看法构成了古希腊罗马人中流行的评价的基础。他们认为梦与他们信奉的超自然物的世界有关，梦从上帝和魔鬼处给人们带来神灵的启示。在他们看来，梦对作梦者而言，必定具有一种特殊的目的，一般说来，它们预示着未来。”[③]而在漫长的古代历史中，藏、羌族先民的这些梦兆，复杂或重大的，则必须请专门的神职人员——巫师，后来多为苯教巫师或藏传佛教的高僧来进行占释。之所以要请专门的神职人员，不仅因为他们擅长占梦术，更由于他们是沟通天地人神的重要媒介，他们能更好、更准确地占卜出梦象中的神灵指示与预启。千百年来，藏、羌先民们对神职人员的梦象占释虔信不疑。因此，随着岁月的流逝，这种梦兆观念在川西高原

---

① [奥] 弗洛伊德：《梦的解析》，赖其万、符传孝译，作家出版社 1986 年，第 37 页。

② [东汉] 班固：《汉书·艺文志》卷三十，中华书局 1983 年，第 1773 页。

③ [奥] 弗洛伊德：《梦的解析》，赖其万、符传孝译，作家出版社 1986 年，第 3 页。

黄龙地区逐渐世俗化、大众化，并逐渐衍化为一种民间常见的信仰习俗。

梦象是解梦的重要线索，梦的解析常常会对人的日常精神活动产生深刻的影响。“瑞士心理学家荣格认为人的心理活动，包括梦的活动是真实的，并非是荒诞无稽的，就像自然界的物理现实一样确实存在的，他称之为心理现实。”① 恐怖焦虑心理产生噩梦，造成精神上的紧张；噩梦对个人心理产生极大的压力，梦中预兆常常变为现实。

不同文化语境对梦象与梦意关系的理解有着很大的区别。弗洛伊德《梦的解析》被公认为西方梦科学的代表作，但若用他的理论来套黄龙民间的梦例，结果可能会啼笑皆非。如梦见上楼、登山，弗洛伊德说那暗喻着性爱，在黄龙地区汉族群众眼里则是升官的标志；梦见蜘蛛，弗洛伊德认为那与女性生殖器和乱伦有关，黄龙地区汉、回、羌族群众则把它看作喜事的象征。凡此种种，都不可随意套用。不同的人有不同的梦象，即使是同一梦象也常常联系着不同的意象。因此，占梦者对当事人的情况了解越多，他占出来的梦意可能就越准确。虽然每个梦都有梦意，但梦多以视觉意象为表现形式。民间占梦理论从梦象与梦意关系的角度把梦分成三种：直梦，象梦，反梦。

“直梦”，指直接应验的梦，即梦象与梦意基本相同，几乎不需要太多解释。释比经典记载了羌族民间社会关于梦吉梦凶的兆象：

男人女人把梦讲，昨夜做了三个梦。我从恶梦中惊醒，梦见黄刺刺我身，梦见黑刺刺我身，梦见雪堆压我身，梦见积雪下不停，梦见柏香也燃尽，梦见大树拔了根，梦见豹熊相残杀，梦见城墙也倒塌，梦见碉楼也不见，也不见了纳萨塔，房子四角也倒

---

① 范明生著：《西方美学通史》第三卷，上海文艺出版社1999年，第19页。

塌，朽木梯子也折断，梦见父亲病倒床，梦见母女争吵忙，梦见房屋断大梁，梦见风吹走神旗，梦见大门倒在地，梦见牯牛也死去，梦见肥猪死圈里，梦见不见了公鸡。

男人女人把梦讲，昨夜做了个好梦。黄刺刺离开身，梦见积雪离我身，梦见雪水润大地，梦见柏木也变绿，梦见松树又长高，梦见虎豹在逍遥，梦见皇宫更牢固，梦见碉楼又修好，梦见纳萨又长高，梦见墙廓更牢固，梦见房角又修好，梦见梯子更牢固，梦见儿子敬父母，梦见母女不争吵，梦见大梁更稳固，梦见神旗更洁白，梦见大门又立起，梦见牯牛不断长，梦见肥猪长得快，梦见公鸡飞进屋，讲起好梦好欢喜。①

这一系列梦象具有完全对立和相反的性质与属性，梦见什么便预兆什么，预兆与现实相吻合，均为直梦。梦兆卜有吉有凶。释比经典中的这两段梦记载，前段为凶，后段为吉，吉梦是对相似梦象做了相反的属性修正，从某种角度看，梦吉是对凶梦不详的某种禳除。羌人对噩梦尤为警醒，一旦有不详之梦，则认为灾祸将来临，于是焚烧香柏，请求家神保佑以免除灾厄。过去，为禳除噩梦，羌族人家还有请释比或民间卜师来家念经的风俗。

梦是对生活的一种曲折反映，其情感与情绪在一定程度上是现实生活情境的延展，梦境的吉、凶可以折射出人在现世生活中的审美偏好与文化联想。在梦象中原本呈现为吉兆的对象，相应地可以转化为美；原本呈现为凶兆的对象，相应地可以转化为丑。因为凶吉能使人产生喜悦、痛苦的情感。羌人从雪水润大地、柏木变绿、松树长高、

① 四川省少数民族古籍整理办公室主编：《羌族释比经典》，四川出版集团四川民族出版社 2009 年，第 1200—1201 页。

虎豹逍遥等直接梦象中体验到天地美丽和谐、人间和睦安详，这不仅是一种直接的梦象，更是他们审美理想和朴素情感的一种传达方式，隐匿在梦象中是羌民族的民族个性和文化品质。在现代人中，仍然有关于好梦和恶梦的说法，并且还有人相信梦象与吉凶有关，其实这也是梦卜的延续和发展。

黄龙地区小姓羌族村寨尚流传一种通过梦象判断山峦性别的风俗。在黄龙地区，藏、羌民族都有崇拜神山的传统，在他们的心目中，任何一座山峰都有神灵，大山有大山神，小山有小山神，山神主宰着风雨雷电、猎人狩猎、采集的丰歉、甚至瘟疫传播等。山如此地神奇与神圣，黄龙地区藏、羌民众敬重、祈求、拜服于它。人有两性，山神也分男女，男山的主管为男山神，女山则为女山神。那么何为男山，何为女山？小姓羌寨的判断方法为，找一人在山上睡一晚，若整晚梦象全为女人，则该山为女山，该山神为女山神；相反，若梦象基本上是男性，则该山为男山，该山神为男山神。高山有性别之分，这是基于互渗律思维的一种情感比附，只有把自然视作有生命、有意识、有灵魂的对象，羌人的梦才会与山神存在感应并充满人情味。

“象梦”，即具有象征意义的梦。梦中所见虽非真事，但却充满了象征意味，“象梦”要经过占梦者的解释转换与梦意还原，才能预兆吉凶祸福。梦象需要解释，对象梦的解析更能反映占梦者占卜水平的高低。

黄龙地区民间歌谣云：

昨晚做梦做得凶，做梦栽蒜又栽葱。

梦见栽蒜团圆了，梦见栽葱一场空。[1]

以蒜兆团圆，以葱对应心事成空。谚语云："茂县的苹果，松潘的葱。"松潘地区的人很以松潘葱为傲。据说松潘的葱浓香刺鼻，常常让人涕泪横流。民歌中松潘葱即梦卜中的梦象。其梦意阐释虽受汉民族"葱"、"空"的谐音影响，也许更在于松潘葱特有的、让人泪流的刺激气味的类比想象。

明代万历二十六年进士何栋如在《梦林玄解》中指出："谓梦非幻乎？不必有是人，不必有是物，不必有是事与境。往往变乱纷错，茫无足凭。甚者倏死倏生，旋天旋地，舟飞于险陆，鼠化为牛龙。诸如此景，恍惚万端，觉而忆之，宁必其得以操之，券而罔弗合也。谓梦非真乎？梦人见是人，梦物得是物。事如画作，境若身游。"[2]

梦卜以梦者自己最直接的梦中体验为占卜的对象和沟通天地人神的媒介，因此，不管梦象如何幻化离奇、倏忽无常，甚至还常常出现梦中梦，象中象，但由于是梦者自己的直接体验，所以恍惚梦象反而不会让我们有虚假不实之感。另一方面，梦体验的直接性与难以自主性，又会让梦者觉得梦只能由冥冥之中的神力所掌控。因此"方其梦也，不知其梦也。梦之中又占其梦也，觉而后知其梦也"[3]。

"梦或反倒成象"，民间还出现了一种对梦的反解方式，即"反梦"。1929 年黎光明与王元辉先生在川西高原进行民俗调查时，记载了当时松潘藏人的一些梦卜观念："梦中拾得金子银子也是不祥的征

---

① 中共松潘县委宣传部、松潘文化体育局编：《岁月的痕迹》，大众文艺出版社 2010 年，第 219 页。

② ［宋］邵雍纂辑，［明］陈士元增删，［明］何栋如重辑：《梦林玄解》，明崇祯刻本，上海古籍出版社 1996 年，第 1—2 页。

③ ［清］郭庆藩：《庄子集释》卷一下之"齐物论第二"，中华书局 1961 年，第 104 页。

兆。喇嘛或是和尚在梦里是鬼的现身，梦见他是不祥的。梦见自己过河也是不祥的。如果梦见自己生翅膀飞起来，这是倒霉到极点的了。最祥的是梦见老虎。所以，他们遇见高兴的事件发生时，往往说：'是昨晚梦见老虎的缘故吧！'梦见汉家官吏，或者梦见汉人到自己的家里来，都是祥兆。梦见家屋里生树子，堆柴，堆粪也都是祥兆。"[①]这里提到的梦兆几乎全为"反梦"。

梦中拾得金子银子原本为好事，但在当时藏人的俗信中却成了不详之兆；老虎原本是凶猛的动物，可在当时藏人的梦意中，老虎却是吉祥之象征。梦是反的，这一观念可谓深入人心。从占梦的角度，反梦对人们的心理有调节作用。梦见吉象，解为凶意，或许能令当事人提高警惕，从而避免灾祸；梦见凶象，解为吉意，则可以令当事人不致太过悲伤。这也是通过对自己的安慰来达到善的心理的现象而已。梦的反解，其实很能左右逢源。

为什么会有反梦？这或许与梦者潜意识的两面性有关。迄今为止，诸如"梦见丢钱，必会得钱"、"梦见死人或自己死是死者或自己会长寿"之类的观念，在黄龙地区各族群众中依然一代一代地流传下来了。"梦的基本语言乃象征，以及通过一系列象征活动曲折迂回地显现人的内心矛盾和冲突，欲望和选择"[②]。梦卜，无论解法如何复杂多变，都间接地反映了人们调节意识与潜意识矛盾的心理防御本能。弗洛伊德认为梦"表现了自我的愿望和愿望的满足，而不是什么预言未来的神谕，或警示疾病的预兆"[③]。从某种角度说，"反梦"体现人在自我心理建设中，发现和弥补自身精神缺陷与不足的一种补偿

---

① 黎光明、王元辉著：《川西民俗调查记录1929》，王明珂编校，台湾"中央研究院"历史语言研究所发行，世圩实业有限公司印刷，台北2004年七月出版，第70—71页。

② ［法］让·谢瓦利埃等编：《世界文化象征辞典》，湖南文艺出版社1994年，第621—622页。

③ 艾克思编著：《后精神梦典》，青海人民出版社1999年，前言。

性心理平衡。

梦虚幻而又真实，缥缈而又具体，让人疑惑、感叹与幻想。梦使时空失去界限，又使善恶趋于极端，梦反映人们的思想和欲望，梦凝聚着一个民族特有的心理体验与思维方式。当人们的在夸耀 21 世纪是如何进步时，古老的梦卜文化依然在当代生活中向我们不断地传递出耐人寻味的信息符码。

三、试以羊骨论玄机：羊骨卜

“自古受命而王，王者之兴，何尝不以卜筮决于天命哉！其于周尤甚，及秦可见。代王之入，任于卜者。”[①] 与汉民族一样，占卜术在古代羌族生活中占据着重要地位。两者不同的是：古代汉民族主要采用龟骨卜，而古羌部落多使用羊骨卜。

羊髀骨卜是以羊肩胛骨为卜具的一种古老的占卜方式，亦称“羊肩胛卜”、“烧羊骨头”、“灼羊髀骨”、“炙羊膀”等。据考古出土证据，中华大地上目前所知道的最早羊肩胛卜骨，也是最早卜骨出土于仰韶文化河南淅川下王岗遗址中，距今约六千年；大约五六千年前的新石器时代，羊骨卜现象已普遍存在：甘肃齐家文化武威县皇娘娘台遗址中亦出现过羊肩胛骨卜的卜骨实物，其卜骨上有明显的刮削修治与烧灼钻凿的人工痕迹；甘肃永靖大何庄、秦魏家遗址出土 14 块卜骨，均为羊肩胛骨，卜骨未加整治，有密集的烧灼痕迹；而新石器龙山文化的西安临潼姜寨遗址、岷江上游营盘山文化遗址烧灼过的羊肩髀骨亦时有发现。与羊骨大量出现在黄河上游文化遗址中相呼相应的史实，正是这一时期古羌人影映在这些文化遗址之中的身影。这种巧

① ［西汉］司马迁：《史记》卷一百二十七，中华书局 1959 年，第 3215 页。

合并不是偶然的，它可能正是古羌部落迁徙与繁衍生息过的例证。大量羊卜骨的出土，从某一侧面说明史前古羌先民的社会生活中占卜巫风已普遍存在，并逐渐显示出史前占卜活动的制度化和程序化。

当然，古羌族群与近代民族概念产生后形成的当代羌族并不完全等同。“羌”这个字作为一种人群称号，最早出现在商代甲骨文中。在华夏历史上，“羌”的概念是不断变化的，而后来被作“羌”的民族，也因历史、政治、军事、民族等原因，不断地在迁徙与流动。正因为古羌人的不断迁徙，羊髀骨卜才随其部族流动而被带到了新的居住地，后又成为新的民族共同体的占卜源流之一。虽然在古羌人与迁徙地其他民族的融合中，其本源文化渗入了其他族系的文化因素，并产生某些形式上的变化，但从信仰习俗的本质看，今日羌族的族源与古羌诸部落有着直接的血缘和文化联系。

古代羊髀骨卜有着顽强的生命力，其影响在历史上是客观存在的，几千年不绝如缕。敦煌古藏文写卷曾记载，凡苯教盛行之地皆有羊肩胛骨卜之风。苯教巫师是占卜者，卜法通常为烧灼风干的羊肩胛骨，观其烧裂纹理或听破裂之声来占卜吉凶。所卜之事上至政治军事、下至家庭婚姻、经商谋事、家畜平安等事项。黄龙地区是苯教文化保存发展之地，羊骨卜在民间一直传承不断，至今仍对当地的民俗生活有极大影响。

在羌族地区，“羊髀骨卜”是羌民族广泛流传的一种传统占卜术。羌族与齐家文化遗址中的“羊髀骨卜”是否有直接联系目前尚无考古实物或相关文献证明。但“占卜的凡例极多，仅骨卜一种，出现于周原和殷墟遗址的便有羊骨卜、牛骨卜、鹿骨卜、猪骨卜、龟甲卜和鳖甲卜等。但具体就‘羊肩胛骨卜’作一番考索，据各种历史文献记载和现存于藏、纳西、普米、彝等民族的骨卜古俗，它不仅不可能源于‘中原’，以至也不能囊括于周人献于商王的巫术之中，而应出自古羌人之手”[①]。时至北宋，沈括在其《梦溪笔谈》中对“以炙羊膀骨来判断言凶”的占卜方法有较为详细的记载：

> 西戎用羊卜，谓之“跋焦”；卜师谓之“厮乩”。必定反。以艾灼羊髀骨，视其兆，谓之“死跋焦”，其法：兆之上为“神明”；近脊处为“坐位”。“坐位”者，主位也。近旁处为“客位”。盖西戎之俗，所居正寝，常留中一间以奉鬼神，不敢居之，谓之“神明”，主人乃坐其旁。以此占主客胜负。又有先呪粟以食羊，羊食其粟，则自摇其首，乃杀羊视其五藏，谓之“生跋焦”，其言极有验，委细之事皆能言之。生跋焦土人尤神之。[②]

北宋时期的西戎包括党项羌等西北众多游牧民族。南北朝时期，古代诸羌部族中的党项羌开始强盛，“其界东至松州，西接叶护，南杂春桑、迷桑等羌，北连吐谷浑，处山谷间亘三千里”[③]。而松州则是现今松潘地区，从中我们可以找到古党项羌与今天岷江上游羌族的历史联系。党项语称巫为“厮”，称负责占卜的巫师为“厮乩”。羌族羊髀骨卜远古多用于占卜战争胜负与祭祀吉凶，后渐用于占卜生育、疾病、丧葬、婚娶、出行、迁徙、气候、天象等。

据《元史·张庭珍传附弟庭瑞传》记载：张庭瑞为朝廷使者，“抵羌界。羌陈兵以待，庭瑞进前语之曰：‘杀人偿死，羌与中国之法同，有司系诸人，欲以为见证耳。而汝即肆无礼，如行省闻于朝，召近郡兵，空汝巢穴矣。’其酋长弃枪弩罗拜曰：‘我近者生裂羊髀卜

---

① 戈阿干：《东巴骨卜文化》，云南人民出版社 1999 年，第 98 页。
② ［北宋］沈括：《梦溪笔谈全译》卷十八，胡道静等译，贵州人民出版社，第 583 页。
③ ［五代］刘昫等撰：《旧唐书》卷一九八，中华书局 1975 年，第 5290 页。

之，视肉之文理如何，则吉其兆曰，有白马将军来，可不劳兵而罢。今公马果白，敢不从命’。”①

可见，川西羌族有裂羊髀以视其文理之卜。又，据清朝《嘉庆重修一统志》载，清朝松潘地区仍有“炙羊膀以断吉凶”② 之俗。

黄龙地区的藏羌先民多为逐水草而居的游牧民族，其占卜用料罕见农业定居民族的猪骨、鸡骨、犬骨等，而多为畜牧与狩猎所获的羊肩胛骨。迨至藏、羌先民定居于黄龙地区并逐步发展出家畜养殖业，羊骨卜的习俗已发展成型并成为制度化的一种民俗法控制。在迁徙、发展的历史流变中，藏羌先民不断吸收与借鉴其他部族的占卜概念与技术，使“羊髀骨卜”这种古老的占卜术至今在岷江上游的各藏、羌村寨中仍获得了传承与广泛的传播。尤其是羌族把占卜过程、结果与《周易》占理紧密结合，形成了独特的羌族羊骨卜社会文化现象。

黄龙地区的羌族没有牛骨卜而多以绵羊肩胛骨为卜具，羌族占卜所用的绵羊髀骨通常取自祭祀山神而被作为牺牲的神羊，一般在羊宰杀后烧煮食前取骨。因此，在羌人眼里，绵羊髀骨不仅是一种占卜工具，更是具有与天地神鬼对话、预兆未来之灵物。或许出于对祭祀山神的神羊之敬畏，一般人不能随便烧灼绵羊肩胛骨以占卜决疑。灼绵羊肩胛骨是一项技术性很强的专门工作，因此，卜者一般为熟谙羊肩胛骨卜并精于此道的民间卦师或村寨中的长者。

夺举老人的烧羊膀

2011 年 8 月 11 日上午，笔者在松潘县第二小学校教师住宿楼中观察了一场小姓埃溪乡夺举老人进行的绵羊肩胛骨骨卜，当地又称烧羊膀。

---

① ［明］宋濂等撰：《元史》卷一六七，中华书局 1976 年，第 3922 页。

② ［清］郑绍谦撰：《嘉庆重修一统志》第 24 册，卷四百十九之《松潘直隶厅》，《四部丛刊续编》本，中华书局 1978 年。

夺举老人今年73岁，藏族，会流利地使用藏、羌两种语言以及不太熟练的汉语。老人记忆力极好，见识比一般人丰富，精通当地藏、羌两族的民间神话与口传经典，一旦讲述故事，老人精神矍铄，讲话如行云流水，语言丰富而生动。年轻时，老人因为一场瘟疫避祸到临近的埃溪寨做了羌族家庭的上门女婿。按照老人的说法，当时不知道自己是藏族，只知道两个寨子都是羊部落，语言、服饰、生活习俗都相同，没什么不一样，所以就过来了。后来政府划分民族成分，才知道埃溪属羌族，而自己从小生活的热务沟被划为藏族。夺举老人年轻时就开始为寨子里的人打卦占卜，现在是当地深受欢迎的民间卦师，但平日里老人并不脱离自己的劳动生产，也不依靠打卦占卜为生。

笔者见到老人时，老人的妻子热比她、女儿朗磋正在屋子里帮他准备打卦用的器具和物品。问及骨卜卜具，老人介绍[①]：

羌族最常用的骨卜卜具为绵羊肩胛骨。以前羌族骨卜还有用猪肩胛骨的，后来由于猪肩胛骨占卜太准，卦师的凡人躯体实在是难以承受，所以才改用了绵羊肩胛骨作卜具。无论是猪还是羊，或是其他什么野兽，肩胛骨都像一面扇子，所以羌族民间又叫这种骨头扇子骨。

绵羊肩胛骨以现场生取为最佳，因为煮过的骨头不灵。扇骨的软骨部分通常要剔掉，待骨头干定后才能使用。生病的绵羊一般不能取卜骨，因为不干净。

羌族民间卦师占卜使用的绵羊肩胛骨通常由专职人员熏烧除秽。民间卦师通常都会在家中存放好多个已熏烧除秽过的羊骨卜具。因为在羌族社会几乎没有为了占卜而临时杀牲的，所以平日里要好好地保

① 夺举老人的所有介绍内容全为羌语，凡老人的话语全为事后根据当日录音记录，由老人的儿子黄龙管理局文史办的毛明军老师及其女儿朗磋翻译、整理而来。

存一些。打卦时每一个扇骨分成上、下、左、右四个方位，上为外方，下为内方，左为自己，右为鬼方。扇骨下窄上宽，下窄的地方是打卦时手握的把。扇骨还分里、外两个骨面，里层骨面平滑，外层骨面有一条骨峰从中间凸出，不平滑。灼点一般选在平滑的内层骨面。一块羊肩胛骨一般可以卜用十多次，通常从骨面较宽的一端先烧，依次而下，最后烧骨臼一端。直至骨臼一端也被利用了，全骨已布满灼痕而不能再烧了，才把卜骨好好地收藏起来或掩埋，通常不能随意丢弃。

按照羌族传统，自己是不能替自己占卜的，即使是最精于占卜之道的卦师，有事也必须请人代卜，否则卦会失灵。

烧羊膀时要准备一种火燎草。看见这种像干烟叶粒的草，笔者很困惑。在一旁协助老人进行打卦的朗磋为笔者介绍道："这种草在我们那的山上多得很。晒干了可以打火。上山采回来后，搓成团，吊倒火塘上让烟熏。熏过的火燎草打火安逸得很。哦，这种草还可以烧起来治病。"

当天卜问的事项是成都一对青年恋人的婚姻，求卦者为恋人的男方。仪式全过程大致如下：

1. 夺举老人坐在房间的最中心，在他的身前，有一长条木茶几，桌上已准备好了他打卦过程中需要的一切物品。装满大米、青稞的粮食盆，香柏枝、火草一小团、绵羊肩胛骨大大小小 4 块。

2. 在准备打卦前，老人再次让自己的儿子——毛老师打长途电话确认了求卦者需要占卜的事情，求卦者的姓名、属相。同时，还确认了求卦者女朋友的姓名、属相。烧羊膀开始了，老人先占卜的是求卦者。

3. 老人在几块绵羊肩胛骨中选出一块，将选出的羊骨置粮食盆上，然后燃烧香柏枝，取出羊骨，用香柏枝的烟熏羊骨和火燎草，嘴里喃喃地祝祷，据说这是为卜骨除秽。

4. 老人左手持骨把，右手将三个黄豆粒似的火燎草搓成小锥形，在牙边擦一擦，贴在羊膀上，并在骨的边缘来回摩擦，最后很仔细地把燎草一一插进三个灼孔中。接着点燃燎草，把已着火的燎草置于卜骨里层的骨面上。再把卜骨置于粮食盆的米面上。用粮食盆里的大米、青稞轻轻地掩于卜骨和已开始阴燃的燎草上。

（插上艾炙的羊卜骨，图片来源：田晓膺调研拍摄）

5. 口里念念有词，由于是羌语，笔者没能听懂。事后了解，据说是颂扬羊膀卦祖师的。内容大意为赞美祖师无所不晓，无所不知，希望祖师降临，祈求祖师让此卦灵验。同时，向祖师呈报占卜者的信息及占卜者所卦为何事。

6. 念完基本固定的请神语，粮食盆里发出清晰的炸裂声，数粒大米飞溅出来，弹到盆外桌上，此时燎草也基本上烧到骨部。

7. 从粮食盆中取出卜骨，轻轻的拂去燎草燃烧后的灰烬。再次点燃香柏枝，用香柏枝烟熏卜骨。同时喃喃地附加念叨两句。大意为，如果此卦不灵，那是祖师爷未显灵。因为烧灼的火未尽，老人稍微等待了一点时间，直到卜骨有些偏冷，才开始看卦。

8. 拿起卜骨，开始判卦。骨面灼孔附近呈现出一团烧黑或烧黄的痕迹，老人拿出放大镜，非常仔细地去分辨灼孔附近或左、或右、或上、或下烧炸过的纹路。由于有些纹路不够清晰，老人多次转换卜骨的光源角度，最后由卓玛站在一侧，为其打着一只大号手电筒协助，老人才得以将三粒燎草烧灼过的三个灼孔裂纹观察详尽。由于三粒燎草中有一粒裂纹不现，于是老人则就原处又补燃了一粒，过程如前，直至裂纹呈现为止。

10. 放下卜骨，拿起念珠，闭上双目。最后睁开眼睛，开始解释征兆。算出求卦者婚姻不太合。老人心情比较沉重。

11. 按上面的所有程序，重新换一块卜骨，开始以求卦者女朋友的身份烧羊膀。最后的结果一般。老人开始说出他对求卦者规避不吉的建议。当然，此话是对着他儿子——毛明军老师说的。求卦者为毛老师的好友，因久闻夺举老人打卦声名，所以即使远在成都，也恳请毛老师代替自己向老人求烧羊膀，占卜凶吉。

通过观察，烧羊膀具有祷神、火灼、观纹、释兆四个基本环节。整个占卜过程历时较长，释兆的方法也比较繁复。卜骨产生裂纹的过程中，老人不时叨念咒语，态度极为虔诚。

四、云此非凡鸟：乌卜·鸟卜

“乌卜”，是以鸟占卜、兆示吉凶的一种古老预测术。在中国文化史上，“乌鸦”、“喜鹊”曾被频繁用于占卜，民间称为“乌卜”或“鸦卜”、“雀卜”、“雀兆”。鸟卜涉及到的鸟种类繁多，且不同地域、不同民族、不同信仰皆会有所差异。我国各地各民族有许多以鸟占卜的民俗表现，鸟占卜在其民俗信仰文化里风格独具。

鸟卜之术古已有之。赋予鸟传达天意的神性是世界远古时代的一种常见现象，鸟崇拜在世界各古老民族的文化发展上具有一种普适的文化共性。

伊斯兰教观念认为，鸟是上天的使者，“鸟语”是“天使的语言”[①]。在四川三星堆遗址和金沙遗址中，曾出土大量的鸟及鸟形器，如青铜人首鸟身像、鸟头把勺、青铜神树上神鸟等，而古蜀王“柏灌”、“鱼凫”、“杜宇”等称号亦都由鸟衍生而来。羌族释比在祭祀中使用的古老巫画书《刷勒日》中也有长着长长尖利鸟嘴的鸟人合体神像。鸟为祥瑞的神鸟反映了穆斯林先民、古蜀先民深刻的宗教体验与信仰文化；在黄龙藏区，每逢祭祀山神时，藏族民众就会大把大把地向空中抛撒“龙达”（藏语大致发音）。在纷纷扬扬的“龙达”中，虔诚的人们祈祷神灵保佑一方水土祥和、百姓幸福平安、如意安宁。其“龙达”中的金翅鸟图案，便是藏民族鸟灵信仰的集中体现。金翅鸟，民间俗称大鹏鸟，是吉祥物的象征。

鸟卜是由鸟崇拜发展而来，鸟卜信息是天、是神、是天地间神秘的存在者对人们的一种暗示。在《诗经》、《尚书》、《周易》、《左传》等古籍记载中有大量反映原始鸟占习俗的记载，鸟的巫文化色彩早在上古时代就已经普遍存在了。

> 赤鸟衔珪，降周之岐社，曰命周文王代殷。河出洛图，地出乘黄。天锡武王黄鸟之旗。[②]

---

① ［法］让·谢瓦利埃等：《世界文化象征辞典》，湖南文艺出版社 1994 年，第 1147 页。

② ［唐］欧阳询撰：《艺文类聚》，上海古籍出版社 1965 年，第 1710 页。

周代商之际，乌鸦衔着玉珪降临周的祭坛，同时代天宣命，命令周文王代殷。在这里乌鸦代表着上天，玉珪象征着国家政权，“赤乌衔珪”有深刻的象征意义，意味着周代商是上天的神旨。可见，乌鸦作为神鸟，像一根纽带把上天和巫师连接起来，上天通过乌鸦把自己的无比神性传递给巫师，巫师通过交感巫术，借乌鸦高飞传递人们的心声。

《左传·襄公十八年》又载：“晋侯伐齐……齐师夜遁。师旷告晋侯曰：‘鸟乌之声乐，齐师其遁’。”[①] 这里的乌鸦，显然为预报军情、占验吉凶的神鸟。先秦时期，“乌鸦”经常被用于战争中占验军情，称为“乌卜”，也常常用来占卜君王生活中出现的异常现象。

根据汉、藏典籍的记载，藏族先民对鸟的神性与灵力信仰由来已久，并延续至今。在黄龙地区藏族的苯教信仰中，鸟的地位至高无上。苯教最大的护法神是“九头鸟”，苯教徒咏赞它是“世界的皇后，最优秀的母亲”[②]。在藏族苯教信仰中，乌鸦为具灵性的神鸟，它翱翔高空，神通广大，常用某种方式传递着神谕，是神的旨意之体现者。因此，人们根据乌鸦飞翔的方向与鸣叫的声音、时间便可以判断祸福吉凶。唐代吐蕃就常用“乌卜”预测吉凶，据《敦煌古藏文写卷P·T·1045》记载：“乌鸦为神鸟，飞禽展双翅。飞到神高处，目明耳又聪明，它精于神灵秘法，无一不通达。对它务必虔诚。……它传递神旨，翱翔飞忙。八面上方共九方，喔咚婉三声，速将多玛供上。乌鸦若全部吃光，即为神仙将供品用享。乌鸦所鸣均是前兆。……咙咙表吉祥。嗒嗒表无恙。咂咂表事急。啄啄表财旺。依乌依乌危难降。”[③] 这里提到的乌鸦占卜是忧喜之征皆报，但多以乌鸦之声为

① 《春秋左传注疏》卷第三十三，北京大学出版社 1999 年，第 950 页。
② 丹珠昂奔：《藏族神灵论》，中国社会科学出版社 1990 年，第 11 页。
③ 转引自王尧、陈践：《藏学研究文集》，民族出版社 1995 年，第 252 页。

喜兆。

乌鸦在中华大地分布十分广泛，华夏先民很早就从占卜方面对它有了认识。“乌鸦大嘴而性贪鸷，好鸣，善避缯缴，古有《鸦经》以占吉凶。然北人喜鸦恶鹊，南人喜鹊恶鸦，惟师旷以白项者为不祥，近之。”① 李时珍引春秋时期师旷的观点说明汉地乌占起源很早。在汉民族的占卜系统中，相传汉代东方朔曾特意撰写了《阴阳局鸦经》一书，专讲“乌卜”之术，然此书早已亡佚，宋时已不存。因此，南宋时期的洪迈才在《容斋随笔》中再次探讨了《乌鹊鸣》占卜之术。其书云：“世有传《阴阳局鸦经》，谓东方朔所著，大略言凡占乌之鸣，先数其声，然后定其方位，假如甲日一声，即是甲声，第二声为乙声，以十干数之，乃辨其急缓，以定吉凶，盖不专于一说也。”②

在藏族苯教信仰中，乌鸦亦常作为占卜之鸟。黄龙藏区至今尚习惯用乌鸦的鸣叫来占卜否泰。比如当某人要出门远行，听见有乌鸦在其身后鸣叫，意谓此行大吉；若还未出门，就听见乌鸦在前面鸣叫，则表明此番出行困难重重。

唐人以乌鸣预测农业是否会丰收，温庭筠诗句“仰面呻复嚏，鸦娘咒丰岁”③，便是以乌占候的记载。其突出的占卜方式为“音占”。藏族谚语云：“乌鸦群飞呷呷叫，怕是雹灾要来临。”自古以来，黄龙民间便视雹灾为大害，以乌鸦鸣叫的声音占卜是否降雹在藏族村寨迄今仍世代相传。

在汉民族的占卜文化中，“乌鸦”在宋代以前一直以“祥瑞征兆”为其主流文化意义，“阳乌”、“金乌”在汉族先民的眼中是神圣而备

① 钱超尘、董连荣主编：《本草纲目详译》下册，山西科学技术出版社 2002 年，第 2008 页。

② ［南宋］洪迈：《容斋随笔》，孙凡礼点校，中华书局 2005 年，第 257 页。

③ 《全唐诗》卷五百七十七，中华书局 1999 年，第 6763 页。

受敬仰的。考古发现有五千多年前仰韶文化的“金乌负日图”为证，文献资料亦有“汤谷上有扶木，一日方至，一日方出，皆载于乌”①的记载。“赤乌”乃预示着王业归属的祥瑞之鸟；自汉代开始，儒家礼教大肆褒扬“孝道”。乌鸟反哺喻孝、以乌为祥瑞之兆的记载也不少：

《孙氏瑞应图》曰：“三足乌生，王者慈孝，天地则至。”②

《春秋原命苞》曰：“火流为乌，乌孝鸟，阳精天意，乌在日中，从天以昭孝也。”③

后来乌鸦被比附为“孝鸟”这一观念在民间得以强化，随之衍生“乌啼兆吉”之说亦被当时的人们广泛接受。“乌”在唐代及以前多为褒义，王建诗云：“神鹊神鹊好言语，行人早回多利赂。我今庭中栽好树，与汝作巢当报汝。”④

迨至宋代，世人对于乌鸦已明确发展出两种截然不同的态度，即“北人以乌声为喜，鹊声为非。南人闻鹊躁则喜，闻乌声则唾而逐之，至于弦弩挟弹，击使远去”⑤。随着宋代经济的发展与政治重心的南移，北人南迁，南北文化大交流，南方的意识形态逐渐成为当时的文化主流，因此，视“乌”为恶鸟的观念意识逐渐合流为占卜文化的主流象征意义。宋人认为“乌鸦”能预知吉凶，但因其“见异则噪”之性，所以更多时候昭示给人们的乃不祥之事，因此人们认为“乌鸦”的鸣叫预示着灾祸的来临。

---

① ［清］郝懿行：《山海经笺疏》，《海王邨古籍丛刊》，中国书店1991年，第418页。
② ［宋］李昉等：《太平御览》，中华书局1960年，第4082页。
③ ［宋］李昉等：《太平御览》，中华书局1960年，第4082页。
④ 《全唐诗》卷二百九十八，中华书局1999年，第3376页。
⑤ ［南宋］洪迈：《容斋随笔》，孙凡礼点校，中华书局2005年，第256页。

此占卜观念，至今对汉民族民俗文化心理影响巨大。“乌鸦嘴”、“天下乌鸦一般黑”、“乌鸦叫，祸事到”、“乌鸦当头过，无灾必有祸”、“老鸹（黄龙汉语方言发音 wa，音同“挖”）嫌猪黑，自己不觉得”等日常生活中的成语、谚语无一不对乌鸦充满了厌恶之情。

藏族赋予“乌鸦”的象征意义，也有从神鸟到不祥之鸟的文化意义转换。在今天黄龙地区藏族民谚中，存在着大量包含贬义的乌鸦形象。如：“坏人往往把过错推在别人身上，乌鸦喜欢把脏嘴擦在洁净地方”；“鸿雁陷在泥淖里，是乌鸦带来的罪孽”；“孔雀不会和乌鸦做伴，大象不会跟黄牛交配”①。羌族民间谚语也有“杉杆上面老鸹嘶叫不吉利”之说。黄龙地区藏族群众以乌鸦为不祥的看法是否受汉族民俗地区文化影响，目前难以稽考。

乌鸦示凶俗信的发生，既与先民神秘信仰的影响分不开，又同古人的直观经验息息相关。乌鸦有夜间飞行的生活习性，而古人认为，妖魔鬼怪畏日属阴，所以在夜间活动，而乌鸦色黑属阴，夜间飞鸣的习性又容易与黑夜中的鬼魅产生神秘联想，所以由神鸟逐渐成为一种“鬼雀”。与鬼相通，无疑则可预知鬼魅带来的各种灾祸与不祥。所以，后世乌之通灵在祸不在福，乌之鸣叫是祸事的前兆，所以遭人厌恶。加之乌鸦是杂食性鸟类，喜食人畜腐肉，对尸体和血有着本能的感应。听毛儿盖牧民说，乌鸦很喜欢啄食牦牛、山羊等牲畜的眼睛。所以藏族民歌中有“凶恶的黑嘴乌鸦猛地扑来，以为是尸体要啄我的眼睛”。于是，乌的神格下降，乌与尸在民间俗信中慢慢纠缠在一起，终于变得与时不容，成为兆凶的恶鸟、鬼鸟。乌的先兆观念，后来渐渐衍生出乌卜术，又从乌卜术中发展出了兆凶的民俗衍生形式，极大

---

① 中共松潘县委宣传部、松潘文化体育局编：《岁月的痕迹》，大众文艺出版社 2010 年，第 243—247 页。

地丰富了鸟卜的巫术内容与文化信息。

历史上鸟卜风俗最为流行的地区，要数隋唐时期的东女国。据《隋书》与《旧唐书》记载，东女国有两个，一在在吐蕃之西、葱岭以南，乃古代西藏地区的女国；二乃川西高原西羌部族的女国。两个东女国是否为同一个，学界一直存在着很大争议。但可以肯定的是，东女国与古藏、羌民族有很大的文化联系。《隋书》记载东女国鸟卜仪式云："女国，在葱岭之南，其国代以女为王。王姓苏毗，字末羯，在位二十年。……俗事阿修罗神，又有树神，岁初以人祭，或用猕猴。入山祝之，有一鸟如雌雉，来集掌上，破其腹而视之，有粟则年丰，沙石则有灾，谓之鸟卜。"[①] 藏族先民早期的鸟占，首先要以人或称猴祭阿修罗神和树神，祭毕之后，才由巫师赴山中，遍洒糟麦，以引鸟来，等鸟至后，方剖其腹以占之。

《旧唐书》记载更为详实：

> 东女国，西羌之别种，以西海中复有女国，故称东女焉。俗以女为王。东与茂州、党项接，东南与雅州接，界隔罗女蛮及白狼夷。……每至十月，会巫者责褚诣山中散糟米于空，大咒呼鸟。俄而有鸟如鸡，飞入巫者之怀，因剖腹而视之，每有一谷，来岁必登，若有霜雪，必为灾异。其俗信之，名为鸟卜。[②]

此俗在隋唐之际的西羌诸部族亦存在。《北史·西域传》载女国"俗事阿修罗神，又有神树，岁初以人祭，或用猕猴。祭毕，入山祝之，有一鸟如雄雉，来集掌上，破其腹视之，有粟则年丰，沙石则有

① ［唐］魏征等：《隋书》第3册卷八十三"西域传"，中华书局2006年，第1851页。

② ［五代］刘昫等：《旧唐书》卷一百九十七，中华书局1975年，第5278页。

灾，谓之鸟卜。”① 鸟卜，可以说是古羌民族对鸟信仰的一种自然延伸和民俗文化继承

在华夏浩繁的占卜文献中，《梅花易数》专载了汉地鸟卜之法：

> 鸟占者，见鸟可占也。凡见鸟群，数其只数，看其方所，听其声音，辨其羽毛，皆可起数。又须审其名义，察其噪鸣，取其吉凶。见鸟而占，数其只数者，如一只属乾，二只属兑，三只属离。看其方所者，即离南坎北之数。听其声音者，如鸟叫一声属乾，二声属兑，三声离之类，皆可起卦，听其声音者，夫鸣叫之喧啾者，主口舌；鸣叫悲咽者，主忧愁；鸣叫嘹亮者，主吉庆。此取断吉凶之声音也。察其名义者，如鸦报灾，鹊报喜，鸾鹤为祥瑞，鹗鹏为妖孽之类是也。②

由此可知，宋代流行的鸟占方法包括“爻数占”、“音占”、“名义占”等多种。由于《周易》理论的逐渐渗入，汉地鸟占随着历史的发展逐渐经历了由简单到复杂、由单一向多样化的发展进程。

近代，黄龙地区濒临森林的寺庙和藏民，视白马鸡为“山神菩萨之禽”，僧人和百姓常进森林祭山神，颂经，必带喂鸡食物，多为酒糟。当僧人骨号吹响，久养成习的马鸡群集祭地。平时僧人和藏民只喂不捉，马鸡不惧人如家禽。僧人每年十月进山林举行宗教活动，捉一只剖视，肚内有无食物，以卜来年丰歉，是古代鸟卜之孑遗。

时至今日，黄龙地区藏、羌村寨的群众在日常生活中仍残存着鸟卜古风，藏、羌民众对鸟卜的灵验深信不疑，并每每以此预测婚姻、

---

① ［唐］李延寿等：《北史》卷九十七“西域传”，中华书局 1974 年，第 3235—3236 页。

② ［北宋］邵雍：《梅花易数》，陈明点校，学林出版社 2003 年，第 45 页。

疾病、出行等事项的祸福吉凶。黄龙地区藏族至今仍流传着藏族民间智慧人物阿克登巴通过聆听鸟语寻戒指、断疾病的民间传说，这也是鸟卜形式在民俗文化中的一种遗存。

在汉族地区，有鹊鸟报喜之说。唐代人普遍以鹊鸟啼声为吉祥预兆，《开元天宝遗事》云："时人之家，闻雀声，皆为喜兆，故谓灵雀报喜。"① 灵雀报喜，昭示吉祥。鹊鸟在汉语言中原本为单音节词，后冠以前缀词汇喜字，就是取其吉祥之兆的文化含义。灵雀报喜在汉族民俗中的内容是泛化而复杂的，灵雀报的喜讯，通常为人们心中期望但又没有预想到的好事，是基于人们想象中的一种比附性联想与心理期待。明代，周履靖《占验录》云："雀早噪，行人至；中时噪，婚姻吉。"② 发展至今，灵雀报喜之兆大致有"雀噪行人至"的欢聚之喜，"雀行成双"的琴瑟和鸣之喜、"鹊桥相会"的团聚之喜。现代国画、年画、剪纸中有大量喜鹊站梅枝的图像，此正是喜鹊报喜的鸟卜术在民俗生活中间接反映，暗喻"喜上眉（梅）梢"。

五、玲珑占鸡子：蛋（鸡）卜

"蛋卜"是一种流传了几千年、从远古一直延续至今的巫术文化现象。它是以蛋为占卜材料，并借此判断吉凶的一种古老占卜方式，其历史悠久，承传不断。蛋，古时亦有"鸡子"之称。有时，需要用蛋作占卜灵物的，也可以用鸡卜代替。

黄龙地区小姓羌族村寨群众中流传一种鸡舌骨卜，俗称"看鸡筋"。看鸡筋通常由长者、尊者执行。通常吃完鸡头上的肉，拔出鸡

① ［清］陈世熙：《唐人说荟》第二册，民国十一年扫叶山房石印本，锦章图书局1922年，第42页。

② ［明］周履靖：《占验录》，《丛书集成》本，中华书局1985年，第10页。

的下腭，从中抽出一个呈“丫”形的骨架，俗称“鸡筋”。然后对着太阳吹动鸡筋，根据“丫”形骨架的形态卜测财运、升迁、吉凶、病恙等。若“丫”形骨架弯得好，又朝前方，则为吉；若乱卷，方向不定，则为不祥。鸡舌骨卜简易、方便，几乎人人都能学会，所以在羌族民间久传不衰。

《史记·武帝纪》记载了汉武帝灭南越时的一段“鸡卜”史料：“是时既灭南越，越人勇之，乃言‘越人俗信鬼，而其祠皆见鬼，数有效。昔东瓯王敬鬼，寿至百六十岁，后世怠慢，故衰耗’。乃令越巫立越祝祠，安台无坛，亦祠天神上帝百鬼，而以鸡卜。上信之，越祠鸡卜始用焉。”[①]《正义》释曰：“鸡卜法用鸡一，狗一，生，祝愿讫，即杀鸡狗煮熟，又祭，独取鸡两眼，骨上自有孔裂，似人物形则吉，不足则凶。”[②]。越人是春秋早期以来生活在我国南方的一个古老民族，其俗好巫风，尚占卜，而“鸡卜”是古越人巫术的重要内容。汉武帝灭南越，越人勇之向汉武帝进言，自称越人先王——东瓯王曾使用“鸡卜”之法敬鬼，后寿至一百六十岁，长生不老刺激着汉武帝的求仙欲望，因此，“鸡卜”之法得到了汉武帝的认可，并在南越灭国之后得以留存，并一度越过黄河，传播于中国北方。

时至今日，黄龙地区各民族现存的“鸡卜”方法和种类依然繁多，普遍通用的主要有鸡股骨卜、鸡舌骨卜、鸡脑壳骨卜等。《史记正义》注中提到的杀鸡观眼之卜法在黄龙民间也尚有孑遗。在黄龙部分地区，杀鸡观眼多用于占卜婚姻凶吉。占卜方法为：杀鸡，净毛剖腹放于锅内烧煮，待至熟后取出观眼。若鸡眼双睁或双闭，则吉；一睁一闭，则不吉。

---

① ［西汉］司马迁：《史记》卷十二之“孝武本纪”，中华书局 1959 年，第 478 页。
② ［西汉］司马迁：《史记》卷十二之“孝武本纪”，中华书局 1959 年，第 478 页。

在古代汉文典籍记载中，越人鸡卜法中还有一种演化变异的鸡子卜，即鸡卵卜或蛋卜。越人鸡子卜（蛋卜）之术最早源于何时，典籍无载。但延至唐代，段公路的《北户录》中明确记载了“鸡卵卜”的方法：“邕州之南有善行术者，取鸡卵卜墨画，祝而煮之，剖为二片，以验其黄，然后决嫌疑定祸福，言如响答，据此乃古法也。”① 唐代“邕州”的地理范围大约为今天的广西南宁地区。由此可见，“鸡卵卜”至迟在唐代已在南方少数民族地区盛行。而黄龙地区位于古代各民族、各民系交流、交融的主要通道上，多个古代南方少数民族的文化对这一地理文化空间均有不同程度的影响。因此，“鸡卵卜”之术在黄龙地区得以延续、发展与演化，并不出乎笔者意外。20 世纪 80 年代，学者们在松潘、茂县、理县等地的羌族聚落进行民俗调查时，发现该区域仍保留着“蛋卜”的古老遗俗。羌族“蛋卜”一般用于占卜病因，主要有两种占卜方法与程序，其占卜方法如下：

病家将生鸡蛋诵符念咒之后，连续七个晚上在自家门口呼叫病者姓名，而后将生鸡蛋煮熟，请释比察看蛋清（即蛋白）上呈现的花纹，从中找出病因，并根据病因作法事。

请释比到家，持生鸡蛋在碗中水上划动几下之后，栓上彩线，画上符图，此后，将鸡蛋埋入火塘的红灰里，烧熟后，剥去蛋壳，由释比察看蛋白上的纹路，确认病因，之后，释比持之诵经作咒，给病人食之，据说可使疾病痊愈。②

蛋卜以“鸡卵”为占卜材料，其根源可能与一种古老的生命膜拜及崇信有关。古印度的神话传说认为，宇宙的最初乃是一个金蛋；中国古代也有“天地混沌如一鸡子”的宇宙演化说。中国汉文典籍《诗

---

① ［唐］段公路：《北户录》卷二之“鸡卵卜”，广陵书社 2003 年，第 56 页。
② 李明编著：《四川民俗》，甘肃人民出版社 2004 年，第 316 页。

经》、《楚辞》、《太平御览》、《竹书纪年》、《淮南子》等都载有简狄吞卵孕子的神话。兹录《史记》记载:"殷契，母曰简狄，有娀氏之女，为帝喾次妃。三人行浴，见玄鸟堕其卵，简狄取吞之，因孕生契。"①众多典籍对简狄吞卵神话的记载表明，殷始祖"契"被华夏古人视为卵生。由此可见，蛋是生命孕育，宇宙孵化、繁衍的一种观念象征。鸡蛋繁衍生命的信仰对华夏先民产生了深远的影响。

六、欲问白石及念珠：白石卜·念珠卜

天空下面不见人烟
兄和妹认真商量了
地界没了人烟根根
你我兄妹要治人烟
治得人烟凡间兴旺
兄妹不能为夫妻
木比授意兄妹俩，各背磨片上山顶
吩咐妹背下磨片
背起磨片山顶放
吩咐兄背上磨片，背起磨片山顶滚放
妹的磨片放东山
兄的磨片放西山
两扇磨片滚下山
妹的下磨片在下面

---

① ［西汉］司马迁:《史记》卷三之"殷本纪"，中华书局1959年，第91页。

兄的上磨片在上面，两扇磨片紧紧合
兄妹夫妻天意定……①

羌族释比唱经“兄妹治人烟”以古老传说的形式记载了用石磨片来占卜婚姻是否相合的故事，这或许是羌族早期的石头占卜之一。

“白石卜”由来已久。羌人将白石赋予灵性，并将其作为占卜的一种材料，遂形成独具特色的白石卜。

卜法为：在山涧村野寻白色小鹅卵石十三颗，用做算筹，两手随意分之。以三除之，不及者为卦。胡豆卦、青稞粒卦均可沿用此法，只是卜具取材不同罢了。

汉族民间还常以单数、双数，正面、反面等来判断占卜结果，这种占卜形式极其简单，随时随地均可以进行，无固定的卜具，随地取材，草、筷子、钱币等均可用来占卜。比如小孩用小石子斜劈水面，若石子击水的次数为单，则为凶，双数则为吉。

在黄龙地区，“念珠卜”乃苯教法师常用的一种占卜方式，其卜法为：占卜前，先虔诚地诵念经文，然后将一串念珠放在两手掌心。求卦者任意抓住两手拇指和四指中间的那段念珠，然后从这段念珠的中间开始，三个一组往过数，占卜的结果取决于最后所剩的念珠数目为“1”、“2”或“3”。其数目与吉凶的关系是：“1”象征无，“2”代表血，“3”寓意财。连续卜五次，就会形成5个卦位。

比如有人求打猎卦，5个卦位的占卜数字为“11111”，意思是下雨天出门也可以遇见猎物，但却打不到；占卜数字“22222”则为可以猎获一头雌性猎物；占卜数字“33333”代表打卦颇为灵验，因卜

① 四川省少数民族古籍整理办公室主编：《羌族释比经典》，四川出版集团四川民族出版社2009年，第242—251页。

算太准，一般人受不了；占卜数字“12111”，意谓打不到猎物；占卜数字“21121”代表人卦，意思是有血光之灾；占卜数字“33331”若为寻找丢失的牲畜而进行的打卦，其含义是丢失的牛羊已死，但可以找回牛羊的尸首①。

若为重大事宜，可占两次。若两次凶吉一致，则能得出肯定结果；若两次结果凶吉不同，则需再次占卜。

作为中华文化思想的源头，巫文化具有中华文明之基元地位。它不仅以其原生或次生形态大量存在于古代岷江流域的各民族、民系中，而且还以其各种升华、变异形式保留在当代黄龙地区民俗之中。

或许，在这个科技昌明、理性伸张的“祛魅”时代，“其中每一种文化都以原始的力量从它的土生土壤中勃兴起来，都在它的整个生活期中坚实地和那土生土壤联系着；每一种文化都把自己的影像印在它的材料，即它的人类身上；每一种文化各有自己的观念，自己的情欲，自己的生活、愿望和感情，自己的死亡。……但理智的眼睛至今尚未发现过它们。在这里，文化、民族、语言、真理、神祇、风光等等，有如橡树与石松，花朵、枝条与树叶，从盛开又到衰老。——但是没有衰老的‘人类’。每一种文化都有它的自我表现的新的可能，从发生到成熟，再到衰老，永不复返。”② 史前人类十万年的思维模式，早已积累在人类的集体无意识中，尽管主客分立的科学理性思维代替了远古初民物我融合、交感互渗的史前思维，但是这种思维并没有消失，而是以一种集体无意识的形式积淀在人类的深层心理结构中，并在艺术创作和民俗生活的底层得以存留和发展。“在最初的祖

---

① 夺举老人口述，毛明军翻译，田晓膺记录整理。

② ［德］奥斯瓦尔德·斯宾格勒：《西方的没落》（上），吴琼译，商务印书馆 1963 年，第 39 页。

先身上暴露的心情与精神本质，在最后的子孙身上照样出现。”① 中国几千年的传统文化始终流淌着巫的文化基因，混沌中它既夹带淤泥渣滓，也混杂了来自远古大漠荒原和各分支岔道的丰富养分元素。任何一种文化的变异，往往均存在着多重文化时空重叠整合的现象。当某一区域文化由于长时间的流动、积累和发展而开始出现新的文化形式时，其旧文化现象的的内核部分经过选择、转换与重新整合后，依然一层一层地凝结、层累、消融与隐藏在新文化现象结构之中。时间越漫长，文化堆积起来的时空内涵就越丰富与复杂。作为一种从远古就产生和积淀起来的古老文化，黄龙地区之巫文化便具备这样一种文化品格。

① ［法］丹纳：《艺术哲学》，傅雷译，人民文学出版社 1963 年，第 354 页。

第六章 黄龙地区的禁忌民俗

第一节 禁忌与禁忌民俗

一、禁忌文化

禁忌，顾名思义，就是对某些人、事、物的避忌或者禁止，它发端于人类趋利避害的生命本能，是人类行为规范的重要组成部分，也是行为规范发展演变的内在机制之一。通常，禁忌表现为对人类行为（或言语）的边界的划定，禁止做什么，或者不应该做什么。如果说民俗是人类行为模式的正面经验的总结，那么，禁忌就是人类生存与生活负面经验的提炼。民俗与禁忌，互为表里，相辅相成，一如一枚硬币的两面。只有在这个意义上，说“禁忌是原始社会惟一的约束力”① 才具有合理性。

禁忌和民俗一样古老，有社会即有民俗，有人类即有禁忌。相对

① 任聘：《中国民俗通志·禁忌志》，山东教育出版社 2005 年，第 7 页。

于民俗突出的群体性或者说集体性特征，禁忌具有明显的个体性倾向，这或许是禁忌形态极其繁杂多样的根源。这些近乎无限多样的禁忌，逐渐发展演变为今天人类社会各种类型、各个层面的禁止性规范，民俗的、伦理的、宗教的、政治的、法律的等等。禁忌文化也因此而广泛分布于人类社会的各个领域和各个层次。越是行为选择利害分化明显的领域或者时期，禁忌也就越是突出；而人的行为选择的利害相关性是同人与其处境之间的关系联系着的，这也就决定了禁忌的历史变迁性。从人类历史的整体面貌来说，禁忌总体上呈现出逐渐减少的趋向，与此相应的则是人越来越自由。从理论上来说，人类由必然世界进入自由世界的时候，也就是禁忌彻底消亡的时候。

原始时代的禁忌的具体情形今已无法知晓，但可以根据世界各地较为原始的部落中一种叫作“塔布”（tabu）的禁忌行为而获知原始禁忌的大致面貌。tabu 是波利尼西亚语言，禁忌的英文写法 taboo 就来自于此。taboo（禁忌）一词的出现在西方一般将其追溯到 18 世纪英国的一位船长詹姆斯·库克（James Cook，1728－1779）。他在南太平洋波利尼西亚群岛的汤加岛上发现当地人有一种“奇怪”的习俗：有些东西只能特定的人使用，有些物品只能用于特定的目的，有些活动只允许特定的人参加。这种现象，当地人称为“塔布”。库克船长将这个词带到了欧洲，后来的民俗学、人类学研究发现，这种“塔布”现象遍布于世界各地的原始民族中，于是，taboo 这个词也就成为西方学术中的一个术语[①]。

有关塔布的研究认为，塔布起源于危险，是“禁制”和“被禁制”的意思[②]，“原意是指不能被普通人所接触的有超自然灵力的人、

---

① 参见陶立璠：《民俗学》，学苑出版社 2003 年，第 337 页。
② 潘显一、冉昌光：《宗教与文明》，四川人民出版社 1999 年，第 459－462。

物、地”，之所以不能接触的原因通常有两种状态：一是神圣，二是不洁或不祥[①]。在持有塔布观念的人们看来，“禁制”或“被禁制”都源于一种叫作曼纳（mana）的神秘力量，它能借人或物传播，曼纳越多越神圣，凡触犯神圣者或者不避不洁者，都将招灾致祸。神圣者如部落的酋长、村寨的头人、祭司、巫师、举行宗教活动的场所以及其中的各种事物如神树、神林、神坛、神石等；不洁者如尸体、污血、孕妇或月经期女性等。一般来说，塔布被认为“是一种消极巫术，它要求人们不能接触某物或不能做某事，否则便会带来不幸”[②]，这“是一种尚没有神灵观念的原始思维活动，后来才衍化成泛指一切禁忌”，属于“准宗教”范畴[③]。

taboo在中文中意译为“禁忌”。对于中国人来说，“禁忌”一词的使用是很久远的，并很早就已成为中国传统民俗学的关注内容。“禁”在汉语中有两个读音，平声表示“承受”、“耐”、“忍受”的意思，不论指物还是人，都是从其自身承受度上来讲的；去声则表示对他人行为或外物的约束与限制。从这个字在《说文解字》中被解释为“吉凶之忌也，从示，林声”[④] 来看，最初就是和“鬼神”之类相联系的，而以“忌”释“禁”也显示出二者之间的紧密关联。从文献上来说，至迟在汉代，“禁忌”已经连用，而且也是和鬼神相关的。《汉书·艺文志》在谈到“阴阳家”时说：“阴阳家者流，盖出于羲和之官，敬顺昊天，历象日月星辰，敬授民时，此其所长也。及拘者为之，则牵于禁忌，泥于小数，舍人事而任鬼神。”[⑤] 在班固看来是

① 乌丙安：《中国民俗学》，辽宁大学出版社1999年（2版），第308页。
② 苑利、顾军：《中国民俗学教程》，光明日报出版社2003年，第288页。
③ 乌丙安：《中国民俗学》，辽宁大学出版社1999年（2版），第309页。
④ ［东汉］许慎［宋］徐铉等校定：《说文解字》卷一，中华书局1985年，第5页。
⑤ 《汉书》卷三十“艺文志”之“阴阳家”，中华书局1964年（1962年），第1734—1735页。

“舍人事而任鬼神”的“拘者为之”，其实恰是作为“阴阳家者流”之源头的“羲和之官”的前身，即上古时的巫师，“在男曰觋，在女曰巫”①。随着礼乐制度的逐步建立，“鬼神”成为“人事”的附庸，这些曾经占据社会中心位置的“巫觋”逐渐退居于民间社会，成为正统文化的“末流”，而与鬼神相牵连的“禁忌”文化也发展为多层次的社会规范与约束。《礼记·曲礼上》在谈到“讳”的时候就有这么一句话：“入竟而问禁，入国而问俗，入门而问讳。”② 这里用“禁”、“俗”、“讳”三个字就极为精到地概括了一个社会中人们应该遵循的三个秩序层面。“竟”就是“境”，指的是一个相对独立政权的管辖界限；“国”的本义是都城，是有城墙的聚居地，后引申指这个聚居地所控制、影响的区域，即邦与国，“大曰邦，小曰国”③，今通称为“国家”，这里是侧重聚居地而言，指向的则是这里的民众；至于“门”自然就是这聚居地中某个家庭或家族之“门”了，这是构成整个社会的最为基础的单元。因此，“入竟”、“入国”与“入门”，极为简练地将一个纷繁复杂的社会划归为大、中、小三个基本层面，并形成三种依次收缩的文化空间，与此相应，则是三种基本的社会秩序或者规范，针对着各自相应的对象，所谓“问禁，虑得罪于君也；问俗，虑得罪于众也；问讳，虑得罪于主人也”④。这三种秩序或者规范的外在强制性依次递减，而内在自觉性则依次增强。“讳”就是“忌讳”，无论是对人还是对己，其深层的内蕴都同对个体与生命的尊重或重视有关。“俗”即是风俗、习俗，是群体生活行为的模式规定，

---

① 《国语集解》卷十八“楚语下”，徐元浩撰，王树民、沈长云点校，中华书局 2002 年，第 513 页。

② 《礼记集说》，陈澔注，上海古籍出版社 1987 年，第 14 页。

③ 《十三经注疏》，[清] 阮元校刻，中华书局 1982 年（1980 年影印版），第 645 页中。

④ 《礼记集说》，陈澔注，上海古籍出版社 1987 年，第 14 页。

具有普遍的约束性。至于“禁”，后来发展为“法令”“法律”，先秦时期则表现为“刑”和“礼”。刑是“禁”的极端状态，是以武力为支持的强制性的力量，所谓“刑禁暴”[①] 就是；“礼”则是其温和的表现状态，但也是非常严格的制度，所谓“夫礼，禁乱之所由生”[②]。无论哪一种，作为鬼神禁忌的上升发展形态，其核心要义都在于“禁异服，识异言”，“执禁以齐众”[③]。因此，中国古代的“禁忌”文化传统，显然是一个涵盖整个社会的系统性的规范体系，无论是民俗禁忌还是鬼神禁忌，都是其中的一个组成部分。

二、禁忌民俗

作为民俗的禁忌，即禁忌民俗，“是关于社会行为、信仰活动的某种约束限制观念和做法的总称”[④]，“是一种为了避免神灵发怒或遭遇不幸而采取的防范措施”[⑤]，它“包含两方面的意义：一是对受尊敬的神物不许随便使用。因为这种神物具有‘神圣’或‘圣洁’的性质，随便使用是一种亵渎行为。违犯这种禁忌会招致不幸，遵循这一禁忌会带来幸福。二是对受鄙视的贱物、不洁、危险之物，不许随便接触。违犯这种禁忌，同样会招致不幸”[⑥]，“换句话说，禁忌就是神圣的、不洁的、危险的事物，以及由于人们对其持有态度而形成的某种禁制”[⑦]。民俗学家们如是解释。从这些解释来看，作为民俗的禁忌和禁忌文化的原初形态或基本形态几乎没有差别。这种看法是符合

---

① 《礼记集说》，陈澔注，上海古籍出版社 1987 年，第 207 页。
② 《礼记集说》，陈澔注，上海古籍出版社 1987 年，第 274 页。
③ 《礼记集说》，陈澔注，上海古籍出版社 1987 年，第 77 页。
④ 乌丙安：《中国民俗学》，辽宁大学出版社 1999 年（2 版），第 308 页。
⑤ 苑利、顾军：《中国民俗学教程》，光明日报出版社 2003 年，第 288 页。
⑥ 陶立璠：《民俗学》，学苑出版社 2003 年，第 338 页。
⑦ 任聘：《中国民间禁忌》，中国社会科学出版社 2004 年，第 6 页。

实际的，因为，民俗本就是上古文化的直接遗存与传续，原始时代之后的各种中层、上层文化形态正是在原始文化或者民间文化的基础上发展起来的。就此而言，禁忌民俗构成禁忌文化体系的基础层面和源初结构。

关于禁忌和禁忌民俗之间的区分，任聘在讨论赵慧平的《忌讳》一书时这样评论到："问题不在于禁忌涉及到政治和道德的范畴没有，而在于这禁忌所处的层次和所依的根据是不是民间俗信中的超自然力控制下的神圣的或不洁的信仰。若是如此的，便为禁忌；或者不是如此的，而是直接从政治或道德本身出发的，则应为政治的或道德的禁制的规避原则，则应是属于上层建筑领域中的理智的思想常识。那就离开了民间禁忌的含义，与禁忌的概念不相关了。因为它失去了禁忌的灵魂、禁忌的本质。"[①] 这里说禁忌民俗以"民间俗信中的超自然力控制下的神圣的或不洁的信仰"作为自身依据并没有什么问题，但因此说非民俗的禁忌就因此而"失去了禁忌的灵魂、禁忌的本质"，恐怕就未必恰当了。同是禁忌文化的组成部分，非民俗的禁忌虽然有不少的确不再采用宗教信仰的形态，但其趋利避害的精神本质并没有发生改变。宗教信仰，不论是俗信的还是非俗信的，在人类历史中也只是一定历史阶段上的趋利避害形态之一，它们不是本源性的，而恰是表象的。弗洛伊德在评述冯特的禁忌理论时就曾说过类似的意见："冯特使我们认识到，塔布来自于原始人对'魔力'的信仰，是这种迷信的表现形式。……该论断肯定没有真正追溯到塔布概念的根源或提示出它最深刻的基础。恐惧和魔鬼都不会被心理学视为不可作进一步的尝试去揭示其潜在因素的终极原因。要是真的存在魔鬼，那是另

---

① 任聘：《中国民间禁忌》，中国社会科学出版社 2004 年，"序二"（任聘）第 22—23 页。

外一回事，但我们知道，和神一样，魔鬼也是人类精神的产物，它们来自于某些东西并由某些东西组成。① 就此而言，作为民俗的禁忌是否都具有宗教信仰因素显然是值得讨论的。因此，禁忌民俗，在同其他非民俗禁忌相区别时又可称为“民俗禁忌”，和非民俗禁忌的区分并不在别的地方，而就在其“民俗性”上，即作为民俗之一种而具有的民间属性，这是其他宗教的或政治的禁忌文化所不具备的。

因此，禁忌民俗是民众基于自身生存经验的总结与生活的需要而对某些人、事、物采取禁止或者远离的态度所形成的民俗文化形态。

有关禁忌民俗的分类，目前没有统一的模式。有按照行为、人、物、语词来分类的（弗雷泽）；有按照人、动物、自然物来分类的（冯特）；有按照神圣实体、神圣的人或物、神圣的地点、神圣的时间来分类的（吕大吉）；有按照自然崇拜、图腾崇拜、祖先崇拜、鬼神崇拜和命运崇拜来分类的（乌丙安）；有按照宗教、生产、语言和日常生活来分类的（陶立璠）；有按照世间万物、神圣者和世俗生活来分类的（苑利、顾军）②。这些分类，涉及到了禁忌这一现象的构成因素、对象、方式、功能范围等等方面的内容。较为详细的介绍可以参见金泽的《宗教禁忌》和任聘的《中国民间禁忌》。

从相关著作的实际表述来看，禁忌民俗通常是按照民俗事项的类别来进行叙述的，这是把禁忌作为民俗的附属来对待的思路。至于禁忌或者禁忌民俗自身的系统化建构，任聘在《中国民间禁忌》一书中作了探讨③。许钰在为该书作序时指出，该书作者将禁忌梳理为预知

---

① 弗洛伊德：《图腾与塔布》，《论宗教》，弗洛伊德著，王献华、张敦福译，国际文化出版公司 2000 年，第 26 页。

② 参见《中国民俗学教程》（苑利、顾军，光明日报出版社 2003 年）第 288－289 页；《中国民俗学》（乌丙安，辽宁大学出版社 1999 年 2 版）第 309－311 页；《民俗学》（陶立璠，学苑出版社 2003 年）第 338－342 页等。

③ 参见任聘：《中国民间禁忌》，中国社会科学出版社 2004 年，第 18－27 页。

系统、禁忌系统和禳解系统三个组成部分，“使得许多各自孤立的禁忌成为一个有内在联系的体系”①，但从全书结构来看，其主体部分，即禁忌系统部分，仍旧按照禁忌涉及对象的常俗知识类别来加以罗列叙述的。这个禁忌体系（见附图，摘自任聘《中国民间禁忌》）显然不是在禁忌事项之间的关联层面上讲的，而是对包含禁忌在内的一个更为宽泛的以趋吉避凶为基本的特征的行为系统的程序结构梳理。

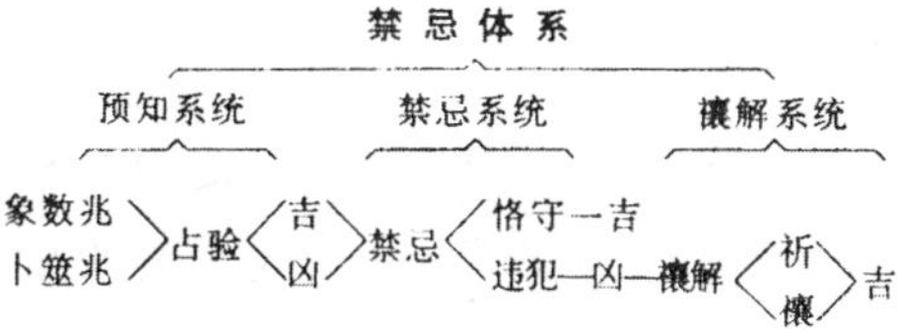

是表面看来孤立的各种禁忌事项之间实际上并不存在“一个有内在联系的体系”，还是有关禁忌的研究尚未得以解决这一问题？这在目前恐怕很难加以确切回答，尽管这个问题的回答会更多地倾向于后者。如前所述，禁忌和民俗，一反一正，构成了行为规范体系的最基础层面。钟敬文先生主编的《民俗学概论》关于民俗的“有机整体”观念涉及四个层面：人类社会或社会生活；人类文化；民俗；民俗学。民俗学一方面自身“是一个相互联系、不断发展的有机整体”②，另一方面它的建立本就是为了“使各种民俗事象构成一个有内在联系的有机整体”③，而这显然基于关于民俗事项之间存在内在有机联系的基本判断：“社会生活是一个整体，为社会生活服务的民俗文化也有其整体性与系统性。在物质民俗、精神民俗、社会民俗、语言民俗四大部类民俗之间，存在着相互关联、相互制约与促进的有机联系，它们相互影响，并随着时代的发展而不断变化。”④ 就此而

① 任聘：《中国民间禁忌》，中国社会科学出版社 2004 年，“序一”（许钰）第 4 页。
② 钟敬文主编：《民俗学概论》，上海文艺出版社 1998 年，第 8 页。
③ 钟敬文主编：《民俗学概论》，上海文艺出版社 1998 年，第 7 页。
④ 钟敬文主编：《民俗学概论》，上海文艺出版社 1998 年，第 6 页。

言，禁忌作为民俗的另一面，也必然应当是“一个有内在联系的有机整体”，尽管对于这个体系，今天似乎还看不到身影。

三、禁忌的本质

有关禁忌与非禁忌的区别的讨论，涉及到的是禁忌的根本属性或者本质特征问题。任聘在讨论到这个问题的时候作了如下概括：

> 真正的禁忌与非禁忌的区别在于人类是否走出了自我意识中的试误性探索区域，是否真的摆脱了属于谬误性质的“想象的不幸”。弗雷泽说：“如果那个设想的不幸必然要跟随犯忌而到来，那么禁忌也就不成其为禁忌，而是一种劝人行善的箴言或一种普通的常识了。‘不要把手放在火中’，这句话并不是禁忌，而只是一种常识性的道理。因为这种行为如不禁止，必然要造成实在的后果，而不是一种想象的不幸。”①

这里的关键词语是弗雷泽的“想象的不幸”一语，与之相对的意思则是“必然的不幸”。任聘接受弗雷泽的说法，认为禁忌就是“想象的不幸”而不是“必然要随犯忌而到来”的不幸，并将“想象的不幸”定性为“谬误”。然而，问题恰恰出现在这里：禁忌是一种谬误吗？在这个问题上，秋浦表述了类似的简单化处理方式，他在《论禁忌》一文中认为，禁忌“有一个共同的特征，即把一些偶然的因素，误以为是普遍适用的内在规律，一人传开，说得有声有色，众人跟

① 任聘：《中国民间禁忌》，中国社会科学出版社 2004 年，“序二”（任聘）第 17 页。

随，也就信以为真了，自此逐步形成的共同的禁忌”①。这里的“误以为”，显然是将禁忌的根源完全归结为“认识论”问题了，即禁忌产生于认识的“谬误”。这就把复杂的禁忌事象简单化了，也和秋浦在同一篇文章中将禁忌的根源归结为“人们尚不具备战胜自然的能力”② 这一更为宽泛也更为全面的见解相左。在更全面地看待禁忌这一点上，正如任聘本人在《中国民间禁忌》一书中一再反复强调禁忌存在积极方面的倾向一样③，任何试图简单地从消极、否定的角度来看待禁忌的做法都是不恰当的，将禁忌视为“想象的不幸”——如果这个翻译没有错误的话——显然也是一种简单化的处理，尽管它并非是局部化或者片面化的简单处置，而是远未触及禁忌深层本质的表象化或浅层化处置。

禁忌通常是故老相传的，其来龙去脉多湮没于历史尘烟，禁忌的产生也就很难加以直接的讨论，禁忌的本质也往往因此而遮蔽于迷雾之中。为尝试抵达真相的彼岸，这里不妨以秋浦在《论禁忌》一文中提到的两个极为典型的例子“金氏忌种瓜”和“陈氏忌种麻”来看看具体的禁忌的形成：

> 贵州省贵定县仰望乡的苗族，金氏一家好多代以来都忌种瓜。其原因是：金氏祖先在一次种瓜过程中，瓜藤爬上房顶结了几个很大的瓜，其中一个忽然滚下，把正在院中玩耍的一个孩子砸死了。由这偶然的因素所引起，人们便联想到以后种瓜也会得到相同结果，自此金氏一家也就把种瓜视为禁忌了。在同一个

① 秋浦：《论禁忌》：《思想战线》1987 年第 1 期。
② 秋浦：《论禁忌》：《思想战线》1987 年第 1 期。
③ 参见任聘：《中国民间禁忌》（中国社会科学出版社 2004 年）“序二”（任聘）第 13—16 页。

乡，原来种蔴的陈氏一家，也因为有一团蔴线掉进牛圈被牛吃下肚去，自此以后也把种蔴成为禁忌的。[①]

这其中，“由这偶然的因素所引起，人们便联想到以后种瓜也会得到相同结果，自此金氏一家也就把种瓜视为禁忌了”一句显然是作者对“金氏一家忌种瓜”这一事项的分析判断。这个分析既是简单的也是浮浅的，而特别值得注意的是，这里使用的是“会得到”这个带有可能性表述而不是必然性表述，这同作者所主张的把偶然性“误认为是普遍适用的内在规律”并不一致。事实上，由种瓜砸死孩子的事实而意识到以后种瓜的这种可能后果，是很正常的，但这绝不足以导致禁忌的产生，因为，金氏同时也极有可能会意识到这仅仅只是极小概率的事件，而更重要的还在于，这种联想或者意识到在“金氏一家忌种瓜”这个禁忌事项中，仅是必要条件而绝非充分条件。要让金氏一家作出从此禁止种瓜的决定，显然根源于对由此可能导致的极小概率不幸事件的不能“承受”。这就同种瓜的获利和孩子存活的利益之间的选择相关联了，也很显然必是后者的利益占据了上风，即宁可舍弃种瓜的长期获利也要避免由此可能导致的不幸事件。这其中自然有对人命不可挽回而禁种瓜的损失可以经由改种其他作物而获得补偿这一客观事实的考虑。就此而言，忌种瓜其实是具有兼顾各方面利益的生存建构性的，但更重要的是，对这个偶然的极小概率事件的不能容忍，必然与金氏当时的具体处境有直接的关系，或者是因为这个孩子在金氏心目中无比重要的地位，或者人口的损失本身就是整个家庭难以承受的巨大损失，又或者是出于对“不祥物”的普遍忌讳。另外一个“陈氏忌种麻”的例子与此类似，而牛作为生产资料的损失则更为

① 秋浦：《论禁忌》：《思想战线》1987年第1期。

清晰一些。这两个例子有一个共同特征，即个别性，都是在很小范围内存在的而非那种人们普遍持有的禁忌，造成这种个别性的根源在于利益相关的具体性，至于利害选择的处境逻辑与禁忌的生成结构则具有普遍的共同性。简言之，危险本身并不能产生禁忌，产生禁忌的真正根源在于面对可能之危险时的处境状态。这既适用于人与物的关系，也适用于人与人的关系。在作为个体的人一旦离开集体就基本无法存活的古代或上古时期，群体的秩序与规范具有不容违背的绝对性。

因此，就实际存在状况来说，禁忌的所谓“想象的不幸”，是对未来可能之不幸的不确定和这种不幸在当下处境中的不可承受这两者的综合，这既不是一个“谬误”或“误以为”所能够概括的，也不是用“想象”就可以阐释的。禁忌，与其说是一种“想象的不幸”，不如说是一种经必然化处置的“可能的不幸”或者“可能的危险”。“两害相权取其轻，两利相权取其重。”在对未来之不幸不确定的背景下，“宁可信其有，不可信其无”的过度约束性选择，反映的通常总是极为沉重的生存现实，以及这种现实处境中对于生命的重视、对于人生的慎重。禁忌，实实在在来自于生命那不可承受之重，是对于这种生命之沉重的消解化处置方式。在现代洋溢着理想主义与乐观主义激情的人文观念中，这种处置方式几乎没有丝毫可取之处，但设身处地，必须承认，这是一种相当现实的态度。人类之能够延续至今，禁忌是起了巨大的作用的，尽管禁忌在今天所起的效应早已大不如往昔。

当然，这并不意味着禁忌事项在任何时候都是合理的。相对于危机应对的理想状态，禁忌具有明显的过度性或者夸张性。这是禁忌的根本性特征，或者说鲜明标志。这种特征随着禁忌的承续总是显得越发突出，因为，生成具体的禁忌事项的处境本身是不断变迁的，这最终导致禁忌在其承续中表现出极为僵化或顽固的形态，并以其过时、陈旧、不合时宜和强制约束的蛮横性成为现代生活的反面。实际上，由于禁忌事项的生成是同具体的处境相关联的，具体处境一旦变迁，禁忌事项就开始失去其合理性，处境变迁越大，禁忌的合理性就越低。在此过程中，禁忌的过度性或夸张性也会同时受到消解，并和维护禁忌的力量形成角力。而过度性或者夸张性一旦消解，禁忌也就不再成其为禁忌，或者是被彻底抛弃，或者转化为一种新的规范形态。通常，个别性的禁忌最容易随社会变迁而消失，群体性的禁忌则往往会以一种新的形态出现。总之，禁忌发端于人类趋利避害的生命本能这一根本性质，既决定了禁忌产生的基本原则与基本面貌，也决定了禁忌的存亡是与人相随的，其命运取决于人类自身的发展和处境的变迁。现代社会是一个传统禁忌体系发生崩溃的时代，这是同现代社会生产力的发展、科学知识的普及、人际交往面及其视野的扩大等直接相关的。

简言之，禁忌是针对“可能的危险”而实施的与现实生存处境相应的一种行为约束，这种约束既可以是来自于外在的他力强制，也可以是来自于内在的自我抑制。至于曼纳（mana）、神灵等宗教信仰之类因素，不过是人们在处置这种可能的危险时用以解释事象和强化约束的手段而已，而且，很显然的，对于民众来说，宗教信仰的解释是他们最易于获取的、也最常用的解释。

第二节　黄龙地区禁忌民俗的基本结构

黄龙地区曾经是一个禁忌盛行的地方，即便是在今天，仍能够在当地民众的生活中观察到种种禁忌，有些甚至是在其他地方已经消亡或者弱化的禁忌形态。这些禁忌在前文多已逐一有所介绍，这里不再重复列举。本节重点对黄龙地区禁忌民俗的区域结构作一些初步探讨。

禁忌文化的区域结构，是禁忌文化研究一个全新领域。这一研究涉及如下几个方面：区域性的禁忌文化普查；从禁忌事项之间的关系探讨其区域性结构关系；澄清禁忌事项及其结构的历史与变迁；同该区域社会发展的各个方面联系起来展开的深入研究。下面以当代社会的变迁为背景对黄龙地区禁忌民俗的区域结构略作探讨。

一、类别与分布

分类有助于获得关于禁忌文化的结构性把握①，不同视角的分类对于不同层面上的禁忌文化系统结构的研讨具有直接的建构性和启发作用，这大约是禁忌分类研究成为禁忌研究特别是禁忌系统结构性研究的基本内容的缘由。就一个区域的禁忌民俗结构而言，首先涉及的是禁忌民俗在空间区域上的分布（横）和在生存生活的范围或层次上的分布（纵），前者往往同禁忌民俗的民族类别相关联，后者则涉及禁忌民俗的生存与生活类别。这两种类别上的禁忌民俗存在状况，特别是后者，往往直接反映着一个地区禁忌民俗的基本结构与总体面貌，因而在考察一定区域的禁忌民俗结构时占据着特殊的地位。

所谓禁忌民俗的民族类别，指的是禁忌民俗随民族的差异而不同的分类状况，特别是那些与民族的独特生活方式相联系的禁忌民俗，在民俗的主体和区域分布上具有明显的民族界限特征。黄龙地区有四个主要的民族群体，其生存分布既相互交错而又各自相对集中，这导致黄龙地区的民族性禁忌民俗也呈现出随民族聚居而变迁的分布特

① 金泽：《宗教禁忌》，社会科学文献出版社 1998 年，第 52 页。

点，“十里不同风”在这个地区是如实的写照。比如因为伊斯兰教规的规定而形成的不食猪肉的禁忌在回族聚居地是一个明显区别于周边社区的民俗特征，这种规定的长期执行不仅形成了回族群众生理上禁止或抑制的本能反应，其影响也深入到日常生活方式以及社区关系当中，那些生活在回族聚居区的黄龙地区其他民族群众，在这种禁忌氛围中通常也选择尊重与回避而不再养猪，这成为禁忌民俗的一种特殊形态。松潘县城过去曾经有过的“上街不到下街，下街不到上街”情形，很难说不是这种禁忌民俗直接影响下的产物。至于到黄龙地区藏羌人家做客或拜访，有关火塘（今改为火炉）的诸多禁忌今天虽不如过去那么讲究，却依然是需要特别注意的地方，因为黄龙地区藏羌民居的形制格局依然保持传统，接待来客的地方不是像汉族、回族民居那样同灶房分开的堂屋，依然是设置有火炉（过去火塘所在位置）的大房间。

黄龙地区禁忌民俗的这种民族类别与空间分布差异呈现出来的是这个地区禁忌民俗的多元性特征，这种多元性既包括禁忌民俗事项的多样性，也包括这些事项生成的多源性，各个民族因为自身不同的生存与生活方式以及文化历史传统，总会形成同自身处境相一致的具有民族特色的禁忌民俗文化。对于同处一个地区的不同民族来说，具体的生存生活方式固然有着鲜明的民族特色，但从生存生活自身的范围和层次差异来说，又很可能归属同类的层面，在这个角度上形成的禁忌民俗类别就是禁忌民俗的生存与生活类别，简称生活类别，即随生存与生活领域或范围的不同而差异的禁忌民俗状况。

有关禁忌民俗的生存与生活类别，陶立璠曾将其区分为四种——宗教禁忌、生产禁忌、语言禁忌和一般生活禁忌：

宗教禁忌在各类禁忌中是产生较早的一种。形成宗教禁忌的原因和各民族的民俗宗教信仰有关。民俗宗教所崇拜的自然物(日、月、星、风、雨、雷、虹、山、石、水、火等)、图腾物都被崇拜者认为是神圣不可侵犯的。

生产性禁忌的范围很广，有些禁忌来自宗教影响，有些则是生产经验的总结。

生产性禁忌渗透到生产（农、林、牧、副、渔等）的各个环节之中，禁忌的目的是为了保证生产活动的顺利进行和祈求得到好的收成。特别是那些与生产经验有关的禁忌还有某些科学价值。

所谓语言禁忌，一方面表现为把语言作为灵物来崇拜，另一方面表现为某些语言在特殊场合下的禁用或代用。

语言禁忌发展到极点，出现语言灵物崇拜。其表现形式是符、咒。符、咒是运用语言进行巫术活动的产物。……现代宗教对人们生活的影响极其深远，《圣经》、《古兰经》、佛教经典，都被当作语言灵物来崇拜。过去有些善男信女请人或自抄经书供献于佛寺。藏族信奉喇嘛教，信徒们手持“转经筒，口诵“唵嘛呢叭咪哞”六字真言，都是崇拜语言灵物的表现。

从广义上讲，宗教禁忌、生产禁忌、语言禁忌都是生活禁忌的一部分。从狭义上讲，生活禁忌是指特殊场合禁忌之外，又和日常生活紧密相联系的禁忌。它的范围同样十分广泛。居住、服饰、饮食、交通、道德、礼仪诸民俗中，包含的禁忌成分是很多的，它们成为日常生活的规范。[1]

---

① 陶立璠：《民俗学》，学苑出版社 2003 年，第 338－342 页。

陶立璠的这个分类还是较为粗略的。一方面，这个分类是在将禁忌归属宗教民俗的立场上来理解的，这种归类有待商榷；另一方面，尽管其基本思路是按照社会存在的不同范围或领域来区分禁忌民俗，但实际上并未贯彻，上述四类中的语言禁忌虽说可以理解为交谈或言语场合的禁忌，但同其他类别显然不是同一层面、同一标准而具有明显的交叉性。从陶立璠将狭义的生活禁忌定义为“特殊场合禁忌之外”和日常生活紧密联系的禁忌来看，他关于禁忌民俗的四分类别实际上是两分的，即日常生活禁忌和特殊场合禁忌，正是从这一思路出发，语言禁忌才被单独列为一类，其所反映的类别背景主要不是生活领域或范围的，而是研究关注性的，是同民俗学研究的实际状况相应的。总的来说，陶立璠的这个分类虽然粗略但依然是具有相当重要的启发和参考意义的。

分类从来不是为了分类而分类。禁忌民俗的生存与生活类别，一方面是为着揭示不同范围或领域的禁忌民俗的系统性关系，另一方面则是为着民俗层面上的社会或区域把握提供可能。相对于民族类别，生活类别上的禁忌民俗状况，更为直接地反映着一个地区现实的生存与生活状态。正如前文已经指出的，禁忌发端于人类趋利避害的生命本能，是人类纾解自身处境危机的一种方式，因而趋吉避凶正是禁忌文化最为基本的功能，而这种功能的发挥或实现则取决于人类处境和人类社会的文化发展程度，换句话说，禁忌或禁忌民俗的存在状况同人类相关范围或层面的生存与生活状态直接关联着。当一个领域的利害、吉凶问题不再需要人们通过禁忌的方式来处置时，人们就在这个方向上走出禁忌而建构起与其处境相适应的新的文化形态。反过来，考察一个地区禁忌仍然在发挥着功效的范围或者领域，也就能够大致把握住这个地区生存与生活发展演变的大致面貌。这是禁忌民俗生活类别的基本价值。

从这个立场出发，可以考虑从禁忌民俗的三个类别去把握黄龙地区禁忌民俗的基本结构及其演变状况：宗教生活禁忌、社会生产禁忌和仪礼生活禁忌。当然，仅仅是在这三个类别的层面上的区域禁忌结构考察依然是粗陋的，由于时间等客观因素的限制，更为全面、系统的和定量分析的黄龙地区禁忌结构把握只能留待他日。

二、宗教生活禁忌

所谓宗教生活禁忌，指的是民俗生活中同宗教信仰有关联的禁忌，大致可以分为三类：由教义教规演变成的民俗化禁忌、民间崇拜中的禁忌和以宗教崇拜为解释方式的民俗禁忌。由于宗教信仰在民间生活中的广泛渗透，特别是民众信仰世界的宗教崇拜色彩决定了的民众对于禁忌的宗教化解释，禁忌民俗在相当长的历史时期里都打上了宗教信仰的烙印，宗教生活禁忌甚至被视为早期禁忌文化的唯一形态。即便是在今天，宗教生活的范围较之过去已经大为缩小，宗教生活禁忌依然是禁忌民俗中的主要类型，而且是相当稳定的类型，宗教因素也依然是其他禁忌民俗的组成部分。

在黄龙地区，就至今仍然存在的和人们尚还有记忆的禁忌民俗事项来看，最为突出的依然是宗教信仰生活中的禁忌。和宗教及其影响在现代的变迁一致，黄龙地区的宗教生活禁忌呈现出两个基本趋向，一方面是宗教生活禁忌的范围较之过去已经大大缩小，大量的禁忌事项褪去了宗教崇拜的表象，或者被舍弃，或者转化为其他的禁忌形态或规范文化，另一方面则是存留的宗教生活禁忌不仅至今活力旺盛，而且在某些方面似乎还有增强的趋势。前者同现代社会的发展趋向一致，后者则同社会发展特别是经济生活条件的改善密切相关。

在宗教生活禁忌的三种类型中，教义规定的宗教生活禁忌最具有稳定性。在黄龙地区，稳定的宗教生活禁忌当首推回族的宗教生活禁忌，诸如禁食猪肉、自死动物和未经阿訇下刀（念经宰杀）的牛、羊、鸡肉以及掐死、打死、摔死、撞死甚至野兽吃剩的动物，禁止喝酒、抽烟、赌博，斋月禁白昼饮食，丧礼禁奢华与大哭，等等，都是数百年来不变的。回族宗教生活禁忌的这种稳定性是同伊斯兰教信仰的宗教组织性和世俗生活性融为一体密切相关的，世俗生活性带来伊斯兰信仰浓厚的民俗化色彩，而宗教组织性则保证了这些禁忌事项的稳定与延续，二者相辅相成，互为转化，共同维系着黄龙地区回族民俗生活宗教信仰层面的传承。其次则是藏羌民众的宗教生活禁忌。单就历史而言，黄龙地区藏羌民众的宗教生活禁忌远较回族民众久远，诸如禁止砍伐神树林，禁捕鹰鹫或“拉恰贡姆”（一种雪山鸡，当地视为神鸟），禁伤神牲，禁跨越、动扰或污秽火塘、铁制三脚架、锅碗、匠人工具或各种法器、灵物，禁反向转经筒或玛尼堆、神山，禁女人进某些寺庙殿堂，等等，都是这个地区藏羌民众千百年来延续不绝的宗教生活禁忌。这些禁忌，有些是藏传佛教、苯教教义规定民俗化而形成的，有些则是原始崇拜的延续。和伊斯兰信仰宗教和世俗的融合一体不同，黄龙地区藏羌民族不同群体的宗教生活有明显的宽严区分，僧侣和俗众各自有着不同的宗教信仰结构，这直接导致身处宗教崇拜淡化的现代潮流中的藏羌俗众在增强宗教信仰讲究的同时，缩小了宗教影响的范围，特别是淡化了其间的禁忌与神秘色彩，而增强了生活化、民俗化色彩。

有关火塘或铁制三脚架（铁三脚）的禁忌民俗变化是黄龙地区藏羌民众宗教生活禁忌变迁的典型例子。在黄龙地区传统的藏羌民众生活结构中，火塘和铁三脚占有极为重要的位置，藏羌民居的文化空间布局甚至可以看作是以火塘为中心而展开的。这一方面渊源于古老的火崇拜，另一方面则同黄龙地区的苦寒生活条件下火种保存的重要性相关联，因而，火塘和铁三脚在过去属于宗教崇拜的世界，有着一系列的禁忌：不能跨越，尤其禁止女人跨越；不能轻易扰动或移动铁三脚；不能脚踏、踩、踢铁三脚；禁止向火塘吐痰；禁止在火塘中烧骨头、皮毛或头发、蒜皮、垃圾等；禁止在火塘或铁三脚上烘烤鞋袜衣物等等。围绕火塘和铁三脚，黄龙地区的羌族民众还严格规定了人们围坐的位置次序与坐姿（不能翘脚），形成又一层禁忌空间。再往外才是其他禁忌民俗的范围。围绕火塘和铁三脚的这些禁忌民俗事项明显是为着达成如下的基本目的：保持火种；不得罪于神灵；规避厄运；保持居室空气清洁。藏羌民居的火塘长年不熄，既是日常饮食的需要，也是取暖御寒的需要，在迄今为止的相当长时期里，火塘所在的空间就是这里藏羌民众家庭生活的主要场所之一，与火塘和铁三脚有关的神灵崇拜也因此在这个地区藏羌民众的神灵谱系中占据了重要的位置，而传统藏羌民居的封闭性（厚墙、小窗口）也直接导致对火塘或铁三脚使用上的种种技术需要与总结，以避免出现刺激性的难闻气味，并多以禁忌的方式传承延续，也多附会于神灵。如今，经过六十多年的发展，特别是最近三十年来的社会变革，黄龙地区藏羌人家的火塘和铁三脚已经退出历史舞台，新式炉灶（带烟囱）取而代之，个别还开始单独设立厨房。与此相应的是家庭生活方式的改变，以及伴随这种改变而来的相关禁忌民俗的弱化乃至舍弃。值得注意的是，新式炉灶的位置依然在传统的火塘位置（有些人家不用这个炉灶来做饭），传统的家庭起居生活的基本框架也因此而存留延续，关于新式炉灶的讲究也主要集中到清洁卫生上，至于传统的铁三脚则主要成为展现祖先智慧而让当地人津津乐道的对象。

与火塘和铁三脚被新式炉灶取代而带来的相关宗教生活禁忌的弱化或转化相反，经济条件的改善，使得过去少数人有财力实行的宗教活动成为更大多数人的行为，也使得过去宗教活动中的一些简陋的器物或设施被更精细的对象取代，其中不可避免地会带来相关宗教生活禁忌的强化。但这种强化从所见所闻来看，主要不是宗教神秘性的增强，而更多带有仪式化、规范化的性质，用民众话语来说，就是更“讲究”了。这种现象在黄龙地区的寺庙规模和装饰、放养神牲、设立经筒、朝拜寺庙或神山等等方面都有所体现，更为集中的例子则是藏族民居的经堂布置。经堂是藏族民居的重要组成部分，也是藏族家庭宗教活动的主要场所，其大小、装饰、设施、收藏等都依各自经济条件的允许而定，在今天则日渐趋于富丽堂皇，往往成为一栋藏族新居花费最大的地方。通常，经堂只用于家庭宗教活动，打坐念经或做法事，除延请来念经做法事的僧人外不允许陌生人进入，其中的神龛、藏式柜子、供台、供奉的佛像、收藏的经书和唐卡、配置的法器（法螺、号、铙钹、锣、鼓等）以及酥油灯、银碗、卡垫等都各有较为固定的位置，不可随意改变、触摸。经堂每增加一项供奉或收藏物，也就增加一项禁忌，增添一份神圣，再加上人在其中的虔诚、静穆与庄严要求，从格局和功用上来说，家庭经堂实际上是微型化的寺庙经堂，是在家庭俗世中分化出的一片专门的宗教生活场所，禁忌在这里主要是起约束与整肃的作用，具有突出的仪式性和规范性特征。

三、社会生产禁忌

社会生产禁忌，就是劳动生产中的禁忌民俗，曾广泛分布于各行各业当中，规定着人们的生产行为边界。这些禁忌，往往涉及对生产工具的敬畏，对行业祖神或守护神的崇拜，对不可捉摸的气运的忌惮，对艰难获取的生产经验的确认。至今，在黄龙地区的民众观念中，依然有着不可跨越生产工具的忌讳，也不吃马肉，虽讲不清楚为什么，但普遍认为用于耕种和运输的畜力、家养的狗、骑用的马，都是不应该宰杀、吃掉的。

从禁忌的功能目的和直接表象上，社会生产禁忌大致可以区分出三种基本形态，不得罪于神灵的、规避厄运的和经验总结的，其根本目的则在于确保生产的顺利进行和获取稳定的劳动成果，具有非常显著的功利色彩。社会生产禁忌的这种特点决定了这种类型的禁忌必然随着生产经验的积累而改变，经验越是丰富，对生产规律的把握越是清晰，生产收获的随机性越是降低，社会生产的禁忌色彩也就越是淡薄。到今天，随着以知识设计和技能训练为基石的现代生产观念的普及，生产方式早已超越主要以经验为基础的传统生产阶段，社会生产禁忌全面退出现代生产的领域。当然，在某些地方、某些行业、某些族群或某些个体当中，至今依然在遵循某些社会生产禁忌而从事生产劳动，这也是很正常的，毕竟，社会发展从来不是齐头并进的，世界不仅在横向的空间分布上具有多元性，在纵向的历史累计上也是多元的，传统与现代常常并存不悖。总的说来，相对于宗教生活禁忌和仪礼生活禁忌，社会生产禁忌可谓是变迁最为剧烈的领域，也是现代社会中被舍弃或转换得最为彻底的类型。就此而言，社会生产禁忌属于过去的禁忌，如今已经或正逐渐成为人们的一种文化或历史记忆。

黄龙地区的社会生产诚然谈不上多么发达，但经过几十年来的社会变革和生产发展，曾经的社会生产禁忌也已经或正在退出人们的视野，让位于现代生产劳动意识和新的经济行为规范。在黄龙地区传统的生产结构中，采集、打猎、挖药等依赖于自然资源的生产活动无疑是很重要的组成部分，在长期的劳动生产过程中，针对各自的生产技术要求和地域特征，往往形成基于各自历史的禁忌文化传统，如禁止猎杀怀孕或哺乳的动物、动物幼崽，山林中禁止直接以姓名呼朋唤友，等等。就生产禁忌的时代变迁而言，其中有两种是值得关注的，一是羌族民众关于资源的地域界限禁忌，一是关于神山的规避性禁忌。

羌族的宗教信仰属多神崇拜，其中一类具有明显的地盘管辖特征，小的如家神，大的如寨神、山神，而山神也因地位不同或管辖范围大小而呈现出明显的层级特点，有寨子所在的山神，有几个寨子共同信奉的山神，有一条山沟中共同信奉的山神，有几条山沟共同信奉的山神，还有整个黄龙地区共同信奉的山神（岷山主峰雪宝顶羌语称“都如”，藏语称“东日”，二者或为音转）。与这些层次分明的神灵体系相联系的就是信奉、祭祀这些神灵的家族、村寨所拥有的资源范围，“为什么要敬他？敬的目的是为了保护自己的地盘”①，小姓沟的一位羌族老人曾如是说。王明珂对此也曾有概括的描述：

> 家庭、家族、寨子，或几个寨子聚成的村子，或几个村或寨所构成的一条沟的人，都是一层层分享、保护共同资源的人群。寨子有本寨的草山（放牧之处）、林场（伐木之处），村子有几个寨子共同的草山、林场，都界线分明。各寨各村的山神菩萨与各种庙子，也就是这些界线的维护者。②

界限内的人群禁止界限外的人群分享其中的资源，也自觉地不去触犯界限外的神灵。在岷江上游的这些沟谷中，有限的资源在漫长的历史进程中就这样逐渐形成明确的界限，并通过山神菩萨（受汉族、藏族宗教文化的影响，部分也采用寺庙和神山）来确认，以禁忌习俗来约束，砍伐、挖药、放牧、打猎等活动都以不越过边界为原则。这种禁忌习俗在1950年以后随着资源的集体化和国有化变革而逐渐舍

---

① 王明珂：《羌在汉藏之间》，中华书局2008年，第47页。

② 王明珂：《羌在汉藏之间》，中华书局2008年，第46页。有关羌族家族、山神、资源之间的层级关系，可以参看该书第35－47页相关内容。

弃，资源分配的层级化神灵体系让位于现代行政体制，并逐渐模糊化为年轻人零散的历史记忆。

神山崇拜是黄龙地区藏羌民众普遍的宗教信仰。作为宗教崇拜对象的神山，禁止一切扰动、破坏的行为，诸如砍伐树木、挖药、开采矿藏、捕杀野生动物以及污染神山的泉水等等，都在禁止的范围。出于相互尊重的缘由，这种禁忌也成为整个地区的共同禁忌。这种禁忌民俗本身属于宗教生活禁忌范围，至今依然，但又已经增添了新的因素。随着黄龙地区旅游业的发展，原先作为神山圣地的黄龙沟和牟尼沟已经成为举世闻名的旅游景区，以此为核心而划定的自然保护区及其管理同当地民众、寺庙对神山圣地的规避性禁忌重叠在一起，共同承担着保护职责，从而也为这种禁忌注入了生产性因素。

四、仪礼生活禁忌

仪礼生活禁忌指的是民众日常生活中的各种禁忌，这些禁忌通常是同人生的各种仪式和生活的各种礼节联系在一起的。仪礼生活禁忌涉及的范围极广，种类极多，从一个人的孕育、出生、成年、结婚直至死亡，从衣食住行到节日庆典，从称谓用语到交往聚会，都往往伴随有各种禁忌。这些禁忌植根于人们日常生活和人生历程的具体处境，具有很强的生命力和时代性，在禁忌民俗的整个结构体系里居于基础性位置，即便在如今这个传统禁忌文化体系解体的时代，剔除宗教与神秘色彩，其合理性成分往往经仪式化和规范化而继续发挥其禁忌文化的功能，或转变为日常生活知识体系的一部分。相对于宗教生活禁忌的稳定性，仪礼生活禁忌的变迁更为迅速，更为多样；相对于社会生产禁忌的舍弃与转换，仪礼生活禁忌则显得较为保守。

黄龙地区多民族共聚的特点注定了这个地区禁忌民俗的多样性与

复杂性。由于仪礼生活禁忌在禁忌民俗结构中的基础性地位，对于把握黄龙地区的禁忌民俗结构来说，澄清仪礼生活禁忌的面貌就具有举足轻重的意义，甚至可以在一定程度上将黄龙地区的仪礼生活禁忌看作具体而微的黄龙地区禁忌民俗。

黄龙地区地处边地，经济、社会和文化发展相对滞后，这决定了这里留存的传统仪礼生活禁忌较之现代发展程度高的地区要更多一些，现代知识背景和经验性的禁忌民俗往往交织在一起，显示出黄龙地区当代禁忌民俗的过渡性特征。比如孕妇不吃兔肉的禁忌，通常解释为吃了兔子肉会导致孕婴豁嘴。这种说法反映的是典型的感应生发思路，是民间或古代思维方式的基本形态，这种思路把世间万物看作是一个密切联系、相互影响的感应世界，万物之间不仅因相似性而相互感应，也因关联性而相互同化，前者可称为“相似性感应”，指的是一事物上发生的变化或事情会传递到同该事物相似的另一事物上，占卜、预兆和摹仿性巫术所遵循的就是这种思路，后者可称为“同化性影响”，指的是一事物和另一事物因相互接触而产生和对方类似的特征，孕妇禁吃兔子肉就是在这种思路上作出的解释，也很可能就是这么产生的。其他诸如孕期不吃葡萄、不吃芝麻、不吃煎焦食物、忌讳接触丧葬或随意进出别人家等，都可以从这个思路来加以解释。但这种解释在现代知识的背景上显然并不具有合理性。诚然，孕妇不吃兔子肉这一禁忌的出现的确可能是因为曾经出现过吃了兔子肉的妇女生下了豁嘴的孩子这样的真实事件，但这个事件叙述中的“孕妇吃兔子肉”和“生豁嘴的孩子”之间其实并不存在因果关联，这正是民众传统思维中的万物感应思路同现代知识之间的差异，即无法区分偶然性与必然性，从而只能根据危机处置的禁忌原则视一切皆为可能。正如前文所述，禁忌产生于人们生存与生活的处境需要，是基于趋利避害的原则而进行的一种经验性危机处置方式，具有处境合理性和处置夸张性的双重特点。因此，像孕妇忌吃兔子肉这样的禁忌民俗在今天存在的合理性只能在遵循这种禁忌的具体处境中去探寻，在这种处境所涉及的人生话题中去辨析。这个禁忌所涉及的话题包括两个。其一是认识领域的所处环境对人的影响话题，既包含人文环境，也包括自然环境。民众相信或确认这种影响关系的存在是对的，而且也是相当古老的，民众生活的很多经验其实都可以归结到这个前提下，“孟母三迁”大约是其中最著名的故事了。但在环境对人的影响的具体关系层面上，单凭经验已经不能彻底解决问题了，尤其是当危害仅仅处在可能性中的时候，这就为禁忌原则的实行提供了可能。其二则是生命延续的话题，或人生的话题。孕期的种种禁忌，归根结底都是为着人生的幸福，而这幸福的具体内容就是健康的孩子和平安的母亲。只要人们对于生命延续的激情还在，只要关爱后代的“母性”还在，孕期的种种禁忌就不会消除，而计划生育的现实还会促使这种禁忌变得更为讲究，“两害相权取其轻，两利相权取其重”，“宁可信其有不可信其无”。在此，关键的问题并不在于孕期忌吃兔子肉这个禁忌本身，而在于这种讲究必然是一系列的禁忌，其中有合理的，也有不合理的，各自所占比例在不同时代、不同地域肯定是有差别的，而时代的变迁、社会的发展以及禁忌民俗的种种规律就包含在这一系列禁忌的组成结构与变迁当中。这是进一步的有关禁忌民俗的深入研究所应当注意的。黄龙地区孕期禁忌中类似于不吃兔子肉这样的禁忌仍有不少，就至少表明这个地区的仪礼生活禁忌尚处在由传统到现代的过渡阶段。

黄龙地区仪礼生活禁忌在当代呈现出来的另一个较为突出的方面是伦理化倾向，即将许多传统的礼仪生活禁忌视为本民族优秀的道德风尚来看待，并不惮其烦地进行系统而琐碎的叙述，津津乐道。当然，这些作为优秀风尚的禁忌民俗显然是经过了筛选的，主要涉及日常生活的礼节性范围，如吃饭、喝茶、饮酒、言谈举止、对待长辈和僧人的态度等等。如：吃饭要食不满口，咬无声，喝不响；喝酥油茶，客人要待主人倒好茶、双手捧到面前时才接过喝；忌讳用破损的碗、杯给客人端食敬茶；忌反手斟茶、斟酒或添饭；舀饭时要从外往内，顺手舀饭，绝对不能反手舀饭；不能用筷子敲碗；不能把筷子插在碗里食物上；长辈总是安排在最好的座位（上把位），晚辈不能抢占这个座位；敬酒、盛饭要按从长辈到晚辈的顺序，不能颠倒；长辈没动筷子，任何人都不能开始吃饭；长辈没有吃完饭，晚辈不能离席；忌讳直呼他人姓名，应使用尊称，如爷爷、奶奶、爸爸、妈妈、舅父、叔叔、哥哥、姐姐等；与高僧、喇嘛、上司、客人、长辈交谈时，要使用敬语，禁粗言俗语；禁止在别人后背吐唾沫等等。这些禁止性规定，有多少是真正得到实践的，这可能很难说清，但无论如何，追求高尚道德修养的行为总是无可厚非的，更何况在言说这些规范的时候，语气中流露出来的是对自己民族的一种欣赏，是对自己民族优秀文化的一种自豪，这是一份难得的珍贵情感。另一方面，单从表面看来，这些禁止性规定不少也很难说真的是禁忌，有些可能很早就已经转化为伦理规范了，或者本来就不是禁忌，只是以禁止性规定的面貌出现而已。禁止性伦理规范同禁忌之间的区别在于禁忌是对行为的绝对规定，而伦理规范则是确立一个标准，其伦理实践有一个较为宽泛的空间。在形式上，禁忌夸张性的绝对规定和伦理标准性规范显然是可以重叠起来的。就此而言，伦理规范显然是禁忌民俗转化的方向之一，特别是在礼节性范围。也正是在这种重叠中，禁忌民俗开始了其转化为禁止性伦理规范的弱化与消解进程。

结　语

有关黄龙地区民俗文化的考察为我们提供了一个多民族文化包容共处、互动融合的文化典型，与之相应则是这里所呈现出来的多民族和谐相处的社会格局。当然，任何地方和民族的历史，有平顺与安详，也有动荡与冲突，这是历史的必然。黄龙地区历史上也曾经出现过的民族间不和谐甚至冲突，如该地区老一辈人记忆中，也还存在对族际通婚的反对。而目前的这种民族团结与文化交融局面，无疑是这里历史上民族关系最好的状况。民族之间文化的交流与融汇，是民族团结的基础之一；而民族间和谐共处与团结互助，也有助于促进民族间的文化交流与全方位、深层次民族文化交融。在人类文化结构的基础性层面上，本身具有相对稳定性的某个民族的民俗文化，通常是民族间文化交流和交融的基础，也会在多元共处的民族团结、文化融合大趋势中显示其历史、社会价值。黄龙地区的民俗文化所呈现出来的这种多元性与融合性，不仅是长久以来的历史积淀，更是六十多年来民族团结与文化交融的结果，其生机勃勃的当代发展面貌，给所有民族地区的社会和谐、经济文化发展，提供了切实而重要的借鉴。

要全面探讨黄龙地区民俗文化所蕴含的民族之间交往互动的规律性结构或可操作性机制，并由此建构出多民族共聚背景下的社会治理模式，单凭本书对黄龙地区民俗文化的初步梳理自然是远远不够的，这不仅因为黄龙地区多元融合的民俗文化只是中华民族多元一体格局中的一种典型，也因为对此典型的考察与研究尚谈不上全面与深入。当然，在对黄龙地区的民俗文化做了一番考察与梳理之后，就民族共聚中与多元融合性文化相关的必然性与必要性元素做一番探讨则是可能的和应该的。

多民族共聚首先面对的一个基本处境就是各民族及其文化之间的竞争。这种竞争既体现于民族之间的势力消长，更体现在各自文化的适应性上，特别是当共处成为民族共聚的基本格局之后。所谓文化的适应性，指的是文化相对于文化主体的生存处境的适应性，这样的处境既包括物质性生存处境，也包括精神性生存处境。黄龙地区源自于自然与生态的空间多样性决定了这里生存与生活方式从而文化形态的必然多样，当地居民历史渊源的多样性则使民族多样性和文化多样性交织在一起，这样的共处格局就向共聚于此的每一个民族提出如何看待与自己相邻但又不同的族群或文化的问题，是歧视、排斥还是接纳、包容。很显然，在共处的背景下，越是具有包容性的民族文化就越是能够在这种共处竞争中占据优势地位，从而使得包容性逐渐成为民族共聚地区文化品格的主导性元素。这种主导性元素可能会和某个民族的文化形态结合在一起，在更多的时候，则是在长期的共处与竞争中成为整个地区文化生态的结构性要素。失去这种包容性的主导性因素，民族共聚地区的多元文化交融态势就不可能出现，民族之间、文化之间的交往就会走向同化与排斥、驱逐与抗争的长期纷争乃至动乱，以及在此过程中的交往渗透与文化变异，那就将是另外一种文化生态面貌而不是我们在黄龙地区民俗考察中所看到的样子。黄龙地区民俗文化所展现的多元交融特点或许可以从很多角度加以阐释与解读，但其所蕴含的包容性主导因素无疑具有极为重要的意义，这一因素正是这一地区及其所依存的中华文化生态结构的关键性要素。中华民族多元一体格局之所以能够形成，包容性文化品格即便不是决定性的也是基础性和必要性的因素。

与包容性品格相关联的另外一个值得关注的重要因素就是经济的基础性支撑作用。除了一般意义上经济对文化的基础性意义而外，对于民族共聚地区的多元文化而言，经济活动一方面本身就是民俗的重要组成部分，另一方面其发展水平也直接影响着多元融合的民俗文化的具体形态。这种影响至少涉及两个关键的方面，一个是对包容性的支撑与否，一个是为各民族文化自身的发展提供条件。没有经济的适当发展从而解决人们最基本的生存问题，所谓文化的包容性是不存在的，忧心于生存、焦虑于温饱的人们是不会顾及什么文化问题的，整个社会也会因为生存竞争的严苛处境而呈现出隔阂、猜忌与冷漠的状态，黄龙地区曾经的猼猓子人群以及围绕这一人群所展现出来的社会关系状况可谓这方面极为典型的例子。今天黄龙地区所展现出来的多元融合的文化生态格局离开了六十多年来特别是最近三十年来的经济发展与民生改善是不可想象的。也正是得益于这个地区经济发展水平的日益提高，共聚于此的各民族文化得到延续与发展的有力支撑，并在新的历史处境下呈现出旺盛的生命力。黄龙地区的民俗文化，无论是多元性还是融合性，都在向更深层次发展。

黄龙地区多元融合的民俗文化，其价值是多方面的。在学术层面上，黄龙地区的民俗文化除了为民俗学研究提供了一个多元融合的区域性范例外，有关这些民俗文化的梳理也为族群关系研究、文化互动思考、文化遗产保护以及宗教学、社会学、旅游学等相关学科的研究提供着素材或参照。在宗教学视域下，黄龙地区多元融合的民俗文化是多种宗教或信仰的历史“遗迹”与现代存在。这些宗教信仰，既有外来宗教也有本土宗教，既有神学宗教也有民间信仰，以及原始性特征浓厚的自然宗教崇拜，它们或本身就是民俗，或渗透于民俗之中，成为黄龙地区民俗文化结构的核心要素之一。这样，在精神或信仰的层面上，一个由这里多样化的宗教形态所构成的多宗教共存与互动的信仰结构就呈现在多民族共聚的背景上，与多元融合的民俗文化结构交叉在一起，不仅为理解黄龙地区的民俗文化提供着新的思路，而且在一个相对集中的区域范围内为宗教学研究展现着不同宗教之间交往互动的多样化形态，为民俗与宗教之间关系的探讨提供着丰富的资源。就此而言，对黄龙地区民俗文化的梳理其意义显然不止于民俗整理本身。

在现实的层面上，对黄龙地区民俗文化的整理与研究既是当前文化建设的组成部分，也是当地文化发展的重要起点。在中共十八大报告中，突出强调了生态文明的发展对于今后中国社会发展的意义，并提出了“美丽中国”的概念。这个概念本身是从生态学的角度提出的，但却不妨做更为广泛的理解，因为构成“美丽”的要素不仅有自然的元素还有人文的元素，特别是那些富有浓郁地方色彩的民族与民俗文化。黄龙地区在这一点上可谓得天独厚。这里不仅有以“世界自然遗产黄龙”为代表的一系列美丽的高原山地风光和地质奇观，也有存留至今、丰富厚重的多元化宗教与民俗文化，自然与人文在此交相融合。这一方面为以现代旅游服务业为主体的新型工业化和新型城镇化在这里的发展提供了极为有利的资源优势，另一方面，多元融合的文化格局所展现的民族团结和宗教和谐则成为黄龙地区今后发展的保障和基础。“青山绿水”与“民俗文化”在此相得益彰。这既是建设“美丽中国”的人文与生态共和谐发展的必有之义，也对于实现“中国梦”伟大理想提供了一条实践之路。

从 1982 年“黄龙寺”被列入第一批国家级风景名胜区算起，黄龙地区的旅游开发已有三十年的历史。如今，黄龙地区已经是具有世界影响的旅游目的地，现代旅游业已成为当地的主导性产业，带动着一大批相关行业的发展。这无可避免地对当地传统的文化生态包括民俗文化带来巨大的冲击。无论是从高山向河谷的村寨搬迁，还是经济收入增加后的文化讲究，无论是多民族共聚的现代企业的壮大，还是与外界越来越紧密的联系，黄龙地区的民俗文化正在以不同的形态在现代旅游业为主导的当代历史变迁中变化着。当我们在考察中漫步于尚在建设中的上磨村，看着村民在细雨中用传统的建筑工艺修建那些会在不久的将来接待远方游客的家庭旅馆式民居，审视着那些点缀于具有现代旅游风格的游览小径边上的转经筒，就实实在在感受着这种变迁。将来的黄龙地区民俗文化会是怎样的情形，我们虽难预言，但多多民族文化和信仰文化的多元共生与融汇，一定还会是其主要的特色。

参考书目

1.《松潘县志》，民国甲子年（1924）新刊，国家图书馆数字方志。

2. 傅崇矩：《松潘游记》，国家图书馆数字方志。

3. 王元辉著，王明珂编校、导读：《川西民俗调查记录1929》，黎光明、台湾“中央研究院”历史语言研究所2004年。

4. 冯克书：《松潘县视察述要》（油印本），四川大学图书馆馆藏。

5. 政协松潘县委会文史资料委员会：《松潘文史资料》，1997年。

6. 松潘县志编纂委员会：《松潘县志》，民族出版社1999年。

7. 汪志斌：《松潘黄龙多宗教共存与融合现象研究》，四川大学2009年博士论文。

8. 中共松潘县委宣传部、松潘县文化体育局编：《岁月的痕迹》，大众文艺出版社2010。

9. 潘显一、唐思远、汪志斌著：《黄龙地区宗教文化研究》，巴蜀书社2010年。

10. 四川省编辑组：《四川省阿坝州藏族社会历史调查》，四川民族出版社1985年。

11. 达尔基：《阿坝风情录》，西南交通大学出版社1991年。

12. 阿坝州文化局编：《阿坝藏族羌族自治州文化艺术志》，巴蜀书社1992年。

13. 达尔基编:《阿坝情歌》,四川民族出版社 2005 年。

14. 黄新初主编:《阿坝文化史》,四川人民出版社 2006 年。

15. 达尔基、尕让他:《小西天旅游便览》,《雪原文史》编辑部 2002 年。

16. 陶立璠:《民俗学概论》,中央民族学院出版社 1987 年。

17. 陈勤建:《中国民俗》,中国民间文艺出版社 1989 年。

18. 钟敬文主编:《民俗学概论》,上海文艺出版社 1998 年。

19. 乌丙安:《中国民俗学》,辽宁大学出版社 1999 年(2 版)。

20. 乌丙安:《民俗学原理》,辽宁教育出版社 2001 年。

21. 叶涛、吴存浩:《民俗学导论》,山东教育出版社 2002 年。

22. 陶立璠:《民俗学》,学苑出版社 2003 年。

23. 苑利、顾军:《中国民俗学教程》,光明日报出版社 2003 年。

24. 孟慧英:《西方民俗学史》,中国社会科学出版社 2006 年。

25. 仲富兰:《中国民俗文化学导论》,上海辞书出版社 2007 年。

26. 金泽:《宗教禁忌》,社会科学文献出版社 1998 年。

27. 任聘:《中国民间禁忌》,中国社会科学出版社 2004 年。

28. 齐涛主编、任聘著:《中国民俗通志·禁忌志》,山东教育出版社 2005 年。

29.《中国风俗图像解说》,上海书店出版社 1999 年。

30. 完颜绍元编著:《中华民俗之谜》,上海辞书出版社 2002 年。

31. 高内中:《中国人的生活世界:民俗学的路径》,北京大学出版社 2010 年。

32. 丁世良等编:《中国地方志民俗资料汇编·西南卷》,北京图书馆出版社 1991 年。

33. 李明编著:《中华民俗大系·四川民俗》,甘肃人民出版社 2004 年。

34. 刘毓庆著:《图腾神话与中国传统人生》,人民出版社 2004 年。

35. 高国藩:《敦煌古俗与民俗流变》,河海大学出版社 1989 年。

36. 余欣:《神道人心:唐宋之际敦煌民生宗教社会史研究》,中华书局 2006 年。

37. 孙世圃：《中国服饰史教程》，中国纺织出版社 1999 年。

38. 梁思成著：《中国建筑史》，百花文艺出版社 2005 年。

39. 陈顾远：《中国婚姻史》，商务印书馆 1998 年。

40. 吴存浩：《中国婚俗》，山东人民出版社 1986 年。

41. 蔡利民著：《掀起你的红盖头：中国婚礼》，上海文艺出版社 2001 年。

42. 贾祖璋：《鸟与文学》，上海书店 1982 年。

43.《中华民族故事大系》，上海文艺出版社，1995 年。

44. 吴天明：《中国神话研究》，中央编译出版社 2003 年。

45. 黄尚军：《四川方言与民俗》，四川人民出版社。

46. 傅正谷：《中国梦文化》，中国社会科学出版社 1993 年。

47. 郑晓江著：《善死与善终——中国人的死亡观》，云南人民出版社 1999 年。

48. 余英时：《东汉生死观》，上海古籍出版社 2005 年。

49. 宋书功编著：《中国古代房事养生集要》，中国医药科技出版社 1991 年。

50. 马继兴：《马王堆古医书考释》，湖南科学技术出版社 1992 年。

51. 崔振华、李东生编：《中国古代历法》，新华出版社 1992 年。

52. 萧放：《“岁时”——传统中国民众的时间生活》，中华书局 2002 年。

53. 杨琳：《中国传统节日文化》，宗教文化出版社 2000 年。

54. 雪犁主编：《中华民俗源流集成·岁时节日卷》，甘肃人民出版社 1994 年。

55. 周一平、沈茶英编著：《岁时纪时辞典》，湖南出版社 1991 年。

56. 郑僧一：《观音——半个亚洲的信仰》，台北市慧炬出版社 1987 年。

57. 庄学本：《羌戎考察记》，四川民族出版社 2007 年。

58. 冉光荣、李绍明、周锡银：《羌族史》，四川民族出版社 1984 年。

59. 马长寿著：《氐与羌》，上海人民出版社 1984 年。

60. 四川省编辑组：《羌族社会历史调查》（中国少数民族社会历史调查资料丛刊），四川省社会科学院出版社 1986 年。

61. 四川阿坝州文化局主编：《羌族民间故事集》，中国民间文艺出版社出版1988年。

62.《羌族文学》编辑部编印：《羌族民间故事选》。

63. 周锡银主编：《羌族词典》，巴蜀书社2004年。

64. 李明主编：《羌族文学史》，四川民族出版社2009年。

65. 王康、李鉴踪、汪青玉著：《神秘的白石崇拜》，四川民族出版社1992年。

66.《羌族释比（许）文化》，政协茂县民族宗教文史委员会文史专辑内部刊物1995年。

67. 罗晓林：《羌族释比的故事》，汶川县人民政府内部资料2006年。

68. 四川省少数民族古籍整理办公室主编：《羌族释比经典》，四川出版集团四川民族出版社2009年。

69. 王明珂：《羌在汉藏之间——川西羌族的历史人类学研究》，中华书局2008年。

70. 王明珂：《寻羌：羌乡田野调查考察记》，中华书局2009年。

71. 白寿彝：《中国回教小史》，宁夏人民出版社2000年。

72. 马坚译：《古兰经》，中国社会科学出版社2003年。

73. 张治江等主编：《伊斯兰教文化》，长春出版社1992年。

74. 王岱舆：《正教真诠》，成都铁华峰重刊。

75. 刘智著，张嘉宾、都永浩校：《天方典礼》，天津古籍出版社1988年。

76. 马注著：《清真指南》，宁夏人民出版社1988年。

77. 安萨里著，张维真、马玉龙译：《圣学复苏精义》，商务印书馆2001年。

78. 布哈里撰，祁学义译，朱威烈、丁俊校：《布哈里圣训实录全集》，宗教文化出版社2008年。

79. 勉维霖主编：《中国回族伊斯兰宗教制度概论》，宁夏人民出版社1997年。

80. 罗韵希、王正伟、马建春、李仁、马达等：《回族风情录》，四川民族出版社1994年。

81. 陶红、白洁、任薇娜：《回族服饰文化》，宁夏人民出版社 2003 年。

82. 王正伟著：《回族民俗学·礼仪与节日习俗》，宁夏人民出版社 2010 年。

83. 西藏自治文物管理委员会、四川大学历史系：《昌都卡若》，文物出版社，1985 年。

84. 杜齐著，向红笳译：《西藏考古》，西藏人民出版社 1987 年。

85. 李光文、杨松、格勒主编：《西藏昌都——历史·传统·现代化》，重庆出版社 2000 年。

86. 任乃强：《康藏史地大纲》，西藏古籍出版社 2000 年。

87. 李安宅著：《藏族宗教史之实地研究》，上海人民出版社 2005 年。

88. 土观·罗桑却季尼玛著，刘立千译：《土观宗派源流》，西藏人民出版社 1999 年。

89. 丹珠昂奔：《藏族神灵论》，中国社会科学出版社 1990 年。

90. 图齐：《西藏宗教之旅》，中国藏学出版社 1999 年。

91. 才让：《藏传佛教信仰与民俗》，民族出版社 1999 年。

92. 向红笳译：《喜马拉雅的人与神》，青海人民出版社 2004 年。

93. 罗伯特·比尔著：《藏传佛教象征符号与器物图解》，中国藏学出版社 2007 年。

94. 白玛措：《藏传佛教的莲花生信仰》，中国藏学出版社 2008 年。

95. 《藏事论文选·宗教集》，西藏人民出版社 1985 年。

96. 噶尔美著，王尧、陈观胜译：《国外藏学研究译文集·苯教史》，西藏人民出版社 1987 年。

97. 马长寿著：《马长寿民族学论集》，人民出版社 2003 年。

98. 谢启晃、李双剑、丹珠昂奔主编：《藏族传统文化辞典》，甘肃人民出版社 1993 年。

99. 李玉琴：《藏族服饰文化研究》，人民出版社 2010 年。

100. 陈立明、曹晓燕著：《西藏民俗文化》，中国藏学出版社 2010 年。

101. 宇妥·元丹贡布等著：《四部医典》，上海科学技术出版社 1987 年。

102. 王沂暖译：《格萨尔王传》，甘肃人民出版社 1985 年。

103. F·W·托马斯著，李有义、王青山译：《东北藏古代民间文学》，四川民族出版社 1986 年。

104. 伦珠旺姆、昂巴著：《神性和诗意——拉卜楞藏族民俗审美文化研究》，民族出版社 2003 年。

105.《藏学研究文集》，民族出版社 1995 年。

106. 阮元校刻：《十三经注疏》，中华书局 1982 年（1980 年影印版）。

107. 李学勤主编：《十三经注疏》标点本，北京大学出版社 1999 年。

108. 朱熹注：《周易本义》，上海古籍出版社 1987 年。

109. 郭彧校注：《周易》，中华书局 2006 年。

110. 朱熹注：《诗经》，上海古籍出版社 1987 年。

111. 陈澔注：《礼记集说》，上海古籍出版社 1987 年。

112. 崔高维校点：《礼记》，辽宁教育出版社 1997 年。

113. 钱玄：《三礼名物通释》，江苏古籍出版社 1987 年。

114. 杜预集解，孔颖达正义：《春秋左传正义》，中华书局 1980 年。

115. 徐朝华注：《尔雅今注》，南开大学出版社 1987 年。

116. 王先谦：《释名疏正补》，上海古籍出版社 1984 年。

117. 毕沅：《释名疏证》，天津古籍书店 1982 年。

118. 于省吾：《甲骨文字释林》，中华书局 1979 年。

119. 许慎撰，徐铉等校注：《说文解字》，中华书局 1985 年。

120. 许慎撰，段玉裁注：《说文解字注》，浙江古籍出版社 2002 年。

121. 徐元浩撰，王树民、沈长云点校：《国语集解》，中华书局 2002 年。

122. 左丘明撰，韦昭注：《国语》，上海古籍出版社 1978 年。

123.《战国策》，上海古籍出版社 1985 年（第 2 版）。

124. 司马迁撰：《史记》，中华书局 1963 年（1959 年）。

125. 班固撰：《汉书》，中华书局 1964 年（1962 年）。

126. 陈寿撰：《三国志》，中华书局 1983 年。

127. 常璩撰，任乃强校注：《华阳国志校补图注》，上海古籍出版社 1987 年。

128. 范晔撰：《后汉书》，中华书局 1973 年（1965 年）。

129. 魏征等：《隋书》，中华书局 1979 年。

130. 李延寿撰：《北史》，中华书局 1974 年。

131. 令狐德棻：《周书》，上海古籍出版社 1986 年。

132. 魏收：《魏书》，中华书局 1982 年。

133. 房玄龄等撰：《晋书》，中华书局 1974 年。

134. 刘昫等撰：《旧唐书》，中华书局 1975 年。

135. 欧阳修、宋祁撰：《新唐书》，中华书局 1975 年。

136. 脱脱等撰：《宋史》，中华书局 1977 年。

137. 宋濂等撰：《元史》，中华书局 1976 年。

138. 张廷玉等撰：《明史》，中华书局 1974 年。

139. 赵尔巽等撰：《清史稿》，中华书局 1977 年。

140. 张鉴编撰，龚世俊、陈广恩、朱巧芸校：《西夏纪事本末》，甘肃文化出版社 1998 年。

141. 袁柯：《山海经校注》，上海古籍出版社 1980 年。

142. 郝懿行笺疏：《山海经笺疏》（海王邨古籍丛刊），中国书店 1991 年。

143. 李吉甫撰，贺次君点校：《元和郡县图志》，中华书局 1983 年。

144.《明一统志》，清文渊阁《四库全书》本。

145. 曹学佺著，刘知渐点校：《蜀中名胜记》，重庆出版社 1984 年。

146. 郑绍谦撰：《嘉庆重修一统志》，《四部丛刊》本，中华书局 1978 年。

147. 傅崇矩：《成都通览》，巴蜀书社 1987 年。

148. 马端临：《文献通考》，中华书局 1986 年。

149. 叶向高：《四夷考》，民国十一年（1922）文明书局印行（宝颜堂秘笈）。

150. 欧阳询撰，汪绍楹校：《艺文类聚》，上海古籍出版社 1985 年。

151. 欧阳询撰：《艺文类聚》，上海古籍出版社 1965 年。

152. 杜佑：《通典》，中华书局 1984 年。

153. 李昉等辑：《太平御览》，中华书局 1981 年。

154. 《太平御览》，影印文渊阁《四库全书》。
155. 乐史：《太平寰宇记》，文渊阁《四库全书》。
156. 张华撰，范宁校：《博物志》，中华书局 1980 年。
157. 陈鼓应注译：《老子今注今译》，商务印书馆 2003 年（修订版）。
158. 庄子撰，王岩俊、吉云译注：《庄子》，山西古籍出版社 2003 年。
159. 房玄龄注，刘续增注：《管子》，上海古籍出版社 1989 年。
160. 文子撰，李定生、徐慧君校注：《文子校释》，上海古籍出版社 2004 年。
161. 荀子撰，王先谦校：《荀子集解》，中华书局 1984 年。
162. 王先谦注：《荀子》，中华书局 1986 年。
163. 韩非撰，陈奇猷校：《韩非子新校注》，上海古籍出版社 2000 年。
164. 吕不韦：《吕氏春秋》，上海古籍出版社 1989 年。
165. 王利器疏：《吕氏春秋注疏》，巴蜀书社 2002 年。
166. 吕不韦，陈奇猷校释：《吕氏春秋校释》，学林出版社 1984 年。
167. 张湛注：《列子》，中华书局 1986 年。
168. 王肃注：《孔子家语》，上海古籍出版社 1990 年。
169. 陆贾撰，王利器注：《新语》，中华书局 1982 年。
170. 何宁集释：《淮南子集释》，中华书局 1998 年。
171. 王充撰，黄晖校：《论衡校释》，中华书局 1990 年。
172. 饶宗颐：《老子想尔注》，上海古籍出版社 1991 年。
173. 王明著：《抱朴子内篇校释》，中华书局 1986 年。
174. 董仲舒撰，苏舆注、钟哲校：《春秋繁露义证》，中华书局 2002 年。
175. 张震泽校注：《扬雄集校注》，上海古籍出版社 1993 年。
176. 徐陵辑，吴兆宜注释：《玉台新咏笺注》，中华书局 1985 年。
177. 白居易撰，朱金城笺注：《白居易集笺校》，上海古籍出版社 1988 年。
178. 李一氓校：《花间集校》，人民文学出版社 1981 年。
179. 柳永撰，薛瑞生校注：《乐章集校注》，中华书局 1994 年。
180. 《苏东坡全集》，中国书店 1991 年（1986 年影印本）。

181.《王文公文集》，上海人民出版社 1974 年。

182.《全唐诗》，中华书局出版社 1960 年。

183. 陈確：《陈確集》，中华书局 1979 年。

184. 程颖、程颐：《两程遗书》，文渊阁四库全书本。

185. 徐震堮著：《世说新语校笺》，中华书局 1984 年。

186. 王利器集解：《颜氏家训集解》，上海古籍出版社 1993 年。

187. 吴则虞点校：《白虎通疏证》，中华书局 1994 年。

188. 应劭撰，王利器校注：《风俗通义校注》，中华书局 1981 年。

189. 应劭撰，吴树平校：《风俗通义校释》，天津古籍出版社 1980 年。

190.《续齐谐记》，上海古籍出版社 1999 年。

191. 孟元老：《东京梦华录》，台湾新兴书局 1973 年。

192. 孟元老撰，邓之诚注：《东京梦华录》，中华书局 2004 年（1982 年）。

193.《古今岁时杂吟》，辽宁教育出版社 1998 年。

194. 宗懔撰，宋金龙校注：《荆楚岁时记》，山西人民出版社 1987 年。

195. 李步嘉校：《越绝书校释》，武汉大学出版社 1992 年。

196. 段成式撰，方南生点校：《酉阳杂俎》，中华书局 1981 年。

197. 洪迈：《夷坚志》，中华书局 1981 年。

198. 李实：《蜀语校注》，巴蜀书社 1990 年。

199. 姚莹：《康輶纪行》，清同治刻本。

200. 沈德符撰：《万历野获编》，中华书局 1959 年。

201. 沈德符撰：《万历野获编》，中华书局 1979 年。

202. 郭书春、刘钝校：《算经十书》，辽宁教育出版社 1998 年。

203. 李时珍撰，王育杰整理：《本草纲目》，人民卫生出版社 1982 年。

204. 钱超尘、董连荣主编：《本草纲目详译》，山西科学技术出版社 2002 年。

205. 高濂：《遵生八笺》，巴蜀书社 1992 年。

206. 王国维：《观堂集林》（附别集），中华书局 1999 年。

207. 王逵：《蠡海集》，文渊阁《四库全书》本。

208. 李剑国辑校：《宋代传奇集》，中华书局 2001 年。

209. 徐世昌：《大清畿辅先哲传》，北京古籍出版社 1993 年。

210. 沈括撰，胡道静等译：《梦溪笔谈全译》，贵州人民出版社。

211. 洪迈撰，孙凡礼点校：《容斋随笔》，中华书局 2005 年。

212. 邵雍纂辑，陈士元增删，何栋如重辑：《梦林玄解》，上海古籍出版社 1996 年。

213. 邵雍著，陈明点校：《梅花易数》，学林出版社 2003 年。

214. 陈世熙撰：《唐人说荟》（扫叶山房石印本），上海锦章图书局民国十一年（1922）。

215. 周履靖撰：《占验录》，中华书局 1985 年。

216. 西周生：《醒世姻缘传》，上海古籍出版社 1981 年。

217. 《影印文渊阁四库全书》，台湾商务印书馆 1983 年。

218. 《古今图书集成》，中华书局 1934 年。

219. 吕大吉：《宗教学通论新编》，中国社会科学出版社 1998 年。

220. 潘显一、冉昌光：《宗教与文明》，四川人民出版社 1999 年。

221. 伊利亚德：《神圣的存在——比较宗教的范型》，广西师范大学出版社 2008 年。

222. 费尔巴哈著，王太庆译：《宗教的本质》，商务印书馆 1999 年。

223. 牟钟鉴：《中国宗教与中国文化卷三：宗教·文艺·民俗》，中国社会科学出版社 2005 年。

224. 《道藏》，北京文物、上海书店、天津古籍联合出版 2001 年。

225. 刘仲宇：《道教法术》，上海文化出版社 2002 年。

226. 胡孚琛主编：《中国道教大辞典》，中国社会科学出版社 1995 年。

227. 普济著：《五灯会元》，中华书局 1984 年。

228. 王志远：《中国佛教百科》，华龄出版社 2008 年。

229. 李安宅：《巫术与语言》，上海文艺出版社 1988 年。

230. 王振复：《巫术——〈周易〉的文化智慧》，浙江古籍出版社 1990 年。

231. 何裕民：《走出巫术丛林的中医》，上海文汇出版社 1994 年。

232. 张光直：《商代的巫和巫术》，上海三联书店 1999 年。

233. 戈阿干：《东巴骨卜文化》，云南人民出版社 1999 年。

234. 马林诺夫斯基著，李安宅译：《巫术、宗教、科学与神话》，中国民间文艺出版社 1986 年。

235. 金泽：《宗教人类学导论》，宗教文化出版社 2001 年。

236. 菲奥纳·鲍伊著，金泽、何其敏译：《宗教人类学导论》，中国人民大学出版社 2004 年。

237. 金泽编：《20 世纪西方宗教人类学文选》，上海三联书店 1995 年。

238. 卡莫迪著，徐均尧译：《妇女与世界宗教》，四川人民出版社 1989 年。

239. E·T·雅科伏列夫著，任光宣、李冬晗译：《艺术与世界宗教》，文化艺术出版社 1989 年。

240. 乌格里诺维奇著，王先睿译：《艺术与宗教》，三联书店 1987 年。

241. 拉法格：《宗教与科学》，商务印书馆 1982 年。

242. 郭沫若主编：《中国史稿》，人民出版社 1976 年。

243. 李宗侗：《中国古代社会史》，台北华冈出版公司 1954 年。

244. 童恩正：《古代的巴蜀》，四川人民出版社 1978 年。

245. 张光直：《中国青铜时代》，上海三联书店 1983 年。

246. 吕思勉：《先秦史》，上海古籍出版社 1982 年。

247. 闻一多：《闻一多全集》，北京三联书店 1982 年。

248. 费孝通：《费孝通文集》，群言出版社 1999 年。

249.《中国西南地区石棺葬文化调查与发现》，四川大学出版社 2009 年。

250. 朱伯崑：《易学哲学史》，华夏出版社 1995 年。

251. 王国维：《宋元戏曲考》，中国戏剧出版社 1999 年。

252. 鲁迅：《中国小说史略》，人民文学出版社 1974 年。

253. 陈科华：《孔子思想研究》，人民日报出版社 2002 年。

254. 李泽厚：《中国古代思想史论》，天津社会科学出版社 2008 年。

255. 李泽厚：《历史本体论·己卯五说》，三联书店 2008 年。

256. 马戎：《民族社会学——社会学的族群关系研究》，北京大学出版社

2004年。

257. 艾克思编著:《后精神梦典》,青海人民出版社1999年。

258. 青海省民间文学研究会搜集翻译:《征服大食》,青海民族出版社1986年。

259. 朱立元主编:《现代西方美学史》,上海文艺出版社1993年。

260. 范明生著:《西方美学通史》,上海文艺出版社1999年。

261. 爱德华·泰勒著,连树生等译:《原始文化》,上海文艺出版社1992年。

262. 弗雷泽著,徐育新等译:《金枝》,中国民间文艺出版社1987年。

263. 列维·布留尔著,丁由译:《原始思维》,商务印书馆2007年。

264. 摩尔根:《古代社会》,商务印书馆1977年。

265. 吉登斯著,赵旭东等译:《现代性与自我认同》,三联书店1998年。

266. 阿诺尔德·范热内普著,张举文译:《过渡礼仪》,商务印书馆2010年。

267. 贡布里希著,杨思梁、徐一维译:《秩序感》,浙江摄影出版社1987年。

268. 荣格:《人类及其象征》,辽宁教育出版1988年。

269. 恩斯特·卡西尔著,甘阳译:《人论》,上海译文出版社1985年。

270. 卡西尔著,李琛译:《人论》,光明日报出版社2009年。

271. 霭理士著,潘光旦译:《性心理学》,上海三联书店2006年。

272. 卡纳著,方智弘译:《性崇拜》,湖南人民出版社1988年。

273. 马林诺夫斯基著,刘文远等译:《野蛮人的性生活》,团结出版社1980年。

274. 尤·谢苗诺夫著,蔡俊生译:《婚姻和家庭的起源》,中国社会科学出版社1983年。

275. 蕾伊·唐纳希尔著,李意马译:《人类情爱史》,云南人民出版社1988年。

276. 韦斯特马克著,李彬译:《人类婚姻史》,商务印书馆2002年。

277. 恩格斯：《家庭私有制和国家的起源》，人民出版社 1972 年。

278. 马克思、恩格斯：《马克思恩格斯选集》，人民出版社 1972 年。

279. 费尔巴哈著，荣震华等译：《费尔巴哈哲学著作选集》，北京三联书店 1962 年。

280. 莫蒂默·艾德勒著、查尔斯·范多伦：《西方思想宝库》，吉林人民出版社 1988 年。

281. 萨特著，陈德中译：《他人就是地狱》，陕西大学出版社 2006 年。

282. 黑格尔著：《美学》，商务印书馆 1979 年。

283. 弗雷泽著，李新萍等译：《永生的信仰和对死者的崇拜》，中国文联出版社 1992 年。

284. 沙海昂注，冯秉钧译：《马可·波罗行纪》，商务印书馆 1936 年。

285. 菲利普·巴格比著，夏克等译：《文化：历史的投影》，上海人民出版社 1987 年。

286. 威廉·A·哈维兰著，瞿铁鹏等译：《文化人类学》，上海社会科学院出版社 2006 年。

287. 让·谢瓦利埃等：《世界文化象征辞典》，湖南文艺出版社 1994 年。

288. 弗洛伊德著，赖其万、符传孝译：《梦的解析》，作家出版社 1986 年。

289. 伊本·西那：《论魂灵》，商务印书馆 1963 年。

290. 普列汉诺夫著，曹葆华译：《论艺术》，三联书店 1974 年。

291. 苏珊·朗格：《艺术问题》，中国社会科学出版社 1983 年。

292. 丹纳著，傅雷译：《艺术哲学》，人民文学出版社 1963 年。

293. 奥斯瓦尔德·斯宾格勒著，吴琼译：《西方的没落》，商务印书馆 1963 年。

294. Northrop Frye：*Fearful Symmetry：A Study of William Blake*，University of Toronto press，Scholarly Publishing Division 2004.

后 记

本书是我们在2010年5月推出《黄龙地区宗教文化研究》之后的新成果，是我们高校和省科研单位的专业科研人员与黄龙国家级风景名胜区管理局的实际工作者继续合作，以整理黄龙地区文化资源为基础的学术研究工作，服务地方经济社会文化生态可持续发展的进一步探索。我们始终认为，对本书的作为学术研究成果的价值的评价，应该服从于这种学术服务地方的探索，服从于本书将黄龙地区的多民族交融的民俗文化整体介绍给世界的初衷。

黄龙地处川西北高原，是藏彝走廊北段一个多元文化共生的相对完整的区域，文化共生形态极为丰富，有着极为重要的文化与历史研究价值和现实意义。本书以黄龙地区为基本考察范围，以这个地区丰富的民俗事象为研究对象，通过文本收集、文献整理并辅之以现存民俗文化调研，致力于对该区域丰富多彩的民俗文化遗产，特别是那些体现藏汉羌回等多民族民俗文化共存、互动与融合的民俗遗产进行清理，立足当代民俗现状，展现古往今来特别是自明清以来此地的民族共处与文化融合趋势，并将古代与现代、历史与现实、现在与将来结合在一起，尽力将与之相关的当代政治、经济与文化发展尤其是民族融合的新趋势纳入其中，视这种多元的民俗文化交融格局为这一地区

（乃至其他民族共聚地区）在当今时代实现民族团结、地区稳定和经济社会发展的文化基础，为该地区乃至西南地区多民族共聚的现实民族问题、地区发展问题、文化遗产保护与开发问题等，提供一个鲜明的典型例子和决策依据。这无疑会对我们思考和处理民族地区的经济社会发展与弘扬优秀民族文化的关系问题有所启发、有所助益。当代的民族团结，是建立在其历史的、文化的基础之上的。在经历了“512”大地震灾难以及各民族团结奋斗灾后重建的艰辛之后，本书的选题对于地震重灾区的松潘黄龙的重建恢复发展，也应有其文化建设的意义。当然，从更广大的意义来说，也应对实现“中国梦”、建设“美丽中国”有添砖加瓦之用。

本书作为集体的成果，体现了课题组所有同志的真诚的合作精神和辛勤劳动，也体现了许多关心它的同志的热心。2006年底，由曾经在黄龙景区管理局挂职副局长的寇亚辉博士（四川大学副教授）牵线，在黄龙风景名胜区管理局和四川大学研究人员之间酝酿合作：怎样以合作研究的方式，整理和描述松潘黄龙地区的历史与文化现状、展示松潘黄龙这样多民族地区多种文化和谐共存的特色，进而为黄龙景区人文旅游的规划与发展提供参考，为四川省学术文化的建设做出贡献。经过多次协商，合作双方于2007年初达成合作进行“黄龙地区宗教文化研究”的协议，中间又经历了5．12地震的影响，最终于2010年5月以《黄龙地区宗教文化研究》的出版为标志圆满结束该项研究。随后这一合作转入民俗文化方面继续展开。此次民俗文化方面的研究，仍由我和唐思远先生（黄龙景区管理局局长）担任课题组组长，课题研究组主要成员包括田晓膺（成都信息工程学院副教授）、汪志斌（四川省社会科学院历史研究所副研究员）、廖宇（原四川大学宗教文化研究所博士研究生，现成都信息工程学院讲师）等学者和科研人员，以及红音（藏族，黄龙景区管理局原党委书记、副局长，西南民族大学民族学博士生)、赵德猛（藏族，黄龙景区管理局党委书记)、毛明军（黄龙景区管理局历史与文化办公室主任)、李庆忠(黄龙风景名胜区管理局历史与文化办公室)、聂学惠（黄龙风景名胜区管理局历史与文化办公室）等实际工作者。

开始，我按照全面梳理和反映黄龙地区民俗文化面貌、反映当地多民族民俗文化交流与交融的历史与现状、为地方社会经济发展打造文化平台的思路，拟订出课题研究大纲。然后，我与唐思远局长、红音书记、赵德猛书记及课题组主要成员等反复商议，修改完善研究大纲，进行了分工，确定该课题成果为以“黄龙地区民俗文化研究”为题的专著1本、学术论文若干篇。我要求我指导的在读的博士生廖宇的学位论文选题围绕该课题进行，在该课题基础上从不同的学术层面和角度拓展和加深其学术研究的底蕴。从2010年7月起，课题组开始进行实地考察与文献搜集，当年夏天花了两周的时间将黄龙地区的主要村镇跑了一遍，调查了漳腊（川主寺镇)、县城、大寨、牟尼沟、小姓、毛尔盖等的民俗基本面貌，拜访了一些寺庙、村寨和家庭，对黄龙地区的民俗文化作了总体上的初步调查，随后课题组转入文献搜集和专项调研，在黄龙管理局工作人员的陪同下，对小河、松潘县城、漳腊地区的个别居民进行了深入采访，并在特定的宗教节日（圣纪节）作了现场调研，从而对黄龙地区的民俗文化有了初步的把握。2011年7月，课题组根据调查采访和文献搜集整理的结果写出了初步的研究报告，并在黄龙管理局驻地举行了课题组研讨会，对川主寺镇黑斯村一户居民进行了专题采访。此后，根据课题组研讨会的意见，课题组撰写人员在继续专项调研的基础上进入最后的专著撰写工作，黄龙管理局工作人员则为撰写人员随时的专门调研与采访提供最大的帮助。2012年4月20日，课题组在四川大学宗教研究所会议室就专著文稿举行了研讨会，对专著的完成情况作出评估，提出修改意见，并对接下来涉及到的出版问题进行了讨论。正是由于课题组同志们的通力合作、辛勤工作和无私奉献，本书才可能在有效工作时间实际上相对较少的情况下完成计划中的研究与写作并得以面世。本书著作权归“黄龙地区民俗文化研究”课题组所有。

本项目的“撰稿组”负责书稿的撰写与修改。书稿的初稿，除前言、绪论和结论由我负责之外，正文分为6章，汪志斌博士负责第一、第二章，田晓膺博士负责第三、第五章，廖宇博士负责第四、第六章的撰稿和交叉修改、校订工作。为了锻炼年轻研究队伍，也为了保证撰稿人个人的创造性的充分发挥，各章初稿由个人在统一的提纲和撰写“凡例”指导下分头撰写。同时，为了全稿的思路、逻辑、资料和文字的大致统一与平衡，并保证书稿的最终质量，各章节初稿完成后，经我初步审阅，提出修改意见，然后各撰稿人再交叉修改各章稿子。如此反复三次修改，最后再由我负责修改和审订全稿。本书系多人分工撰稿，但严守学术道德，遵守学术规范，保证稿件整体质量，也是每个人最根本的撰稿要求。我本人负责统一审定全书40万字文稿，甚至花了2个月时间对其中近20万字的稿子进行了逐字逐句的修改。虽然我们强调个人“文责自负”，但我作为主编当然应该对全书负责的质量负责。同时，通过这样的集体劳动，三个年轻博士得到的提高与收获，就不仅限于他们个人撰写了多少字的文稿那么简单、容易统计了。

在此，我代表课题组特别要感谢的是：本课题的研究不仅得到了黄龙景区管理局上下的全力支持，也得到了松潘县政府相关部门和当地群众的大力帮助。在我们的采访与调研过程中，黄龙地区的基层领导和工作人员以及各民族寺庙管理人员给我们提供了巨大的帮助，对这些热心人和支持者，我们在此一并表示感谢！

我还要代表课题组特别感谢巴蜀书社的段社长和新任林社长、谢正强、陈礼等同志的大力支持、细致工作和无私奉献，使本书得以又快又好的出版！

我们更要感谢国家“985工程”四川大学宗教与社会研究创新基地首席专家卿希泰教授：老人家不但鼎力支持我们的研究课题，将本书纳入基地研究丛书资助出版，还抽出百忙时间在丛书总序之外专门为本书写了序，给予充分的肯定和好评。作为我本人的导师、学生们景仰的道教学泰斗，卿先生信任和奖掖后学的仁爱之心，他在专序中再次热情鼓励和支持我们科研人员与实际工作者结合和合作的循循善诱的话语，都激励着我们不断努力探索、继续前进。请允许我代表整个课题组，以本书敬献给卿先生，祝老人家身体健康，寿比南山！

潘显一于江安花园“见道斋”

2013年06月05日

图书在版编目（CIP）数据

黄龙地区民俗文化研究 / 潘显一主编.
—成都：巴蜀书社，2013.8
（国家“985工程”四川大学宗教与社会研究创新基地丛书 / 卿希泰主编）
ISBN 978-7-5531-0261-0

Ⅰ.①黄… Ⅱ.①潘… Ⅲ.①风俗习惯—研究—松潘县 Ⅳ.①K892.471.4

中国版本图书馆CIP数据核字（2013）第105196号

黄龙地区民俗文化研究

潘显一 主 编
唐思远 副主编

责任编辑	陈 礼
出 版	四川出版集团巴蜀书社
	成都市槐树街2号 邮编 610031
	总编室电话：(028)86259397
网 址	www.bsbook.com
发 行	巴蜀书社
	发行科电话：(028)86259422 86259423
经 销	新华书店
印 刷	四川五洲彩印有限责任公司
版 次	2013年8月第1版
印 次	2013年8月第1次印刷
成品尺寸	210mm×148mm
印 张	18.75
字 数	50千
书 号	ISBN 978-7-5531-0261-0
定 价	65.00元